German-English Dictionary

Wörterbuch Englisch-Deutsch

Berlitz Publishing Company, Inc.

Princeton   Mexico City   London   Eschborn   Singapore

ISBN 2-8315-6380-1

Revised 1994
Eighth printing - November 2000
Printed in the Netherlands

Berlitz Dictionaries

Dansk	Engelsk, Fransk, Italiensk, Spansk, Tysk
Deutsch	Dänisch, Englisch, Finnisch, Französisch, Italienisch, Niederländisch, Norwegisch, Portugiesisch, Schwedish, Spanisch
English	Danish, Dutch, Finnish, French, German, Italian, Norwegian, Portuguese, Spanish, Swedish, Turkish
Español	Alemán, Danés, Finlandés, Francés, Holandés, Inglés, Noruego, Sueco
Français	Allemand, Anglais, Danois, Espagnol, Finnois, Italien, Néerlandais, Norvégien, Portugais, Suédois
Italiano	Danese, Finlandese, Francese, Inglese, Norvegese, Olandese, Svedese, Tedesco
Nederlands	Duits, Engels, Frans, Italiaans, Portugees, Spaans
Norsk	Engelsk, Fransk, Italiensk, Spansk, Tysk
Português	Alemão, Francês, Holandês, Inglês, Sueco
Suomi	Englanti, Espanja, Italia, Ranska, Ruotsi, Saksa
Svenska	Engelska, Finska, Franska, Italienska, Portugisiska, Spanska, Tyska

Contents

Inhaltsverzeichnis

Preface

In selecting the 12.500 word-concepts in each language for this dictionary, the editors have had the traveller's needs foremost in mind. This book will prove invaluable to all the millions of travellers, tourists and business people who appreciate the reassurance a small and practical dictionary can provide. It offers them—as it does beginners and students—all the basic vocabulary they are going to encounter and to have to use, giving the key words and expressions to allow them to cope in everyday situations.

Like our successful phrase books and travel guides, these dictionaries—created with the help of a computer data bank—are designed to slip into pocket or purse, and thus have a role as handy companions at all times.

Besides just about everything you normally find in dictionaries, there are these Berlitz bonuses:

- imitated pronunciation next to each foreign-word entry, making it easy to read and enunciate words whose spelling may look forbidding

- a unique, practical glossary to simplify reading a foreign restaurant menu and to take the mystery out of complicated dishes and indecipherable names on bills of fare

- useful information on how to tell the time and how to count, on conjugating irregular verbs, commonly seen abbreviations and converting to the metric system, in addition to basic phrases.

While no dictionary of this size can pretend to completeness, we expect the user of this book will feel well armed to tackle foreign travel with confidence. We should, however, be very pleased to receive comments, criticism and suggestions that you think may be of help in preparing future editions.

Vorwort

Bei der Auswahl der 12 500 Begriffe, die in jedem der beiden Teile dieses Wörterbuchs enthalten sind, standen die Bedürfnisse des Reisenden stets im Vordergrund. Dieses handliche und praktische, mit Hilfe einer Datenbank erstellte Wörterbuch wird sich deshalb für alle Reisende – ob Touristen oder Geschäftsleute –, aber auch für Anfänger und Sprachschüler als unschätzbarer Helfer erweisen. Es enthält den Grundwortschatz und alle wichtigen Ausdrücke, die man benötigt, um sich im Alltag in jeder Lage zurechtzufinden.

Wie unsere Sprachführer und Reiseführer paßt auch dieses Wörterbuch in jede Jacken- oder Handtasche und ist so immer griffbereit. Neben all dem, was man von einem Wörterbuch erwartet, bietet es noch diese besonderen Vorteile:

- Die internationale Lautschrift (IPA) nach jedem Stichwort in der Fremdsprache löst alle Ausspracheprobleme.
- Ein einzigartiges kulinarisches Lexikon hilft beim Lesen der Speise- und Getränkekarte und enträtselt all die unbekannten Gerichte und Zutaten.
- Nützliche Hinweise über Zeitangaben, Grund- und Ordnungszahlen, unregelmäßige Verben und übliche Abkürzungen werden ergänzt durch einige Sätze, die in alltäglichen Situationen zustatten kommen.

Selbstverständlich kann kein Wörterbuch dieses Formats Anspruch auf Vollständigkeit erheben. Wir glauben jedoch, daß der Benutzer dieses Buches sich mit Zuversicht auf die Reise machen kann. Es versteht sich, daß wir jede Art von Kommentar, Kritik oder Anregung begrüßen, die uns helfen, zukünftige Auflagen zu verbessern.

german-english

deutsch-englisch

Abbreviations

adj	adjective	*ntpl*	neuter plural
adv	adverb	*num*	numeral
Am	American	*p*	past tense
art	article	*pl*	plural
conj	conjunction	*plAm*	plural (American)
f	feminine	*pp*	past participle
fpl	feminine plural	*pr*	present tense
m	masculine	*pref*	prefix
mpl	masculine plural	*prep*	preposition
n	noun	*pron*	pronoun
nAm	noun (American)	*v*	verb
nt	neuter	*vAm*	verb (American)

Introduction

The dictionary has been designed to take account of your practical needs. Unnecessary linguistic information has been avoided. The entries are listed in alphabetical order, regardless of whether the entry word is printed in a single word or in two or more separate words. As the only exception to this rule, reflexive verbs and a few idiomatic expressions are listed alphabetically as main entries, according to the verb or the most significant word of the expression.

> e.g. *sich befassen mit* is found under **b**
> *auf Wiedersehen* is found under **w**

When an entry is followed by sub-entries such as expressions and locutions, these, too, have been listed in alphabetical order.

Each main-entry word is followed by a phonetic transcription (see Guide to pronunciation). Following the transcription is the part of speech of the entry word whenever applicable. When an entry word may be used as more than one part of speech, the translations are grouped together after the respective part of speech.

Considering the complexity of the rules for constructing the plural of German nouns, we have supplied the plural form whenever in current use.

Each time an entry word is repeated in plural or in sub-entries, a tilde (~) is used to represent the full entry word. Two dots above the tilde (≈) means that, in the plural, the word takes an *Umlaut*.

In plurals of compounds only the part that changes is written out fully, whereas the unchanged part is represented by a hyphen.

Entry:	Plural:
Abenteuer (pl ~)	Abenteuer
Abend (pl ~e)	Abende
Satz (pl ≈e)	Sätze
Geschäftsmann (pl -leute)	Geschäftsleute

An asterisk (*) in front of a verb indicates that the verb is irregular. For details, refer to the lists of irregular verbs.

Guide to Pronunciation

Each main entry in this part of the dictionary is followed by a phonetic transcription which shows you how to pronounce the words. This transcription should be read as if it were English. It is based on Standard British pronunciation, though we have tried to take account of General American pronunciation also. Below, only those letters and symbols are explained which we consider likely to be ambiguous or not immediately understood.

The syllables are separated by hyphens, and stressed syllables are printed in *italics*.

Of course, the sounds of any two languages are never exactly the same, but if you follow carefully our indications, you should be able to pronounce the foreign words in such a way that you'll be understood. To make your task easier, our transcriptions occasionally simplify slightly the sound system of the language while still reflecting the essential sound differences.

Consonants

g	always hard, as in **g**o
kh	a **k**-sound where the tongue doesn't quite touch the roof of the mouth, so that the air continues to come out, with a sound of friction between the tongue and the roof of the mouth; after back vowels (e.g. **ah**, **o**, **oo**) like **ch** in Scottish lo**ch**, otherwise more like **h** in **h**uge
r	pronounced in the back of the mouth
s	always hard, as in **s**o
zh	a soft, voiced **sh**, like **s** in pleasure

Vowels and Diphthongs

aa	long **a**, as in c**ar**
ah	a short version of **aa**; between **a** in c**a**t and **u** in c**u**t
ai	like **air**, without any **r**-sound
eh	like **e** in g**e**t
er	as in oth**er**, without any **r**-sound
ew	a "rounded **ee**-sound"; say the vowel sound **ee** (as in s**ee**), and while saying it, round your lips as for **oo** (as in s**oo**n), without moving your tongue; when your lips are in the **oo** position, but your tongue is in the **ee** position, you should be pronouncing the correct sound
igh	as in s**igh**
o	always as in h**o**t (British pronunciation)
ou	as in l**ou**d
ur	as in f**ur**, but with rounded lips and no **r**-sound

1) A bar over a vowel symbol (e.g. $\overline{ew}$) shows that this sound is long.

2) Raised letters (e.g. ᵞ**aa**) should be pronounced only fleetingly.

3) German vowels (i.e. not diphthongs) are pure. Therefore, you should try to read a transcription like **oa** without moving tongue or lips while pronouncing the sound.

4) Some German words borrowed from French contain nasal vowels, which we transcribe with a vowel symbol plus **ng** (e.g. **ahng**). This **ng** should *not* be pronounced, and serves solely to indicate nasal quality of the preceding vowel. A nasal vowel is pronounced simultaneously through the mouth and the nose.

A

Aal (aal) *m* (pl ~e) eel

ab (ahp) *prep* as from; *adv* off; ~ **und zu** occasionally

abändern (*ahp*-ehn-derrn) *v* change

Abbildung (*ahp*-bil-doong) *f* (pl ~en) picture

abbremsen (*ahp*-brehm-zern) *v* slow down

Abbruch (*ahp*-brookh) *m* demolition

abdrehen (*ahp*-drāy-ern) *v* turn off

Abend (*aa*-bernt) *m* (pl ~e) night, evening

Abenddämmerung (*aa*-bernt-deh-mer-roong) *f* dusk

Abendessen (*aa*-bernt-eh-sern) *nt* supper; dinner

abends (*aa*-bernts) *adv* at night

Abenteuer (*aa*-bern-toi-err) *nt* (pl ~) adventure

aber (*aa*-berr) *conj* but

Aberglaube (*aa*-berr-glou-ber) *m* superstition

*abfahren (*ahp*-faa-rern) *v* pull out

Abfahrt (*ahp*-faart) *f* departure

Abfahrtszeit (*ahp*-faarts-tsight) *f* (pl ~en) time of departure

Abfall (*ahp*-fahl) *m* (pl ~̈e) garbage; litter, rubbish, refuse

Abfalleimer (*ahp*-fahl-igh-merr) *m* (pl ~) rubbish-bin, dustbin; trash can

Am

*abfallen (*ahp*-fah-lern) *v* slope

abfassen (*ahp*-fah-sern) *v* *draw up

abfertigen (*ahp*-fehr-ti-gern) *v* dispatch

Abfluß (*ahp*-flooss) *m* drain

Abführmittel (*ahp*-fēwr-mi-terl) *nt* (pl ~) laxative

abgelegen (*ahp*-ger-lāy-gern) *adj* far-off, remote

abgeneigt (*ahp*-ger-nighkt) *adj* averse

abgenutzt (*ahp*-ger-nootst) *adj* worn-out

Abgeordnete (*ahp*-ger-or-dner-ter) *m* (pl ~n) deputy; Member of Parliament

abgerundet (*ahp*-ger-roon-dert) *adj* rounded

Abgesandte (*ahp*-ger-zahn-ter) *m* (pl ~n) delegate, envoy

abgeschieden (*ahp*-ger-shee-dern) *adj* isolated

abgesehen von (*ahp*-ger-zāy-ern) apart from

Abgott (*ahp*-got) *m* (pl ~̈er) idol

Abgrund (*ahp*-groont) *m* (pl ~̈e) abyss, precipice

Abhandlung (*ahp*-hahn-dloong) *f* (pl ~en) essay

Abhang (*ahp*-hahng) *m* (pl ~̈e) slope

*abhängen von (*ahp*-hehng-ern) depend on

abhängig (*ahp*-hehng-ikh) *adj* dependant

*****abheben** (*ahp*-hāy-bern) *v* *draw

abholen (*ahp*-hōa-lern) *v* pick up, collect, fetch

abhorchen (*ahp*-hor-khern) *v* eavesdrop

Abkommen (*ahp*-ko-mern) *nt* (pl ~) agreement

Abkürzung (*ahp*-kewr-tsoong) *f* (pl ~en) abbreviation

*****abladen** (*ahp*-laa-dern) *v* unload

Ablagerung (*ahp*-laa-ger-roong) *f* (pl ~en) deposit

*****ablaufen** (*ahp*-lou-fern) *v* expire

ablehnen (*ahp*-lāy-nern) *v* reject

ableiten (*ahp*-ligh-tern) *v* deduce, infer

Ablenkung (*ahp*-lehng-koong) *f* diversion

abliefern (*ahp*-lee-ferrn) *v* deliver

ablösen (*ahp*-lūr-zern) *v* relieve

abmachen (*ahp*-mah-khern) *v* stipulate

sich abmelden (*ahp*-mehl-dern) check out

sich abmühen (*ahp*-mēw-ern) labour

Abnahme (*ahp*-naa-mer) *f* (pl ~n) decrease

*****abnehmen** (*ahp*-nāy-mern) *v* *take away; decrease; slim

Abneigung (*ahp*-nigh-goong) *f* dislike, antipathy

abnorm (ahp-*norm*) *adj* abnormal

Abonnement (ah-bo-ner-*mahng*) *nt* (pl ~s) subscription

Abonnent (ah-bo-*nehnt*) *m* (pl ~en) subscriber

Abordnung (*ahp*-or-dnoong) *f* (pl ~en) delegation

Abortus (ah-*bor*-tooss) *m* (pl ~) abortion

*****abraten** (*ahp*-raa-tern) *v* dissuade from

Abreise (*ahp*-righ-zer) *f* departure

abreisen (*ahp*-righ-zern) *v* depart, *set out

Absatz (*ahp*-zahts) *m* (pl ~̈e) heel; paragraph

abschaffen (*ahp*-shah-fern) *v* abolish

abschalten (*ahp*-shahl-tern) *v* *cut off

abscheulich (ahp-*shoi*-likh) *adj* hideous, terrible

Abschied (*ahp*-sheet) *m* parting

*****abschießen** (*aab*-shee-sern) *v* launch

*****abschließen** (*ahp*-shlee-sern) *v* *shut

Abschluß (*ahp*-shlooss) *m* issue

*****abschneiden** (*ahp*-shnigh-dern) *v* *cut off; chip

Abschnitt (*ahp*-shnit) *m* (pl ~e) section; extract

abschrauben (*ahp*-shrou-bern) *v* unscrew

Abschrift (*ahp*-shrift) *f* (pl ~en) copy

abschüssig (*ahp*-shew-sikh) *adj* sloping, slanting

*****absenden** (*ahp*-zehn-dern) *v* *send off

Absicht (*ahp*-zikht) *f* (pl ~en) purpose, intention

absichtlich (*ahp*-zikht-likh) *adj* deliberate, on purpose, intentional

absolut (ahp-zoa-*lōōt*) *adj* sheer

absplittern (*ahp*-shpli-terrn) *v* chip

Abstammung (*ahp*-shtah-moong) *f* origin

Abstand (*ahp*-shtahnt) *m* space

Abstieg (*ahp*-shteek) *m* descent

Abstimmung (*ahp*-shti-moong) *f* vote

Abstinenzler (ahps-ti-*nehn*-tslerr) *m* (pl ~) teetotaller

abstoßend (*ahp*-shtōa-sernt) *adj* revolting, repellent

abstrakt (ahps-*trahkt*) *adj* abstract

abstürzen (*ahp*-shtewr-tsern) *v* crash

absurd (ahp-*zoort*) *adj* absurd

Abszeß (*ahps*-tsehss) *m* (pl -esse) abscess

Abtei (ahp-*tigh*) *f* (pl ~en) abbey

Abteil (ahp-*tighl*) nt (pl ~e) compartment

Abteilung (ahp-*tigh*-loong) f (pl ~en) division, department; section

***abtragen** (ahp-traa-gern) v wear out

abtrocknen (ahp-tro-knern) v dry

abwärts (ahp-vehrts) adv downwards

***abwaschen** (ahp-vah-shern) v wash up

Abwasserkanal (ahp-vah-serr-kah-naal) m (pl ~e) sewer

abwechselnd (ahp-veh-kserlnt) adj alternate

Abwechslung (ahp-veh-ksloong) f variation

Abwehr (ahp-vāyr) f defence

***abweichen** (ahp-vigh-khern) v deviate

Abweichung (ahp-vigh-khoong) f (pl ~en) aberration

abwenden (ahp-vehn-dern) v avert

Abwertung (ahp-vair-toong) f devaluation

abwesend (ahp-vāy-zernt) adj absent

Abwesenheit (ahp-vāy-zern-hight) f absence

abwischen (ahp-vi-shern) v wipe

abzahlen (ahp-tsaa-lern) v *pay on account

abzeichnen (ahp-tsighkh-nern) v initial; endorse

***abziehen** (ahp-tsee-ern) v deduct

Abzug (ahp-tsōōk) m (pl ~e) print; trigger

Achse (ah-kser) f (pl ~n) axle

Acht (ahkht) f notice; **sich in ~** ***nehmen** beware

acht (ahkht) num eight

achtbar (ahkht-baar) adj respectable

achte (ahkh-ter) num eighth

achten (ahkh-tern) v respect; **~ auf** mind; *pay attention to

***achtgeben** (ahkht-gāy-bern) v look out; **~ auf** watch; attend to; mind

Achtung (ahkh-toong) f esteem; respect

achtzehn (ahkh-tsāyn) num eighteen

achtzehnte (ahkh-tsāyn-ter) num eighteenth

achtzig (ahkh-tsikh) num eighty

Acker (ah-kerr) m (pl ~) field

Adapter (ah-*dahp*-terr) m (pl ~s) adapter

addieren (ah-*dee*-rern) v count; add

Addition (ah-di-tsʸōan) f (pl ~en) addition

Adel (aa-derl) m nobility

Ader (aa-derr) f (pl ~n) vein

Adler (aa-dlerr) m (pl ~) eagle

administrativ (aht-mi-ni-strah-*teef*) adj administrative

Admiral (aht-mi-*raal*) m (pl ~e) admiral

adoptieren (ah-dop-*tee*-rern) v adopt

Adressat (ah-dreh-*saat*) m (pl ~en) addressee

Adresse (ah-*dreh*-ser) f (pl ~n) address

adressieren (ah-dreh-*see*-rern) v address

Adverb (aht-*vehrp*) nt (pl ~ien) adverb

Affe (ah-fer) m (pl ~n) monkey

Afrika (ah-fri-kaa) Africa

Afrikaner (ah-fri-*kaa*-nerr) m (pl ~) African

afrikanisch (ah-fri-*kaa*-nish) adj African

Agent (ah-*gehnt*) m (pl ~en) agent

Agentur (ah-gehn-*tōōr*) f (pl ~en) agency

aggressiv (ah-greh-*seef*) adj aggressive

Ägypten (eh-*gewp*-tern) Egypt

Ägypter (eh-*gewp*-terr) m (pl ~) Egyptian

ägyptisch (eh-*gewp*-tish) adj Egyptian

ähnlich (*ain*-likh) adj similar; alike

Ähnlichkeit (*ain*-likh-kight) *f* (pl ~en) similarity; resemblance

Ahnung (*aa*-noong) *f* notion

Ahorn (*aa*-horn) *m* (pl ~e) maple

Aids (aidz) *nt* Aids

Akademie (ah-kah-day-*mee*) *f* (pl ~n) academy

Akkord (ah-*kort*) *m* (pl ~e) agreement

Akkreditiv (ah-kray-di-*teef*) *nt* (pl ~e) letter of credit

Akku (*ah*-koo) *m* (pl ~s) battery

Akne (*ah*-kner) *f* acne

Akt (ahkt) *m* (pl ~e) act; nude

Akte (*ahk*-ter) *f* (pl ~n) record; **Akten** file

Aktentasche (*ahk*-tern-tah-sher) *f* (pl ~n) briefcase, attaché case

Aktie (*ahk*-ts^yer) *f* (pl ~n) share; **Aktien** stocks and shares

Aktion (ahk-*ts^yoān*) *f* (pl ~en) action

aktiv (ahk-*teef*) *adj* active

Aktivität (ahk-ti-vi-*tait*) *f* (pl ~en) activity

aktuell (ahk-too-*ehl*) *adj* topical

akut (ah-*koōt*) *adj* acute

Akzent (ahk-*tsehnt*) *m* (pl ~e) accent

akzeptieren (ahk-tsehp-*tee*-rern) *v* accept

Alarm (ah-*lahrm*) *m* alarm

alarmieren (ah-lahr-*mee*-rern) *v* alarm

albern (*ahl*-berrn) *adj* foolish, silly

Album (*ahl*-boom) *nt* (pl Alben) album

Algebra (*ahl*-gay-brah) *f* algebra

Algerien (ahl-*gāy*-r^yern) Algeria

Algerier (ahl-*gāy*-r^yerr) *m* (pl ~) Algerian

Alimente (ah-li-*mayn*-ter) *ntpl* alimony

Alkohol (*ahl*-koa-hol) *m* alcohol

alkoholisch (ahl-koa-*hoā*-lish) *adj* alcoholic

all (ahl) *num* all; **alle** *num* all; *adv* finished

Allee (ah-*lāy*) *f* (pl ~n) avenue

allein (ah-*lighn*) *adv* alone

allenfalls (*ah*-lern-fahls) *adv* at most

allerdings (*ah*-lerr-dings) *adv* of course

Allergie (ah-lehr-*gee*) *f* (pl ~n) allergy

allerlei (*ah*-lerr-ligh) *adj* various, all sorts of

alles (*ah*-lerss) *pron* everything; ~ **inbegriffen** all in

allgemein (ahl-ger-*mighn*) *adj* general; public; common; universal; **im allgemeinen** in general

Alliierte (ah-li-*eer*-ter) *m* ally

allmächtig (ahl-*mehk*-tikh) *adj* omnipotent

allmählich (ahl-*mai*-likh) *adj* gradual

alltäglich (ahl-*tāyk*-likh) *adj* ordinary, everyday; daily

Almanach (*ahl*-mah-nahkh) *m* (pl ~e) almanac

Alphabet (ahl-fah-*bāyt*) *nt* alphabet

als (ahls) *conj* when; than; ~ **ob** as if

alsbald (ahls-*bahlt*) *adv* soon

also (*ahl*-zoā) *conj* so

Alt (ahlt) *m* (pl ~e) alto

alt (ahlt) *adj* old, ancient; aged

Altar (ahl-*taar*) *m* (pl ~e) altar

altbacken (*ahlt*-bah-kern) *adj* stale

Alteisen (*ahlt*-igh-zern) *nt* scrap-iron

Alter (*ahl*-terr) *nt* age; old age

Alternative (ahl-tehr-nah-*tee*-ver) *f* (pl ~n) alternative

Altertum (*ahl*-terr-toōm) *nt* antiquity

Altertumskunde (*ahl*-terr-toōms-koonder) *f* archaeology

ältlich (*ehlt*-likh) *adj* elderly

altmodisch (*ahlt*-moā-dish) *adj* oldfashioned, ancient; quaint

Ambulanz (ahm-boo-*lahnts*) *f* (pl ~en) ambulance

Ameise (*aa*-migh-zer) *f* (pl ~n) ant

Amerika (ah-*māy*-ri-kah) America

Amerikaner (ah-may-ri-*kaa*-nerr) *m* (pl

~) American

amerikanisch (ah-may-ri-*kaa*-nish) *adj* American

Amethyst (ah-may-*tewst*) *m* (pl ~en) amethyst

Amnestie (ahm-nay-*stee*) *f* amnesty

Amsel (*ahm*-zerl) *f* (pl ~n) blackbird

Amt (ahmt) *nt* (pl ~er) office

Amulett (ah-moo-*leht*) *nt* (pl ~e) lucky charm, charm

amüsant (ah-mew-*zahnt*) *adj* entertaining

Amüsement (ah-mew-zer-*mahng*) *nt* entertainment

amüsieren (ah-mew-*zee*-rern) *v* amuse; entertain

an (ahn) *prep* on

Analphabet (ah-nahl-fah-*bāyt*) *m* (pl ~en) illiterate

Analyse (ah-nah-*lēw*-zer) *f* (pl ~n) analysis

analysieren (ah-nah-lew-*zee*-rern) *v* analyse

Analytiker (ah-nah-*lēw*-ti-kerr) *m* (pl ~) analyst

Ananas (*ah*-nah-nahss) *f* pineapple

Anarchie (ah-nahr-*khee*) *f* anarchy

Anatomie (ah-nah-toa-*mee*) *f* anatomy

anbauen (*ahn*-bou-ern) *v* cultivate, raise

in Anbetracht (in *ahn*-ber-trahkht) considering, regarding

* **anbieten** (*ahn*-bee-tern) *v* offer; present

Anblick (*ahn*-blik) *m* sight; look

* **anbrennen** (*ahn*-breh-nern) *v* *burn

Andenken (*ahn*-dehng-kern) *nt* (pl ~) souvenir; remembrance; memory

ander (*ahn*-derr) *adj* other; different

ändern (*ehn*-derrn) *v* change; alter

anders (*ahn*-derrs) *adv* otherwise

andersherum (*ahn*-derrs-heh-room) *adv* the other way round

anderswo (*ahn*-derrs-vōa) *adv* else-

where

Änderung (*ehn*-der-roong) *f* (pl ~en) change; alteration

andrehen (*ahn*-drāy-ern) *v* turn on

* **anempfehlen** (*ahn*-aym-pfāy-lern) *v* recommend

* **anerkennen** (*ahn*-ehr-keh-nern) *v* recognize

Anerkennung (*ahn*-ehr-keh-noong) *f* (pl ~en) recognition

Anfall (*ahn*-fahl) *m* (pl ~e) fit

Anfang (*ahn*-fahng) *m* start, beginning; **Anfangs-** initial; primary

* **anfangen** (*ahn*-fahng-ern) *v* start, commence, *begin

Anfänger (*ahn*-fehng-err) *m* (pl ~) learner, beginner

anfänglich (*ahn*-fehng-likh) *adv* originally

anfangs (*ahn*-fahngs) *adv* at first

Anfangsbuchstabe (*ahn*-fahngs-bōokh-shtaa-ber) *m* (pl ~n) initial

anfeuchten (*ahn*-foikh-tern) *v* moisten

anflehen (*ahn*-flāy-ern) *v* beg

Anführer (*ahn*-fēw-rerr) *m* (pl ~) leader

Anführungszeichen (*ahn*-fēw-roongs-tsigh-khern) *ntpl* quotation marks

Angabe (*ahn*-gaa-ber) *f* (pl ~n) data *pl*

* **angeben** (*ahn*-gāy-bern) *v* indicate; declare

angeboren (*ahn*-ger-bōā-rern) *adj* natural

Angebot (*ahn*-ger-bōat) *nt* (pl ~e) offer; supply

angebracht (*ahn*-ger-brahkht) *adj* proper

angegliedert (*ahn*-ger-glee-derrt) *adj* affiliated

* **angehen** (*ahn*-gāy-ern) *v* concern

Angeklagte (*ahn*-ger-klaak-ter) *m* (pl ~n) accused

Angelegenheit (*ahn*-ger-lāy-gern-hight) *f* (pl ~en) affair, business, concern

Angelgeräte (*ahng*-erl-ger-rai-ter) *ntpl* fishing tackle, fishing gear

Angelhaken (*ahng*-erl-haa-kern) *m* (pl ~) fishing hook

angeln (*ahng*-erln) *v* fish, angle

Angelrute (*ahng*-erl-rōō-ter) *f* (pl ~n) fishing rod

Angelschein (*ahng*-erl-shighn) *m* (pl ~e) fishing licence

Angelschnur (*ahng*-erl-shnōōr) *f* (pl ~e) fishing line

angemessen (*ahn*-ger-meh-sern) *adj* appropriate; adequate, convenient, suitable

angenehm (*ahn*-ger-nāym) *adj* pleasant; enjoyable, pleasing, agreeable

Angestellte (*ahn*-ger-shtehl-ter) *m* (pl ~n) employee

*****angreifen** (*ahn*-grigh-fern) *v* attack, assault

Angriff (*ahn*-grif) *m* (pl ~e) attack

Angst (ahngst) *f* (pl ~e) fright, fear; dread; ~ *****haben** *be afraid

ängstlich (*ehngst*-likh) *adj* afraid

*****anhaben** (*ahn*-haa-bern) *v* *wear

*****anhaken** (*ahn*-haa-kern) *v* tick off

*****anhalten** (*ahn*-hahl-tern) *v* halt; pull up; prevent; **anhaltend** continuous

Anhalter (*ahn*-hahl-terr) *m* (pl ~) hitchhiker; **per ~ *****fahren** hitchhike

Anhang (*ahn*-hahng) *m* (pl ~e) annex

Anhänger (*ahn*-hehng-err) *m* (pl ~) supporter; advocate; pendant; trailer

anhäufen (*ahn*-hoi-fern) *v* pile

anheften (*ahn*-hayf-tern) *v* attach

Anhöhe (*ahn*-hūr-er) *f* (pl ~n) rise

anhören (*ahn*-hūr-rern) *v* listen

Anker (*ahng*-kerr) *m* (pl ~) anchor

Anklage (*ahn*-klaa-ger) *f* (pl ~n) charge

anklagen (*ahn*-klaa-gern) *v* accuse, charge

ankleben (*ahn*-klāy-bern) *v* *stick

ankleiden (*ahn*-kligh-dern) *v* dress

Ankleideraum (*ahn*-kligh-der-roum) *nt* (pl ~e) dressing-room

*****ankommen** (*ahn*-ko-mern) *v* arrive

ankreuzen (*ahn*-kroi-tsern) *v* mark

ankündigen (*ahn*-kewn-di-gern) *v* announce

Ankündigung (*ahn*-kewn-di-goong) *f* (pl ~en) announcement

Ankunft (*ahn*-koonft) *f* arrival; coming

Ankunftszeit (*ahn*-koonfts-tsight) *f* (pl ~en) time of arrival

Anlage (*ahn*-laa-ger) *f* (pl ~n) investment; public garden

Anlaß (*ahn*-lahss) *m* (pl Anlässe) cause, occasion

Anlasser (*ahn*-lah-serr) *m* starter motor

anlegen (*ahn*-lāy-gern) *v* dock; invest

Anleihe (*ahn*-ligh-er) *f* (pl ~n) loan

Anmeldebogen (*ahn*-mehl-der-bōā-gern) *m* (pl ~) registration form

sich anmelden (*ahn*-mehl-dern) check in

anmerken (*ahn*-mehr-kern) *v* note

Anmut (*ahn*-mōōt) *f* grace

anmutig (*ahn*-mōō-tikh) *adj* graceful

annähernd (*ahn*-nai-errnt) *adj* approximate

*****annehmen** (*ahn*-nāy-mern) *v* accept; assume, suppose; adopt; **angenommen daß** supposing that

annullieren (ah-noo-*lee*-rern) *v* cancel

Annullierung (ah-noo-*lee*-roong) *f* (pl ~en) cancellation

anonym (ah-noa-*newm*) *adj* anonymous

anpassen (*ahn*-pah-sern) *v* adapt; adjust

Anproberaum (*ahn*-prōā-ber-roum) *m*

(pl ~e) fitting room

anprobieren (*ahn*-proa-bee-rern) *v* try on

***anraten** (*ahn*-raa-tern) *v* recommend

anregen (*ahn*-rāy-gern) *v* incite

Anregung (*ahn*-rāy-goong) *f* impulse

anrichten (*ahn*-rikh-tern) *v* cause

Anruf (*ahn*-rōōf) *m* (pl ~e) telephone call, call

***anrufen** (*ahn*-rōō-fern) *v* phone, ring up, call; call up *Am*

anrühren (*ahn*-rēw-rern) *v* touch

anschauen (*ahn*-shou-ern) *v* look at

Anschauung (*ahn*-shou-oong) *f* (pl ~en) idea, outlook

Anschein (*ahn*-shighn) *m* semblance

anscheinend (*ahn*-shigh-nernt) *adv* apparently

Anschlagzettel (*ahn*-shlaak-tseh-terl) *m* (pl ~) poster

***anschließen** (*ahn*-shlee-sern) *v* connect; **sich ~** join

Anschluß (*ahn*-shlooss) *m* (pl Anschlüsse) connection

***anschreiben** (*ahn*-shrigh-bern) *v* score

Anschrift (*ahn*-shrift) *f* (pl ~en) address

Ansehen (*ahn*-zāy-ern) *nt* reputation

***ansehen** (*ahn*-zāy-ern) *v* look at; regard

Ansicht (*ahn*-zikht) *f* (pl ~en) view, opinion; **der ~ *sein** consider; **zur ~ on** approval

Ansichtskarte (*ahn*-zikhts-kahr-ter) *f* (pl ~n) picture postcard, postcard

Anspannung (*ahn*-shpah-noong) *f* (pl ~en) strain

anspornen (*ahn*-shpor-nern) *v* stimulate

Ansprache (*ahn*-shpraa-kher) *f* (pl ~n) speech

***ansprechen** (*ahn*-shpreh-khern) *v* address

Anspruch (*ahn*-shprookh) *m* (pl ~e) claim

Anstalt (*ahn*-shtahlt) *f* (pl ~en) institute; asylum

Anstand (*ahn*-shtahnt) *m* decency

anständig (*ahn*-shtehn-dikh) *adj* decent

anstatt (ahn-*shtaht*) *prep* instead of

anstecken (*ahn*-shteh-kern) *v* infect

ansteckend (*ahn*-shteh-kernt) *adj* contagious, infectious

anstellen (*ahn*-shteh-lern) *v* appoint; engage

Anstoß (*ahn*-shtōass) *m* kick-off

anstößig (*ahn*-shtūr-sikh) *adj* offensive

***anstreichen** (*ahn*-shtrigh-khern) *v* paint

Anstrengung (*ahn*-shtrehng-oong) *f* (pl ~en) effort, strain

Antenne (ahn-*teh*-ner) *f* (pl ~n) aerial

Anthologie (ahn-toa-loa-*gee*) *f* (pl ~n) anthology

Antibiotikum (ahn-ti-bi-*ōa*-ti-koom) *nt* (pl -ka) antibiotic

antik (ahn-*teek*) *adj* antique

Antipathie (ahn-ti-pah-*tee*) *f* dislike

Antiquität (ahn-ti-kvi-*tait*) *f* (pl ~en) antique

Antiquitätenhändler (ahn-ti-kvi-*tai*-tern-hehn-dlerr) *m* (pl ~) antique dealer

Antrag (*ahn*-traak) *m* (pl ~e) motion

***antreiben** (*ahn*-trigh-bern) *v* propel

Antwort (*ahnt*-vort) *f* (pl ~en) answer; reply; **als ~ in** reply

antworten (*ahnt*-vor-tern) *v* answer; reply

anvertrauen (*ahn*-fehr-trou-ern) *v* commit

***anwachsen** (*ahn*-vah-ksern) *v* increase

Anwalt (*ahn*-vahlt) *m* (pl ~e) solicitor, attorney

***anweisen** (*ahn*-vigh-zern) *v* designate

Anweisung (*ahn*-vigh-zoong) *f* (pl ~en) direction; money order

*anwenden (*ahn*-vehn-dern) *v* apply

Anwendung (*ahn*-vehn-doong) *f* (pl ~en) application

anwesend (*ahn*-vāy-zernt) *adj* present

Anwesenheit (*ahn*-vāy-zern-hight) *f* presence

Anzahl (*ahn*-tsaal) *f* (pl ~en) number; quantity

Anzahlung (*ahn*-tsaa-loong) *f* (pl ~en) down payment

Anzeichen (*ahn*-tsigh-khern) *nt* (pl ~) indication

Anzeige (*ahn*-tsigh-ger) *f* (pl ~n) notice; advertisement; ticket

*anziehen (*ahn*-tsee-ern) *v* attract; *put on

anziehend (*ahn*-tsee-ernt) *adj* attractive

Anziehung (*ahn*-tsee-oong) *f* attraction

Anzug (*ahn*-tsōōk) *m* (pl ~e) suit

anzünden (*ahn*-tsewn-dern) *v* *light

Anzünder (*ahn*-tsewn-derr) *m* (pl ~) lighter

apart (ah-*pahrt*) *adv* separately

Aperitif (ah-peh-ri-*teef*) *m* (pl ~s) aperitif; drink

Apfel (*ah*-pferl) *m* (pl ~) apple

Apfelsine (ah-pferl-*zee*-ner) *f* (pl ~n) orange

Apotheke (ah-poa-*tāy*-ker) *f* (pl ~n) pharmacy, chemist's; drugstore *nAm*

Apotheker (ah-poa-*tāy*-kerr) *m* (pl ~) chemist

Apparat (ah-pah-*raat*) *m* (pl ~e) machine, apparatus

Appartement (ah-pahr-ter-*mahng*) *nt* (pl ~e) apartment *nAm*

Appell (ah-*pehl*) *m* (pl ~e) appeal

Appetit (ah-pay-*teet*) *m* appetite

Appetithappen (ah-pay-*teet*-hah-pern) *m* (pl ~) appetizer

Aprikose (ah-pri-*kōa*-zer) *f* (pl ~n) apricot

April (ah-*pril*) April

Aquarell (ah-kvah-*rehl*) *nt* (pl ~e) water-colour

Äquator (eh-*kvaa*-tor) *m* equator

Araber (*aa*-rah-berr) *m* (pl ~) Arab

arabisch (ah-*raa*-bish) *adj* Arab

Arbeit (*ahr*-bight) *f* (pl ~en) labour, work; job

arbeiten (*ahr*-bigh-tern) *v* work; operate

Arbeiter (*ahr*-bigh-terr) *m* (pl ~) workman, labourer, worker

Arbeitgeber (*ahr*-bight-gāy-berr) *m* (pl ~) employer

Arbeitnehmer (*ahr*-bight-nāy-merr) *m* (pl ~n) employee

Arbeitsamt (*ahr*-bights-ahmt) *nt* (pl ~er) employment exchange

Arbeitsbewilligung (*ahr*-bights-ber-vi-li-goong) *f* (pl ~en) work permit; labor permit *Am*

arbeitslos (*ahr*-bights-lōass) *adj* unemployed

Arbeitslosigkeit (*ahr*-bights-lōa-zikh-kight) *f* unemployment

Arbeitszimmer (*ahr*-bights-tsi-merr) *nt* (pl ~) study

Archäologe (ahr-kheh-oa-*lōa*-ger) *m* (pl ~n) archaeologist

Archäologie (ahr-kheh-oa-loa-*gee*) *f* archaeology

Architekt (ahr-khi-*tehkt*) *m* (pl ~en) architect

Architektur (ahr-khi-tehk-*tōōr*) *f* architecture

Archiv (ahr-*kheef*) *nt* (pl ~e) archives *pl*

Argentinien (ahr-gehn-*tee*-n^{y}ern) Argentina

Argentinier (ahr-gehn-*tee*-n^{y}err) *m* (pl

~) Argentinian

argentinisch (ahr-gehn-*tee*-nish) *adj* Argentinian

Ärger (*ehr*-gerr) *m* anger

ärgerlich (*ehr*-gerr-likh) *adj* annoying

ärgern (*ehr*-gerrn) *v* annoy

Argument (ahr-goo-*mehnt*) *nt* (pl ~e) argument

argumentieren (ahr-goo-mehn-*tee*-rern) *v* argue

Argwohn (*ahrk*-vōan) *m* suspicion

argwöhnisch (*ahrk*-vūr-nish) *adj* suspicious

Arkade (ahr-*kaa*-der) *f* (pl ~n) arcade

Arm (ahrm) *m* (pl ~e) arm; ~ **in Arm** arm-in-arm

arm (ahrm) *adj* poor

Armaturenbrett (ahr-mah-*tōō*-rern-breht) *nt* dashboard

Armband (*ahrm*-bahnt) *nt* (pl ~er) bracelet

Armbanduhr (*ahrm*-bahnt-ōōr) *f* (pl ~en) wrist-watch

Armee (ahr-*māy*) *f* (pl ~n) army

Ärmel (*ehr*-merl) *m* (pl ~) sleeve

Ärmelkanal (*ehr*-merl-kah-naal) *m* English Channel

Armlehne (ahrm-*lāy*-ner) *f* (pl ~n) arm

Armleuchter (ahrm-loikh-terr) *m* (pl ~) candelabrum

ärmlich (*ehrm*-likh) *adj* poor

Armreif (*ahrm*-righf) *m* (pl ~en) bangle

Armut (*ahr*-mōōt) *f* poverty

Aroma (ah-*rōa*-mah) *nt* aroma

Art (ahrt) *f* (pl ~en) species, sort; way, manner

Arterie (ahr-*tāy*-r^yer) *f* (pl ~n) artery

artig (*ahr*-tikh) *adj* good

Artikel (ahr-*tee*-kerl) *m* (pl ~) article

Artischocke (ahr-ti-*sho*-ker) *f* (pl ~n) artichoke

Arznei (ahrts-*nigh*) *f* (pl ~en) drug

Arzneimittellehre (ahrts-*nigh*-mit-terl-lāy-rer) *f* pharmacology

Arzt (ahrtst) *m* (pl ~e) doctor, physician; **praktischer** ~ general practitioner

ärztlich (*ehrtst*-likh) *adj* medical

Asbest (ahss-*behst*) *m* asbestos

Asche (*ah*-sher) *f* ash

Aschenbecher (*ah*-shern-beh-kherr) *m* (pl ~) ashtray

Asiate (ah-z^y*aa*-ter) *m* (pl ~n) Asian

asiatisch (ah-z^y*aa*-tish) *adj* Asian

Asien (*aa*-z^yern) Asia

Aspekt (ahss-*pehkt*) *m* (pl ~e) aspect

Asphalt (ahss-*fahlt*) *m* asphalt

Aspirin (ahss-pi-*reen*) *nt* aspirin

Assistent (ah-siss-*tehnt*) *m* (pl ~en) assistant

assoziieren (ah-soa-tsi-*ee*-rern) *v* associate

Ast (ahst) *m* (pl ~e) branch, bough

Asthma (*ahst*-mah) *nt* asthma

Astronomie (ah-stroa-noa-*mee*) *f* astronomy

Asyl (ah-*zēwl*) *nt* (pl ~e) asylum

Atem (*aa*-term) *m* breath

Atheist (ah-tay-*ist*) *m* (pl ~en) atheist

Äther (*ai*-terr) *m* ether

Äthiopien (eh-ti-*ōa*-p^yern) Ethiopia

Äthiopier (eh-ti-*ōa*-p^yerr) *m* (pl ~) Ethiopian

äthiopisch (eh-ti-*ōa*-pish) *adj* Ethiopian

Athlet (aht-*lāyt*) *m* (pl ~en) athlete

Athletik (aht-*lāy*-tik) *f* athletics *pl*

Atlantik (aht-*lahn*-tik) *m* Atlantic

atmen (*aat*-mern) *v* breathe

Atmosphäre (aht-moa-*sfai*-rer) *f* atmosphere

Atmung (*aat*-moong) *f* respiration, breathing

Atom (ah-*tōam*) *nt* (pl ~e) atom; **Atom-** atomic

atomar (ah-toa-*maar*) *adj* atomic

Attest (ah-*tehst*) *nt* (pl ~e) certificate

Attraktion (ah-trahk-*ts*ʸ*oān*) *f* (pl ~en) attraction

Aubergine (oa-behr-*zhee*-ner) *f* eggplant

auch (oukh) *adv* too, also; as well

auf (ouf) *prep* on, upon; at

aufbauen (*ouf*-bou-ern) *v* construct; erect

aufblähen (*ouf*-blai-ern) *v* inflate

aufblasbar (*ouf*-blaass-baar) *adj* inflatable

aufdecken (*ouf*-deh-kern) *v* uncover

Aufenthalt (*ouf*-ehnt-hahlt) *m* (pl ~e) stay; delay

Aufenthaltsgenehmigung (*ouf*-ehnt-hahlts-ger-*nāy*-mi-goong) *f* (pl ~en) residence permit

*****auffallen** (*ouf*-fah-lern) *v* *strike

auffallend (*ouf*-fah-lernt) *adj* striking

auffassen (*ouf*-fah-sern) *v* conceive

auffordern (*ouf*-for-derrn) *v* invite

Aufführung (*ouf*-fēw-roong) *f* (pl ~en) show, performance

Aufgabe (*ouf*-gaa-ber) *f* (pl ~n) duty, task; exercise

*****aufgeben** (*ouf*-gāy-bern) *v* *give up, quit; post, mail

*****aufgehen** (*ouf*-gāy-ern) *v* *rise

aufgliedern (*ouf*-glee-derrn) *v* *break down

aufgrund (ouf-*groont*) *prep* owing to, because of

sich *aufhalten (*ouf*-hahl-tern) stay

aufhängen (*ouf*-hehng-ern) *v* *hang

Aufhänger (*ouf*-hehng-err) *m* (pl ~) hanger

Aufhängung (*ouf*-hehng-oong) *f* suspension

*****aufheben** (*ouf*-hāy-bern) *v* lift

aufheitern (*ouf*-high-terrn) *v* cheer up

aufhören (*ouf*-hūr-rern) *v* cease, expire, stop; ~ **mit** discontinue, quit

aufknöpfen (*ouf*-knur-pfern) *v* unbutton

aufknoten (*ouf*-knōa-tern) *v* untie

Auflage (*ouf*-laa-ger) *f* (pl ~n) issue

auflauern (*ouf*-lou-errn) *v* watch for

auflösen (*ouf*-lūr-zern) *v* dissolve; **sich ~** dissolve

aufmachen (*ouf*-mah-khern) *v* *undo; unfasten

aufmerksam (*ouf*-mehrk-zaam) *adj* attentive

Aufmerksamkeit (*ouf*-mehrk-zaam-kight) *f* attention; notice

Aufnahme (*ouf*-naa-mer) *f* (pl ~n) reception; shot; recording

*****aufnehmen** (*ouf*-nāy-mern) *v* pick up

aufopfern (*ouf*-o-pfern) *v* sacrifice

aufpassen (ouf-pah-sern) *v* *pay attention; watch out; ~ **auf** look after

aufräumen (*ouf*-roi-mern) *v* tidy up

aufrecht (*ouf*-rehkht) *adj* upright, erect; *adv* upright

*****aufrechterhalten** (*ouf*-rehkht-ehr-hahl-tern) *v* maintain

aufregen (*ouf*-rāy-gern) *v* excite; **aufregend** exciting

Aufregung (*ouf*-rāy-goong) *f* excitement

aufreihen (*ouf*-righ-ern) *v* thread

aufrichten (*ouf*-rikh-tern) *v* erect; **aufgerichtet** erect

aufrichtig (*ouf*-rikh-tikh) *adj* sincere, honest; true

Aufruhr (*ouf*-rōōr) *m* revolt, rebellion; riot

Aufsatz (*ouf*-zahts) *m* (pl ~e) essay

*****aufschieben** (*ouf*-shee-bern) *v* delay; postpone

*****aufschließen** (*ouf*-shlee-sern) *v* unlock

Aufschrei (*ouf*-shrigh) *m* (pl ~e) cry

*****aufschreiben** (*ouf*-shrigh-bern) *v* *write down

Aufschub (*ouf*-shōōp) *m* delay; respite

aufsehenerregend (*ouf*-zāy-ern-ehr-rāy-gernt) *adj* sensational

Aufseher (*ouf*-zāy-err) *m* (pl ~) supervisor; warden

Aufsicht (*ouf*-zikht) *f* supervision

Aufsichtsbeamte (*ouf*-zikhts-ber-ahm-ter) *m* (pl ~n) inspector

Aufstand (*ouf*-shtahnt) *m* (pl ̈e) rebellion; revolt, rising

***aufstehen** (*ouf*-shtāy-ern) *v* *rise, *get up

***aufsteigen** (*ouf*-shtigh-gern) *v* ascend

Aufstieg (*ouf*-shteek) *m* climb; ascent; rise

auftauen (*ouf*-tou-ern) *v* thaw

Auftrag (*ouf*-traak) *m* (pl ̈e) order

***auftreten** (*ouf*-trāy-tern) *v* appear

Auftritt (*ouf*-trit) *m* (pl ̈e) appearance

aufwachen (*ouf*-vah-khern) *v* wake up

Aufwand (*ouf*-vahnt) *m* expenditure

aufwärts (*ouf*-vehrts) *adv* upwards

aufzeichnen (*ouf*-tsighkh-nern) *v* record

Aufzeichnung (*ouf*-tsighkh-noong) *f* (pl ~en) note

***aufziehen** (*ouf*-tsee-ern) *v* *wind; raise

Aufzug (*ouf*-tsōōk) *m* (pl ̈e) lift; elevator *nAm*

Auge (*ou*-ger) *nt* (pl ~n) eye

Augenarzt (*ou*-gern-ahrtst) *m* (pl ̈e) oculist

Augenblick (*ou*-gern-blik) *m* (pl ̈e) moment; second, instant

augenblicklich (*ou*-gern-blik-likh) *adv* instantly

Augenbraue (*ou*-gern-brou-er) *f* (pl ~n) eyebrow

Augenbrauenstift (*ou*-gern-brou-ern-shtift) *m* (pl ̈e) eye-pencil

Augenlid (*ou*-gern-leet) *nt* (pl ~er) eyelid

Augenschminke (*ou*-gern-shming-ker) *f* eye-shadow

Augenwimper (*ou*-gern-vim-perr) *f* (pl ~n) eyelash

Augenzeuge (*ou*-gern-tsoi-ger) *m* (pl ~n) eye-witness

August (ou-*goost*) August

aus (ouss) *prep* out of; from; for

ausarbeiten (*ouss*-ahr-bigh-tern) *v* elaborate

ausatmen (*ouss*-aat-mern) *v* expire, exhale

ausbessern (*ouss*-beh-serrn) *v* mend

ausbeuten (*ouss*-boi-tern) *v* exploit

ausbilden (*ouss*-bil-dern) *v* educate; train

Ausbildung (*ouss*-bil-doong) *f* training

ausbreiten (*ouss*-brigh-tern) *v* expand; *spread

Ausbruch (*ouss*-brookh) *m* (pl ̈e) outbreak

ausdehnen (*ouss*-dāy-nern) *v* expand

Ausdehnung (*ouss*-dāy-noong) *f* extension

***ausdenken** (*ouss*-dehng-kern) *v* devise

Ausdruck (*ouss*-drook) *m* (pl ̈e) term, expression; ~ *geben express

ausdrücken (*ouss*-drew-kern) *v* express

ausdrücklich (*ouss*-drewk-likh) *adj* express, explicit

Auseinandersetzung (ouss-igh-*nahn*-derr-zeh-tsoong) *f* (pl ~en) discussion, argument; dispute

auserlesen (*ouss*-ehr-lāy-zern) *adj* exquisite, select

Ausfahrt (*ouss*-faart) *f* (pl ~en) exit

Ausflug (*ouss*-flōōk) *m* (pl ̈e) excursion; trip

Ausfuhr (*ouss*-fōōr) *f* exports *pl*, exportation

ausführbar (*ouss*-fewr-baar) *adj* realizable

ausführen (*ouss*-few-rern) v perform; export; execute, implement

ausführlich (*ouss*-fewr-likh) adj detailed

ausfüllen (*ouss*-few-lern) v fill in; fill out Am

Ausgabe (*ouss*-gaa-ber) f (pl ~n) issue, edition; expense

Ausgang (*ouss*-gahng) m (pl ~e) way out, exit

Ausgangspunkt (*ouss*-gahngs-poongkt) m (pl ~e) starting-point

*ausgeben (*ouss*-gay-bern) v *spend; issue

ausgedehnt (*ouss*-ger-daynt) adj extensive; broad

*ausgehen (*ouss*-gay-ern) v *go out

ausgenommen (*ouss*-ger-no-mern) prep except

ausgesetzt (*ouss*-ger-zehtst) subject to

ausgezeichnet (*ouss*-ger-tsighkh-nert) adj fine, excellent

Ausgleich (*ouss*-glighkh) m (pl ~e) compensation

*ausgleichen (*ouss*-gligh-khern) v equalize; compensate

*ausgleiten (*ouss*-gligh-tern) f slip

Ausgrabung (*ouss*-graa-boong) f (pl ~en) excavation

Ausguß (*ouss*-gooss) m (pl -güsse) sink

*aushalten (*ouss*-hahl-tern) v sustain

ausharren (*ouss*-hah-rern) v *keep up

Auskunft (*ouss*-koonft) f (pl ~e) information

Auskunftsbüro (*ouss*-koonfts-bew-roa) nt (pl ~s) information bureau, inquiry office

*ausladen (*ouss*-laa-dern) v discharge, unload

Auslage (*ouss*-laa-ger) f (pl ~n) display

im Ausland (im *ouss*-lahnt) abroad

Ausländer (*ouss*-lehn-derr) m (pl ~)

foreigner, alien

ausländisch (*ouss*-lehn-dish) adj foreign, alien

*auslassen (*ouss*-lah-sern) v *leave out, omit

auslegen (*ouss*-lay-gern) v display

Auslegung (*ouss*-lai-goong) f (pl ~en) explanation

*auslesen (*ouss*-lay-zayn) v select

ausliefern (*ouss*-lee-ferrn) v deliver; extradite

auslöschen (*ouss*-lur-shern) v extinguish, *put out

Ausmaß (*ouss*-maass) nt (pl ~e) extent; size

Ausnahme (*ouss*-naa-mer) f (pl ~n) exception

*ausnehmen (*ouss*-nay-mern) v exempt

ausnutzen (*ouss*-noo-tsern) v exploit

auspacken (*ouss*-pah-kern) v unpack, unwrap

Auspuff (*ouss*-poof) m (pl ~e) exhaust

Auspuffgase (*ouss*-poof-gaa-zer) ntpl exhaust gases

Auspufftopf (*ouss*-poof-topf) m silencer; muffler nAm

ausrangieren (*ouss*-rahng-zhee-rern) v discard

ausrechnen (*ouss*-rehkh-nern) v calculate

*ausreißen (*ouss*-righ-sern) v extract

Ausreißer (*ouss*-righ-serr) m (pl ~) runaway

Ausruf (*ouss*-roof) m (pl ~e) exclamation

*ausrufen (*ouss*-roo-fern) v exclaim

ausruhen (*ouss*-roo-ern) v rest

ausrüsten (*ouss*-rewss-tern) v equip

Ausrüstung (*ouss*-rewss-toong) f outfit, equipment; gear, kit

ausrutschen (*ouss*-roo-chern) v slip

aussaugen (*ouss*-zou-gern) v *bleed

ausschalten (*ouss*-shahl-tern) v switch

off; disconnect

ausschimpfen (*ouss*-shim-pfern) v call names

Ausschlag (*ouss*-shlaak) m rash

***ausschließen** (*ouss*-shlee-sern) v exclude

ausschließlich (*ouss*-shleess-likh) adv exclusively; solely

Ausschreitung (*ouss*-shrigh-toong) f (pl ~en) excess

Ausschuß (*ouss*-shooss) m (pl -schüsse) committee

Aussehen (*ouss*-zāy-ern) nt look

***aussehen** (*ouss*-zāy-ern) v look

Außenbezirke (*ou*-sern-ber-tseer-ker) mpl outskirts pl

Außenseite (*ou*-sern-zigh-ter) f exterior, outside

außer (*ou*-serr) prep beyond, besides; but, except; out of; ~ **wenn** unless

äußer (*oi*-serr) adj outward; **äußerst** adj extreme, utmost; very

außerdem (*ou*-serr-dāym) adv moreover

Äußere (*oi*-ser-rer) nt outside

außergewöhnlich (*ou*-serr-ger-vūrn-likh) adj exceptional

außerhalb (*ou*-serr-hahlp) prep outside

äußerlich (*oi*-serr-likh) adj external, exterior

äußern (*oi*-serrn) v express; utter

außerordentlich (*ou*-serr-*or*-dernt-likh) adj extraordinary

Äußerung (*oi*-ser-roong) f (pl ~en) expression

Aussetzung (*ouss*-zay-tsoong) f exposure

Aussicht¹ (*ouss*-zikht) f view; sight

Aussicht² (*ouss*-zikht) f (pl ~en) prospect, outlook

Aussprache (*ouss*-shpraa-kher) f pronunciation

***aussprechen** (*ouss*-shpreh-khern) v pronounce

ausstatten (*ouss*-shtah-tern) v equip

***aussteigen** (*ouss*-shtigh-gern) v *get off

ausstellen (*ouss*-shteh-lern) v exhibit; *show

Ausstellung (*ouss*-shteh-loong) f (pl ~en) exhibition; display, show, exposition

Ausstellungsraum (*ouss*-shteh-loongs-room) m (pl ~e) showroom

Ausstoß (*ouss*-shtōass) m output

austauschen (*ouss*-tou-shern) v exchange

***austeilen** (*ouss*-tigh-lern) v *deal

Auster (*ouss*-terr) f (pl ~n) oyster

Australien (ouss-*traa*-lYern) Australia

Australier (ouss-*traa*-lYerr) m (pl ~) Australian

australisch (ouss-*traa*-lish) adj Australian

ausüben (*ouss*-ēw-bern) v exercise; practise

Ausverkauf (*ouss*-fehr-kouf) m clearance sale

ausverkauft (*ouss*-fehr-kouft) adj sold out

Auswahl (*ouss*-vaal) f choice; selection; assortment; variety

auswählen (*ouss*-vai-lern) v select

Auswanderer (*ouss*-vahn-der-rerr) m (pl ~) emigrant

auswandern (*ouss*-vahn-derrn) v emigrate

Auswanderung (*ouss*-vahn-der-roong) f emigration

auswechseln (*ouss*-veh-kserln) v exchange

Ausweg (*ouss*-vāyk) m (pl ~e) issue

Ausweis (*ouss*-vighss) m (pl ~e) identity card

***ausweisen** (*ouss*-vigh-zern) v expel

auswendig (*ouss*-vehn-dikh) adv by heart

auswischen (*ouss*-vi-shern) *v* wipe

sich auszeichnen (*ouss*-tsighkh-nern) excel

*ausziehen (*ouss*-tsee-ern) *v* extract

Auszug (*ouss*-tsōōk) *m* (pl ~̈e) excerpt

authentisch (ou-*tehn*-tish) *adj* authentic

Auto (*ou*-toa) *nt* (pl ~s) automobile; **im ~ *fahren** motor

Autobahn (*ou*-toa-baan) *f* (pl ~en) motorway; highway *nAm*

Autofahrer (*ou*-toa-faa-rerr) *m* (pl ~) motorist

Autokarte (*ou*-toa-kahr-ter) *f* (pl ~n) road map

Automat (ou-toa-*maat*) *m* (pl ~en) slot-machine

automatisch (ou-toa-*maa*-tish) *adj* automatic

Automatisierung (ou-toa-mah-ti-zee-roong) *f* automation

Automobilismus (ou-toa-moa-bi-*liss*-mooss) *m* motoring

Automobilklub (ou-toa-moa-*beel*-kloop) *m* (pl ~s) automobile club

autonom (ou-toa-*nōām*) *adj* autonomous

Autopsie (ou-toa-*psee*) *f* autopsy

Autor (*ou*-tor) *m* (pl ~en) author

autoritär (ou-toa-ri-*tair*) *adj* authoritarian

Autovermietung (*ou*-toa-fehr-mee-toong) *f* car hire; car rental *Am*

B

Baby (*bāy*-bi) *nt* (pl ~s) baby

Babysitter (*bāy*-bi-si-terr) *m* (pl ~) babysitter

Baby-Tragetasche (*bāy*-bi-traa-ger-tah-sher) *f* (pl ~n) carry-cot

Bach (bahkh) *m* (pl ~̈e) brook, stream

Backbord (*bahk*-bord) *nt* port

backen (*bah*-kern) *v* bake

Backenbart (*bah*-kern-bahrt) *m* whiskers *pl*

Backenknochen (*bah*-kern-kno-khern) *m* (pl ~) cheek-bone

Backenzahn (*bah*-kern-tsaan) *m* (pl ~̈e) molar

Bäcker (*beh*-kerr) *m* (pl ~) baker

Bäckerei (beh-ker-*righ*) *f* (pl ~en) bakery

Backofen (*bahk*-ōā-fern) *m* (pl ~̈) oven

Backpflaume (*bahk*-pflou-mer) *f* (pl ~n) prune

Bad (baat) *nt* (pl ~̈er) bath

Badeanzug (*baa*-der-ahn-tsōōk) *m* (pl ~̈e) swim-suit, bathing-suit

Badehose (*baa*-der-hōā-zer) *f* (pl ~n) swimming-trunks, bathing-trunks, bathing-suit

Bademantel (*baa*-der-mahn-terl) *m* (pl ~̈) bathrobe

Bademütze (*baa*-der-mew-tser) *f* (pl ~n) bathing-cap

baden (*baa*-dern) *v* bathe

Badesalz (*baa*-der-zahlts) *nt* (pl ~e) bath salts

Badetuch (*baa*-der-tōōkh) *nt* (pl ~̈er) bath towel

Badezimmer (*baa*-der-tsi-merr) *nt* (pl ~) bathroom

Bahn (baan) *f* (pl ~en) railway; track

Bahnhof (*baan*-hōāf) *m* (pl ~̈e) station; depot *nAm*

Bahnsteig (*baan*-shtighk) *m* (pl ~e) platform

Bahnsteigkarte (*baan*-shtighk-kahr-ter) *f* (pl ~n) platform ticket

Bahnübergang (*baan*-ēw-berr-gahng) *m* (pl ~̈e) crossing, level crossing

Bakterie (bahk-*tāy*-rʸer) *f* (pl ~n) bacterium

bald (bahlt) *adv* soon; shortly

Balken (*bahl*-kern) *m* (pl ~) beam

Balkon (bahl-*kawng*) *m* (pl ~s) balcony; circle

Ball (bahl) *m* (pl ~e) ball

Ballett (bah-*leht*) *nt* (pl ~s) ballet

Ballon (bah-*lawng*) *m* (pl ~e) balloon

Ballsaal (*bahl*-zaal) *m* (pl -säle) ballroom

Bambus (*bahm*-booss) *m* bamboo

Banane (bah-*naa*-ner) *f* (pl ~n) banana

Band[1] (bahnt) *nt* (pl ~er) band; ribbon; tape

Band[2] (bahnt) *m* (pl ~e) volume

Bande (*bahn*-der) *f* (pl ~n) gang

Bandit (bahn-*deet*) *m* (pl ~en) bandit

Bandmaß (*bahnt*-maass) *nt* (pl ~e) tape-measure

bange (*bahng*-er) *adj* afraid

Bank[1] (bahngk) *f* (pl ~en) bank

Bank[2] (bahngk) *f* (pl ~e) bench

Bank-Einlage (*bahng*-ighn-laa-ger) *f* (pl ~n) deposit

Bankettsaal (bahng-*keht*-zaal) *m* (pl -säle) banqueting-hall

Bankkonto (*bahngk*-kon-toa) *nt* (pl -konten) bank account

Banknote (*bahngk*-nōa-ter) *f* (pl ~n) banknote

bankrott (bahng-*krot*) *adj* bankrupt

Banner (*bah*-nerr) *nt* (pl ~) banner

Bar (baar) *f* (pl ~s) bar; saloon

Bär (bair) *m* (pl ~en) bear

Bardame (*baar*-daa-mer) *f* (pl ~n) barmaid

Bargeld (*baar*-gehlt) *nt* cash

Bariton (*baa*-ri-ton) *m* (pl ~e) baritone

barmherzig (bahrm-*hehr*-tsikh) *adj* merciful

Barmherzigkeit (bahrm-*hehr*-tsikh-kight) *f* mercy

barock (bah-*rok*) *adj* baroque

Barometer (bah-roa-*māy*-terr) *nt* (pl ~) barometer

Barsch (bahrsh) *m* (pl ~e) perch, bass

Bart (bahrt) *m* (pl ~e) beard

Base (*baa*-zer) *f* (pl ~n) cousin

Baseball (*bāyss*-bōal) *m* baseball

Basilika (bah-*zee*-li-kah) *f* (pl -ken) basilica

Basis (*baa*-ziss) *f* (pl Basen) basis; base

Baskenmütze (*bahss*-kern-mew-tser) *f* (pl ~n) beret

Baß (bahss) *m* (pl Bässe) bass

Bastard (*bahss*-tahrt) *m* (pl ~e) bastard

Batterie (bah-ter-*ree*) *f* (pl ~n) battery

Bau (bou) *m* construction

Bauch (boukh) *m* (pl ~e) belly

Bauchschmerzen (*boukh*-shmehr-tsern) *mpl* stomach-ache

bauen (*bou*-ern) *v* construct, *build

Bauer (*bou*-err) *m* (pl ~n) farmer; peasant; pawn

Bäuerin (*boi*-er-rin) *f* (pl ~nen) farmer's wife

Bauernhaus (*bou*-errn-houss) *nt* (pl ~er) farmhouse

Bauernhof (*bou*-errn-hōaf) *m* (pl ~e) farm

baufällig (*bou*-feh-likh) *adj* dilapidated

Bauholz (*bou*-holts) *nt* timber

Baukunst (*bou*-koonst) *f* architecture

Baum (boum) *m* (pl ~e) tree

Baumschule (*boum*-shoō-ler) *f* (pl ~n) nursery

Baumwolle (*boum*-vo-ler) *f* cotton; **Baumwoll-** cotton

Baumwollsamt (*boum*-vol-zahmt) *m* velveteen

Bazille (bah-*tsi*-ler) *f* (pl ~n) germ

beabsichtigen (ber-*ahp*-zikh-ti-gern) *v* intend; aim at

beachten (ber-*ahkh*-tern) *v* attend to; observe

beachtlich (ber-*ahkht*-likh) *adj* considerable

Beachtung (ber-*ahkh*-toong) *f* consideration

Beamte (ber-*ahm*-ter) *m* (pl ~n) clerk

beanspruchen (ber-*ahn*-shproo-khern) *v* claim

beantworten (ber-*ahnt*-vor-tern) *v* answer

beaufsichtigen (ber-*ouf*-zikh-ti-gern) *v* supervise

bebauen (ber-*bou*-ern) *v* cultivate

beben (*bay*-bern) *v* tremble

Becher (*beh*-kherr) *m* (pl ~) mug, tumbler

Becken (*beh*-kern) *nt* (pl ~) basin; pelvis

bedächtig (ber-*dehkh*-tikh) *adj* wary

Bedarf (ber-*dahrf*) *m* want

Bedauern (ber-*dou*-errn) *nt* regret

bedauern (ber-*dou*-errn) *v* regret

bedecken (ber-*deh*-kern) *v* cover

bedenklich (ber-*dehngk*-likh) *adj* critical

bedeuten (ber-*doi*-tern) *v* *mean

bedeutend (ber-*doi*-ternt) *adj* considerable, big; important; capital, substantial

Bedeutung (ber-*doi*-toong) *f* (pl ~en) meaning, sense; importance; **von ~ *sein** matter

bedeutungsvoll (ber-*doi*-toongs-fol) *adj* significant

bedienen (ber-*dee*-nern) *v* serve; wait on, attend on

Bedienung (ber-*dee*-noong) *f* service

bedingt (ber-*dingkt*) *adj* conditional

Bedingung (ber-*ding*-oong) *f* (pl ~en) condition; term

bedingungslos (ber-*ding*-oongs-lōass) *adj* unconditional

bedrohen (ber-*drōa*-ern) *v* threaten

bedrohlich (ber-*drōa*-likh) *adj* threatening

Bedrohung (ber-*drōa*-oong) *f* (pl ~en) threat

bedrücken (ber-*drew*-kern) *v* oppress

Bedürfnis (ber-*dewrf*-niss) *nt* (pl ~se) need

sich beeilen (ber-*igh*-lern) hurry

beeindrucken (ber-*ighn*-droo-kern) *v* impress

beeinflussen (ber-*ighn*-floo-sern) *v* influence; affect

beenden (ber-*ehn*-dern) *v* end, finish

beerdigen (ber-*air*-di-gern) *v* bury

Beere (*bay*-rer) *f* (pl ~n) berry; currant

befähigen (ber-*fai*-i-gern) *v* enable

Befähigung (ber-*fai*-i-goong) *f* (pl ~en) qualification

befahrbar (ber-*faar*-baar) *adj* navigable

***befahren** (ber-*faa*-rern) *v* sail

sich befassen mit (ber-*fah*-sern) *deal with

Befehl (ber-*fayl*) *m* (pl ~e) order; command

***befehlen** (ber-*fay*-lern) *v* order; command

Befehlshaber (ber-*fayls*-haa-berr) *m* (pl ~) commander

befestigen (ber-*fehss*-ti-gern) *v* fasten; attach

befeuchten (ber-*foikh*-tern) *v* damp

beflecken (ber-*fleh*-kern) *v* stain

befördern (ber-*furr*-derrn) *v* promote

Beförderung (ber-*furr*-der-roong) *f* (pl ~en) transport; promotion

befragen (ber-*fraa*-gern) *v* query

befreien (ber-*frigh*-ern) *v* exempt

befreit (ber-*fright*) *adj* exempt

Befreiung (beh-*frigh*-oong) *f* liberation; exemption

befriedigen (ber-*free*-di-gern) *v* satisfy

Befriedigung (ber-*free*-di-goong) *f* satisfaction

Befugnis (ber-*fook*-niss) *f* (pl ~se)

authority

befugt (ber-*fookt*) *adj* qualified

befürchten (ber-*fewrkh*-tern) *v* dread

begabt (ber-*gaapt*) *adj* gifted, talented

Begabung (ber-*gaa*-boong) *f* faculty, talent

begegnen (ber-*gay*-gnern) *v* *meet; encounter, *come across; **zufällig ~** run into

Begegnung (ber-*gay*-gnoong) *f* (pl ~en) encounter

*begehen (ber-*gay*-ern) *v* commit

Begehren (ber-*gay*-rern) *nt* wish

begehren (ber-*gay*-rern) *v* wish; desire

begehrenswert (ber-*gay*-rerns-vayrt) *adj* desirable

begeistern (ber-*gighss*-terrn) *v* inspire; **begeistert** *adj* enthusiastic; keen

Begeisterung (ber-*gighss*-ter-roong) *f* enthusiasm

begierig (ber-*gee*-rikh) *adj* eager

Beginn (ber-*gin*) *m* beginning

*beginnen (ber-*gi*-nern) *v* *begin; **wieder ~** recommence

begleiten (ber-*gligh*-tern) *v* accompany; conduct

beglückwünschen (ber-*glewk*-vewn-shern) *v* congratulate, compliment

Beglückwünschung (ber-*glewk*-vewn-shoong) *f* (pl ~en) congratulation

Begnadigung (ber-*gnaa*-di-goong) *f* (pl ~en) pardon

*begraben (ber-*graa*-bern) *v* bury

Begräbnis (ber-*graip*-niss) *nt* (pl ~se) funeral, burial

*begreifen (ber-*grigh*-fern) *v* *understand; *see

Begriff (ber-*grif*) *m* (pl ~e) notion

begünstigen (ber-*gewns*-ti-gern) *v* favour

Beha *m* (pl ~s) brassiere

behaglich (ber-*haak*-likh) *adj* cosy, easy

Behaglichkeit (ber-*haak*-likh-kight) *f* (pl ~en) comfort

*behalten (ber-*hahl*-tern) *v* remember

Behälter (ber-*hehl*-terr) *m* (pl ~) container

behandeln (ber-*hahn*-derln) *v* treat; handle

Behandlung (ber-*hahn*-dloong) *f* (pl ~en) treatment; **kosmetische ~** beauty treatment

Behandlungsweise (ber-*hahn*-dloongs-vigh-zer) *f* (pl ~n) approach

beharren (ber-*hah*-rern) *v* insist

behaupten (ber-*houp*-tern) *v* claim

sich *behelfen mit (ber-*hehl*-fern) *make do with

behende (ber-*hehn*-der) *adj* skilful

beherbergen (ber-*hehr*-behr-gern) *v* lodge

beherrschen (ber-*hehr*-shern) *v* master

beherzt (ber-*hehrtst*) *adj* brave

behexen (ber-*heh*-ksern) *v* bewitch

Behörde (ber-*hurr*-der) *f* (pl ~n) authorities *pl*

behutsam (ber-*hoot*-zaam) *adj* gentle

bei (bigh) *prep* at, with; near, by

Beichte (*bighkh*-ter) *f* (pl ~n) confession

beichten (*bighkh*-tern) *v* confess

beide (*bigh*-der) *adj* both, either; **einer von beiden** either

Beifall (*bigh*-fahl) *m* applause; **~ klatschen** clap

beifügen (*bigh*-few-gern) *v* attach

beige (bayzh) *adj* beige

Beil (bighl) *nt* (pl ~e) axe

Beilage (*bigh*-laa-ger) *f* (pl ~n) enclosure; supplement

beiläufig (*bigh*-loi-fikh) *adj* casual

beilegen (*bigh*-lay-gern) *v* enclose

Bein (bighn) *nt* (pl ~e) leg; bone

beinahe (*bigh*-naa-er) *adv* nearly, almost

*beischließen (*bigh*-shlee-sern) *v* enclose

beiseite (bigh-*zigh*-ter) *adv* aside

Beispiel (*bigh*-shpeel) *nt* (pl ~e) instance, example; **zum ~** for instance, for example

***beißen** (*bigh*-sern) *v* *bite

Beistand (*bigh*-shtahnt) *m* assistance

Beitrag (*bigh*-traak) *m* (pl ~̈e) contribution

beiwohnen (*bigh*-vōā-nern) *v* attend, assist at

bejahen (ber-*ʸaa*-ern) *v* approve; **bejahend** affirmative

bejahrt (ber-*ʸaart*) *adj* aged

bekämpfen (ber-*kehm*-pfern) *v* combat

bekannt (ber-*kahnt*) *adj* well-known

Bekannte (ber-*kahn*-ter) *m* (pl ~n) acquaintance

bekanntmachen (ber-*kahnt*-mahkhern) *v* announce

Bekanntmachung (ber-*kahnt*-mahkhoong) *f* (pl ~en) announcement; communiqué

Bekanntschaft (ber-*kahnt*-shahft) *f* (pl ~en) acquaintance

bekehren (ber-*kāʸ*-rern) *v* convert

***bekennen** (ber-*keh*-nern) *v* confess

***bekommen** (ber-*ko*-mern) *v* *get; receive

bekömmlich (ber-*kurm*-likh) *adj* wholesome

bekrönen (ber-*krūr*-nern) *v* crown

bekümmert (ber-*kew*-merrt) *adj* sorry

Belagerung (ber-*laa*-ger-roong) *f* (pl ~en) siege

belanglos (ber-*lahng*-lōāss) *adj* insignificant

belasten (ber-*lahss*-tern) *v* charge

belästigen (ber-*lehss*-ti-gern) *v* bother

Belästigung (ber-*lehss*-ti-goong) *f* (pl ~en) bother

Belastung (ber-*lahss*-toong) *f* (pl ~en) charge

Beleg (ber-*lāʸk*) *m* (pl ~e) voucher

beleibt (ber-*lighpt*) *adj* corpulent

beleidigen (ber-*ligh*-di-gern) *v* offend, insult; **beleidigend** *adj* offensive

Beleidigung (ber-*ligh*-di-goong) *f* (pl ~en) offence, insult

Beleuchtung (ber-*loikh*-toong) *f* lighting, illumination

Belgien (*behl*-gʸern) Belgium

Belgier (*behl*-gʸerr) *m* (pl ~) Belgian

belgisch (*behl*-gish) *adj* Belgian

Belichtung (ber-*likh*-toong) *f* exposure

Belichtungsmesser (ber-*likh*-toongsmeh-serr) *m* (pl ~) exposure meter

beliebig (ber-*lee*-bikh) *adj* optional

beliebt (ber-*leept*) *adj* popular

bellen (*beh*-lern) *v* bark, bay

belohnen (ber-*lōā*-nern) *v* reward

Belohnung (ber-*lōā*-noong) *f* (pl ~en) reward; prize

sich bemächtigen (ber-*mehkh*-ti-gern) secure

bemerken (ber-*mehr*-kern) *v* notice; note; remark

bemerkenswert (ber-*mehr*-kerns-vāʸrt) *adj* noticeable

Bemerkung (ber-*mehr*-koong) *f* (pl ~en) remark

bemitleiden (ber-*mit*-ligh-dern) *v* pity

bemühen (ber-*mēw̄*-ern) *v* trouble; **sich ~** try

Bemühung (ber-*mēw̄*-oong) *f* (pl ~en) effort

benachbart (ber-*nahkh*-baart) *adj* neighbouring

benachrichtigen (ber-*naakh*-rikh-ti-gern) *v* notify

sich *benehmen (ber-*nāʸ*-mern) act, behave

beneiden (ber-*nigh*-dern) *v* envy

Benennung (ber-*neh*-noong) *f* (pl ~en) denomination

benutzen (ber-*noo*-tsern) *v* use; utilize

Benutzer (ber-*noo*-tserr) *m* (pl ~) user

Benzin (behn-*tseen*) *nt* petrol; fuel; gasoline *nAm*, gas *nAm*

Benzinpumpe (behn-*tseen*-poom-per) *f* (pl ~n) petrol pump; fuel pump *Am*; gas pump *Am*

Benzintank (behn-*tseen*-tahngk) *m* petrol tank

beobachten (ber-*ōā*-bahkh-tern) *v* watch

Beobachtung (ber-*ōā*-bahkh-toong) *f* (pl ~en) observation

bequem (ber-*kvāym*) *adj* comfortable; convenient, easy

Bequemlichkeit (ber-*kvāym*-likh-kight) *f* (pl ~en) comfort

beratschlagen (ber-*raat*-shlaa-gern) *v* deliberate

Beratung (ber-*raa*-toong) *f* (pl ~en) deliberation

Beratungsstelle (ber-*raa*-toongs-shteh-ler) *f* (pl ~n) health centre

berauscht (ber-*rousht*) *adj* intoxicated

berechnen (ber-*rehkh*-nern) *v* calculate

berechtigt (ber-*rehkh*-tikht) *adj* just

bereden (ber-*rāy*-dern) *v* persuade

Bereich (ber-*righkh*) *m* reach; range

bereit (ber-*right*) *adj* ready; prepared

bereits (ber-*rights*) *adv* already

bereitwillig (ber-*right*-vi-likh) *adj* co-operative

Berg (behrk) *m* (pl ~e) mountain; mount

Bergbau (*behrk*-bou) *m* mining

Bergkette (*behrk*-keh-ter) *f* (pl ~n) mountain range

Bergmann (*behrk*-mahn) *m* (pl -leute) miner

Bergschlucht (*behrk*-shlookht) *f* (pl ~en) glen

Bergsteigen (*behrk*-shtigh-gern) *nt* mountaineering

Bergwerk (*behrk*-vehrk) *nt* (pl ~e) mine

Bericht (ber-*rikht*) *m* (pl ~e) account, report; notice

berichten (ber-*rikh*-tern) *v* inform; report

Berichterstatter (ber-*rikht*-err-shtah-terr) *m* (pl ~) reporter

Berichtigung (ber-*rikh*-ti-goong) *f* (pl ~en) correction

Bernstein (*behrn*-shtighn) *m* amber

***bersten** (*behrs*-tern) *v* *burst; crack

berüchtigt (ber-*rewkh*-tikht) *adj* notorious

Beruf (ber-*rōōf*) *m* (pl ~e) profession; trade

beruflich (ber-*rōōf*-likh) *adj* professional

beruhigen (ber-*rōō*-i-gern) *v* calm down; reassure

Beruhigungsmittel (ber-*rōō*-i-goongs-mi-terl) *nt* (pl ~) sedative; tranquillizer

berühmt (ber-*rewmt*) *adj* famous, noted

berühren (ber-*rew*-rern) *v* touch

Berührung (ber-*rew*-roong) *f* (pl ~en) touch, contact

besagen (ber-*zaa*-gern) *v* imply

Besatzung (ber-*zah*-tsoong) *f* (pl ~en) crew

beschädigen (ber-*shai*-di-gern) *v* damage

beschaffen (ber-*shah*-fern) *v* provide

beschäftigen (ber-*shehf*-ti-gern) *v* employ; **beschäftigt** *adj* engaged, busy; **sich ~ mit** attend to

Beschäftigung (ber-*shehf*-ti-goong) *f* (pl ~en) business, occupation; employment; job

beschämt (ber-*shaimt*) *adj* ashamed

Bescheid (ber-*shight*) *m* message

bescheiden (ber-*shigh*-dern) *adj* modest; humble

Bescheidenheit (ber-*shigh*-dern-hight) *f* modesty

Bescheinigung (ber-*shigh*-ni-goong) *f* (pl ~en) certificate

beschlagnahmen (ber-*shlaak*-naamern) *v* impound, confiscate

beschleunigen (ber-*shloi*-ni-gern) *v* accelerate

*beschließen** (ber-*shlee*-sern) *v* decide

Beschluß (ber-*shlooss*) *m* (pl Beschlüsse) decision

beschmutzt (ber-*shmootst*) *adj* soiled

beschränken (ber-*shrehng*-kern) *v* limit

*beschreiben** (ber-*shrigh*-bern) *v* describe

Beschreibung (ber-*shrigh*-boong) *f* (pl ~en) description

beschriften (ber-*shrif*-tern) *v* label

beschuldigen (ber-*shool*-di-gern) *v* accuse; blame

Beschwerde (ber-*shvayr*-der) *f* (pl ~n) complaint

Beschwerdebuch (ber-*shvayr*-der-bookh) *nt* (pl ~er) complaints book

sich beschweren (ber-*shvay*-rern) complain

beschwindeln (ber-*shvin*-derln) *v* cheat

beseitigen (ber-*zigh*-ti-gern) *v* eliminate; remove

Beseitigung (ber-*zigh*-ti-goong) *f* removal

Besen (*bay*-zern) *m* (pl ~) broom

besessen (ber-*zeh*-sern) *adj* possessed

Besessenheit (ber-*zeh*-sern-hight) *f* obsession

besetzen (ber-*zeh*-tsern) *v* occupy; **besetzt** *adj* engaged; occupied

Besetzung (ber-*zeh*-tsoong) *f* (pl ~en) occupation

besichtigen (ber-*zikh*-ti-gern) *v* view

besiegen (ber-*zee*-gern) *v* *beat; defeat; conquer

Besitz (ber-*zits*) *m* possession; property

*besitzen** (ber-*zi*-tsern) *v* possess, own

Besitzer (ber-*zi*-tserr) *m* (pl ~) owner

besonder (ber-*zon*-derr) *adj* special, particular; separate

besonders (ber-*zon*-derrs) *adv* most of all, especially

besonnen (ber-*zo*-nern) *adj* sober

besorgen (ber-*zor*-gern) *v* procure; look after, *do; **besorgt** anxious, concerned

Besorgtheit (ber-*zorkt*-hight) *f* worry, anxiety

bespötteln (ber-*shpur*-terln) *v* ridicule

Besprechung (ber-*shpreh*-khoong) *f* (pl ~en) discussion; review

bespritzen (ber-*shpri*-tsern) *v* splash

besser (*beh*-serr) *adj* better; superior

best (behst) *adj* best; **zum besten** *haben** fool

beständig (ber-*shtehn*-dikh) *adj* permanent; constant, steady

Bestandteil (ber-*shtahnt*-tighl) *m* (pl ~e) element; ingredient

bestätigen (ber-*shtai*-ti-gern) *v* acknowledge, confirm

Bestätigung (ber-*shtai*-ti-goong) *f* (pl ~en) confirmation

Bestattung (ber-*shtah*-toong) *f* (pl ~en) burial

*bestechen** (ber-*shteh*-khern) *v* bribe, corrupt

Bestechung (ber-*shteh*-khoong) *f* (pl ~en) bribery, corruption

Besteck (ber-*shtehk*) *nt* cutlery

*bestehen** (ber-*shtay*-ern) *v* exist; insist; pass; ~ **aus** consist of

*besteigen** (ber-*shtigh*-gern) *v* mount, ascend

bestellen (ber-*shteh*-lern) *v* order

Bestellung (ber-*shteh*-loong) *f* (pl ~en) order; **auf ~ gemacht** made to order

Bestellzettel (ber-*shtehl*-tseh-terl) *m*

(pl ~) order-form

besteuern (ber-*shtoi*-errn) v tax

Besteuerung (ber-*shtoi*-er-roong) f taxation

bestimmen (ber-*shti*-mern) v define, determine; destine

bestimmt (ber-*shtimt*) adj certain; definite

Bestimmung (ber-*shti*-moong) f (pl ~en) definition

Bestimmungsort (ber-*shti*-moongs-ort) m (pl ~e) destination

bestrafen (ber-*shtraa*-fern) v punish

bestrebt (ber-*shtrāypt*) adj anxious

bestreiten (ber-*shtrigh*-tern) v dispute

bestürzt (ber-*shtewrtst*) adj upset

Besuch (ber-*zōōkh*) m (pl ~e) visit; call

besuchen (ber-*zōō*-khern) v visit; call on

Besuchsstunden (ber-*zōōkhs*-shtoon-dern) fpl visiting hours

betasten (ber-*tahss*-tern) v *feel

Betäubung (ber-*toi*-boong) f (pl ~en) anaesthesia

Betäubungsmittel (ber-*toi*-boongs-mi-terl) nt (pl ~) anaesthetic

Bete (*bāy*-ter) f (pl ~n) beetroot

sich beteiligen an (ber-*tigh*-li-gern) join

beteiligt (ber-*tigh*-likht) adj involved, concerned

beten (*bāy*-tern) v pray

Beton (bay-*tawng*) m concrete

betonen (ber-*tōā*-nern) v emphasize, stress

Betonung (ber-*tōā*-noong) f accent, stress

betrachten (ber-*trahkh*-tern) v consider; regard

beträchtlich (ber-*trehkht*-likh) adj considerable; adv pretty, quite

Betrag (ber-*traak*) m (pl ~̈e) amount

Betragen (ber-*traa*-gern) nt conduct, behaviour

betragen (ber-*traa*-gern) v amount to

betreffen (ber-*treh*-fern) v concern; touch

betreffs (ber-*trehfs*) prep about, regarding, concerning

betreten (ber-*trāy*-tern) v enter

Betrieb (bertreep) m working

Betriebsanlage (ber-*treeps*-ahn-laa-ger) f (pl ~n) plant

Betriebsstörung (ber-*treeps*-shtūr-roong) f (pl ~en) breakdown

Betrübnis (ber-*trēwp*-niss) f sorrow, grief

betrübt (ber-*trēwpt*) adj sad

Betrug (ber-*trōōk*) m deceit; fraud, swindle

betrügen (ber-*trēw*-gern) v cheat; deceive; swindle

Betrüger (ber-*trēw*-gerr) m (pl ~) swindler

betrunken (ber-*troong*-kern) adj drunk

Bett (beht) nt (pl ~en) bed

Bettdecke (*beht*-deh-ker) f (pl ~n) counterpane

betteln (*beh*-terln) v beg

Bettler (*beht*-lerr) m (pl ~) beggar

Bettzeug (*beht*-tsoik) nt bedding

beugen (*boi*-gern) v bow

Beule (*boi*-ler) f (pl ~n) dent; lump

sich beunruhigen (ber-*oon-rōō*-i-gern) worry

beunruhigt (ber-*oon-rōō*-ikht) adj worried

beurteilen (ber-*oor*-tigh-lern) v judge

Beutel (*boi*-terl) m (pl ~) pouch

Bevölkerung (ber-*furl*-ker-roong) f population

bevor (ber-*fōār*) conj before

bevorrechten (ber-*fōār*-rehkh-tern) v favour

bewachen (ber-*vah*-khern) v guard

bewaffnen (ber-*vahf*-nern) v arm

bewahren (ber-*vaa*-rern) v *keep; preserve

Bewahrung (ber-*vaa*-roong) f preservation

bewaldet (ber-*vahl*-dert) adj wooded

bewegen (ber-*vāy*-gern) v move, stir

beweglich (ber-*vāyk*-likh) adj mobile; movable

Bewegung (ber-*vāy*-goong) f (pl ~en) movement, motion

Beweis (ber-*vighss*) m (pl ~e) proof, evidence; token

*beweisen (ber-*vigh*-zern) v prove; *show, demonstrate

sich *bewerben (ber-*vehr*-bern) apply

Bewerber (ber-*vehr*-berr) m (pl ~) candidate

Bewerbung (ber-*vehr*-boong) f (pl ~en) application

bewilligen (ber-*vi*-li-gern) v allow; grant

Bewilligung (ber-*vi*-li-goong) f permission

bewillkommnen (ber-*vil*-kom-nern) v welcome

bewirten (ber-*veer*-tern) v entertain

bewohnbar (ber-*vōān*-baar) adj habitable, inhabitable

bewohnen (ber-*vōā*-nern) v inhabit

Bewohner (ber-*vōā*-nerr) m (pl ~) inhabitant

bewölkt (ber-*vurlkt*) adj cloudy, overcast

Bewölkung (ber-*vurl*-koong) f clouds

bewundern (ber-*voon*-derrn) v admire

Bewunderung (ber-*voon*-der-roong) f admiration

bewußt (ber-*voost*) adj conscious; aware

bewußtlos (ber-*voost*-lōāss) adj unconscious

Bewußtsein (ber-*voost*-zighn) nt consciousness

bezahlen (ber-*tsaa*-lern) v *pay

Bezahlung (ber-*tsaa*-loong) f (pl ~en) payment

bezaubernd (ber-*tsou*-berrnt) adj enchanting; glamorous

bezeichnen (ber-*tsighkh*-nern) v mark; bezeichnend typical, characteristic

bezeugen (ber-*tsoi*-gern) v testify

sich *beziehen auf (ber-*tsee*-ern) affect

Beziehung (ber-*tsee*-oong) f (pl ~en) relation, connection; reference

Bezirk (ber-*tseerk*) m (pl ~e) district

in Bezug auf (in ber-*tsook* ouf) as regards

Bezugsschein (ber-*tsōōks*-shighn) m (pl ~e) coupon

bezwecken (ber-*tsveh*-kern) v aim at

bezweifeln (ber-*tsvigh*-ferln) v doubt, query

BH (bay-*haa*) m bra

Bibel (*bee*-berl) f (pl ~n) bible

Biber (*bee*-berr) m (pl ~) beaver

Bibliothek (bi-bli-oa-*tāyk*) f (pl ~en) library

*biegen (*bee*-gern) v *bend

biegsam (*beek*-zaam) adj flexible; supple

Biegung (*bee*-goong) f (pl ~en) turn, bend; curve

Biene (*bee*-ner) f (pl ~n) bee

Bienenkorb (*bee*-nern-korp) m (pl ~̈e) beehive

Bier (beer) nt (pl ~e) beer; ale

*bieten (*bee*-tern) v offer

Bilanz (bi-*lahnts*) f (pl ~en) balance

Bild (bilt) nt (pl ~er) picture; image

bilden (*bil*-dern) v shape

Bildhauer (*bilt*-hou-err) m (pl ~) sculptor

Bildschirm (*bilt*-sheerm) m (pl ~e) screen

Billard (*bi*-lʸahrt) nt billiards pl

billig (*bi*-likh) adj cheap, inexpensive; reasonable

billigen (*bi*-li-gern) *v* approve of

Billigung (*bi*-li-goong) *f* approval

Bimsstein (*bims*-shtighn) *m* pumice stone

***binden** (*bin*-dern) *v* tie; *bind

Bindestrich (*bin*-der-shtrikh) *m* (pl ~e) hyphen

Binse (*bin*-zer) *f* (pl ~n) rush

Biologie (bi-oa-loa-*gee*) *f* biology

Birne (*beer*-ner) *f* (pl ~n) pear; light bulb

bis (biss) *prep* to, till, until; *conj* till; ~ **zu** till

Bischof (*bi*-shof) *m* (pl ~e) bishop

bisher (biss-*hāyr*) *adv* so far

Biß (biss) *m* (pl Bisse) bite; **bißchen** bit

Bissen (*bi*-sern) *m* (pl ~) bite

Bitte (*bi*-ter) *f* (pl ~n) request

bitte (*bi*-ter) please; here you are

***bitten** (*bi*-tern) *v* ask; request; beg

bitter (*bi*-terr) *adj* bitter

Bittschrift (*bit*-shrift) *f* (pl ~en) petition

blank (blahngk) *adj* broke

Blase (*blaa*-zer) *f* (pl ~n) blister; bladder; bubble

***blasen** (*blaa*-zern) *v* *blow

Blasenentzündung (*blaa*-zern-ehnt-tsewn-doong) *f* cystitis

Blaskapelle (*blaass*-kah-peh-ler) *f* (pl ~n) brass band

Blatt (blaht) *nt* (pl ~er) leaf; sheet; page

Blattgold (*blaht*-golt) *nt* gold leaf

blau (blou) *adj* blue

Blazer (*blāy*-zerr) *m* (pl ~) blazer

Blei (bligh) *nt* lead

***bleiben** (*bligh*-bern) *v* stay; remain; *keep; **bleibend** lasting

bleich (blighkh) *adj* pale

bleichen (*bligh*-khern) *v* bleach

bleifrei (*bligh*-frigh) *adj* unleaded

Bleistift (*bligh*-shtift) *m* (pl ~e) pencil

Bleistiftspitzer (*bligh*-shtift-shpi-tserr) *m* (pl ~) pencil-sharpener

blenden (*blehn*-dern) *v* blind; **blendend** glaring

Blick (blik) *m* (pl ~e) look; glimpse, glance

blind (blint) *adj* blind

Blinddarm (*blint*-dahrm) *m* (pl ~e) appendix

Blinddarmentzündung (*blint*-dahrm-ehnt-tsewn-doong) *f* appendicitis

Blindenhund (*blin*-dern-hoont) *m* (pl ~e) guide-dog

Blinker (*bling*-kerr) *m* (pl ~) indicator

Blitz (blits) *m* (pl ~e) lightning; flash

Blitzlicht (*blits*-likht) *nt* (pl ~er) flash-bulb

blockieren (blo-*kee*-rern) *v* block

blöde (*blūr*-der) *adj* dumb

blond (blont) *adj* fair

Blondine (blon-*dee*-ner) *f* (pl ~n) blonde

bloß (blōass) *adj* naked, bare; *adv* only

Bluejeans (*blōō*-jeens) *pl* Levis *pl*, jeans *pl*

blühen (*blēw*-ern) *v* flower

Blume (*blōō*-mer) *f* (pl ~n) flower

Blumenbeet (*blōō*-mern-bāyt) *nt* (pl ~e) flowerbed

Blumenblatt (*blōō*-mern-blaht) *nt* (pl ~er) petal

Blumenhändler (*blōō*-mern-hehn-dlerr) *m* (pl ~) florist

Blumenhandlung (*blōō*-mern-hahn-dloong) *f* (pl ~en) flower-shop

Blumenkohl (*blōō*-mern-kōal) *m* cauliflower

Blumenzwiebel (*blōō*-mern-tsvee-berl) *f* (pl ~n) bulb

Bluse (*blōō*-zer) *f* (pl ~n) blouse

Blut (blōōt) *nt* blood

Blutarmut (*blōōt*-ahr-mōōt) *f* anaemia

Blutdruck (*blōōt*-drook) *m* blood

pressure
bluten (*blōō*-tern) v *bleed
Blutgefäß (*blōōt*-ger-faiss) nt (pl ~e) blood-vessel
Blutsturz (*blōōt*-shtoorts) m (pl ˜e) haemorrhage
Blutvergiftung (*blōōt*-fehr-gif-toong) f blood-poisoning
Boden[1] (*bōā*-dern) m soil, earth
Boden[2] (*bōā*-dern) m (pl ˜) bottom, ground; attic
Bogen (*bōā*-gern) m (pl ˜) arch; bow
bogenförmig (*bōā*-gern-furr-mikh) adj arched
Bogengang (*bōā*-gern-gahng) m (pl ˜e) arcade
Bohne (*bōā*-ner) f (pl ~n) bean
bohren (*bōā*-rern) v bore, drill
Bohrer (*bōā*-rerr) m (pl ~) drill
Boje (*bōā*-ʸer) f (pl ~n) buoy
Bolivianer (boa-li-vʸaa-nerr) m (pl ~) Bolivian
bolivianisch (boa-li-vʸaa-nish) adj Bolivian
Bolivien (boa-*lee*-vʸern) Bolivia
Bolzen (*bol*-tsern) m (pl ~) bolt
bombardieren (bom-bahr-*dee*-rern) v bomb
Bombe (*bom*-ber) f (pl ~n) bomb
Bonbon (bawng-*bawng*) m (pl ~s) sweet; candy nAm
Boot (bōat) nt (pl ~e) boat
an Bord (ahn bort) aboard
Bordell (bor-*dehl*) nt (pl ~e) brothel
borgen (*bor*-gern) v borrow
Börse (*būrr*-zer) f (pl ~n) stock exchange; stock market, exchange; purse
bösartig (*būrss*-ahr-tikh) adj vicious, malignant
Böse (*būr*-zer) nt harm
böse (*būr*-zer) adj cross, angry; ill, wicked, evil
boshaft (*bōass*-hahft) adj malicious

Botanik (boa-*taa*-nik) f botany
Bote (*bōā*-ter) m (pl ~n) messenger
Botengang (*bōā*-tern-gahng) m (pl ˜e) errand
Botschaft (*bōat*-shahft) f (pl ~en) embassy
Botschafter (*bōat*-shahf-terr) m (pl ~) ambassador
Boutique (boo-*tik*) f (pl ~n) boutique
Bowling (*bōā*-ling) nt bowling
boxen (*bo*-ksern) v box
Boxkampf (*boks*-kahmpf) m (pl ˜e) boxing match
brach (braakh) adj waste
Brand (brahnt) m (pl ˜e) fire
Brandmarke (*brahnt*-mahr-ker) f (pl ~n) brand
Brandwunde (*brahnt*-voon-der) f (pl ~n) burn
Brasilianer (brah-zi-*lʸaa*-nerr) m (pl ~) Brazilian
brasilianisch (brah-zi-*lʸaa*-nish) adj Brazilian
Brasilien (brah-*zee*-lʸern) Brazil
Brassen (*brah*-sern) m (pl ~) bream
*braten** (*braa*-tern) v fry; roast
Bratensoße (*braa*-tern-zōā-ser) f (pl ~n) gravy
Bratpfanne (*braat*-pfah-ner) f (pl ~n) frying-pan
Bratrost (*braat*-rost) m (pl ~e) grill
Bratspieß (*braat*-shpeess) m (pl ~e) spit
Brauch (broukh) m (pl ˜e) usage
brauchbar (*broukh*-baar) adj useful; usable
brauchen (*brou*-khern) v need
brauen (*brou*-ern) v brew
Brauerei (brou-er-*righ*) f (pl ~en) brewery
braun (broun) adj brown; tanned
Brause (*brou*-zer) f fizz
Braut (brout) f (pl ˜e) bride
Bräutigam (*broi*-ti-gahm) m (pl ~e)

bridegroom
brav (braaf) *adj* good
Brecheisen (*brehkh*-igh-zern) *nt* (pl ~)
crawbar
***brechen** (*breh*-khern) *v* *break;
crack; fracture
breit (bright) *adj* broad, wide
Breite (*brigh*-ter) *f* (pl ~n) breadth,
width
Breitengrad (*brigh*-tern-graat) *m* (pl
~e) latitude
Breitling (*bright*-ling) *m* (pl ~e)
whitebait
Bremse (*brehm*-zer) *f* (pl ~n) brake
Bremslichter (*brehms*-likh-terr) *ntpl*
brake lights
Bremstrommel (*brehms*-tro-merl) *f* (pl
~n) brake drum
***brennen** (*breh*-nern) *v* *burn
Brennpunkt (*brehn*-poongkt) *m* (pl
~e) focus
Brennschere (*brehn*-shāy-rer) *f* (pl
~n) curling-tongs *pl*
Brennspiritus (*brehn*-shpee-ri-tooss) *m*
methylated spirits
Brennstoff (*brehn*-shtof) *m* (pl ~e)
fuel
Bresche (*breh*-sher) *f* (pl ~n) breach
Brett (breht) *nt* (pl ~er) plank, board
Bridge (brij) *nt* bridge
Brief (breef) *m* (pl ~e) letter; **einge-
schriebener** ~ registered letter
Briefkasten (*breef*-kahss-tern) *m* (pl
~) letter-box; pillar-box; mailbox
nAm
Briefmarke (*breef*-mahr-ker) *f* (pl ~n)
postage stamp, stamp
Brieföffner (*breef*-urf-nerr) *m* (pl ~)
paper-knife
Briefpapier (*breef*-pah-peer) *nt* note-
paper
Brieftasche (*breef*-tah-sher) *f* (pl ~n)
pocket-book, wallet
Briefumschlag (*breef*-oom-shlaak) *m*

(pl ~e) envelope
Briefwechsel (*breef*-veh-kserl) *m* correspondence
brillant (bri-*lYahnt*) *adj* brilliant
Brille (*bri*-ler) *f* (pl ~n) spectacles,
glasses
***bringen** (*bring*-ern) *v* *bring; *take
Brise (*bree*-zer) *f* (pl ~n) breeze
Brite (*bri*-ter) *m* (pl ~n) Briton
britisch (*bri*-tish) *adj* British
Brocken (*bro*-kern) *m* (pl ~) lump
Brombeere (*brom*-bāy-rer) *f* (pl ~n)
blackberry
Bronchitis (bron-*khee*-tiss) *f* bronchi-
tis
Bronze (*brawng*-scr) *f* bronze
bronzen (*brawng*-sern) *adj* bronze
Brosche (*bro*-sher) *f* (pl ~n) brooch
Broschüre (bro-*shēw*-rer) *f* (pl ~n)
brochure
Brot (brōat) *nt* (pl ~e) bread
Brötchen (*brūrt*-khern) *nt* (pl ~) roll,
bun
Bruch (brookh) *m* (pl ~e) fracture,
break; hernia
Bruchstück (*brookh*-shtewk) *nt* (pl
~e) fraction; fragment
Brücke (*brew*-ker) *f* (pl ~n) bridge
Bruder (*brōō*-derr) *m* (pl ~) brother
Bruderschaft (*brōō*-derr-shahft) *f* (pl
~en) congregation
Brüderschaft (*brēw*-derr-shahft) *f* fra-
ternity
Brüllen (*brew*-lern) *nt* roar
brüllen (*brew*-lern) *v* roar
brummen (*broo*-mern) *v* growl
Brünette (brew-*neh*-ter) *f* (pl ~n) bru-
nette
Brunnen (*broo*-nern) *m* (pl ~) well
Brunnenkresse (*broo*-nern-kreh-ser) *f*
watercress
Brust (broost) *f* (pl ~e) chest; breast,
bosom
Brustkasten (*broost*-kahss-tern) *m*

chest

Brustschwimmen (*broost*-shvi-mern) *nt* breaststroke

Brüstung (*brewss*-toong) *f* (pl ~en) rail

brutal (broo-*taal*) *adj* brutal

brutto (*broo*-toa) *adj* gross

Bub (boop) *m* (pl ~en) boy

Bube (*boo*-ber) *m* (pl ~n) knave

Buch (bookh) *nt* (pl ~er) book

Buche (*boo*-kher) *f* (pl ~n) beech

buchen (*boo*-khern) *v* book

Bücherstand (*bew*-kherr-shtahnt) *m* (pl ~e) bookstand

Buchhändler (*bookh*-hehn-dlerr) *m* (pl ~) bookseller

Buchhandlung (*bookh*-hahn-dloong) *f* (pl ~en) bookstore

Buchladen (*bookh*-laa-dern) *m* (pl ~) bookstore

Büchse (*bew*-kser) *f* (pl ~n) tin, can

Büchsenöffner (*bew*-ksern-urf-nerr) *m* (pl ~) can opener

Buchstabe (*bookh*-shtaa-ber) *m* (pl ~n) letter

buchstabieren (bookh-shtah-*bee*-rern) *v* *spell

Bucht (bookht) *f* (pl ~en) creek, bay, inlet

sich bücken (*bew*-kern) *bend down

Bude (*boo*-der) *f* (pl ~n) booth

Budget (bew-*jāy*) *nt* (pl ~s) budget

Büfett (bew-*feht*) *nt* (pl ~e) buffet

Bügeleisen (*bēw*-gerl-igh-zern) *nt* (pl ~) iron

bügelfrei (*bēw*-gerl-frigh) *adj* drip-dry, wash and wear

bügeln (*bēw*-gerln) *v* iron; press

Bühne (*bēw*-ner) *f* (pl ~n) stage

Bühnenautor (*bēw*-nern-ou-tor) *m* (pl ~en) playwright

Bulgare (bool-*gaa*-rer) *m* (pl ~n) Bulgarian

Bulgarien (bool-*gaa*-r^yern) Bulgaria

bulgarisch (bool-*gaa*-rish) *adj* Bulgarian

Bummel (*boo*-merl) *m* stroll

bummeln (*boo*-merln) *v* stroll

Bummelzug (*boo*-merl-tsōōk) *m* (pl ~e) stopping train

Bund (boont) *m* (pl ~e) league; **Bundes-** federal

Bündel (*bewn*-derl) *nt* (pl ~) bundle

bündeln (*bewn*-derln) *v* bundle

bündig (*bewn*-dikh) *adj* brief

Bündnis (*bewnt*-niss) *nt* (pl ~se) alliance

bunt (boont) *adj* colourful; gay; **buntes Glas** stained glass

Burg (boork) *f* (pl ~en) castle, stronghold

Bürge (*bewr*-ger) *m* (pl ~n) guarantor

Bürger (*bewr*-gerr) *m* (pl ~) citizen; **Bürger-** civilian, civic

bürgerlich (*bewr*-gerr-likh) *adj* middle-class

Bürgermeister (*bewr*-gerr-mighss-terr) *m* (pl ~) mayor

Bürgersteig (*bewr*-gerr-shtighk) *m* (pl ~e) pavement; sidewalk *nAm*

Bürgschaft (*bewr*-gerr-shahft) *f* (pl ~en) guarantee

Büro (bew-*rōā*) *nt* (pl ~s) office

Büroangestellte (bew-*rōā*-ahn-ger-shtehl-ter) *m* (pl ~n) clerk

Bürokratie (bew-roa-krah-*tee*) *f* bureaucracy

Bürostunden (bew-*rōā*-shtoon-dern) *fpl* office hours

Bursche (*boor*-sher) *m* (pl ~n) boy, guy, lad

Bürste (*bewrs*-ter) *f* (pl ~n) brush

bürsten (*bewrs*-tern) *v* brush

Bus (booss) *m* (pl ~se) bus

Busch (boosh) *m* (pl ~e) bush

Busen (*boo*-zern) *m* (pl ~) bosom

Buße (*boo*-ser) *f* (pl ~n) penalty

Büste (*bewss*-ter) *f* (pl ~n) bust

Büstenhalter (*bewss*-tern-hahl-terr) *m* (pl ~) brassiere, bra

Butter (*boo*-terr) *f* butter

Butterbrot (*boo*-terr-brōat) *nt* (pl ~e) sandwich

C

Café (kah-*fāy*) *nt* (pl ~s) café

Camper (*kehm*-perr) *m* (pl ~) camper

Camping (*kehm*-ping) *nt* (pl ~s) camping

Campingplatz (*kehm*-ping-plahts) *m* (pl ~e) camping site

CD-Spieler (*tsay*-day shpee-lerr) *m* (pl ~) CD-player

Celsius (*tsehl*-zi-ooss) centigrade

Cembalo (*chehm*-bah-loa) *nt* (pl ~s) harpsichord

Chalet (shah-*lāy*) *nt* (pl ~s) chalet

Champignon (*shahm*-pi-n\u02b8awng) *m* (pl ~s) mushroom

Chance (*shahng*-ser) *f* (pl ~n) chance

Chaos (*kaa*-oss) *nt* chaos

Charakter (kah-*rahk*-terr) *m* (pl ~e) character

charakterisieren (kah-rahk-ter-ri-*zee*-rern) *v* characterize

charakteristisch (kah-rahk-ter-*riss*-tish) *adj* characteristic

Charakterzug (kah-*rahk*-terr-tsōōk) *m* (pl ~e) characteristic

charmant (shahr-*mahnt*) *adj* charming

Charterflug (*chahr*-terr-flōōk) *m* (pl ~e) charter flight

Chauffeur (sho-*fūrr*) *m* (pl ~e) chauffeur

Chaussee (shoa-*sāy*) *f* (pl ~n) causeway

Chef (shehf) *m* (pl ~s) boss; manager

Chemie (khay-*mee*) *f* chemistry

chemisch (*khāy*-mish) *adj* chemical

China (*khee*-nah) China

Chinese (khi-*nāy*-zer) *m* (pl ~n) Chinese

chinesisch (khi-*nāy*-zish) *adj* Chinese

Chinin (khi-*neen*) *nt* quinine

Chirurg (khi-*roork*) *m* (pl ~en) surgeon

Chlor (klōar) *nt* chlorine

Choke (chōak) *m* choke

Chor (kōar) *m* (pl ~e) choir

Christ (krist) *m* (pl ~en) Christian

christlich (*krist*-likh) *adj* Christian

Christus (*kriss*-tooss) Christ

Chrom (krōam) *nt* chromium

chronisch (*krōa*-nish) *adj* chronic

chronologisch (kroa-noa-*lōa*-gish) *adj* chronological

Clown (kloun) *m* (pl ~s) clown

Cocktail (*kok*-tāyl) *m* (pl ~s) cocktail

Compact Disc (*kom*-pakt disk) *f* (pl ~s) compact disc

Computer (kom-p\u02b8oo-terr) *m* computer

Conférencier (kawng-fay-rahng-s\u02b8*āy*) *m* (pl ~s) entertainer

Container (kon-*tāy*-nerr) *m* (pl ~) container

Curry (*kur*-ri) *m* curry

D

da (daa) *conj* as, since, because

Dach (dahkh) *nt* (pl ~er) roof

Dachziegel (*dahkh*-tsee-gerl) *m* (pl ~) tile

damalig (*daa*-maa-likh) *adj* contemporary

damals (*daa*-maals) *adv* then

Dame (*daa*-mer) *f* (pl ~n) lady

Damebrett (*daa*-mer-breht) *nt* (pl ~er) draught-board

Damenbinde (*daa*-mern-bin-der) *f* (pl ~n) sanitary towel

Damentoilette (*daa*-mern-twah-leh-ter) *f* (pl ~n) powder-room, ladies' room

Damenunterwäsche (*daa*-mern-oon-terr-veh-sher) *f* lingerie

Damespiel (*daa*-mer-shpeel) *nt* draughts; checkers *plAm*

damit (dah-*mit*) *conj* so that

Damm (dahm) *m* (pl ~̈e) dam; dike; embankment

Dampf (dahmpf) *m* (pl ~̈e) steam

Dampfer (*dahm*-pferr) *m* (pl ~) steamer

Däne (*dai*-ner) *m* (pl ~n) Dane

Dänemark (*dai*-ner-mahrk) Denmark

dänisch (*dai*-nish) *adj* Danish

dankbar (*dahngk*-baar) *adj* thankful, grateful

Dankbarkeit (*dahngk*-baar-kight) *f* gratitude

danken (*dahng*-kern) *v* thank; **danke schön** thank you

dann (dahn) *adv* then

darauf (dah-*rouf*) *adv* then

darlegen (*daar*-lāy-gern) *v* state

Darm (dahrm) *m* (pl ~̈e) gut, intestine; **Därme** bowels *pl*

darstellen (*daar*-shteh-lern) *v* interpret

Darstellung (*daar*-shteh-loong) *f* (pl ~en) diagram; version

darum (*daa*-room) *conj* therefore

das (dahss) *pron* that

Dasein (*daa*-zighn) *nt* existence

daß (dahss) *conj* that

Dattel (*dah*-terl) *f* (pl ~n) date

Datum (*daa*-toom) *nt* (pl Daten) date

Dauer (*dou*-err) *f* duration

dauerhaft (*dou*-err-hahft) *adj* lasting, permanent

Dauerkarte (*dou*-err-kahr-ter) *f* (pl ~n) season-ticket

dauern (*dou*-errn) *v* last; **dauernd** permanent

Dauerwelle (*dou*-err-veh-ler) *f* perma-nent wave

Daumen (*dou*-mern) *m* (pl ~) thumb

Daune (*dou*-ner) *f* (pl ~n) down

Daunendecke (*dou*-nern-deh-ker) *f* (pl ~n) eiderdown

Debatte (day-*bah*-ter) *f* (pl ~n) debate

Deck (dehk) *nt* (pl ~s) deck

Decke (*deh*-ker) *f* (pl ~n) blanket; ceiling

Deckel (*deh*-kerl) *m* (pl ~) lid; top, cover

Deckkajüte (*dehk*-kah-Yēw-ter) *f* (pl ~n) deck cabin

Defekt (day-*fehkt*) *m* (pl ~e) fault

definieren (day-fi-*nee*-rern) *v* define

Definition (day-fi-ni-*ts*Y*ōān*) *f* (pl ~en) definition

Defizit (*dāy*-fi-tsit) *nt* (pl ~e) deficit

dehnbar (*dāyn*-baar) *adj* elastic

dehnen (*dāy*-nern) *v* stretch

Deich (dighkh) *m* (pl ~e) dike; dam

dein (dighn) *pron* your

Dekoration (day-koa-rah-*ts*Y*ōān*) *f* (pl ~en) decoration

Delegation (day-lay-gah-*ts*Y*ōān*) *f* (pl ~en) delegation

Delinquent (day-ling-*kvehnt*) *m* (pl ~en) criminal

Demokratie (day-moa-krah-*tee*) *f* (pl ~n) democracy

demokratisch (day-moa-*kraa*-tish) *adj* democratic

Demonstration (day-mon-strah-*ts*Y*ōān*) *f* (pl ~en) demonstration

demonstrieren (day-mon-*stree*-rern) *v* demonstrate

*** denken** (*dehng*-kern) *v* *think; guess, reckon; ~ **an** *think of; **sich** ~ imagine

Denker (*dehng*-kerr) *m* (pl ~) thinker

Denkmal (*dehngk*-maal) *nt* (pl ~̈er) monument; memorial

denkwürdig (*dehnk*-vewr-dikh) *adj* memorable

denn (dehn) *conj* for

dennoch (*deh*-nokh) *adv* still, however; *conj* yet

Deodorant (day-oa-doa-*rahnt*) *nt* deodorant

deponieren (day-poa-*nee*-rern) *v* bank

Depot (day-*pōā*) *nt* (pl ~s) warehouse

deprimieren (day-pri-*mee*-rern) *v* depress

der (dāyr) *art* (f die, nt das) the *art*; *pron* that; which

derartig (*dāyr*-ahr-tikh) *adj* similar

dermaßen (*dāyr*-maa-sern) *adv* so

desertieren (day-zehr-*tee*-rern) *v* desert

deshalb (*dehss*-hahlp) *adv* therefore

Desinfektionsmittel (dehss-in-fehk-tsʸ*ōāns*-mi-terl) *nt* (pl ~) disinfectant

desinfizieren (dehss-in-fi-*tsee*-rern) *v* disinfect

deswegen (*dehss*-vāy-gern) *adv* therefore

Detektiv (day-tehk-*teef*) *m* (pl ~e) detective

deutlich (*doit*-likh) *adj* clear; distinct, plain

deutsch (doich) *adj* German

Deutsche (*doi*-cher) *m* (pl ~n) German

Deutschland (*doich*-lahnt) Germany

Devise (day-*vee*-zer) *f* (pl ~n) motto

Dezember (day-*tsehm*-berr) December

Dezimalsystem (day-tsi-*maal*-zewss-tāym) *nt* decimal system

Dia (*dee*-ah) *nt* (pl ~s) slide

Diabetes (di-ah-*bāy*-tehss) *m* diabetes

Diabetiker (di-ah-*bāy*-ti-kerr) *m* (pl ~) diabetic

Diagnose (di-ah-*gnōā*-zer) *f* (pl ~n) diagnosis

diagnostizieren (di-ah-gnoss-ti-*tsee*-rern) *v* diagnose

diagonal (di-ah-goa-*naal*) *adj* diagonal

Diagonale (di-ah-goa-*naa*-ler) *f* (pl ~n) diagonal

Diagramm (di-ah-*grahm*) *nt* (pl ~e) chart

Diamant (di-ah-*mahnt*) *m* (pl ~en) diamond

Diät (di-*ait*) *f* diet

dich (dikh) *pron* yourself

dicht (dikht) *adj* thick; dense; ~ bevölkert populous

Dichter (*dikh*-terr) *m* (pl ~) poet

Dichtung (*dikh*-toong) *f* poetry

dick (dik) *adj* thick, fat; corpulent, stout, big; bulky

Dicke (*di*-ker) *f* thickness

Dieb (deep) *m* (pl ~e) thief

Diebstahl (*deep*-shtaal) *m* (pl ~e) robbery, theft

dienen (*dee*-nern) *v* serve

Diener (*dee*-nerr) *m* (pl ~) servant; domestic, valet; boy

Dienst (deenst) *m* (pl ~e) service

Dienstag (*deens*-taak) *m* Tuesday

Dienstmädchen (*deenst*-mait-khern) *nt* (pl ~) maid

Dienstpflichtige (*deenst*-pflikh-ti-ger) *m* (pl ~n) conscript

Dienstraum (*deenst*-roum) *m* (pl ~e) office

Dienststelle (*deenst*-steh-ler) *f* (pl ~n) agency

dies (deess) *pron* this

diese (*dee*-zer) *pron* these

Diesel (*dee*-zerl) *m* diesel

dieser (*dee*-zerr) *pron* this

diesig (*dee*-zikh) *adj* hazy

Digitaluhr (di-gi-*taal*-ōōr) *f* (pl ~en) digital clock, digital watch

Diktat (dik-*taat*) *nt* (pl ~e) dictation

Diktator (dik-*taa*-tor) *m* (pl ~en) dictator

diktieren (dik-*tee*-rern) *v* dictate

Ding (ding) *nt* (pl ~e) thing

Diphtherie (dif-tay-*ree*) *f* diphtheria

Diplom (di-*plōām*) *nt* (pl ~e) certificate; diploma; **ein ~ erlangen** graduate

Diplomat (di-ploa-*maat*) *m* (pl ~en) diplomat

dir (deer) *pron* you

direkt (di-*rehkt*) *adj* direct

Direktor (di-*rehk*-tor) *m* (pl ~en) manager, director; headmaster; principal

Dirigent (di-ri-*gehnt*) *m* (pl ~en) conductor

dirigieren (di-ri-*gee*-rern) *v* conduct

Diskontsatz (diss-*kont*-zahts) *m* (pl ~e) bank-rate

Diskussion (diss-koo-s^y*ōān*) *f* (pl ~en) discussion

diskutieren (diss-koo-*tee*-rern) *v* discuss; argue

Distel (*diss*-terl) *f* (pl ~n) thistle

Disziplin (diss-tsi-*pleen*) *f* discipline

doch (dokh) *conj* yet

Dock (dok) *nt* (pl ~s) dock

Doktor (*dok*-tor) *m* (pl ~en) doctor

dolmetschen (*dol*-meh-chern) *v* interpret

Dolmetscher (*dol*-meh-cherr) *m* (pl ~) interpreter

Dom (dōām) *m* (pl ~e) cathedral

Donator (doa-*naa*-tor) *m* (pl ~en) donor

Donner (*do*-nerr) *m* thunder

donnern (*do*-nerrn) *v* thunder

Donnerstag (*do*-nerrs-taak) *m* Thursday

Doppelbett (*do*-perl-beht) *nt* (pl ~en) twin beds

doppelsinnig (*do*-perl-zi-nikh) *adj* ambiguous

doppelt (*do*-perlt) *adj* double

Dorf (dorf) *nt* (pl ~er) village

Dorn (dorn) *m* (pl ~en) thorn

dort (dort) *adv* there

dorthin (*dort*-hin) *adv* there

Dose (*dōā*-zer) *f* (pl ~n) canister

Dosenöffner (*dōā*-zern-urf-nerr) *m* (pl ~) tin-opener

Dosis (*dōā*-ziss) *f* (pl Dosen) dose

Dotter (*do*-terr) *nt* (pl ~) yolk

Drache (*drah*-kher) *m* (pl ~n) dragon

Draht (draat) *m* (pl ~e) wire

Drama (*draa*-mah) *nt* (pl Dramen) drama

Dramatiker (drah-*maa*-ti-kerr) *m* (pl ~) dramatist

dramatisch (drah-*maa*-tish) *adj* dramatic

drängen (*drehng*-ern) *v* push; urge

draußen (*drou*-sern) *adv* outside, outdoors; **nach ~** outwards

Dreck (drehk) *m* muck

dreckig (*dreh*-kikh) *adj* dirty, filthy

drehen (*drāy*-ern) *v* twist

Drehtür (*drāy*-tewr) *f* (pl ~en) revolving door

Drehung (*drāy*-oong) *f* (pl ~en) turn, twist

drei (drigh) *num* three

Dreieck (*drigh*-ehk) *nt* (pl ~e) triangle

dreieckig (*drigh*-eh-kikh) *adj* triangular

dreißig (*drigh*-sikh) *num* thirty

dreißigste (*drigh*-sikhs-ter) *num* thirtieth

dreiviertel (drigh-*feer*-terl) *adj* three-quarter

dreizehn (*drigh*-tsāyn) *num* thirteen

dreizehnte (*drigh*-tsāyn-ter) *num* thirteenth

dressieren (dreh-*see*-rern) *v* train

dringend (*dring*-ernt) *adj* pressing, urgent

dringlich (*dring*-likh) *adj* pressing

Dringlichkeit (*dring*-likh-kight) *f* urgency

Drink (dringk) *m* (pl ~s) drink

drinnen (*dri*-nern) *adv* inside

dritte (*dri*-ter) *num* third

Droge (*drōā*-ger) *f* (pl ~n) drug

Drogerie (droa-ger-*ree*) f (pl ~n) pharmacy, chemist's; drugstore nAm

drohen (*drōā*-ern) v threaten

Drohung (*drōā*-oong) f (pl ~en) threat

Drossel (*dro*-serl) f (pl ~n) thrush

drüben (*drēw̄*-bern) adv across; over there

Druck (drook) m pressure

drucken (*droo*-kern) v print

drücken (*drew*-kern) v press

Druckknopf (*drook*-knopf) m (pl ~e) push-button

Drucksache (*drook*-zah-kher) f (pl ~n) printed matter

Drüse (*drēw̄*-zer) f (pl ~n) gland

Dschungel (*joong*-erl) m jungle

du (dōō) pron you

dulden (*dool*-dern) v *bear

dumm (doom) adj dumb, stupid

Düne (*dēw̄*-ner) f (pl ~n) dune

Dünger (*dewng*-err) m dung, manure

dunkel (*doong*-kerl) adj dark, dim; obscure

Dunkelheit (*doong*-kerl-hight) f dark

dünn (dewn) adj thin; sheer; weak

Dunst (doonst) m (pl ~e) haze; vapour

durch (doorkh) prep through; by

durchaus (doorkh-*ouss*) adv quite

durchbohren (doorkh-*bōā*-rern) v pierce

***durchdringen** (doorkh-*dring*-ern) v penetrate

Durcheinander (doorkh-igh-*nahn*-derr) m (nt) muddle, mess

***durcheinanderbringen** (doorkh-igh-*nahn*-derr-bring-ern) v muddle

Durchfahrt (*doorkh*-faart) f passage

Durchfall (*doorkh*-fahl) m diarrhoea

***durchfallen** (*doorkh*-fah-lern) v fail

durchführbar (doorkh-*fēw̄r*-baar) adj feasible

durchführen (*doorkh*-fēw̄-rern) v carry out

Durchgang (*doorkh*-gahng) m (pl ~e) passage

Durchgangsstraße (*doorkh*-gahngs-shtraa-ser) f (pl ~n) thoroughfare

durchmachen (*doorkh*-mah-khern) v *go through

durchnässen (doorkh-*neh*-sern) v soak

durchqueren (doorkh-*kvāy*-rern) v pass through

durchscheinend (doorkh-*shigh*-nernt) adj sheer

Durchschlag (*doorkh*-shlaak) m (pl ~e) carbon copy; strainer

Durchschnitt (*doorkh*-shnit) m average, mean

durchschnittlich (*doorkh*-shnit-likh) adj medium, average; adv on the average

durchsichtig (*doorkh*-zikh-tikh) adj transparent

durchsuchen (doorkh-*zōō*-khern) v search

***dürfen** (*dewr*-fern) v *be allowed to; *may

dürr (dewr) adj arid

Dürre (*dew*-rer) f drought

Durst (doorst) m thirst

durstig (*doors*-tikh) adj thirsty

Dusche (*doo*-sher) f (pl ~n) shower

Düsenflugzeug (*dēw̄*-zern-flōōk-tsoik) nt (pl ~e) jet

düster (*dēw̄ss*-terr) adj sombre, gloomy

Düsterkeit (*dēw̄ss*-terr-kight) f gloom

Dutzend (*doo*-tsernt) nt (pl ~e) dozen

Dynamo (dew-*naa*-moa) m (pl ~s) dynamo

E

Ebbe (*eh*-ber) *f* low tide

eben (*āy*-bern) *adj* level, flat; smooth, even

Ebene (*āy*-ber-ner) *f* (pl ~n) plain

ebenfalls (*āy*-bern-fahls) *adv* as well, likewise, also

Ebenholz (*āy*-bern-holts) *nt* ebony

ebenso (*āy*-bern-zōa) *adv* as, equally; likewise; ~ **wie** as well as

ebensosehr (*āy*-bern-zoa-zāyr) *adv* as much

ebensoviel (*āy*-bern-zoa-feel) *adv* as much

Echo (*eh*-khoa) *nt* (pl ~s) echo

echt (ehkht) *adj* true; genuine, authentic

Ecke (*eh*-ker) *f* (pl ~n) corner

edel (*āy*-derl) *adj* noble

Edelstein (*āy*-derl-shtighn) *m* (pl ~e) gem, stone

Efeu (*āy*-foi) *m* ivy

Effektenbörse (eh-*fehk*-tern-būrr-zer) *f* (pl ~n) stock exchange

egal (ay-*gaal*) *adj* like

egoistisch (ay-goa-*iss*-tish) *adj* egoistic

Ehe (*āy*-er) *f* (pl ~n) marriage; matrimony

ehe (*āy*-er) *conj* before

ehelich (*āy*-er-likh) *adj* matrimonial

ehemalig (*āy*-er-maa-likh) *adj* former

Ehepaar (*āy*-er-paar) *nt* (pl ~e) married couple

eher (*āy*-err) *adv* before; rather

Ehering (*āy*-er-ring) *m* (pl ~e) wedding-ring

ehrbar (*āyr*-baar) *adj* respectable

Ehre (*āy*-rer) *f* (pl ~n) honour; glory

ehren (*āy*-rern) *v* honour

ehrenwert (*āy*-rern-vāyrt) *adj* honourable

ehrerbietig (*āyr*-ehr-bee-tikh) *adj* respectful

Ehrerbietung (*āyr*-ehr-bee-toong) *f* respect

Ehrfurcht (*āyr*-foorkht) *f* respect

Ehrgefühl (*āyr*-ger-fēwl) *nt* sense of honour

ehrgeizig (*āyr*-gigh-tsikh) *adj* ambitious

ehrlich (*āyr*-likh) *adj* honest; straight

Ehrlichkeit (*āyr*-likh-kight) *f* honesty

ehrwürdig (*āyr*-vewr-dikh) *adj* venerable

Ei (igh) *nt* (pl ~er) egg

Eiche (*igh*-kher) *f* (pl ~n) oak

Eichel (*igh*-kherl) *f* (pl ~n) acorn

Eichhörnchen (*ighkh*-hurrn-khern) *nt* (pl ~) squirrel

Eid (ight) *m* (pl ~e) vow, oath

Eidotter (*igh*-do-terr) *nt* (pl ~) egg-yolk

Eierbecher (*igh*-err-beh-kherr) *m* (pl ~) egg-cup

Eierkuchen (*igh*-err-kōō-khern) *m* (pl ~) omelette

Eifer (*igh*-ferr) *m* zeal; diligence

Eifersucht (*igh*-ferr-zookht) *f* jealousy

eifersüchtig (*igh*-ferr-zewkh-tikh) *adj* envious, jealous

eifrig (*igh*-frikh) *adj* zealous, diligent

eigen (*igh*-gern) *adj* own

Eigenschaft (*igh*-gern-shahft) *f* (pl ~en) property, quality

Eigenschaftswort (*igh*-gern-shahfts-vort) *nt* (pl ~̈er) adjective

eigentlich (*igh*-gerntt-likh) *adv* really

Eigentum (*igh*-gern-tōōm) *nt* property

Eigentümer (*igh*-gern-tēw-merr) *m* (pl ~) proprietor, owner

eigentümlich (*igh*-gern-tēwm-likh) *adj* peculiar

Eigentümlichkeit (*igh*-gern-tēwm-likh-kight) *f* (pl ~en) peculiarity

sich eignen (*igh*-gnern) qualify

Eile (*igh*-ler) *f* haste, hurry; speed; **Eil-** express

eilen (*igh*-lern) *v* hurry; hasten, rush

eilig (*igh*-likh) *adv* in a hurry

Eilpost (*ighl*-post) special delivery

Eimer (*igh*-merr) *m* (pl ~) bucket, pail

ein (ighn) *art* (f eine, nt ein) a *art*; ~ **anderer** another

Einakter (*ighn*-ahk-terr) *m* (pl ~) one-act play

einander (igh-*nahn*-derr) *pron* each other

Einäscherung (*ighn*-eh-sher-roong) *f* (pl ~en) cremation

einatmen (*ighn*-aat-mern) *v* inhale

Einbahnverkehr (*ighn*-baan-fehr-kāyr) *m* one-way traffic

Einband (*ighn*-bahnt) *m* (pl ~e) binding

sich einbilden (*ighn*-bil-dern) fancy, imagine

Einbildung (*ighn*-bil-doong) *f* fantasy, imagination

***einbrechen** (*ighn*-breh-khern) *v* burgle

Einbrecher (*ighn*-breh-kherr) *m* (pl ~) burglar

einbüßen (*ighn*-bēw-sern) *v* *lose

***eindringen** (*ighn*-dring-ern) *v* invade; trespass

Eindringling (*ighn*-dring-ling) *m* (pl ~e) trespasser

Eindruck (*ighn*-drook) *m* (pl ~e) impression; sensation

eindrucksvoll (*ighn*-drooks-fol) *adj* impressive

einfach (*ighn*-fahkh) *adj* simple

Einfahrt (*ighn*-faart) *f* (pl ~en) entry

Einfall (*ighn*-fahl) *m* (pl ~e) idea; invasion; raid

Einfluß (*ighn*-flooss) *m* (pl -flüsse) influence

einflußreich (*ighn*-flooss-righkh) *adj* influential

einfügen (*ighn*-fēw-gern) *v* insert

Einfuhr (*ighn*-fōōr) *f* import

einführen (*ighn*-fēw-rern) *v* import; introduce

Einführung (*ighn*-fēw-roong) *f* (pl ~en) introduction

Einfuhrzoll (*ighn*-fōōr-tsol) *m* duty, import duty

Eingang (*ighn*-gahng) *m* (pl ~e) entry; entrance, way in; **kein** ~ no admittance

eingebildet (*ighn*-ger-bil-dert) *adj* conceited

Eingeborene (*ighn*-ger-bōa-rer-ner) *m* (pl ~n) native

eingehend (*ighn*-gāy-ernt) *adj* detailed

eingeschlossen (*ighn*-ger-shlo-sern) included

Eingeweide (*ighn*-ger-vigh-der) *pl* bowels *pl*, intestines, insides

Eingreifen (*ighn*-grigh-fern) *nt* interference

einheimisch (*ighn*-high-mish) *adj* native

Einheit (*ighn*-hight) *f* (pl ~en) unit; unity

einholen (*ighn*-hōa-lern) *v* gather

einige (*igh*-ni-ger) *pron* some

einkassieren (*ighn*-kah-see-rern) *v* cash

einkaufen (*ighn*-kou-fern) *v* shop

Einkaufstasche (*ighn*-koufs-tah-sher) *f* (pl ~n) shopping bag

Einkaufszentrum (*ighn*-koufs-tsehn-troom) *nt* (pl -zentren) shopping centre

einkerben (*ighn*-kehr-bern) *v* carve

Einkommen (*ighn*-ko-mern) *nt* (pl ~) revenue, income

Einkommensteuer (*ighn*-ko-merns-shtoi-err) *f* income-tax

einkreisen (*ighn*-krigh-zern) *v* encircle

Einkünfte (*ighn*-kewnf-ter) *fpl* revenue

*einladen (*ighn*-laa-dern) *v* invite; ask

Einladung (*ighn*-laa-doong) *f* (pl ~en) invitation

*einlassen (*ighn*-lah-sern) *v* admit

einleitend (*ighn*-ligh-ternt) *adj* preliminary

einmachen (*ighn*-mah-khern) *v* preserve

einmal (*ighn*-maal) *adv* once; some time

sich einmischen (*ighn*-mi-shern) intervene; interfere with

Einnahme (*ighn*-naa-mer) *f* capture; **Einnahmen** earnings *pl*

*einnehmen (*ighn*-nāy-mern) *v* cash; occupy, *take up; capture

einpacken (*ighn*-pah-kern) *v* pack up

einräumen (*ighn*-roi-mern) *v* admit

einrichten (*ighn*-rikh-tern) *v* furnish; institute

Einrichtung (*ighn*-rikh-toong) *f* (pl ~en) installation; institution

eins (ighns) *num* one

einsam (*ighn*-zaam) *adj* lonely

einsammeln (*ighn*-zah-merln) *v* collect

Einsatz (*ighn*-zahts) *m* (pl ~̈e) bet

einschalten (*ighn*-shahl-tern) *v* turn on, switch on

einschenken (*ighn*-shehng-kern) *v* pour

sich einschiffen (*ighn*-shi-fern) embark

Einschiffung (*ighn*-shi-foong) *f* embarkation

*einschließen (*ighn*-shlee-sern) *v* include, comprise; involve; encircle, *shut in, circle

einschließlich (*ighn*-shleess-likh) *adv* inclusive

Einschnitt (*ighn*-shnit) *m* (pl ~e) cut

Einschränkung (*ighn*-shrehng-koong) *f* (pl ~en) restriction, qualification

*einschreiben (*ighn*-shrigh-bern) *v* book; enter, register

Einschreibung (*ighn*-shrigh-boong) *f* (pl ~en) booking

*einschreiten (*ighn*-shrigh-tern) *v* interfere

*einsehen (*ighn*-zāy-ern) *v* *see

einseitig (*ighn*-zigh-tikh) *adj* one-sided

Einsicht (*ighn*-zikht) *f* vision; insight

einsperren (*ighn*-shpeh-rern) *v* lock up

einspritzen (*ighn*-shpri-tsern) *v* inject

einst (ighnst) *adv* once

*einsteigen (*ighn*-shtigh-gern) *v* *get on; embark

einstellen (*ighn*-shteh-lern) *v* stop, discontinue; tune in; garage

Einstellung (*ighn*-shteh-loong) *f* (pl ~en) attitude

einstimmig (*ighn*-shti-mikh) *adj* unanimous

einstöpseln (*ighn*-shtur-pserln) *v* plug in

einstufen (*ighn*-shtōō-fern) *v* grade

einteilen (*ighn*-tigh-lern) *v* classify

*eintragen (*ighn*-traa-gern) *v* list, book

einträglich (*ighn*-traik-likh) *adj* profitable

Eintragung (*ighn*-traa-goong) *f* (pl ~en) entry; registration

Eintreffen (*ighn*-treh-fern) *nt* arrival

*eintreffen (*ighn*-treh-fern) *v* arrive

*eintreten (*ighn*-trāy-tern) *v* enter

Eintritt (*ighn*-trit) *m* entrance; entry; admission; ~ **verboten** no entry

Eintrittsgeld (*ighn*-trits-gehlt) *nt* entrance-fee

einverleiben (*ighn*-fehr-ligh-bern) *v* annex

einverstanden! (*ighn*-fehr-shtahn-dern) all right!

Einverständnis (*ighn*-fehr-shtehnt-niss) *nt* approval

Einwand (*ighn*-vahnt) *m* (pl ~̈e) objection; ~ *erheben gegen object to

Einwanderer (*ighn*-vahn-der-rerr) *m* (pl ~) immigrant

einwandern (*ighn*-vahn-derrn) *v* immigrate

Einwanderung (*ighn*-vahn-der-roong) *f* immigration

einwandfrei (*ighn*-vahnt-frigh) *adj* faultless

einweichen (*ighn*-vigh-khern) *v* soak

***einwenden** (*ighn*-vehn-dern) *v* object; **etwas einzuwenden** ***haben gegen** mind

einwickeln (*ighn*-vi-kerln) *v* wrap

einwilligen (*ighn*-vi-li-gern) *v* consent

Einwilligung (*ighn*-vi-li-goong) *f* consent

Einwohner (*ighn*-vōa-nerr) *m* (pl ~) inhabitant

Einzahl (*ighn*-tsaal) *f* singular

Einzelhandel (*ighn*-tserl-hahn-derl) *m* retail trade

Einzelhändler (*ighn*-tserl-hehn-dlerr) *m* (pl ~) retailer

Einzelheit (*ighn*-tserl-hight) *f* (pl ~en) detail

einzeln (*ighn*-tserln) *adj* individual; **im einzelnen** specially

Einzelne (*ighn*-tserl-ner) *m* (pl ~n) individual

***einziehen** (*ighn*-tsee-ern) *v* confiscate

einzig (*ighn*-tsikh) *adj* only; sole, single

einzigartig (*ighn*-tsikh-ahr-tikh) *adj* unique

Eis (ighss) *nt* ice; ice-cream

Eisbahn (*ighss*-baan) *f* (pl ~en) skating-rink

Eisbeutel (*ighss*-boi-terl) *m* (pl ~) ice-bag

Eisen (*igh*-zern) *nt* iron

Eisenbahn (*igh*-zern-baan) *f* (pl ~en) railway; railroad *nAm*

Eisenbahnfähre (*igh*-zern-baan-fai-rer) *f* (pl ~n) train ferry

Eisenhütte (*igh*-zern-hew-ter) *f* (pl ~n) ironworks

Eisenwaren (*igh*-zern-vaa-rern) *fpl* hardware

Eisenwarenhandlung (*igh*-zern-vaa-rern-hahn-dloong) *f* (pl ~en) hardware store

eisern (*igh*-zerrn) *adj* iron

eisig (*igh*-zikh) *adj* freezing

***eislaufen** (*ighss*-lou-fern) *v* skate

Eisschrank (*ighss*-shrahngk) *m* (pl ~e) refrigerator

Eiswasser (*ighss*-vah-serr) *nt* iced water

eitel (*igh*-terl) *adj* vain

Eiter (*igh*-terr) *m* pus

ekelhaft (*ā̄y*-kerl-hahft) *adj* disgusting

Ekuador (ay-kvah-*dōar*) Ecuador

Ekuadorianer (ay-kvah-doa-r*ʸaa*-nerr) *m* (pl ~) Ecuadorian

Ekzem (ehk-*tsāym*) *nt* eczema

elastisch (ay-*lahss*-tish) *adj* elastic

Elch (ehlkh) *m* (pl ~e) moose

Elefant (ay-lay-*fahnt*) *m* (pl ~en) elephant

elegant (ay-lay-*gahnt*) *adj* smart, elegant

Eleganz (ay-lay-*gahnts*) *f* elegance

Elektriker (ay-*lehk*-tri-kerr) *m* (pl ~) electrician

elektrisch (ay-*lehk*-trish) *adj* electric

Elektrizität (ay-lehk-tri-tsi-*tait*) *f* electricity

elektronisch (ay-lehk-*trōa*-nish) *adj* electronic

Element (ay-lay-*mehnt*) *nt* (pl ~e) element

elementar (ay-lay-mern-*taar*) *adj* primary

Elend (*ā̄y*-lehnt) *nt* misery

elend (*ā̄y*-lehnt) *adj* miserable

Elendsviertel (*ā̄y*-lehnts-feer-terl) *nt*

slum

elf (ehlf) *num* eleven; **Elf** *f* soccer team

Elfe (ehl-fer) *f* (pl ~n) elf

Elfenbein (ehl-fern-bighn) *nt* ivory

elfte (ehlf-ter) *num* eleventh

Ellbogen (ehl-bōā-gern) *m* (pl ~) elbow

Elster (ehls-terr) *f* (pl ~n) magpie

Eltern (ehl-terrn) *pl* parents *pl*

Email (ay-migh) *f* enamel

emailliert (ay-mah-ᵞeert) *adj* enamelled

Emanzipation (ay-mahn-tsi-pah-tsᵞōān) *f* emancipation

Embargo (ehm-bahr-goa) *nt* embargo

Emblem (ehm-blāym) *nt* (pl ~e) emblem

eminent (ay-mi-nehnt) *adj* outstanding

Empfang (ehm-pfahng) *m* (pl ⁻e) reception; receipt

*****empfangen** (ehm-pfahng-ern) *v* receive

Empfängnis (ehm-pfehng-niss) *f* conception

Empfangsdame (ehm-pfahngs-daa-mer) *f* (pl ~n) receptionist

Empfangsschein (ehm-pfahngs-shighn) *m* (pl ~e) receipt

Empfangszimmer (ehm-pfahngs-tsi-merr) *nt* (pl ~) drawing-room

*****empfehlen** (ehm-pfāᵞ-lern) *v* recommend; advise

Empfehlung (ehm-pfāᵞ-loong) *f* (pl ~en) recommendation; advice

Empfehlungsschreiben (ehm-pfāᵞ-loongs-shrigh-bern) *nt* (pl ~) letter of recommendation

empfindlich (ehm-pfint-likh) *adj* sensitive

Empfindung (ehm-pfin-doong) *f* (pl ~en) perception; sensation

empor (ehm-pōār) *adv* up

empörend (ehm-pūr-rernt) *adj* revolting, shocking

Ende (ehn-der) *nt* end; ending, issue

enden (ehn-dern) *v* end; finish

endgültig (ehnt-gewl-tikh) *adj* eventual

endlich (ehnt-likh) *adv* at last

Endstation (ehnt-shtah-tsᵞōān) *f* (pl ~en) terminal

Energie (ay-nehr-gee) *f* energy; power

energisch (ay-nehr-gish) *adj* energetic

eng (ehng) *adj* narrow; tight; **enger machen** tighten; **enger *werden** tighten

Engel (ehng-erl) *m* (pl ~) angel

England (ehng-lahnt) England; Britain

Engländer (ehng-lehn-derr) *m* (pl ~) Englishman; Briton

englisch (ehng-lish) *adj* English; British

Engpaß (ehng-pahss) *m* (pl -pässe) bottleneck

engstirnig (ehng-shteer-nikh) *adj* narrow-minded

Enkel (ehng-kerl) *m* (pl ~) grandson

Enkelin (ehng-ker-lin) *f* (pl ~nen) granddaughter

entbehren (ehnt-bāᵞ-rern) *v* spare

entbeinen (ehnt-bigh-nern) *v* bone

*****entbinden von** (ehnt-bin-dern) discharge of

Entbindung (ehnt-bin-doong) *f* (pl ~en) delivery, childbirth

entdecken (ehnt-deh-kern) *v* discover; detect

Entdeckung (ehnt-deh-koong) *f* (pl ~en) discovery

Ente (ehn-ter) *f* (pl ~n) duck

entfalten (ehnt-fahl-tern) *v* unfold; expand

entfernen (ehnt-fehr-nern) *v* *take away

entfernt (ehnt-fehrnt) *adj* distant; far-away, remote; **entferntest** furthest

Entfernung (ehnt-*fehr*-noong) f (pl ~en) distance; way

Entfernungsmesser (ehnt-*fehr*-noongs-meh-serr) m (pl ~) range-finder

entgegengesetzt (ehnt-*gay*-gern-ger-zehtst) adj opposite; contrary

entgegenkommend (ehnt-*gay*-gern-ko-mernt) adj oncoming

entgehen (ehnt-*gay*-ern) v escape

enthalten (ehnt-*hahl*-tern) v contain, include; deny; **sich ~** abstain from

Enthärtungsmittel (ehnt-*hehr*-toongs-mi-terl) nt (pl ~) water-softener

Entheiligung (ehnt-*high*-li-goong) f sacrilege

enthüllen (ehnt-*hew* lern) v reveal

Enthüllung (ehnt-*hew*-loong) f (pl ~en) revelation

sich entkleiden (ehnt-*kligh*-dern) undress

entkommen (ehnt-*ko*-mern) v escape

entkorken (ehnt-*kor*-kern) v uncork

entladen (ehnt-*laa*-dern) v discharge

entlang (ehnt-*lahng*) prep along, past

entlassen (ehnt-*lah*-sern) v dismiss, fire

entlegen (ehnt-*lay*-gern) adj out of the way

entleihen (ehnt-*ligh*-ern) v borrow

Entlohnung (ehnt-*lōā*-noong) f (pl ~en) remuneration

entnehmen (ehnt-*nay*-mern) v deprive of

Entrüstung (ehnt-*rewss*-toong) f indignation

entschädigen (ehnt-*shai*-di-gern) v remunerate

Entschädigung (ehnt-*shai*-di-goong) f (pl ~en) indemnity

entscheiden (ehnt-*shigh*-dern) v decide

Entscheidung (ehnt-*shigh*-doong) f (pl ~en) decision

sich *entschließen* (ehnt-*shlee*-sern) decide

entschlossen (ehnt-*shlo*-sern) adj resolute, determined

Entschluß (ehnt-*shlooss*) m (pl -schlüsse) decision

entschuldigen (ehnt-*shool*-di-gern) v excuse; *forgive; **sich ~** apologize

Entschuldigung (ehnt-*shool*-di-goong) f (pl ~en) apology, excuse; **Entschuldigung!** sorry!

Entsetzen (ehnt-*zeh*-tsern) nt horror

entsetzlich (ehnt-*zehts*-likh) adj horrible

sich *entsinnen* (ehnt-*zi*-nern) v recollect

sich entspannen (ehnt-*shpah*-nayn) relax

Entspannung (ehnt-*shpah*-noong) f (pl ~en) relaxation

entsprechend (ehnt-*shpreh*-khernt) adj adequate; equivalent

entstehen (ehnt-*shtay*-ern) v *arise

entstellt (ehnt-*shtehlt*) adj deformed

enttäuschen (ehnt-*toi*-shern) v disappoint; *let down; *be disappointing

Enttäuschung (ehnt-*toi*-shoong) f (pl ~en) disappointment

entwässern (ehnt-*veh*-serrn) v drain

entweder ... oder (ehnt-*vay*-derr ... *ōā*-derr) either ... or

entwerfen (ehnt-*vehr*-fern) v design

entwerten (ehnt-*vayr*-tern) v devalue

entwickeln (ehnt-*vi*-kerln) v develop

Entwicklung (ehnt-*vi*-kloong) f (pl ~en) development

entwischen (ehnt-*vi*-shern) v slip

Entwurf (ehnt-*voorf*) m (pl ~e) design

entzücken (ehnt-*tsew*-kern) v delight; **entzückend** delightful; **entzückt** delighted

entzündbar (ehnt-*tsewnt*-baar) adj inflammable

entzünden (ehnt-*tsewn*-dern) v *become septic

Entzündung (ehnt-*tsewn*-doong) f (pl ~en) inflammation

entzwei (ehnt-*tsvigh*) adj broken

Enzyklopädie (ehn-tsew-kloa-peh-*dee*) f (pl ~n) encyclopaedia

Epidemie (ay-pi-day-*mee*) f (pl ~n) epidemic

Epilepsie (ay-pi-leh-*psee*) f epilepsy

Epilog (ay-pi-*lōāg*) m (pl ~e) epilogue

episch (*āy*-pish) adj epic

Episode (ay-pi-*zōā*-der) f (pl ~n) episode

Epos (*āy*-poss) nt (pl Epen) epic

er (āyr) pron he

erbärmlich (ehr-*behrm*-likh) adj miserable

erben (*ehr*-bern) v inherit

erblich (*ehrp*-likh) adj hereditary

erblicken (ehr-*bli*-kern) v glance; glimpse

* **erbrechen** (ehr-*breh*-khern) v vomit

Erbschaft (*ehrp*-shahft) f (pl ~en) inheritance; legacy

Erbse (*ehr*-pser) f (pl ~n) pea

Erdball (*āyrt*-bahl) m globe

Erdbeben (*āyrt*-bāy-bern) nt (pl ~) earthquake

Erdbeere (*āyrt*-bāy-rer) f (pl ~n) strawberry

Erdboden (*āyrt*-bōā-dern) m soil

Erde (*āyr*-der) f earth; soil

Erdgeschoß (*āyrt*-ger-shoss) nt ground floor

Erdichtung (ehr-*dikh*-toong) f (pl ~en) fiction

Erdkunde (*āyrt*-koon-der) f geography

Erdnuß (*āyrt*-nooss) f (pl -nüsse) peanut

Erdteil (*āyrt*-tighl) m (pl ~e) continent

sich ereignen (ehr-*igh*-gnern) v happen; v occur

Ereignis (ehr-*igh*-gniss) nt (pl ~se) event; happening, occurrence

erfahren (ehr-*faa*-rern) adj experienced; skilled

* **erfahren** (ehr-*faa*-rern) v experience

Erfahrung (ehr-*faa*-roong) f (pl ~en) experience

* **erfinden** (ehr-*fin*-dern) v invent

Erfinder (ehr-*fin*-derr) m (pl ~) inventor

erfinderisch (ehr-*fin*-der-rish) adj inventive

Erfindung (ehr-*fin*-doong) f (pl ~en) invention

Erfolg (ehr-*folk*) m (pl ~e) success

erfolglos (ehr-*folk*-lōāss) adj unsuccessful

erfolgreich (ehr-*folk*-righkh) adj successful

erforderlich (ehr-*for*-derr-likh) adj requisite

erfordern (ehr-*for*-derrn) v require

Erfordernis (ehr-*for*-derr-niss) nt (pl ~se) requirement

erforschen (ehr-*for*-shern) v explore

erfreulich (ehr-*froi*-likh) adj enjoyable

erfreut (ehr-*froit*) adj pleased, glad

erfrischen (ehr-*fri*-shern) v refresh; **erfrischend** fresh

Erfrischung (ehr-*fri*-shoong) f refreshment

sich *ergeben (ehr-*gāy*-bern) result; surrender

Ergebnis (ehr-*gāyp*-niss) nt (pl ~se) result; issue, effect, outcome

* **ergreifen** (ehr-*grigh*-fern) v seize; *catch, grasp

* **erhalten** (ehr-*hahl*-tern) v obtain

erhältlich (ehr-*hehlt*-likh) adj obtainable

* **erheben** (ehr-*hāy*-bern) v raise; **sich ~** *arise

Erhebung (ehr-*hāy*-boong) f (pl ~en) mound, hillock

erhöhen (ehr-*hūr*-ern) v raise

Erhöhung (ehr-*hūr*-oong) f (pl ~en)

increase; rise; raise *nAm*

sich erholen (ehr-*hōā*-lern) *v* recover

Erholung (ehr-*hōā*-loong) *f* recreation; recovery

Erholungsheim (ehr-*hōā*-loongs-highm) *nt* (pl ~e) rest-home

Erholungsort (ehr-*hōā*-loongs-ort) *m* (pl ~e) holiday resort

erinnern (ehr-*i*-nerrn) *v* remind; **sich ~** recall, remember

Erinnerung (ehr-*i*-ner-roong) *f* (pl ~en) memory; remembrance

sich erkälten (ehr-*kehl*-tern) catch a cold

Erkältung (ehr-*kehl*-toong) *f* (pl ~en) cold

* **erkennen** (ehr-*keh*-nern) *v* recognize; acknowledge

erkenntlich (ehr-*kehnt*-likh) *adj* grateful

erklärbar (ehr-*klair*-baar) *adj* accountable

erklären (ehr-*klai*-rern) *v* explain; declare

Erklärung (ehr-*klai*-roong) *f* (pl ~en) explanation; statement; declaration

Erkrankung (ehr-*krahng*-koong) *f* (pl ~en) affection

sich erkundigen (ehr-*koon*-di-gern) enquire, inquire

Erkundigung (ehr-*koon*-di-goong) *f* (pl ~en) enquiry

erlangen (ehr-*lahng*-ern) *v* obtain

erlauben (ehr-*lou*-bern) *v* allow, permit; **erlaubt** *sein* *be allowed

Erlaubnis (ehr-*loup*-niss) *f* permission

erläutern (ehr-*loi*-terrn) *v* explain; elucidate

Erläuterung (ehr-*loi*-ter-roong) *f* (pl ~en) explanation

erleben (ehr-*lāy*-bern) *v* experience

erledigen (ehr-*lāy*-di-gern) *v* settle

erleichtern (ehr-*lighkh*-terrn) *v* relieve

Erleichterung (ehr-*lighkh*-ter-roong) *f* (pl ~en) relief

* **erleiden** (ehr-*ligh*-dern) *v* suffer

erlesen (ehr-*lāy*-zern) *adj* select

erleuchten (ehr-*loikh*-tern) *v* illuminate

* **erliegen** (ehr-*lee*-gern) *v* succumb

Erlös (ehr-*lūrss*) *m* (pl ~e) produce

erlösen (ehr-*lūr*-zern) *v* deliver, redeem

Erlösung (ehr-*lūr*-zoong) *f* delivery

Ermächtigung (ehr-*mehkh*-ti-goong) *f* (pl ~en) authorization

Ermäßigung (ehr-*mai*-si-goong) *f* (pl ~en) rebate

ermitteln (ehr-*mi*-terln) *v* ascertain

ermüden (ehr-*mēw*-dern) *v* tire

ermutigen (ehr-*mōō*-ti-gern) *v* encourage

ernähren (ehr-*nai*-rern) *v* *feed

* **ernennen** (ehr-*neh*-nern) *v* nominate, appoint

Ernennung (ehr-*neh*-noong) *f* (pl ~en) nomination, appointment

erneuern (ehr-*noi*-errn) *v* renew

Ernst (ehrnst) *m* gravity, seriousness

ernst (ehrnst) *adj* serious; grave; severe

ernsthaft (*ehrnst*-hahft) *adj* bad

Ernte (*ehrn*-ter) *f* (pl ~n) crop; harvest

Eroberer (ehr-*ōā*-ber-rerr) *m* (pl ~) conqueror

erobern (ehr-*ōā*-berrn) *v* conquer

Eroberung (ehr-*ōā*-ber-roong) *f* (pl ~en) conquest

erörtern (ehr-*urr*-terrn) *v* discuss; argue

Erörterung (ehr-*urr*-ter-roong) *f* (pl ~en) deliberation

erpressen (ehr-*preh*-sern) *v* blackmail; extort

Erpressung (ehr-*preh*-soong) *f* (pl ~en) blackmail; extortion

erregen (ehr-*rāy*-gern) *v* excite

Erregung (ehr-*ráy*-goong) *f* emotion; excitement

erreichbar (ehr-*righkh*-baar) *adj* attainable

erreichen (ehr-*righ*-khern) *v* reach, attain; achieve; *catch

errichten (ehr-*rikh*-tern) *v* construct; erect; found

erröten (ehr-*rūr*-tern) *v* blush

Ersatz (ehr-*zahts*) *m* substitute

Ersatzfüllung (ehr-*zahts*-few-loong) *f* (pl ~en) refill

Ersatzreifen (ehr-*zahts*-righ-fern) *m* (pl ~) spare tyre

Ersatzteil (ehr-*zahts*-tighl) *nt* (pl ~e) spare part

erschaffen (ehr-*shah*-fern) *v* create

erschallen (ehr-*shah*-lern) *v* sound

Erscheinen (ehr-*shigh*-nern) *nt* appearance

*erscheinen** (ehr-*shigh*-nern) *v* appear; seem

Erscheinung (ehr-*shigh*-noong) *f* (pl ~en) appearance; apparition

erschöpfen (ehr-*shur*-pfern) *v* exhaust; **erschöpft** tired

*erschrecken** (ehr-*shreh*-kern) *v* *be frightened; frighten, terrify, scare

ersetzen (ehr-*zeh*-tsern) *v* replace, substitute

*ersinnen** (ehr-*zi*-nern) *v* invent

Ersparnisse (ehr-*shpaar*-ni-ser) *fpl* savings *pl*

erstarrt (ehr-*shtahrt*) *adj* numb

Erstaunen (ehr-*shtou*-nern) *nt* amazement, astonishment

erstaunen (ehr-*shtou*-nern) *v* amaze; surprise

erstaunlich (ehr-*shtoun*-likh) *adj* astonishing, striking

erste (*áyrs*-ter) *num* first; *adj* initial; foremost

ersticken (ehr-*shti*-kern) *v* choke

erstklassig (*áyrst*-klah-sikh) *adj* first-class

erstrangig (*áyrst*-rahng-ikh) *adj* first-rate

Ertrag (ehr-*traak*) *m* (pl ~e) produce

*ertragen** (ehr-*traa*-gern) *v* endure, *bear

erträglich (ehr-*tráyk*-likh) *adj* tolerable

*ertrinken** (ehr-*tring*-kern) *v* drown; *be drowned

erwachsen (ehr-*vah*-ksern) *adj* adult, grown-up

Erwachsene (ehr-*vah*-kser-ner) *m* (pl ~n) adult, grown-up

*erwägen** (ehr-*vai*-gern) *v* consider

Erwägung (ehr-*vai*-goong) *f* (pl ~en) consideration

erwähnen (ehr-*vai*-nern) *v* mention

Erwähnung (ehr-*vai*-noong) *f* (pl ~en) mention

erwarten (ehr-*vahr*-tern) *v* expect; anticipate; await

Erwartung (ehr-*vahr*-toong) *f* (pl ~en) expectation

erweitern (ehr-*vigh*-terrn) *v* extend; enlarge, widen

Erwerb (ehr-*vehrp*) *m* purchase

*erwerben** (ehr-*vehr*-bern) *v* acquire; *buy

erwischen (ehr-*vi*-shern) *v* *catch

erwürgen (ehr-*vewr*-gern) *v* strangle, choke

Erz (*áyrts*) *nt* (pl ~e) ore

erzählen (ehr-*tsai*-lern) *v* *tell; relate

Erzählung (ehr-*tsai*-loong) *f* (pl ~en) tale

Erzbischof (*ehrts*-bi-shof) *m* (pl ~e) archbishop

erzeugen (ehr-*tsoi*-gern) *v* generate

*erziehen** (ehr-*tsee*-ern) *v* *bring up

Erziehung (ehr-*tsee*-oong) *f* education

es (ehss) *pron* it

Esel (*áy*-zerl) *m* (pl ~) donkey; ass

eskortieren (ehss-kor-*tee*-rern) *v* escort

Essay (eh-say) m (pl ~s) essay

eßbar (ehss-baar) adj edible

Essen (eh-sern) nt food

*****essen** (eh-sern) v *eat; **zu Abend ~** dine

Essenz (eh-sehnts) f essence

Essig (eh-sikh) m vinegar

Eßlöffel (ehss-lur-ferl) m (pl ~) tablespoon

Eßlust (ehss-loost) f appetite

Eßservice (ehss-sehr-veess) nt dinner-service

Etage (ay-taa-zher) f (pl ~n) storey; apartment nAm

Etappe (ay-tah-per) f (pl ~n) stage

Etikett (ay-ti-keht) nt (pl ~e) label, tag

etliche (eht-li-kher) adj several

Etui (eht-vee) nt (pl ~s) case

etwa (eht-vah) adv about, approximately

etwas (eht-vahss) pron something; **irgend ~** anything

euch (oikh) pron you; yourselves

euer (oi-err) pron your

Eule (oi-ler) f (pl ~n) owl

Europa (oi-rōā-pah) Europe

Europäer (oi-roa-pai-err) m (pl ~) European

europäisch (oi-roa-pai-ish) adj European

evakuieren (ay-vah-koo-ee-rern) v evacuate

Evangelium (ay-vahng-gāȳ-lᵛoom) nt (pl -ien) gospel

eventuell (ay-vehn-too-ehl) adj possible

Evolution (ay-voa-loo-tsᵛōān) f (pl ~en) evolution

ewig (āȳ-vikh) adj eternal

Ewigkeit (āȳ-vikh-kight) f eternity

exakt (eh-ksahkt) adj precise, very

Examen (eh-ksaa-mern) nt (pl ~) examination

Exemplar (eh-ksehm-plaar) nt (pl ~e) specimen; copy

exklusiv (ehks-kloo-zeef) adj exclusive

exotisch (eh-ksōā-tish) adj exotic

Expedition (ehks-pay-di-tsᵛōān) f (pl ~en) expedition

Experiment (ehks-pay-ri-mehnt) nt (pl ~e) experiment

experimentieren (ehks-pay-ri-mehn-tee-rern) v experiment

explodieren (ehks-ploa-dee-rern) v explode

Explosion (ehks-ploa-zᵛōān) f (pl ~en) blast, explosion

explosiv (ehks-ploa-zeef) adj explosive

Export (ehks-port) m export

exportieren (ehks-por-tee-rern) v export

extravagant (ehks-trah-vah-gahnt) adj extravagant

Extrem (ehks-trāȳm) nt (pl ~e) extreme

extrem (ehks-trāȳm) adj extreme

F

Fabel (faa-berl) f (pl ~n) fable

Fabrik (fah-breek) f (pl ~en) factory; mill, works pl

Fabrikant (fah-bri-kahnt) m (pl ~en) manufacturer

fabrizieren (fah-bri-tsee-rern) v manufacture

Fach (fahkh) nt (pl ̈-er) section; trade, profession

Fächer (feh-kherr) m (pl ~) fan

fachkundig (fahkh-koon-dikh) adj expert

Fachmann (fahkh-mahn) m (pl -leute) expert

Fackel (fah-kerl) f (pl ~n) torch

Faden (faa-dern) m (pl ̈-) thread

fähig (*fai*-ikh) *adj* able; capable

Fähigkeit (*fai*-ikh-kight) *f* (pl ~en) ability; faculty, capacity

Fahne (*faa*-ner) *f* (pl ~n) flag

Fahrbahn (*faar*-baan) *f* (pl ~en) carriageway; lane; roadway *nAm*

Fährboot (*fair*-bōat) *nt* (pl ~e) ferryboat

*fahren (*faa*-rern) *v* *drive; *ride; sail

Fahrer (*faa*-rerr) *m* (pl ~) driver

Fahrgeld (*faar*-gehlt) *nt* fare

Fahrgestell (*faar*-ger-shtehl) *nt* (pl ~e) chassis

Fahrkarte (*faar*-kahr-ter) *f* (pl ~n) ticket

Fahrkartenautomat (*faar*-kahr-tern-ou-toa-maat) *m* (pl ~en) ticket machine

Fahrplan (*faar*-plaan) *m* (pl ~e) timetable, schedule

Fahrrad (*faar*-raat) *nt* (pl ~er) cycle, bicycle

Fahrt (faart) *f* (pl ~en) ride, drive

Fährte (*fair*-ter) *f* (pl ~n) trail

Fahrzeug (*faar*-tsoik) *nt* (pl ~e) vehicle

Faktor (*fahk*-tor) *m* (pl ~en) factor

Faktur (fahk-*tōōr*) *f* (pl ~en) invoice

fakturieren (fahk-too-*ree*-rern) *v* bill

Fakultät (fah-kool-*tait*) *f* (pl ~en) faculty

Falke (*fahl*-ker) *m* (pl ~n) hawk

Fall (fahl) *m* (pl ~e) case; instance; **auf jeden ~** at any rate; **im ~ in** case of

Falle (*fah*-ler) *f* (pl ~n) trap

*fallen (*fah*-lern) *v* *fall; **~ *lassen** drop

fällig (*feh*-likh) *adj* due

Fälligkeitstermin (*feh*-likh-kights-tehr-meen) *m* (pl ~e) expiry

falls (fahls) *conj* in case, if

falsch (fahlsh) *adj* wrong, mistaken; false

fälschen (*fehl*-shern) *v* forge, counterfeit

Fälschung (*fehl*-shoong) *f* (pl ~en) fake

Falte (*fahl*-ter) *f* (pl ~n) fold; crease; wrinkle

falten (*fahl*-tern) *v* fold

Familie (fah-*mee*-lᵉer) *f* (pl ~n) family

Familienname (fah-*mee*-lᵉern-naa-mer) *m* surname

fanatisch (fah-*naa*-tish) *adj* fanatical

*fangen (*fahng*-ern) *v* *catch; capture

Farbe (*fahr*-ber) *f* (pl ~n) colour; paint; dye

farbecht (*fahrb*-ehkht) *adj* fast-dyed

Färbemittel (*fehr*-ber-mi-terl) *nt* (pl ~) colourant

färben (*fehr*-bern) *v* dye

farbenblind (*fahr*-bern-blint) *adj* colour-blind

farbenfroh (*fahr*-bern-frōa) *adj* colourful

Farbfilm (*fahrp*-film) *m* (pl ~e) colour film

farbig (*fahr*-bikh) *adj* coloured

Farbton (*fahrp*-tōan) *m* (pl ~e) shade

Fasan (fah-*zaan*) *m* (pl ~e) pheasant

Faschismus (fah-*shiss*-mooss) *m* fascism

Faschist (fah-*shist*) *m* (pl ~en) fascist

faschistisch (fah-*shiss*-tish) *adj* fascist

Faser (*faa*-zerr) *f* (pl ~n) fibre

Faß (fahss) *nt* (pl Fässer) barrel; cask

Fassade (fah-*saa*-der) *f* (pl ~n) façade

Fäßchen (*fehss*-khern) *nt* (pl ~) keg

fassen (*fah*-sern) *v* grip

Fassung (*fah*-soong) *f* (pl ~en) socket

fast (fahst) *adv* nearly, almost

faul (foul) *adj* lazy, idle

Faust (foust) *f* (pl ~e) fist

Fausthandschuhe (*foust*-hahnt-shōō-er) *mpl* mittens *pl*

Faustschlag (*foust*-shlaak) *m* (pl ~e) punch

Favorit (fah-voa-*reet*) m (pl ~en) favourite

Fax (faaks) nt (pl ~) fax

faxen (faa-ksern) to send by fax

Fazilität (fah-tsi-li-*tait*) f (pl ~en) facility

Februar (*fay*-broo-aar) February

*fechten (*fehkh*-tern) v fence

Feder (*fay*-derr) f (pl ~n) feather; pen; spring

Federung (*fay*-der-roong) f suspension

Fee (fay) f (pl ~n) fairy

fegen (*fay*-gern) v *sweep

Fehlen (*fay*-lern) nt want

fehlen (*fay*-lern) v fail; **fehlend** missing

Fehler (*fay*-lerr) m (pl ~) mistake; error, fault

fehlerhaft (*fay*-lerr-hahft) adj faulty

Fehlgeburt (*fayl*-ger-boort) f (pl ~en) miscarriage

Fehlschlag (*fayl*-shlaak) m (pl ~e) failure

Fehltritt (*fayl*-trit) m slip

Feier (*figh*-err) f (pl ~n) celebration

feierlich (*figh*-err-likh) adj solemn

Feierlichkeit (*figh*-err-likh-kight) f (pl ~en) ceremony

feiern (*figh*-errn) v celebrate

Feiertag (*figh*-err-taak) m (pl ~e) holiday

Feige (*figh*-ger) f (pl ~n) fig

feige (*figh*-ger) adj cowardly

Feigling (*fighk*-ling) m (pl ~e) coward

Feile (*figh*-ler) f (pl ~n) file

fein (fighn) adj fine; delicate

Feind (fighnt) m (pl ~e) enemy

feindlich (*fighnt*-likh) adj hostile

Feinkost (*fighn*-kost) f delicatessen

Feinkostgeschäft (*fighn*-kost-ger-shehft) nt (pl ~e) delicatessen

Feinschmecker (*fighn*-shmeh-kerr) m (pl ~) gourmet

Feld (fehlt) nt (pl ~er) field

Feldbett (*fehlt*-beht) nt (pl ~en) camp-bed

Feldstecher (*fehlt*-shteh-kherr) m (pl ~) field glasses, binoculars pl

Felge (*fehl*-ger) f (pl ~n) rim

Fell (fehl) nt (pl ~e) skin

Felsblock (*fehls*-blok) m (pl ~e) boulder

Felsen (*fehl*-zern) m (pl ~) rock

felsig (*fehl*-zikh) adj rocky

Fenster (*fehns*-terr) nt (pl ~) window

Fensterbrett (*fehns*-terr-breht) nt (pl ~er) window-sill

Fensterladen (*fehns*-terr-laa-dern) m (pl ~) shutter

Ferien (*fay*-rYern) pl vacation

Ferienlager (*fay*-rYern-laa-gerr) nt (pl ~) holiday camp

Ferkel (*fehr*-kerl) nt (pl ~) piglet

fern (fehrn) adj far; **ferner** adj further; adv moreover

Ferngespräch (*fehrn*-ger-shpraikh) nt (pl ~e) trunk-call

Fernsehen (*fehrn*-zay-ern) nt television

Fernsehgerät (*fehrn*-zay-ger-rait) nt television set

Fernsprecher (*fehrn*-shprai-kherr) m phone

Fernsprechverzeichnis (*fehrn*-shprehkh-fehr-tsighkh-niss) nt (pl ~se) telephone book Am

Fernsprechzelle (*fehrn*-shprehkh-tseh-ler) f (pl ~n) telephone booth

Ferse (*fehr*-zer) f (pl ~n) heel

fertig (*fehr*-tikh) adj ready; finished

Fertigkeit (*fehr*-tikh-kight) f art, skill

fertigmachen (*fehr*-tikh-mah-khern) v prepare; finish

fesseln (*feh*-serln) v fascinate

Fest (fehst) nt (pl ~e) feast

fest (fehst) adj firm; fixed, permanent; solid; adv tight

*festhalten (*fehst*-hahl-tern) v *hold;

sich ~ *hold on

Festival (*fehss*-ti-vahl) *nt* (pl ~s) festival

Festkörper (*fehst*-kurr-perr) *m* (pl ~) solid

Festland (*fehst*-lahnt) *nt* mainland; continent

festlich (*fehst*-likh) *adj* festive

festmachen (*fehst*-mah-khern) *v* fasten

Festmahl (*fehst*-maal) *nt* (pl ẅer) banquet

Festnahme (*fehst*-naa-mer) *f* (pl ~n) arrest; capture

festsetzen (*fehst*-zeh-tsern) *v* determine; stipulate

feststecken (*fehst*-shteh-kern) *v* pin

feststellen (*fehst*-shteh-lern) *v* notice; ascertain, establish; diagnose

Festung (*fehss*-toong) *f* (pl ~en) fortress

Fett (feht) *nt* (pl ~e) grease, fat

fett (feht) *adj* fat; greasy

Fettheit (*feht*-hight) *f* fatness

fettig (*feh*-tikh) *adj* greasy, fatty

feucht (foikht) *adj* wet; damp, moist, humid

Feuchtigkeit (*foikh*-tikh-kight) *f* damp; moisture, humidity

Feuchtigkeitskrem (*foikh*-tikh-kights-krāym) *f* (pl ~s) moisturizing cream

feudal (foi-*daal*) *adj* feudal

Feuer (*foi*-err) *nt* (pl ~) fire

Feueralarm (*foi*-err-ah-lahrm) *m* fire-alarm

feuerfest (*foi*-err-fehst) *adj* fireproof

Feuerlöscher (*foi*-err-lur-sherr) *m* (pl ~) fire-extinguisher

feuersicher (*foi*-err-zi-kherr) *adj* fireproof

Feuerstein (*foi*-err-shtighn) *m* (pl ~e) flint

Feuerwehr (*foi*-err-vāyr) *f* fire-brigade

Feuerzeug (*foi*-err-tsoik) *nt* (pl ~e) cigarette-lighter

Feuilleton (*fur^ee*-er-tawng) *nt* (pl ~s) serial

Fieber (*fee*-berr) *nt* fever

fiebrig (*fee*-brikh) *adj* feverish

Figur (fi-*gōōr*) *f* (pl ~en) figure

Fiktion (fik-ts^*ōān*) *f* (pl ~en) fiction

Film (film) *m* (pl ~e) film; movie

filmen (*fil*-mern) *v* film

Filmleinwand (*film*-lighn-vahnt) *f* screen

Filter (*fil*-terr) *m* (pl ~) filter

Filz (filts) *m* felt

Fimmel (*fi*-merl) *m* (pl ~) craze

Finanzen (fi-*nahn*-tsern) *pl* finances *pl*

finanziell (fi-nahn-ts^*Yehl*) *adj* financial

finanzieren (fi-nahn-*tsee*-rern) *v* finance

***finden** (*fin*-dern) *v* *find; *come across; consider

Finger (*fing*-err) *m* (pl ~) finger; **kleine** ~ little finger

Fingerabdruck (*fing*-err-ahp-drook) *m* (pl ẅe) fingerprint

Fingergelenk (*fing*-err-ger-lehngk) *nt* (pl ~e) knuckle

Fingerhut (*fing*-err-hōōt) *m* (pl ẅe) thimble

Fink (fingk) *m* (pl ~en) finch

Finne (*fi*-ner) *m* (pl ~n) Finn

finnisch (*fi*-nish) *adj* Finnish

Finnland (*fin*-lahnt) *nt* Finland

finster (*fins*-terr) *adj* dark

Finsternis (*fins*-terr-niss) *f* (pl ~sen) dark; eclipse

Firma (*feer*-mah) *f* (pl -men) firm, company

Firnis (*feer*-niss) *m* varnish

Fisch (fish) *m* (pl ~e) fish

fischen (*fi*-shern) *v* fish

Fischer (*fi*-sherr) *m* (pl ~) fisherman

Fischerei (fi-sher-*righ*) *f* fishing industry

Fischgräte (*fish*-grai-ter) *f* (pl ~n) fishbone

Fischhandlung (*fish*-hahn-dloong) *f* (pl ~en) fish shop

Fischnetz (*fish*-nehts) *nt* (pl ~e) fishing net

Fjord (f^yort) *m* (pl ~e) fjord

FKK-Strand (ehf-kaa-*kaa*-shtrahnt) *m* (pl ~e) nudist beach

flach (flahkh) *adj* smooth, plane, level, flat

Fläche (*fleh*-kher) *f* (pl ~n) area

Flakon (flah-*kawng*) *nt* (pl ~s) flask

Flamingo (flah-*ming*-goa) *m* (pl ~s) flamingo

Flamme (*flah*-mer) *f* (pl ~n) flame

Flanell (flah-*nehl*) *m* flannel

Flasche (*flah*-sher) *f* (pl ~n) bottle

Flaschenöffner (*flah*-shern-urf-nerr) *m* (pl ~) bottle opener

Fleck (flehk) *m* (pl ~e) stain; spot, speck; **blauer** ~ bruise

fleckenlos (*fleh*-kern-lōass) *adj* spotless, stainless

Fleckenreinigungsmittel (*fleh*-kern-righ-nigoongs-mi-terl) *nt* stain remover

flegelhaft (*flāy*-gerl-hahft) *adj* impertinent

Fleisch (flighsh) *nt* meat; flesh

Fleischer (*fligh*-sherr) *m* (pl ~) butcher

Fleiß (flighss) *m* diligence

fleißig (*fligh*-sikh) *adj* diligent, industrious

flicken (*fli*-kern) *v* mend, patch

Fliege (*flee*-ger) *f* (pl ~n) fly; bow tie

*fliegen (*flee*-gern) *v* *fly

*fliehen (*flee*-ern) *v* escape

*fließen (*flee*-sern) *v* flow; **fließend** fluent

Flitterwochen (*fli*-terr-vo-khern) *fpl* honeymoon

Floß (flōass) *nt* (pl ~e) raft

Flöte (*flūr*-ter) *f* (pl ~n) flute

Flotte (*flo*-ter) *f* (pl ~n) fleet

Fluch (flōokh) *m* (pl ~e) curse

fluchen (*flōo*-khern) *v* curse, *swear

Flucht (flookht) *f* escape

flüchten (*flewkh*-tern) *v* escape

Flug (flōok) *m* (pl ~e) flight

Flügel (*flew*-gerl) *m* (pl ~) wing; grand piano

Flughafen (*flōok*-haa-fern) *m* (pl ~) airport

Flugkapitän (*flōok*-kah-pi-tain) *m* (pl ~e) captain

Fluglinie (*flōok*-lee-n^yer) *f* (pl ~n) airline

Flugplatz (*flōok*-plahts) *m* (pl ~e) airfield

Flugzeug (*flōok*-tsoik) *nt* (pl ~e) aeroplane; plane, aircraft; airplane *nAm*

Flugzeugabsturz (*flōok*-tsoik-ahp-shtoorts) *m* (pl ~e) plane crash

Flur (flōor) *m* (pl ~e) corridor

Fluß (flooss) *m* (pl Flüsse) river

flüssig (*flew*-sikh) *adj* liquid, fluid

Flüssigkeit (*flew*-sikh-kight) *f* (pl ~en) fluid

Flußufer (*flooss*-ōo-ferr) *nt* (pl ~) riverside, river bank

flüstern (*flewss*-tern) *v* whisper

Flut (flōot) *f* high tide, flood

Focksegel (*fok*-sāy-gerl) *nt* (pl ~) foresail

Föderation (fur-day-rah-ts^yōan) *f* (pl ~en) federation

Folge (*fol*-ger) *f* (pl ~n) result, issue, consequence; sequel; series, sequence

folgen (*fol*-gern) *v* follow; **folgend** following, subsequent

folglich (*folk*-likh) *adv* consequently

Folklore (folk-*lōa*-rer) *f* folklore

Fön (fūrn) *m* (pl ~e) hair-dryer

Fonds (fawng) *m* (pl ~) fund

foppen (*fo*-pern) *v* kid

forcieren (for-*see*-rern) *v* strain; force

fordern (*for*-derrn) *v* demand, claim

fördern (*furr*-derrn) *v* promote

Forderung (*for*-der-roong) *f* (pl ~en) demand, claim

Form (form) *f* (pl ~en) form, shape

Format (for-*maat*) *nt* (pl ~e) size

Formel (*for*-merl) *f* (pl ~n) formula

formen (*for*-mern) *v* form; model

förmlich (*furrm*-likh) *adj* formal

Formular (for-moo-*laar*) *nt* (pl ~e) form

Forschung (*for*-shoong) *f* (pl ~en) research

Forst (forst) *m* (pl ~e) forest

Förster (*furrs*-terr) *m* (pl ~) forester

Fort (fōar) *nt* (pl ~s) fort

fort (fort) *adv* gone

fortdauern (*fort*-dou-errn) *v* continue

*fortfahren (*fort*-faa-rern) *v* carry on, *go on, *go ahead, proceed; continue; ~ mit *keep on

fortgeschritten (*fort*-ger-shri-tern) *adj* advanced

fortlaufend (*fort*-lou-fernt) *adj* continuous

fortschicken (*fort*-shi-kern) *v* dismiss

*fortschreiten (*fort*-shrigh-tern) *v* advance

Fortschritt (*fort*-shrit) *m* (pl ~e) advance, progress

fortschrittlich (*fort*-shrit-likh) *adj* progressive

fortsetzen (*fort*-zeh-tsern) *v* continue

fortwährend (*fort*-vai-rernt) *adv* continually

Foto (*fōa*-toa) *nt* (pl ~s) photo

Fotographie (foa-toa-grah-*fee*) *f* photography

fotographieren (foa-toa-grah-*fee*-rern) *v* photograph

Fotokopie (foa-toa-koa-*pee*) *f* (pl ~n) photocopy

Foyer (fwah-*Yāy*) *nt* (pl ~s) foyer, lobby

Fracht (frahkht) *f* (pl ~en) freight, cargo

Frage (*fraa*-ger) *f* (pl ~n) inquiry, question, query; issue, problem

fragen (*fraa*-gern) *v* ask; **fragend** interrogative; **sich** ~ wonder

Fragezeichen (*fraa*-ger-tsigh-khern) *nt* (pl ~) question mark

Fragment (frah-*gmehnt*) *nt* (pl ~e) fragment

frankieren (frahng-*kee*-rern) *v* stamp

franko (*frahng*-koa) *adj* post-paid

Frankreich (*frahngk*-righkh) France

Franse (*frahn*-zer) *f* (pl ~n) fringe

Franzose (frahn-*tsōa*-zer) *m* (pl ~n) Frenchman

französisch (frahn-*tsūr*-zish) *adj* French

Frau (frou) *f* (pl ~en) woman; wife; **gnädige** ~ madam

Frauenarzt (*frou*-ern-ahrtst) *m* (pl ~e) gynaecologist

Fräulein (*froi*-lighn) *nt* (pl ~) miss

frech (frehkh) *adj* bold, impertinent

frei (frigh) *adj* free; vacant

freigebig (*frigh*-gāy-bikh) *adj* generous, liberal

*freihalten (*frigh*-hahl-tern) *v* *hold

Freiheit (*frigh*-hight) *f* (pl ~en) freedom; liberty

Freikarte (*frigh*-kahr-ter) *f* (pl ~n) free ticket

Freitag (*frigh*-taak) *m* Friday

freiwillig (*frigh*-vi-likh) *adj* voluntary

Freiwillige (*frigh*-vi-li-ger) *m* (pl ~n) volunteer

Freizeit (*frigh*-tsight) *f* spare time

fremd (frehmt) *adj* strange; foreign

Fremde (*frehm*-der) *m* (pl ~n) stranger; foreigner

Fremdenheim (*frehm*-dern-highm) *nt* (pl ~e) guest-house

Fremdenverkehr (*frehm*-dern-fehr-kāyr) *m* tourism

Fremdling (*frehmt*-ling) *m* (pl ~e) alien

Frequenz (fray-*kvehnts*) *f* (pl ~en) frequency

Freude (*froi*-der) *f* (pl ~n) joy; pleasure, gladness

freudig (*froi*-dikh) *adj* joyful

sich freuen (*froi*-ern) *be delighted

Freund (froint) *m* (pl ~e) friend

Freundin (*froin*-din) *f* (pl ~nen) friend

freundlich (*froint*-likh) *adj* friendly, kind

Freundschaft (*froint*-shahft) *f* (pl ~en) friendship

freundschaftlich (*froint*-shahft-likh) *adj* friendly

Frieden (*free*-dern) *m* peace

Friedhof (*freet*-hōaf) *m* (pl ~e) cemetery

friedlich (*freet*-likh) *adj* peaceful

*frieren (*free*-rern) *v* *freeze

frisch (frish) *adj* fresh

Friseur (fri-*zūr*) *m* (pl ~e) hairdresser, barber

Frisierkommode (fri-*zeer*-ko-mōa-der) *f* (pl ~n) dressing-table

Frist (frist) *f* (pl ~en) term

Frisur (fri-*zōōr*) *f* (pl ~en) hair-do

froh (frōa) *adj* glad, joyful

fröhlich (*frūr*-likh) *adj* merry, jolly, cheerful

Fröhlichkeit (*frūr*-likh-kight) *f* gaiety

fromm (from) *adj* pious

Frosch (frosh) *m* (pl ~e) frog

Frost (frost) *m* frost

Frostbeule (*frost*-boi-ler) *f* (pl ~n) chilblain

Frösteln (*frurss*-terln) *nt* shiver, chill

frösteln (*frurss*-terln) *v* shiver; **fröstelnd** *adj* shivery

Frottierstoff (fro-*teer*-shtof) *m* (pl ~e) towelling

Frucht (frookht) *f* (pl ~e) fruit

fruchtbar (*frookht*-baar) *adj* fertile

Fruchtsaft (*frookht*-zahft) *m* (pl ~e) squash

früh (frew) *adj* early

früher (*frew*-err) *adj* former, prior, previous; *adv* formerly

Frühling (*frew*-ling) *m* spring; springtime

Frühstück (*frew*-shtewk) *nt* breakfast

Fuchs (fooks) *m* (pl ~e) fox

fühlbar (*fewl*-baar) *adj* palpable

fühlen (*few*-lern) *v* *feel

führen (*few*-rern) *v* carry; *lead, guide, direct, conduct; **führend** *adj* leading

Führer (*few*-rerr) *m* (pl ~) guide; guidebook

Führerschein (*few*-rerr-shighn) *m* driving licence

Führung (*few*-roong) *f* leadership; management

Fülle (*few*-ler) *f* plenty

füllen (*few*-lern) *v* fill

Füller (*few*-lerr) *m* (pl ~) fountain-pen

Füllung (*few*-loong) *f* (pl ~en) stuffing, filling

Fundbüro (*foont*-bew-rōa) *nt* (pl ~s) lost property office

Fundsachen (*foont*-zah-khern) *fpl* lost and found

fünf (fewnf) *num* five

fünfte (*fewnf*-ter) *num* fifth

fünfzehn (*fewnf*-tsāyn) *num* fifteen

fünfzehnte (*fewnf*-tsāyn-ter) *num* fifteenth

fünfzig (*fewnf*-tsikh) *num* fifty

funkelnd (*foong*-kerlnt) *adj* sparkling

Funken (*foong*-kern) *m* (pl ~) spark

Funktion (foongk-*ts^yōan*) *f* (pl ~en) function; operation

funktionieren (foongk-ts^yoa-*nee*-rern) *v* work

funktionsunfähig (foongk-ts^yōans-oon-fai-ikh) *adj* out of order

für (fewr) *prep* for

Furcht (foorkht) *f* terror, fear

furchtbar (foorkht-baar) *adj* terrible, dreadful, awful

fürchten (fewrkh-tern) *v* fear

fürchterlich (fewrkh-terr-likh) *adj* frightful

furchterregend (foorkht-ehr-rāy-gernt) *adj* terrifying

Furt (foort) *f* (pl ~en) ford

Furunkel (foo-*roong*-kerl) *m* (pl ~) boil

Fürwort (*fewr*-vort) *nt* (pl ⁓er) pronoun

Fusion (foo-zᵛ*ōān*) *f* (pl ~en) merger

Fuß (fōōss) *m* (pl ⁓e) foot; **zu** ~ walking, on foot

Fußball (*fōōss*-bahl) *m* (pl ⁓e) football; soccer

Fußballspiel (*fōōss*-bahl-shpeel) *nt* (pl ~e) football match

Fußboden (*fōōss*-bōa-dern) *m* (pl ⁓) floor

Fußbremse (*fōōss*-brehm-zer) *f* (pl ~n) foot-brake

Fußgänger (*fōōss*-gehng-err) *m* (pl ~) pedestrian; ~ **verboten** no pedestrians

Fußgängerübergang (*fōōss*-gehng-err-ēw-berr-gahng) *m* (pl ⁓e) pedestrian crossing

Fußknöchel (*fōōss*-knur-kherl) *m* (pl ~) ankle

Fußpfleger (*fōōss*-pflāy-gerr) *m* (pl ~) pedicure, chiropodist

Fußpuder (*fōōss*-pōō-derr) *m* foot powder

Fußtritt (*fōōss*-trit) *m* (pl ~e) kick

Fußweg (*fōōss*-vāyk) *m* (pl ~e) footpath

Futter (*foo*-terr) *nt* (pl ~) lining

G

Gabe (*gaa*-ber) *f* (pl ~n) gift; faculty

Gabel (*gaa*-berl) *f* (pl ~n) fork

sich gabeln (*gaa*-berln) fork

Gabelung (*gaa*-ber-loong) *f* (pl ~en) fork

gähnen (*gai*-nern) *v* yawn

Galerie (gah-ler-*ree*) *f* (pl ~n) gallery

Galgen (*gahl*-gern) *m* (pl ~) gallows *pl*

Galle (*gah*-ler) *f* gall; bile

Gallenblase (*gah*-lern-blaa-zer) *f* (pl ~n) gall bladder

Gallenstein (*gah*-lern-shtighn) *m* (pl ~e) gallstone

Galopp (gah-*lop*) *m* gallop

Gang¹ (gahng) *m* (pl ⁓e) aisle; course; gear

Gang² (gahng) *m* gait, walk, pace; **in** ~ ***bringen** launch

gangbar (*gahng*-baar) *adj* current

Gangschaltung (*gahng*-shahl-toong) *f* gear lever

Gans (gahns) *f* (pl ⁓e) goose

Gänsehaut (*gehn*-zer-hout) *f* gooseflesh

ganz (gahnts) *adj* whole; total, entire, complete; *adv* entirely; quite

Ganze (*gahn*-tser) *nt* whole

gänzlich (*gehnts*-likh) *adj* total, utter; *adv* altogether, wholly, completely

Garage (gah-*raa*-zher) *f* (pl ~n) garage

Garantie (gah-rahn-*tee*) *f* (pl ~n) guarantee

garantieren (gah-rahn-*tee*-rern) *v* guarantee

Garderobe (gahr-der-*rōā*-ber) *f* (pl ~n) cloakroom; wardrobe; checkroom *nAm*

Garderobenschrank (gahr-der-*rōā*-bern-shrahngk) *m* (pl ⁓e) closet *nAm*

Garderobenständer (*gahr-der-rōā-bern-shtehn-derr*) *m* (pl ~) hat rack

*****gären** (*gai-rern*) *v* ferment

Garn (*gahrn*) *nt* (pl ~e) yarn

Garnele (*gahr-nāy-ler*) *f* (pl ~n) shrimp

garstig (*gahrs-tikh*) *adj* nasty

Garten (*gahr-tern*) *m* (pl ~) garden; **zoologischer ~** zoological gardens

Gartenbau (*gahr-tern-bou*) *m* horticulture

Gärtner (*gehrt-nerr*) *m* (pl ~) gardener

Gas (*gaass*) *nt* (pl ~e) gas

Gasherd (*gaass-hāyrt*) *m* (pl ~e) gas cooker

Gasofen (*gaass-ōā-fern*) *m* (pl ~) gas stove

Gaspedal (*gaass-pay-daal*) *nt* (pl ~e) accelerator

Gasse (*gah-ser*) *f* alley, lane

Gast (*gahst*) *m* (pl ~e) visitor, guest

Gästezimmer (*gehss-ter-tsi-merr*) *nt* (pl ~) spare room, guest-room

gastfreundlich (*gahst-froint-likh*) *adj* hospitable

Gastfreundschaft (*gahst-froint-shahft*) *f* hospitality

Gastgeber (*gahst-gāy-berr*) *m* (pl ~) host

Gastgeberin (*gahst-gāy-ber-rin*) *f* (pl ~nen) hostess

Gasthof (*gahst-hōāf*) *m* (pl ~e) inn

gastrisch (*gahss-trish*) *adj* gastric

Gaststätte (*gahst-shteh-ter*) *f* (pl ~n) roadhouse; roadside restaurant

Gastwirt (*gahst-veert*) *m* (pl ~e) inn-keeper

Gaswerk (*gaass-vehrk*) *nt* (pl ~e) gas-works

Gatte (*gah-ter*) *m* (pl ~n) husband

Gatter (*gah-terr*) *nt* (pl ~) fence

Gattin (*gah-tin*) *f* (pl ~nen) wife

Gattung (*gah-toong*) *f* (pl ~en) breed

Gaze (*gaa-zer*) *f* gauze

Gebäck (*ger-behk*) *nt* cake, pastry

Gebärde (*ger-bair-der*) *f* (pl ~n) sign

Gebärmutter (*ger-bair-moo-terr*) *f* womb

Gebäude (*ger-boi-der*) *nt* (pl ~) building; construction, house, premises *pl*

*****geben** (*gāy-bern*) *v* *give

Gebet (*ger-bāyt*) *nt* (pl ~e) prayer

Gebiet (*ger-beet*) *nt* (pl ~e) zone, area, region; territory; field

Gebirge (*ger-beer-ger*) *nt* (pl ~) mountain range

gebirgig (*ger-beer-gikh*) *adj* mountainous

Gebirgspaß (*ger-beerks-pahss*) *m* (pl -pässe) mountain pass

Gebiß (*ger-biss*) *nt* (pl Gebisse) denture; **künstliches ~** false teeth

geboren (*ger-bōā-rern*) *adj* born

Gebrauch (*ger-broukh*) *m* use

gebrauchen (*ger-brou-khern*) *v* apply, use; **gebraucht** *adj* second-hand

Gebrauchsanweisung (*ger-broukhs-ahn-vigh-zoong*) *f* (pl ~en) directions for use

Gebrauchsgegenstand (*ger-broukhs-gāy-gern-shtahnt*) *m* (pl ~e) utensil

Gebühr (*ger-bēwr*) *f* (pl ~en) charge; **Gebühren** dues *pl*; **gebühren-pflichtige Verkehrsstraße** turnpike *nAm*

gebührend (*ger-bēw-rernt*) *adj* proper

Geburt (*ger-bōōrt*) *f* (pl ~en) birth

Geburtsort (*ger-bōōrts-ort*) *m* (pl ~e) place of birth

Geburtstag (*ger-boorts-taak*) *m* (pl ~e) birthday

Gedächtnis (*ger-dehkht-niss*) *nt* memory

Gedanke (*ger-dahng-ker*) *m* (pl ~n) thought; idea

gedankenlos (ger-*dahng*-kern-lōáss) *adj* careless

Gedankenstrich (ger-*dahng*-kern-shtrikh) *m* (pl ~e) dash

Gedeckkosten (ger-*dehk*-koss-tern) *pl* cover charge

Gedenkfeier (ger-*dehngk*-figh-err) *f* (pl ~n) commemoration

Gedicht (ger-*dikht*) *nt* (pl ~e) poem

Geduld (ger-*doolt*) *f* patience

geduldig (ger-*dool*-dikh) *adj* patient

geeignet (ger-*igh*-gnert) *adj* convenient, suitable, proper, appropriate

Gefahr (ger-*faar*) *f* (pl ~en) danger; risk, peril

gefährlich (ger-*fair*-likh) *adj* dangerous; perilous

Gefährte (ger-*fair*-ter) *m* (pl ~n) companion

Gefälle (ger-*feh*-ler) *nt* gradient

***gefallen** (ger-*fah*-lern) *v* please

gefällig (ger-*feh*-likh) *adj* obliging; enjoyable

Gefälligkeit (ger-*feh*-likh-kight) *f* (pl ~en) favour

Gefangene (ger-*fahng*-er-ner) *m* (pl ~n) prisoner

***gefangennehmen** (ger-*fahng*-ern-nāy-mern) *v* capture

Gefängnis (ger-*fehng*-niss) *nt* (pl ~se) gaol, jail, prison

Gefängniswärter (ger-*fehng*-niss-vehr-terr) *m* (pl ~) jailer

Gefäß (ger-*faiss*) *nt* (pl ~e) vessel

Gefecht (ger-*fehkht*) *nt* (pl ~e) combat

Geflügel (ger-*flew*-gerl) *nt* fowl, poultry

Geflügelhändler (ger-*flew*-gerl-hehn-dlerr) *m* (pl ~) poulterer

Geflüster (ger-*flewss*-terr) *nt* whisper

gefräßig (ger-*frai*-sikh) *adj* greedy

***gefrieren** (ger-*free*-rern) *v* *freeze

Gefrierpunkt (ger-*freer*-poongkt) *m* freezing-point

Gefrierschutzmittel (ger-*freer*-shoots-mi-terl) *nt* (pl ~) antifreeze

Gefrierwaren (ger-*freer*-vaa-rern) *fpl* frozen food

Gefühl (ger-*fēwl*) *nt* (pl ~e) feeling

gefüllt (ger-*fewlt*) *adj* stuffed

gegen (*gāy*-gern) *prep* against; versus

Gegend (*gāy*-gernt) *f* (pl ~en) region, area; district, country

Gegensatz (*gāy*-gern-zahts) *m* (pl ~e) contrast

gegensätzlich (*gāy*-gern-zehts-likh) *adj* opposite

gegenseitig (*gāy*-gern-zigh-tikh) *adj* mutual

Gegenstand (*gāy*-gern-shtahnt) *m* (pl ~e) article, object

Gegenteil (*gāy*-gern-tighl) *nt* reverse, contrary; **im ~** on the contrary

gegenüber (gāy-gern-*ēw*-berr) *prep* opposite, facing

***gegenüberstehen** (gāy-gern-*ēw*-berr-shtāy-ern) *v* face

Gegenwart (*gāy*-gern-vahrt) *f* present; presence

gegenwärtig (*gāy*-gern-vehr-tikh) *adj* present; current

Gegner (*gāy*-gnerr) *m* (pl ~) opponent

Gehalt (ger-*hahlt*) *nt* (pl ~er) salary, pay

Gehaltserhöhung (ger-*hahlts*-ehr-hūr-oong) *f* (pl ~en) rise

gehässig (ger-*heh*-sikh) *adj* spiteful

geheim (ger-*highm*) *adj* secret

Geheimnis (ger-*highm*-niss) *nt* (pl ~se) secret; mystery

geheimnisvoll (ger-*highm*-niss-fol) *adj* mysterious

***gehen** (*gāy*-ern) *v* *go; walk

Gehirn (ger-*heern*) *nt* (pl ~e) brain

Gehirnerschütterung (ger-*heern*-ehr-shew-ter-roong) *f* concussion

Gehör (ger-*hurr*) nt hearing
gehorchen (ger-*hor*-khern) v obey
gehören (ger-*hur*-rern) v belong
Gehorsam (ger-*hōar*-zaam) m obedience
gehorsam (ger-*hōar*-zaam) adj obedient
Gehweg (*gāy*-vāyk) m (pl ~e) sidewalk nAm
Geier (*gigh*-err) m (pl ~) vulture
Geige (*gigh*-ger) f (pl ~n) violin
Geisel (*gigh*-zerl) f (pl ~n) hostage
Geist (gighst) m (pl ~er) ghost, soul, spirit, mind; spook
geistig (*gighss*-tikh) adj mental; spiritual
Geistliche (*gighst*-li-kher) m (pl ~n) minister, clergyman
geistreich (*gighst*-righkh) adj witty
geizig (*gigh*-tsikh) adj avaricious
gekrümmt (ger-*krewmt*) adj curved
Gelächter (ger-*lehkh*-terr) nt laughter
gelähmt (ger-*laimt*) adj lame
Gelände (ger-*lehn*-der) nt terrain; site
Geländer (ger-*lehn*-derr) nt (pl ~) rail
gelassen (ger-*lah*-sern) adj quiet
gelb (gehlp) adj yellow
Gelbsucht (*gehlp*-zookht) f jaundice
Geld (gehlt) nt money; **zu Gelde machen** cash
Geldanlage (*gehlt*-ahn-laa-ger) f (pl ~n) investment
Geldautomat (*gehlt*-ou-toa-maat) m (pl ~en) cash dispenser, automatic teller Am
Geldbeutel (*gehlt*-boi-terl) m (pl ~) purse
Geldschrank (*gehlt*-shrahngk) m (pl ~e) safe
Geldstrafe (*gehlt*-shtraa-fer) f (pl ~n) fine
gelegen (ger-*lāy*-gern) adj situated
Gelegenheit (ger-*lāy*-gern-hight) f (pl ~en) chance, opportunity, occasion

Gelegenheitskauf (ger-*lāy*-gern-hights-kouf) m (pl ~e) bargain
gelegentlich (ger-*lāy*-gernt-likh) adv occasionally
Gelehrte (ger-*lāyr*-ter) m (pl ~n) scholar
Geleit (ger-*light*) nt escort
Gelenk (ger-*lehngk*) nt (pl ~e) joint
gelenkig (ger-*lehng*-kikh) adj supple
geliebt (ger-*leept*) adj beloved
*__gelingen__ (ger-*ling*-ern) v manage, succeed
*__gelten__ (*gehl*-tern) v apply
Gelübde (ger-*lewp*-der) nt (pl ~) vow
Gemälde (ger-*mail*-der) nt (pl ~) picture, painting
gemäß (ger-*maiss*) prep according to; in accordance with
gemäßigt (ger-*mai*-sikht) adj moderate
gemein (ger-*mighn*) adj vulgar, coarse
Gemeinde (ger-*mighn*-der) f (pl ~n) community; congregation
gemeinsam (ger-*mighn*-zaam) adj common; adv jointly
Gemeinschaft (ger-*mighn*-shahft) f community
gemeinschaftlich (ger-*mighn*-shahft-likh) adj joint
gemischt (ger-*misht*) adj mixed
Gemüse (ger-*mēw*-zer) nt (pl ~) greens pl, vegetable
Gemüsegarten (ger-*mēw*-zer-gahr-tern) m (pl ~) kitchen garden
Gemüsehändler (ger-*mēw*-zer-hehn-dlerr) m (pl ~) greengrocer; vegetable merchant
gemütlich (ger-*mēwt*-likh) adj cosy
genau (ger-*nou*) adj exact; precise, accurate, careful, punctual; correct; adv just, exactly
genehmigen (ger-*nāy*-mi-gern) v approve
Genehmigung (ger-*nāy*-mi-goong) f

(pl ~en) permission, authorization; permit

geneigt (ger-*nighkt*) *adj* inclined

General (gay-nay-*raal*) *m* (pl ~e) general

Generalvertreter (gay-nay-*raal*-fehr-trāy-terr) *m* (pl ~) distributor

Generation (gay-nay-rah-*ts*ʸ*ōān*) *f* (pl ~en) generation

Generator (gay-nay-*raa*-tor) *m* (pl ~en) generator

*****genesen** (ger-*nāy*-zern) *v* recover

Genesung (ger-*nāy*-zoong) *f* cure, recovery

Genie (zhay-*nee*) *nt* (pl ~s) genius

*****genießen** (ger-*nee*-sern) *v* enjoy

Genosse (ger-*no*-ser) *m* (pl ~n) comrade

Genossenschaft (ger-*no*-sern-shahft) *f* (pl ~en) co-operative

genug (ger-*nōōk*) *adv* enough

genügend (ger-*nēw*-gernt) *adj* enough, sufficient

Genugtuung (ger-*nōōk*-tōō-oong) *f* satisfaction

Genuß (ger-*nooss*) *m* (pl Genüsse) enjoyment, delight

Geologie (gay-oa-loa-*gee*) *f* geology

Geometrie (gay-oa-may-*tree*) *f* geometry

Gepäck (ger-*pehk*) *nt* luggage, baggage

Gepäckaufbewahrung (ger-*pehk*-ouf-ber-vaa-roong) *f* left luggage office; baggage deposit office *Am*

Gepäcknetz (ger-*pehk*-nehts) *nt* (pl ~e) luggage rack

Gepäckwagen (ger-*pehk*-vaa-gern) *m* (pl ~) luggage van

Geplauder (ger-*plou*-derr) *nt* chat

gerade (ger-*raa*-der) *adj* straight; even; *adv* just

geradeaus (ger-raa-der-*ouss*) *adv* straight on, straight ahead

geradewegs (ger-*raa*-der-*vāyks*) *adv* straight

Gerät (ger-*rait*) *nt* (pl ~e) appliance; tool, implement, utensil

geräumig (ger-*roi*-mikh) *adj* spacious, roomy, large

Geräusch (ger-*roish*) *nt* (pl ~e) noise

gerecht (ger-*rehkht*) *adj* fair; righteous, right, just

Gerechtigkeit (ger-*rehkh*-tikh-kight) *f* justice

Gericht (ger-*rikht*) *nt* (pl ~e) court; dish

Gerichtshof (ger-*rikhts*-hōaf) *m* (pl ~e) law court

Gerichtsverfahren (ger-*rikhts*-fehr-faa-rern) *nt* (pl ~) lawsuit, trial

Gerichtsvollzieher (ger-*rikhts*-fol-tsee-err) *m* (pl ~) bailiff

gering (ger-*ring*) *adj* minor, small; **geringer** inferior; **geringst** least

geringfügig (ger-*ring*-fēw-gikh) *adj* petty, slight

Geringschätzung (ger-*ring*-sheh-tsoong) *f* contempt

*****gerinnen** (ger-*ri*-nern) *v* coagulate

Gerippe (ger-*ri*-per) *nt* (pl ~) skeleton

gern (gehrn) *adv* willingly; ~ *****haben** like, care for, love; ~ *****mögen** like, *****be fond of

gerne (*gehr*-ner) *adv* gladly

Gerste (*gehrs*-ter) *f* barley

Geruch (ger-*rookh*) *m* (pl ~e) smell, odour

Gerücht (ger-*rewkht*) *nt* (pl ~e) rumour

Gerüst (ger-*rewst*) *nt* (pl ~e) scaffolding

gesamt (ger-*zahmt*) *adj* overall

Gesamtsumme (ger-*zahmt*-zoo-mer) *f* (pl ~n) total

Gesandtschaft (ger-*zahnt*-shahft) *f* (pl ~en) legation

Gesäß (ger-*zaiss*) *nt* (pl ~e) bottom

Geschädigte (ger-*shai*-dikh-ter) *m* (pl ~n) victim

Geschäft (ger-*shehft*) *nt* (pl ~e) shop; business; deal; **Geschäfte machen mit** *deal with

Geschäftigkeit (ger-*shehf*-tikh-kight) *f* bustle

geschäftlich (ger-*shehft*-likh) *adj* on business

Geschäftsführer (ger-*shehfts*-few-rerr) *m* (pl ~) executive

Geschäftsmann (ger-*shehfts*-mahn) *m* (pl -leute) tradesman, businessman

geschäftsmäßig (ger-*shehfts*-mai-sikh) *adj* business-like

Geschäftsreise (ger-*shehfts*-righ-zer) *f* (pl ~n) business trip

Geschäftszeit (ger-*shehfts*-tsight) *f* (pl ~en) business hours

*geschehen** (ger-*shay*-ern) *v* happen, occur

gescheit (ger-*shight*) *adj* smart, clever

Geschenk (ger-*shehngk*) *nt* (pl ~e) gift, present

Geschichte (ger-*shikh*-ter) *f* (pl ~n) history; story, tale

geschichtlich (ger-*shikht*-likh) *adj* historical

Geschick (ger-*shik*) *nt* fortune

geschickt (ger-*shikt*) *adj* skilful, skilled

Geschirrtuch (ger-*sheer*-tookh) *nt* (pl ~er) tea-cloth

Geschlecht (ger-*shlehkht*) *nt* (pl ~er) sex; gender

geschlechtlich (ger-*shlehkht*-likh) *adj* genital

Geschlechtskrankheit (ger-*shlehkhts*-krahngk-hight) *f* (pl ~en) venereal disease

geschlossen (ger-*shlo*-sern) *adj* shut, closed

Geschmack (ger-*shmahk*) *m* taste; flavour

geschmacklos (ger-*shmahk*-lôass) *adj* tasteless

geschmeidig (ger-*shmigh*-dikh) *adj* supple, flexible; smooth

Geschöpf (ger-*shurpf*) *nt* (pl ~e) creature

Geschoß (ger-*shoss*) *nt* (pl Geschosse) floor

Geschwader (ger-*shvaa*-derr) *nt* (pl ~) squadron

Geschwätz (ger-*shvehts*) *nt* chat

geschwind (ger-*shvint*) *adj* swift

Geschwindigkeit (ger-*shvin*-dikh-kight) *f* (pl ~en) speed; rate

Geschwindigkeitsbegrenzung (ger-*shvin*-dikh-kights-ber-grehn tsoong) *f* (pl ~en) speed limit

Geschwindigkeitsmesser (ger-*shvin*-dikh-kights-meh-serr) *m* (pl ~) speedometer

Geschwindigkeitsübertretung (ger-*shvin*-dikh-kights-ew-berr-tray-toong) *f* (pl ~en) speeding

Geschwulst (ger-*shvoolst*) *f* (pl ~e) tumour, growth; swelling

Geschwür (ger-*shvewr*) *nt* (pl ~e) sore, ulcer

Gesellschaft (ger-*zehl*-shahft) *f* (pl ~en) society, company; **Gesellschafts-** social

Gesellschaftsanzug (ger-*zehl*-shahfts-ahn-tsook) *m* (pl ~e) evening dress

Gesellschaftsraum (ger-*zehl*-shahfts-roum) *m* (pl ~e) lounge

Gesetz (ger-*zehts*) *nt* (pl ~e) law

gesetzlich (ger-*zehts*-likh) *adj* lawful; legal

gesetzmäßig (ger-*zehts*-mai-sikh) *adj* legal

gesetzt (ger-*zehtst*) *adj* sedate

Gesicht (ger-*zikht*) *nt* (pl ~er) face

Gesichtskrem (ger-*zikhts*-kraym) *f* (pl ~s) face-cream

Gesichtsmassage (ger-*zikhts*-mah-saazher) *f* (pl ~n) face massage

Gesichtspackung (ger-*zikhts*-pah-koong) *f* (pl ~en) face-pack

Gesichtszug (ger-*zikhts*-tsōōk) *m* (pl ~e) feature

gesondert (ger-*zon*-derrt) *adv* apart

gespannt (ger-*shpahnt*) *adj* curious; tense

Gespenst (ger-*shpehnst*) *nt* (pl ~er) spook, phantom

Gespräch (ger-*shpraikh*) *nt* (pl ~e) conversation, talk; discussion

gesprächig (ger-*shprai*-khikh) *adj* talkative

gesprenkelt (ger-*shprehng*-kerlt) *adj* spotted

Gestalt (ger-*shtahlt*) *f* (pl ~en) figure

Geständnis (ger-*shtehnt*-niss) *nt* (pl ~se) confession

gestatten (ger-*shtah*-tern) *v* allow, permit

gestehen (ger-*shtāy*-ern) *v* confess

Gestell (ger-*shtehl*) *nt* (pl ~e) frame

gestern (*gehss*-terrn) *adv* yesterday

gestikulieren (gehss-ti-koo-*lee*-rern) *v* gesticulate

gestreift (ger-*shtrighft*) *adj* striped

Gestrüpp (ger-*shtrewp*) *nt* (pl ~e) scrub

Gesuch (ger-*zōōkh*) *nt* (pl ~e) request; application

gesund (ger-*zoont*) *adj* healthy, well

Gesundheit (ger-*zoont*-hight) *f* health

Gesundheitsattest (ger-*zoont*-hights-ah-tehst) *nt* (pl~e) health certificate

Getränk (ger-*trehngk*) *nt* (pl ~e) beverage; **alkoholfreies ~** soft drink; **alkoholische Getränke** spirits

Getreide (ger-*trigh*-der) *nt* corn, grain

getrennt (ger-*trehnt*) *adj* separate; *adv* apart

Getriebe (ger-*tree*-ber) *nt* gear-box

Getue (ger-*tōō*-er) *nt* fuss

geübt (ger-*ēwpt*) *adj* skilled

Gewächshaus (ger-*vehks*-houss) *nt* (pl ~̈er) greenhouse

gewagt (ger-*vaakt*) *adj* risky

gewähren (ger-*vai*-rern) *v* grant, extend

Gewalt (ger-*vahlt*) *f* violence, force; **vollziehende ~** executive

Gewaltakt (ger-*vahlt*-ahkt) *m* (pl ~e) outrage

gewaltig (ger-*vahl*-tikh) *adj* huge

gewaltsam (ger-*vahlt*-zaam) *adj* violent

Gewand (ger-*vahnt*) *nt* (pl ~̈er) robe

gewandt (ger-*vahnt*) *adj* smart, skilful

Gewebe (ger-*vāy*-ber) *nt* (pl ~) tissue

Gewehr (ger-*vāyr*) *nt* (pl ~e) rifle, gun

Geweih (ger-*vigh*) *nt* (pl ~e) antlers *pl*

Gewerbe (ger-*vehr*-ber) *nt* (pl ~) trade, business

Gewerkschaft (ger-*vehrk*-shahft) *f* (pl ~en) trade-union

Gewicht (ger-*vikht*) *nt* (pl ~e) weight

gewillt (ger-*vilt*) *adj* inclined

Gewinn (ger-*vin*) *m* (pl ~e) benefit; gain, profit, winnings *pl*

gewinnen (ger-*vi*-nern) *v* gain, **win

gewiß (ger-*viss*) *adj* certain

Gewissen (ger-*vi*-sern) *nt* conscience

Gewitter (ger-*vi*-terr) *nt* (pl ~) thunderstorm

gewitterschwül (ger-*vi*-terr-shvēwl) *adj* thundery

gewöhnen (ger-*vūr*-nern) *v* accustom

Gewohnheit (ger-*vōān*-hight) *f* (pl ~en) custom, habit

gewöhnlich (ger-*vūrn*-likh) *adj* customary, plain, ordinary, usual; common; *adv* as a rule, usually

gewohnt (ger-*vōānt*) *adj* accustomed; habitual, regular, normal; **~ *sein** **be used to

gewöhnt (ger-*vūrnt*) *adj* accustomed

Gewölbe (ger-*vurl*-ber) nt (pl ~) arch; vault

gewunden (ger-*voon*-dern) adj winding

gewürfelt (ger-*vewr*-ferlt) adj chequered

Gewürz (ger-*vewrts*) nt (pl ~e) spice

gewürzt (ger-*vewrtst*) adj spiced

geziert (ger-*tseert*) adj affected

Gicht (gikht) f gout

Giebel (*gee*-berl) m (pl ~) gable

Gier (geer) f greed

gierig (*gee*-rikh) adj greedy

***gießen** (*gee*-sern) v pour

Gift (gift) nt (pl ~e) poison

giftig (*gif*-tikh) adj poisonous

Gipfel (*gi*-pferl) m (pl ~) height, top, summit, peak

Gips (gips) m plaster

Gitarre (gi-*tah*-rer) f (pl ~n) guitar

Gitter (*gi*-terr) nt (pl ~) railing

Glanz (glahnts) m glare, gloss

glänzen (*glehn*-tsern) v *shine

glänzend (*glehn*-tsernt) adj brilliant, magnificent; glossy

Glanzleistung (*glahnts*-lighss-toong) f (pl ~en) feat

glanzlos (*glahnts*-lōāss) adj mat

Glas (glaass) nt (pl ~er) glass

gläsern (*glai*-zerrn) adj glass

glasieren (glah-*zee*-rern) v glaze

glatt (glaht) adj even; smooth

Glattbutt (*glaht*-boot) m (pl ~e) brill

Glaube (*glou*-ber) m belief; faith

glauben (*glou*-bern) v believe

Gläubiger (*gloi*-bi-gerr) m (pl ~) creditor

glaubwürdig (*gloub*-vewr-dikh) adj credible

gleich (glighkh) adj equal; alike; level, even; adv alike

***gleichen** (*gligh*-khern) v resemble

gleichfalls (*glighkh*-fahls) adv also

gleichförmig (*glighkh*-furr-mikh) adj uniform

gleichgesinnt (*glighkh*-ger-zint) adj like-minded

Gleichgewicht (*glighkh*-ger-vikht) nt balance

gleichgültig (*glighkh*-gewl-tikh) adj indifferent

Gleichheit (*glighkh*-hight) f equality

***gleichkommen** (*glighkh*-ko-mern) v equal

gleichlaufend (*glighkh*-lou-fernt) adj parallel

gleichmachen (*glighkh*-mah-khern) v level

Gleichstrom (*glighkh*-shtrōām) m direct current

gleichwertig (*glighkh*-vāyr-tikh) adj equivalent

gleichzeitig (*glighkh*-tsigh-tikh) adj simultaneous

Gleis (glighss) nt (pl ~e) track

***gleiten** (*gligh*-tern) v glide, *slide

Gletscher (*gleh*-cherr) m (pl ~) glacier

Glied (gleet) nt (pl ~er) limb; link

glitschig (*gli*-chikh) adj slippery

global (gloa-*baal*) adj broad

Globus (*glōā*-booss) m (pl Globen) globe

Glocke (*glo*-ker) f (pl ~n) bell

Glockenspiel (*glo*-kern-shpeel) nt (pl ~e) chimes pl

Glück (glewk) nt luck; happiness; fortune

glücklich (*glewk*-likh) adj lucky; happy, fortunate

Glückwunsch (*glewk*-voonsh) m (pl ~e) congratulation

Glühbirne (*glēw*-beer-ner) f (pl ~n) light bulb

glühen (*glēw*-ern) v glow

Glut (glōōt) f glow

Gnade (*gnaa*-der) f grace; mercy

Gobelin (goa-ber-*lang*) m (pl ~s) tapestry

Gold (golt) *nt* gold

golden (*gol*-dern) *adj* golden

Goldgrube (*golt*-grōō-ber) *f* (pl ~n) goldmine

Goldschmied (*golt*-shmeet) *m* (pl ~e) goldsmith

Golf (golf) *m* (pl ~e) gulf; *nt* golf

Golfklub (*golf*-kloop) *m* (pl ~s) golfclub

Golfplatz (*golf*-plahts) *m* (pl ~e) golflinks, golf-course

Gondel (*gon*-derl) *f* (pl ~n) gondola

Gosse (*go*-ser) *f* (pl ~n) gutter

Gott (got) *m* (pl ~er) god

Gottesdienst (*go*-terss-deenst) *m* (pl ~e) worship

Göttin (*gur*-tin) *f* (pl ~nen) goddess

göttlich (*gurt*-likh) *adj* divine

Gouvernante (goo-vehr-*nahn*-ter) *f* (pl ~n) governess

Gouverneur (goo-vehr-*nūrr*) *m* (pl ~e) governor

Grab (graap) *nt* (pl ~er) grave, tomb

Graben (*graa*-bern) *m* (pl ~) ditch

***graben** (*graa*-bern) *v* *dig

Grabstein (*graap*-shtighn) *m* (pl ~e) gravestone, tombstone

Grad (graat) *m* (pl ~e) degree

Graf (graaf) *m* (pl ~en) earl, count

Gräfin (*grai*-fin) *f* (pl ~nen) countess

Grafschaft (*graaf*-shahft) *f* (pl ~en) county

sich grämen (*grai*-mern) grieve

Gramm (grahm) *nt* (pl ~e) gram

Grammatik (grah-*mah*-tik) *f* grammar

grammatikalisch (grah-mah-ti-*kaa*-lish) *adj* grammatical

Grammophon (grah-moa-*fōan*) *nt* (pl ~e) record-player, gramophone

Granit (grah-*neet*) *m* granite

Graphik (*graa*-fik) *f* (pl ~en) graph

graphisch (*graa*-fish) *adj* graphic

Gras (graass) *nt* grass

Grashalm (*graass*-hahlm) *m* (pl ~e) blade of grass

Grat (graat) *m* (pl ~e) ridge

Gräte (*grai*-ter) *f* (pl ~n) bone, fishbone

gratis (*graa*-tiss) *adv* free

gratulieren (grah-too-*lee*-rern) *v* congratulate, compliment

grau (grou) *adj* grey

grauenhaft (*grou*-ern-hahft) *adj* horrible

grausam (*grou*-zaam) *adj* cruel, harsh

Graveur (grah-*vūrr*) *m* (pl ~e) engraver

gravieren (grah-*vee*-rern) *v* engrave

greifbar (*grighf*-baar) *adj* tangible

***greifen** (*grigh*-fern) *v* *take

Grenze (*grehn*-tser) *f* (pl ~n) frontier, border; boundary, limit, bound

Grieche (*gree*-kher) *m* (pl ~n) Greek

Griechenland (*gree*-khern-lahnt) Greece

griechisch (*gree*-khish) *adj* Greek

Griff (grif) *m* (pl ~e) grip, grasp; clutch

Grille (*gri*-ler) *f* (pl ~n) cricket; whim

grillen (*gri*-lern) *v* grill

Grillroom (*gril*-rōōm) *m* (pl ~s) grillroom

Grinsen (*grin*-zern) *nt* grin

grinsen (*grin*-zern) *v* grin

Grippe (*gri*-per) *f* flu, influenza

grob (grawp) *adj* rude, coarse, gross

Gros (gross) *nt* gross

groß (grōāss) *adj* big; great, large, tall; major

großartig (*grōāss*-ahr-tikh) *adj* terrific, grand, superb, magnificent

Großbritannien (grōāss-bri-*tah*-nʸern) Great Britain

Großbuchstabe (*grōāss*-bōōkh-shtaa-ber) *m* (pl ~n) capital letter

Größe (*grūr*-ser) *f* (pl ~n) size

Großeltern (*grōāss*-ehl-terrn) *pl* grandparents *pl*

Großhandel (*grōass*-hahn-derl) *m* wholesale

Großhändler (*grōass*-hehn-dlerr) *m* (pl ~) wholesale dealer

Großmama (*grōass*-mah-maa) *f* (pl ~s) grandmother

Großmut (*grōass*-mōōt) *m* generosity

Großmutter (*grōass*-moo-terr) *f* (pl ~) grandmother

Großpapa (*grōass*-pah-paa) *m* (pl ~s) grandfather

Großvater (*grōass*-faa-terr) *m* (pl ~) grandfather

****großziehen** (*grōass*-tsee-ern) *v* *bring up; rear

großzügig (*grōass*-tsew-gikh) *adj* generous, liberal

Grotte (*gro*-ter) *f* (pl ~n) grotto

Grube (*grōō*-ber) *f* (pl ~n) hole, pit

grün (grewn) *adj* green; **grüne Versicherungskarte** green card

Grund (groont) *m* (pl ~e) ground; cause, reason; **Grund-** primary

gründen (*grewn*-dern) *v* establish, found; base

Grundgesetz (*groont*-ger-zehts) *nt* (pl ~e) constitution

Grundlage (*groont*-laa-ger) *f* (pl ~n) basis, base

grundlegend (*groont*-lāy-gernt) *adj* fundamental, essential, basic

gründlich (*grewnt*-likh) *adj* thorough

Grundriß (*groont*-riss) *m* (pl -risse) plan

Grundsatz (*groont*-zahts) *m* (pl ~e) principle

Grundstück (*groont*-shtewk) *nt* (pl ~e) grounds

Gruppe (*groo*-per) *f* (pl ~n) group; set, party

Grus (grōōss) *m* grit

gruselig (*grōō*-zer-likh) *adj* creepy

Gruß (grōōss) *m* (pl ~e) greeting

grüßen (*grēw*-sern) *v* greet; salute

gucken (*goo*-kern) *v* look

gültig (*gewl*-tikh) *adj* valid

Gummi (*goo*-mi) *m* rubber; gum

Gummiband (*goo*-mi-bahnt) *nt* (pl ~er) rubber band, elastic

Gummilinse (*goo*-mi-lin-zer) *f* (pl ~n) zoom lens

Gunst (goonst) *f* grace

günstig (*gewns*-tikh) *adj* favourable

gurgeln (*goor*-gerln) *v* gargle

Gurke (*goor*-ker) *f* (pl ~n) cucumber

Gürtel (*gewr*-terl) *m* (pl ~) belt

Gußeisen (*gooss*-igh-zern) *nt* cast iron

gut (gōōt) *adj* good; right; *adv* well; **gut!** all right!; well!

Güter (*gēw*-terr) *ntpl* goods *pl*

Güterzug (*gēw*-terr-tsōōk) *m* (pl ~e) goods train; freight-train *nAm*

gutgelaunt (*gōōt*-ger-lount) *adj* good-tempered, good-humoured

gutgläubig (*gōōt*-gloi-bikh) *adj* credulous

gütig (*gēw*-tikh) *adj* kind

gutmütig (*gōōt*-mēw-tikh) *adj* good-natured

Gutschein (*gōōt*-shighn) *m* (pl ~e) voucher

Gynäkologe (gew-neh-koa-*lōā*-ger) *m* (pl ~n) gynaecologist

H

Haar (haar) *nt* (pl ~e) hair

Haarbürste (*haar*-bewrs-ter) *f* (pl ~n) hairbrush

Haarfixativ (*haar*-fi-ksah-teef) *nt* setting lotion

haarig (*haa*-rikh) *adj* hairy

Haarklemme (*haar*-kleh-mer) *f* (pl ~n) hair-grip; bobby pin *Am*

Haarkrem (*haar*-krāym) *f* (pl ~s) hair

cream

Haarlack (*haar*-lahk) *m* (pl ~e) hair-spray

Haarnadel (*haar*-naa-derl) *f* (pl ~n) hairpin

Haarnetz (*haar*-nehts) *nt* (pl ~e) hairnet

Haaröl (*haar*-ürl) *nt* hair-oil

Haarschnitt (*haar*-shnit) *m* (pl ~e) haircut

Haartonikum (*haar*-tōa-ni-koom) *nt* hair tonic

Haartracht (*haar*-trahkht) *f* (pl ~en) hair-do

Habe (*haa*-ber) *f* possessions, belongings *pl*

*****haben** (*haa*-bern) *v* *have

Habicht (*haa*-bikht) *m* (pl ~e) hawk

hacken (*hah*-kern) *v* chop

Hafen (*haa*-fern) *m* (pl ~̈) harbour, port

Hafenarbeiter (*haa*-fern-ahr-bigh-terr) *m* (pl ~) docker

Hafer (*haa*-ferr) *m* oats *pl*

Haft (hahft) *f* custody, imprisonment

haftbar (*hahft*-baar) *adj* responsible

Haftbarkeit (*hahft*-baar-kight) *f* responsibility

Häftling (*hehft*-ling) *m* (pl ~e) prisoner

Hagel (*haa*-gerl) *m* hail

Hahn (haan) *m* (pl ~̈e) cock; tap

Hai (high) *m* (pl ~e) shark

Hain (highn) *m* (pl ~e) grove

häkeln (*hai*-kerln) *v* crochet

Haken (*haa*-kern) *m* (pl ~) hook

halb (hahlp) *adj* half; **Halb-** semi-

halbieren (hahl-*bee*-rern) *v* halve

Halbinsel (*hahlp*-in-zerl) *f* (pl ~n) peninsula

Halbkreis (*hahlp*-krighss) *m* (pl ~e) semicircle

halbwegs (*hahlp*-vāyks) *adv* halfway

Halbzeit (*hahlp*-tsight) *f* half-time

Hälfte (*hehlf*-ter) *f* (pl ~n) half

Halle (*hah*-ler) *f* (pl ~n) hall

hallo! (hah-*lōa*) hello!

Hals (hahls) *m* (pl ~̈e) neck; throat

Halsband (*hahls*-bahnt) *nt* (pl ~̈er) collar; beads *pl*

Halsentzündung (*hahls*-ehnt-tsewn-doong) *f* (pl ~en) laryngitis

Halskette (*hahls*-keh-ter) *f* (pl ~n) necklace

Halsschmerzen (*hahls*-shmehr-tsern) *mpl* sore throat

Halt (hahlt) *m* grip

*****halten** (*hahl*-tern) *v* *hold, *keep; **halt!** stop!; ~ **für** reckon, count

Haltestelle (*hahl*-ter-shteh-ler) *f* (pl ~n) stop

Haltung (*hahl*-toong) *f* (pl ~en) position

Hammelfleisch (*hah*-merl-flighsh) *nt* mutton

Hammer (*hah*-merr) *m* (pl ~̈) hammer

Hämorrhoiden (heh-moa-roa-*ee*-dern) *fpl* piles *pl*, haemorrhoids *pl*

Hand (hahnt) *f* (pl ~̈e) hand; **Hand-** manual

Handarbeit (*hahnt*-ahr-bight) *f* (pl ~en) handwork, handicraft; needlework

Handbremse (*hahnt*-brehm-zer) *f* (pl ~n) hand-brake

Handbuch (*hahnt*-bōokh) *nt* (pl ~̈er) handbook

Händedruck (*hehn*-der-drook) *m* handshake

Handel (*hahn*-derl) *m* trade, commerce; business; **Handels-** commercial

handeln (*hahn*-derln) *v* act; trade; bargain

Handelsrecht (*hahn*-derls-rehkht) *m* commercial law

Handelsware (*hahn*-derls-vaa-rer) *f* merchandise

Handfläche (*hahnt*-fleh-kher) f (pl ~n) palm

handgearbeitet (*hahnt*-ger-ahr-bigh-tert) adj hand-made

Handgelenk (*hahnt*-ger-lehngk) nt (pl ~e) wrist

Handgepäck (*hahnt*-ger-pehk) nt hand luggage, hand baggage Am

Handgriff (*hahnt*-grif) m (pl ~e) handle

handhaben (*hahnt*-haa-bern) v handle

Handkoffer (*hahnt*-ko-ferr) m (pl ~) suitcase

Handkrem (*hahnt*-krāym) f (pl ~s) hand cream

Händler (*hehn*-dlerr) m (pl ~) merchant; trader, dealer

handlich (*hahnt*-likh) adj handy; manageable

Handlung (*hahn*-dloong) f (pl ~en) deed, action; plot

Handschellen (*hahnt*-sheh-lern) fpl handcuffs pl

Handschrift (*hahnt*-shrift) f (pl ~en) handwriting

Handschuh (*hahnt*-shōō) m (pl ~e) glove

Handtasche (*hahnt*-tah-sher) f (pl ~n) handbag, bag

Handtuch (*hahnt*-tōōkh) nt (pl ~er) towel

Handvoll (*hahnt*-fol) f handful

Handwerk (*hahnt*-vehrk) nt handicraft

Hanf (hahnf) m hemp

Hang (hahng) m (pl ~e) hillside

Hängebrücke (*hehng*-er-brew-ker) f (pl ~n) suspension bridge

Hängematte (*hehng*-er-mah-ter) f (pl ~n) hammock

***hängen** (*hehng*-ern) v *hang

Harfe (*hahr*-fer) f (pl ~n) harp

Harke (*hahr*-ker) f (pl ~n) rake

harmlos (*hahrm*-lōass) adj harmless

Harmonie (hahr-moa-*nee*) f harmony

hart (hahrt) adj hard

hartnäckig (*hahrt*-neh-kikh) adj dogged, obstinate, stubborn

Harz (hahrts) m resin

Hase (*haa*-zer) m (pl ~n) hare

Haselnuß (*haa*-zerl-nooss) f (pl -nüsse) hazelnut

Haß (hahss) m hatred, hate

hassen (*hah*-sern) v hate

häßlich (*hehss*-likh) adj ugly

Hast (hahst) f haste

hastig (*hahss*-tikh) adj hasty

Haufen (*hou*-fern) m (pl ~) heap, lot; pile; bunch

häufig (*hoi*-fikh) adj frequent; adv often

Häufigkeit (*hoi*-fikh-kight) f frequency

Haupt (houpt) nt (pl ~er) head; chief; **Haupt-** capital; leading, main, chief; major

Hauptbahnhof (*houpt*-baan-hōāf) m (pl ~e) central station

Hauptleitung (*houpt*-ligh-toong) f (pl ~en) mains pl

Häuptling (*hoipt*-ling) m (pl ~e) chieftain

Hauptmahlzeit (*houpt*-maal-tsight) f (pl ~en) dinner

Hauptquartier (*houpt*-kvahr-teer) nt (pl ~e) headquarters pl

hauptsächlich (*houpt*-zehkh-likh) adj cardinal, primary; adv especially, mainly

Hauptstadt (*houpt*-shtaht) f (pl ~e) capital

Hauptstraße (*houpt*-shtraa-ser) f (pl ~n) main road; main street

Hauptstrecke (*houpt*-shtreh-ker) f (pl ~n) main line

Hauptverkehrsstraße (*houpt*-fehr-kāyrs-shtraa-ser) f (pl ~n) thoroughfare

Hauptverkehrszeit (*houpt*-fehr-kāyrs-tsight) f (pl ~en) rush-hour, peak hour

Hauptwort (*houpt*-vort) *nt* (pl ̈er) noun

Haus (houss) *nt* (pl ̈er) house; home; **im ~** indoors, indoor; **nach Hause** home; **zu Hause** home, at home

Hausangestellte (*houss*-ahn-ger-shtehl-ter) *f* (pl ~n) housemaid

Hausarbeit (*houss*-ahr-bight) *f* (pl ~en) housekeeping

Hausbesitzer (*houss*-ber-zi-tserr) *m* (pl ~) landlord

Häuserblock (*hoi*-zerr-blok) *m* (pl ~s) house block *Am*

Häusermakler (*hoi*-zerr-maak-lerr) *m* (pl ~) house agent

Hausfrau (*houss*-frou) *f* (pl ~en) housewife

Haushalt (*houss*-hahlt) *m* (pl ~e) housekeeping, household

Haushälterin (*houss*-hehl-ter-rin) *f* (pl ~nen) housekeeper

Haushaltsarbeiten (*houss*-hahlts-ahr-bigh-tern) *fpl* housework

Hausherrin (*houss*-heh-rin) *f* (pl ~nen) mistress

Hauslehrer (*houss*-lāy-rerr) *m* (pl ~) tutor

häuslich (*hoiss*-likh) *adj* domestic

Hausmeister (*houss*-mighss-terr) *m* (pl ~) janitor, caretaker, concierge

Hausschlüssel (*houss*-shlew-serl) *m* (pl ~) latchkey

Hausschuh (*houss*-shōō) *m* (pl ~e) slipper

Haustier (*houss*-teer) *nt* (pl ~e) pet

Haut (hout) *f* skin; hide

Hautausschlag (*hout*-ouss-shlaak) *m* rash

Hautkrem (*hout*-krāym) *f* (pl ~s) skin cream

Hebamme (*hāyp*-ah-mer) *f* (pl ~n) midwife

Hebel (*hāy*-berl) *m* (pl ~) lever

*****heben** (*hāy*-bern) *v* lift; raise

Hebräisch (hay-*brai*-ish) *nt* Hebrew

Hecht (hehkht) *m* (pl ~e) pike

Hecke (*heh*-ker) *f* (pl ~n) hedge

Heckenschütze (*heh*-kern-shew-tser) *m* (pl ~n) sniper

Heer (hāyr) *nt* (pl ~e) army

Hefe (*hāy*-fer) *f* yeast

Heft (hehft) *nt* (pl ~e) note-book; issue

heftig (*hehf*-tikh) *adj* fierce; violent, severe, intense

Heftklammer (*hehft*-klah-merr) *f* (pl ~n) staple

Heftpflaster (*hehft*-pflahss-terr) *nt* (pl ~) adhesive tape, plaster

Heide (*high*-der) *f* (pl ~n) heath, moor; *m* heathen, pagan

Heidekraut (*high*-der-krout) *nt* heather

heidnisch (*hight*-nish) *adj* heathen, pagan

heikel (*high*-kerl) *adj* precarious, critical

Heilbad (*highl*-baat) *nt* (pl ̈er) spa

Heilbutt (*highl*-boot) *m* (pl ~e) halibut

heilen (*high*-lern) *v* cure, heal

heilig (*high*-likh) *adj* holy, sacred

Heilige (*high*-li-ger) *m* (pl ~n) saint

Heiligtum (*high*-likh-tōōm) *nt* (pl ̈er) shrine

Heilmittel (*highl*-mi-terl) *nt* (pl ~) remedy

Heim (highm) *nt* (pl ~e) home; asylum

Heimatland (*high*-maat-lahnt) *nt* (pl ̈er) native country

*****heimgehen** (*highm*-gāy-ern) *v* *go home

Heimweh (*highm*-vāy) *nt* homesickness

Heirat (*high*-raat) *f* (pl ~en) wedding

heiraten (*high*-raa-tern) *v* marry

heiser (*high*-zerr) *adj* hoarse

heiß (highss) *adj* warm, hot

* **heißen** (*high*-sern) *v* *be called

heiter (*high*-terr) *adj* cheerful

Heiterkeit (*high*-terr-kight) *f* gaiety

heizen (*high*-tsern) *v* heat

Heizkörper (*hights*-kurr-perr) *m* (pl ~) radiator

Heizofen (*hights*-ōā-fern) *m* (pl ⁓) heater

Heizöl (*hights*-ürl) *nt* fuel oil

Heizung (*high*-tsoong) *f* (pl ~en) heating

Held (hehlt) *m* (pl ~en) hero

* **helfen** (*hehl*-fern) *v* help; assist, aid

Helfer (*hehl*-ferr) *m* (pl ~) helper

hell (hehl) *adj* bright, light; pale

hellhörig (*hehl*-hūr-rikh) *adj* noisy

hellviolett (*hehl*-vi-oa-leht) *adj* mauve

Helm (hehlm) *m* (pl ~e) helmet

Hemd (hehmt) *nt* (pl ~en) shirt; vest

Henne (*heh*-ner) *f* (pl ~n) hen

her (hāyr) *adv* ago

herab (heh-*rahp*) *adv* down

herabsetzen (heh-*rahp*-zeh-tsern) *v* reduce, lower

* **herabsteigen** (heh-*rahp*-shtigh-gern) *v* descend

herannahend (heh-*rahn*-naa-ernt) *adj* oncoming

heraus (heh-*rouss*) *adv* out

herausfordern (heh-*rouss*-for-derrn) *v* challenge, dare

Herausforderung (heh-*rouss*-for-der-roong) *f* (pl ~en) challenge

* **herausgeben** (heh-*rouss*-gāy-bern) *v* publish

* **herausnehmen** (heh-*rouss*-nāy-mern) *v* *take out

sich herausstellen (heh-*rouss*-shteh-lern) *v* prove

Herberge (*hehr*-behr-ger) *f* (pl ~n) hostel

Herbst (hehrpst) *m* autumn; fall *nAm*

Herd (hāyrt) *m* (pl ~e) hearth; stove

Herde (*hāyr*-der) *f* (pl ~n) herd, flock

Hering (*hāy*-ring) *m* (pl ~e) herring

Herkunft (*hāyr*-koonft) *f* origin

hernach (hehr-*naakh*) *adv* afterwards

Hernie (*hehr*-nᵛer) *f* slipped disc

Herr (hehr) *m* (pl ~en) gentleman; mister; **mein ~** sir

Herrentoilette (heh-rern-twah-leh-ter) *f* (pl ~n) men's room

Herrin (*heh*-rin) *f* (pl ~nen) mistress

herrlich (*hehr*-likh) *adj* wonderful, lovely; splendid

Herrschaft (*hehr*-shahft) *f* domination; dominion, rule, reign

Herrschaftshaus (*hehr* shahfts-houss) *nt* (pl ⁓er) mansion, manor-house

herrschen (*hehr*-shern) *v* rule

Herrscher (*hehr*-sherr) *m* (pl ~) ruler; sovereign

herstellen (*hāy*-r-shteh-lern) *v* manufacture; produce

herum (heh-*room*) *adv* about

herunter (heh-*roon*-terr) *adv* down

* **herunterlassen** (heh-*roon*-terr-lah-sern) *v* lower

hervorragend (hehr-*fōār*-raa-gernt) *adj* outstanding, excellent

Herz (hehrts) *nt* (pl ~en) heart

Herzklopfen (*hehrts*-klo-pfern) *nt* palpitation

herzlich (*hehrts*-likh) *adj* hearty, cordial

herzlos (*hehrts*-lōāss) *adj* heartless

Herzog (*hehr*-tsōāk) *m* (pl ⁓e) duke

Herzogin (*hehr*-tsōā-gin) *f* (pl ~nen) duchess

Herzschlag (*hehrts*-shlaak) *m* (pl ⁓e) heart attack

heterosexuell (hay-tay-roa-zeh-ksoo-ehl) *adj* heterosexual

Heu (hoi) *nt* hay

Heuchelei (hoi-kher-*ligh*) *f* hypocrisy

heucheln (*hoi*-kherln) *v* simulate

Heuchler (*hoikh*-lerr) *m* (pl ~) hypocrite

heuchlerisch (*hoikh*-ler-rish) *adj* hypocritical

heulen (*hoi*-lern) *v* roar

Heuschnupfen (*hoi*-shnoo-pfern) *m* hay fever

Heuschrecke (*hoi*-shreh-ker) *f* (pl ~n) grasshopper

heute (*hoi*-ter) *adv* today; ~ **abend** tonight; ~ **morgen** this morning; ~ **nachmittag** this afternoon; ~ **nacht** tonight

heutzutage (*hoit*-tsoo-taa-ger) *adv* nowadays

Hexe (*heh*-kser) *f* (pl ~n) witch

Hexenschuß (*heh*-ksern-shooss) *m* lumbago

hier (heer) *adv* here

Hierarchie (hi-ay-rahr-*khee*) *f* (pl ~n) hierarchy

Hilfe (*hil*-fer) *f* help; assistance, aid; **erste** ~ first-aid

hilfreich (*hilf*-righkh) *adj* helpful

Himbeere (*him*-bāy-rer) *f* (pl ~n) raspberry

Himmel (*hi*-merl) *m* sky; heaven

hinab (hi-*nahp*) *adv* down

hinauf (hi-*nouf*) *adv* up

***hinaufsteigen** (hi-*nouf*-shtigh-gern) *v* ascend

hinaus (hi-*nouss*) *adv* out

hindern (*hin*-derrn) *v* hinder, embarrass; impede

Hindernis (*hin*-derr-niss) *nt* (pl ~se) obstacle; impediment

hinein (hi-*nighn*) *adv* in

***hineingehen** (hi-*nighn*-gāy-ern) *v* *go in

hinken (*hing*-kern) *v* limp

hinreichend (*hin*-righ-khernt) *adj* sufficient

Hinrichtung (*hin*-rikh-toong) *f* (pl ~en) execution

hinsichtlich (*hin*-zikht-likh) *prep* as regards, regarding, about, with reference to, concerning

hinten (*hin*-tern) *adv* behind

hinter (*hin*-terr) *prep* behind; after

Hinterbacke (*hin*-terr-bah-ker) *f* (pl ~en) buttock

Hintergrund (*hin*-terr-groont) *m* (pl ~e) background

Hinterhalt (*hin*-terr-hahlt) *m* (pl ~e) ambush

hinterlegen (hin-terr-*lāy*-gern) *v* deposit

Hintern (*hin*-terrn) *m* bottom

Hinterseite (*hin*-terr-zigh-ter) *f* (pl ~n) rear

***hinübergehen** (hi-*nēw*-berr-gāy-ern) *v* cross

hinunter (hi-*noon*-terr) *adv* downstairs

hinzufügen (hin-*tsoo*-fēw-gern) *v* add

Hinzufügung (hin-*tsoo*-fēw-goong) *f* (pl ~en) addition

Hirt (heert) *m* (pl ~en) shepherd

Historiker (hiss-*tōa*-ri-kerr) *m* (pl ~) historian

historisch (hiss-*tōa*-rish) *adj* historic

Hitze (*hi*-tser) *f* heat

hoch (hōakh) *adj* high; tall

Hochebene (*hōakh*-āy-ber-ner) *f* (pl ~n) plateau

Hochland (*hōakh*-lahnt) *nt* uplands *pl*

hochmütig (*hōakh*-mēw-tikh) *adj* haughty, proud

hochnäsig (*hōakh*-nai-zikh) *adj* snooty

Hochsaison (*hōakh*-zeh-zawng) *f* high season, peak season

Hochsommer (*hōakh*-zo-merr) *m* midsummer

höchst (hūrkhst) *adj* extreme

höchstens (*hūrkhst*-erns) *adv* at most

Höchstgeschwindigkeit (*hūrkhst*-ger-shvin-dikh-kight) *f* speed limit

Hochzeit (*hokh*-tsight) *f* (pl ~en) wedding

Hochzeitsreise (*hokh*-tsights-righ-zer) *f* (pl ~n) honeymoon

*hochziehen (*hōakh*-tsee-ern) *v* hoist

Hof (hōaf) *m* (pl ~̈e) yard; court

hoffen (*ho*-fern) *v* hope

Hoffnung (*hof*-noong) *f* (pl ~en) hope

hoffnungslos (*hof*-noongs-lōass) *adj* hopeless

hoffnungsvoll (*hof*-noongs-fol) *adj* hopeful

höflich (*hūrf*-likh) *adj* polite, courteous, civil

Höhe (*hūr*-er) *f* (pl ~n) height; altitude

Höhepunkt (*hūr*-er-poongkt) *m* (pl ~e) height; zenith

höher (*hūr*-err) *adj* upper

hohl (hōal) *adj* hollow

Höhle (*hūr*-ler) *f* (pl ~n) cavern, cave; den

Höhlung (*hūr*-loong) *f* (pl ~en) cavity

Hohn (hōan) *m* scorn

holen (*hōa*-lern) *v* fetch; *get, collect

Holland (*ho*-lahnt) Holland

Holländer (*ho*-lehn-derr) *m* (pl ~) Dutchman

holländisch (*ho*-lehn-dish) *adj* Dutch

Hölle (*hur*-ler) *f* hell

holperig (*hol*-per-rikh) *adj* rough, bumpy

Holz (holts) *nt* wood

hölzern (*hurl*-tserrn) *adj* wooden

Holzhammer (*holts*-hah-merr) *m* (pl ~) mallet

Holzkohle (*holts*-kōa-ler) *f* charcoal

Holzschnitzerei (*holts*-shni-tser-righ) *f* (pl ~en) wood-carving

Holzschuh (*holts*-shōō) *m* (pl ~e) wooden shoe

homosexuell (*hoa*-moa-zeh-ksoo-ehl) *adj* homosexual

Honig (*hōa*-nikh) *m* honey

Honorar (hoa-noa-*raar*) *nt* (pl ~e) fee

Hopfen (*ho*-pfern) *m* hop

hörbar (*hūrr*-baar) *adj* audible

hören (*hūr*-rern) *v* *hear

Horizont (hoa-ri-*tsont*) *m* horizon

Horn (horn) *nt* (pl ~̈er) horn

Horsd'œuvre (or-*dūrvr*) *nt* (pl ~s) hors-d'œuvre

Hose (*hōa*-zer) *f* (pl ~n) trousers *pl*, slacks *pl*; pants *plAm*; kurze ~ shorts *pl*

Hosenanzug (*hōa*-zern-ahn-tsōōk) *m* (pl ~̈e) pant-suit

Hosenträger (*hōa*-sern-trai-gerr) *mpl* braces *pl*; suspenders *plAm*

Hotel (hoa-*tehl*) *nt* (pl ~s) hotel

Hotelpage (hoa-*tehl*-paa-zher) *m* (pl ~n) page-boy, bellboy

hübsch (hewpsh) *adj* good-looking, pretty; nice, fair, lovely

Huf (hōōf) *m* (pl ~e) hoof

Hufeisen (*hōōf*-igh-zern) *nt* (pl ~) horseshoe

Hüfte (*hewf*-ter) *f* (pl ~n) hip

Hüfthalter (*hewft*-hahl-terr) *m* (pl ~) girdle, suspender belt; garter belt *Am*

Hügel (*hēw*-gerl) *m* (pl ~) hill

hügelig (*hēw*-ger-likh) *adj* hilly

Huhn (hōōn) *nt* (pl ~̈er) hen; chicken

Hühnerauge (*hēw*-nerr-ou-ger) *nt* (pl ~n) corn

huldigen (*hool*-di-gern) *v* honour

Huldigung (*hool*-di-goong) *f* (pl ~en) tribute, homage

Hülle (*hew*-ler) *f* (pl ~n) sleeve

Hummer (*hoo*-merr) *m* (pl ~) lobster

Humor (hoo-*mōar*) *m* humour

humorvoll (hoo-*mōar*-fol) *adj* humorous

Hund (hoont) *m* (pl ~e) dog

Hundehütte (*hoon*-der-hew-ter) *f* (pl ~n) kennel

hundert (*hoon*-derrt) *num* hundred

Hundezwinger (*hoon*-der-tsving-err) *m* (pl ~) kennel

Hündin (*hewn*-din) *f* (pl ~nen) bitch

Hunger (*hoong*-err) *m* hunger

hungrig (*hoong*-rikh) *adj* hungry

Hupe (*hōō*-per) *f* (pl ~n) hooter; horn

hupen (*hōō*-pern) *v* hoot; toot *vAm*, honk *vAm*

Hupf (hoopf) *m* (pl ~e) hop

hüpfen (*hew*-pfern) *v* hop, skip

Hure (*hōō*-rer) *f* (pl ~n) whore

Husten (*hōōss*-tern) *m* cough

husten (*hōōss*-tern) *v* cough

Hut (hōōt) *m* (pl ~e) hat

sich hüten (*hew*-tern) beware

Hütte (*hew*-ter) *f* (pl ~n) cabin, hut

Hygiene (hew-g^y*ay*-ner) *f* hygiene

hygienisch (hew-g^y*ay*-nish) *adj* hygienic

Hymne (*hewm*-ner) *f* (pl ~n) hymn

hypokritisch (hew-poa-*kree*-tish) *adj* hypocritical

Hypothek (hew-poa-*tāyk*) *f* (pl ~en) mortgage

hysterisch (hewss-*tāy*-rish) *adj* hysterical

I

ich (ikh) *pron* I

ichbezogen (*ikh*-ber-tsōā-gern) *adj* self-centred

Ideal (i-day-*aal*) *nt* (pl ~e) ideal

ideal (i-day-*aal*) *adj* ideal

Idee (i-*dāy*) *f* (pl ~n) idea

identifizieren (i-dehn-ti-fi-*tsee*-rern) *v* identify

Identifizierung (i-dehn-ti-fi-*tsee*-roong) *f* (pl ~en) identification

identisch (i-*dehn*-tish) *adj* identical

Identität (i-dehn-ti-*tait*) *f* identity

Idiom (i-d^y*ōām*) *nt* (pl ~e) idiom

idiomatisch (i-d^{y}oa-*maa*-tish) *adj* idiomatic

Idiot (i-d^y*ōāt*) *m* (pl ~en) idiot

Idol (i-*dōāl*) *nt* (pl ~e) idol

Igel (*ee*-gerl) *m* (pl ~) hedgehog

ignorieren (i-gnoa-*ree*-rern) *v* ignore

ihm (eem) *pron* him

ihn (een) *pron* him

Ihnen (*ee*-nern) *pron* you

ihnen (*ee*-nern) *pron* them

Ihr (eer) *pron* your

ihr (eer) *pron* you; their; her; her

Ikone (i-*kōā*-ner) *f* (pl ~n) icon

illegal (*i*-lay-gaal) *adj* illegal

Illusion (i-loo-z^y*ōān*) *f* (pl ~en) illusion

Illustration (i-looss-trah-ts^y*ōān*) *f* (pl ~en) illustration

illustrieren (i-looss-*tree*-rern) *v* illustrate

imaginär (i-mah-gi-*nair*) *adj* imaginary

Imbiß (*im*-biss) *m* (pl Imbisse) lunch; snack

Imitation (i-mi-tah-ts^y*ōān*) *f* (pl ~en) imitation

immer (*i*-merr) *adv* always; ever; ~ **wieder** again and again

immerzu (i-merr-*tsōō*) *adv* all the time

immunisieren (i-mōō-ni-*zee*-rern) *v* immunize

Immunität (i-mōō-ni-*tait*) *f* immunity

impfen (*im*-pfern) *v* vaccinate, inoculate

Impfung (*im*-pfoong) *f* (pl ~en) vaccination, inoculation

imponieren (im-poa-*nee*-rern) *v* impress

Import (im-*port*) *m* import

Importeur (im-por-*tūrr*) *m* (pl ~e) importer

importieren (im-por-*tee*-rern) *v* import

imposant (im-poa-*zahnt*) *adj* imposing

impotent (*im*-poa-tehnt) *adj* impotent

Impotenz (*im*-poa-tehnts) *f* impotence

improvisieren (im-proa-vi-*zee*-rern) *v*

improvise

Impuls (im-*pools*) *m* (pl ~e) impulse, urge

impulsiv (im-pool-*zeef*) *adj* impulsive

imstande (im-*shtahn*-der) *adv* able; ~ *sein zu *be able to

in (in) *prep* in; at, into, inside

indem (in-*daym*) *conj* whilst

Inder (*in*-derr) *m* (pl ~) Indian

Index (*in*-dehks) *m* (pl ~e) index

Indianer (in-d*Yaa*-nerr) *m* (pl ~) Indian

indianisch (in-d*Yaa*-nish) *adj* Indian

Indien (*in*-d*Y*ern) India

indirekt (*in*-di-rehkt) *adj* indirect

indisch (*in*-dish) *adj* Indian

individuell (in-di-vi-doo-*ehl*) *adj* individual

Individuum (in-di-*vee*-doo-oom) *nt* (pl -duen) individual

Indonesien (in-doa-*naȳ*-z*Y*ern) Indonesia

Indonesier (in-doa-*naȳ*-z*Y*err) *m* (pl ~) Indonesian

indonesisch (in-doa-*naȳ*-zish) *adj* Indonesian

indossieren (in-do-*see*-rern) *v* endorse

Industrie (in-dooss-*tree*) *f* (pl ~n) industry

Industriegebiet (in-dooss-*tree*-ger-beet) *nt* (pl ~e) industrial area

industriell (in-dooss-tri-*ehl*) *adj* industrial

Infanterie (in-fahn-ter-*ree*) *f* infantry

Infektion (in-fehk-*ts*Y*ōān*) *f* (pl ~en) infection

Infinitiv (*in*-fi-ni-teef) *m* (pl ~e) infinitive

Inflation (in-flah-*ts*Y*ōān*) *f* inflation

infolge (in-*fol*-ger) *prep* owing to

informell (*in*-for-mehl) *adj* informal

informieren (in-for-*mee*-rern) *v* inform

infrarot (*in*-frah-rōat) *adj* infra-red

Ingenieur (in-zhay-n*Y*ūrr) *m* (pl ~e) engineer

Ingwer (*ing*-verr) *m* ginger

Inhaber (*in*-haa-berr) *m* (pl ~) occupant; bearer

inhaftieren (in-hahf-*tee*-rern) *v* imprison

Inhalt (*in*-hahlt) *m* contents *pl*

Inhaltsverzeichnis (*in*-hahlts-fehr-tsighkh-niss) *nt* (pl ~se) table of contents

Initiative (i-ni-ts*Y*ah-*tee*-ver) *f* initiative

Injektion (in-*Y*ehk-*ts*Y*ōān*) *f* (pl ~en) injection

inländisch (*in*-lehn-dish) *adj* domestic

inmitten (in-*mi*-tern) *prep* among, amid

innen (*i*-nern) *adv* inside

Innenseite (*i*-nern-zigh-ter) *f* (pl ~n) inside

inner (*i*-nerr) *adj* inside; internal

Innere (*i*-ner-rer) *nt* interior; **im Innern** within, inside

innerhalb (*i*-nerr-hahlp) *prep* within, inside

Inschrift (*in*-shrift) *f* (pl ~en) inscription

Insekt (in-*zehkt*) *nt* (pl ~en) insect; bug *nAm*

Insektengift (in-*zehk*-tern-gift) *nt* (pl ~e) insecticide

Insektenschutzmittel (in-*zehk*-tern-shoots-mi-terl) *nt* (pl ~) insect repellent

Insel (*in*-zerl) *f* (pl ~n) island

insgesamt (ins-ger-*zahmt*) *adv* altogether

Inspektion (in-spehk-*ts*Y*ōān*) *f* (pl ~en) inspection

inspizieren (in-spi-*tsee*-rern) *v* inspect

Installateur (in-stah-lah-*tūrr*) *m* (pl ~e) plumber

installieren (in-stah-*lee*-rern) *v* install

Instandhaltung (in-*shtahnt*-hahl-toong)

f maintenance

Instandsetzung (in-*shtahnt*-zeh-tsoong) *f* repair

Instinkt (in-*stingkt*) *m* (pl ~e) instinct

Institut (in-sti-*tōōt*) *nt* (pl ~e) institute

Institution (in-sti-too-ts^y*ōān*) *f* (pl ~en) institution

Instrument (in-stroo-*mehnt*) *nt* (pl ~e) instrument

Intellekt (in-teh-*lehkt*) *m* intellect

intellektuell (in-teh-lehk-too-*ehl*) *adj* intellectual

intelligent (in-teh-li-*gehnt*) *adj* clever, intelligent

Intelligenz (in-teh-li-*gehnts*) *f* intelligence

intensiv (in-tehn-*zeef*) *adj* intense

interessant (in-tay-reh-*sahnt*) *adj* interesting

Interesse (in-tay-*reh*-ser) *nt* (pl ~n) interest

interessieren (in-tay-reh-*see*-rern) *v* interest

interessiert (in-tay-reh-*seert*) *adj* interested

intern (in-*tehrn*) *adj* internal; resident

Internat (in-tehr-*naat*) *nt* (pl ~e) boarding-school

international (in-tehr-nah-ts^yoa-*naal*) *adj* international

Intervall (in-tehr-*vahl*) *nt* (pl ~e) interval

Interview (in-tehr-v^y*ōō*) *nt* (pl ~s) interview

intim (in-*teem*) *adj* intimate

Invalide (in-vah-*lee*-der) *m* (pl ~n) invalid

invalide (in-vah-*lee*-der) *adj* disabled, invalid

Invasion (in-vah-z^y*ōān*) *f* (pl ~en) invasion

Inventar (in-vehn-*taar*) *nt* (pl ~e) inventory

investieren (in-vehss-*tee*-rern) *v* invest

Investition (in-vehss-ti-ts^y*ōān*) *f* (pl ~en) investment

inwendig (*in*-vehn-dikh) *adj* inner

inzwischen (in-*tsvi*-shern) *adv* in the meantime, meanwhile

Irak (i-*raak*) Iraq

irakisch (i-*raa*-kish) *adj* Iraqi

Iran (i-*raan*) Iran

Iranier (i-*raa*-n^yerr) *m* (pl ~) Iranian

iranisch (i-*raa*-nish) *adj* Iranian

Ire (*ee*-rer) *m* (pl ~n) Irishman

irgendein (eer-gernt-*ighn*) *adj* any

irgendwie (eer-gernt-*vee*) *adv* anyhow

irgendwo (eer-gernt-*vōā*) *adv* somewhere

irisch (*ee*-rish) *adj* Irish

Irland (*eer*-lahnt) Ireland

Ironie (i-roa-*nee*) *f* irony

ironisch (i-*rōā*-nish) *adj* ironical

Irre (*i*-rer) *m* (pl ~n) lunatic

irre (*i*-rer) *adj* mad

irreal (*i*-ray-aal) *adj* unreal

irreparabel (i-reh-pah-*raa*-berl) *adj* irreparable

Irrgarten (*eer*-gahr-tern) *m* (pl ~) maze

irritieren (i-ri-*tee*-rern) *v* annoy, irritate

Irrsinn (*eer*-zin) *m* lunacy

irrsinnig (*eer*-zi-nikh) *adj* lunatic

Irrtum (*eer*-tōōm) *m* (pl ~er) error, mistake

Island (*eess*-lahnt) Iceland

Isländer (*eess*-lehn-derr) *m* (pl ~) Icelander

isländisch (*eess*-lehn-dish) *adj* Icelandic

Isolation (i-zoa-lah-ts^y*ōān*) *f* (pl ~en) isolation; insulation

Isolator (i-zoa-*laa*-tor) *m* (pl ~en) insulator

isolieren (i-zoa-*lee*-rern) *v* isolate; insulate

Isolierung (i-zoa-*lee*-roong) *f* (pl ~en) isolation

Israel (*iss*-rah-ehl) Israel

Israeli (iss-rah-*ay*-li) *m* (pl ~s) Israeli

israelisch (iss-rah-*ay*-lish) *adj* Israeli

Italien (i-*taa*-lYern) Italy

Italiener (i-tah-*lYay*-nerr) *m* (pl ~) Italian

italienisch (i-tah-*lYay*-nish) *adj* Italian

J

ja (Yaa) yes

Jacht (Yahkht) *f* (pl ~en) yacht

Jacke (Yah-ker) *f* (pl ~n) jacket

Jackett (zhah-*keht*) *nt* (pl ~s) jacket

Jade (Yaa-der) *m* jade

Jagd (Yaakt) *f* hunt, chase

Jagdhaus (Yaakt-houss) *nt* (pl ~er) lodge

jagen (Yaa-gern) *v* hunt

Jäger (Yai-gerr) *m* (pl ~) hunter

Jahr (Yaar) *nt* (pl ~e) year

Jahrbuch (Yaar-bookh) *nt* (pl ~er) annual

Jahrestag (Yaa-rerss-taak) *m* (pl ~e) anniversary

Jahreszeit (Yaa-rerss-tsight) *f* (pl ~en) season

Jahrhundert (Yaar-*hoon*-derrt) *nt* (pl ~e) century

jährlich (Yair-likh) *adj* yearly, annual; *adv* per annum

jähzornig (Yai-tsor-nikh) *adj* hot-tempered, irascible

Jalousie (zhah-loo-*zee*) *f* (pl ~n) blind; shutter

Jammer (Yah-merr) *m* misery

jämmerlich (Yeh-merr-likh) *adj* lamentable

Januar (Yah-noo-aar) January

Japan (Yaa-pahn) Japan

Japaner (Yah-*paa*-nerr) *m* (pl ~) Japanese

japanisch (Yah-*paa*-nish) *adj* Japanese

je ... je (Yay) the ... the

jedenfalls (Yay-dern-fahls) *adv* at any rate

jeder (Yay-derr) *pron* each, every; everyone

jedermann (Yay-derr-mahn) *pron* everyone, everybody; anyone

jedoch (Yay-*dokh*) *conj* yet, but, only, however; *adv* though

jemals (Yay-maals) *adv* ever

jemand (Yay-mahnt) *pron* someone, somebody; **irgend ~** anybody

jene (Yay-ner) *pron* those; those

jener (Yay-nerr) *pron* that; that

jenseits (Yayn-zights) *prep* across, beyond; *adv* beyond

Jersey (jurr-si) *m* (pl ~s) jersey

jetzt (Yehtst) *adv* now; **bis ~** so far

jeweilig (Yay-vigh-likh) *adj* respective

Joch (Yokh) *nt* (pl ~e) yoke

Jockei (jo-ki) *m* (pl ~s) jockey

Jod (Yoāt) *nt* iodine

Johannisbeere (Yoa-hah-niss-bay-rer) *f* (pl ~n) black-currant

Jolle (Yo-ler) *f* (pl ~n) dinghy

Jordanien (Yor-*daa*-nYern) Jordan

Jordanier (Yor-*daa*-nYerr) *m* (pl ~) Jordanian

jordanisch (Yor-*daa*-nish) *adj* Jordanian

Journalismus (zhoor-nah-*liss*-mooss) *m* journalism

Journalist (zhoor-nah-*list*) *m* (pl ~en) journalist

Jubiläum (Yoo-bi-*lai*-oom) *nt* (pl -läen) jubilee

Jucken (Yoo-kern) *nt* itch

jucken (Yoo-kern) *v* itch

Jude (Yōō-der) *m* (pl ~n) Jew

jüdisch (*Yēw*-dish) *adj* Jewish

Jugend (*Yōō*-gernt) *f* youth

Jugendherberge (*Yōō*-gernt-hehr-behr-ger) *f* (pl ~n) youth hostel

jugendlich (*Yōō*-gernt-likh) *adj* juvenile

Juli (*Yōō*-li) July

Jumper (*jahm*-perr) *m* (pl ~) jumper

jung (Yoong) *adj* young

Junge (*Yoong*-er) *m* (pl ~n) boy; lad

Jungfrau (*Yoongk*-frou) *f* (pl ~en) virgin

Junggeselle (*Yoong*-ger-zeh-ler) *m* (pl ~n) bachelor

Juni (*Yōō*-ni) June

Jurist (Yoo-*rist*) *m* (pl ~en) lawyer

Justitiar (Yoo-*sti*-tsi-aar) *m* lawyer, legal adviser

Juwel (Yoo-*vāyl*) *nt* (pl ~en) jewel; gem

Juwelier (Yoo-vay-*leer*) *m* (pl ~e) jeweller

K

Kabarett (kah-bah-*reht*) *nt* (pl ~e) cabaret; revue, floor show

Kabel (*kaa*-berl) *nt* (pl ~) cable; flex; electric cord

Kabelfernsehen (*kaa*-berl-fehrn-zāy-ern) *nt* cable television

Kabeljau (*kaa*-berl-You) *m* (pl ~e) cod

Kabine (kah-*bee*-ner) *f* (pl ~n) cabin

Kabinett (kah-bi-*neht*) *nt* (pl ~e) cabinet

Kachel (*kah*-kherl) *f* (pl ~n) tile

Kader (*kaa*-derr) *m* (pl ~) cadre

Käfer (*kai*-ferr) *m* (pl ~) beetle; bug

Kaffee (*kah*-fay) *m* coffee

Kaffeelöffel (*kah*-fay-lur-ferl) *m* (pl ~) coffee-spoon

Kaffeemaschine (*kah*-fay-mah-shee-ner) *f* (pl ~n) percolator

Käfig (*kai*-fikh) *m* (pl ~e) cage

kahl (kaal) *adj* bald; naked, bare

Kai (kigh) *m* (pl ~s) dock, wharf, quay

Kaiser (*kigh*-zerr) *m* (pl ~) emperor

Kaiserin (*kigh*-zer-rin) *f* (pl ~nen) empress

kaiserlich (*kigh*-zerr-likh) *adj* imperial

Kaiserreich (*kigh*-zerr-righkh) *nt* (pl ~e) empire

Kajüte (kah-*Yēw*-ter) *f* (pl ~n) cabin

Kalamität (kah-lah-mi-*tait*) *f* (pl ~en) calamity

Kalb (kahlp) *nt* (pl ~̈er) calf

Kalbfleisch (*kahlp*-flighsh) *nt* veal

Kalbleder (*kahlp*-lāy-derr) *nt* calf skin

Kalender (kah-*lehn*-derr) *m* (pl ~) calendar

Kalk (kahlk) *m* lime

Kalkulation (kahl-koo-lah-*tsYōān*) *f* (pl ~en) calculation

Kalorie (kah-loa-*ree*) *f* (pl ~n) calorie

kalt (kahlt) *adj* cold

Kälte (*kehl*-ter) *f* cold

Kalvinismus (kahl-vi-*niss*-mooss) *m* Calvinism

Kalzium (*kahl*-tsYoom) *nt* calcium

Kamee (kah-*māy*) *f* (pl ~n) cameo

Kamel (kah-*māyl*) *nt* (pl ~e) camel

Kamera (*kah*-may-rah) *f* (pl ~s) camera

Kamin (kah-*meen*) *m* (pl ~e) fireplace

Kamm (kahm) *m* (pl ~̈e) comb

kämmen (*keh*-mern) *v* comb

Kammgarn (*kahm*-gahrn) *nt* worsted

Kampagne (kahm-*pah*-nYer) *f* (pl ~n) campaign

Kampf (kahmpf) *m* (pl ~̈e) battle; combat, struggle, fight

kämpfen (*kehm*-pfern) *v* *fight; combat, struggle, battle

Kanada (*kah*-nah-dah) Canada

Kanadier (kah-*naa*-dYerr) *m* (pl ~) Canadian

kanadisch (kah-*naa*-dish) *adj* Canadian

Kanal (kah-*naal*) *m* (pl ⁓e) canal; channel

Kanarienvogel (kah-*naa*-rᵞern-fōa-gerl) *m* (pl ⁓) canary

Kandidat (kahn-di-*daat*) *m* (pl ⁓en) candidate

Känguruh (kehng-goo-roo) *nt* (pl ⁓s) kangaroo

Kaninchen (kah-*neen*-khern) *nt* (pl ⁓) rabbit

Kanone (kah-*nōa*-ner) *f* (pl ⁓n) gun

Kante (*kahn*-ter) *f* (pl ⁓n) edge

Kantine (kahn-*tee*-ner) *f* (pl ⁓n) canteen

Kanu (kah-*nōō*) *nt* (pl ⁓s) canoe

Kanzel (*kahn*-tserl) *f* (pl ⁓n) pulpit

Kap (kahp) *nt* (pl ⁓s) cape

Kapelle (kah-*peh*-ler) *f* (pl ⁓n) band; chapel

Kaper (*kaa*-perr) *m* (pl ⁓) hijacker

kapern (*kaa*-perrn) *v* hijack

Kapital (kah-pi-*taal*) *nt* capital

Kapitalgeber (kah-pi-*taal*-gāy-berr) *m* (pl ⁓) investor

Kapitalismus (kah-pi-tah-*liss*-mooss) *m* capitalism

Kapitän (kah-pi-*tain*) *m* (pl ⁓e) captain

Kapitulation (kah-pi-too-lah-*tsᵞōan*) *f* (pl ⁓en) capitulation

Kaplan (kah-*plaan*) *m* (pl ⁓e) chaplain

Kapsel (*kah*-pserl) *f* (pl ⁓n) capsule

kaputt (kah-*poot*) *adj* broken

Kapuze (kah-*pōō*-tser) *f* (pl ⁓n) hood

Karaffe (kah-*rah*-fer) *f* (pl ⁓n) carafe

Karamelle (kah-rah-*meh*-ler) *f* (pl ⁓n) caramel

Karat (kah-*raat*) *nt* carat

Kardinal (kahr-di-*naal*) *m* (pl ⁓e) cardinal; **Kardinal**- cardinal

kariert (kah-*reert*) *adj* chequered

karmesinrot (kahr-may-*zeen*-rōat) *adj* crimson

Karneval (*kahr*-ner-vahl) *m* carnival

Karo (*kaa*-roa) *nt* (pl ⁓s) check

Karosserie (kah-ro-ser-*ree*) *f* (pl ⁓n) coachwork; motor body *Am*

Karotte (kah-*ro*-ter) *f* (pl ⁓n) carrot

Karpfen (*kahr*-pfern) *m* (pl ⁓) carp

Karren (*kahr*-rern) *m* (pl ⁓) cart

Karriere (kah-*rᵞāy*-rer) *f* (pl ⁓n) career

Karte (*kahr*-ter) *f* (pl ⁓n) card; map; ticket

Kartoffel (kahr-*to*-ferl) *f* (pl ⁓n) potato

Karton (kahr-*tawng*) *m* (pl ⁓s) carton

Karussell (kah-roo-*sehl*) *nt* (pl ⁓s) merry-go-round

Kaschmir (*kahsh*-meer) *m* cashmere

Käse (*kai*-zer) *m* cheese

Kaserne (kah-*zehr*-ner) *f* (pl ⁓n) barracks *pl*

Kasino (kah-*zee*-noa) *nt* (pl ⁓s) casino

Kasperletheater (*kahss*-perr-ler-tay-*aa*-terr) *nt* (pl ⁓) puppet-show

Kasse (*kah*-ser) *f* (pl ⁓n) pay-desk; box-office

Kassierer (kah-*see*-rerr) *m* (pl ⁓) cashier

Kassiererin (kah-*see*-rer-rin) *f* (pl ⁓nen) cashier

Kastanie (kahss-*taa*-nᵞer) *f* (pl ⁓n) chestnut

kastanienbraun (kahss-*taa*-nᵞern-broun) *adj* auburn

Katakombe (kah-tah-*kom*-ber) *f* (pl ⁓n) catacomb

Katalog (kah-tah-*lōak*) *m* (pl ⁓e) catalogue

Katarrh (kah-*tahr*) *m* (pl ⁓e) catarrh

Katastrophe (kah-tahss-*trōa*-fer) *f* (pl ⁓n) catastrophe, disaster

Kategorie (kah-tay-goa-*ree*) *f* (pl ⁓n) category

Kater (*kaa*-terr) *m* hangover

Kathedrale (kah-tay-*draa*-ler) *f* (pl ~n) cathedral

katholisch (kah-*tōā*-lish) *adj* catholic

Katze (*kah*-tser) *f* (pl ~n) cat; pussy-cat

kauen (*kou*-ern) *v* chew

Kauf (kouf) *m* (pl ~e) purchase

kaufen (*kou*-fern) *v* *buy; purchase

Käufer (*koi*-ferr) *m* (pl ~) buyer, purchaser

Kaufhaus (*kouf*-houss) *nt* (pl ~er) department store

Kaufmann (*kouf*-mahn) *m* (pl -leute) -dealer; merchant

Kaufpreis (*kouf*-prighss) *m* (pl ~e) purchase price

Kaugummi (*kou*-goo-mi) *m* chewing-gum

kaum (koum) *adv* hardly, scarcely, barely

Kaution (kou-*tsʸōān*) *f* (pl ~en) bail

Kaviar (*kaa*-vi-ahr) *m* caviar

Kegelbahn (*kāy*-gerl-baan) *f* (pl ~en) bowling alley

Kegeln (*kāy*-gerln) *nt* bowling

Kehle (*kāy*-ler) *f* (pl ~n) throat

kehren (*kāy*-rern) *v* turn

Kehrseite (*kāy*r-zigh-ter) *f* (pl ~n) reverse

Keil (kighl) *m* (pl ~e) wedge

Keim (kighm) *m* (pl ~e) germ

kein (kighn) *pron* no

keiner (*kigh*-nerr) *pron* none; ~ **von beiden** neither

keinesfalls (*kigh*-nerss-fahls) *adv* by no means

keineswegs (*kigh*-nerss-vāyks) *adv* by no means

Keks (kāyks) *m* (pl ~e) biscuit; cookie *nAm*; cracker *nAm*

Keller (*keh*-lerr) *m* (pl ~) cellar

Kellermeister (*keh*-lerr-mighss-terr) *m* (pl ~) wine-waiter

Kellner (*kehl*-nerr) *m* (pl ~) waiter;

bartender, barman

Kellnerin (*kehl*-ner-rin) *f* (pl ~nen) waitress

Kenia (*kāy*-nʸah) Kenya

***kennen** (*keh*-nern) *v* *know

Kenner (*keh*-nerr) *m* (pl ~) connoisseur

Kenntnis (*kehnt*-niss) *f* (pl ~se) knowledge

Kennzeichen (*kehn*-tsigh-khern) *nt* (pl ~) characteristic, feature; registration number; licence number *Am*

kennzeichnen (*kehn*-tsighkh-nern) *v* mark

Keramik (kay-*raa*-mik) *f* (pl ~en) ceramics *pl*

Kerl (kehrl) *m* (pl ~e) chap, fellow

Kern (kehrn) *m* (pl ~e) essence; heart, core; pip, stone; nucleus; **Kern-** nuclear

Kernenergie (*kehrn*-ay-nehr-gee) *f* nuclear energy

Kerngehäuse (*kehrn*-ger-hoi-zer) *nt* (pl ~) core

Kerosin (kay-roa-*zeen*) *nt* kerosene

Kerze (*kehr*-tser) *f* (pl ~n) candle

Kessel (*keh*-serl) *m* (pl ~) kettle

Kette (*keh*-ter) *f* (pl ~n) chain

keuchen (*koi*-khern) *v* pant

Keule (*koi*-ler) *f* (pl ~n) club

keusch (koish) *adj* chaste

Khaki (*kaa*-ki) *nt* khaki

kichern (*ki*-kherrn) *v* giggle, chuckle

Kiebitz (*kee*-bits) *m* (pl ~e) pewit

Kiefer (*kee*-ferr) *m* (pl ~) jaw

Kiel (keel) *m* (pl ~e) keel

Kieme (*kee*-mer) *f* (pl ~n) gill

Kies (keess) *m* gravel

Kieselstein (*kee*-zerl-shtighn) *m* (pl ~e) pebble

Kilo (*kee*-loa) *nt* (pl ~s) kilogram

Kilometer (ki-loa-*māy*-terr) *m* (pl ~) kilometre

Kilometerzahl (ki-loa-*māy*-terr-tsaal) *f*

distance in kilometres

Kind (kint) *nt* (pl ~er) child; kid; **kleines** ~ tot

Kindergarten (*kin*-derr-gahr-tern) *m* (pl ~) kindergarten

Kinderkrippe (*kin*-derr-kri-per) *f* (pl ~n) nursery

Kinderlähmung (*kin*-derr-lai-moong) *f* polio

Kindermädchen (*kin*-derr-mait-khern) *nt* (pl ~) nurse

Kinderwagen (*kin*-derr-vaa-gern) *m* (pl ~) pram; baby carriage *Am*

Kinderzimmer (*kin*-derr-tsi-merr) *nt* (pl ~) nursery

Kinn (kin) *nt* chin

Kino (*kee*-noa) *nt* (pl ~s) cinema; pictures; movie theater *Am*, movies *Am*

Kiosk (ki-*osk*) *m* (pl ~e) kiosk

Kirche (*keer*-kher) *f* (pl ~n) chapel, church

Kirchhof (*keerkh*-hōaf) *m* (pl ~e) graveyard, churchyard

Kirchspiel (*keerkh*-shpeel) *nt* (pl ~e) parish

Kirchturm (*keerkh*-toorm) *m* (pl ~e) steeple

Kirmes (*keer*-mehss) *f* (pl ~sen) fair

Kirsche (*keer*-sher) *f* (pl ~n) cherry

Kissen (*ki*-sern) *nt* (pl ~) cushion; pillow

Kissenbezug (*ki*-sern-ber-tsōok) *m* (pl ~e) pillow-case

Kiste (*kiss*-ter) *f* (pl ~n) crate

kitzeln (*ki*-tserln) *v* tickle

Klage (*klaa*-ger) *f* (pl ~n) complaint

klagen (*klaa*-gern) *v* complain

Klammer (*klah*-merr) *f* (pl ~n) clamp

Klang (klahng) *m* (pl ~e) sound; tone

Klaps (klahps) *m* (pl ~e) smack

klar (klaar) *adj* clear; pure; serene

klären (*klai*-rern) *v* clarify

klarstellen (*klaar*-shteh-lern) *v* clarify

Klasse (*klah*-ser) *f* (pl ~n) class; form

Klassenkamerad (*klah*-sern-kah-mer-raat) *m* (pl ~en) class-mate

Klassenzimmer (*klah*-sern-tsi-merr) *nt* (pl ~) classroom

klassisch (*klah*-sish) *adj* classical

klatschen (*klah*-chern) *v* clap

Klatschmohn (*klahch*-mōan) *m* (pl ~e) poppy

Klaue (*klou*-er) *f* (pl ~n) claw

Klausel (*klou*-zerl) *f* (pl ~n) clause, stipulation

Klavier (klah-*veer*) *nt* (pl ~e) piano

Klebealbum (*klāȳ*-ber-ahl-boom) *nt* (pl -alben) scrap-book

kleben (*klāȳ*-bern) *v* *stick; paste

Klebestreifen (*klāȳ*-ber-shtrigh-fern) *m* (pl ~) adhesive tape

klebrig (*klāȳ*-brikh) *adj* sticky

Klebstoff (*klāȳp*-shtof) *m* (pl ~e) gum

Klecks (klehks) *m* (pl ~e) stain, spot, blot

Klee (klāȳ) *m* clover

Kleeblatt (*klāȳ*-blaht) *nt* (pl ~er) shamrock

Kleid (klight) *nt* (pl ~er) dress; frock, robe, gown; **Kleider** clothes *pl*

kleiden (*kligh*-dern) *v* suit; **sich** ~ dress

Kleiderbügel (*kligh*-derr-bēw̄-gerl) *m* (pl ~) coat-hanger

Kleiderbürste (*kligh*-derr-bewrs-ter) *f* (pl ~n) clothes-brush

Kleiderhaken (*kligh*-derr-haa-kern) *m* (pl ~) peg

Kleiderschrank (*kligh*-derr-shrahngk) *m* (pl ~e) wardrobe

Kleidung (*kligh*-doong) *f* clothes *pl*

klein (klighn) *adj* little, small; minor, petty, short

Kleingeld (*klighn*-gehlt) *nt* petty cash, change

Kleinhandel (*klighn*-hahn-derl) *m* retail trade

Kleinhändler (*klighn*-hehn-dlerr) *m* (pl ~) retailer

Kleinkind (*klighn*-kint) *nt* (pl ~er) toddler

kleinlich (*klighn*-likh) *adj* stingy

Kleinod (*klighn*-ōat) *nt* (pl ~e) gem

Klemme (*kleh*-mer) *f* (pl ~n) clamp

klettern (*kleh*-terrn) *v* climb

Klient (kli-*ehnt*) *m* (pl ~en) customer, client

Klima (*klee*-mah) *nt* climate

Klimaanlage (*klee*-mah-ahn-laa-ger) *f* (pl ~n) air-conditioning

klimatisiert (kli-mah-ti-*zeert*) *adj* air-conditioned

Klinge (*kling*-er) *f* (pl ~n) blade

Klingel (*kling*-erl) *f* (pl ~n) bell

*****klingen** (*kling*-ern) *v* sound

Klinik (*klee*-nik) *f* (pl ~en) clinic; hospital

Klippe (*kli*-per) *f* (pl ~n) cliff

Klopfen (*klo*-pfern) *nt* knock, tap

klopfen (*klo*-pfern) *v* knock

Kloster (*klōāss*-terr) *nt* (pl ~) cloister; convent; monastery

Klotz (klots) *m* (pl ~e) block; log

Klub (kloop) *m* (pl ~s) club

klug (klōōk) *adj* bright, clever

Klumpen (*kloom*-pern) *m* (pl ~) chunk; lump

klumpig (*kloom*-pikh) *adj* lumpy

knapp (knahp) *adj* scarce; tight; concise

Knappheit (*knahp*-hight) *f* shortage

*****kneifen** (*knigh*-fern) *v* pinch

Kneifzange (*knighf*-tsahng-er) *f* (pl ~n) pincers *pl*

Kneipe (*knigh*-per) *f* (pl ~n) pub

Knie (knee) *nt* (pl ~) knee

knien (*knee*-ern) *v* *kneel

Kniescheibe (*knee*-shigh-ber) *f* (pl ~n) kneecap

Kniff (knif) *m* (pl ~e) trick

knirschen (*kneer*-shern) *v* creak

Knoblauch (*knōāp*-loukh) *m* garlic

Knochen (*kno*-khern) *m* (pl ~) bone

Knopf (knopf) *m* (pl ~e) button; knob

knöpfen (*knur*-pfern) *v* button

Knopfloch (*knopf*-lokh) *nt* (pl ~er) buttonhole

Knorpel (*knor*-perl) *m* cartilage

Knospe (*knoss*-per) *f* (pl ~n) bud

Knoten (*knōā*-tern) *m* (pl ~) knot

knoten (*knōā*-tern) *v* knot, tie

Knotenpunkt (*knōā*-tern-poongkt) *m* (pl ~e) junction

knuffen (*knoo*-fern) *v* punch

Knüppel (*knew*-perl) *m* (pl ~) cudgel, club

knusprig (*knooss*-prikh) *adj* crisp

Koch (kokh) *m* (pl ~e) cook

Kochbuch (*kokh*-bōōkh) *nt* (pl ~er) cookery-book; cookbook *nAm*

kochen (*ko*-khern) *v* cook; boil

Kocher (*ko*-kherr) *m* (pl ~) cooker

Kode (*kōāt*) *m* (pl ~s) code

Köder (*kūr*-derr) *m* (pl ~) bait

Koffein (ko-fay-*een*) *nt* caffeine

koffeinfrei (ko-fay-*een*-frigh) *adj* decaffeinated

Koffer (*ko*-ferr) *m* (pl ~) case, bag; trunk

Kofferraum (*ko*-ferr-roum) *m* (pl ~e) boot; trunk *nAm*

Kognak (*ko*-nᵛahk) *m* cognac

Kohl (*kōāl*) *m* cabbage

Kohle (*kōā*-ler) *f* (pl ~n) coal

Kohlepapier (*kōā*-ler-pah-peer) *nt* carbon paper

Koje (*kōā*-ᵞer) *f* (pl ~n) bunk, berth

Kokain (koa-kah-*een*) *nt* cocaine

Kokosnuß (*kōā*-koss-nooss) *f* (pl -nüsse) coconut

Kolben (*kol*-bern) *m* (pl ~) piston

Kolbenring (*kol*-bern-ring) *m* (pl ~e) piston ring

Kolbenstange (*kol*-bern-shtahng-er) *f*

(pl ~n) piston-rod

Kollege (ko-*lāy*-ger) *m* (pl ~n) colleague

Kollekteur (ko-lehk-*tūrr*) *m* (pl ~e) collector

Kollektion (ko-lehk-ts^y*ōan*) *f* (pl ~en) collection

kollektiv (ko-lehk-*teef*) *adj* collective

Kolonie (koa-loa-*nee*) *f* (pl ~n) colony

Kolonne (koa-*lo*-ner) *f* (pl ~n) column

Kolumbianer (koa-loom-*b*^y*aa*-nerr) *m* (pl ~) Colombian

kolumbianisch (koa-loom-*b*^y*aa*-nish) *adj* Colombian

Kolumbien (koa-*loom*-b^yern) Colombia

Koma (*kōa*-mah) *nt* coma

Kombination (kom-bi-nah-ts^y*ōan*) *f* (pl ~en) combination

kombinieren (kom-bi-*nee*-rern) *v* combine

Komfort (kom-*fōar*) *m* comfort

Komiker (*kōa*-mi-kerr) *m* (pl ~) comedian

komisch (*kōa*-mish) *adj* funny, comic; strange, queer

Komma (*ko*-mah) *nt* (pl ~ta) comma

***kommen** (*ko*-mern) *v* *come; ~ ***lassen** *send for

Kommentar (ko-mehn-*taar*) *m* (pl ~e) comment

kommentieren (ko-mehn-*tee*-rern) *v* comment

kommerziell (ko-mehr-ts^y*ehl*) *adj* commercial

Kommission (ko-mi-s^y*ōan*) *f* (pl ~en) commission; committee

Kommode (ko-*mōa*-der) *f* (pl ~n) bureau *nAm*; chest of drawers

Kommune (ko-*mōo*-ner) *f* (pl ~n) commune

Kommunikation (ko-moo-ni-kah-ts^y*ōan*) *f* communication

Kommunismus (ko-moo-*niss*-mooss)

m communism

Kommunist (ko-moo-*nist*) *m* (pl ~en) communist

Komödie (ko-*mūr*-d^yer) *f* (pl ~n) comedy

kompakt (kom-*pahkt*) *adj* compact

Kompaß (*kom*-pahss) *m* (pl -passe) compass

Kompetenz (kom-pay-*tehnts*) *f* (pl ~en) capacity

Komplex (kom-*plehks*) *m* (pl ~e) complex

Kompliment (kom-pli-*mehnt*) *nt* (pl ~e) compliment

kompliziert (kom-pli-*tseert*) *adj* complicated

Komponist (kom-poa-*nist*) *m* (pl ~cn) composer

Komposition (kom-poa-zi-ts^y*ōan*) *f* (pl ~en) composition

Konditor (kon-*dee*-tor) *m* (pl ~en) confectioner

Konditorei (kon-di-toa-*righ*) *f* (pl ~en) pastry shop

Kondom (kon-*dom*) *m* (pl ~s) condom

Konferenz (kon-fay-*rehnts*) *f* (pl ~en) conference

Konflikt (kon-*flikt*) *m* (pl ~e) conflict

Kongreß (kon-*grehss*) *m* (pl -gresse) congress

König (*kūr*-nikh) *m* (pl ~e) king

Königin (*kūr*-ni-gin) *f* (pl ~nen) queen

königlich (*kūr*-nik-likh) *adj* royal

Königreich (*kūr*-nik-righkh) *nt* (pl ~e) kingdom

konkret (kon-*krait*) *adj* concrete

Konkurrent (kon-koo-*rehnt*) *m* (pl ~en) competitor; rival

Konkurrenz (kon-koo-*rehnts*) *f* competition; rivalry

***können** (*kur*-nern) *v* *can; *be able to; *might

konservativ (kon-zehr-vah-*teef*) *adj*

conservative

Konservatorium (kon-zehr-vah-*tōā*-r^yoom) *f* (pl -rien) music academy

Konserven (kon-*zehr*-vern) *fpl* tinned food

Konstruktion (kon-strook-ts^y*ōān*) *f* (pl ~en) construction

Konsul (*kon*-zool) *m* (pl ~n) consul

Konsulat (kon-zoo-*laat*) *nt* (pl ~e) consulate

Konsultation (kon-zool-tah-ts^y*ōān*) *f* (pl ~en) consultation

konsultieren (kon-zool-*tee*-rern) *v* consult

Konsument (kon-zoo-*mehnt*) *m* (pl ~en) consumer

Kontakt (kon-*tahkt*) *m* (pl ~e) touch, contact

Kontaktlinsen (kon-*tahkt*-lin-zern) *fpl* contact lenses

Kontinent (kon-ti-*nehnt*) *m* (pl ~e) continent

kontinental (kon-ti-nehn-*taal*) *adj* continental

Konto (*kon*-toa) *nt* (pl -ten) account

Kontrast (kon-*trahst*) *m* (pl ~e) contrast

Kontrollabschnitt (kon-*trol*-ahp-shnit) *m* (pl ~e) counterfoil, stub

Kontrolle (kon-*tro*-ler) *f* (pl ~n) control, inspection ; supervision

kontrollieren (kon-troa-*lee*-rern) *v* control, check

konvertieren (kon-vehr-*tee*-rern) *v* convert

Konzentration (kon-tsehn-trah-ts^y*ōān*) *f* (pl ~en) concentration

konzentrieren (kon-tsehn-*tree*-rern) *v* concentrate

Konzern (kon-*tsehrn*) *m* (pl ~e) concern

Konzert (kon-*tsehrt*) *nt* (pl ~e) concert

Konzertsaal (kon-*tsehrt*-zaal) *m* (pl

-säle) concert hall

Konzession (kon-tseh-s^y*ōān*) *f* (pl ~en) concession ; licence, permission

konzessionieren (kon-tseh-s^yoa-*nee*-rern) *v* license

kooperativ (koa-oa-pay-rah-*teef*) *adj* co-operative

koordinieren (koa-or-di-*nee*-rern) *v* co-ordinate

Koordinierung (koa-or-di-*nee*-roong) *f* co-ordination

Kopf (kopf) *m* (pl ¨e) head

Kopfkissen (*kopf*-ki-sern) *nt* (pl ~) pillow

Kopfschmerzen (*kopf*-shmehr-tsern) *mpl* headache

Kopie (koa-*pee*) *f* (pl ~n) copy

kopieren (koa-*pee*-rern) *v* copy

Koralle (koa-*rah*-ler) *f* (pl ~n) coral

Korb (korp) *m* (pl ¨e) basket

Kordel (*kor*-derl) *f* (pl ~n) tape

Kordsamt (*kort*-zahmt) *m* corduroy

Korinthe (koa-*rin*-ter) *f* (pl ~n) currant

Korken (*kor*-kern) *m* (pl ~) cork

Korkenzieher (*kor*-kern-tsee-err) *m* (pl ~) corkscrew

Korn (korn) *nt* (pl ¨er) corn, grain

Kornfeld (*korn*-fehlt) *nt* (pl ¨er) cornfield

Körper (*kurr*-perr) *m* (pl ~) body

körperbehindert (*kurr*-perr-ber-hin-derrt) *adj* disabled

korpulent (kor-poo-*lehnt*) *adj* corpulent, stout

korrekt (ko-*rehkt*) *adj* correct

Korrespondent (ko-rehss-pon-*dehnt*) *m* (pl ~en) correspondent

Korrespondenz (ko-rehss-pon-*dehnts*) *f* correspondence

korrespondieren (ko-rehss-pon-*dee*-rern) *v* correspond

korrigieren (ko-ri-*gee*-rern) *v* correct

korrupt (ko-*roopt*) *adj* corrupt

Korsett (kor-*zeht*) *nt* (pl ~s) corset

Kosmetika (koss-*māy*-ti-kah) *ntpl* cosmetics *pl*

Kost (kost) *f* fare; food

kostbar (*kost*-baar) *adj* expensive, valuable

Kosten (*koss*-tern) *pl* cost

kosten (*koss*-tern) *v* *cost; taste

kostenlos (*koss*-tern-lōass) *adj* free of charge

Kostgänger (*kost*-gehng-err) *m* (pl ~) boarder

köstlich (*kurst*-likh) *adj* delicious; delightful

kostspielig (*kost*-shpee-likh) *adj* expensive

Kotelett (kot-*leht*) *nt* (pl ~e) cutlet, chop; **Koteletten** sideburns *pl*

Kotflügel (*kōat*-flew-gerl) *m* (pl ~) mud-guard

Krabbe (*krah*-ber) *f* (pl ~n) crab; prawn

Krach (krahkh) *m* (pl ~e) noise; row

Krachen (*krah*-khern) *nt* crack

krachen (*krah*-khern) *v* crack

Kraft (krahft) *f* (pl ~e) force, strength; power; energy

Kraftfahrer (*krahft*-faa-rerr) *m* (pl ~) motorist

kräftig (*krehf*-tikh) *adj* strong

Kraftwagen (*krahft*-vaa-gern) *m* (pl ~) motor-car

Kraftwerk (*krahft*-vehrk) *nt* (pl ~e) power-station

Kragen (*kraa*-gern) *m* (pl ~) collar

Kragenknopf (*kraa*-gern-knopf) *m* (pl ~e) collar stud

Krähe (*krai*-er) *f* (pl ~n) crow

Krampf (krahmpf) *m* (pl ~e) convulsion; cramp

Krampfader (*krahmpf*-aa-derr) *f* (pl ~n) varicose vein

Kran (kraan) *m* (pl ~e) crane

krank (krahngk) *adj* sick, ill

kränken (*krehng*-kern) *v* offend, *hurt, injure

Krankenhaus (*krahng*-kern-houss) *nt* (pl ~er) hospital

Krankensaal (*krahng*-kern-zaal) *m* (pl -säle) infirmary

Krankenschwester (*krahng*-kern-shvehss-terr) *f* (pl ~n) nurse

Krankenwagen (*krahng*-kern-vaa-gern) *m* (pl ~) ambulance

Krankheit (*krahngk*-hight) *f* (pl ~en) sickness, illness, disease; ailment

Krater (*kraa*-terr) *m* (pl ~) crater

kratzen (*krah*-tsern) *v* scratch

Kratzer (*krah*-tserr) *m* (pl ~) scratch

Kraul (kroul) *m* crawl

Kraut (krout) *nt* (pl ~er) herb

Krawatte (krah-*vah*-ter) *f* (pl ~n) necktie, tie

Krebs (krāyps) *m* cancer

Kredit (kray-*deet*) *m* (pl ~e) credit

kreditieren (kray-di-*tee*-rern) *v* credit

Kreditkarte (kray-*deet*-kahr-ter) *f* (pl ~n) credit card; charge plate *Am*

Kreide (*krigh*-der) *f* chalk

Kreis (krighss) *m* (pl ~e) circle; ring, sphere

kreischen (*krigh*-shern) *v* shriek, scream

Kreislauf (*krighss*-louf) *m* circulation; cycle

Krem (krāym) *f* (pl ~s) cream

kremfarben (*krāym*-fahr-bern) *adj* cream

Kreuz (kroits) *nt* (pl ~e) cross

Kreuzfahrt (*kroits*-faart) *f* (pl ~en) cruise

kreuzigen (*kroi*-tsi-gern) *v* crucify

Kreuzigung (*kroi*-tsi-goong) *f* (pl ~en) crucifixion

Kreuzung (*kroi*-tsoong) *f* (pl ~en) crossing, crossroads, intersection

Kreuzzug (*kroits*-tsōōk) *m* (pl ~e) crusade

Kricket (*kri*-kert) *nt* cricket

*kriechen (*kree*-khern) *v* *creep, crawl

Krieg (kreek) *m* (pl ~e) war

kriegen (*kree*-gern) *v* *get

Kriegsgefangene (*kreeks*-ger-fahng-er-ner) *m* (pl ~n) prisoner of war

Kriegsmacht (*kreeks*-mahkht) *f* (pl ~e) military force

Kriegsschiff (*kreeks*-shif) *nt* (pl ~e) man-of-war

Kriminalität (kri-mi-nah-li-*tait*) *f* criminality

Kriminalroman (kri-mi-*naal*-roa-maan) *m* (pl ~e) detective story

kriminell (kri-mi-*nehl*) *adj* criminal

Krippe (*kri*-per) *f* (pl ~n) manger

Krise (*kree*-zer) *f* (pl ~n) crisis

Kristall (kriss-*tahl*) *nt* crystal

kristallen (kriss-*tah*-lern) *adj* crystal

Kritik (kri-*teek*) *f* (pl ~en) criticism

Kritiker (*kree*-ti-kerr) *m* (pl ~) critic

kritisch (*kree*-tish) *adj* critical

kritisieren (kri-ti-*zee*-rern) *v* criticize

Krokodil (kroa-koa-*deel*) *nt* (pl ~e) crocodile

Krone (*kroa*-ner) *f* (pl ~n) crown

krönen (*krūr*-nern) *v* crown

Kröte (*krūr*-ter) *f* (pl ~n) toad

Krücke (*krew*-ker) *f* (pl ~n) crutch

Krug (krook) *m* (pl ~e) pitcher, jug, jar

Krümel (*krew*-merl) *m* (pl ~) crumb

krumm (kroom) *adj* curved, bent; crooked

Krümmung (*krew*-moong) *f* (pl ~en) bend

Kruste (*krooss*-ter) *f* (pl ~n) crust

Kruzifix (kroo-tsi-*fiks*) *nt* (pl ~e) crucifix

Kuba (*kōō*-bah) Cuba

Kubaner (koo-*baa*-nerr) *m* (pl ~) Cuban

kubanisch (koo-*baa*-nish) *adj* Cuban

Kubus (*kōō*-booss) *m* (pl Kuben) cube

Küche (*kew*-kher) *f* (pl ~n) kitchen

Kuchen (*kōō*-khern) *m* (pl ~) cake

Küchenchef (*kew*-khern-shehf) *m* (pl ~s) chef

Kuckuck (*koo*-kook) *m* (pl ~e) cuckoo

Kugel (*kōō*-gerl) *f* (pl ~n) sphere; bullet

Kugelschreiber (*kōō*-gerl-shrigh-berr) *m* (pl ~) ballpoint-pen, Biro

Kuh (kōō) *f* (pl ~e) cow

Kuhhaut (*kōō*-hout) *f* (pl ~e) cowhide

kühl (kēwl) *adj* cool; chilly

Kühlschrank (*kēwl*-shrahngk) *m* (pl ~e) fridge, refrigerator

Kühlsystem (*kēwl*-zewss-tāym) *nt* cooling system

kühn (kēwn) *adj* bold

Kühnheit (*kēwn*-hight) *f* nerve

Küken (*kew*-kern) *nt* (pl ~) chicken

kultivieren (kool-ti-*vee*-rern) *v* cultivate

kultiviert (kool-ti-*veert*) *adj* cultured

Kultur (kool-*tōōr*) *f* (pl ~en) culture

Kummer (*koo*-merr) *m* sorrow, grief

kümmern (*kew*-merrn) *v* mind; **sich ~ um** look after, *take care of

Kunde (*koon*-der) *m* (pl ~n) customer, client

Kundgebung (*koont*-gāy-boong) *f* (pl ~en) demonstration

Kunst (koonst) *f* (pl ~e) art; **die schönen Künste** fine arts

Kunstakademie (*koonst*-ah-kah-day-mee) *f* (pl ~n) art school

Kunstausstellung (*koonst*-ouss-shteh-loong) *f* (pl ~en) art exhibition

Kunstgalerie (*koonst*-gah-ler-ree) *f* (pl ~n) art gallery

Kunstgeschichte (*koonst*-ger-shikh-ter) *f* art history

Kunstgewerbe (*koonst*-ger-vehr-ber)

nt arts and crafts

Künstler (*kewnst*-lerr) *m* (pl ~) artist

Künstlerin (*kewnst*-ler-rin) *f* (pl ~nen) artist

künstlerisch (*kewnst*-ler-rish) *adj* artistic

künstlich (*kewnst*-likh) *adj* artificial

Kunstsammlung (*koonst*-zahm-loong) *f* (pl ~en) art collection

Kunstseide (*koonst*-zigh-der) *f* rayon

Kunststoff (*koonst*-shtof) *m* (pl ~e) plastic; **Kunststoff-** plastic

Kunstwerk (*koonst*-vehrk) *nt* (pl ~e) work of art

Kupfer (*koo*-pferr) *nt* copper

Kupon (koo-*pawng*) *m* (pl ~s) coupon

Kuppel (*koo*-perl) *f* (pl ~n) dome

Kupplung (*koop*-loong) *f* (pl ~en) clutch

Kur (kōōr) *f* (pl ~en) cure

Kurbelgehäuse (*koor*-berl-ger-hoi-zer) *nt* (pl ~) crankcase

Kurbelwelle (*koor*-berl-veh-ler) *f* (pl ~n) crankshaft

Kurpfuscher (*kōōr*-pfoo-sherr) *m* (pl ~) quack

Kurs (koors) *m* (pl ~e) rate of exchange; course

Kürschner (*kewrsh*-nerr) *m* (pl ~) furrier

Kursivschrift (koor-*zeef*-shrift) *f* italics *pl*

Kursus (*koor*-zooss) *m* (pl Kurse) course

Kurve (*koor*-ver) *f* (pl ~n) curve, turning, bend

kurz (koorts) *adj* short; brief; **in kurzem** shortly

in Kürze (in *kewr*-tser) soon

kurzgefaßt (*koorts*-ger-fahst) *adj* concise

Kurzlehrgang (*koorts*-lāyr-gahng) *m* (pl ~̈e) intensive course

kürzlich (*kewrts*-likh) *adv* recently,

lately

Kurzschluß (*koorts*-shlooss) *m* short circuit

kurzsichtig (*koorts*-zikh-tikh) *adj* short-sighted

Kurzwarengeschäft (*koorts*-vaa-rern-ger-shehft) *nt* (pl ~e) haberdashery

Kuß (kooss) *m* (pl Küsse) kiss

küssen (*kew*-sern) *v* kiss

Küste (*kewss*-ter) *f* (pl ~n) coast, shore; seaside

Küster (*kewss*-terr) *m* (pl ~) sexton

Kutsche (*koo*-cher) *f* (pl ~n) carriage, coach

L

labil (lah-*beel*) *adj* unstable

Laboratorium (lah-boa-rah-*tōā*-rʸoom) *nt* (pl -rien) laboratory

Labyrinth (lah-bew-*rint*) *nt* (pl ~e) labyrinth

Lächeln (*leh*-kherln) *nt* smile

lächeln (*leh*-kherln) *v* smile

Lachen (*lah*-khern) *nt* laugh

lachen (*lah*-khern) *v* laugh

lächerlich (*leh*-kherr-likh) *adj* ridiculous; ludicrous

lachhaft (*lahkh*-hahft) *adj* ludicrous

Lachs (lahks) *m* (pl ~e) salmon

Lack (lahk) *m* (pl ~e) lacquer; varnish

lackieren (lah-*kee*-rern) *v* varnish

Laden (*laa*-dern) *m* (pl ~̈) store

*****laden** (*laa*-dern) *v* load; charge

Ladeninhaber (*laa*-dern-in-haa-berr) *m* (pl ~) shopkeeper

Ladentisch (*laa*-dern-tish) *m* (pl ~e) counter

Laderaum (*laa*-der-roum) *m* (pl ~̈e) hold

Ladung (*laa*-doong) *f* (pl ~en) freight,

charge, cargo

Lage (*laa*-ger) *f* (pl ~n) location; situation; position, site

Lager (*laa*-gerr) *nt* (pl ~) warehouse, depot; camp

Lagerhaus (*laa*-gerr-houss) *nt* (pl ~er) store-house

lagern (*laa*-gerrn) *v* store

Lagerraum (*laa*-gerr-roum) *m* (pl ~e) depository

Lagerung (*laa*-ger-roong) *f* storage

Lagune (lah-*gōō*-ner) *f* (pl ~n) lagoon

lahm (laam) *adj* lame

lähmen (*lai*-mern) *v* paralise

Laib (lighp) *m* (pl ~e) loaf

Laie (*ligh*-er) *m* (pl ~n) layman

Laken (*laa*-kern) *nt* (pl ~) sheet

Lakritze (lah-*kri*-tser) *f* liquorice

Lamm (lahm) *nt* (pl ~er) lamb

Lammfleisch (*lahm*-flighsh) *nt* lamb

Lampe (*lahm*-per) *f* (pl ~n) lamp

Lampenschirm (*lahm*-pern-sheerm) *m* (pl ~e) lampshade

Land (lahnt) *nt* (pl ~er) country, land; **an ~** ashore; **an ~ *gehen** land; disembark

landen (*lahn*-dern) *v* land; disembark

Landenge (*lahnt*-ehng-er) *f* (pl ~n) isthmus

Landesgrenze (*lahn*-derss-grehn-tser) *f* (pl ~n) boundary

Landhaus (*lahnt*-houss) *nt* (pl ~er) country house

Landkarte (*lahnt*-kahr-ter) *f* (pl ~n) map

ländlich (*lehnt*-likh) *adj* rustic, rural

Landmarke (*lahnt*-mahr-ker) *f* (pl ~n) landmark

Landschaft (*lahnt*-shahft) *f* (pl ~en) countryside; landscape; scenery

Landsitz (*lahnt*-zits) *m* (pl ~e) estate

Landsmann (*lahnts*-mahn) *m* (pl -leute) countryman

Landstraße (*lahnt*-shtraa-ser) *f* (pl ~n)

highway

Landstreicher (*lahnt*-shtrigh-kherr) *m* (pl ~) tramp

Landstreicherei (lahnt-shtrigh-kher-righ) *f* vagrancy

Landwirtschaft (*lahnt*-veert-shahft) *f* agriculture; **Landwirtschafts-**agrarian

Landzunge (*lahnt*-tsoong-er) *f* (pl ~n) headland

lang (lahng) *adj* long; tall; **lange** *adv* long

Länge (*lehng*-er) *f* length; **der ~ nach** lengthways

Längengrad (*lehng*-ern-graat) *m* (pl ~e) longitude

länglich (*lehng*-likh) *adj* oblong

langsam (*lahng*-zaam) *adj* slow

Langspielplatte (*lahng*-shpeel-plah-ter) *f* (pl ~n) long-playing record

langweilen (*lahng*-vigh-lern) *v* bore; annoy

Langweiler (*lahng*-vigh-lerr) *m* (pl ~) bore

langweilig (*lahng*-vigh-likh) *adj* dull, boring; unpleasant

langwierig (*lahng*-vee-rikh) *adj* long

Lappen (*lah*-pern) *m* (pl ~) cloth

Lärm (lehrm) *m* noise

lärmend (*lehr*-mernt) *adj* noisy

*lassen (*lah*-sern) *v* *let; *leave, allow to

lässig (*leh*-sikh) *adj* easy-going

Last (lahst) *f* (pl ~en) burden; charge, load; trouble

lästig (*lehss*-tikh) *adj* troublesome, inconvenient; annoying

Lastwagen (*lahst*-vaa-gern) *m* (pl ~) lorry; truck *nAm*

Lateinamerika (lah-*tighn*-ah-*māy*-ri-kah) Latin America

lateinamerikanisch (lah-*tighn*-ah-may-ri-kaa-nish) *adj* Latin-American

Laterne (lah-*tehr*-ner) *f* (pl ~n) lantern

Laternenpfahl (lah-*tehr*-nern-pfaal) *m* (pl ̈e) lamp-post

Lauf (louf) *m* (pl ̈e) course

Laufbahn (*louf*-baan) *f* career

*laufen (*lou*-fern) *v* *run

Laufplanke (*louf*-plahng-ker) *f* (pl ~n) gangway

Laune (*lou*-ner) *f* (pl ~n) spirit, mood ; whim, fancy

Laus (louss) *f* (pl ̈e) louse

laut (lout) *adj* loud ; *adv* aloud

läuten (*loi*-tern) *v* *ring

Lautsprecher (*lout*-shpreh-kherr) *m* (pl ~) loud-speaker

lauwarm (*lou*-vahrm) *adj* tepid, luke-warm

Lawine (lah-*vee*-ner) *f* (pl ~n) ava-lanche

Leben (*lāy*-bern) *nt* (pl ~) life ; life-time ; **am ~** alive

leben (*lāy*-bern) *v* live

lebend (*lāy*-bernt) *adj* live, alive

Lebensmittel (*lāy*-berns-mi-terl) *pl* groceries *pl*

Lebensmittelgeschäft (*lāy*-berns-mi-terl-ger-shehft) *nt* (pl ~e) grocer's

Lebensmittelhändler (*lāy*-berns-mi-terl-hehn-dlerr) *m* (pl ~) grocer

Lebensstandard (*lāy*-berns-shtahn-dahrt) *m* standard of living

Lebensversicherung (*lāy*-berns-fehr-zi-kher-roong) *f* (pl ~en) life insurance

Leber (*lāy*-berr) *f* (pl ~n) liver

lebhaft (*lāyp*-hahft) *adj* brisk, vivid, lively, active

Leck (lehk) *nt* (pl ~s) leak

leck (lehk) *adj* leaky

lecken (*leh*-kern) *v* leak ; lick

lecker (*leh*-kerr) *adj* appetizing ; deli-cious, good, tasty

Leckerbissen (*leh*-kerr-bi-sern) *m* (pl ~) delicacy

Leder (*lāy*-derr) *nt* leather ; **Leder-**

leather

ledern (*lāy*-derrn) *adj* leather

ledig (*lāy*-dikh) *adj* single

leer (lāyr) *adj* empty ; blank

leeren (*lāy*-rern) *v* empty

Leerung (*lāy*-roong) *f* (pl ~en) collec-tion

Legalisierung (lay-gah-li-*zee*-roong) *f* legalization

legen (*lāy*-gern) *v* *lay, *put

lehnen (*lāy*-nern) *v* *lean

Lehnstuhl (*lāyn*-shtool) *m* (pl ̈e) armchair, easy chair

Lehrbuch (*lāyr*-bōokh) *nt* (pl ̈er) textbook

Lehre (*lāy*-rer) *f* (pl ~n) teachings *pl*

lehren (*lāy*-rern) *v* *teach

Lehrer (*lāy*-rerr) *m* (pl ~) school-teacher, schoolmaster, master ; teacher ; instructor

Lehrgang (*lāyr*-gahng) *m* (pl ̈e) course

lehrreich (*lāyr*-righkh) *adj* instructive

Leib (lighp) *m* (pl ~er) body

Leibwache (*lighp*-vah-kher) *f* (pl ~n) bodyguard

Leiche (*ligh*-kher) *f* (pl ~n) corpse

leicht (lighkht) *adj* light ; gentle, slight

Leichtigkeit (*lighkh*-tikh-kight) *f* ease

Leid (light) *nt* sorrow, grief ; affliction

Leiden (*ligh*-dern) *nt* (pl ~) ailment ; suffering

*leiden (*ligh*-dern) *v* suffer

Leidenschaft (*ligh*-dern-shahft) *f* (pl ~en) passion

leidenschaftlich (*ligh*-dern-shahft-likh) *adj* passionate

leider (*ligh*-derr) *adv* unfortunately

leidlich (*light*-likh) *adv* fairly, quite

Leierkasten (*ligh*-err-kahss-tern) *m* (pl ̈) street-organ

*leihen (*ligh*-ern) *v* *lend

Leim (lighm) *m* glue

Leine (*ligh*-ner) *f* (pl ~n) cord ; lead ;

leash
Leinen (*ligh*-nern) *nt* linen
leise (*ligh*-zer) *adj* low; gentle
Leiste (*lighss*-ter) *f* (pl ~n) groin
leisten (*lighss*-tern) *v* achieve; offer; **sich ~** afford
Leistung (*lighss*-toong) *f* (pl ~en) achievement
leistungsfähig (*lighss*-toongs-fai-ikh) *adj* efficient
Leistungsfähigkeit (*lighss*-toongs-fai-ikh-kight) *f* (pl ~en) capacity
leiten (*ligh*-tern) *v* head
Leiter[1] (*ligh*-terr) *m* (pl ~) leader
Leiter[2] (*ligh*-terr) *f* (pl ~n) ladder
Leitplanke (*light*-plahng-ker) *f* (pl ~n) crash barrier
Leitung (*ligh*-toong) *f* (pl ~en) lead
Lektion (lehk-*tsŸōān*) *f* (pl ~en) lesson
Lenksäule (*lehngk*-zoi-ler) *f* (pl ~n) steering-column
Lenz (lehnts) *m* spring
Lepra (*lāy*-prah) *f* leprosy
Lerche (*lehr*-kher) *f* (pl ~n) lark
lernen (*lehr*-nern) *v* *learn; **auswendig ~** memorize
Leselampe (*lāy*-zer-lahm-per) *f* (pl ~n) reading-lamp
***lesen** (*lāy*-zern) *v* *read
leserlich (*lāy*-zerr-likh) *adj* legible
Lesesaal (*lāy*-zer-zaal) *m* (pl -säle) reading-room
letzt (lehtst) *adj* last; ultimate, final; past
leuchten (*loikh*-tern) *v* *shine; **leuchtend** bright; luminous
Leuchtturm (*loikht*-toorm) *m* (pl ͏̈e) lighthouse
leugnen (*loi*-gnern) *v* deny
Leute (*loi*-ter) *pl* people *pl*
Libanese (li-bah-*nāy*-zer) *m* (pl ~n) Lebanese
libanesisch (li-bah-*nāy*-zish) *adj* Lebanese

Libanon (*lee*-bah-non) Lebanon
liberal (li-bay-*raal*) *adj* liberal
Liberia (li-*bāy*-rŸah) Liberia
Liberier (li-*bāy*-rŸerr) *m* (pl ~) Liberian
liberisch (li-*bāy*-rish) *adj* Liberian
Licht (likht) *nt* (pl ~er) light
Lichtbild (*likht*-bilt) *nt* (pl ~er) photograph
Lichtung (*likh*-toong) *f* (pl ~en) clearing
lieb (leep) *adj* dear; affectionate, sweet
Liebe (*lee*-ber) *f* love
lieben (*lee*-bern) *v* love
lieber (*lee*-berr) *adv* sooner, rather
Liebesgeschichte (*lee*-berss-ger-shikh-ter) *f* (pl ~n) love-story
Liebhaber (*leep*-haa-berr) *m* (pl ~) lover
Liebhaberei (leep-haa-ber-*righ*) *f* (pl ~en) hobby
liebkosen (*leep*-kōa-zern) *v* hug
Liebling (*leep*-ling) *m* (pl ~e) darling, sweetheart; favourite; pet; **Lieblings-** favourite; pet
Liebreiz (*leep*-rights) *m* charm
Liebschaft (*leep*-shahft) *f* (pl ~en) affair
Lied (leet) *nt* (pl ~er) song; tune
Lieferauto (*lee*-ferr-ou-toa) *nt* (pl ~s) van
liefern (*lee*-ferrn) *v* furnish, supply, provide
Lieferung (*lee*-fer-roong) *f* (pl ~en) supply; delivery
Lieferwagen (*lee*-ferr-vaa-gern) *m* (pl ~) delivery van, pick-up van
Liege (*lee*-ger) *f* (pl ~n) camp-bed; cot *nAm*
***liegen** (*lee*-gern) *v* *lie
Liegestuhl (*lee*-ger-shtōōl) *m* (pl ͏̈e) deck chair
Likör (li-*kūrr*) *m* (pl ~e) liqueur

Lilie (*lee*-l^yer) *f* (pl ~n) lily
Limonade (li-moa-*naa*-der) *f* (pl ~n) lemonade
Limone (li-*mōa*-ner) *f* (pl ~n) lime
Linde (*lin*-der) *f* (pl ~n) lime
Lindenbaum (*lin*-dern-boum) *m* (pl ~e) limetree
Lineal (li-nay-*aal*) *nt* (pl ~e) ruler
Linie (*lee*-n^yer) *f* (pl ~n) line
Linienschiff (*lee*-n^yern-shif) *nt* (pl ~e) liner
linke (*ling*-ker) *adj* left-hand, left
linkshändig (*lingks*-hehn-dikh) *adj* left-handed
Linse (*lin*-zer) *f* (pl ~n) lens
Lippe (*li*-per) *f* (pl ~n) lip
Lippensalbe (*li*-pern-zahl-ber) *f* (pl ~n) lipsalve
Lippenstift (*li*-pern-shtift) *m* (pl ~e) lipstick
List (list) *f* (pl ~en) artifice, ruse
Liste (*liss*-ter) *f* (pl ~n) list
listig (*liss*-tikh) *adj* cunning, sly
Liter (*lee*-terr) *m* (pl ~) litre
literarisch (li-tay-*raa*-rish) *adj* literary
Literatur (li-tay-rah-*tōōr*) *f* literature
Lizenz (li-*tsehnts*) *f* (pl ~en) licence
Lob (lōap) *nt* praise; glory
loben (*lōa*-bern) *v* praise
Loch (lokh) *nt* (pl ~er) hole
Locke (*lo*-ker) *f* (pl ~n) curl
locken (*lo*-kern) *v* curl
Lockenwickler (*lo*-kern-vi-klerr) *m* (pl ~) curler
lockern (*lo*-kerrn) *v* loosen
lockig (*lo*-kikh) *adj* curly
Löffel (*lur*-ferl) *m* (pl ~) spoon
Logik (*lōa*-gik) *f* logic
logisch (*lōa*-gish) *adj* logical
Lohn (lōan) *m* (pl ~e) wages *pl*, salary, pay
sich lohnen (*lōa*-nern) **be worth-while; **pay
Lohnerhöhung (*lōan*-ehr-hūr-oong) *f*

(pl ~en) raise *nAm*
lokal (loa-*kaal*) *adj* local
Lokomotive (loa-koa-moa-*tee*-ver) *f* (pl ~n) engine, locomotive
Los (lōass) *nt* (pl ~e) lot
löschen (*lur*-shern) *v* extinguish
Löschpapier (*lursh*-pah-peer) *nt* blotting paper
lose (*lōa*-zer) *adj* loose
Lösegeld (*lūr*-zer-gehlt) *nt* (pl ~er) ransom
lösen (*lūr*-zern) *v* solve
löslich (*lūss*-likh) *adj* soluble
losmachen (*lōass*-mah-khern) *v* detach
Lösung (*lūr*-zoong) *f* (pl ~en) solution
Losungswort (*lōa*-zoongs-vort) *nt* (pl ~er) password
löten (*lūr*-tern) *v* solder
Lötkolben (*lūrt*-kol-bern) *m* (pl ~) soldering-iron
Lotse (*lōa*-tser) *m* (pl ~n) pilot
Lötstelle (*lūrt*-shteh-ler) *f* (pl ~n) joint
Lotterie (lo-ter-*ree*) *f* (pl ~n) lottery
Löwe (*lūr*-ver) *m* (pl ~n) lion
Löwenzahn (*lūr*-vern-tsaan) *m* dandelion
loyal (lwah-*y*aal) *adj* loyal
Lücke (*lew*-ker) *f* (pl ~n) gap
Luft (looft) *f* (pl ~e) air; sky; breath
luftdicht (*looft*-dikht) *adj* airtight
Luftdruck (*looft*-drook) *m* atmospheric pressure
lüften (*lewf*-tern) *v* air, ventilate
Luftfilter (*looft*-fil-terr) *m* (pl ~) airfilter
luftig (*loof*-tikh) *adj* airy
Luftkrankheit (*looft*-krahngk-hight) *f* air-sickness
Luftpost (*looft*-post) *f* airmail
Lüftung (*lewf*-toong) *f* ventilation
Luftzug (*looft*-tsōōk) *m* draught
Lüge (*lēw*-ger) *f* (pl ~n) lie
*lügen (*lēw*-gern) *v* lie
Luke (*lōō*-ker) *f* (pl ~n) hatch ; port-

hole

Lumpen (*loom*-pern) m (pl ~) rag

Lunge (*loong*-er) f (pl ~n) lung

Lungenentzündung (*loong*-ern-ehnt-tsewn-doong) f pneumonia

Lunte (*loon*-ter) f (pl ~n) fuse

Lust (loost) f desire; zest; ~ *haben zu* *feel like, fancy

lustig (*looss*-tikh) adj gay

Lustspiel (*loost*-shpeel) nt (pl ~e) comedy

lutschen (*loo*-chern) v suck

luxuriös (loo-ksoo-*r*ⱽ*ūrss*) adj luxurious

Luxus (*loo*-ksooss) m luxury

M

machen (*mah*-khern) v *make; *have; cause to

Macht (mahkht) f (pl ꞏe) power; force, might

Machtbefugnis (*mahkht*-ber-fōōk-niss) f (pl ~se) authority

mächtig (*mehkh*-tikh) adj powerful, mighty

machtlos (*mahkht*-lōāss) adj powerless

Mädchen (*mait*-khern) nt (pl ~) girl

Mädchenname (*mait*-khern-naa-mer) m (pl ~n) maiden name

Magen (*maa*-gern) m (pl ꞏ) stomach

Magengeschwür (*maa*-gern-ger-shvewr) nt (pl ~e) gastric ulcer

Magenschmerzen (*maa*-gern-shmehr-tsern) mpl stomach-ache

Magenverstimmung (*maa*-gern-fehr-shti-moong) f indigestion

mager (*maa*-gerr) adj thin; lean

Magie (mah-*gee*) f magic

Magnet (mah-*gnāyt*) m (pl ~en) magneto

magnetisch (mah-*gnāy*-tish) adj magnetic

Mahl (maal) nt (pl ꞏer) meal

mahlen (*maa*-lern) v *grind

Mahlzeit (*maal*-tsight) f (pl ~en) meal

Mai (migh) May

Mais (mighss) m maize

Maiskolben (*mighss*-kol-bern) m (pl ~) corn on the cob

Major (mah-ⱽ*ōār*) m (pl ~e) major

Makel (*maa*-kerl) m (pl ~) blot

Makler (*maa*-klerr) m (pl ~) broker

Makrele (mah-*krāy*-ler) f (pl ~n) mackerel

Mal (maal) nt (pl ~e) time

mal (maal) times

malaiisch (mah-*ligh*-ish) adj Malaysian

Malaria (mah-*laa*-rⱽah) f malaria

Malaysia (mah-*ligh*-zⱽah) Malaysia

malen (*maa*-lern) v paint

Maler (*maa*-lerr) m (pl ~) painter

malerisch (*maa*-ler-rish) adj picturesque, scenic

Malkasten (*maal*-kahss-tern) m (pl ꞏ) paint-box

Mammut (*mah*-moot) nt (pl ~e) mammoth

man (mahn) pron one

manche (*mahn*-kher) pron some

manchmal (*mahnkh*-maal) adv sometimes

Mandarine (mahn-dah-*ree*-ner) f (pl ~n) mandarin, tangerine

Mandat (mahn-*daat*) nt (pl ~e) mandate

Mandel (*mahn*-derl) f (pl ~n) almond; **Mandeln** tonsils pl

Mandelentzündung (*mahn*-derl-ehnt-tsewn-doong) f tonsilitis

Mangel (*mahng*-erl) m (pl ꞏ) want, lack, scarcity, shortage; deficiency, fault

mangelhaft (*mahng*-erl-hahft) adj defective; faulty

mangeln (*mahng*-erln) *v* fail; lack

Manieren (mah-*nee*-rern) *fpl* manners *pl*

Maniküre (mah-ni-*kēw*-rer) *f* (pl ~n) manicure

maniküren (mah-ni-*kēw*-rern) *v* manicure

Mann (mahn) *m* (pl ˜er) man; husband

Mannequin (mah-ner-*kang*) *nt* (pl ~s) model, mannequin

männlich (*mehn*-likh) *adj* male; masculine

Mannschaft (*mahn*-shahft) *f* (pl ~en) team

Manschette (mahn-*sheh*-ter) *f* (pl ~n) cuff

Manschettenknöpfe (mahn-*sheh*-tern-knur-pfer) *mpl* cuff-links *pl*

Mantel (*mahn*-terl) *m* (pl ˜) coat, overcoat

Manuskript (mah-noo-*skript*) *nt* (pl ~e) manuscript

Märchen (*mair*-khern) *nt* (pl ~) fairytale

Margarine (mahr-gah-*ree*-ner) *f* margarine

Marine (mah-*ree*-ner) *f* navy; **Marine**-naval

maritim (mah-ri-*teem*) *adj* maritime

Mark (mahrk) *nt* marrow

Marke (*mahr*-ker) *f* (pl ~n) brand

Markenautomat (*mahr*-kern-ou-toa-maat) *m* (pl ~en) stamp machine

Markise (mahr-*kee*-zer) *f* (pl ~n) awning

Markstein (*mahrk*-shtighn) *m* (pl ~e) landmark

Markt (mahrkt) *m* (pl ˜e) market

Marktplatz (*mahrkt*-plahts) *m* (pl ˜e) market-place

Marmelade (mahr-mer-*laa*-der) *f* (pl ~n) marmalade; jam

Marmor (*mahr*-mor) *m* marble

Marokkaner (mah-ro-*kaa*-nerr) *m* (pl ~) Moroccan

marokkanisch (mah-ro-*kaa*-nish) *adj* Moroccan

Marokko (mah-*ro*-koa) Morocco

Marsch (mahrsh) *m* (pl ˜e) march

marschieren (mahr-*shee*-rern) *v* march

Marter (*mahr*-terr) *f* (pl ~n) torture

martern (*mahr*-terrn) *v* torture

Märtyrer (*mehr*-tew-rerr) *m* (pl ~) martyr

März (mehrts) March

Masche (*mah*-sher) *f* (pl ~n) mesh

Maschine (mah-*shee*-ner) *f* (pl ~n) machine; engine; aircraft; ~ **schreiben** type

Masern (*maa*-zerrn) *pl* measles

Maske (*mahss*-ker) *f* (pl ~n) mask

Maß (maass) *nt* (pl ~e) measure; **nach** ~ tailor-made

Massage (mah-*saa*-zher) *f* (pl ~n) massage

Masse (*mah*-ser) *f* (pl ~n) bulk; crowd

Massenproduktion (*mah*-sern-proa-dook-ts^{y}ōan) *f* mass production

Masseur (mah-*sūr*) *m* (pl ~e) masseur

massieren (mah-*see*-rern) *v* massage

mäßig (*mai*-sikh) *adj* moderate

massiv (mah-*seef*) *adj* solid, massive

Maßnahme (*maass*-naa-mer) *f* (pl ~n) measure

Maßstab (*maass*-shtaap) *m* (pl ˜e) scale; standard

Mast (mahst) *m* (pl ~e) mast

Mastdarm (*mahst*-dahrm) *m* (pl ˜e) rectum

Material (mah-tay-r^{y}aal) *nt* (pl ~ien) material

Materie (mah-*tāy*-r^{y}er) *f* (pl ~n) matter

materiell (mah-tay-r^y*ehl*) *adj* material

Mathematik (mah-tay-mah-*teek*) *f*

mathematics

mathematisch (mah-tay-*maa*-tish) *adj* mathematical

Matratze (mah-*trah*-tser) *f* (pl ~n) mattress

Mätresse (meh-*treh*-ser) *f* (pl ~n) mistress

Matrose (mah-*trōa*-zer) *m* (pl ~n) sailor, seaman

Matsch (mahch) *m* slush

matt (maht) *adj* mat; dull, dim

Matte (*mah*-ter) *f* (pl ~n) mat

Mauer (*mou*-err) *f* (pl ~n) wall

mauern (*mou*-errn) *v* *lay bricks

Maul (moul) *nt* (pl ̈er) mouth

Maulbeere (*moul*-bāy-rer) *f* (pl ~n) mulberry

Maulesel (*moul*-āy-zerl) *m* (pl ~) mule

Maultier (*moul*-teer) *nt* (pl ~e) mule

Maurer (*mou*-rerr) *m* (pl ~) bricklayer

Maus (mouss) *f* (pl ̈e) mouse

Mausoleum (mou-zoa-*lāy*-oom) *nt* (pl -leen) mausoleum

Mechaniker (may-*khaa*-ni-kerr) *m* (pl ~) mechanic

mechanisch (may-*khaa*-nish) *adj* mechanical

Mechanismus (may-khah-*niss*-mooss) *m* (pl -men) mechanism; machinery

Medaille (may-*dah*-lᵞer) *f* (pl ~n) medal

meditieren (may-di-*tee*-rern) *v* meditate

Medizin (may-di-*tseen*) *f* medicine

medizinisch (may-di-*tsee*-nish) *adj* medical

Meer (māyr) *nt* (pl ~e) sea

Meeräsche (*māy*r-eh-sher) *f* (pl ~n) mullet

Meeresküste (*māy*-rerss-kewss-ter) *f* (pl ~n) sea-coast, seashore

Meerrettich (*māy*r-reh-tikh) *m* horse-radish

Meerschweinchen (*māy*r-shvighn-khern) *nt* (pl ~) guinea-pig

Meerwasser (*māy*r-vah-serr) *nt* sea-water

Mehl (māyl) *nt* flour

mehr (māyr) *adv* more; **etwas** ~ some more; **nicht** ~ no longer

mehrere (*māy*-rer-rer) *pron* several

Mehrheit (*māy*r-hight) *f* (pl ~en) majority; bulk

Mehrzahl (*māy*r-tsaal) *f* plural

* **meiden** (*migh*-dern) *v* avoid

Meile (*migh*-ler) *f* (pl ~n) mile

Meilenstand (*migh*-lern-shtahnt) *m* mileage

Meilenstein (*migh*-lern-shtighn) *m* (pl ~e) milestone

mein (mighn) *pron* my

Meineid (*mighn*-ight) *m* (pl ~e) perjury

meinen (*migh*-nern) *v* *mean

Meinung (*migh*-noong) *f* (pl ~en) view, opinion

Meißel (*migh*-serl) *m* (pl ~) chisel

meist (mighst) *adj* most

meistens (*migh*-sterns) *adv* mostly

Meister (*mighss*-terr) *m* (pl ~) champion; master

Meisterstück (*mighss*-terr-shtewk) *nt* (pl ~e) masterpiece

melden (*mehl*-dern) *v* report

Meldung (*mehl*-doong) *f* (pl ~en) report; mention

meliert (*may*-leert) *adj* mixed

Melodie (may-loa-*dee*) *f* (pl ~n) melody; tune

melodisch (may-*lōa*-dish) *adj* tuneful

Melodrama (may-loa-*draa*-mah) *nt* (pl -dramen) melodrama

Melone (may-*lōa*-ner) *f* (pl ~n) melon

Membran (mehm-*braan*) *f* (pl ~en) diaphragm

Memorandum (may-moa-*rahn*-doom) *nt* (pl -den) memo

Menge (*mehng*-er) *f* (pl ~n) amount;

plenty, lot; crowd, mass

Mensch (mehnsh) m (pl ~en) man; human being

Menschheit (mehnsh-hight) f humanity, mankind

menschlich (mehnsh-likh) adj human

Menstruation (mehns-troo-ah-ts^yōan) f menstruation

Merkbuch (mehrk-bōokh) nt (pl ∵er) diary

merken (mehr-kern) v notice

Merkmal (mehrk-maal) nt (pl ~e) indication

merkwürdig (mehrk-vewr-dikh) adj remarkable; singular

Messe (meh-ser) f (pl ~n) fair; Mass

*messen (meh-sern) v measure

Messer (meh-serr) nt (pl ~) knife; m gauge

Messing (meh-sing) nt brass

Messingwaren (meh-sing-vaa-rern) fpl brassware

Metall (may-tahl) nt (pl ~e) metal

metallisch (may-tah-lish) adj metal

Meter (māy-terr) m (pl ~) metre

Methode (may-tōā-der) f (pl ~n) method

methodisch (may-tōā-dish) adj methodical

metrisch (māy-trish) adj metric

Metzger (mehts-gerr) m (pl ~) butcher

Meuterei (moi-ter-righ) f (pl ~en) mutiny

Mexikaner (meh-ksi-kaa-nerr) m (pl ~) Mexican

mexikanisch (meh-ksi-kaa-nish) adj Mexican

Mexiko (meh-ksi-koa) Mexico

mich (mikh) pron me; myself

Miete (mee-ter) f (pl ~n) rent

mieten (mee-tern) v hire, rent; lease; engage

Mieter (mee-terr) m (pl ~) tenant

Mietvertrag (meet-fehr-traak) m (pl ∵e) lease

Migräne (mi-grai-ner) f migraine

Mikrophon (mi-kroa-fōan) nt (pl ~e) microphone

Mikrowellenherd (mi-kroa-veh-lern-hāyrt) m (pl ~e) microwave oven

Milch (milkh) f milk

milchig (mil-khikh) adj milky

Milchmann (milkh-mahn) m (pl ∵er) milkman

mild (milt) adj mild; mellow

mildern (mil-derrn) v soften

Milieu (mi-l^yūr) nt (pl ~s) milieu

militärisch (mi-li-tai-rish) adj military

Million (mi-l^yōan) f (pl ~en) million

Millionär (mi-l^yoa-nair) m (pl ~e) millionaire

Minderheit (min-derr-hight) f (pl ~en) minority

minderjährig (min-derr-^yai-rikh) adj under age

minderwertig (min-derr-vāyr-tikh) adj inferior

mindest (min-derst) adj least

Mineral (mi-ner-raal) nt (pl ~e) mineral

Mineralwasser (mi-ner-raal-vah-serr) nt mineral water

Miniatur (mi-n^yah-tōor) f (pl ~en) miniature

Minimum (mi-ni-moom) nt minimum

Minister (mi-niss-terr) m (pl ~) minister

Ministerium (mi-niss-tāy-r^yoom) nt (pl -rien) ministry

Ministerpräsident (mi-niss-terr-preh-zi-dehnt) m (pl ~en) Prime Minister

Minute (mi-nōō-ter) f (pl ~n) minute

Minze (min-tser) f (pl ~n) mint

mir (meer) pron me

mischen (mi-shern) v mix; shuffle

Mischung (mi-shoong) f (pl ~en) mixture

mißbilligen (miss-*bi*-li-gern) *v* disapprove

Mißbrauch (*miss*-broukh) *m* (pl ~̈e) misuse, abuse

Mißerfolg (*miss*-ehr-folk) *m* (pl ~e) failure

* **mißfallen** (miss-*fah*-lern) *v* displease

Mißgeschick (*miss*-ger-shik) *nt* (pl ~e) misfortune; disaster

mißgestaltet (*miss*-ger-shtahl-tert) *adj* deformed

mißgönnen (miss-*gur*-nern) *v* grudge

mißlich (*miss*-likh) *adj* delicate

Mißtrauen (*miss*-trou-ern) *nt* suspicion

mißtrauen (miss-*trou*-ern) *v* mistrust

mißtrauisch (*miss*-trou-ish) *adj* suspicious

Mißverständnis (*miss*-fehr-shtehnt-niss) *nt* (pl ~se) misunderstanding

* **mißverstehen** (*miss*-fehr-shtāy-ern) *v* *misunderstand

Misthaufen (*mist*-hou-fern) *m* (pl ~) dunghill

mit (mit) *prep* with; by

Mitarbeit (*mit*-ahr-bight) *f* co-operation

* **mitbringen** (*mit*-bring-ern) *v* *bring

mitfühlend (*mit*-fēw-lernt) *adj* sympathetic

Mitgefühl (*mit*-ger-fēwl) *nt* sympathy

Mitglied (*mit*-gleet) *nt* (pl ~er) associate, member

Mitgliedschaft (*mit*-gleet-shahft) *f* membership

Mitleid (*mit*-light) *nt* pity; ~ *haben mit* pity

* **mitnehmen** (*mit*-nāy-mern) *v* *take along; exhaust

Mitschuldige (*mit*-shool-di-ger) *m* (pl ~n) accessory

Mittag (*mi*-taak) *m* noon, midday

Mittagessen (*mi*-taak-eh-sern) *nt* lunch; luncheon, dinner

Mitte (*mi*-ter) *f* midst, middle

mitteilen (*mit*-tigh-lern) *v* communicate, notify, inform

Mitteilung (*mit*-tigh-loong) *f* (pl ~en) communication, information

Mittel (*mi*-terl) *nt* (pl ~) means; remedy; **antiseptisches** ~ antiseptic; **empfängnisverhütendes** ~ contraceptive

Mittelalter (*mi*-terl-ahl-terr) *nt* Middle Ages

mittelalterlich (*mi*-terl-ahl-terr-likh) *adj* mediaeval

mittelmäßig (*mi*-terl-mai-sikh) *adj* medium; moderate

Mittelmeer (*mi*-terl-māyr) *nt* Mediterranean

Mittelpunkt (*mi*-terl-poongkt) *m* (pl ~e) centre

Mittelstand (*mi*-terl-shtahnt) *m* middle class

mitten in (*mi*-tern in) in the middle of

Mitternacht (*mi*-terr-nahkht) *f* midnight

mittler (*mit*-ler-rer) *adj* middle, medium

mittlerweile (mit-lerr-*vigh*-ler) *adv* in the meantime, meanwhile

Mittwoch (*mit*-vokh) *m* Wednesday

mitzählen (*mit*-tsai-lern) *v* count

Mixer (*mi*-kserr) *m* (pl ~) mixer

Möbel (*mūr*-berl) *ntpl* furniture

mobil (moa-*beel*) *adj* mobile

möblieren (mur-*blee*-rern) *v* furnish

Mode (*mōa*-der) *f* (pl ~n) fashion

Modell (moa-*dehl*) *nt* (pl ~e) model

modellieren (moa-deh-*lee*-rern) *v* model

modern (moa-*dehrn*) *adj* modern; fashionable

modifizieren (moa-di-fi-*tsee*-rern) *v* modify

Modistin (moa-*diss*-tin) *f* (pl ~nen) milliner

* mögen (*mūr*-gern) v like, fancy; *may

möglich (*mūrk*-likh) adj possible; eventual

Möglichkeit (*mūrk*-likh-kight) f (pl ~en) possibility

Mohair (moa-*hair*) m mohair

Mohn (mōan) m (pl ~e) poppy

Mohrrübe (*mōar*-rew̄-ber) f (pl ~n) carrot

Molkerei (mol-ker-*righ*) f (pl ~en) dairy

mollig (*mo*-likh) adj plump

Moment (moa-*mehnt*) m (pl ~e) moment

Monarch (moa-*nahrkh*) m (pl ~en) ruler, monarch

Monarchie (moa-nahr-*khee*) f (pl ~n) monarchy

Monat (*mōa*-naht) m (pl ~e) month

monatlich (*mōa*-naht-likh) adj monthly

Monatsheft (*mōa*-nahts-hehft) nt (pl ~e) monthly magazine

Mönch (murnkh) m (pl ~e) monk

Mond (mōant) m (pl ~e) moon

Mondlicht (*mōant*-likht) nt moonlight

monetär (moa-nay-*tair*) adj monetary

Monolog (moa-noa-*lōag*) m (pl ~e) monologue

Monopol (moa-noa-*pōal*) nt (pl ~e) monopoly

monoton (moa-noa-*tōan*) adj monotonous

Montag (*mōan*-taak) m Monday

Monteur (mon-*tūr*) m (pl ~e) mechanic

montieren (mon-*tee*-rern) v assemble

Monument (moa-noo-*mehnt*) nt (pl ~e) monument

Moor (mōar) nt (pl ~e) moor

Moorhuhn (*mōar*-hōon) nt (pl ~er) grouse

Moos (mōass) nt (pl ~e) moss

Moped (*mōa*-peht) nt (pl ~s) moped; motorbike nAm

Moral (moa-*raal*) f moral; morality

moralisch (moa-*raa*-lish) adj moral

Morast (moa-*rahst*) m swamp

Mord (mort) m (pl ~e) murder, assassination

morden (*mor*-dern) v murder

Mörder (*murr*-derr) m (pl ~) murderer

Morgen (*mor*-gern) m (pl ~) morning

morgen (*mor*-gern) adv tomorrow

Morgenausgabe (*mor*-gern-ouss-gaa-ber) f (pl ~n) morning edition

Morgendämmerung (*mor*-gern-deh-mer-roong) f dawn

Morgenrock (*mor*-gern-rok) m (pl ~e) dressing-gown

morgens (*mor*-gerns) adv in the morning

Morgenzeitung (*mor*-gern-tsigh-toong) f (pl ~en) morning paper

Morphium (*mor*-fᵞoom) nt morphine, morphia

Mosaik (moa-zah-*eek*) nt (pl ~en) mosaic

Moschee (mo-*shāȳ*) f (pl ~n) mosque

Moskito (moss-*kee*-toa) m (pl ~s) mosquito

Moskitonetz (moss-*kee*-toa-nehts) nt (pl ~e) mosquito-net

Motel (moa-*tehl*) nt (pl ~s) motel

Motiv (moa-*teef*) nt (pl ~e) motive; pattern

Motor (*mōa*-tor) m (pl ~en) engine, motor

Motorboot (*mōa*-tor-bōat) nt (pl ~e) motor-boat

Motorhaube (*mōa*-tor-hou-ber) f (pl ~n) bonnet; hood nAm

Motorrad (*mōa*-tor-raat) nt (pl ~er) motor-cycle

Motorroller (*mōa*-tor-ro-lerr) m (pl ~) scooter

Motorschiff (*mōa*-tor-shif) nt (pl ~e)

launch

Motte (*mo*-ter) *f* (pl ~n) moth

Möwe (*mūr*-ver) *f* (pl ~n) gull

Mücke (*mew*-ker) *f* (pl ~n) mosquito

müde (*mēw*-der) *adj* tired; weary

Mühe (*mēw*-er) *f* (pl ~n) trouble; difficulty, pains; **sich ~ *geben** bother

Mühle (*mēw*-ler) *f* (pl ~n) mill

Müll (mewl) *m* garbage, trash

Müller (*mew*-lerr) *m* (pl ~) miller

Multiplikation (mool-ti-pli-kah-*ts*ⁱ*ōan*) *f* (pl ~en) multiplication

multiplizieren (mool-ti-pli-*tsee*-rern) *v* multiply

Mumm (moom) *m* guts

Mumps (moomps) *m* mumps

Mund (moont) *m* (pl ̈er) mouth

Mundart (*moont*-ahrt) *f* (pl ~en) dialect

mündig (*mewn*-dikh) *adj* of age

mündlich (*mewnt*-likh) *adj* oral, verbal

Mündung (*mewn*-doong) *f* (pl ~en) mouth

Mundwasser (*moont*-vah-serr) *nt* mouthwash

Münze (*mewn*-tser) *f* (pl ~n) coin; token

Münzwäscherei (*mewnts*-veh-sher-righ) *f* (pl ~en) launderette

Murmel (*moor*-merl) *f* (pl ~n) marble

murren (*moo*-rern) *v* grumble

Muschel (*moo*-sherl) *f* (pl ~n) seashell, shell; mussel

Museum (moo-*zāy*-oom) *nt* (pl Museen) museum

Musical (*m*ⁱ*ōō*-zi-kerl) *nt* (pl ~s) musical comedy

Musik (moo-*zeek*) *f* music

musikalisch (moo-zi-*kaa*-lish) *adj* musical

Musiker (*mōō*-zi-kerr) *m* (pl ~) musician

Musikinstrument (moo-*zeek*-in-stroo-mehnt) *nt* (pl ~e) musical instrument

Muskatnuß (mooss-*kaat*-nooss) *f* (pl -nüsse) nutmeg

Muskel (*mooss*-kerl) *m* (pl ~n) muscle

muskulös (mooss-koo-*lūrss*) *adj* muscular

Muße (*mōō*-ser) *f* leisure

Musselin (moo-ser-*leen*) *m* muslin

***müssen** (*mew*-sern) *v* *must; need to, *have to, *be obliged to, *should; *be bound to

müßig (*mēw*-sikh) *adj* idle

Muster (*mooss*-terr) *nt* (pl ~) pattern; sample

Mut (mōōt) *m* courage

mutig (*mōō*-tikh) *adj* brave, courageous; plucky

Mutter (*moo*-terr) *f* (pl ̈) mother

Muttersprache (*moo*-terr-shpraa-kher) *f* native language, mother tongue

Mütze (*mew*-tser) *f* (pl ~n) cap

Mythos (*mēw*-toss) *m* (pl Mythen) myth

N

Nabel (*naa*-berl) *m* (pl ~) navel

nach (naakh) *prep* to; towards, for; at; after; **unterwegs** ~ bound for

nachahmen (*naakh*-aa-mern) *v* copy; imitate

Nachahmung (*naakh*-aa-moong) *f* imitation

Nachbar (*nahkh*-baar) *m* (pl ~n) neighbour

Nachbarschaft (*nahkh*-baar-shahft) *f* (pl ~en) neighbourhood; vicinity

nachdem (naakh-*dāym*) *conj* after

***nachdenken** (*naakh*-dehng-kern) *v* *think

nachdenklich (*naakh*-dehngk-likh) *adj*

thoughtful

nachfolgen (*naakh*-fol-gern) v succeed

Nachfrage (*naakh*-fraa-ger) f (pl ~n) demand; inquiry

nachfragen (*naakh*-fraa-gern) v inquire

*****nachgeben** (*naakh*-gāy-bern) v *give in, indulge

nachher (naakh-*hāyr*) adv afterwards

Nachkomme (*naakh*-ko-mer) m (pl ~n) descendant

nachlässig (*naakh*-leh-sikh) adj neglectful, careless

nachmachen (*naakh*-mah-khern) v imitate

Nachmittag (*naakh*-mi-taak) m (pl ~e) afternoon

Nachname (*naakh*-naa-mer) m family name

nachprüfen (*naakh*-prēw-fern) v verify

Nachricht (*naakh*-rikht) f (pl ~en) message; information; **Nachrichten** news; tidings pl

Nachsaison (*naakh*-zeh-zawng) f low season

*****nachsenden** (*naakh*-zehn-dern) v forward

nachspüren (*naakh*-shpēw-rern) v trace

nächst (naikhst) adj next, following

nachstreben (*naakh*-shtrāy-bern) v pursue

nachsuchen (*naakh*-zōō-khern) v look up

Nacht (nahkht) f (pl ~e) night; **bei ~** by night; **über ~** overnight

Nachteil (*naakh*-tighl) m (pl ~e) disadvantage

nachteilig (*naakh*-tigh-likh) adj harmful

Nachtflug (*nahkht*-flōōk) m (pl ~e) night flight

Nachthemd (*nahkht*-hehmt) nt (pl ~en) nightdress

Nachtigall (*nahkh*-ti-gahl) f (pl ~en) nightingale

Nachtisch (*naakh*-tish) m (pl ~e) dessert, sweet

Nachtklub (*nahkht*-kloop) m (pl ~s) cabaret

Nachtkrem (*nahkht*-krāym) f (pl ~s) night-cream

nächtlich (*nehkht*-likh) adj nightly

Nachtlokal (*nahkht*-loa-kaal) nt (pl ~e) nightclub

Nachttarif (*nahkht*-tah-reef) m (pl ~e) night rate

Nachtzug (*nahkht*-tsōōk) m (pl ~e) night train

Nacken (*nah*-kern) m (pl ~) nape of the neck

nackt (nahkt) adj naked; nude, bare

Nadel (*naa*-derl) f (pl ~n) needle

Nagel (*naa*-gerl) m (pl ~) nail

Nagelbürste (*naa*-gerl-bewrs-ter) f (pl ~n) nailbrush

Nagelfeile (*naa*-gerl-figh-ler) f (pl ~n) nail-file

Nagellack (*naa*-gerl-lahk) m nail-polish

nagelneu (*naa*-gerl-noi) adj brand-new

Nagelschere (*naa*-gerl-shāy-rer) f (pl ~n) nail-scissors pl

Nähe (*nāy*-er) f vicinity

nahe (*naa*-er) adj nearby, near; close

nähen (*nai*-ern) v sew; sew up

sich nähern (*nai*-errn) approach

nahezu (*naa*-er-tsōō) adv practically

Nähmaschine (*nai*-mah-shee-ner) f (pl ~n) sewing-machine

nahrhaft (*naar*-hahft) adj nutritious, nourishing

Nahrung (*naa*-roong) f food

Nahrungsmittel (*naa*-roongs-mi-terl) ntpl foodstuffs pl

Nahrungsmittelvergiftung (*naa*-roongs-mi-terl-fehr-gif-toong) f food poisoning

Naht (naat) f (pl ~e) seam

nahtlos (naat-loass) adj seamless

Nahverkehrszug (naa-fehr-kāyrs-tsook) m (pl ~e) local train

naiv (nah-eef) adj naïve

Name (naa-mer) m (pl ~n) name; fame; denomination; **im Namen von** on behalf of, in the name of

nämlich (naim-likh) adv namely

Narbe (nahr-ber) f (pl ~n) scar

Narkose (nahr-kōa-zer) f narcosis

Narr (nahr) m (pl ~en) fool

närrisch (neh-rish) adj foolish

Narzisse (nahr-tsi-ser) f (pl ~n) daffodil

Nascherei (nah-sher-righ) f (pl ~en) candy nAm

Nase (naa-zer) f (pl ~n) nose

Nasenbluten (naa-zern-bloo-tern) nt nosebleed

Nasenloch (naa-zern-lokh) nt (pl ~er) nostril

Nashorn (naass-horn) nt (pl ~er) rhinoceros

naß (nahss) adj wet; damp, moist

Nation (nah-tsⁱōan) f (pl ~en) nation

national (nah-tsⁱoa-naal) adj national

Nationalhymne (nah-tsⁱoa-naal-hewm-ner) f (pl ~n) national anthem

nationalisieren (nah-tsⁱoa-nah-li-zee-rern) v nationalize

Natur (nah-tōōr) f nature

natürlich (nah-tēwr-likh) adj natural; adv naturally

Naturschutzpark (nah-tōōr-shoots-pahrk) m (pl ~s) national park

Naturwissenschaft (nah-tōōr-vi-sern-shahft) f physics

Navigation (nah-vi-gah-tsⁱōan) f navigation

Nebel (nāy-berl) m (pl ~) fog, mist; haze

nebelig (nāy-ber-likh) adj foggy, misty

Nebellampe (nāy-berl-lahm-per) f (pl ~n) foglamp

neben (nāy-bern) prep next to, beside

nebenan (nāy-bern-ahn) adv next-door

Nebenanschluß (nāy-bern-ahn-shlooss) m (pl -schlüsse) extension

Nebenbedeutung (nāy-bern-ber-doi-toong) f (pl ~en) connotation

Nebenfluß (nāy-bern-flooss) m (pl -flüsse) tributary

Nebengebäude (nāy-bern-ger-boi-der) nt (pl ~) annex

nebensächlich (nāy-bern-zehkh-likh) adj additional

necken (neh-kern) v tease

Neffe (neh-fer) m (pl ~n) nephew

Negativ (nay-gah-teef) nt (pl ~e) negative

negativ (nay-gah-teef) adj negative

Neger (nāy-gerr) m (pl ~) Negro

Negligé (nay-gli-zhāy) nt (pl ~s) negligee

*****nehmen** (nāy-mern) v *take; *catch

Neid (night) m envy

neidisch (nigh-dish) adj envious

neigen (nigh-gern) v *be inclined to; tend; **sich ~** slant

Neigung (nigh-goong) f (pl ~en) incline; inclination, tendency

nein (nighn) no

*****nennen** (neh-nern) v call; name; mention

Neon (nāy-on) nt neon

Nerv (nehrf) m (pl ~en) nerve

nervös (nehr-vūrss) adj nervous

Nerz (nehrts) m (pl ~e) mink

Nest (nehst) nt (pl ~er) nest

nett (neht) adj nice, pleasant, kind; neat

netto (neh-toa) adj net

Netz (nehts) nt (pl ~e) net; network

Netzhaut (nehts-hout) f retina

neu (noi) adj new

Neuerwerbung (*noi*-ehr-vehr-boong) *f* (pl ~en) acquisition

Neugier (*noi*-geer) *f* curiosity

neugierig (*noi*-gee-rikh) *adj* curious, inquisitive

Neuigkeit (*noi*-ikh-kight) *f* (pl ~en) news

Neujahr (*noi*-Yaar) New Year

neulich (*noi*-likh) *adv* recently

neun (noin) *num* nine

neunte (*noin*-ter) *num* ninth

neunzehn (*noin*-tsāyn) *num* nineteen

neunzehnte (*noin*-tsāyn-ter) *num* nineteenth

neunzig (*noin*-tsikh) *num* ninety

Neuralgie (noi-rahl-*gee*) *f* neuralgia

Neurose (noi-*rōā*-zer) *f* (pl ~n) neurosis

Neuseeland (*noi-zāy*-lahnt) New Zealand

neutral (noi-*traal*) *adj* neutral

nicht (nikht) *adv* not

Nichte (*nikh*-ter) *f* (pl ~n) niece

nichtig (*nikh*-tikh) *adj* void

nichts (nikhts) *pron* nothing; nil

nichtsdestoweniger (nikhts-dehss-toa-*vāy*-ni-gerr) *adv* nevertheless

nichtssagend (*nikhts*-zaa-gernt) *adj* insignificant

Nickel (*ni*-kerl) *m* nickel

Nicken (*ni*-kern) *nt* nod

nicken (*ni*-kern) *v* nod

nie (nee) *adv* never

nieder (*nee*-derr) *adv* down; over

niedergeschlagen (*nee*-derr-ger-shlaa-gern) *adj* depressed; down, low, sad, blue

Niedergeschlagenheit (*nee*-derr-ger-shlaa-gern-hight) *f* depression

Niederlage (*nee*-derr-laa-ger) *f* (pl ~n) defeat

Niederlande (*nee*-derr-lahn-der) *fpl* the Netherlands

Niederländer (*nee*-derr-lehn-derr) *m* (pl ~) Dutchman

niederländisch (*nee*-derr-lehn-dish) *adj* Dutch

sich *niederlassen (*nee*-derr-lah-sern) settle down

sich niederlegen (*nee*-derr-lāy-gern) *lie down

*niederreißen (*nee*-derr-righ-sern) *v* demolish

Niederschläge (*nee*-derr-shlai-ger) *mpl* precipitation

*niederschlagen (*nee*-derr-shlaa-gern) *v* knock down

niederträchtig (*nee*-derr-trehkh-tikh) *adj* foul, mean

niedrig (*nee*-drikh) *adj* low

niemals (*nee*-maals) *adv* never

niemand (*nee*-mahnt) *pron* nobody, no one

Niere (*nee*-rer) *f* (pl ~n) kidney

niesen (*nee*-zern) *v* sneeze

Nigeria (ni-*gāy*-rYah) Nigeria

Nigerianer (ni-gay-rYaa-nerr) *m* (pl ~) Nigerian

nigerianisch (ni-gay-rYaa-nish) *adj* Nigerian

Nikotin (ni-koa-*teen*) *nt* nicotine

nirgends (*neer*-gernts) *adv* nowhere

Niveau (ni-*vōā*) *nt* (pl ~s) level

nivellieren (ni-veh-*lee*-rern) *v* level

noch (nokh) *adv* still; yet; ~ **ein** another; ~ **einmal** once more; **weder** ... ~ neither ... nor

nochmals (*nokh*-maals) *adv* again

Nockenwelle (*no*-kern-veh-ler) *f* (pl ~n) camshaft

nominell (noa-mi-*nehl*) *adj* nominal

Nonne (*no*-ner) *f* (pl ~n) nun

Nonnenkloster (*no*-nern-klōāss-terr) *nt* (pl ~̈) nunnery

Norden (*nor*-dern) *m* north

nördlich (*nurrt*-likh) *adj* northern, northerly, north

Nordosten (nort-*oss*-tern) *m* north-east

Nordpol (*nort*-pōal) *m* North Pole

Nordwesten (nort-*vehss*-tern) *m* north-west

Norm (norm) *f* (pl ~en) standard

normal (nor-*maal*) *adj* normal; regular

Norwegen (*nor*-vāy-gern) Norway

Norweger (*nor*-vāy-gerr) *m* (pl ~) Norwegian

norwegisch (*nor*-vāy-gish) *adj* Norwegian

Not (nōat) *f* (pl ~e) distress, misery; need

Notar (noa-*taar*) *m* (pl ~e) notary

Notausgang (*nōat*-ouss-gahng) *m* (pl ~e) emergency exit

Notfall (*nōat*-fahl) *m* (pl ~e) emergency

nötig (*nūr*-tikh) *adj* necessary; ~ *haben need

Notiz (noa-*teets*) *f* (pl ~en) note

Notizblock (noa-*teets*-blok) *m* (pl ~e) writing-pad

Notizbuch (noa-*teets*-bōokh) *nt* (pl ~er) notebook

Notlage (*nōat*-laa-ger) *f* emergency

Notsignal (*nōat*-zi-gnaal) *nt* (pl ~e) distress signal

Nottreppe (*nōat*-treh-per) *f* (pl ~n) fire-escape

notwendig (*nōat*-vehn-dikh) *adj* necessary

Notwendigkeit (*nōat*-vehn-dikh-kight) *f* (pl ~en) need, necessity

Nougat (*nōō*-gaht) *m* nougat

November (noa-*vehm*-berr) November

Nuance (new-*ahng*-ser) *f* (pl ~n) nuance

nüchtern (*newkh*-terrn) *adj* matter-of-fact; sober

nuklear (noo-klay-*aar*) *adj* nuclear

Null (nool) *f* (pl ~en) nought; zero

Nummer (*noo*-merr) *f* (pl ~n) number; size; act

Nummernschild (*noo*-merrn-shilt) *nt* (pl ~er) registration plate; licence plate *Am*

nun (nōōn) *adv* now

nur (nōōr) *adv* merely; only, exclusively

Nuß (nooss) *f* (pl Nüsse) nut

Nußknacker (*nooss*-knah-kerr) *m* (pl ~) nutcrackers *pl*

Nußschale (*nooss*-shaa-ler) *f* (pl ~n) nutshell

Nutzen (*noo*-tsern) *m* profit, benefit; interest; utility, use

nützen (*new*-tsern) *v* *be of use

nützlich (*newts*-likh) *adj* useful

nutzlos (*noots*-lōass) *adj* useless; idle

Nylon (*nigh*-lon) *nt* nylon

O

Oase (oa-*aa*-zer) *f* (pl ~n) oasis

ob (op) *conj* whether; ~ ... **oder** whether ... or

Obdach (*op*-dahkh) *nt* cover

oben (*ōa*-bern) *adv* above; upstairs; overhead; **nach** ~ up; upstairs; ~ **auf** on top of

Ober (*ōa*-berr) *m* (pl ~) waiter

ober (*ōa*-berr) *adj* superior, upper; **Ober-** chief

Oberdeck (*ōa*-berr-dehk) *nt* main deck

Oberfläche (*ōa*-berr-fleh-kher) *f* (pl ~n) surface

oberflächlich (*ōa*-berr-flehkh-likh) *adj* superficial

oberhalb (*ōa*-berr-hahlp) *prep* over

Oberkellner (*ōa*-berr-kehl-nerr) *m* (pl ~) head-waiter

Oberschenkel (*ōa*-berr-shehng-kerl) *m* (pl ~) thigh

Oberseite (*ōa*-berr-zigh-ter) *f* (pl ~n)

top side

Oberst (*ōā*-berrst) *m* (pl ~en) colonel

oberst (*ōā*-berrst) *adj* top

obgleich (op-*glighkh*) *conj* although, though

Obhut (*op*-hōōt) *f* custody

Objekt (op-*Vehkt*) *nt* (pl ~e) object

objektiv (op-*Vehk*-teef) *adj* objective

Oblate (oa-*blaa*-ter) *f* (pl ~n) wafer

Obligation (oa-bli-gah-*tsVōan*) *f* (pl ~en) bond

obligatorisch (oa-bli-gah-*tōā*-rish) *adj* compulsory, obligatory

Observation (op-zehr-vah-*tsVōan*) *f* (pl ~en) observation

Observatorium (op-zehr-vah-*tōā*-rVoom) *nt* (pl -rien) observatory

observieren (op-zehr-*vee*-rern) *v* observe

obskur (ops-*kōōr*) *adj* obscure

Obst (ōāpst) *nt* fruit

Obstgarten (*ōāpst*-gahr-tern) *m* (pl ~) orchard

Obstipation (op-sti-pah-*tsVōan*) *f* constipation

obszön (ops-*tsōōrn*) *adj* obscene

Obus (*ōā*-booss) *m* (pl ~se) trolley-bus

obwohl (op-*vōāl*) *conj* although, though

Ochse (*o*-kser) *m* (pl ~n) ox

oder (*ōā*-derr) *conj* or

Ofen (*ōā*-fern) *m* (pl ~) stove; furnace

offen (*o*-fern) *adj* open

offenbaren (o-fern-*baa*-rern) *v* reveal

offenherzig (*o*-fern-hehr-tsikh) *adj* open

offensichtlich (*o*-fern-zikht-likh) *adj* obvious, apparent, evident

offensiv (o-fehn-*zeef*) *adj* offensive

Offensive (o-fehn-*zee*-ver) *f* (pl ~n) offensive

öffentlich (*ur*-fernt-likh) *adj* public

offiziell (o-fi-*tsVehl*) *adj* official

Offizier (o-fi-*tseer*) *m* (pl ~e) officer

offiziös (o-fi-*tsVürss*) *adj* unofficial

öffnen (*urf*-nern) *v* open

Öffnung (*urf*-noong) *f* (pl ~en) opening

Öffnungszeiten (*urf*-noongs-tsigh-tern) *fpl* business hours

oft (oft) *adv* often; frequently

ohne (*ōā*-ner) *prep* without

ohnehin (*ōā*-ner-*hin*) *adv* anyway

Ohr (ōār) *nt* (pl ~en) ear

Ohrenschmerzen (*ōā*-rern-shmehr-tsern) *mpl* earache

Ohrring (*ōār*-ring) *m* (pl ~e) earring

Oktober (ok-*tōā*-berr) October

Öl (*ürl*) *nt* (pl ~e) oil

Öldruck (*ürl*-drook) *m* oil pressure

ölen (*ūr*-lern) *v* lubricate

Ölfilter (*ūrl*-fil-terr) *nt* (pl ~) oil filter

Ölgemälde (*ūrl*-ger-mail-der) *nt* (pl ~) oil-painting

ölig (*ūr*-likh) *adj* oily

Olive (oa-*lee*-ver) *f* (pl ~n) olive

Olivenöl (oa-*lee*-vern-ürl) *nt* olive oil

Ölquelle (*ürl*-kveh-ler) *f* (pl ~n) oil-well

Ölraffinerie (*ürl*-rah-fi-ner-ree) *f* (pl ~n) oil-refinery

Oma (*ōā*-mah) *f* (pl ~s) grandmother

Onkel (*ong*-kerl) *m* (pl ~) uncle

Onyx (*ōā*-newks) *m* (pl ~e) onyx

Opa (*ōā*-pah) *m* (pl ~s) grandfather, granddad

Opal (oa-*paal*) *m* (pl ~e) opal

Oper (*ōā*-perr) *f* (pl ~n) opera

Operation (oa-pay-rah-*tsVōan*) *f* (pl ~en) operation; surgery

Operette (oa-pay-*reh*-ter) *f* (pl ~n) operetta

operieren (oa-pay-*ree*-rern) *v* operate

Opernglas (*ōā*-perrn-glaass) *nt* (pl ~er) binoculars *pl*

Opernhaus (*ōā*-perrn-houss) *nt* (pl

~er) opera house
Opfer (*o*-pferr) *nt* (pl ~) sacrifice; casualty, victim
Opposition (o-poa-zi-*ts*ʸ*ōān*) *f* opposition
Optiker (*op*-ti-kerr) *m* (pl ~) optician
Optimismus (op-ti-*miss*-mooss) *m* optimism
Optimist (op-ti-*mist*) *m* (pl ~en) optimist
optimistisch (op-ti-*miss*-tish) *adj* optimistic
orange (oa-*rahng*-zher) *adj* orange
Orchester (or-*kehss*-terr) *nt* (pl ~) orchestra
Orden (*or*-dern) *m* (pl ~) congregation
ordentlich (*or*-dernt-likh) *adj* tidy
ordinär (or-di-*nair*) *adj* vulgar
ordnen (*or*-dnern) *v* arrange; sort
Ordnung (*or*-dnoong) *f* order; method, system; **in ~** in order; **in Ordnung!** okay!
Organ (or-*gaan*) *nt* (pl ~e) organ
Organisation (or-gah-ni-zah-*ts*ʸ*ōān*) *f* (pl ~en) organization
organisch (or-*gaa*-nish) *adj* organic
organisieren (or-gah-ni-*zee*-rern) *v* organize
Orgel (*or*-gerl) *f* (pl ~n) organ
Orient (*ōā*-ri-ehnt) *m* Orient
orientalisch (oa-ri-ehn-*taa*-lish) *adj* oriental
sich orientieren (oa-ri-ehn-*tee*-rern) orientate
originell (oa-ri-gi-*nehl*) *adj* original
Orlon (*or*-lon) *nt* orlon
ornamental (or-nah-mehn-*taal*) *adj* ornamental
Ort (ort) *m* (pl ~e) place
orthodox (or-toa-*doks*) *adj* orthodox
örtlich (*urrt*-likh) *adj* local; regional
Örtlichkeit (*urrt*-likh-kight) *f* (pl ~en) locality

Ortsansässige (*orts*-ahn-zeh-si-ger) *m* (pl ~n) resident
Ortsgespräch (*orts*-ger-shpraikh) *nt* (pl ~e) local call
Ortsnetzkennzahl (*orts*-nehts-kehn-tsaal) *f* area code
Osten (*oss*-tern) *m* east
Ostern (*ōāss*-terrn) Easter
Österreich (*ūrss*-ter-righkh) Austria
Österreicher (*ūrss*-ter-righ-kherr) *m* (pl ~) Austrian
österreichisch (*ūr*-ster-righ-khish) *adj* Austrian
östlich (*urst*-likh) *adj* eastern, easterly
Ouvertüre (oo-vehr-*tēw*-rer) *f* (pl ~n) overture
oval (oa-*vaal*) *adj* oval
Ozean (*ōā*-tsay-aan) *m* (pl ~e) ocean

P

Paar (paar) *nt* (pl ~e) pair; couple
Pacht (pahkht) *f* lease
Päckchen (*pehk*-khern) *nt* (pl ~) packet
packen (*pah*-kern) *v* pack
Packkorb (*pahk*-korp) *m* (pl ~e) hamper
Packpapier (*pahk*-pah-peer) *nt* wrapping paper
Paddel (*pah*-derl) *nt* (pl ~) paddle
Paket (pah-*kāyt*) *nt* (pl ~e) parcel, package
Pakistan (*paa*-kiss-taan) Pakistan
Pakistaner (paa-kiss-*taa*-nerr) *m* (pl ~) Pakistani
pakistanisch (paa-kiss-*taa*-nish) *adj* Pakistani
Palast (pah-*lahst*) *m* (pl ~e) palace
Palme (*pahl*-mer) *f* (pl ~n) palm
Pampelmuse (pahm-perl-*mōō*-zer) *f* (pl ~n) grapefruit

Paneel (pah-*nāyl*) nt (pl ~e) panel
Panik (*paa*-nik) f panic
Panne (*pah*-ner) f (pl ~n) break-down; **eine ~ *haben** *break down
Pantoffel (pahn-*to*-ferl) m (pl ~n) slipper
Papagei (pah-pah-*gigh*) m (pl ~e) parrot
Papier (pah-*peer*) nt paper
papieren (pah-*pee*-rern) adj paper
Papierkorb (pah-*peer*-korp) m (pl ~e) wastepaper-basket
Papierserviette (pah-*peer*-zehr-vᵛeh-ter) f (pl ~n) paper napkin
Papiertaschentuch (pah-*peer*-tah-shern-tōokh) nt (pl ~er) tissue
Pappe (*pah*-per) f cardboard; **Papp**-cardboard
Papst (paapst) m (pl ~e) pope
Parade (pah-*raa*-der) f (pl ~n) parade; review
parallel (pah-rah-*lāyl*) adj parallel
Parallele (pah-rah-*lāy*-ler) f (pl ~n) parallel
Parfüm (pahr-*fēwm*) nt (pl ~s) scent; perfume
Park (pahrk) m (pl ~s) park
parken (*pahr*-kern) v park; **Parken verboten** no parking
Parkgebühr (*pahrk*-ger-bēwr) f (pl ~en) parking fee
Parkleuchte (*pahrk*-loikh-ter) f (pl ~n) parking light
Parkplatz (*pahrk*-plahts) m (pl ~e) car park, parking lot *Am*
Parkuhr (*pahrk*-ōor) f (pl ~en) parking meter
Parkzone (*pahrk*-tsōa-ner) f (pl ~n) parking zone
Parlament (pahr-lah-*mehnt*) nt (pl ~e) parliament
parlamentarisch (pahr-lah-mehn-*taa*-rish) adj parliamentary
Partei (pahr-*tigh*) f (pl ~en) party; side

parteiisch (pahr-*tigh*-ish) adj partial
Partie (pahr-*tee*) f (pl ~n) batch
Partner (*pahrt*-nerr) m (pl ~) associate; partner
Party (*paar*-ti) f (pl -ties) party
Parzelle (pahr-*tseh*-ler) f (pl ~n) plot
Paß (pahss) m (pl Pässe) passport
Passagier (pah-sah-*zheer*) m (pl ~e) passenger
Passant (pah-*sahnt*) m (pl ~en) passer-by
passen (*pah*-sern) v fit; suit; **~ zu** match
passend (*pah*-sernt) adj adequate, proper; convenient
passieren (pah-*see*-rern) v pass; happen
Passion (pah-sᵛ*ōan*) f passion
passiv (*pah*-seef) adj passive
Paßkontrolle (*pahss*-kon-tro-ler) f (pl ~n) passport control
Paßphoto (*pahss*-fōa-toa) nt (pl ~s) passport photograph
Paste (*pahss*-ter) f (pl ~n) paste
Pastor (*pahss*-tor) m (pl ~en) rector, clergyman
Pate (*paa*-ter) m (pl ~n) godfather
Patent (pah-*tehnt*) nt (pl ~e) patent
Pater (*paa*-terr) m (pl ~) father
Patient (pah-tsᵛ*ehnt*) m (pl ~en) patient
Patriot (pah-tri-*ōat*) m (pl ~en) patriot
Patrone (pah-*trōa*-ner) f (pl ~n) cartridge
patrouillieren (pah-trool-ᵛ*ee*-rern) v patrol
Pauschalsumme (pou-*shaal*-zoo-mer) f (pl ~n) lump sum
Pause (*pou*-zer) f (pl ~n) pause; break, interval, intermission
pausieren (pou-*zee*-rern) v pause
Pavillon (*pah*-vi-lᵛawng) m (pl ~s) pa-

vilion
Pazifismus (pah-tsi-*fiss*-mooss) *m*
pacifism
Pazifist (pah-tsi-*fist*) *m* (pl ~en) paci-
fist
pazifistisch (pah-tsi-*fiss*-tish) *adj* paci-
fist
Pech (pehkh) *nt* bad luck
Pedal (pay-*daal*) *nt* (pl ~en) pedal
Peddigrohr (*peh*-dig-rōār) *nt* rattan
peinlich (*pighn*-likh) *adj* embarrass-
ing, awkward
Peitsche (*pigh*-cher) *f* (pl ~n) whip
Pelikan (*pāy*-li-kaan) *m* (pl ~e) pelican
Pelz (pehlts) *m* (pl ~e) fur
Pelzmantel (*pehlts*-mahn-terl) *m* (pl
~) fur coat
Pelzwerk (*pehlts*-vehrk) *nt* furs
Pendler (*pehn*-dlerr) *m* (pl ~) com-
muter
Penicillin (pay-ni-tsi-*leen*) *nt* penicillin
Pension (pahng-s*yōān*) *f* (pl ~en)
board; boarding-house; pension
pensioniert (pahng-s*yoa-neert*) *adj* re-
tired
Perfektion (pehr-fehk-ts*yōān*) *f* perfec-
tion
periodisch (pay-r*yōā*-dish) *adj* periodical
Perle (*pehr*-ler) *f* (pl ~n) pearl; bead
perlend (*pehr*-lernt) *adj* sparkling
Perlmutt (*pehrl*-moot) *nt* mother-of-
pearl
Perser (*pehr*-zerr) *m* (pl ~) Persian
Persien (*pehr*-z*y*en) Persia
persisch (*pehr*-zish) *adj* Persian
Person (pehr-*zōān*) *f* (pl ~en) person;
pro ~ per person
Personal (pehr-zoa-*naal*) *nt* staff, personnel
Personalbeschreibung (pehr-zoa-*naal*-
ber-shrigh-boong) *f* (pl ~en) description

Personenzug (pehr-*zōā*-nern-tsōōk) *m*
(pl ~e) passenger train
persönlich (pehr-*zūrn*-likh) *adj* personal, private
Persönlichkeit (pehr-*zūrn*-likh-kight) *f*
(pl ~en) personality
Perspektive (pehr-spehk-*tee*-ver) *f* (pl
~n) perspective
Perücke (peh-*rew*-ker) *f* (pl ~n) wig
Pessimismus (peh-si-*miss*-mooss) *m*
pessimism
Pessimist (peh-si-*mist*) *m* (pl ~en)
pessimist
pessimistisch (peh-si-*miss*-tish) *adj*
pessimistic
Petersilie (pay-terr-*zee*-l*y*er) *f* parsley
Petroleum (pay-*trōā*-lay-oom) *nt* pe-
troleum, oil; paraffin
Pfad (pfaat) *m* (pl ~e) trail, lane, path
Pfadfinder (*pfaat*-fin-derr) *m* (pl ~)
boy scout, scout
Pfadfinderin (*pfaat*-fin-der-rin) *f* (pl
~nen) girl guide
Pfand (pfahnt) *nt* (pl ~er) security;
deposit
Pfandleiher (*pfahnt*-ligh-err) *m* (pl ~)
pawnbroker
Pfanne (*pfah*-ner) *f* (pl ~n) saucepan,
pan
Pfarre (*pfah*-rer) *f* (pl ~n) rectory
Pfarrer (*pfah*-rerr) *m* (pl ~) clergy-
man; rector, parson
Pfarrhaus (*pfahr*-houss) *nt* (pl ~er)
vicarage, parsonage
Pfau (pfou) *m* (pl ~en) peacock
Pfeffer (*pfeh*-ferr) *m* pepper
Pfefferminze (*pfeh*-ferr-min-tser) *f*
peppermint
Pfeife (*pfigh*-fer) *f* (pl ~n) pipe;
whistle
* **pfeifen** (*pfigh*-fern) *v* whistle
Pfeifenreiniger (*pfigh*-fern-righ-ni-gerr)
m (pl ~) pipe cleaner
Pfeil (pfighl) *m* (pl ~e) arrow

Pfeiler (*pfigh*-lerr) *m* (pl ~) column, pillar

Pferd (pfay̅rt) *nt* (pl ~e) horse

Pferderennen (*pfay̅r*-der-reh-nern) *nt* (pl ~) horserace

Pferdestärke (*pfay̅r*-der-shtehr-ker) *f* (pl ~n) horsepower

Pfingsten (*pfings*-tern) Whitsun

Pfirsich (*pfeer*-zikh) *m* (pl ~e) peach

Pflanze (*pflahn*-tser) *f* (pl ~n) plant

pflanzen (*pflahn*-tsern) *v* plant

Pflaster (*pflahss*-terr) *nt* (pl ~) plaster; pavement

pflastern (*pflahss*-terrn) *v* pave

Pflaume (*pflou*-mer) *f* (pl ~n) plum

Pflege (*pflay̅*-ger) *f* care

Pflegeeltern (*pflay̅*-ger-ehl-terrn) *pl* foster-parents *pl*

pflegen (*pflay̅*-gern) *v* nurse; tend; would

Pflegespülung (*pflay̅*-ger-shpew̅-loong) *f* (pl ~en) conditioner

Pflicht (pflikht) *f* (pl ~en) duty

pflücken (*pflew*-kern) *v* pick

Pflug (pfloo̅k) *m* (pl ~e) plough

pflügen (*pflew̅*-gern) *v* plough

Pförtner (*pfurrt*-nerr) *m* (pl ~) porter

Pfosten (*pfoss*-tern) *m* (pl ~) pole, post

Pfote (*pfoa̅*-ter) *f* (pl ~n) paw

pfui! (pfoo̅ee) shame!

Pfund (pfoont) *nt* (pl ~e) pound

Pfütze (*pfew*-tser) *f* (pl ~n) puddle

Phantasie (fahn-tah-*see*) *f* fancy

phantastisch (fahn-*tahss*-tish) *adj* fantastic

Phase (*faa*-zer) *f* (pl ~n) stage; phase

Philippine (fi-li-*pee*-ner) *m* (pl ~n) Filipino

Philippinen (fi-li-*pee*-nern) *pl* Philippines *pl*

Philosoph (fi-loa-*zo̅a̅f*) *m* (pl ~en) philosopher

Philosophie (fi-loa-soa-*fee*) *f* (pl ~n) philosophy

phonetisch (foa-*na̅y*-tish) *adj* phonetic

Photo (*fo̅a̅*-toa) *nt* (pl ~s) photo

Photogeschäft (*fo̅a̅*-toa-ger-shehft) *nt* (pl ~e) camera shop

Photograph (foa-toa-*graaf*) *m* (pl ~en) photographer

Photographie (foa-toa-grah-*fee*) *f* photography

photographieren (foa-toa-grah-*fee*-rern) *v* photograph

Photokopie (foa-toa-koa-*pee*) *f* (pl ~n) photocopy

Physik (few-*zeek*) *f* physics

Physiker (*few*-zi-kerr) *m* (pl ~) physicist

Physiologie (few-z ʸoa-loa-*gee*) *f* physiology

physisch (*few*-zish) *adj* physical

Pianist (pʸah-*nist*) *m* (pl ~en) pianist

Pickel (*pi*-kerl) *m* (pl ~) pimple

Pickles (*pi*-kerls) *pl* pickles *pl*

Picknick (*pik*-nik) *nt* picnic

picknicken (*pik*-ni-kern) *v* picnic

Pier (peer) *m* (pl ~s) pier, jetty

pikant (pi-*kahnt*) *adj* spicy, savoury

Pilger (*pil*-gerr) *m* (pl ~) pilgrim

Pilgerfahrt (*pil*-gerr-faart) *f* (pl ~en) pilgrimage

Pille (*pi*-ler) *f* (pl ~n) pill

Pilot (pi-*lo̅a̅t*) *m* (pl ~en) pilot

Pilz (pilts) *m* (pl ~e) mushroom; toadstool

Pinguin (ping-goo-*een*) *m* (pl ~e) penguin

Pinsel (*pin*-zerl) *m* (pl ~) brush, paint-brush

Pinzette (pin-*tseh*-ter) *f* (pl ~n) tweezers *pl*

Pionier (pi-oa-*neer*) *m* (pl ~e) pioneer

Pistole (piss-*to̅a̅*-ler) *f* (pl ~n) pistol

pittoresk (pi-toa-*rehsk*) *adj* picturesque

plädieren (pleh-*dee*-rern) *v* plead

Plage (*plaa*-ger) *f* (pl ~n) plague

Plakat (plah-*kaat*) *nt* (pl ~e) poster, placard

Plan (plaan) *m* (pl ~e) plan; scheme, project; map; schedule

Plane (*plaa*-ner) *f* (pl ~n) tarpaulin

planen (*plaa*-nern) *v* plan

Planet (plah-*nāyt*) *m* (pl ~en) planet

Planetarium (plah-nay-*taa*-rʸoom) *nt* (pl -rien) planetarium

Plantage (plahn-*taa*-zher) *f* (pl ~n) plantation

Plappermaul (*plah*-perr-moul) *nt* (pl ~er) chatterbox

Platin (plah-*teen*) *nt* platinum

platt (plaht) *adj* level

Platte (*plah*-ter) *f* (pl ~n) plate, sheet; dish

Plattenspieler (*plah*-tern-shpee-lerr) *m* (pl ~) record-player

Platz (plahts) *m* (pl ~e) spot; seat; room; square

Platzanweiser (*plahts*-ahn-vigh-zerr) *m* (pl ~) usher

Platzanweiserin (*plahts*-ahn-vigh-zer-rin) *f* (pl ~nen) usherette

plaudern (*plou*-derrn) *v* chat

Plombe (*plom*-ber) *f* (pl ~n) filling

Plötze (*plur*-tser) *f* (pl ~n) roach

plötzlich (*plurts*-likh) *adj* sudden; *adv* suddenly

Plunder (*ploon*-derr) *m* junk

plus (plooss) *adv* plus

pneumatisch (pnoi-*maa*-tish) *adj* pneumatic

pochen (*po*-khern) *v* tap

Pocken (*po*-kern) *fpl* smallpox

Pokal (poa-*kaal*) *m* (pl ~e) cup

Pole (*pōā*-ler) *m* (pl ~n) Pole

Polen (*pōā*-lern) Poland

Police (poa-*lee*-ser) *f* (pl ~n) policy

polieren (poa-*lee*-rern) *v* polish

Polio (*pōā*-lʸoa) *f* polio

Politik (poa-li-*teek*) *f* politics; policy

Politiker (poa-*lee*-ti-kerr) *m* (pl ~) politician

politisch (poa-*lee*-tish) *adj* political

Polizei (poa-li-*tsigh*) *f* police *pl*

Polizeiwache (poa-li-*tsigh*-vah-kher) *f* (pl ~n) police-station

Polizist (poa-li-*tsist*) *m* (pl ~en) policeman

polnisch (*pol*-nish) *adj* Polish

Polster (*pols*-terr) *nt* (pl ~) pad

polstern (*pols*-terrn) *v* upholster

Polyp (poa-*lewp*) *m* (pl ~en) octopus

Pommes frites (pom-*frit*) chips

Pony (*po*-ni) *nt* (pl ~s) pony

Popelin (poa-per-*leen*) *m* poplin

Popmusik (*pop*-moo-zeek) *f* pop music

Portier (por-*tʸāy*) *m* (pl ~s) doorman, door-keeper

Portion (por-*tsʸōān*) *f* (pl ~en) helping, portion

Porto (*por*-toa) *nt* postage

portofrei (*por*-toa-frigh) *adj* postage paid

Porträt (por-*trai*) *nt* (pl ~s) portrait

Portugal (*por*-too-gahl) Portugal

Portugiese (por-too-*gee*-zer) *m* (pl ~n) Portuguese

portugiesisch (por-too-*gee*-zish) *adj* Portuguese

Porzellan (por-tser-*laan*) *nt* porcelain, china

Position (poa-zi-*tsʸōān*) *f* (pl ~en) position

Positiv (*pōā*-zi-teef) *nt* (pl ~e) positive

positiv (*pōā*-zi-teef) *adj* positive

Posse (*po*-ser) *f* (pl ~n) farce

Post (post) *f* post, mail

Postamt (*post*-ahmt) *nt* (pl ~er) post-office

Postanweisung (*post*-ahn-vigh-zoong) *f* (pl ~en) postal order; mail order *Am*

Postbote (*post*-bōā-ter) *m* (pl ~n) postman

Postdienst (*post*-deenst) *m* postal service

Posten (*poss*-tern) *m* (pl ~) item; post

Postkarte (*post*-kahr-ter) *f* (pl ~n) postcard, card

postlagernd (*post*-laa-gerrnt) *adj* poste restante

Postleitzahl (*post*-light-tsaal) *f* (pl ~en) zip code *Am*

Pracht (prahkht) *f* splendour

prächtig (*prehkh*-tikh) *adj* magnificent; glorious, splendid, gorgeous, superb, wonderful, fine

Präfix (*preh*-fiks) *nt* (pl ~e) prefix

prahlen (*praa*-lern) *v* boast

praktisch (*prahk*-tish) *adj* practical

Praline (prah-*lee*-ner) *f* (pl ~n) chocolate

Prämie (*prai*-mᵛer) *f* (pl ~n) premium

Präposition (preh-poa-zi-*tsᵛōān*) *f* (pl ~en) preposition

Präsent (preh-*zehnt*) *nt* (pl ~e) present

Präservativ (preh-zehr-vah-*teef*) *nt* condom, contraceptive

Präsident (preh-zi-*dehnt*) *m* (pl ~en) president

Praxis (*prah*-ksiss) *f* practice

präzis (preh-*tseess*) *adj* precise, exact

predigen (*prāy*-di-gern) *v* preach

Predigt (*prāy*-dikht) *f* (pl ~en) sermon

Preis (prighss) *m* (pl ~e) cost, price-list; award, prize; **den ~ festsetzen** price

Preisgericht (*prighss*-ger-rikht) *nt* (pl ~e) jury

Preisliste (*prighss*-liss-ter) *f* (pl ~n) price list

Preisnachlaß (*prighss*-naakh-lahss) *m* (pl -lässe) reduction

Premierminister (prer-*mᵛāy*-mi-niss-terr) *m* (pl ~) premier

Presse (*preh*-ser) *f* press

Pressekonferenz (*preh*-ser-kon-fay-rehnts) *f* (pl ~en) press conference

Prestige (prehss-*tee*-zher) *nt* prestige

Priester (*preess*-terr) *m* (pl ~) priest

prima (*pree*-mah) *adj* first-rate

Prinz (prints) *m* (pl ~en) prince

Prinzessin (prin-*tseh*-sin) *f* (pl ~nen) princess

Prinzip (prin-*tseep*) *nt* (pl ~ien) principle

Priorität (pri-oa-ri-*tait*) *f* (pl ~en) priority

privat (pri-*vaat*) *adj* private

Privatleben (pri-*vaat*-lāy-bern) *nt* privacy

Probe (*prōā*-ber) *f* (pl ~n) test; rehearsal

proben (*prōā*-bern) *v* rehearse

probieren (proa-*bee*-rern) *v* try, attempt

Problem (proa-*blāym*) *nt* (pl ~e) problem; question

Produkt (proa-*dookt*) *nt* (pl ~e) product

Produktion (proa-dook-*tsᵛōān*) *f* production

Produzent (proa-doo-*tsehnt*) *m* (pl ~en) producer

Professor (proa-*feh*-sor) *m* (pl ~en) professor

profitieren (proa-fi-*tee*-rern) *v* profit, benefit

Programm (proa-*grahm*) *nt* (pl ~e) programme

progressiv (proa-greh-*seef*) *adj* progressive

Projekt (proa-ᵛ*ehkt*) *nt* (pl ~e) project

proklamieren (proa-klah-*mee*-rern) *v* proclaim

Promenade (proa-mer-*naa*-der) *f* (pl ~n) esplanade, promenade

Propaganda (proa-pah-*gahn*-dah) *f* propaganda

Propeller (proa-*peh*-lerr) *m* (pl ~) propeller

Prophet (proa-*fayt*) *m* (pl ~en) prophet

proportional (proa-por-ts^{y}oa-*naal*) *adj* proportional

Prospekt (proa-*spehkt*) *m* (pl ~e) prospectus

Prostituierte (proa-sti-too-*eer*-ter) *f* (pl ~n) prostitute

Protein (proa-tay-*een*) *nt* (pl ~e) protein

Protest (proa-*tehst*) *m* (pl ~e) protest

protestantisch (proa-tehss-*tahn*-tish) *adj* Protestant

protestieren (proa-tehss-*tee*-rern) *v* protest

Protokoll (proa-toa-*kol*) *nt* (pl ~e) minutes

Provinz (proa-*vints*) *f* (pl ~en) province

provinziell (proa-vin-ts^y*ehl*) *adj* provincial

Prozent (proa-*tsehnt*) *nt* (pl ~e) percent

Prozentsatz (proa-*tsehnt*-zahts) *m* (pl ~e) percentage

Prozeß (proa-*tsehss*) *m* (pl -zesse) lawsuit, process

Prozession (proa-tseh-s^y*oan*) *f* (pl ~en) procession

prüfen (*prew*-fern) *v* check, examine; test

Prügel (*prew*-gerl) *pl* spanking

Psychiater (psew-khi-*aa*-terr) *m* (pl ~) psychiatrist

psychisch (*psew*-khish) *adj* psychic

Psychoanalytiker (psew-khoa-ah-nah-*lew*-ti-kerr) *m* (pl ~) analyst, psychoanalyst

Psychologe (psew-khoa-*loa*-ger) *m* (pl ~n) psychologist

Psychologie (psew-khoa-loa-*gee*) *f* psychology

psychologisch (psew-khoa-*loa*-gish)

adj psychological

Publikum (*poo*-bli-koom) *nt* audience, public

Puder (*poo*-derr) *m* powder

Puderdose (*poo*-derr-dōa-zer) *f* (pl ~n) powder compact

Puderquaste (*poo*-derr-kvahss-ter) *f* powder-puff

Pullmanwagen (*pool*-mahn-vaa-gern) *m* (pl ~) Pullman

Pullover (poo-*loā*-verr) *m* (pl ~) pullover

Puls (pools) *m* (pl ~e) pulse

Pulsschlag (*pools*-shlaak) *m* pulse

Pult (poolt) *nt* (pl ~e) desk

Pumpe (*poom*-per) *f* (pl ~n) pump

pumpen (*poom*-pern) *v* pump

Punkt (poongkt) *m* (pl ~e) point; full stop, period; item, issue

pünktlich (*pewngkt*-likh) *adj* punctual

Puppe (*poo*-per) *f* (pl ~n) doll

purpur (*poor*-poor) *adj* purple

Putz (poots) *m* plaster

putzen (*poo*-tsern) *v* brush

Puzzlespiel (*pah*-zerl-shpeel) *nt* (pl ~e) jigsaw puzzle

Pyjama (pi-*zhaa*-mah) *m* (pl ~s) pyjamas *pl*

Q

Quadrat (kvah-*draat*) *nt* (pl ~e) square

quadratisch (kvah-*draa*-tish) *adj* square

Qual (kvaal) *f* (pl ~en) torment

quälen (*kvai*-lern) *v* torment

qualifiziert (kvah-li-fi-*tseert*) *adj* qualified

Qualität (kvah-li-*tait*) *f* (pl ~en) quality

Qualle (*kvah*-ler) *f* (pl ~n) jelly-fish

Quantität (kvahn-ti-*tait*) *f* (pl ~en) quantity

Quarantäne (kah-rahn-*tai*-ner) *f* quarantine

Quartal (kvahr-*taal*) *nt* (pl ~e) quarter

Quatsch (kvahch) *m* rubbish

quatschen (*kvah*-chern) *v* talk rubbish

Quecksilber (*kvehk*-zil-berr) *nt* mercury

Quelle (*kveh*-ler) *f* (pl ~n) source, spring, well; fountain

quer (kvāyr) *adv* athwart

quetschen (*kveh*-chern) *v* bruise

Quetschung (*kveh*-choong) *f* (pl ~en) bruise

Quittung (*kvi*-toong) *f* (pl ~en) receipt

Quote (kvōā-ter) *f* (pl ~n) quota

R

Rabatt (rah-*baht*) *m* (pl ~e) reduction, rebate, discount

Rabe (*raa*-ber) *m* (pl ~n) raven

Rache (*rah*-kher) *f* revenge

Rad (raat) *nt* (pl ~er) wheel; cycle, bicycle

Radfahrer (*raat*-faa-rerr) *m* (pl ~) cyclist

Radiergummi (rah-*deer*-goo-mi) *m* (pl ~s) eraser, rubber

Radierung (rah-*dee*-roong) *f* (pl ~en) etching

radikal (rah-di-*kaal*) *adj* radical

Radio (*raa*-dᵞoa) *nt* (pl ~s) radio

Raffinerie (rah-fi-ner-*ree*) *f* (pl ~n) refinery

Rahmen (*raa*-mern) *m* (pl ~) frame

Rakete (rah-*kāy*-ter) *f* (pl ~n) rocket

Rampe (*rahm*-per) *f* (pl ~n) ramp

Rand (rahnt) *m* (pl ~er) brim, edge, border; margin; verge; rim

Randstein (*rahnt*-shtighn) *m* curb

Rang (rahng) *m* (pl ~e) grade, rank

ranzig (*rahn*-tsikh) *adj* rancid

Rarität (rah-ri-*tait*) *f* (pl ~en) curio

rasch (rahsh) *adj* fast

Rasen (*raa*-zern) *m* (pl ~) lawn

rasen (*raa*-zern) *v* rage; *speed

rasend (*raa*-zernt) *adj* furious

Rasierapparat (rah-*zeer*-ah-pah-raat) *m* (pl ~e) electric razor; safety-razor; shaver

sich rasieren (rah-*zee*-rern) shave

Rasierklinge (rah-*zeer*-kling-er) *f* (pl ~n) razor-blade

Rasierkrem (rah-*zeer*-krāym) *f* (pl ~s) shaving-cream

Rasierpinsel (rah-*zeer*-pin-zerl) *m* (pl ~) shaving-brush

Rasierseife (rah-*zeer*-zigh-fer) *f* (pl ~n) shaving-soap

Rasierwasser (rah-*zeer*-vah-serr) *nt* aftershave lotion

raspeln (*rahss*-perln) *v* grate

Rasse (*rah*-ser) *f* (pl ~n) race; breed; **Rassen-** racial

Rast (rahst) *f* rest

Rat (raat) *m* (pl ~e) advice, counsel; council, board

***raten** (*raa*-tern) *v* guess; advise

Ratenzahlung (*raa*-tern-tsaa-loong) *f* (pl ~en) instalment

Ratgeber (*raat*-gāy-berr) *m* (pl ~) counsellor

Rathaus (*raat*-houss) *nt* (pl ~er) town hall

Ration (rah-*tsᵞōān*) *f* (pl ~en) ration

Rätsel (*rai*-tserl) *nt* (pl ~) riddle, puzzle; mystery, enigma

rätselhaft (*rai*-tserl-hahft) *adj* mysterious

Ratsmitglied (*raats*-mit-gleet) *nt* (pl ~er) councillor

Ratte (*rah*-ter) *f* (pl ~n) rat

Raub (roup) *m* robbery

rauben (*rou*-bern) v rob

Räuber (*roi*-berr) m (pl ~) robber

Raubtier (*roup*-teer) nt (pl ~e) beast of prey

Rauch (roukh) m smoke

rauchen (*rou*-khern) v smoke; **Rauchen verboten** no smoking

Raucher (*rou*-kherr) m (pl ~) smoker

Raucherabteil (*rou*-kherr-ahp-tighl) nt (pl ~e) smoking-compartment, smoker

Rauchzimmer (*roukh*-tsi-merr) nt (pl ~) smoking-room

rauh (rou) adj bleak; harsh; hoarse

Raum (roum) m (pl ~̈e) space, room

räumen (*roi*-mern) v vacate

Rauschgift (*roush*-gift) nt (pl ~e) narcotic

Reaktion (ray-ahk-*ts*ʸ*ōān*) f (pl ~en) reaction

realisieren (ray-ah-li-*zee*-rern) v realize

rebellieren (ray-beh-*lee*-rern) v revolt

Rebhuhn (*rehp*-hōōn) nt (pl ~̈er) partridge

Rechnen (*rehkh*-nern) nt arithmetic

rechnen (*rehkh*-nern) v reckon

Rechner (*rehkh*-nerr) m (pl ~s) calculator

Rechnung (*rehkh*-noong) f (pl ~en) bill; check nAm

Recht (rehkht) nt (pl ~e) right; law, justice; **mit** ~ rightly

recht (rehkht) adj right; right-hand; adv fairly, rather; ~ *haben * be right

Rechteck (*rehkht*-ehk) nt (pl ~e) rectangle, oblong

rechteckig (*rehkht*-eh-kikh) adj rectangular

rechtlich (*rehkht*-likh) adj legal

rechtmäßig (*rehkht*-mai-sikh) adj legitimate

Rechtsanwalt (*rehkhts*-ahn-vahlt) m (pl ~̈e) lawyer; barrister

rechtschaffen (*rehkht*-shah-fern) adj honourable

Rechtschreibung (*rehkht*-shrigh-boong) f spelling

rechtswidrig (*rehkhts*-vee-drikh) adj unlawful

rechtzeitig (*rehkht*-tsigh-tikh) adv in time

Redakteur (ray-dahk-*tūrr*) m (pl ~e) editor

Rede (*rāy*-der) f (pl ~n) speech

reden (*rāy*-dern) v talk

Redewendung (*rāy*-der-vehn-doong) f (pl ~en) phrase

redlich (*rāyt*-likh) adj right, fair

reduzieren (ray-doo-*tsee*-rern) v reduce

Reeder (*rāy*-derr) m (pl ~) shipowner

Referenz (ray-fay-*rehnts*) f (pl ~en) reference

Reflektor (ray-*flehk*-tor) m (pl ~en) reflector

Reformation (ray-for-mah-*ts*ʸ*ōān*) f reformation

Regal (ray-*gaal*) nt (pl ~e) shelf

Regatta (ray-*gah*-tah) f (pl Regatten) regatta

Regel (*rāy*-gerl) f (pl ~n) rule; **in der** ~ as a rule

regelmäßig (*rāy*-gerl-mai-sikh) adj regular

regeln (*rāy*-gerln) v regulate; settle

Regelung (*rāy*-ger-loong) f (pl ~en) regulation; arrangement, settlement

Regen (*rāy*-gern) m rain

Regenbogen (*rāy*-gern-bōa-gern) m (pl ~̈) rainbow

Regenguß (*rāy*-gern-gooss) m (pl -güsse) downpour

Regenmantel (*rāy*-gern-mahn-terl) m (pl ~̈) mackintosh, raincoat

Regenschauer (*rāy*-gern-shou-err) m (pl ~) shower

Regenschirm (*rāy*-gern-sheerm) m (pl

~e) umbrella

Regie (ray-*zhee*) f direction

regieren (ray-*gee*-rern) v govern; rule, reign

Regierung (ray-*gee*-roong) f (pl ~en) government; rule

Regime (ray-*zheem*) nt (pl ~s) régime

Regisseur (ray-zhi-*surr*) m (pl ~e) director

regnen (*rāy*-gnern) v rain

regnerisch (*rāy*-gner-rish) adj rainy

regulieren (ray-goo-*lee*-rern) v adjust

Rehabilitation (ray-hah-bi-li-tah-tsʸ*ōan*) f rehabilitation

rehbraun (*rāy*-broun) adj fawn

Rehkalb (*rāy*-kahlb) nt (pl ~er) fawn

Reibe (*righ*-ber) f (pl ~n) grater

***reiben** (*righ*-bern) v rub

Reibung (*righ*-boong) f (pl ~en) friction

Reich (righkh) nt (pl ~e) empire; kingdom; **Reichs-** imperial

reich (righkh) adj rich; wealthy

reichen (*righ*-khern) v suffice; pass

reichlich (*righkh*-likh) adj plentiful, abundant

Reichtum (*righkh*-tēw-merr) m (pl ~er) riches pl, wealth

reif (righf) adj ripe, mature

Reife (*righ*-fer) f maturity

Reifen (*righ*-fern) m (pl ~) tyre, tire

Reifendruck (*righ*-fern-drook) m tyre pressure

Reifenpanne (*righ*-fern-pah-ner) f (pl ~n) blow-out, puncture, flat tyre

Reihe (*righ*-er) f (pl ~n) line, row; file, rank; turn

Reihenfolge (*righ*-ern-fol-ger) f order, sequence

Reiher (*righ*-err) m (pl ~) heron

Reim (righm) m (pl ~e) rhyme

rein (righn) adj clean; pure; sheer

Reinemachen (*righ*-ner-mah-khern) nt cleaning

reinigen (*righ*-ni-gern) v clean; **chemisch** ~ dry-clean

Reinigung (*righ*-ni-goong) f (pl ~en) cleaning; **chemische** ~ dry-cleaner's

Reinigungsmittel (*righ*-ni-goongs-mi-terl) nt (pl ~) cleaning fluid; detergent

Reis (righss) m rice

Reise (*righ*-zer) f (pl ~n) voyage, journey; trip

Reisebüro (*righ*-zer-bew-rōa) nt (pl ~s) travel agency

Reisebus (*righ*-zer-booss) m (pl ~se) coach

Reisegeschwindigkeit (*righ* zer-ger-shvin-dikh-kight) f cruising speed

reisen (*righ*-zern) v travel

Reisende (*righ*-zern-der) m (pl ~n) traveller

Reiseplan (*righ*-zer-plaan) m (pl ~e) itinerary

Reisescheck (*righ*-zer-shehk) m (pl ~s) traveller's cheque

Reisespesen (*righ*-zer-shpāy-zern) pl travelling expenses

Reiseversicherung (*righ*-zer-fehr-zi-kher-roong) f travel insurance

***reißen** (*righ*-sern) v *tear

Reißnagel (*righss*-naa-gerl) m (pl ~) thumbtack nAm

Reißverschluß (*righss*-fehr-shlooss) m (pl -verschlüsse) zipper, zip

Reißzwecke (*righss*-tsveh-ker) f (pl ~n) drawing-pin

***reiten** (*righ*-tern) v *ride

Reiter (*righ*-terr) m (pl ~) rider, horseman

Reitschule (*right*-shōō-ler) f (pl ~n) riding-school

Reitsport (*right*-shport) m riding

Reiz (rights) m (pl ~e) attraction; glamour

reizbar (*rights*-baar) adj quick-tempered, irritable

reizen (*righ*-tsern) v irritate

reizend (*righ*-tsernt) *adj* adorable, graceful

Reizmittel (*rights*-mi-terl) *nt* (pl ~) stimulant

Reklame (ray-*klaa*-mer) *f* (pl ~n) publicity

Rekord (ray-*kort*) *m* (pl ~e) record

Rekrut (ray-*krōōt*) *m* (pl ~en) recruit

relativ (ray-lah-*teef*) *adj* comparative, relative

Relief (ray-*lʸehf*) *nt* (pl ~s) relief

Religion (ray-li-gʸ*ōān*) *f* (pl ~en) religion

religiös (ray-li-gʸ*ūrss*) *adj* religious

Reliquie (ray-*lee*-kvi-er) *f* (pl ~n) relic

Ren (rehn) *nt* (pl ~s) reindeer

Rennbahn (*rehn*-baan) *f* (pl ~en) race-course, race-track

Rennen (*reh*-nern) *nt* (pl ~) race

* **rennen** (*reh*-nern) *v* *run

Rennpferd (*rehn*-pfāʸrt) *nt* (pl ~e) race-horse

rentabel (rehn-*taa*-berl) *adj* paying

Rente (*rehn*-ter) *f* (pl ~n) pension

Reparatur (ray-pah-rah-*tōōr*) *f* (pl ~en) reparation

reparieren (ray-pah-*ree*-rern) *v* repair

Repertoire (ray-pehr-*twaar*) *nt* (pl ~s) repertory

repräsentativ (ray-preh-zehn-tah-*teef*) *adj* representative

Reproduktion (ray-proa-dook-tsʸ*ōān*) *f* (pl ~en) reproduction

reproduzieren (ray-proa-doo-*tsee*-rern) *v* reproduce

Reptil (rehp-*teel*) *nt* (pl ~e) reptile

Republik (ray-poo-*bleek*) *f* (pl ~en) republic

republikanisch (ray-poo-bli-*kaa*-nish) *adj* republican

Reserve (ray-*zehr*-ver) *f* (pl ~n) reserve

Reserverad (ray-*zehr*-ver-raat) *nt* (pl ~er) spare wheel

reservieren (ray-zehr-*vee*-rern) *v* reserve; book

reserviert (ray-zehr-*veert*) *adj* reserved

Reservierung (ray-zehr-*vee*-roong) *f* (pl ~en) reservation; booking

Reservoir (ray-zehr-*vwaar*) *nt* (pl ~s) reservoir

resolut (ray-zoa-*lōōt*) *adj* resolute

Respekt (ray-*spehkt*) *m* esteem, regard, respect

Restaurant (rehss-toa-*rahng*) *nt* (pl ~s) restaurant

Rest (rehst) *m* (pl ~e) rest; remainder, remnant

Restbestand (*rehst*-ber-shtahnt) *m* (pl ~e) remainder

Resultat (ray-zool-*taat*) *nt* (pl ~e) issue

retten (*reh*-tern) *v* rescue, save

Retter (*reh*-terr) *m* (pl ~) saviour

Rettich (*reh*-tikh) *m* (pl ~e) radish

Rettung (*reh*-toong) *f* (pl ~en) rescue

Rettungsgürtel (*reh*-toongs-gewr-terl) *m* (pl ~) lifebelt

Reue (*roi*-er) *f* repentance

Revolution (ray-voa-loo-tsʸ*ōān*) *f* (pl ~en) revolution

revolutionär (ray-voa-loo-tsʸoa-*nair*) *adj* revolutionary

Revolver (ray-*vol*-verr) *m* (pl ~) revolver, gun

Rezept (ray-*tsehpt*) *nt* (pl ~e) recipe; prescription

Rezeption (ray-tsehp-tsʸ*ōān*) *f* reception office

Rhabarber (rah-*bahr*-berr) *m* rhubarb

Rheumatismus (roi-mah-*tiss*-mooss) *m* rheumatism

Rhythmus (*rewt*-mooss) *m* (pl -men) rhythm

richten (*rikh*-tern) *v* direct; fix; ~ **auf** aim at

Richter (*rikh*-terr) *m* (pl ~) judge; magistrate

richtig (*rikh*-tikh) *adj* right, correct, just; proper, appropriate

Richtigkeit (*rikh*-tikh-kight) *f* correctness

Richtlinie (*rikht*-lee-nᵞer) *f* (pl ~n) directive

Richtung (*rikh*-toong) *f* (pl ~en) direction; way

* **riechen** (*ree*-khern) *v* *smell

Riegel (*ree*-gerl) *m* (pl ~) bolt

Riemen (*ree*-mern) *m* (pl ~) strap

Riese (*ree*-zer) *m* (pl ~n) giant

riesenhaft (*ree*-zern-hahft) *adj* gigantic

riesig (*ree*-zikh) *adj* enormous, huge

Riff (rif) *nt* (pl ~e) reef

Rille (*ri*-ler) *f* (pl ~n) groove

Rinde (*rin*-der) *f* (pl ~n) bark

Rindfleisch (*rint*-flighsh) *nt* beef

Ring (ring) *m* (pl ~e) ring

Ringen (*ring*-ern) *nt* struggle

* **ringen** (*ring*-ern) *v* struggle

Rippe (*ri*-per) *f* (pl ~n) rib

Risiko (*ree*-zi-koa) *nt* (pl ~s) risk; chance, hazard

riskant (riss-*kahnt*) *adj* risky

Riß (riss) *m* (pl Risse) crack; tear; cave

Ritter (*ri*-terr) *m* (pl ~) knight

Rivale (ri-*vaa*-ler) *m* (pl ~n) rival

rivalisieren (ri-vah-li-*zee*-rern) *v* rival

Rivalität (ri-vah-li-*tait*) *f* rivalry

Robbe (*ro*-ber) *f* (pl ~n) seal

robust (roa-*boost*) *adj* robust

Rock (rok) *m* (pl ~e) skirt

Rockaufschlag (*rok*-ouf-shlaak) *m* (pl ~e) lapel

Rogen (*rōa*-gern) *m* roe

roh (rōa) *adj* raw

Rohmaterial (*rōa*-mah-tay-rᵞaal) *nt* (pl ~ien) raw material

Rohr (rōar) *nt* (pl ~e) tube, pipe; cane

Röhre (*rūr*-rer) *f* (pl ~n) tube

Rolle (*ro*-ler) *f* (pl ~n) roll; pulley

rollen (*ro*-lern) *v* roll

Roller (*ro*-lerr) *m* (pl ~) scooter

Rollstuhl (*rol*-shtōol) *m* (pl ~e) wheelchair

Rolltreppe (*roal*-treh-per) *f* (pl ~n) escalator

Roman (roa-*maan*) *m* (pl ~e) novel

Romanschriftsteller (roa-*maan*-shrift-shteh-lerr) *m* (pl ~) novelist

romantisch (roa-*mahn*-tish) *adj* romantic

Romanze (roa-*mahn*-tser) *f* (pl ~n) romance

römisch-katholisch (*rūr*-mish-kah-tōa-lish) *adj* Roman Catholic

röntgen (*rurnt*-gern) *v* X-ray

Röntgenbild (*rurnt*-gern-bilt) *nt* (pl ~er) X-ray

rosa (*rōa*-zah-rōat) *adj* rose, pink

Rose (*rōa*-zer) *f* (pl ~n) rose

Rosenkohl (*rōa*-zern-kōal) *m* sprouts *pl*

Rosenkranz (*rōa*-zern-krahnts) *m* (pl ~e) rosary, beads *pl*

Rosine (roa-*zee*-ner) *f* (pl ~n) raisin

Rost¹ (rost) *m* rust

Rost² (rost) *m* (pl ~e) grate

rösten (*rūrss*-tern) *v* roast

rostig (*ross*-tikh) *adj* rusty

rot (rōat) *adj* red

Rotkehlchen (*rōat*-kāyl-khern) *nt* (pl ~) robin

Rotwild (*rōat*-vilt) *nt* deer

Rouge (rōozh) *nt* rouge

Roulett (roo-*leht*) *nt* roulette

Route (*rōō*-ter) *f* (pl ~n) route

Routine (roo-*tee*-ner) *f* routine

Rübe (*rēw*-ber) *f* (pl ~n) beet

Rubin (roo-*been*) *m* (pl ~e) ruby

Rubrik (roo-*breek*) *f* (pl ~en) column

Ruck (rook) *m* (pl ~e) tug, wrench

Rücken (*rew*-kern) *m* (pl ~) back

Rückenschmerzen (*rew*-kern-shmehr-tsern) *mpl* backache

Rückfahrt (*rewk*-faart) *f* return journey; **Hin- und ~** round trip *Am*

Rückflug (*rewk*-flook) *m* (pl ~e) return flight

Rückgang (*rewk*-gahng) *m* recession, depression

Rückgrat (*rewk*-graat) *nt* (pl ~e) spine, backbone

Rückkehr (*rewk*-kāyr) *f* return

Rücklicht (*rewk*-likht) *nt* (pl ~er) taillight

Rückreise (*rewk*-righ-zer) *f* return journey

Rucksack (*rook*-zahk) *m* (pl ~e) rucksack; knapsack

Rückschlag (*rewk*-shlaak) *m* (pl ~e) reverse

Rücksicht (*rewk*-zikht) *f* consideration

rücksichtsvoll (*rewk*-zikhts-fol) *adj* considerate

rückständig (*rewk*-shtehn-dikh) *adj* overdue

Rücktritt (*rewk*-trit) *m* resignation

rückvergüten (*rewk*-fehr-gew-tern) *v* refund

Rückvergütung (*rewk*-fehr-gew-toong) *f* (pl ~en) refund

rückwärts (*rewk*-vehrts) *adv* backwards; **~ *fahren** reverse

Rückwärtsgang (*rewk*-vehrts-gahng) *m* reverse

Rückweg (*rewk*-vāyk) *m* way back

Rückzahlung (*rewk*-tsaa-loong) *f* (pl ~en) repayment

Ruder (*rōō*-derr) *nt* (pl ~) helm; oar

Ruderboot (*rōō*-derr-bōat) *nt* (pl ~e) rowing-boat

rudern (*rōō*-derrn) *v* row

Ruf (rōōf) *m* (pl ~e) call; cry, scream; fame, reputation

***rufen** (*rōō*-fern) *v* call; cry, shout

Ruhe (*rōō*-er) *f* quiet

ruhelos (*rōō*-er-lōass) *adj* restless

Ruhelosigkeit (*rōō*-er-lōa-zikh-kight) *f* unrest

ruhen (*rōō*-ern) *v* rest

ruhig (*rōō*-ikh) *adj* calm; tranquil, quiet, serene; restful

Ruhm (rōōm) *m* celebrity, fame; glory

Ruhr (rōōr) *f* dysentery

rühren (*rēw*-rern) *v* stir; move

rührend (*rēw*-rernt) *adj* touching

Rührung (*rēw*-roong) *f* emotion

Ruine (roo-*ee*-ner) *f* (pl ~n) ruins

ruinieren (roo-i-*nee*-rern) *v* ruin

Rumäne (roo-*mai*-ner) *m* (pl ~n) Rumanian

Rumänien (roo-*mai*-nᵞern) Rumania

rumänisch (roo-*mai*-nish) *adj* Rumanian

rund (roont) *adj* round

Runde (*roon*-der) *f* (pl ~n) round

Rundfunk (*roont*-foongk) *m* wireless

rundherum (*roont*-heh-room) *adv* around

Rundreise (*roont*-righ-zer) *f* (pl ~n) tour

Russe (*roo*-ser) *m* (pl ~n) Russian

russisch (*roo*-sish) *adj* Russian

Rußland (*rooss*-lahnt) Russia

Rüstung (*rewss*-toong) *f* (pl ~en) armour

Rutschbahn (*rooch*-baan) *f* (pl ~en) slide

S

Saal (zaal) *m* (pl Säle) hall

Saalwärter (*zaal*-vehr-terr) *m* (pl ~) custodian

Saccharin (zah-khah-*reen*) *nt* saccharin

Sache (*zah*-kher) *f* (pl ~en) matter;

cause

sachlich (*zahkh*-likh) *adj* down-to-earth; substantial

sächlich (*zehkh*-likh) *adj* neuter

Sachverständige (*zahkh*-fehr-shtehn-di-ger) *m* (pl ~n) expert

Sack (zahk) *m* (pl ~̈e) sack; bag

Sackgasse (*zahk*-gah-ser) *f* (pl ~n) cul-de-sac

säen (*zai*-ern) *v* *sow

Safe (sāy̆f) *m* (pl ~s) safe

Saft (zahft) *m* (pl ~̈e) juice

saftig (*zahf*-tikh) *adj* juicy

Säge (*zai*-ger) *f* (pl ~n) saw

Sägemehl (*zai*-ger-māyl) *nt* sawdust

Sägemühle (*zai*-ger-mēw-ler) *f* (pl ~n) saw-mill

sagen (*zaa*-gern) *v* *say; *tell

Sahne (*zaa*-ner) *f* cream

Sahnebonbon (*zaa*-ner-bawng-bawng) *m* (pl ~s) toffee

sahnig (*zaa*-nikh) *adj* creamy

Saison (zeh-*zawng*) *f* (pl ~s) season; **außer** ~ off season

Saite (*zigh*-ter) *f* (pl ~n) string

Salat (zah-*laat*) *m* (pl ~e) salad; lettuce

Salatöl (zah-*laat*-ūrl) *nt* (pl ~e) salad-oil

Salbe (*zahl*-ber) *f* (pl ~n) salve, ointment

Saldo (*zahl*-doa) *m* (pl Salden) balance

Salmiakgeist (zahl-*m*ʸ*ahk*-gighst) *m* ammonia

Salon (zah-*lawng*) *m* (pl ~s) salon

Salz (zahlts) *nt* salt

Salzfäßchen (*zahlts*-fehss-khern) *nt* (pl ~) salt-cellar

salzig (*zahl*-tsikh) *adj* salty

Samen (*zaa*-mern) *m* (pl ~) seed

sammeln (*zah*-merln) *v* collect; gather

Sammler (*zahm*-lerr) *m* (pl ~) collector

Sammlung (*zahm*-loong) *f* (pl ~en) collection

Samt (zahmt) *m* velvet

Sanatorium (zah-nah-*tōā*-rʸoom) *nt* (pl -rien) sanatorium

Sand (zahnt) *m* sand

Sandale (zahn-*daa*-ler) *f* (pl ~n) sandal

sandig (*zahn*-dikh) *adj* sandy

sanft (zahnft) *adj* gentle

Sänger (*zehng*-err) *m* (pl ~) vocalist, singer

sanitär (zah-ni-*tair*) *adj* sanitary

Saphir (*zaa*-feer) *m* (pl ~e) sapphire

Sardelle (zahr-*deh*-ler) *f* (pl ~n) anchovy

Sardine (zahr-*dee*-ner) *f* (pl ~n) sardine

Satellit (zah-teh-*leet*) *m* (pl ~en) satellite; ~ **fernsehen** *nt* satellite tv

Satin (sah-*tang*) *m* satin

satt (zaht) *adj* satisfied

Sattel (*zah*-terl) *m* (pl ~̈) saddle

Satz (zahts) *m* (pl ~̈e) sentence; set; rate

sauber (*zou*-berr) *adj* clean

säubern (*zoi*-berrn) *v* clean

Saudi-Arabien (zou-di-ah-*raa*-bʸern) Saudi Arabia

saudiarabisch (zou-di-ah-*raa*-bish) *adj* Saudi Arabian

sauer (*zou*-err) *adj* sour

Sauerstoff (*zou*-err-shtof) *m* oxygen

Säugetier (*zoi*-ger-teer) *nt* (pl ~e) mammal

Säugling (*zoik*-ling) *m* (pl ~e) infant

Säule (*zoi*-ler) *f* (pl ~n) pillar, column

Saum (zoum) *m* (pl ~̈e) hem

Sauna (*zou*-nah) *f* (pl ~s) sauna

Säure (*zoi*-rer) *f* (pl ~n) acid

schaben (*shaa*-bern) *v* scrape

Schach (shahkh) *nt* chess; **Schach!** check!

Schachbrett (*shahkh*-breht) *nt* (pl

~er) checkerboard *nAm*

Schachtel (*shahkh*-terl) *f* (pl ~n) box

schade! (*shaa*-der) what a pity!

Schädel (*shai*-derl) *m* (pl ~) skull

Schaden (*shaa*-dern) *m* (pl ~̈) damage; harm, mischief

schaden (*shaa*-dern) *v* harm

Schadenersatz (*shaa*-dern-ehr-zahts) *m* compensation, indemnity

schadhaft (*shaat*-hahft) *adj* defective

schädlich (*shait*-likh) *adj* harmful, hurtful

Schaf (shaaf) *nt* (pl ~e) sheep

***schaffen** (*shah*-fern) *v* create; *make

Schaffner (*shahf*-nerr) *m* (pl ~) conductor; ticket collector

Schal (shaal) *m* (pl ~s) scarf, shawl

Schale (*shaa*-ler) *f* (pl ~n) bowl; skin, peel; shell

schälen (*shai*-lern) *v* peel

Schalentier (*shaa*-lern-teer) *nt* (pl ~e) shellfish

Schalk (shahlk) *m* (pl ~e) rascal

Schall (shahl) *m* sound

schalldicht (*shahl*-dikht) *adj* soundproof

Schallplatte (*shahl*-plah-ter) *f* (pl ~n) record, disc

Schaltbrett (*shahlt*-breht) *nt* (pl ~er) switchboard

schalten (*shahl*-tern) *v* change gear

Schalter (*shahl*-terr) *m* (pl ~) switch; counter

Schaltjahr (*shahlt*-Yaar) *nt* leap-year

sich schämen (*shai*-mern) *be ashamed

Schande (*shahn*-der) *f* disgrace, shame

scharf (shahrf) *adj* sharp; keen

schärfen (*shehr*-fern) *v* sharpen

Scharfrichter (*shahrf*-rikh-terr) *m* (pl ~) executioner

scharlachrot (*shahr*-lahkh-rōat) *adj* scarlet

Scharlatan (*shahr*-lah-taan) *m* (pl ~e) quack

Scharm (shahrm) *m* charm

Scharnier (shahr-*neer*) *nt* (pl ~e) hinge

Schatten (*shah*-tern) *m* (pl ~) shade; shadow

schattig (*shah*-tikh) *adj* shady

Schatz (shahts) *m* (pl ~̈e) treasure; darling, sweetheart

Schatzamt (*shahts*-ahmt) *nt* treasury

schätzen (*sheh*-tsern) *v* appreciate; estimate, value; esteem

Schätzung (*sheh*-tsoong) *f* appreciation

Schauder (*shou*-derr) *m* horror; shudder

schauen (*shou*-ern) *v* look

Schauer (*shou*-err) *m* (pl ~) shower

Schaufel (*shou*-ferl) *f* (pl ~n) spade, shovel

Schaufenster (*shou*-fehns-terr) *nt* (pl ~) shop-window

Schaukel (*shou*-kerl) *f* (pl ~n) swing

schaukeln (*shou*-kerln) *v* *swing; rock

Schaum (shoum) *m* froth, lather; foam

schäumen (*shoi*-mern) *v* foam

Schaumgummi (*shoum*-goo-mi) *m* foam-rubber

Schauspiel (*shou*-shpeel) *nt* (pl ~e) spectacle; play

Schauspieler (*shou*-shpee-lerr) *m* (pl ~) actor; comedian

Schauspielerin (*shou*-shpee-ler-rin) *f* (pl ~nen) actress

Schauspielhaus (*shou*-shpeel-houss) *nt* (pl ~̈er) theatre

Scheck (shehk) *m* (pl ~s) cheque; check *nAm*

Scheckbuch (*shehk*-bōokh) *nt* (pl ~̈er) cheque-book; check-book *nAm*

Scheibe (*shigh*-ber) *f* (pl ~n) disc;

pane

Scheibenwischer (*shigh*-bern-vi-sherr) *m* (pl ~) windscreen wiper; windshield wiper *Am*

*__scheiden__ (*shigh*-dern) *v* divorce

Scheidewand (*shigh*-der-vahnt) *f* (pl ~e) partition

Scheideweg (*shigh*-der-vāyk) *m* (pl ~e) road fork

Scheidung (*shigh*-doong) *f* (pl ~en) divorce

Schein (shighn) *m* (pl ~e) shine; appearance; certificate; note

scheinbar (*shighn*-baar) *adj* apparent

*__scheinen__ (*shigh*-nern) *v* look, appear, seem

scheinheilig (*shighn*-high-likh) *adj* hypocritical

Scheinwerfer (*shighn*-vehr-ferr) *m* (pl ~) headlight, headlamp; spotlight, searchlight

Scheitel (*shigh*-terl) *m* (pl ~) parting

Schellfisch (*shehl*-fish) *m* (pl ~e) haddock

Schelm (shehlm) *m* (pl ~e) rascal

schelmisch (*shehl*-mish) *adj* mischievous

Schema (*shāy*-mah) *nt* (pl ~ta) scheme; diagram

Schenke (*shehng*-ker) *f* (pl ~n) tavern

schenken (*shehng*-kern) *v* pour

Schenkung (*shehng*-koong) *f* (pl ~en) donation

Schere (*shāy*-rer) *f* (pl ~n) scissors *pl*

scheu (shoi) *adj* shy

scheuern (*shoi*-errn) *v* scrub

Scheune (*shoi*-ner) *f* (pl ~n) barn

scheußlich (*shoiss*-likh) *adj* horrible

Schi (shee) *m* (pl ~er) ski; ~ *__laufen__ ski

Schicht (shikht) *f* (pl ~en) layer; shift; gang

schicken (*shi*-kern) *v* *send

Schicksal (*shik*-zaal) *nt* destiny, fate

*__schieben__ (*shee*-bern) *v* push

Schiebetür (*shee*-ber-tēwr) *f* (pl ~en) sliding door

Schiedsrichter (*sheets*-rikh-terr) *m* (pl ~) umpire

schief (sheef) *adj* slanting

Schiefer (*shee*-ferr) *m* slate

schielend (*shee*-lernt) *adj* cross-eyed

Schiene (*shee*-ner) *f* (pl ~n) splint

Schienenweg (*shee*-nern-vāyk) *m* (pl ~e) railroad *nAm*

*__schießen__ (*shee*-sern) *v* *shoot, fire

Schießpulver (*sheess*-pool-ferr) *nt* gunpowder

Schiff (shif) *nt* (pl ~e) boat, ship; vessel

Schiffahrt (*shif*-faart) *f* navigation

Schiffahrtslinie (*shif*-faarts-lee-n^yer) *f* (pl ~n) shipping line

Schiffswerft (*shifs*-vehrft) *f* (pl ~en) shipyard

Schihose (*shee*-hōa-zer) *f* (pl ~n) ski pants

Schilauf (*shee*-louf) *m* skiing

Schiläufer (*shee*-loi-ferr) *m* (pl ~) skier

Schildkröte (*shilt*-krūr-ter) *f* (pl ~n) turtle

Schilfrohr (*shilf*-rōar) *nt* (pl ~e) reed

Schilift (*shee*-lift) *m* (pl ~e) ski-lift

Schimmel (*shi*-merl) *m* mildew

schimmelig (*shi*-mer-likh) *adj* mouldy

schimpfen (*shim*-pfern) *v* scold

Schinken (*shing*-kern) *m* (pl ~) ham

Schirm (sheerm) *m* (pl ~e) screen

Schischuhe (*shee*-shōō-er) *mpl* ski boots

Schisprung (*shee*-shproong) *m* (pl ~e) ski-jump

Schistöcke (*shee*-shtur-ker) *mpl* ski sticks; ski poles *Am*

Schlacht (shlahkht) *f* (pl ~en) battle

Schlaf (shlaaf) *m* sleep; im ~ asleep; **Schläfchen** *nt* nap

Schläfe (*shlai*-fer) *f* (pl ~n) temple

*schlafen (*shlaa*-fern) *v* *sleep

schlaff (shlahf) *adj* limp

schlaflos (*shlaaf*-lōass) *adj* sleepless

Schlaflosigkeit (*shlaaf*-lōa-zikh-kight) *f* insomnia

Schlafmittel (*shlaaf*-mi-terl) *nt* (pl ~) sleeping-pill

schläfrig (*shlaif*-rikh) *adj* sleepy

Schlafsaal (*shlaaf*-zaal) *m* (pl -säle) dormitory

Schlafsack (*shlaaf*-zahk) *m* (pl ~e) sleeping-bag

Schlafwagen (*shlaaf*-vaa-gern) *m* (pl ~) sleeping-car

Schlafwagenbett (*shlaaf*-vaa-gern-beht) *nt* (pl ~en) berth

Schlafzimmer (*shlaaf*-tsi-merr) *nt* (pl ~) bedroom

Schlag (shlaak) *m* (pl ~e) blow, slap; bump

Schlaganfall (*shlaak*-ahn-fahl) *m* (pl ~e) stroke

*schlagen (*shlaa*-gern) *v* *hit, slap, *strike, *beat; thump, bump; smack; whip; **sich ~** *fight

Schlager (*shlaa*-gerr) *m* (pl ~) hit

Schläger (*shlai*-gerr) *m* (pl ~) racquet

Schlagwort (*shlaak*-vort) *nt* (pl ~er) slogan

Schlagzeile (*shlaak*-tsigh-ler) *f* (pl ~n) headline

Schlamm (shlahm) *m* mud

schlammig (*shlah*-mikh) *adj* muddy

schlampig (*shlahm*-pikh) *adj* sloppy

Schlange (*shlahng*-er) *f* (pl ~n) snake; queue; **~ *stehen** queue; stand in line *Am*

schlank (shlahngk) *adj* slim, slender

schlau (shlou) *adj* bright, clever

Schlauch (shloukh) *m* (pl ~e) inner tube

schlecht (shlehkht) *adj* bad; ill, evil; **schlechter** *adj* worse; **schlechtest**

adj worst

Schleier (*shligh*-err) *m* (pl ~) veil

*schleifen (*shligh*-fern) *v* sharpen

schleppen (*shleh*-pern) *v* drag; haul, tug, tow

Schlepper (*shleh*-perr) *m* (pl ~) tug

schleudern (*shloi*-derrn) *v* *throw; skid

Schleuse (*shloi*-zer) *f* (pl ~n) lock, sluice

schlicht (shlikht) *adj* simple, plain

*schließen (*shlee*-sern) *v* close, *shut; fasten; **in sich ~** imply

schließlich (*shleess*-likh) *adv* at last

schlimm (shlim) *adj* bad

Schlinge (*shling*-er) *f* (pl ~n) loop

Schlitten (*shli*-tern) *m* (pl ~) sledge; sleigh

Schlittschuh (*shlit*-shōo) *m* (pl ~e) skate

Schlittschuhbahn (*shlit*-shōo-baan) *f* (pl ~en) skating-rink

Schlitz (shlits) *m* (pl ~e) slot; fly

Schloß (shloss) *nt* (pl Schlösser) lock; castle

Schlucht (shlookht) *f* (pl ~en) gorge

Schluckauf (*shlook*-ouf) *m* hiccup

Schlückchen (*shlewk*-khern) *nt* (pl ~) sip

schlucken (*shloo*-kern) *v* swallow

Schlüpfer (*shlew*-pferr) *m* (pl ~) panties *pl*

schlüpfrig (*shlewpf*-rikh) *adj* slippery

Schluß (shlooss) *m* (pl Schlüsse) end, finish; conclusion

Schlüssel (*shlew*-serl) *m* (pl ~) key

Schlüsselbein (*shlew*-serl-bighn) *nt* (pl ~e) collarbone

Schlüsselloch (*shlew*-serl-lokh) *nt* (pl ~er) keyhole

Schlußfolgerung (*shlooss*-fol-ger-roong) *f* (pl ~en) conclusion

Schlußlicht (*shlooss*-likht) *nt* (pl ~er) rear-light

Schlußverkauf (*shlooss*-fehr-kouf) *m* sales

schmackhaft (*shmahk*-hahft) *adj* enjoyable, savoury, tasty

schmal (shmaal) *adj* narrow

Schmalz (shmahlts) *m* tear-jerker

schmecken (*shmeh*-kern) *v* taste

***schmelzen** (*shmehl*-tsern) *v* melt

Schmerz (shmehrts) *m* (pl ~en) ache, pain

schmerzen (*shmehr*-tsern) *v* ache

schmerzhaft (*shmehrts*-hahft) *adj* sore, painful

schmerzlos (*shmehrts*-lōāss) *adj* painless

Schmetterling (*shmeh*-terr-ling) *m* (pl ~e) butterfly

Schmetterlingsstil (*shmeh*-terr-lings-shteel) *m* butterfly stroke

Schmied (shmeet) *m* (pl ~e) smith, blacksmith

schmieren (*shmee*-rern) *v* grease; lubricate

schmierig (*shmee*-rikh) *adj* dirty

Schmieröl (*shmeer*-ūrl) *nt* (pl ~e) lubrication oil

Schmiersystem (*shmeer*-zewss-tāym) *nt* lubrication system

Schmierung (*shmee*-roong) *f* (pl ~en) lubrication

Schminke (*shming*-ker) *f* (pl ~n) make-up

Schmirgelpapier (*shmeer*-gerl-pah-peer) *nt* sandpaper

Schmuck (shmook) *m* jewellery

schmuggeln (*shmoo*-gerln) *v* smuggle

Schmutz (shmoots) *m* dirt

schmutzig (*shmoo*-tsikh) *adj* dirty; foul, filthy

Schnabel (*shnaa*-berl) *m* (pl ~̈) beak; nozzle

Schnalle (*shnah*-ler) *f* (pl ~n) buckle

Schnappschuß (*shnahp*-shooss) *m* (pl -schüsse) snapshot

schnarchen (*shnahr*-khern) *v* snore

Schnauze (*shnou*-tser) *f* (pl ~n) snout

Schnecke (*shneh*-ker) *f* (pl ~n) snail

Schnee (shnāy) *m* snow

schneebedeckt (*shnāy*-ber-dehkt) *adj* snowy

Schneesturm (*shnāy*-shtoorm) *m* (pl ~̈e) blizzard, snowstorm

***schneiden** (*shnigh*-dern) *v* *cut

Schneider (*shnigh*-derr) *m* (pl ~) tailor

Schneiderin (*shnigh*-der-rin) *f* (pl ~nen) dressmaker

schneien (*shnigh*-ern) *v* snow

schnell (shnehl) *adj* fast; quick, rapid; **zu ~ *fahren** *speed

Schnelligkeit (*shneh*-likh-kight) *f* speed

Schnellkochtopf (*shnehl*-kokh-topf) *m* (pl ~̈e) pressure-cooker

Schnellzug (*shnehl*-tsōōk) *m* (pl ~̈e) express train

Schnitt (shnit) *m* (pl ~e) cut

Schnitte (*shni*-ter) *f* (pl ~n) slice

Schnittlauch (*shnit*-loukh) *m* chives *pl*

schnitzen (*shni*-tsern) *v* carve

Schnitzerei (shni-tser-*righ*) *f* (pl ~en) carving

Schnorchel (*shnor*-kherl) *m* (pl ~) snorkel

Schnupfen (*shnoo*-pfern) *m* cold

Schnur (shnōōr) *f* (pl ~̈e) string; line, twine

Schnurrbart (*shnoor*-baart) *m* (pl ~̈e) moustache

Schnürsenkel (*shnēwr*-zehng-kerl) *m* (pl ~) lace, shoe-lace

Schock (shok) *m* (pl ~s) shock

schockieren (sho-*kee*-rern) *v* shock

Schokolade (shoa-koa-*laa*-der) *f* chocolate

Scholle (*sho*-ler) *f* (pl ~n) plaice

schon (shōān) *adv* already

schön (shūrn) *adj* beautiful; pretty, fine

Schönheit (*shūrn*-hight) *f* beauty

Schönheitsmittel (*shūrn*-hights-mi-terl) *ntpl* cosmetics *pl*

Schönheitssalon (*shūrn*-hights-zah-lawng) *m* (pl ~s) beauty salon, beauty parlour

Schornstein (*shorn*-shtighn) *m* (pl ~e) chimney

Schotte (*sho*-ter) *m* (pl ~n) Scot

schottisch (*sho*-tish) *adj* Scottish, Scotch

Schottland (*shot*-lahnt) Scotland

schräg (shraik) *adj* slanting

Schramme (*shrah*-mer) *f* (pl ~n) graze, scratch

Schrank (shrahngk) *m* (pl ̈e) cupboard

Schranke (*shrahng*-ker) *f* (pl ~n) barrier; **in Schranken *halten** restrain

Schraube (*shrou*-ber) *f* (pl ~n) screw; propeller

schrauben (*shrou*-bern) *v* screw

Schraubenmutter (*shrou*-bern-moo-terr) *f* (pl ~n) nut

Schraubenschlüssel (*shrou*-bern-shlew-serl) *m* (pl ~) spanner, wrench

Schraubenzieher (*shrou*-bern-tsee-err) *m* (pl ~) screw-driver

Schreck (shrehk) *m* fright, scare

schrecklich (*shrehk*-likh) *adj* frightful, horrible, dreadful, awful, terrible

Schrei (shrigh) *m* (pl ~e) cry, scream, yell, shout

Schreibblock (*shrighp*-blok) *m* (pl ̈e) writing-pad, pad

***schreiben** (*shrigh*-bern) *v* *write

Schreiber (*shrigh*-berr) *m* (pl ~) clerk

Schreibmaschine (*shrighp*-mah-shee-ner) *f* (pl ~n) typewriter

Schreibmaschinenpapier (*shrighp*-mah-shee-nern-pah-peer) *nt* typing paper

Schreibpapier (*shrighp*-pah-peer) *nt* notepaper, writing-paper

Schreibtisch (shrighp-tish) *m* (pl ~e) bureau, desk

Schreibwaren (*shrighp*-vaa-rern) *fpl* stationery

Schreibwarenhandlung (*shrighp*-vaa-rern-hahn-dloong) *f* (pl ~en) stationer's

***schreien** (*shrigh*-ern) *v* cry, scream, yell, shout

Schrein (shrighn) *m* (pl ~e) shrine

schriftlich (*shrift*-likh) *adj* written; *adv* in writing

Schriftsteller (*shrift*-shteh-lerr) *m* (pl ~) writer

Schritt (shrit) *m* (pl ~e) pace; step; move; ~ ***halten mit** *keep up with

schroff (shrof) *adj* steep

schrumpfen (*shroom*-pfern) *v* *shrink

Schub (shoop) *m* (pl ̈e) push

Schubkarren (*shoop*-kah-rern) *m* (pl ~) wheelbarrow

Schublade (*shoop*-laa-der) *f* (pl ~n) drawer

schüchtern (*shewkh*-terrn) *adj* timid, shy

Schüchternheit (*shewkh*-terrn-hight) *f* timidity, shyness

Schuft (shooft) *m* (pl ~e) bastard; villain

Schuh (shoo) *m* (pl ~e) shoe

Schuhgeschäft (*shoo*-ger-shehft) *nt* (pl ~e) shoe-shop

Schuhkrem (*shoo*-krāym) *f* (pl ~s) shoe polish

Schuhmacher (*shoo*-mah-kherr) *m* (pl ~) shoemaker

Schuhwerk (*shoo*-vehrk) *nt* footwear

Schulbank (*shool*-bahngk) *f* (pl ̈e) desk

Schuld (shoolt) *f* (pl ~en) guilt, blame; debt

schulden (*shool*-dern) *v* owe

schuldig (*shool*-dikh) *adj* guilty; due; ~ *sein owe

Schuldirektor (*shool*-di-rehk-tor) *m* (pl ~en) headmaster, head teacher

Schule (*shoo*-ler) *f* (pl ~n) school; college; **höhere** ~ secondary school

Schüler (*shew*-lerr) *m* (pl ~) scholar, pupil; schoolboy

Schülerin (*shew*-ler-rin) *f* (pl ~nen) schoolgirl

Schullehrer (*shool*-lāy-rerr) *m* (pl ~) teacher

Schulleiter (*shool*-ligh-terr) *m* (pl ~) headmaster, head teacher, principal

Schultasche (*shool*-tah-sher) *f* (pl ~n) satchel

Schulter (*shool*-terr) *f* (pl ~n) shoulder

Schuppe (*shoo*-per) *f* (pl ~n) scale; **Schuppen** *fpl* dandruff; *m* shed

Schürze (*shewr*-tser) *f* (pl ~n) apron

Schuß (shooss) *m* (pl Schüsse) shot

Schüssel (*shew*-serl) *f* (pl ~n) dish; basin

Schutt (shoot) *m* litter

schütteln (*shew*-terln) *v* *shake

Schutz (shoots) *m* protection; cover, shelter

Schutzbrille (*shoots*-bri-ler) *f* (pl ~n) goggles *pl*

schützen (*shew*-tsern) *v* protect; shelter

Schutzmann (*shoots*-mahn) *m* (pl ~er) policeman

Schutzmarke (*shoots*-mahr-ker) *f* (pl ~n) trademark

schwach (shvahkh) *adj* weak, feeble, faint; poor; dim

Schwäche (*shveh*-kher) *f* (pl ~n) weakness

Schwager (*shvaa*-gerr) *m* (pl ~) brother-in-law

Schwägerin (*shvai*-ger-rin) *f* (pl ~nen) sister-in-law

Schwalbe (*shvahl*-ber) *f* (pl ~n) swallow

Schwamm (shvahm) *m* (pl ~e) sponge

Schwan (shvaan) *m* (pl ~e) swan

schwanger (*shvahng*-err) *adj* pregnant

Schwanz (shvahnts) *m* (pl ~e) tail

schwänzen (*shvehn*-tsern) *v* play truant

schwarz (shvahrts) *adj* black

Schwarzmarkt (*shvahrts*-mahrkt) *m* black market

schwatzen (*shvah*-tsern) *v* chat

Schwede (*shvāy*-der) *m* (pl ~n) Swede

Schweden (*shvāy*-dern) Sweden

schwedisch (*shvāy*-dish) *adj* Swedish

*schweigen (*shvigh*-gern) *v* *keep quiet, *be silent; **schweigend** silent; **zum Schweigen *bringen** silence

Schwein (shvighn) *nt* (pl ~e) pig

Schweinefleisch (*shvigh*-ner-flighsh) *nt* pork

Schweinsleder (*shvighns*-lāy-derr) *nt* pigskin

Schweiß (shvighss) *m* perspiration; sweat

schweißen (*shvigh*-sern) *v* weld

Schweiz (shvights) *f* Switzerland

Schweizer (*shvigh*-tserr) *m* (pl ~) Swiss

schweizerisch (*shvigh*-tser-rish) *adj* Swiss

Schwelle (*shveh*-ler) *f* (pl ~n) threshold

*schwellen (*shveh*-lern) *v* *swell

schwer (shvāyr) *adj* heavy; difficult

schwerfällig (*shvāyr*-feh-likh) *adj* slow

Schwerkraft (*shvāyr*-krahft) *f* gravity

Schwermut (*shvāyr*-mōot) *f* melancholy

Schwert (shvāyrt) *nt* (pl ~er) sword

Schwester (*shvehss*-terr) f (pl ~n) sister; nurse

Schwiegereltern (*shvee*-gerr-ehl-terrn) pl parents-in-law pl

Schwiegermutter (*shvee*-gerr-moo-terr) f (pl ⁓) mother-in-law

Schwiegersohn (*shvee*-gerr-zōan) m (pl ⁓e) son-in-law

Schwiegervater (*shvee*-gerr-faa-terr) m (pl ⁓) father-in-law

Schwiele (*shvee*-ler) f (pl ~n) callus

schwierig (*shvee*-rikh) adj hard, difficult

Schwierigkeit (*shvee*-rikh-kight) f (pl ~en) difficulty

Schwimmbad (*shvim*-baat) nt (pl ⁓er) swimming pool

*****schwimmen** (*shvi*-mern) v *swim; float

Schwimmer (*shvi*-merr) m (pl ~) swimmer; float

Schwimmsport (*shvim*-shport) m swimming

Schwindel (*shvin*-derl) m dizziness; fraud

Schwindelanfall (*shvin*-derl-ahn-fahl) m (pl ⁓e) vertigo

Schwindelgefühl (*shvin*-derl-ger-fewl) nt giddiness

schwindlig (*shvin*-dlikh) adj giddy, dizzy

Schwingung (*shving*-oong) f (pl ~en) vibration

Schwitzbad (*shvits*-baat) nt (pl ⁓er) Turkish bath

schwitzen (*shvi*-tsern) v perspire, sweat

*****schwören** (*shvūr*-rern) v *swear; vow

sechs (zehks) num six

sechste (*zehks*-ter) num sixth

sechzehn (*zehkh*-tsāyn) num sixteen

sechzehnte (*zehkh*-tsāyn-ter) num sixteenth

sechzig (*zehkh*-tsikh) num sixty

Sediment (zay-di-*mehnt*) nt (pl ~e) deposit

See (zāy) m (pl ~n) lake; f sea

Seebad (*zāy*-baat) nt (pl ⁓er) seaside resort

Seehafen (*zāy*-haa-fern) m (pl ⁓) seaport

Seehund (*zāy*-hoont) m (pl ~e) seal

Seeigel (*zāy*-ee-gerl) m (pl ~) sea-urchin

Seejungfrau (*zāy*-ʏoong-frou) f (pl ~en) mermaid

Seekarte (*zāy*-kahr-ter) f (pl ~n) chart

seekrank (*zāy*-krahngk) adj seasick

Seekrankheit (*zāy*-krahngk-hight) f seasickness

Seele (*zāy*-ler) f (pl ~n) soul

Seemöwe (*zāy*-mūr-ver) f (pl ~n) seagull

Seeräuber (*zāy*-roi-berr) m (pl ~) pirate

Seereise (*zāy*-righ-zer) f (pl ~n) cruise

Seevogel (*zāy*-fōa-gerl) m (pl ⁓) seabird

Seezunge (*zāy*-tsoong-er) f (pl ~n) sole

Segel (*zāy*-gerl) nt (pl ~) sail

Segelboot (*zāy*-gerl-bōat) nt (pl ~e) sailing-boat

Segelflugzeug (*zāy*-gerl-flōōk-tsoik) nt (pl ~e) glider

Segelklub (*zāy*-gerl-kloop) m (pl ~s) yacht-club

Segelsport (*zāy*-gerl-shport) m yachting

Segeltuch (*zāy*-gerl-tōōkh) nt canvas

Segen (*zāy*-gern) m blessing

segnen (*zāy*-gnern) v bless

*****sehen** (*zāy*-ern) v *see; notice; ~ *lassen *show

Sehenswürdigkeit (*zāy*-erns-vewr-dikh-kight) f (pl ~en) sight

Sehne (*zāy*-ner) f (pl ~n) sinew, tendon

sich sehnen nach (*zāy*-nern) long for

Sehnsucht (*zāyn*-zookht) *f* (pl ⁓e) longing

sehr (zāyr) *adv* quite, very

seicht (zighkht) *adj* shallow

Seide (*zigh*-der) *f* silk

seiden (*zigh*-dern) *adj* silken

Seife (*zigh*-fer) *f* (pl ⁓n) soap

Seifenpulver (*zigh*-fern-pool-ferr) *nt* soap powder

Seil (zighl) *nt* (pl ⁓e) rope, cord

sein (zighn) *pron* his

* **sein** (zighn) *v* *be

seit (zight) *prep* since

seitdem (zight-*dāym*) *conj* since

Seite (*zigh*-ter) *f* (pl ⁓n) way, side; page; **zur ⁓** aside

Seitenlicht (*zigh*-tern-likht) *nt* (pl ⁓er) sidelight

Seitenschiff (*zigh*-tern-shif) *nt* (pl ⁓e) aisle

Seitenstraße (*zigh*-tern-shtraa-ser) *f* (pl ⁓n) side-street

seither (zight-*hāyr*) *adv* since

seitwärts (*zight*-vehrts) *adv* sideways

Sekretär (zay-kray-*tair*) *m* (pl ⁓e) secretary; clerk

Sekretärin (zay-kray-*tai*-rin) *f* (pl ⁓nen) secretary

Sekt (zehkt) *m* champagne

Sekunde (zay-*koon*-der) *f* (pl ⁓n) second

selb (zehlb) *pron* same

selbst (zehlpst) *pron* myself; yourself; himself; herself; oneself; ourselves; yourselves; themselves

selbständig (*zehlp*-shtehn-dikh) *adj* independent; self-employed

Selbstbedienung (*zehlpst*-ber-dee-noong) *f* self-service

Selbstbedienungsrestaurant (*zehlpst*-ber-dee-noongs-rehss-toa-rahng) *nt* (pl ⁓s) cafeteria, self-service restaurant

selbstgemacht (*zehlpst*-ger-mahkht) *adj* home-made

Selbstklebeband (*zehlpst*-klāy-ber-bahnt) *nt* scotch tape

Selbstlaut (*zehlpst*-lout) *m* (pl ⁓e) vowel

selbstlos (*zehlpst*-lōass) *adj* unselfish

Selbstmord (*zehlpst*-mort) *m* (pl ⁓e) suicide

Selbstsucht (*zehlpst*-zookht) *f* selfishness

selbstsüchtig (*zehlpst*-zewkh-tikh) *adj* selfish

selbstverständlich (*zehlpst*-fehr-shtehnt-likh) *adj* self-evident; *adv* naturally, of course

Selbstverwaltung (*zehlpst*-fehr-vahl-toong) *f* self-government

Sellerie (zeh-ler-ree) *m* celery

selten (*zehl*-tern) *adj* rare; uncommon, infrequent; *adv* seldom, rarely

Selterswasser (*zehl*-terrs-vah-serr) *nt* soda-water

seltsam (*zehlt*-zaam) *adj* curious, odd, quaint

Senat (zay-*naat*) *m* senate

Senator (zay-*naa*-tor) *m* (pl ⁓en) senator

* **senden** (*zehn*-dern) *v* *send; transmit, *broadcast

Sender (*zehn*-derr) *m* (pl ⁓) transmitter

Sendung (*zehn*-doong) *f* (pl ⁓en) consignment; transmission, broadcast

Senf (zehnf) *m* mustard

senil (zay-*neel*) *adj* senile

senken (*zehng*-kern) *v* *cut

senkrecht (*zehngk*-rehkht) *adj* vertical, perpendicular

Sensation (zehn-zah-*ts*ᵛ*ōan*) *f* (pl ⁓en) sensation

sensationell (zehn-zah-ts ᵛoa-*nehl*) *adj* sensational

sentimental (zehn-ti-mehn-*taal*) *adj* sentimental

September (zehp-*tehm*-berr) September

septisch (*zehp*-tish) *adj* septic

Serie (*zāy*-rYer) *f* (pl ~n) series

seriös (zay-rYūrss) *adj* serious

Serum (*zāy*-room) *nt* (pl Seren) serum

Serviette (zehr-vYeh-ter) *f* (pl ~n) napkin, serviette

Sessel (*zeh*-serl) *m* (pl ~) chair, armchair

setzen (*zeh*-tsern) *v* place; *lay, *put; **sich ~** *sit down

Sex (zehks) *m* sex

Sexualität (zeh-ksoo-ah-li-*tait*) *f* sexuality

sexuell (zeh-ksoo-*ehl*) *adj* sexual

Shampoo (shehm-*pōō*) *nt* shampoo

Siam (*zee*-ahm) Siam

Siamese (zYah-*māy*-zer) *m* (pl ~n) Siamese

siamesisch (zYah-*māy*-zish) *adj* Siamese

sich (zikh) *pron* himself; herself; themselves

sicher (*zi*-kherr) *adj* safe, secure; sure

Sicherheit (*zi*-kherr-hight) *f* safety, security

Sicherheitsgurt (*zi*-kherr-hights-goort) *m* (pl ~e) seat-belt; safety-belt

Sicherheitsnadel (*zi*-kherr-hights-naa-derl) *f* (pl ~n) safety-pin

sicherlich (*zi*-kherr-likh) *adv* surely

Sicherung (*zi*-kher-roong) *f* (pl ~en) fuse

Sicht (zikht) *f* sight

sichtbar (*zikht*-baar) *adj* visible

Sichtweite (*zikht*-vigh-ter) *f* visibility

Sie (zee) *pron* you

sie (zee) *pron* she; her; they; them

Sieb (zeep) *nt* (pl ~e) sieve

sieben[1] (*zee*-bern) *v* sift, sieve; strain

sieben[2] (*zee*-bern) *num* seven

siebente (*zee*-bern-ter) *num* seventh

siebzehn (*zeep*-tsāyn) *num* seventeen

siebzehnte (*zeep*-tsāyn-ter) *num* seventeenth

siebzig (*zeep*-tsikh) *num* seventy

Sieg (zeek) *m* (pl ~e) victory

Siegel (*zee*-gerl) *nt* (pl ~) seal

Sieger (*zee*-gerr) *m* (pl ~) winner

Signal (zi-*gnaal*) *nt* (pl ~e) signal

signalisieren (zi-gnah-li-*zee*-rern) *v* signal

Silbe (*zil*-ber) *f* (pl ~n) syllable

Silber (*zil*-berr) *nt* silver; silverware

silbern (*zil*-berrn) *adj* silver

Silberschmied (*zil*-berr-shmeet) *m* (pl ~e) silversmith

***singen** (*zing*-ern) *v* *sing

***sinken** (*zing*-kern) *v* *sink

Sinn (zin) *m* (pl ~e) sense

sinnlos (*zin*-lōäss) *adj* meaningless

Siphon (zi-*fawng*) *m* (pl ~s) siphon, syphon

Sirene (zi-*rāy*-ner) *f* (pl ~n) siren

Sirup (*zee*-roop) *m* syrup

Sitte (*zi*-ter) *f* (pl ~n) custom; **Sitten** morals

Sittich (*zi*-tikh) *m* (pl ~e) parakeet

sittlich (*zit*-likh) *adj* moral

Sitz (zits) *m* (pl ~e) seat

***sitzen** (*zi*-tsern) *v* *sit

Sitzung (*zi*-tsoong) *f* (pl ~en) session

Skandal (skahn-*daal*) *m* (pl ~e) scandal

Skandinavien (skahn-di-*naa*-vYern) Scandinavia

Skandinavier (skahn-di-*naa*-vYerr) *m* (pl ~) Scandinavian

skandinavisch (skahn-di-*naa*-vish) *adj* Scandinavian

Skelett (skay-*leht*) *nt* (pl ~e) skeleton

Skizze (*ski*-tser) *f* (pl ~n) sketch

Skizzenbuch (*ski*-tsern-bōōkh) *nt* (pl ~er) sketch-book

skizzieren (ski-*tsee*-rern) *v* sketch

Sklave (*sklaa*-ver) *m* (pl ~n) slave

Skulptur (skoolp-*toor*) *f* (pl ~en) sculpture

Slip (slip) *m* (pl ~s) briefs *pl*

Smaragd (smah-*rahkt*) *m* (pl ~e) emerald

Smoking (*smoa*-king) *m* (pl ~s) dinner-jacket; tuxedo *nAm*

Snackbar (*snehk*-baar) *f* (pl ~s) snack-bar

so (zoa) *adv* so; such; thus; ~ **daß** so that

sobald als (zoa-*bahlt* ahls) as soon as

Socke (*zo*-ker) *f* (pl ~n) sock

Sodawasser (*zoa*-dah-vah-serr) *nt* soda-water

Sodbrennen (*zoat*-breh-nern) *nt* heartburn

soeben (zoa-*ay*-bern) *adv* just now

Sofa (*zoa*-fah) *nt* (pl ~s) sofa

sofort (zoa-*fort*) *adv* at once; presently, straight away, immediately, instantly

sofortig (zoa-*for*-tikh) *adj* prompt

sogar (zoa-*gaar*) *adv* even

sogenannt (*zoa*-ger-nahnt) *adj* so-called

sogleich (zoa-*glighkh*) *adv* presently, immediately

Sohle (*zoa*-ler) *f* (pl ~n) sole

Sohn (zoan) *m* (pl ~e) son

solch (zolkh) *pron* such

Soldat (zol-*daat*) *m* (pl ~en) soldier

solide (zoa-*lee*-der) *adj* firm

Solistenkonzert (zoa-*liss*-tern-kon-tsehrt) *nt* (pl ~e) recital

Soll (zol) *nt* debit

sollen (*zo*-lern) *v* *ought to, *shall

Sommer (*zo*-merr) *m* (pl ~) summer

Sommerhaus (*zo*-merr-houss) *nt* (pl ~er) cottage

Sommerzeit (*zo*-merr-tsight) *f* summer time

sonderbar (*zon*-derr-baar) *adj* funny,

odd, peculiar; queer

sondern (*zon*-derrn) *conj* but

Sonnabend (*zon*-aa-bernt) *m* Saturday

Sonne (*zo*-ner) *f* (pl ~n) sun

sich sonnen (*zo*-nern) sunbathe

Sonnenaufgang (*zo*-nern-ouf-gahng) *m* (pl ~e) sunrise

Sonnenbrand (*zo*-nern-brahnt) *m* sunburn

Sonnenbrille (*zo*-nern-bri-ler) *f* (pl ~n) sun-glasses *pl*

Sonnenlicht (*zo*-nern-likht) *nt* sunlight

Sonnenöl (*zo*-nern-ürl) *nt* suntan oil

Sonnenschein (*zo*-nern-shighn) *m* sunshine

Sonnenschirm (*zo*-nern-sheerm) *m* (pl ~e) sunshade

Sonnenstich (*zo*-nern-shtikh) *m* sunstroke

Sonnenuntergang (*zo*-nern-oon-terr-gahng) *m* (pl ~e) sunset

sonnig (*zo*-nikh) *adj* sunny

Sonntag (*zon*-taak) *m* Sunday

sonst (zonst) *adv* otherwise; else

Sorge (*zor*-ger) *f* (pl ~n) care; trouble, concern, worry

sorgen für (*zor*-gern) see to, attend to, *take care of

sorgfältig (*zork*-fehl-tikh) *adj* neat; careful; thorough

Sorte (*zor*-ter) *f* (pl ~n) sort, kind

sortieren (zor-*tee*-rern) *v* sort, assort

Sortiment (zor-ti-*mehnt*) *nt* (pl ~e) assortment

Soße (*zoa*-ser) *f* (pl ~n) sauce

Souvenir (zoo-veh-*nir*) *nt* (pl ~s) souvenir

sowie (zo-*vee*) *conj* as soon as, as well as

sowohl ... als auch (zoa-*voal* ... ahls oukh) both ... and

sozial (zoa-*ts^yaal*) *adj* social

Sozialismus (zoa-ts^yah-*liss*-mooss) *m* socialism

Sozialist (zoa-t^ysah-*list*) *m* (pl ~en) socialist

sozialistisch (zoa-ts^yah-*liss*-tish) *adj* socialist

spähen (*shpai*-ern) *v* peep

Spalt (shpahlt) *m* (pl ~e) chink; chasm

Spalte (*shpahl*-ter) *f* (pl ~n) cleft; column

spalten (*shpahl*-tern) *v* *split

Spanien (*shpaa*-n^yern) Spain

Spanier (*shpaa*-n^yerr) *m* (pl ~) Spaniard

spanisch (*shpaa*-nish) *adj* Spanish

spannen (*shpah*-nern) *v* tighten

Spannkraft (*shpahn*-krahft) *f* elasticity

Spannung (*shpah*-noong) *f* (pl ~en) pressure; stress, tension; voltage

sparen (*shpaa*-rern) *v* save, economize

Spargel (*shpahr*-gerl) *m* asparagus

Sparkasse (*shpaar*-kah-ser) *f* (pl ~n) savings bank

sparsam (*shpaar*-zaam) *adj* economical; thrifty

Spaß (shpaass) *m* fun, pleasure

spaßig (*shpaa*-sikh) *adj* funny, humorous

spät (shpait) *adj* late; **später** afterwards

Spaten (*shpaa*-tern) *m* (pl ~) spade

spazieren (shpah-*tsee*-rern) *v* walk

Spaziergang (shpah-*tseer*-gahng) *m* (pl ~e) walk

Spaziergänger (shpah-*tseer*-gehng-err) *m* (pl ~) walker

Spazierstock (shpah-*tseer*-shtok) *m* (pl ~e) walking-stick

Speck (shpehk) *m* bacon

Speer (shpāyr) *m* (pl ~e) spear

Speiche (*shpigh*-kher) *f* (pl ~n) spoke

Speichel (*shpigh*-kherl) *m* spit

Speise (*shpigh*-zer) *f* (pl ~n) fare

Speisekammer (*shpigh*-zer-kah-merr) *f* (pl ~n) larder

Speisekarte (*shpigh*-zer-kahr-ter) *f* (pl ~en) menu

speisen (*shpigh*-zern) *v* *eat

Speisesaal (*shpigh*-zer-zaal) *m* (pl -säle) dining-room

Speisewagen (*shpigh*-zer-vaa-gern) *m* (pl ~) dining-car

Speisezimmer (*shpigh*-zer-tsi-merr) *nt* (pl ~) dining-room

spekulieren (shpay-koo-*lee*-rern) *v* speculate

Spende (*shpehn*-der) *f* (pl ~n) donation

spenden (*shpehn*-dern) *v* donate

Sperling (*shpehr*-ling) *m* (pl ~e) sparrow

sperren (*shpeh*-rern) *v* block

Sperrsitz (*shpehr*-zits) *m* (pl ~e) stall

sich spezialisieren (shpay-ts^yah-li-*zee*-rern) specialize

Spezialist (shpay-ts^yah-*list*) *m* (pl ~en) specialist

Spezialität (shpay-ts^yah-li-*tait*) *f* (pl ~en) speciality

speziell (shpay-ts^y*ehl*) *adj* special; peculiar; *adv* in particular

spezifisch (shpay-*tsee*-fish) *adj* specific

Spiegel (*shpee*-gerl) *m* (pl ~) looking-glass, mirror

Spiegelbild (*shpee*-gerl-bilt) *nt* (pl ~er) reflection

Spiegelung (*shpee*-ger-loong) *f* (pl ~en) reflection

Spiel (shpeel) *nt* (pl ~e) game; play; match

spielen (*shpee*-lern) *v* play; act

Spieler (*shpee*-lerr) *m* (pl ~) player

Spielkarte (*shpeel*-kahr-ter) *f* (pl ~n) playing-card

Spielmarke (*shpeel*-mahr-ker) *f* (pl ~n) chip

Spielplatz (*shpeel*-plahts) *m* (pl ~e) playground, recreation ground

Spielstand (*shpeel*-shtahnt) *m* score

Spielwarenladen (*shpeel*-vaa-rern-laa-dern) *m* (pl ∼̈) toyshop

Spielzeug (*shpeel*-tsoik) *nt* (pl ∼e) toy

spießbürgerlich (*shpeess*-bewr-gerr-likh) *adj* bourgeois

Spinat (shpi-*naat*) *m* spinach

Spinne (*shpi*-ner) *f* (pl ∼n) spider

***spinnen** (*shpi*-nern) *v* *spin

Spinnwebe (*shpin*-vāy-ber) *f* (pl ∼n) spider's web, cobweb

Spion (shpi-*ōan*) *m* (pl ∼e) spy

Spirituosen (shpi-ri-too-*ōa*-zern) *pl* spirits, liquor

Spirituosenladen (shpi-ri-too-*ōa*-zern-laa-dern) *m* (pl ∼̈) off-licence

Spirituskocher (*shpee*-ri-tooss-ko-kherr) *m* (pl ∼) spirit stove

spitz (shpits) *adj* pointed

Spitze (*shpi*-tser) *f* (pl ∼n) point; peak; top; tip; spire; lace

Spitzhacke (*shpits*-hah-ker) *f* (pl ∼n) pick-axe

Spitzname (*shpits*-naa-mer) *m* (pl ∼n) nickname

Splitter (*shpli*-terr) *m* (pl ∼) splinter; chip

Sport (shport) *m* (pl ∼e) sport

Sportjacke (*shport*-Yah-ker) *f* (pl ∼n) sports-jacket, blazer

Sportkleidung (*shport*-kligh-doong) *f* sportswear

Sportler (*shport*-lerr) *m* (pl ∼) sportsman

Sportwagen (*shport*-vaa-gern) *m* (pl ∼) sports-car

Spott (shpot) *m* mockery

Sprache (*shpraa*-kher) *f* (pl ∼n) speech; language

Sprachführer (*shpraakh*-fēw-rerr) *m* (pl ∼) phrase-book

Sprachlabor (*shpraakh*-lah-bōar) *nt* (pl ∼e) language laboratory

sprachlos (*shpraakh*-lōass) *adj* speechless

Spray (sprāy) *nt* (pl ∼s) atomizer

***sprechen** (*shpreh*-khern) *v* *speak, talk

Sprechstunde (*shprehkh*-shtoon-der) *f* (pl ∼n) consultation hours

Sprechzimmer (*shprehkh*-tsi-merr) *nt* (pl ∼) surgery

Sprengstoff (*shprehng*-shtof) *m* (pl ∼e) explosive

Sprichwort (*shprikh*-vort) *nt* (pl ∼̈er) proverb

Springbrunnen (*shpring*-broo-nern) *m* (pl ∼) fountain

***springen** (*shpring*-ern) *v* jump; *leap

Spritze (*shpri*-tser) *f* (pl ∼n) shot; syringe

Sprühregen (*shprēw*-rāy-gern) *m* drizzle

Sprung (shproong) *m* (pl ∼̈e) leap, jump

Spucke (*shpoo*-ker) *f* spit

spucken (*shpoo*-kern) *v* *spit

Spule (*shpōō*-ler) *f* (pl ∼n) spool

spülen (*shpēw*-lern) *v* rinse

Spülung (*shpēw*-loong) *f* (pl ∼en) rinse

Spur (shpōōr) *f* (pl ∼en) trace

spüren (*shpēw*-rern) *v* sense

Staat (shtaat) *m* (pl ∼en) state; **Staats-** national

Staatsangehörige (*shtaats*-ahn-ger-hūr-ri-ger) *m* (pl ∼n) subject

Staatsangehörigkeit (*shtaats*-ahn-ger-hūr-rikh-kight) *f* nationality; citizenship

Staatsbeamte (*shtaats*-ber-ahm-ter) *m* (pl ∼n) civil servant

Staatsmann (*shtaats*-mahn) *m* (pl ∼̈er) statesman

Staatsoberhaupt (*shtaats*-ōa-berr-houpt) *nt* (pl ∼̈er) head of state

stabil (shtah-*beel*) *adj* stable

Stachelbeere (*shtah*-kherl-bāy-rer) *f* (pl ∼n) gooseberry

Stachelschwein (*shtah*-kherl-shvighn) *m* (pl ~e) porcupine

Stadion (*shtaa*-dʸon) *nt* (pl -dien) stadium

Stadium (*shtaa*-dʸoom) *nt* (pl -dien) stage

Stadt (shtaht) *f* (pl ̈e) town; city

Städter (*shtai*-terr) *mpl* townspeople *pl*

städtisch (*shteh*-tish) *adj* urban; municipal

Stadtverwaltung (*shtaht*-fehr-vahl-toong) *f* (pl ~en) municipality

Stadtviertel (*shtaht*-feer-terl) *nt* (pl ~) quarter

Stadtzentrum (*shtaht*-tsehn-troom) *nt* (pl -zentren) town centre

Stahl (shtaal) *m* steel; **nichtrostender** ~ stainless steel

Stahlkammer (*shtaal*-kah-merr) *f* (pl ~n) vault

Stall (shtahl) *m* (pl ̈e) stable

Stamm (shtahm) *m* (pl ̈e) trunk; tribe

stammeln (*shtah*-merln) *v* falter

stämmig (*shteh*-mikh) *adj* stout

stampfen (*shtahm*-pfern) *v* stamp

Stand (shtahnt) *m* (pl ̈e) stand, stall; level

Standbild (*shtahnt*-bilt) *nt* (pl ~er) statue

standhaft (*shtahnt*-hahft) *adj* steadfast

Standpunkt (*shtahnt*-poongkt) *m* (pl ~e) point of view

Stange (*shtahng*-er) *f* (pl ~n) rod; bar; carton

Stanniol (shtah-nʸōāl) *nt* tinfoil

Stapel (*shtaa*-perl) *m* (pl ~) stack; heap

Stapellauf (*shtaa*-perl-louf) *m* launching

Star (shtaar) *m* (pl ~e) starling

stark (shtahrk) *adj* powerful, strong; solid

Stärke (*shtehr*-ker) *f* strength; starch

stärken (*shtehr*-kern) *v* starch

Stärkungsmittel (*shtehr*-koongs-mi-terl) *nt* (pl ~) tonic

starr (shtahr) *adj* numb

starren (*shtah*-rern) *v* gaze, stare

starrköpfig (*shtahr*-kur-pfikh) *adj* head-strong, obstinate; pig-headed

Start (shtahrt) *m* take-off

Startbahn (*shtahrt*-baan) *f* (pl ~en) runway

starten (*shtahr*-tern) *v* *take off

Stationsvorsteher (shtah-*tsʸōāns*-fōar-shtāy-err) *m* (pl ~) station-master

Statistik (shtah-*tiss*-tik) *f* (pl ~en) statistics *pl*

statt (shtaht) *prep* instead of

***stattfinden** (*shtaht*-fin-dern) *v* *take place

stattlich (*shtaht*-likh) *adj* handsome

Staub (shtoup) *m* dust

staubig (*shtou*-bikh) *adj* dusty

staubsaugen (*shtoup*-zou-gern) *v* hoover; vacuum *vAm*

Staubsauger (*shtoup*-zou-gerr) *m* (pl ~) vacuum cleaner

Steak (stāyk) *nt* (pl ~s) steak

Stechen (*shteh*-khern) *nt* stitch

***stechen** (*shteh*-khern) *v* prick; *sting

stecken (*shteh*-kern) *v* *put

Steckenpferd (*shteh*-kern-pfāyrt) *nt* (pl ~e) hobby-horse; hobby

Stecker (*shteh*-kerr) *m* (pl ~) plug

Stecknadel (*shtehk*-naa-derl) *f* (pl ~n) pin

***stehen** (*shtāy*-ern) *v* *stand; **gut** ~ *become

***stehlen** (*shtāy*-lern) *v* *steal

steif (shtighf) *adj* stiff

Steigbügel (*shtighk*-bēw-gerl) *m* (pl ~) stirrup

***steigen** (*shtigh*-gern) *v* *rise; climb

Steigung (*shtigh*-goong) *f* (pl ~en) rise; ascent

steil (shtighl) *adj* steep
Stein (shtighn) *m* (pl ~e) stone
Steinbruch (shtighn-brookh) *m* (pl ~e) quarry
steinern (shtigh-nerrn) *adj* stone
Steingarnele (shtighn-gahr-nāy-ler) *f* (pl ~n) prawn
Steingut (shtighn-gōōt) *nt* earthenware, crockery; faience
Stelle (shteh-ler) *f* (pl ~n) spot; station; passage; **wunde** ~ sore
stellen (shteh-lern) *v* *put; place, *lay, *set
Stellung (shteh-loong) *f* (pl ~en) position; job
Stellvertreter (shtehl-fehr-trāy-terr) *m* (pl ~) substitute; deputy
Stempel (shtehm-perl) *m* (pl ~) stamp
Stenograph (shtay-noa-graaf) *m* (pl ~en) stenographer
Stenographie (shtay-noa-grah-fee) *f* shorthand
Stenotypistin (shtay-noa-tew-piss-tin) *f* (pl ~nen) typist
Steppdecke (shtehp-deh-ker) *f* (pl ~n) quilt
***sterben** (shtehr-bern) *v* die; depart
sterblich (shtehrp-likh) *adj* mortal
steril (shtay-reel) *adj* sterile
sterilisieren (shtay-ri-li-zee-rern) *v* sterilize
Stern (shtehrn) *m* (pl ~e) star
stetig (shtāy-tikh) *adj* even
Steuer (shtoi-err) *f* (pl ~n) tax
Steuerbord (shtoi-err-bort) *nt* starboard
steuerfrei (shtoi-err-frigh) *adj* tax-free
Steuermann (shtoi-err-mahn) *m* (pl ~er) helmsman, steersman
steuern (shtoi-errn) *v* navigate
Steuerrad (shtoi-err-raat) *nt* steeringwheel
Steuerruder (shtoi-err-rōō-derr) *nt* (pl ~) rudder

Stich (shtikh) *m* (pl ~e) sting; bite; stitch; engraving, picture, print
sticken (shti-kern) *v* embroider
Stickerei (shti-ker-righ) *f* (pl ~en) embroidery
stickig (shti-kikh) *adj* stuffy
Stickstoff (shtik-shtof) *m* nitrogen
Stiefel (shtee-ferl) *m* (pl ~) boot
Stiefkind (shteef-kint) *nt* (pl ~er) stepchild
Stiefmutter (shteef-moo-terr) *f* (pl ~) stepmother
Stiefvater (shteef-faa-terr) *m* (pl ~) stepfather
Stiel (shteel) *m* (pl ~e) handle; stem
Stier (shteer) *m* (pl ~e) bull
Stierkampf (shteer-kahmpf) *m* (pl ~e) bullfight
Stierkampfarena (shteer-kahmpf-ah-rāy-nah) *f* (pl -arenen) bullring
stiften (shtif-tern) *v* found
Stiftung (shtif-toong) *f* (pl ~en) foundation
Stil (shteel) *m* (pl ~e) style
still (shtil) *adj* silent; still, calm, quiet
Stille (shti-ler) *f* silence; stillness, quiet
stillen (shti-lern) *v* nurse
Stille Ozean (shti-ler ōa-tsay-aan) Pacific Ocean
stillstehend (shtil-shtāy-ernt) *adj* stationary
Stimme (shti-mer) *f* (pl ~n) voice; vote
stimmen (shti-mern) *v* vote
Stimmung (shti-moong) *f* (pl ~en) spirits, mood; atmosphere
***stinken** (shting-kern) *v* *smell; *stink
Stipendium (shti-pehn-dYoom) *nt* (pl -dien) grant, scholarship
Stirn (shteern) *f* forehead
Stock (shtok) *m* (pl ~e) stick; cane
Stockwerk (shtok-vehrk) *nt* (pl ~e)

storey, floor

Stoff (shtof) *m* (pl ~e) matter; fabric; theme

stofflich (*shtof*-likh) *adj* material

stöhnen (*shtūr*-nern) *v* moan, groan

Stola (*shtōā*-lah) *f* (pl ~s) stole

stolpern (*shtol*-perrn) *v* stumble

Stolz (shtolts) *m* pride

stolz (shtolts) *adj* proud

stopfen (*shto*-pfern) *v* darn

Stopfgarn (*shtopf*-gahrn) *nt* darning wool

Stöpsel (*shtur*-pserl) *m* (pl ~) cork, stopper

Storch (shtorkh) *m* (pl ~e) stork

stören (*shtūr*-rern) *v* disturb; upset

Störung (*shtūr*-roong) *f* (pl ~en) disturbance

Stoß (shtōāss) *m* (pl ~e) bump; push

Stoßdämpfer (*shtōāss*-dehm-pferr) *m* (pl ~) shock absorber

* **stoßen** (*shtōā*-sern) *v* bump; push; kick

Stoßstange (*shtōāss*-shtahng-er) *f* (pl ~n) bumper, fender

Strafe (*shtraa*-fer) *f* (pl ~n) punishment, penalty

strafen (*shtraa*-fern) *v* punish

straffen (*shtrah*-fern) *v* tighten

Strafrecht (*shtraaf*-rehkht) *nt* criminal law

Strafstoß (*shtraaf*-shtōāss) *m* (pl ~e) penalty kick

Strahl (shtraal) *m* (pl ~en) beam, ray; squirt, spout, jet

strahlen (*shtraa*-lern) *v* *shine

Strahlturbine (*shtraal*-toor-bee-ner) *f* (pl ~n) turbojet

stramm (shtrahm) *adj* tight

Strand (shtrahnt) *m* (pl ~e) beach

Straße (*shtraa*-ser) *f* (pl ~n) road, street

Straßenarbeiten (*shtraa*-sern-ahr-bigh-tern) *fpl* road up

Straßenbahn (*shtraa*-sern-baan) *f* (pl ~en) tram; streetcar *nAm*

Straßenkreuzung (*shtraa*-sern-kroitsoong) *f* (pl ~en) junction

Straßennetz (*shtraa*-sern-nehts) *nt* (pl ~e) road system

Straßenseite (*shtraa*-sern-zigh-ter) *f* (pl ~n) roadside

Strauch (shtroukh) *m* (pl ~er) shrub

Strauß[1] (shtrouss) *m* (pl ~e) bunch, bouquet

Strauß[2] (shtrouss) *m* (pl ~e) ostrich

streben (*shtrāy*-bern) *v* aspire

strebsam (*shtrāyp*-zaam) *adj* ambitious

Strecke (*shtreh*-ker) *f* (pl ~n) stretch

* **streichen** (*shtrigh*-khern) *v* lower; *strike

Streichholz (*shtrighkh*-holts) *nt* (pl ~er) match

Streichholzschachtel (*shtrighkh*-holts-shahkh-terl) *f* (pl ~n) match-box

Streife (*shtrigh*-fer) *f* (pl ~n) patrol

Streifen (*shtrigh*-fern) *m* (pl ~) strip; stripe

Streik (shtrighk) *m* (pl ~s) strike

streiken (*shtrigh*-kern) *v* *strike

Streit (shtright) *m* quarrel; strife, contest; fight, battle; **Streit-** controversial

* **streiten** (*shtrigh*-tern) *v* quarrel; dispute, argue

Streitigkeit (*shtrigh*-tikh-kight) *f* (pl ~en) dispute

Streitkräfte (*shtright*-krehf-ter) *pl* armed forces

streitsüchtig (*shtright*-zewkh-tikh) *adj* rowdy

streng (shtrehng) *adj* strict; harsh, severe

Strich (shtrikh) *m* (pl ~e) line

Strichpunkt (*shtrikh*-poongkt) *m* (pl ~e) semi-colon

stricken (*shtri*-kern) *v* *knit

Stroh (shtrōā) *nt* straw

Strohdach (shtrōā-dahkh) *nt* (pl ∼̈er) thatched roof

Strom (shtrōām) *m* (pl ∼̈e) current

stromabwärts (shtrōām-ahp-vehrts) *adv* downstream

stromaufwärts (shtrōām-ouf-vehrts) *adv* upstream

strömen (shtrūr-mern) *v* flow; stream

Stromschnelle (shtrōām-shneh-ler) *f* (pl ∼n) rapids *pl*

Strömung (shtrūr-moong) *f* (pl ∼en) current

Stromverteiler (shtrōām-fehr-tigh-lerr) *m* distributor

Strophe (shtrōā-fer) *f* (pl ∼n) stanza

Struktur (shtrook-tōōr) *f* (pl ∼en) structure; texture, fabric

Strumpf (shtroompf) *m* (pl ∼̈e) stocking; **elastische Strümpfe** support hose

Strumpfhose (shtroompf-hōā-zer) *f* (pl ∼n) panty-hose

Stück (shtewk) *nt* (pl ∼e) piece; part; lump, morsel

Stückchen (shtewk-khern) *nt* (pl ∼) scrap, bit

Student (shtoo-dehnt) *m* (pl ∼en) student

Studentin (shtoo-dehn-tin) *f* (pl ∼nen) student

Studienrat (shtōō-dᵞern-raat) *m* (pl ∼̈e) master

studieren (shtoo-dee-rern) *v* study

Studium (shtōō-dᵞoom) *nt* (pl -dien) study

Stufe (shtōō-fer) *f* (pl ∼n) step

Stuhl (shtōōl) *m* (pl ∼̈e) chair

stumm (shtoom) *adj* mute; dumb

stumpf (shtoompf) *adj* blunt; dull

Stunde (shtoon-der) *f* (pl ∼n) hour

stündlich (shtewnt-likh) *adj* hourly

Sturm (shtoorm) *m* (pl ∼̈e) gale, storm

stürmen (shtewr-mern) *v* dash

stürmisch (shtewr-mish) *adj* stormy

Sturmlaterne (shtoorm-lah-tehr-ner) *f* (pl ∼n) hurricane lamp

Sturz (shtoorts) *m* (pl ∼̈e) fall

Stute (shtōō-ter) *f* (pl ∼n) mare

stutzen (shtoo-tsern) *v* trim

stützen (shtew-tsern) *v* support; *hold up

Suaheli (swah-hāy-li) *nt* Swahili

Subjekt (zoop-ᵞehkt) *nt* (pl ∼e) subject

Substantiv (zoop-stahn-teef) *nt* (pl ∼e) noun

Substanz (zoop-stahnts) *f* (pl ∼en) substance

subtil (zoop-teel) *adj* subtle

subtrahieren (zoop-trah-hee-rern) *v* subtract

Subvention (zoop-vehn-tsᵞōān) *f* (pl ∼en) subsidy

Suche (zōō-kher) *f* search

suchen (zōō-khern) *v* look for; *seek, search; hunt for

Sucher (zōō-kherr) *m* view-finder

Südafrika (zēwt-aa-fri-kah) South Africa

Süden (zēw-dern) *m* south

südlich (zēwt-likh) *adj* southern, southerly

Südosten (zēwt-oss-tern) *m* south-east

Südpol (zēwt-pōāl) *m* South Pole

Südwesten (zēwt-vehss-tern) *m* south-west

Summe (zoo-mer) *f* (pl ∼n) sum; amount

summen (zoo-mern) *v* hum

Sumpf (zoompf) *m* (pl ∼̈e) bog, marsh

sumpfig (zoom-pfikh) *adj* marshy

Sünde (zewn-der) *f* (pl ∼n) sin

Sündenbock (zewn-dern-bok) *m* (pl ∼̈e) scapegoat

Superlativ (zōō-pehr-lah-teef) *m* superlative

Supermarkt (*zoo*-pehr-mahrkt) *m* (pl ̈e) supermarket

Suppe (*zoo*-per) *f* (pl ~n) soup

Suppenlöffel (*zoo*-pern-lur-ferl) *m* (pl ~) soup-spoon

Suppenteller (*zoo*-pern-teh-lerr) *m* (pl ~) soup-plate

suspendieren (zooss-pehn-*dee*-rern) *v* suspend

süß (zewss) *adj* sweet

süßen (*zew*-sern) *v* sweeten

Süßigkeiten (*zew*-sikh-kigh-tern) *fpl* sweets; candy *nAm*

Süßwarengeschäft (*zewss*-vaa-rern-ger-shehft) *nt* (pl ~e) sweetshop; candy store *Am*

Süßwasser (*zewss*-vah-serr) *nt* fresh water

Sweater (*svay*-terr) *m* (pl ~) sweater

Symbol (zewm-*bōal*) *nt* (pl ~e) symbol

Sympathie (zewm-pah-*tee*) *f* sympathy

sympathisch (zewm-*paa*-tish) *adj* nice, sympathetic

Symphonie (zewm-foa-*nee*) *f* (pl ~n) symphony

Symptom (zewmp-*tōam*) *nt* (pl ~e) symptom

Synagoge (zew-nah-*gōa*-ger) *f* (pl ~n) synagogue

Synonym (zew-noa-*newm*) *nt* (pl ~e) synonym

synthetisch (zewn-*tay*-tish) *adj* synthetic

Syrer (*zew*-rerr) *m* (pl ~) Syrian

Syrien (*zew*-rʸern) Syria

syrisch (*zew*-rish) *adj* Syrian

System (zewss-*taym*) *nt* (pl ~e) system

systematisch (zewss-tay-*maa*-tish) *adj* systematic

Szene (sts*ay*-ner) *f* (pl ~n) scene

T

Tabak (*taa*-bahk) *m* tobacco; pipe tobacco

Tabakhändler (*taa*-bahk-hehn-dlerr) *m* (pl ~) tobacconist

Tabakladen (*taa*-bahk-laa-dern) *m* (pl ̈) tobacconist's

Tabaksbeutel (*taa*-bahks-boi-terl) *m* (pl ~) tobacco pouch

Tabelle (tah-*beh*-ler) *f* (pl ~n) chart, table

Tablett (tah-*bleht*) *nt* (pl ~s) tray

Tablette (tah-*bleh*-ter) *f* (pl ~n) tablet

Tabu (tah-*bōō*) *nt* (pl ~s) taboo

tadellos (*taa*-derl-lōass) *adj* faultless

tadeln (*taa*-derln) *v* reprimand

Tafel (*taa*-ferl) (pl ~n) board

Täfelung (*tai*-fer-loong) *f* panelling

Tag (taak) *m* (pl ~e) day; **bei Tage** by day; **eines Tages** some day; **guten Tag!** hello!; **pro ~** per day; **vierzehn Tage** fortnight

Tagebuch (*taa*-ger-bōōkh) *nt* (pl ̈er) diary

Tagesanbruch (*taa*-gerss-ahn-brookh) *m* daybreak, dawn

Tagesausflug (*taa*-gerss-ouss-flōōk) *m* (pl ̈e) day trip

Tageslicht (*taa*-gerss-likht) *nt* daylight

Tagesordnung (*taa*-gerss-or-dnoong) *f* (pl ~en) agenda

Tageszeitung (*taa*-gerss-tsigh-toong) *f* (pl ~en) daily

täglich (*taik*-likh) *adj* daily

Tagung (*taa*-goong) *f* (pl ~en) congress

Taille (*tah*-lʸer) *f* (pl ~n) waist

Taktik (*tahk*-tik) *f* (pl ~en) tactics *pl*

Tal (taal) *nt* (pl ̈er) valley

Talent (tah-*lehnt*) *nt* (pl ~e) faculty, talent

Talkpuder (*tahlk*-pōō-derr) *m* talc powder

Tampon (tahng-*pawng*) *m* (pl ~s) tampon

Tank (tahngk) *m* (pl ~s) tank

tanken (*tahng*-kern) *v* tank

Tankschiff (*tahngk*-shif) *nt* (pl ~e) tanker

Tankstelle (*tahngk*-shteh-ler) *f* (pl ~n) petrol station, service station, filling station; gas station *Am*

Tanne (*tah*-ner) *f* (pl ~n) fir-tree

Tante (*tahn*-ter) *f* (pl ~n) aunt

Tanz (tahnts) *m* (pl ~e) dance

tanzen (*tahn*-tsern) *v* dance

Tapete (tah-*pāy*-ter) *f* (pl ~n) wallpaper

tapfer (*tah*-pferr) *adj* courageous, brave

Tapferkeit (*tah*-pferr-kight) *f* courage

Tarif (tah-*reef*) *m* (pl ~e) tariff, rate

Tasche (*tah*-sher) *f* (pl ~n) bag; pocket

Taschenbuch (*tah*-shern-bōōkh) *nt* (pl -bücher) paperback

Taschenkamm (*tah*-shern-kahm) *m* (pl ~e) pocket-comb

Taschenlampe (*tah*-shern-lahm-per) *f* (pl ~n) torch, flash-light

Taschenmesser (*tah*-shern-meh-serr) *nt* (pl ~) pocket-knife, penknife

Taschentuch (*tah*-shern-tōōkh) *nt* (pl ~er) handkerchief

Taschenuhr (*tah*-shern-ōōr) *f* (pl ~en) pocket-watch

Tasse (*tah*-ser) *f* (pl ~n) cup

Tastsinn (*tahst*-zin) *m* touch

Tat (taat) *f* (pl ~en) deed, act

Tätigkeit (*tai*-tikh-kight) *f* (pl ~en) work; employment

Tatsache (*taat*-zah-kher) *f* (pl ~n) fact

tatsächlich (taat-*zehkh*-likh) *adj* actual, factual; *adv* as a matter of fact, actually, in fact, in effect; really

Tau (tou) *m* dew

taub (toup) *adj* deaf

Taube (*tou*-ber) *f* (pl ~n) pigeon

tauchen (*tou*-khern) *v* dive

Tauchsieder (*toukh*-zee-derr) *m* (pl ~) immersion heater

tauen (*tou*-ern) *v* thaw

Taufe (*tou*-fer) *f* (pl ~n) baptism, christening

taufen (*tou*-fern) *v* baptize, christen

tauglich (*touk*-likh) *adj* fit

Tausch (toush) *m* exchange

tauschen (*tou*-shern) *v* swap

sich täuschen (*toi*-shern) *be mistaken

Täuschung (*toi*-shoong) *f* (pl ~en) illusion

tausend (*tou*-zernt) *num* thousand

Tauwetter (*tou*-veh-terr) *nt* thaw

Taxameter (tah-ksah-*māy*-terr) *m* (pl ~) taxi-meter

Taxi (*tah*-ksi) *nt* (pl ~s) cab, taxi

Taxichauffeur (*tah*-ksi-sho-fūūr) *m* (pl ~e) taxi-driver

Taxifahrer (*tah*-ksi-faa-rerr) *m* (pl ~) cab-driver

Taxistand (*tah*-ksi-shtahnt) *m* (pl ~e) taxi rank; taxi stand *Am*

Team (teem) *nt* (pl ~s) team

Technik (*taykh*-nik) *f* (pl ~en) technique

Techniker (*tehkh*-ni-kerr) *m* (pl ~) technician

technisch (*tehkh*-nish) *adj* technical

Technologie (tehkh-noa-loa-*gee*) *f* technology

Tee (tāy) *m* tea

Teekanne (*tāy*-kah-ner) *f* (pl ~n) teapot

Teelöffel (*tāy*-lur-ferl) *m* (pl ~) teaspoon

Teenager (*teen*-ay-jerr) *m* (pl ~) teenager

Teer (tā̄yr) *m* tar

Teeservice (tā̄y-zehr-veess) *nt* tea-set

Teestube (tā̄y-shtōō-ber) *f* (pl ~n) tea-shop

Teestunde (tā̄y-shtoon-der) *f* tea

Teetasse (tā̄y-tah-ser) *f* (pl ~n) teacup

Teich (tighkh) *m* (pl ~e) pond

Teig (tighk) *m* dough; batter

Teil (tighl) *m* (pl ~e) part; share; volume

teilen (tigh-lern) *v* divide; share

Teilhaber (tighl-haa-berr) *m* (pl ~) associate, partner

Teilnahme (tighl-naa-mer) *f* attendance

***teilnehmen** (tighl-nā̄y-mern) *v* participate

Teilnehmer (tighl-nā̄y-merr) *m* (pl ~) participant

teils (tighls) *adv* partly

Teilung (tigh-loong) *f* (pl ~en) division

teilweise (tighl-vigh-zer) *adj* partial; *adv* partly

Teilzahlungskauf (tighl-tsaa-loongs-kouf) *m* (pl ~e) hire-purchase

Teint (tang) *m* complexion

Telegramm (tay-lay-grahm) *nt* (pl ~e) cable, telegram

telegraphieren (tay-lay-grah-fee-rern) *v* cable, telegraph

Teleobjektiv (tā̄y-lay-op-Υehk-teef) *nt* (pl ~e) telephoto lens

Telepathie (tay-lay-pah-tee) *f* telepathy

Telephon (tay-lay-fō̄an) *nt* (pl ~e) telephone

Telephonanruf (tay-lay-fō̄an-ahn-rōōf) *m* (pl ~e) telephone call

Telephonbuch (tay-lay-fō̄an-bōōkh) *nt* (pl ~er) telephone directory; telephone book *Am*

Telephonhörer (tay-lay-fō̄an-hǖr-rerr) *m* (pl ~) receiver

telephonieren (tay-lay-foa-nee-rern) *v* phone

Telephonistin (tay-lay-foa-niss-tin) *f* (pl ~nen) operator, telephonist, telephone operator

Telephonzentrale (tay-lay-fō̄an-tsehn-traa-ler) *f* (pl ~n) telephone exchange

Telex (tā̄y-lehks) *nt* (pl ~e) telex

Teller (teh-lerr) *m* (pl ~) plate, dish

Tempel (tehm-perl) *m* (pl ~) temple

Temperatur (tehm-pay-rah-tōōr) *f* (pl ~en) temperature

Tempo (tehm-poa) *nt* pace

Tendenz (tehn-dehnts) *f* (pl ~en) tendency

Tennis (teh-niss) *nt* tennis

Tennisplatz (teh-niss-plahts) *m* (pl ~e) tennis-court

Tennisschuhe (teh-niss-shōō-er) *mpl* tennis shoes

Teppich (teh-pikh) *m* (pl ~e) carpet

Termin (tehr-meen) *m* (pl ~e) term

Terpentin (tehr-pehn-teen) *nt* turpentine

Terrasse (teh-rah-ser) *f* (pl ~n) terrace

Terror (teh-ror) *m* terrorism

Terrorismus (teh-ro-riss-mooss) *m* terrorism

Terrorist (teh-ro-rist) *m* (pl ~en) terrorist

Terylene (teh-ri-lā̄yn) *nt* terylene

Test (tehst) *m* (pl ~s) test

Testament (tehss-tah-mehnt) *nt* (pl ~e) will

testen (tehss-tern) *v* test

teuer (toi-err) *adj* expensive; dear, precious

Teufel (toi-ferl) *m* (pl ~) devil

Text (tehkst) *m* (pl ~e) text

Textilien (tehks-tee-lΥern) *pl* textile

Thailand (tigh-lahnt) Thailand

Thailänder (tigh-lehn-derr) *m* (pl ~) Thai

thailändisch (*tigh*-lehn-dish) *adj* Thai

Theater (tay-*aa*-terr) *nt* (pl ~) theatre; drama

Thema (*tāy*-mah) *nt* (pl Themen) topic; theme

Theologie (tay-oa-loa-*gee*) *f* theology

theoretisch (tay-oa-*rāy*-tish) *adj* theoretical

Theorie (tay-oa-*ree*) *f* (pl ~n) theory

Therapie (tay-rah-*pee*) *f* (pl ~n) therapy

Thermometer (tehr-moa-*māy*-terr) *nt* (pl ~) thermometer

Thermosflasche (*tehr*-moss-flah-sher) *f* (pl ~n) thermos flask, vacuum flask

Thermostat (tehr-moa-*staat*) *m* (pl ~en) thermostat

These (*tāy*-zer) *f* (pl ~n) thesis

Thron (trōan) *m* (pl ~e) throne

Thunfisch (*tōōn*-fish) *m* (pl ~e) tuna

Thymian (*tēw*-mʸaan) *m* thyme

Tief (teef) *nt* depression

tief (teef) *adj* deep; low

Tiefe (*tee*-fer) *f* (pl ~n) depth

Tiefkühltruhe (*teef*-keͤwl-trōō-er) *f* (pl ~n) deep-freeze

Tiefland (*teef*-lahnt) *nt* lowlands *pl*

tiefsinnig (*teef*-zi-nikh) *adj* profound

Tier (teer) *nt* (pl ~e) beast, animal

Tierarzt (*teer*-ahrtst) *m* (pl ~e) veterinary surgeon

Tierkreis (*teer*-krighss) *m* zodiac

Tiger (*tee*-gerr) *m* (pl ~) tiger

tilgen (*til*-gern) *v* *pay off

Tinte (*tin*-ter) *f* (pl ~n) ink

tippen (*ti*-pern) *v* type

Tisch (tish) *m* (pl ~e) table

Tischler (*tish*-lerr) *m* (pl ~) carpenter

Tischtennis (*tish*-teh-niss) *nt* ping-pong, table tennis

Tischtuch (*tish*-tōōkh) *nt* (pl ~er) table-cloth

Titel (*tee*-terl) *m* (pl ~) title; degree

Toast (tōast) *m* (pl ~e) toast

Toben (*tōā*-bern) *nt* rage

Tochter (*tokh*-terr) *f* (pl ~) daughter

Tod (tōat) *m* death

Todesstrafe (*tōā*-derss-shtraa-fer) *f* death penalty

tödlich (*tūrt*-likh) *adj* mortal, fatal

Toilette (twah-*leh*-ter) *f* (pl ~n) lavatory, toilet; washroom *nAm*

Toilettenartikel (twah-*leh*-tern-ahr-tee-kerl) *mpl* toiletry

Toilettennecessaire (twah-*leh*-tern-nay-seh-sair) *nt* (pl ~s) toilet case

Toilettenpapier (twah-*leh*-tern-pah-peer) *nt* toilet-paper

Toilettenraum (twah-*leh*-tern-roum) *m* (pl ~e) bathroom

toll (tol) *adj* mad

Tollwut (*tol*-vōōt) *f* rabies

Tomate (toa-*maa*-ter) *f* (pl ~n) tomato

Ton¹ (tōan) *m* (pl ~e) tone; note

Ton² (tōan) *m* clay

Tonbandgerät (*tōan*-bahnt-ger-rait) *nt* (pl ~e) recorder, tape-recorder

Tonleiter (*tōan*-ligh-terr) *f* (pl ~n) scale

Tonne (*to*-ner) *f* (pl ~n) barrel; ton, cask

Topf (topf) *m* (pl ~e) pot

Töpferware (*tur*-pferr-vaa-rer) *f* (pl ~n) ceramics *pl*, pottery, crockery

Tor¹ (tōar) *nt* (pl ~e) gate; goal

Tor² (tōar) *m* (pl ~en) fool

Torheit (*tōar*-hight) *f* (pl ~en) fad

töricht (*tūr*-rikht) *adj* foolish, silly

Torte (*tor*-ter) *f* (pl ~n) cake

Torwart (*tōar*-vahrt) *m* (pl ~e) goalkeeper

tot (tōat) *adj* dead

total (toa-*taal*) *adj* total

Totalisator (toa-tah-li-*zaa*-tor) *m* (pl ~en) totalizator

totalitär (toa-tah-li-*tair*) *adj* totalitarian

töten (tū́r-tern) v kill

Toupet (too-páy) nt (pl ~s) hair piece

Tourist (too-ríst) m (pl ~en) tourist

Touristenklasse (too-ríss-tern-klah-ser) f tourist class

toxisch (tó-ksish) adj toxic

Tracht (trahkht) f (pl ~en) national dress

Tradition (trah-di-tsʸṓan) f (pl ~en) tradition

traditionell (trah-di-tsʸoa-néhl) adj traditional

tragbar (traák-baar) adj portable

träge (trái-ger) adj slack

*****tragen** (traá-gern) v carry; *bear; *wear

Träger (trái-gerr) m (pl ~) porter

tragisch (traá-gish) adj tragic

Tragödie (trah-gū́r-dʸer) f (pl ~n) tragedy

Trainer (trái-nerr) m (pl ~) coach

trainieren (treh-née-rern) v drill

Traktor (trahk-tor) m (pl ~en) tractor

Träne (trái-ner) f (pl ~n) tear

Transaktion (trahns-ahk-tsʸṓan) f (pl ~en) deal, transaction

transatlantisch (trahns-aht-láhn-tish) adj transatlantic

Transformator (trahns-for-maá-tor) m (pl ~en) transformer

Transpiration (trahns-pi-rah-tsʸṓan) f perspiration

transpirieren (trahns-pi-rée-rern) v perspire

Transport (trahns-pórt) m (pl ~e) transportation

transportieren (trahns-por-tée-rern) v transport

Tratsch (traach) m gossip

tratschen (traá-chern) v gossip

Tratte (trah-ter) f (pl ~n) draft

Trauben (trou-bern) fpl grapes pl

sich trauen (trou-ern) dare

Trauer (trou-err) f mourning

Trauerspiel (trou-err-shpeel) nt (pl ~e) drama

Traum (troum) m (pl ~e) dream

träumen (troi-mern) v *dream

traurig (trou-rikh) adj sad

Traurigkeit (trou-rikh-kight) f sadness

Treffen (treh-fern) nt (pl ~) meeting

*****treffen** (treh-fern) v *hit; *meet

treffend (treh-fernt) adj striking

Treffpunkt (trehf-poongkt) m (pl ~e) meeting-place

*****treiben** (trigh-bern) v press, *drive; *do; float

Treibhaus (trighp-houss) nt (pl ~er) greenhouse

Treibkraft (trighp-krahft) f driving force

trennen (treh-nern) v separate, part; divide; disconnect

Trennung (treh-noong) f (pl ~en) division

Treppe (treh-per) f (pl ~n) stairs pl, staircase

Treppengeländer (treh-pern-ger-lehn-derr) nt (pl ~) banisters pl

*****treten** (trā́y-tern) v step; kick

treu (troi) adj true, faithful

Tribüne (tri-béw-ner) f (pl ~n) stand

Trichter (trikh-terr) m (pl ~) funnel

Trichtermündung (trikh-terr-mewn-doong) f (pl ~en) estuary

Trick (trik) m (pl ~s) trick

Trikot (tri-kṓa) nt (pl ~s) tights pl

trinkbar (tringk-baar) adj for drinking

*****trinken** (tring-kern) v *drink

Trinkgeld (tringk-gehlt) nt (pl ~er) tip, gratuity

Trinkspruch (tringk-shprookh) m (pl ~e) toast

Trinkwasser (tringk-vah-serr) nt drinking-water

Tritt (trit) m (pl ~e) step; kick

Triumph (tri-óomf) m triumph

triumphieren (tri-oom-fée-rern) v triumph; **triumphierend** triumphant

trocken (*tro*-kern) *adj* dry

trockenlegen (*tro*-kern-lāy-gern) *v* drain

trocknen (*tro*-knern) *v* dry

Trockner (*tro*-knerr) *m* (pl ~) dryer

Trommel (*tro*-merl) *f* (pl ~n) drum

Trommelfell (*tro*-merl-fehl) *nt* eardrum

Trompete (trom-*pāy*-ter) *f* (pl ~n) trumpet

Tropen (*trōa*-pern) *pl* tropics *pl*

Tropfen (*tro*-pfern) *m* (pl ~) drop

tropisch (*trōa*-pish) *adj* tropical

Trost (trōast) *m* comfort

trösten (*trürss*-tern) *v* comfort

Trostpreis (*trōast*-prighss) *m* (pl ~e) consolation prize

trotz (trots) *prep* despite, in spite of

trotzdem (*trots*-dāym) *conj* nevertheless

trübe (*trew*-ber) *adj* dim

trübsinnig (*trewp*-zi-nikh) *adj* sad

Truhe (*trōō*-er) *f* (pl ~n) chest

Truppen (*troo*-pern) *fpl* troops *pl*

Truthahn (*trōōt*-haan) *m* (pl ~e) turkey

Tscheche (*cheh*-kher) *m* (pl ~n) Czech

Tschechien (chek-*kheen*) *m* Czech Republic

tschechisch (*cheh*-khish) *adj* Czech

Tube (*tōō*-ber) *f* (pl ~n) tube

Tuberkulose (too-behr-koo-*lōa*-zer) *f* tuberculosis

Tuch (tōōkh) *nt* (pl ~e) cloth

Tuchhändler (*tōōkh*-hehn-dlerr) *m* (pl ~) draper

tüchtig (*tewkh*-tikh) *adj* capable

Tuchwaren (*tōōkh*-vaa-rern) *fpl* drapery

Tugend (*tōō*-gernt) *f* (pl ~en) virtue

Tulpe (*tool*-per) *f* (pl ~n) tulip

Tumor (*tōō*-mor) *m* (pl ~en) tumour

Tumult (too-*moolt*) *m* racket

***tun** (tōon) *v* *do

Tunesien (too-*nāy*-zʸern) Tunisia

Tunesier (too-*nāy*-zʸerr) *m* (pl ~) Tunisian

tunesisch (too-*nāy*-zish) *adj* Tunisian

Tunika (*tōō*-ni-kah) *f* (pl -ken) tunic

Tunnel (*too*-nerl) *m* (pl ~) tunnel

Tür (tewr) *f* (pl ~en) door

Turbine (toor-*bee*-ner) *f* (pl ~n) turbine

Türke (*tewr*-ker) *m* (pl ~n) Turk

Türkei (tewr-*kigh*) Turkey

türkisch (*tewr*-kish) *adj* Turkish

Türklingel (*tewr*-kling-erl) *f* (pl ~n) doorbell

Turm (toorm) *m* (pl ~e) tower

Turnen (*toor*-nern) *nt* gymnastics *pl*

Turner (*toor*-nerr) *m* (pl ~) gymnast

Turnhalle (*toorn*-hah-ler) *f* (pl ~n) gymnasium

Turnhose (*toorn*-hōa-zer) *f* (pl ~n) trunks *pl*

Turnier (toor-*neer*) *nt* (pl ~e) tournament

Turnschuhe (*toorn*-shōō-er) *mpl* plimsolls *pl*, gym shoes; sneakers *plAm*

Tüte (*tew*-ter) *f* (pl ~n) paper bag

Tweed (tweet) *m* tweed

Typ (tewp) *m* (pl ~en) type

Typhus (*tew*-fooss) *m* typhoid

typisch (*tew*-pish) *adj* typical

Tyrann (tew-*rahn*) *m* (pl ~en) tyrant

U

U-Bahn (*ōō*-baan) *f* (pl ~en) underground

Übel (*ew*-berl) *nt* (pl ~n) harm, evil

übel (*ew*-berl) *adj* sick

Übelkeit (*ew*-berl-kight) *f* (pl ~en) nausea, sickness

*übelnehmen (e̅w̅-berl-nāy-mern) v resent

übelriechend (e̅w̅-berl-ree-khernt) adj smelly

üben (e̅w̅-bern) v exercise; **sich ~** practise

über (e̅w̅-berr) prep over; above; across; about; via; **~ ... hinaus** beyond

überall (e̅w̅-berr-ahl) adv everywhere; throughout, anywhere

überarbeiten (e̅w̅-berr-ahr-bigh-tern) v revise; **sich ~** overwork

Überarbeitung (e̅w̅-berr-ahr-bigh-toong) f (pl ~en) revision

Überbleibsel (e̅w̅-berr-blighp-serl) nt (pl ~) remainder, remnant

überdies (e̅w̅-berr-deess) adv furthermore, besides

überdrüssig (e̅w̅-berr-drew-sikh) adj weary; fed up with, tired of

übereilt (e̅w̅-berr-ighlt) adj rash

Übereinkunft (e̅w̅-berr-ighn-koonft) f (pl ~̈e) settlement

übereinstimmen (e̅w̅-berr-ighn-shti-mern) v agree; correspond; **nicht ~** disagree

Übereinstimmung (e̅w̅-berr-ighn-shti-moong) f agreement; **in ~ mit** according to

Überfahrt (e̅w̅-berr-faart) f crossing, passage

Überfall (e̅w̅-berr-fahl) m (pl ~̈le) hold-up

überfällig (e̅w̅-berr-feh-likh) adj overdue

Überfluß (e̅w̅-berr-flooss) m abundance

überflüssig (e̅w̅-berr-flew-sikh) adj redundant, superfluous

überführen (e̅w̅-berr-fe̅w̅-rern) v convict

Überführung (e̅w̅-berr-fe̅w̅-roong) f (pl ~en) conviction

überfüllt (e̅w̅-berr-fewlt) adj crowded

Übergabe (e̅w̅-berr-gaa-ber) f surrender

Übergang (e̅w̅-berr-gahng) m (pl ~̈e) transition; crossing

*übergeben (e̅w̅-berr-gāy-bern) v hand; commit; **sich ~** vomit

*übergehen (e̅w̅-berr-gāy-ern) v skip

Übergewicht (e̅w̅-berr-ger-vikht) nt overweight

Übergröße (e̅w̅-berr-grǖ-ser) f (pl ~n) outsize

überhaupt (e̅w̅-berr-houpt) adv at all

überheblich (e̅w̅-berr-hāyp-likh) adj presumptuous

überholen (e̅w̅-berr-hōa-lern) v *overtake; pass; overhaul; **Überholen verboten** no overtaking; no passing Am

Überleben (e̅w̅-berr-lāy-bern) nt survival

überleben (e̅w̅-berr-lāy-bern) v survive

überlegen (e̅w̅-berr-lāy-gern) v *think over; deliberate; adj superior

übermorgen (e̅w̅-berr-mor-gern) adv the day after tomorrow

übermüdet (e̅w̅-berr-me̅w̅-dert) adj over-tired

übermütig (e̅w̅-berr-me̅w̅-tikh) adj presumptuous

*übernehmen (e̅w̅-berr-nāy-mern) v *take over; *take charge of

überragend (e̅w̅-berr-raa-gernt) adj superior; superlative

überraschen (e̅w̅-berr-rah-shern) v surprise

Überraschung (e̅w̅-berr-rah-shoong) f (pl ~en) surprise

überreden (e̅w̅-berr-rāy-dern) v persuade

überreichen (e̅w̅-berr-righ-khern) v *give

Überrest (e̅w̅-berr-rehst) m (pl ~e) remnant

Überrock (*ēw*-berr-rok) *m* (pl ˜e) top-coat

***überschreiten** (*ēw*-berr-*shrigh*-tern) *v* exceed

Überschrift (*ēw*-berr-shrift) *f* (pl ~en) heading

Überschuß (*ēw*-berr-shooss) *m* (pl -schüsse) surplus

überschüssig (*ēw*-berr-shew-sikh) *adj* spare

Überschwemmung (*ēw*-berr-*shveh*-moong) *f* (pl ~en) flood

überschwenglich (*ēw*-berr-shvehng-likh) *adj* exuberant

überseeisch (*ēw*-berr-zāy-ish) *adj* overseas

***übersehen** (*ēw*-berr-zāy-ern) *v* over-look

übersetzen (*ēw*-berr-*zeh*-tsern) *v* translate

Übersetzer (*ēw*-berr-*zeh*-tserr) *m* (pl ~) translator

Übersetzung (*ēw*-berr-*zeh*-tsoong) *f* (pl ~en) translation; version

Übersicht (*ēw*-berr-zikht) *f* (pl ~en) survey

überspannt (*ēw*-berr-*shpahnt*) *adj* overstrung; eccentric

***übertragen** (*ēw*-berr-*traa*-gern) *v* transfer

***übertreffen** (*ēw*-berr-*treh*-fern) *v* *outdo, exceed

***übertreiben** (*ēw*-berr-*trigh*-bern) *v* exaggerate

übertrieben (*ēw*-berr-*tree*-bern) *adj* extravagant; excessive

übervoll (*ēw*-berr-fol) *adj* chock-full

überwachen (*ēw*-berr-*vah*-khern) *v* watch; patrol

überwachsen (*ēw*-berr-*vah*-ksern) *adj* overgrown

überwältigen (*ēw*-berr-*vehl*-ti-gern) *v* overwhelm

***überweisen** (*ēw*-berr-*vigh*-zern) *v* re-mit

Überweisung (*ēw*-berr-*vigh*-zoong) *f* (pl ~en) remittance

***überwinden** (*ēw*-berr-*vin*-dern) *v* *overcome

überzeugen (*ēw*-berr-*tsoi*-gern) *v* convince, persuade

Überzeugung (*ēw*-berr-*tsoi*-goong) *f* (pl ~en) conviction, persuasion

***überziehen** (*ēw*-berr-*tsee*-ern) *v* upholster

Überzieher (*ēw*-berr-*tsee*-err) *m* (pl ~) coat

üblich (*ēwp*-likh) *adj* customary, common; simple; frequent

übrig (*ēw*-brikh) *adj* remaining

***übrigbleiben** (*ēw*-brikh-bligh-bern) *v* remain

übrigens (*ēw*-bri-gerns) *adv* by the way, besides

Übung (*ēw*-boong) *f* (pl ~en) exercise

Ufer (*ōō*-ferr) *nt* (pl ~) bank, shore

Uferschnecke (*ōō*-ferr-shneh-ker) *f* (pl ~n) winkle

Uhr (*ōōr*) *f* (pl ~en) clock; watch; **um ... ~** at ... o'clock

Uhrband (*ōōr*-bahnt) *nt* (pl ˜er) watch-strap

Uhrmacher (*ōōr*-mah-kherr) *m* (pl ~) watch-maker

Ulk (oolk) *m* fun

Ulme (*ool*-mer) *f* (pl ~n) elm

ultraviolett (*ool*-trah-vi-oa-leht) *adj* ultraviolet

um (oom) *prep* round, about, around; **~ ... herum** round, around; **~ zu** to, in order to

umarmen (oom-*ahr*-mern) *v* embrace; hug

Umarmung (oom-*ahr*-moong) *f* (pl ~en) embrace; hug

***umbringen** (*oom*-bring-ern) *v* kill

umdrehen (*oom*-drāy-ern) *v* turn; invert; **sich ~** turn round

Umdrehung (*oom*-drāy-oong) *f* (pl ~en) revolution

Umfang (*oom*-fahng) *m* bulk

umfangreich (*oom*-fahng-righkh) *adj* bulky, big; extensive

umfassen (oom-*fah*-sern) *v* comprise, contain

umfassend (oom-*fah*-sernt) *adj* comprehensive, extensive

Umfrage (*oom*-fraa-ger) *f* (pl ~n) enquiry

Umgang (*oom*-gahng) *m* intercourse

***umgeben** (oom-*gāy*-bern) *v* surround

Umgebung (oom-*gāy*-boong) *f* environment, surroundings *pl*; setting

***umgehen** (oom-*gāy*-ern) *v* by-pass; ~ **mit** associate with

Umgehungsstraße (oom-*gāy*-oongs-shtraa-ser) *f* (pl ~n) by-pass

umgekehrt (*oom*-ger-kāyrt) *adj* reverse; *adv* upside-down

Umhang (*oom*-hahng) *m* (pl ~e) cloak; cape

umher (oom-*hāyr*) *adv* about

umherschweifen (oom-*hāyr*-shvigh-fern) *v* roam, wander

umherwandern (oom-*hāyr*-vahn-derrn) *v* wander

umherziehend (oom-*hāyr*-tsee-ernt) *adj* itinerant

umkehren (*oom*-kāy-rer) *v* turn round; turn back

Umkleidekabine (*oom*-kligh-der-kah-bee-ner) *f* (pl ~n) cabin

***umkommen** (*oom*-ko-mern) *v* perish

Umkreis (*oom*-krighss) *m* radius

umkreisen (oom-*krigh*-zern) *v* circle

Umlauf (*oom*-louf) *m* circulation

Umleitung (*oom*-ligh-toong) *f* (pl ~en) detour; diversion

umliegend (*oom*-lee-gernt) *adj* surrounding

umrechnen (*oom*-rehkh-nern) *v* convert

Umrechnungstabelle (*oom*-rehkh-noongs-tah-beh-ler) *f* (pl ~n) conversion chart

umringen (oom-*ring*-ern) *v* surround

Umriß (*oom*-riss) *m* (pl Umrisse) outline, contour

Umsatz (*oom*-zahts) *m* (pl ~e) turnover

Umsatzsteuer (*oom*-zahts-shtoi-err) *f* turnover tax

Umschlag (*oom*-shlaak) *m* (pl ~e) cover, jacket

Umschlagtuch (*oom*-shlaak-tōōkh) *nt* (pl ~er) shawl

***umschließen** (oom-*shlee*-sern) *v* encircle

Umschwung (*oom*-shvoong) *m* reverse

umsonst (oom-*zonst*) *adv* gratis; in vain

Umstand (*oom*-shtahnt) *m* (pl ~e) circumstance; condition

***umsteigen** (*oom*-shtigh-gern) *v* change

umstritten (oom-*shtri*-tern) *adj* controversial

Umweg (*oom*-vāyk) *m* (pl ~e) detour

Umwelt (*oom*-vehlt) *f* environment

***umwenden** (*oom*-vehn-dern) *v* turn over

***umziehen** (*oom*-tsee-ern) *v* move; **sich** ~ change

Umzug (*oom*-tsōōk) *m* (pl ~e) parade; move

unabhängig (*oon*-ahp-hehng-ikh) *adj* independent

Unabhängigkeit (*oon*-ahp-hehng-ikh-kight) *f* independence

unabsichtlich (*oon*-ahp-zikht-likh) *adj* unintentional

unähnlich (*oon*-ain-likh) *adj* unlike

unangebracht (*oon*-ahn-ger-brahkht) *adj* misplaced

unangenehm (*oon*-ahn-ger-nāym) *adj* unpleasant, disagreeable; nasty

unannehmbar (oon-ahn-*nāym*-baar) *adj* unacceptable

Unannehmlichkeit (*oon*-ahn-nāym-likh-kight) *f* (pl ~en) inconvenience

unanständig (*oon*-ahn-shtehn-dikh) *adj* indecent

unartig (*oon*-ahr-tikh) *adj* naughty

unauffällig (*oon*-ouf-feh-likh) *adj* inconspicuous

unaufhörlich (*oon*-ouf-hūrr-likh) *adj* continual

unbeantwortet (*oon*-ber-ahnt-vor-tert) *adj* unanswered

unbedeutend (*oon*-ber-doi-ternt) *adj* insignificant; petty

unbedingt (*oon*-ber-dingt) *adv* without fail

unbefriedigend (*oon*-ber-free-di-gernt) *adj* unsatisfactory

unbefugt (*oon*-ber-*fōōkt*) *adj* unauthorized

unbegreiflich (*oon*-ber-grighf-likh) *adj* puzzling

unbegrenzt (*oon*-ber-grehntst) *adj* unlimited

unbekannt (*oon*-ber-kahnt) *adj* unknown; unfamiliar

Unbekannte (*oon*-ber-kahn-ter) *m* (pl ~n) stranger

unbekümmert (*oon*-ber-kew-merrt) *adj* carefree

unbeliebt (*oon*-ber-leept) *adj* unpopular

Unbequemlichkeit (*oon*-ber-kvāym-likh-kight) *f* (pl ~en) inconvenience

unbeschädigt (*oon*-ber-shai-dikht) *adj* whole

unbescheiden (*oon*-ber-shigh-dern) *adj* immodest

unbeschränkt (*oon*-ber-shrehngkt) *adj* unlimited

unbesetzt (*oon*-ber-zehtst) *adj* unoccupied

unbesonnen (*oon*-ber-zo-nern) *adj* rash

unbestimmt (*oon*-ber-shtimt) *adj* indefinite

unbewohnbar (*oon*-ber-vōan-baar) *adj* uninhabitable

unbewohnt (*oon*-ber-vōant) *adj* uninhabited

unbewußt (*oon*-ber-voost) *adj* unaware

unbillig (*oon*-bi-likh) *adj* unfair

und (oont) *conj* and; ~ **so weiter** etcetera

undankbar (*oon*-dahngk-baar) *adj* ungrateful

undeutlich (*oon*-doit-likh) *adj* vague

uneben (*oon*-āy-bern) *adj* uneven

unecht (*oon*-ehkht) *adj* false

unehrlich (*oon*-āyr-likh) *adj* crooked, dishonest

unempfindlich (*oon*-ehm-pfint-likh) *adj* insensitive

unendlich (oon-*ehnt*-likh) *adj* infinite, endless; immense

unentbehrlich (oon-ehnt-*bāyr*-likh) *adj* essential

unentgeltlich (oon-ehnt-*gehlt*-likh) *adj* free of charge

unerfahren (*oon*-ehr-faa-rern) *adj* inexperienced

unerfreulich (*oon*-ehr-froi-likh) *adj* unpleasant

unerheblich (*oon*-ehr-*hāyp*-likh) *adj* insignificant

unerklärlich (oon-ehr-*klair*-likh) *adj* unaccountable

unermeßlich (oon-ehr-*mehss*-likh) *adj* immense, vast

unerschwinglich (oon-ehr-*shving*-likh) *adj* prohibitive

unerträglich (oon-ehr-*traik*-likh) *adj* unbearable, intolerable

unerwartet (*oon*-ehr-vahr-tert) *adj* unexpected

unerwünscht (*oon*-ehr-vewnsht) *adj*

undesirable

unfähig (*oon*-fai-ikh) *adj* unable, incompetent, incapable

Unfall (*oon*-fahl) *m* (pl ⁓e) accident

Unfallstation (*oon*-fahl-shtah-ts^yoän) *f* (pl ⁓en) first-aid post

unfaßbar (*oon*-fahss-baar) *adj* inconceivable

unfreundlich (*oon*-froint-likh) *adj* unkind, unfriendly

Unfug (*oon*-fōōk) *m* nuisance; mischief

ungangbar (*oon*-gahng-baar) *adj* impassable

Ungar (*oong*-gahr) *m* (pl ⁓n) Hungarian

ungarisch (*oong*-gah-rish) *adj* Hungarian

Ungarn (*oong*-gahrn) Hungary

ungeachtet (*oon*-ger-ahkh-tert) *prep* in spite of

ungebildet (*oon*-ger-bil-dert) *adj* uneducated

ungebräuchlich (*oon*-ger-broikh-likh) *adj* unusual

ungeduldig (*oon*-ger-dool-dikh) *adj* impatient

ungeeignet (*oon*-ger-igh-gnert) *adj* unsuitable

ungefähr (*oon*-ger-fair) *adv* approximately

ungehalten (*oon*-ger-hahl-tern) *adj* cross

ungeheuer (*oon*-ger-hoi-err) *adj* tremendous, enormous, huge, immense

ungelegen (*oon*-ger-lāy-gern) *adj* inconvenient

ungelernt (*oon*-ger-lehrnt) *adj* unskilled

ungemütlich (*oon*-ger-mēwt-likh) *adj* uncomfortable

ungenau (*oon*-ger-nou) *adj* incorrect, inaccurate

ungenießbar (*oon*-ger-neess-baar) *adj*

inedible

ungenügend (*oon*-ger-nēw-gernt) *adj* insufficient

ungerade (*oon*-ger-raa-der) *adj* odd

ungerecht (*oon*-ger-rehkht) *adj* unjust, unfair

ungeschickt (*oon*-ger-shikt) *adj* clumsy, awkward

ungeschützt (*oon*-ger-shewtst) *adj* unprotected

ungesetzlich (*oon*-ger-zehts-likh) *adj* illegal

ungesund (*oon*-ger-zoont) *adj* unsound, unhealthy

ungewiß (*oon*-ger-viss) *adj* doubtful

ungewöhnlich (*oon*-ger-vūrn-likh) *adj* uncommon, unusual; exceptional

ungewohnt (*oon*-ger-vōänt) *adj* unaccustomed

ungezogen (*oon*-ger-tsōä-gern) *adj* naughty, bad

Ungezwungenheit (*oon*-ger-tsvoong-ern-hight) *f* ease

unglaublich (oon-*gloup*-likh) *adj* incredible

ungleich (*oon*-glighkh) *adj* unequal; uneven

Unglück (*oon*-glewk) *nt* (pl ⁓e) misfortune; accident; calamity

unglücklich (*oon*-glewk-likh) *adj* unlucky; unhappy, unfortunate

unglücklicherweise (*oon*-glewk-li-kherr-vigh-zer) *adv* unfortunately

ungültig (*oon*-gewl-tikh) *adj* invalid

ungünstig (*oon*-gewns-tikh) *adj* unfavourable

Unheil (*oon*-highl) *nt* disaster; mischief

unheilbar (*oon*-highl-baar) *adj* incurable

unheilvoll (*oon*-highl-fol) *adj* sinister; fatal

unheimlich (*oon*-highm-likh) *adj* scary, creepy

unhöflich (*oon*-hürf-likh) *adj* impolite

Uniform (oo-ni-*form*) *f* (pl ~en) uniform

Union (oo-*nʸōan*) *f* (pl ~en) union

universal (oo-ni-vehr-*zaal*) *adj* universal

Universität (oo-ni-vehr-zi-*tait*) *f* (pl ~en) university

unklar (*oon*-klaar) *adj* obscure

Unkosten (*oon*-koss-tern) *pl* expenses *pl*

Unkraut (*oon*-krout) *nt* (pl ~̈er) weed

unkultiviert (*oon*-kool-ti-veert) *adj* uncultivated

unlängst (*oon* lehngst) *adv* lately

unleserlich (*oon*-lāy-zerr-likh) *adj* illegible

unliebenswürdig (*oon*-lee-berns-vewr-dikh) *adj* unkind

unmittelbar (*oon*-mi-terl-baar) *adj* direct; immediate

unmöbliert (*oon*-mur-bleert) *adj* unfurnished

unmöglich (*oon*-mūrk-likh) *adj* impossible

unnötig (*oon*-nūr-tikh) *adj* unnecessary

unnütz (*oon*-newts) *adj* vain

unordentlich (*oon*-or-dehnt-likh) *adj* slovenly, untidy

Unordnung (*oon*-or-dnoong) *f* disorder; mess; **in** ~ *bringen mess up

unparteiisch (*oon*-pahr-tigh-ish) *adj* impartial

unpassend (*oon*-pah-sernt) *adj* improper

unpersönlich (*oon*-pehr-zūrn-likh) *adj* impersonal

unpopulär (*oon*-poa-poo-lair) *adj* unpopular

unqualifiziert (*oon*-kvah-li-fi-tseert) *adj* unqualified

Unrecht (*oon*-rehkht) *nt* injustice; wrong; ~ *tun wrong

unrecht (*oon*-rehkht) *adj* wrong; ~ *haben *be wrong

unregelmäßig (*oon*-rāy-gerl-mai-sikh) *adj* irregular

unrein (*oon*-righn) *adj* unclean

unrichtig (*oon*-rikh-tikh) *adj* incorrect

Unruhe (*oon*-rōō-er) *f* unrest

unruhig (*oon*-rōō-ikh) *adj* uneasy, restless

uns (oons) *pron* us; ourselves

unschätzbar (*oon*-shehts-baar) *adj* priceless

Unschuld (*oon*-shoolt) *f* innocence

unschuldig (*oon*-shool-dikh) *adj* innocent

unser (*oon*-zerr) *pron* our

unsicher (*oon*-zi-kherr) *adj* unsafe; uncertain

unsichtbar (*oon*-zikht-baar) *adj* invisible

Unsinn (*oon*-zin) *m* nonsense, rubbish

unsinnig (*oon*-zi-nikh) *adj* senseless

unstet (*oon*-shtāyt) *adj* unsteady

unsympathisch (*oon*-zewm-paa-tish) *adj* unpleasant

untauglich (*oon*-touk-likh) *adj* unfit

unten (*oon*-tern) *adv* beneath, below; underneath; downstairs; **nach** ~ downwards

unter (*oon*-terr) *prep* under; beneath, below; among, amid; *adj* inferior; **Unter-** subordinate; ~ **anderem** among other things

***unterbrechen** (oon-terr-*breh*-khern) *v* interrupt

Unterbrechung (oon-terr-*breh*-khoong) *f* (pl ~en) interruption

***unterbringen** (*oon*-terr-bring-ern) *v* accommodate

unterdrücken (oon-terr-*drew*-kern) *v* oppress; suppress

Unterernährung (*oon*-terr-ehr-nai-roong) *f* malnutrition

Untergang (*oon*-terr-gahng) *m* ruin, destruction

untergeordnet (*oon*-terr-ger-or-dnert) *adj* subordinate; minor, secondary

Untergeschoß (*oon*-terr-ger-shoss) *nt* basement

Untergrundbahn (*oon*-terr-groont-baan) *f* (pl ~en) subway *nAm*

unterhalb (*oon*-terr-hahlp) *prep* under, below

Unterhalt (*oon*-terr-hahlt) *m* livelihood; upkeep

* **unterhalten** (oon-terr-*hahl*-tern) *v* entertain, amuse

unterhaltsam (oon-terr-*hahlt*-zaam) *adj* entertaining, amusing

Unterhaltung (oon-terr-*hahl*-toong) *f* (pl ~en) conversation; entertainment, amusement

Unterhemd (*oon*-terr-hehmt) *nt* (pl ~en) undershirt

Unterhose (*oon*-terr-hōā-zer) *f* (pl ~n) pants *pl*; briefs *pl*, drawers, knickers *pl*; shorts *plAm*; underpants *plAm*

unterirdisch (*oon*-terr-eer-dish) *adj* underground

Unterkunft (*oon*-terr-koonft) *f* (pl ~e) accommodation; lodgings *pl*

Untermieter (*oon*-terr-mee-terr) *m* (pl ~) lodger

Unternehmen (oon-terr-*nāy*-mern) *nt* (pl ~) enterprise, business; concern, company

* **unternehmen** (oon-terr-*nāy*-mern) *v* *undertake

Unternehmer (oon-terr-*nāy*-merr) *m* (pl ~) contractor

Unternehmung (oon-terr-*nāy*-moong) *f* (pl ~en) undertaking

Unterredung (oon-terr-*rāy*-doong) *f* (pl ~en) interview

Unterricht (*oon*-terr-rikht) *m* tuition

unterrichten (oon-terr-*rikh*-tern) *v*

*teach

Unterrock (*oon*-terr-rok) *m* (pl ~e) slip

unterschätzen (oon-terr-*sheh*-tsern) *v* underestimate

* **unterscheiden** (oon-terr-*shigh*-dern) *v* distinguish; **sich ~** differ

Unterscheidung (oon-terr-*shigh*-doong) *f* distinction

Unterschied (*oon*-terr-sheet) *m* (pl ~e) difference, distinction; contrast

* **unterschreiben** (oon-terr-*shrigh*-bern) *v* sign

Unterschrift (*oon*-terr-shrift) *f* (pl ~en) signature

unterst (*oon*-terrst) *adj* bottom

* **unterstreichen** (oon-terr-*shtrigh*-khern) *v* underline

Unterströmung (*oon*-terr-shtrūr-moong) *f* undercurrent

unterstützen (oon-terr-*shtew*-tsern) *v* support; assist, aid

Unterstützung (oon-terr-*shtew*-tsoong) *f* (pl ~en) support; assistance, relief

untersuchen (oon-terr-*zōō*-khern) *v* enquire, investigate

Untersuchung (oon-terr-*zōō*-khoong) *f* (pl ~en) enquiry, investigation, inquiry; check-up, examination

Untertasse (*oon*-terr-tah-ser) *f* (pl ~n) saucer

Untertitel (*oon*-terr-tee-terl) *m* (pl ~) subtitle

Unterwäsche (*oon*-terr-veh-sher) *fpl* underwear

* **unterweisen** (oon-terr-*vigh*-zern) *v* instruct

Unterweisung (oon-terr-*vigh*-zoong) *f* instruction

* **unterwerfen** (oon-terr-*vehr*-fern) *v* subject; **sich ~** submit; **unterworfen** liable to

unterzeichnen (oon-terr-*tsighkh*-nern) *v* sign

Unterzeichnete (oon-terr-*tsighkh*-ner-ter) *m* (pl ~n) undersigned

untreu (*oon*-troi) *adj* unfaithful

unüberlegt (*oon*-ēw-berr-lāykt) *adj* unwise

unübertroffen (*oon*-ēw-berr-tro-fern) *adj* unsurpassed

ununterbrochen (*oon*-oon-terr-bro-khern) *adj* continuous

unverdient (*oon*-fehr-deent) *adj* unearned

unverletzt (*oon*-fehr-lehtst) *adj* unhurt

unvermeidlich (oon-fehr-*might*-likh) *adj* unavoidable, inevitable

unvernünftig (*oon*-fehr-newnf-tikh) *adj* unreasonable

unverschämt (*oon*-fehr-shaimt) *adj* impudent, impertinent, insolent

Unverschämtheit (*oon*-fehr-shaimt-hight) *f* impertinence, insolence

unversehrt (*oon*-fehr-zāyrt) *adj* unbroken; intact

unverzüglich (oon-fehr-*tsēwk*-likh) *adj* prompt; *adv* immediately, instantly

unvollkommen (*oon*-fol-ko-mern) *adj* imperfect

unvollständig (*oon*-fol-shtehn-dikh) *adj* incomplete

unvorhergesehen (*oon*-fōar-hāyr-ger-zāy-ern) *adj* unexpected

unwahr (*oon*-vaar) *adj* untrue, false

unwahrscheinlich (*oon*-vaar-shighn-likh) *adj* unlikely, improbable

Unwetter (*oon*-veh-terr) *nt* (pl ~) tempest

unwichtig (*oon*-vikh-tikh) *adj* unimportant

unwiderruflich (*oon*-vee-derr-rōōf-likh) *adj* irrevocable

unwillig (*oon*-vi-likh) *adj* unwilling

unwissend (*oon*-vi-sernt) *adj* ignorant

unwohl (*oon*-vōal) *adj* unwell

unzerbrechlich (*oon*-tsehr-brehkh-likh) *adj* unbreakable

unzufrieden (*oon*-tsoo-free-dern) *adj* dissatisfied, discontented

unzugänglich (*oon*-tsōō-gerng-likh) *adj* inaccessible

unzulänglich (*oon*-tsōō-lehng-likh) *adj* inadequate

Unzulänglichkeit (*oon*-tsōō-lehng-likh-kight) *f* (pl ~en) shortcoming

unzuverlässig (*oon*-tsōō-vehr-leh-sikh) *adj* untrustworthy, unreliable

unzweckmäßig (*oon*-tsvehk-mai-sikh) *adj* inefficient

uralt (*ōōr*-ahlt) *adj* ancient

Urin (oo-*reen*) *m* urine

Urkunde (*ōōr*-koon-der) *f* (pl ~n) certificate, document

Urlaub (*ōōr*-loup) *m* (pl ~e) holiday; leave; **auf** ~ on holiday

Ursache (*ōōr*-zah-kher) *f* (pl ~n) cause; reason

Ursprung (*ōōr*-shproong) *m* (pl ~e) origin

ursprünglich (*ōōr*-shprewng-likh) *adj* original

Urteil (*oor*-tighl) *nt* (pl ~e) judgment; sentence, verdict

urteilen (*oor*-tigh-lern) *v* judge

Urteilsspruch (*oor*-tighls-shprookh) *m* (pl ~e) verdict

Uruguay (oo-roo-*gvigh*) Uruguay

uruguayisch (oo-roo-*gvigh*-ish) *adj* Uruguayan

Urwald (*ōōr*-vahlt) *m* (pl ~er) jungle

V

Vagabund (vah-gah-*boont*) *m* (pl ~en) tramp

vage (*vaa*-ger) *adj* faint

Vakanz (vah-*kahnts*) *f* (pl ~en) vacancy

Vakuum (*vaa*-koo-oom) *nt* (pl Vakua)

vacuum

Vanille (vah-*ni*-l^yer) *f* vanilla

Varietétheater (vah-ri-ay-*tāy*-tay-aa-terr) *nt* (pl ~) music-hall, variety theatre

Varietévorstellung (vah-ri-ay-*tāy*-fōar-shteh-loong) *f* (pl ~en) variety show

variieren (vah-ri-*ee*-rern) *v* vary

Vase (*vaa*-zer) *f* (pl ~n) vase

Vaseline (vah-say-*lee*-ner) *f* vaseline

Vater (*faa*-terr) *m* (pl ~) father; dad

Vaterland (*faa*-terr-lahnt) *nt* native country; fatherland

Vati (*faa*-ti) *m* daddy

Vegetarier (vay-gay-*taa*-r^yerr) *m* (pl ~) vegetarian

Vegetation (vay-gay-tah-*ts^yōān*) *f* (pl ~en) vegetation

Veilchen (*fighl*-khern) *nt* (pl ~) violet

Venezolaner (vay-nay-tsoa-*laa*-nerr) *m* (pl ~) Venezuelan

venezolanisch (vay-nay-tsoa-*laa*-nish) *adj* Venezuelan

Venezuela (vay-nay-tsoo-*āy*-lah) Venezuela

Ventil (vehn-*teel*) *nt* (pl ~e) valve

Ventilation (vehn-ti-lah-*ts^yōān*) *f* (pl ~en) ventilation

Ventilator (vehn-ti-*laa*-tor) *m* (pl ~en) fan, ventilator

Ventilatorriemen (vehn-ti-*laa*-tor-ree-mern) *m* (pl ~) fan belt

ventilieren (vehn-ti-*lee*-rern) *v* ventilate

Verabredung (fehr-*ahp*-rāy-doong) *f* (pl ~en) appointment; date, engagement

verabreichen (fehr-*ahp*-righ-khern) *v* administer

verachten (fehr-*ahkh*-tern) *v* despise, scorn

Verachtung (fehr-*ahkh*-toong) *f* scorn, contempt

veraltet (fehr-*ahl*-tert) *adj* ancient; out

of date

Veranda (vay-*rahn*-dah) *f* (pl -den) veranda

veränderlich (fehr-*ehn*-derr-likh) *adj* variable

verändern (fehr-*ehn*-derrn) *v* alter; vary

Veränderung (fehr-*ehn*-der-roong) *f* (pl ~en) alteration; variation

verängstigt (fehr-*ehngs*-tikht) *adj* frightened

veranschlagen (fehr-*ahn*-shlaa-gern) *v* evaluate, estimate

verantwortlich (fehr-*ahnt*-vort-likh) *adj* responsible; liable

Verantwortlichkeit (fehr-*ahnt*-vort-likh-kight) *f* responsibility; liability

verausgaben (fehr-*ouss*-gaa-bern) *v* *spend

Verband (fehr-*bahnt*) *m* (pl ~e) bandage; federation

Verbandskasten (fehr-*bahnts*-kahss-tern) *m* (pl ~) first-aid kit

Verbannte (fehr-*bahn*-ter) *m* (pl ~n) exile

Verbannung (fehr-*bah*-noong) *f* exile

***verbergen** (fehr-*behr*-gern) *v* *hide; conceal

verbessern (fehr-*beh*-serrn) *v* improve; correct

Verbesserung (fehr-*beh*-ser-roong) *f* (pl ~en) improvement; correction

***verbieten** (fehr-*bee*-tern) *v* *forbid, prohibit

***verbinden** (fehr-*bin*-dern) *v* link, join, connect; combine; dress

Verbindung (fehr-*bin*-doong) *f* (pl ~en) link; connection; relation; **sich in ~ setzen mit** contact

verblassen (fehr-*blah*-sern) *v* fade

verblüffen (fehr-*blew*-fern) *v* astonish; overwhelm

Verbot (fehr-*bōāt*) *nt* (pl ~e) prohibition

verboten (fehr-*bōā*-tern) adj prohibited

verbrauchen (fehr-*brou*-khern) v use up

Verbraucher (fehr-*brou*-kherr) m (pl ~) consumer

Verbrauchssteuer (fehr-*broukhs*-shtoi-err) f purchase tax; sales tax

Verbrechen (fehr-*breh*-khern) nt (pl ~) crime

Verbrecher (fehr-*breh*-kherr) m (pl ~) criminal

verbrecherisch (fehr-*breh*-kher-rish) adj criminal

verbreiten (fehr-*brigh*-tern) v *shed

*verbrennen** (fehr-*breh*-nern) v *burn; cremate

*verbringen** (fehr-*bring*-ern) v *spend

verbunden (fehr-*boon*-dern) adj joint

Verbündete (fehr-*bewn*-der-ter) m (pl ~n) associate

Verdacht (fehr-*dahkht*) m suspicion

verdächtig (fehr-*dehkh*-tikh) adj suspicious

Verdächtige (fehr-*dehkh*-ti-ger) m (pl ~n) suspect

verdächtigen (fehr-*dehkh*-ti-gern) v suspect

verdampfen (fehr-*dahm*-pfern) v evaporate

verdanken (fehr-*dahng*-kern) v owe

verdauen (fehr-*dou*-ern) v digest

verdaulich (fehr-*dou*-likh) adj digestible

Verdauung (fehr-*dou*-oong) f digestion

verdecken (fehr-*deh*-kern) v cover

*verderben** (fehr-*dehr*-bern) v *spoil; **leicht verderblich** perishable

verdicken (fehr-*di*-kern) v thicken

verdienen (fehr-*dee*-nern) v earn, *make; deserve, merit

Verdienst (fehr-*deenst*) nt (pl ~e) merit; m earnings pl

verdorben (fehr-*dor*-bern) adj rotten

verdrehen (fehr-*drāy*-ern) v wrench

Verdruß (fehr-*drooss*) m annoyance

verdünnen (fehr-*dew*-nern) v dilute

verehren (fehr-*āy*-rern) v worship

Verein (fehr-*ighn*) m (pl ~e) society, club

vereinigen (fehr-*igh*-ni-gern) v unite; join; **Vereinigte Staaten** United States, the States

Vereinigung (fehr-*igh*-ni-goong) f (pl ~en) association; union

Verfahren (fehr-*faa*-rern) nt (pl ~) procedure; process

*verfahren** (fehr-*faa*-rern) v proceed

verfallen (fehr-*fah*-lern) adj expired

*verfallen** (fehr-*fah*-lern) v expire

sich verfärben (fehr-*fehr*-bern) discolour

verfärbt (fehr-*fehrpt*) adj discoloured

Verfasser (fehr-*fah*-serr) m (pl ~) author

Verfassung (fehr-*fah*-soong) f condition

Verfechter (fehr-*fehkh*-terr) m (pl ~) champion

verfluchen (fehr-*flōō*-khern) v curse

verfolgen (fehr-*fol*-gern) v carry on; chase, pursue

verfügbar (fehr-*fewk*-baar) adj available

verfügen über (fehr-*few*-gern) dispose of

Verfügung (fehr-*few*-goong) f disposal

verführen (fehr-*few*-rern) v seduce

vergangen (fehr-*gahng*-ern) adj past

Vergangenheit (fehr-*gahng*-ern-hight) f past

Vergaser (fehr-*gaa*-zerr) m (pl ~) carburettor

vergebens (fehr-*gāy*-berns) adv in vain

sich vergegenwärtigen (fehr-*gāy*-gern-*vehr*-ti-gern) realize

Vergehen (fehr-*gāy*-ern) *nt* (pl ~) offence

*vergehen (fehr-*gāy*-ern) *v* pass; sich ~ offend

*vergessen (fehr-*geh*-sern) *v* *forget

vergeßlich (fehr-*gehss*-likh) *adj* forgetful

vergeuden (fehr-*goi*-dern) *v* waste

vergewaltigen (fehr-ger-*vahl*-ti-gern) *v* assault, rape

sich vergewissern (fehr-ger-*vi*-serrn) *v* ascertain

*vergießen (fehr-*gee*-sern) *v* *shed

vergiften (fehr-*gif*-tern) *v* poison

Vergleich (fehr-*glighkh*) *m* (pl ~e) comparison; compromise, settlement

*vergleichen (fehr-*gligh*-khern) *v* compare

Vergnügen (fehr-*gnēw*-gern) *nt* (pl ~) fun, pleasure; amusement; **mit** ~ gladly

vergoldet (fehr-*gol*-dert) *adj* gilt

vergrößern (fehr-*grūr*-serrn) *v* enlarge; increase

Vergrößerung (fehr-*grūr*-ser-roong) *f* (pl ~en) enlargement

Vergrößerungsglas (fehr-*grūr*-ser-roongs-glaass) *nt* (pl ~̈er) magnifying glass

vergüten (fehr-*gēw*-tern) *v* *make good

verhaften (fehr-*hahf*-tern) *v* arrest

Verhaftung (fehr-*hahf*-toong) *f* (pl ~en) arrest

Verhältnis (fehr-*hehlt*-niss) *nt* (pl ~se) proportion; affair

verhältnismäßig (fehr-*hehlt*-niss-mai-sikh) *adj* relative

verhandeln (fehr-*hahn*-derln) *v* negotiate

Verhandlung (fehr-*hahn*-dloong) *f* (pl ~en) negotiation

Verhängnis (fehr-*hehng*-niss) *nt* destiny

verhängnisvoll (fehr-*hehng*-niss-fol) *adj* ominous; fatal

verhätscheln (fehr-*heh*-cherln) *v* cuddle

verheerend (fehr-*hāy*-rernt) *adj* disastrous

verhindern (fehr-*hin*-derrn) *v* prevent

Verhör (fehr-*hūrr*) *nt* (pl ~e) interrogation, examination

verhören (fehr-*hūr*-rern) *v* interrogate

verhüten (fehr-*hēw*-tern) *v* prevent

verirrt (fehr-*eert*) *adj* lost

verjagen (fehr-*ʸaa*-gern) *v* chase

Verkauf (fehr-*kouf*) *m* (pl ~̈e) sale

verkaufen (fehr-*kou*-fern) *v* *sell; **im kleinen** ~ retail; **zu** ~ for sale

Verkäufer (fehr-*koi*-ferr) *m* (pl ~) salesman; shop assistant

Verkäuferin (fehr-*koi*-fer-rin) *f* (pl ~nen) salesgirl

verkäuflich (fehr-*koif*-likh) *adj* saleable

Verkehr (fehr-*kāyr*) *m* traffic

verkehren mit (fehr-*kāy*-rern) mix with

Verkehrsampel (fehr-*kāyrs*-ahm-perl) *f* (pl ~n) traffic light

verkehrsreich (fehr-*kāyrs*-righkh) *adj* busy

Verkehrsstauung (fehr-*kāyrs*-shtou-oong) *f* (pl ~en) traffic jam, jam

Verkehrsverein (fehr-*kāyrs*-fehr-ighn) *m* tourist office

verkehrt (fehr-*kāyrt*) *adj* false; *adv* inside out

sich verkleiden (fehr-*kligh*-dern) disguise

Verkleidung (fehr-*kligh*-doong) *f* (pl ~en) disguise

verkrüppelt (fehr-*krew*-perlt) *adj* crippled

verkürzen (fehr-*kewr*-tsern) *v* shorten

Verlangen (fehr-*lahng*-ern) *nt* desire

verlangen (fehr-*lahng*-ern) v desire; demand; charge

verlängern (fehr-*lehng*-errn) v lengthen, extend; renew

Verlängerung (fehr-*lehng*-er-roong) f (pl ~en) extension

Verlängerungsschnur (fehr-*lehng*-er-roongs-shnōōr) f (pl ~e) extension cord

verlangsamen (fehr-*lahng*-zaa-mern) v slow down

verlassen (fehr-*lah*-sern) adj desert

*****verlassen** (fehr-*lah*-sern) v *leave; desert; **sich ~ auf** rely on

verlegen (fehr-*lāy*-gern) v *mislay; adj embarrassed; **in Verlegenheit *bringen** embarrass

Verleger (fehr-*lāy*-gerr) m (pl ~) publisher

*****verleihen** (fehr-*ligh*-ern) v grant

verlernen (fehr-*lehr*-nern) v unlearn

verletzbar (fehr-*lehts*-baar) adj vulnerable

verletzen (fehr-*leh*-tsern) v *hurt, injure; wound

Verletzung (fehr-*leh*-tsoong) f (pl ~en) injury; violation

Verleumdung (fehr-*loim*-doong) f (pl ~en) slander

verliebt (fehr-*leept*) adj in love

*****verlieren** (fehr-*lee*-rern) v *lose

verlobt (fehr-*lōapt*) adj engaged

Verlobte (fehr-*lōap*-ter) m (pl ~n) fiancé; f fiancée

Verlobung (fehr-*lōa*-boong) f (pl ~en) engagement

Verlobungsring (fehr-*lōa*-boongs-ring) m (pl ~e) engagement ring

Verlust (fehr-*loost*) m (pl ~e) loss

*****vermeiden** (fehr-*migh*-dern) v avoid

Vermerk (fehr-*mehrk*) m (pl ~e) note

Vermerkhäkchen (fehr-*mehrk*-haik-khern) nt (pl ~) tick

vermieten (fehr-*mee*-tern) v *let; lease; **zu ~** for hire

vermindern (fehr-*min*-derrn) v lessen, decrease, reduce

vermischt (fehr-*misht*) adj miscellaneous

Vermißte (fehr-*miss*-ter) m (pl ~n) missing person

vermitteln (fehr-*mi*-terln) v mediate

Vermittler (fehr-*mit*-lerr) m (pl ~) mediator; intermediary

Vermögen (fehr-*mūr*-gern) nt (pl ~) ability; fortune

vermuten (fehr-*mōō*-tern) v suspect; guess, suppose

vermutlich (fehr-*mōōt*-likh) adj presumable, probable

Vermutung (fehr-*mōō*-toong) f (pl ~en) guess

vernachlässigen (fehr-*naakh*-leh-si-gern) v neglect

Vernachlässigung (fehr-*naakh*-leh-si-goong) f (pl ~en) neglect

verneinend (fehr-*nigh*-nernt) adj negative

vernichten (fehr-*nikh*-tern) v destroy; wreck

Vernunft (fehr-*noonft*) f sense, reason

vernünftig (fehr-*newnf*-tikh) adj reasonable

veröffentlichen (fehr-*ur*-fernt-li-khern) v publish

Veröffentlichung (fehr-*ur*-fernt-li-khoong) f (pl ~en) publication

verpachten (fehr-*pahkh*-tern) v lease

Verpackung (fehr-*pah*-koong) f (pl ~en) packing

verpassen (fehr-*pah*-sern) v miss

verpfänden (fehr-*pfehn*-dern) v pawn

verpflichten (fehr-*pflikh*-tern) v oblige; **sich ~ engage; verpflichtet *sein zu** *be obliged to

Verpflichtung (fehr-*pflikh*-toong) f (pl ~en) engagement

Verrat (fehr-*raat*) m treason

*verraten (fehr-*raa*-tern) v betray; *give away

Verräter (fehr-*rai*-terr) m (pl ~) traitor

verrenkt (fehr-*rehngkt*) adj dislocated

verrichten (fehr-*rikh*-tern) v perform

verrückt (fehr-*rewkt*) adj mad, crazy; idiotic

Vers (fehrs) m (pl ~e) verse

versagen (fehr-*zaa*-gern) v fail; deny

versammeln (fehr-*zah*-merln) v assemble; sich ~ gather

Versammlung (fehr-*zahm*-loong) f (pl ~en) assembly, meeting; rally

Versand (fehr-*zahnt*) m expedition

verschaffen (fehr-*shah*-fern) v furnish

verschicken (fehr-*shi*-kern) v dispatch

*verschieben (fehr-*shee*-bern) v adjourn; *put off

verschieden (fehr-*shee*-dern) adj different, distinct; varied; verschiedene various; ~ *sein vary

*verschießen (fehr-*shee*-sern) v fade

*verschlafen (fehr-*shlaa*-fern) v *oversleep

*verschließen (fehr-*shlee*-sern) v lock

*verschlingen (fehr-*shling*-ern) v swallow

verschlissen (fehr-*shli*-sern) adj threadbare

Verschluß (fehr-*shlooss*) m (pl -schlüsse) fastener

Verschmutzung (fehr-*shmoo*-tsoong) f pollution

*verschreiben (fehr-*shrigh*-bern) v prescribe

verschütten (fehr-*shew*-tern) v *spill

verschwenderisch (fehr-*shvehn*-derrish) adj wasteful, lavish

Verschwendung (fehr-*shvehn*-doong) f waste

*verschwinden (fehr-*shvin*-dern) v disappear, vanish

sich *verschwören (fehr-*shvūr*-rern) conspire

Verschwörung (fehr-*shvūr*-roong) f (pl ~en) plot

Versehen (fehr-*zay*-ern) nt (pl ~) oversight; mistake

*versehen mit (fehr-*zay*-ern) furnish with

*versenden (fehr-*zehn*-dern) v despatch; ship

versetzen (fehr-*zeh*-tsern) v move

versichern (fehr-*zi*-kherrn) v assure; insure

Versicherung (fehr-*zi*-kher-roong) f (pl ~en) insurance

Versicherungspolice (fehr-*zi*-kher-roongs-poa-lee-ser) f (pl ~n) insurance policy

Versöhnung (fehr-*zūr*-noong) f (pl ~en) reconciliation

versorgen (fehr-*zor*-gern) v look after

verspätet (fehr-*shpai*-tert) adj late

versperren (fehr-*shpeh*-rern) v block

verspotten (fehr-*shpo*-tern) v mock

Versprechen (fehr-*shpreh*-khern) nt (pl ~) promise

*versprechen (fehr-*shpreh*-khern) v promise

Verstand (fehr-*shtahnt*) m brain; wits pl, sense, intellect, reason

verständig (fehr-*shtehn*-dikh) adj sensible

Verständigung (fehr-*shtehn*-di-goong) f understanding

verstauchen (fehr-*shtou*-khern) v sprain

Verstauchung (fehr-*shtou*-khoong) f (pl ~en) sprain

verstecken (fehr-*shteh*-kern) v *hide

*verstehen (fehr-*shtāy*-ern) v *understand; *take; conceive

Versteigerung (fehr-*shtigh*-ger-roong) f (pl ~en) auction

sich verstellen (fehr-*shteh*-lern) pretend

verstimmen (fehr-*shti*-mern) v displease

verstopft (fehr-*shtopft*) *adj* constipated

Verstopfung (fehr-*shto*-pfoong) *f* constipation

verstorben (fehr-*shtor*-bern) *adj* dead

Verstoß (fehr-*shtoáss*) *m* offence

verstreuen (fehr-*shtroi*-ern) *v* scatter

Versuch (fehr-*zóokh*) *m* (pl ~e) try, attempt; trial, experiment

versuchen (fehr-*zóo*-khern) *v* try, attempt; tempt

Versuchung (fehr-*zóo*-khoong) *f* (pl ~en) temptation

verteidigen (fehr-*tigh*-di-gern) *v* defend

Verteidigung (fehr-*tigh*-di-goong) *f* defence

Verteidigungsrede (fehr-*tigh*-di-goongs-ráy-der) *f* (pl ~n) plea

verteilen (fehr-*tigh*-lern) *v* divide; distribute

Vertrag (fehr-*traak*) *m* (pl ͏̈e) agreement; contract; treaty

Vertrauen (fehr-*trou*-ern) *nt* confidence; trust, faith

vertrauen (fehr-*trou*-ern) *v* trust

vertraulich (fehr-*trou*-likh) *adj* confidential; familiar

vertraut (fehr-*trout*) *adj* familiar

*****vertreiben** (fehr-*trigh*-bern) *v* chase

*****vertreten** (fehr-*tráy*-tern) *v* represent

Vertreter (fehr-*tráy*-terr) *m* (pl ~) agent

Vertretung (fehr-*tráy*-toong) *f* (pl ~en) representation; agency

verüben (fehr-*éw*-bern) *v* commit

Verunreinigung (fehr-*oon*-righ-ni-goong) *f* pollution

verursachen (fehr-*óor*-zah-khern) *v* cause

verurteilen (fehr-*oor*-tigh-lern) *v* sentence

Verurteilte (fehr-*oor*-tighl-ter) *m* (pl

~n) convict

verwalten (fehr-*vahl*-tern) *v* manage

Verwaltung (fehr-*vahl*-toong) *f* (pl ~en) administration; management, direction; rule, government; **Verwaltungs-** administrative

Verwaltungsrecht (fehr-*vahl*-toongs-rehkht) *nt* administrative law

verwandeln (fehr-*vahn*-derln) *v* transform; **sich ~ in** turn into

verwandt (fehr-*vahnt*) *adj* related

Verwandte (fehr-*vahn*-ter) *m* (pl ~n) relative, relation

Verwandtschaft (fehr-*vahnt*-shahft) *f* family

verwechseln (fehr-*veh*-kserln) *v* *mistake

verweigern (fehr-*vigh*-gerrn) *v* deny, refuse

Verweigerung (fehr-*vigh*-ger-roong) *f* (pl ~en) refusal

verweilen (fehr-*vigh*-lern) *v* stay

Verweis (fehr-*vighss*) *m* (pl ~e) reference

*****verweisen auf** (fehr-*vigh*-zern) refer to

*****verwenden** (fehr-*vehn*-dern) *v* employ; apply

*****verwerfen** (fehr-*vehr*-fern) *v* turn down, reject

verwickelt (fehr-*vi*-kerlt) *adj* complicated, complex

verwirklichen (fehr-*veerk*-li-khern) *v* realize

verwirren (fehr-*vi*-rern) *v* confuse; embarrass

Verwirrung (fehr-*vi*-roong) *f* confusion; disturbance

verwöhnen (fehr-*vúr*-nern) *v* *spoil

verwunden (fehr-*voon*-dern) *v* wound

verwundern (fehr-*voon*-derrn) *v* amaze

Verwunderung (fehr-*voon*-der-roong) *f* wonder

Verwundung (fehr-*voon*-doong) *f* (pl

~en) injury

Verzeichnis (fehr-*tsighkh*-niss) *nt* (pl ~se) index

*__verzeihen__ (fehr-*tsigh*-ern) *v* *forgive; excuse

Verzeihung (fehr-*tsigh*-oong) *f* pardon; **Verzeihung!** sorry!

verzögern (fehr-*tsūr*-gerrn) *v* delay; slow down

Verzögerung (fehr-*tsūr*-ger-roong) *f* (pl ~en) delay

verzollen (fehr-*tso*-lern) *v* declare

verzweifeln (fehr-*tsvigh*-ferln) *v* despair

verzweifelt (fehr-*tsvigh*-ferlt) *adj* desperate

Verzweiflung (fehr-*tsvigh*-floong) *f* despair

Vestibül (vehss-ti-*bewl*) *nt* (pl ~e) lobby

Vetter (*feh*-terr) *m* (pl ~n) cousin

Viadukt (vi-ah-*dookt*) *m* (pl ~e) viaduct

vibrieren (vi-*bree*-rern) *v* vibrate

Videokamera (*vi*-deh-o-kah-may-rah) *f* (pl ~s) video camera

Videokassette (*vi*-deh-o-kah-seht-ter) *f* (pl ~n) video cassette

Videorekorder (*vi*-deh-o-ray-kor-derr) *m* (pl ~) video recorder

Vieh (fee) *nt* cattle *pl*

viel (feel) *adj* much, many; *adv* much, far

vielleicht (fi-*lighkht*) *adv* maybe, perhaps

vielmehr (feel-*māyr*) *adv* rather

vielseitig (*feel*-zigh-tikh) *adj* all-round

vier (feer) *num* four

vierte (*feer*-ter) *num* fourth

Viertel (*feer*-terl) *nt* (pl ~) quarter

vierteljährlich (*feer*-terl-Yair-likh) *adj* quarterly

Viertelstunde (feer-terl-*shtoon*-der) *f* (pl ~n) quarter of an hour

vierzehn (*feer*-tsāyn) *num* fourteen

vierzehnte (*feer*-tsāyn-ter) *num* fourteenth

vierzig (*feer*-tsikh) *num* forty

Vikar (vi-*kaar*) *m* (pl ~e) vicar

Villa (*vi*-lah) *f* (pl Villen) villa

violett (vi-oa-*leht*) *adj* violet

Visitenkarte (vi-*zee*-tern-kahr-ter) *f* (pl ~n) visiting-card

visitieren (vi-zi-*tee*-rern) *v* search

Visum (*vee*-zoom) *nt* (pl Visa) visa

Vitamin (vi-tah-*meen*) *nt* (pl ~e) vitamin

Vitrine (vi-*tree*-ner) *f* (pl ~n) showcase

vokal (voa-*kaal*) *adj* vocal

Vokabular (voa-kah-boo-*laar*) *nt* vocabulary

Volk (folk) *nt* (pl ~̈er) people; nation, folk; **Volks-** national; popular; vulgar

Volkslied (*folks*-leet) *nt* (pl ~er) folk song

Volksschullehrer (*folks*-shool-lāy-rerr) *m* (pl ~) schoolmaster, teacher

Volkstanz (*folks*-tahnts) *m* (pl ~̈e) folk-dance

Volkswirt (*folks*-veert) *m* (pl ~e) economist

voll (fol) *adj* full; crowded; **brechend ~** chock-full

vollbesetzt (*fol*-ber-zehtst) *adj* full up

vollblütig (*fol*-blēw-tikh) *adj* thoroughbred

vollenden (fol-*ehn*-dern) *v* accomplish; complete

vollfüllen (*fol*-few-lern) *v* fill up

völlig (*fur*-likh) *adj* utter; *adv* completely, absolutely, quite

vollkommen (fol-*ko*-mern) *adj* perfect; *adv* completely

Vollkommenheit (fol-*ko*-mern-hight) *f*

perfection

Vollkornbrot (fol-korn-brōat) nt wholemeal bread

Vollpension (fol-pahng-sʸōan) f full board, board and lodging, bed and board

vollständig (fol-shtehn-dikh) adj complete, whole

*vollziehen** (fol-tsee-ern) v execute; **vollziehend** adj executive

Volt (volt) nt volt

Volumen (voa-lōō-mern) nt (pl ~) volume

von (fon) prep of; from, off; by; with; ~ ... **an** from, as from; ~ **nun an** henceforth

vor (fōar) prep before; ahead of, in front of; to; ~ **allem** essentially

*vorangehen** (foa-rahn-gāy-ern) v precede

Voranschlag (fōar-ahn-shlaak) m (pl ~e) estimate; budget

voraus (foa-rouss) adv forward; **im** ~ in advance

vorausbezahlt (foa-rouss-ber-tsaalt) adj prepaid

voraussagen (foa-rouss-zaa-gern) v forecast

voraussetzen (foa-rouss-zeh-tsern) v assume; **vorausgesetzt daß** provided that

Vorbehalt (fōar-ber-hahlt) m (pl ~e) qualification

vorbei (foar-bigh) adv over; **an** ... ~ past

*vorbeifahren** (foar-bigh-faa-rern) v pass vAm

*vorbeigehen** (foar-bigh-gāy-ern) v pass by

vorbereiten (fōar-ber-righ-tern) v prepare; arrange

Vorbereitung (fōar-ber-righ-toong) f (pl ~en) preparation

vorbestellen (fōar-ber-shtehl-lern) v re-

serve

vorbeugend (fōar-boi-gernt) adj preventive

Vorbildung (fōar-bil-doong) f background

*vorbringen** (fōar-bring-ern) v *bring up

Vordergrund (for-derr-groont) m foreground

Vorderseite (for-derr-zigh-ter) f front

Vorfahr (fōar-faar) m (pl ~en) ancestor

Vorfahrtsrecht (fōar-faarts-rehkht) nt right of way

Vorfall (fōar-fahl) m (pl ~e) event

vorführen (fōar-few-rern) v exhibit

Vorgang (fōar-gahng) m (pl ~e) process

Vorgänger (fōar-gehng-err) m (pl ~) predecessor

*vorgeben** (fōar-gāy-bern) v pretend

Vorgehen (fōar-gāy-ern) nt policy

*vorgehen** (fōar-gāy-ern) v act

vorgestern (fōar-gehss-terrn) adv the day before yesterday

vorhanden (fōar-hahn-dern) adj available

Vorhang (fōar-hahng) m (pl ~e) curtain

Vorhängeschloß (fōar-hehng-er-shloss) nt (pl -schlösser) padlock

vorher (fōar-hāyr) adv in advance, before

vorhergehend (fōar-hāyr-gāy-ernt) adj previous, preceding, last

Vorhersage (fōar-hāyr-zaa-ger) f (pl ~n) forecast

vorhersagen (fōar-hāyr-zaa-gern) v predict

*vorhersehen** (fōar-hāyr-zāy-ern) v anticipate

vorig (fōa-rikh) adj previous, past

*vorkommen** (fōar-ko-mern) v occur

Vorladung (fōar-laa-doong) f (pl ~en)

summons

vorläufig (*fōar*-loi-fikh) *adj* provisional, temporary; preliminary

Vorleger (*fōar*-lāy-gerr) *m* (pl ~) rug

Vorlesung (*fōar*-lāy-zoong) *f* (pl ~en) lecture

vormals (*fōar*-maals) *adv* formerly

Vormittag (*fōar*-mi-taak) *m* (pl ~e) morning

Vormund (*fōar*-moont) *m* (pl ~e) tutor, guardian

Vormundschaft (*fōar*-moont-shahft) *f* custody

Vorname (*fōar*-naa-mer) *m* (pl ~n) first name, Christian name

vornehm (*fōar*-nāym) *adj* distinguished

Vorort (*fōar*-ort) *m* (pl ~e) suburb

Vorrang (*fōar*-rahng) *m* priority

Vorrat (*fōar*-raat) *m* (pl ~e) stock, store; provisions *pl*, supply

vorrätig (*fōar*-rai-tikh) *adj* available; ~ **haben stock

Vorrecht (*fōar*-rehkht) *nt* (pl ~e) privilege

Vorrichtung (*fōar*-rikh-toong) *f* (pl ~en) appliance, apparatus

***vorschießen** (*fōar*-shee-sern) *v* advance

Vorschlag (*fōar*-shlaak) *m* (pl ~e) proposition, proposal, suggestion

***vorschlagen** (*fōar*-shlaa-gern) *v* suggest, propose

Vorschrift (*fōar*-shrift) *f* (pl ~en) regulation

Vorschuß (*fōar*-shooss) *m* (pl -schüsse) advance

sich *vorsehen (*fōar*-zāy-ern) look out

Vorsicht (*fōar*-zikht) *f* caution; precaution

vorsichtig (*fōar*-zikh-tikh) *adj* careful; cautious

Vorsichtsmaßnahme (*fōar*-zikhts-maass-naa-mer) *f* (pl ~n) precaution

Vorsitzende (*fōar*-zi-tsern-der) *m* (pl ~n) chairman, president

Vorspeise (*fōar*-shpigh-zer) *f* (pl ~n) hors-d'œuvre

Vorsprung (*fōar*-shproong) *m* lead

Vorstadt (*fōar*-shtaht) *f* (pl ~e) suburb

vorstädtisch (*fōar*-shteh-tish) *adj* suburban

Vorstand (*fōar*-shtahnt) *m* (pl ~e) direction

vorstellen (*fōar*-shteh-lern) *v* present, introduce; represent; **sich ~** fancy, imagine; conceive

Vorstellung (*fōar*-shteh-loong) *f* introduction; conception, idea; show

Vorteil (*foar*-tighl) *m* (pl ~e) advantage; profit, benefit

vorteilhaft (*foar*-tighl-hahft) *adj* advantageous; cheap

Vortrag (*fōar*-traak) *m* (pl ~e) lecture

Vorurteil (*fōar*-oor-tighl) *nt* (pl ~e) prejudice

Vorverkaufskasse (*fōar*-fehr-koufs-kah-ser) *f* (pl ~n) box-office

Vorwand (*fōar*-vahnt) *m* (pl ~e) pretext, pretence

vorwärts (*fōar*-vehrts) *adv* ahead, forward, onwards

***vorwärtskommen** (*fōar*-vehrts-ko-mern) *v* *get on

***vorwerfen** (*fōar*-vehr-fern) *v* reproach; blame

Vorwurf (*fōar*-voorf) *m* (pl ~e) reproach; blame

vorzeitig (*fōar*-tsigh-tikh) *adj* premature

***vorziehen** (*fōar*-tsee-ern) *v* prefer

Vorzug (*fōar*-tsōōk) *m* (pl ~e) preference

vorzüglich (fōar-*tsewk*-likh) *adj* first-rate

Vulkan (vool-*kaan*) *m* (pl ~e) volcano

W

Waage (*vaa*-ger) *f* (pl ~n) scales *pl*, weighing-machine

waagerecht (*vaa*-ger-rehkht) *adj* horizontal

wach (vahkh) *adj* awake; ~ *werden wake up

Wache (*vah*-kher) *f* (pl ~n) guard

Wachs (vahks) *nt* wax

wachsam (*vahkh*-zaam) *adj* vigilant

*wachsen** (*vah*-ksern) *v* *grow

Wachsfigurenkabinett (*vahks*-fi-gōō-rern-kah-bi-neht) *nt* (pl ~e) wax-works *pl*

Wachtel (*vahkh*-terl) *f* (pl ~n) quail

Wächter (*vehkh*-terr) *m* (pl ~) warden

wacklig (*vahk*-likh) *adj* unsteady, shaky, ramshackle

Wade (*vaa*-der) *f* (pl ~n) calf

Waffe (*vah*-fer) *f* (pl ~n) weapon, arm

Waffel (*vah*-ferl) *f* (pl ~n) waffle

wagehalsig (*vaa*-ger-hahl-zikh) *adj* daring

Wagen (*vaa*-gern) *m* (pl ~) car; carriage, coach; cart; passenger car *Am*

wagen (*vaa*-gern) *v* dare; risk, venture

Wagenheber (*vaa*-gern-hāy-berr) *m* (pl ~) jack

Waggon (vah-~~gawng~~) *m* (pl ~s) waggon

Wahl (vaal) *f* (pl ~en) choice; pick, selection; election

wählen (*vai*-lern) *v* pick, *choose; elect

wählerisch (*vai*-ler-rish) *adj* particular

Wahlkreis (*vaal*-krighss) *m* (pl ~e) constituency

Wahlrecht (*vaal*-rehkht) *nt* franchise; suffrage

Wahlspruch (*vaal*-shprookh) *m* (pl ~̈e) slogan

Wahnsinn (*vaan*-zin) *m* madness

wahnsinnig (*vaan*-zi-nikh) *adj* crazy, insane

wahr (vaar) *adj* true; very

während (*vai*-rernt) *prep* for, during; *conj* while

wahrhaft (*vaar*-hahft) *adj* truthful

Wahrheit (*vaar*-hight) *f* (pl ~en) truth

wahrnehmbar (*vaar*-nāym-baar) *adj* noticeable, perceptible

*wahrnehmen** (*vaar*-nāy-mern) *v* perceive; note

wahrscheinlich (vaar-*shighn*-likh) *adj* likely, probable; *adv* probably

Währung (*vai*-roong) *f* (pl ~en) currency; **fremde** ~ foreign currency

Währungseinheit (*vai*-roongs-ighn-hight) *f* (pl ~en) monetary unit

Waise (*vigh*-zer) *f* (pl ~n) orphan

Wal (vaal) *m* (pl ~e) whale

Wald (vahlt) *m* (pl ~̈er) forest, wood

Waldung (*vahl*-doong) *f* (pl ~en) woodland

Wallgraben (*vahl*-graa-bern) *m* (pl ~̈) moat

Walnuß (*vahl*-nooss) *f* (pl -nüsse) walnut

Walzer (*vahl*-tserr) *m* (pl ~) waltz

Wand (vahnt) *f* (pl ~̈e) wall

wandern (*vahn*-derrn) *v* tramp, hike

Wandschrank (*vahnt*-shrahngk) *m* (pl ~̈e) closet

Wandtafel (*vahnt*-taa-ferl) *f* (pl ~n) blackboard

Wandteppich (*vahnt*-teh-pikh) *m* (pl ~e) tapestry

Wange (*vahng*-er) *f* (pl ~n) cheek

wankelmütig (*vahng*-kehl-mēw-tikh) *adj* unsteady

wanken (*vahng*-kern) *v* falter

wann (vahn) *adv* when; ~ **immer** whenever

Wanze (*vahn*-tser) f (pl ~n) bug

Ware (*vaa*-rer) f (pl ~n) merchandise; **Waren** wares pl, goods pl

Warenhaus (*vaa*-rern-houss) nt (pl ~er) drugstore nAm

warm (vahrm) adj hot, warm

Wärme (*vehr*-mer) f warmth; heat

wärmen (*vehr*-mern) v warm

Wärmflasche (*vehrm*-flah-sher) f (pl ~n) hot-water bottle

warnen (*vahr*-nern) v warn; caution

Warnung (*vahr*-noong) f (pl ~en) warning

Warteliste (*vahr*-ter-liss-ter) f (pl ~n) waiting-list

warten (*vahr*-tern) v wait; ~ **auf** await

Wärter (*vehr*-terr) m (pl ~) attendant

Wartezimmer (*vahr*-ter-tsi-merr) nt (pl ~) waiting-room

warum (vah-*room*) adv why

was (vahss) pron what; some; ~ ... **betrifft** as regards; ~ **auch immer** whatever

waschbar (*vahsh*-baar) adj washable

Waschbecken (*vahsh*-beh-kern) nt (pl ~) wash-basin

Wäsche (*veh*-sher) f washing, laundry; linen

waschecht (*vahsh*-ehkht) adj fast-dyed

Waschen (*vah*-shern) nt washing

***waschen** (*vah*-shern) v wash

Wäscherei (veh-sher-*righ*) f (pl ~en) laundry

Waschmaschine (*vahsh*-mah-shee-ner) f (pl ~n) washing-machine

Waschpulver (*vahsh*-pool-ferr) nt (pl ~) washing-powder

Waschtisch (*vahsh*-tish) m (pl ~e) wash-stand

Wasser (*vah*-serr) nt water; **fließendes** ~ running water

wasserdicht (*vah*-serr-dikht) adj waterproof, rainproof

Wasserfall (*vah*-serr-fahl) m (pl ~e) waterfall

Wasserfarbe (*vah*-serr-fahr-ber) f (pl ~n) water-colour

Wasserhahn (*vah*-serr-haan) m (pl ~e) faucet nAm

Wasserlauf (*vah*-serr-louf) m (pl ~e) stream

Wassermelone (*vah*-serr-may-loa-ner) f (pl ~n) watermelon

Wasserpumpe (*vah*-serr-poom-per) f (pl ~n) water pump

Wasserschi (*vah*-serr-shee) m (pl ~er) water ski

Wasserstoff (*vah*-serr-shtof) m hydrogen

Wasserstoffsuperoxyd (vah-serr-shtof-zoo-pehr-o-ksewt) nt peroxide

Wasserstraße (*vah*-serr-shtraa-ser) f (pl ~n) waterway

Wasserwaage (*vah*-serr-vaa-ger) f (pl ~n) level

waten (*vaa*-tern) v wade

Watte (*vah*-ter) f cotton-wool

weben (*vay*-bern) v *weave

Weber (*vay*-berr) m (pl ~) weaver

Wechsel (*vehk*-serl) m (pl ~) transition, change; exchange

Wechselgeld (*veh*-kserl-gehlt) nt change

Wechselkurs (*veh*-kserl-koors) m (pl ~e) exchange rate

wechseln (*veh*-kserln) v change, exchange; switch; vary

wechselseitig (*veh*-kserl-zigh-tikh) adj mutual

Wechselstrom (*veh*-kserl-shtroam) m alternating current

Wechselstube (*veh*-kserl-shtoo-ber) f (pl ~n) money exchange, exchange office

wecken (*veh*-kern) v *wake, *awake

Wecker (*veh*-kerr) m (pl ~) alarm-clock

Weg (vayk) m (pl ~e) way; drive

weg (vehk) adv away; lost; off

Wegegeld (vay-ger-gehlt) nt toll

wegen (vay-gern) prep because of; for, on account of

*weggehen (vehk-gay-ern) v depart, *leave; *go away

weglegen (vehk-lay-gern) v *put away

*wegnehmen (vehk-nay-mern) v *take away

Wegrand (vayk-rahnt) m (pl ~er) wayside

Wegweiser (vayk-vigh-zerr) m (pl ~) milepost, signpost

wegwerfbar (vehk-vehrf-baar) adj disposable

Wehen (vay-ern) fpl labour

wehen (vay-ern) v *blow

weh *tun (vay toon) *hurt

weiblich (vighp-likh) adj female; feminine

weich (vighkh) adj soft

weichen (vigh-khern) v soak

Weide (vigh-der) f (pl ~n) pasture

weiden (vigh-dern) v graze

Weihnachten (vigh-nahkh-tern) Xmas, Christmas

Weihrauch (vigh-roukh) m incense

weil (vighl) conj because; as

Weile (vigh-ler) f while

Weiler (vigh-lerr) m (pl ~) hamlet

Wein (vighn) m (pl ~e) wine

Weinberg (vighn-behrk) m (pl ~e) vineyard

weinen (vigh-nern) v *weep, cry

Weinhändler (vighn-hehn-dlerr) m (pl ~) wine-merchant

Weinkarte (vighn-kahr-ter) f (pl ~n) wine-list

Weinkeller (vighn-keh-lerr) m (pl ~) wine-cellar

Weinlese (vighn-lay-zer) f vintage

Weinrebe (vighn-ray-ber) f (pl ~n) vine

Weise (vigh-zer) f (pl ~n) way, fashion, manner

weise (vigh-zer) adj wise

*weisen (vigh-zern) v direct

Weisheit (vighss-hight) f (pl ~en) wisdom

weiß (vighss) adj white

Weißfisch (vighss-fish) m (pl ~e) whiting

weit (vight) adj broad; wide, vast; **bei weitem** by far

weiter (vigh-terr) adj further; **und so ~** and so on

*weitergehen (vigh-terr-gay-ern) v *go on

Weizen (vigh-tsern) m wheat

welcher (vehl-kherr) pron who; which; ~ **auch immer** whichever

Welle (veh-ler) f (pl ~n) wave

Wellenlänge (veh-lern-lehng-er) f (pl ~n) wave-length

Wellenreiterbrett (veh-lern-righ-terr-breht) nt (pl ~er) surf-board

wellig (veh-likh) adj wavy, undulating

Welt (vehlt) f world

Weltall (vehlt-ahl) nt universe

weltberühmt (vehlt-ber-rewmt) adj world-famous

Weltkrieg (vehlt-kreek) m (pl ~e) world war

weltumfassend (vehlt-oom-fah-sernt) adj global

weltweit (vehlt-vight) adj world-wide

wem (vaym) pron whom

*wenden (vehn-dern) v turn

Wendepunkt (vehn-der-poongkt) m (pl ~e) turning-point

Wendung (vehn-doong) f (pl ~en) turn

wenig (vay-nikh) adj little; few

weniger (vay-ni-gerr) adj minus; adv less

wenigstens (vay-nikhs-terns) adv at

least

wenn (vehn) *conj* if; when; ~ **auch** though

wer (vāyr) *pron* who; ~ **auch immer** whoever

Werbesendung (*vehr*-ber-zehn-doong) *f* (pl ~en) commercial

Werbung (*vehr*-boong) *f* (pl ~en) advertising

***werden** (*vāyr*-dern) *v* *will; *shall; *become; *go, *get, *grow

***werfen** (*vehr*-fern) *v* *throw; toss, *cast

Werk (vehrk) *nt* (pl ~e) deed; work; works *pl*

Werkmeister (*vehrk*-mighss-terr) *m* (pl ~) foreman

Werkstatt (*vehrk*-shtaht) *f* (pl ~en) workshop

Werktag (*vehrk*-taak) *m* (pl ~e) working day

Werkzeug (*vehrk*-tsoik) *nt* (pl ~e) tool; utensil, implement

Werkzeugtasche (*vehrk*-tsoik-tah-sher) *f* (pl ~n) tool kit

Wert (vāyrt) *m* (pl ~e) worth, value

wert (vāyrt) *adj* dear; ~ ***sein** *be worth

wertlos (*vāyrt*-lōass) *adj* worthless

Wertsachen (*vāyrt*-zah-khern) *fpl* valuables *pl*

wertvoll (*vāyrt*-fol) *adj* valuable

Wesen (*vāy*-zern) *nt* (pl ~) being; essence

Wesensart (*vāy*-zerns-aart) *f* nature

wesentlich (*vāy*-zernt-likh) *adj* essential; vital

Wespe (*vehss*-per) *f* (pl ~n) wasp

Weste (*vehss*-ter) *f* (pl ~n) waistcoat, vest *nAm*

Westen (*vehss*-tern) *m* west

westlich (*vehst*-likh) *adj* westerly; western

Wettbewerb (*veht*-ber-vehrp) *m* (pl ~e) competition, contest

Wette (*veh*-ter) *f* (pl ~n) bet

wetteifern (*veht*-igh-ferrn) *v* compete

wetten (*veh*-tern) *v* *bet

Wetter (*veh*-terr) *nt* weather

Wetterbericht (*veh*-terr-ber-rikht) *m* (pl ~e) weather forecast

Wettlauf (*veht*-louf) *m* (pl ~e) race

wichtig (*vikh*-tikh) *adj* important; **wichtigste** principal, main

Wichtigkeit (*vikh*-tikh-kight) *f* importance

Wichtigtuerei (vikh-tikh-tōō-er-*righ*) *f* fuss

Widerhall (*vee*-derr-hahl) *m* echo

widerlich (*vee*-derr-likh) *adj* disgusting

***widerrufen** (vee-derr-*rōō*-fern) *v* recall; cancel

sich widersetzen (vee-derr-*zeh*-tsern) oppose

widersinnig (*vee*-derr-zi-nikh) *adj* absurd

widerspiegeln (*vee*-derr-shpee-gerln) *v* reflect

***widersprechen** (vee-derr-*shpreh*-khern) *v* contradict; **widersprechend** contradictory

Widerspruch (*vee*-derr-shprookh) *m* (pl ~e) objection

Widerstand (*vee*-derr-shtahnt) *m* resistance

Widerstandsfähigkeit (*vee*-derr-shtahnts-fai-ikh-kight) *f* stamina

widerwärtig (*vee*-derr-vehr-tikh) *adj* revolting, repulsive, repellent

Widerwille (*vee*-derr-vi-ler) *m* aversion, dislike

widmen (*vit*-mern) *v* dedicate; devote

widrig (*vee*-drikh) *adj* nasty

wie (vee) *adv* how; *conj* like, like, such as; as; ~ **auch immer** any way

wieder (*vee*-derr) *adv* again; **hin und** ~ now and then

*wiederaufnehmen (vee-derr-*ouf*-nāy-mern) v resume

wiedererlangen (*vee*-derr-ehr-lahng-ern) v recover

wiedererstatten (*vee*-derr-ehr-shtah-tern) v reimburse

Wiederherstellung (vee-derr-*hāyr*-shteh-loong) f reparation; revival

wiederholen (vee-derr-*hōā*-lern) v repeat

Wiederholung (vee-derr-*hōā*-loong) f (pl ~en) repetition

auf Wiedersehen! (ouf vee-derr-*zāy*-ern) good-bye!

wiedervereinigen (*vee*-derr-fehr-igh-ni-gern) v reunite

Wiederverkäufer (*vee*-derr-fehr-koi-ferr) m (pl ~) retailer

wiederverwerten (*vee*-derr-fehr-verr-tern) v recycle

Wiege (*vee*-ger) f (pl ~n) cradle

*wiegen (*vee*-gern) v weigh

Wiese (*vee*-zer) f (pl ~n) meadow

wieviel (vi-*feel*) adv how much; how many

Wild (vilt) nt game

wild (vilt) adj wild; savage, fierce

wildern (*vil*-derrn) v poach

Wildleder (*vilt*-lāy-derr) nt suede

Wildpark (*vilt*-pahrk) m (pl ~s) game reserve

Wille (*vi*-ler) m will

willig (*vi*-likh) adj willing, co-operative

Willkommen (vil-*ko*-mern) nt welcome

willkommen (vil-*ko*-mern) adj welcome

willkürlich (*vil*-kewr-likh) adj arbitrary

Wimperntusche (*vim*-perrn-too-sher) f (pl ~n) mascara

Wind (vint) m (pl ~e) wind

Windel (*vin*-derl) f (pl ~n) nappy, diaper nAm

*winden (*vin*-dern) v *wind; twist

Windhund (*vint*-hoont) m (pl ~e) greyhound

windig (*vin*-dikh) adj windy, gusty

Windmühle (*vint*-mew-ler) f (pl ~n) windmill

Windpocken (*vint*-po-kern) fpl chickenpox

Windschutzscheibe (*vint*-shoots-shigh-ber) f (pl ~n) windscreen; windshield nAm

Windstoß (*vint*-shtōāss) m (pl ~e) gust, blow

Wink (vingk) m (pl ~e) sign

Winkel (*ving*-kerl) m (pl ~) angle

winken (*ving*-kern) v wave

Winker (*ving*-kerr) m (pl ~) trafficator; directional signal Am

Winter (*vin*-terr) m (pl ~) winter

Wintersport (*vin*-terr-shport) m winter sports

winzig (*vin*-tsikh) adj tiny, minute

Wippe (*vi*-per) f (pl ~n) seesaw

wir (veer) pron we

wirbeln (*veer*-berln) v *spin

Wirbelsturm (*veer*-berl-shtoorm) m (pl ~e) hurricane

wirken (*veer*-kern) v operate

wirklich (*veerk*-likh) adj actual, real; true, substantial, very; adv indeed, really

Wirklichkeit (*veerk*-likh-kight) f reality

wirksam (*veerk*-zaam) adj effective

Wirkung (*veer*-koong) f (pl ~en) effect; consequence

wirkungsvoll (*veer*-koongs-fol) adj effective

Wirkwaren (*veerk*-vaa-rern) fpl hosiery

Wirrwarr (*veer*-vahr) m muddle

Wirt (veert) m (pl ~e) landlord

Wirtin (*veer*-tin) f (pl ~nen) landlady

Wirtschaft (*veert*-shahft) f economy

wirtschaftlich (*veert*-shahft-likh) adj

economic

Wirtshaus (*veerts*-houss) *nt* (pl ∵er) public house; pub

***wissen** (*vi*-sern) *v* *know

Wissenschaft (*vi*-sern-shahft) *f* (pl ~en) science

Wissenschaftler (*vi*-sern-shahft-lerr) *m* (pl ~) scientist

wissenschaftlich (*vi*-sern-shahft-likh) *adj* scientific

Witwe (*vit*-ver) *f* (pl ~n) widow

Witwer (*vit*-verr) *m* (pl ~) widower

Witz (vits) *m* (pl ~e) joke

witzig (*vi*-tsikh) *adj* humorous

wo (voā) *adv* where; *conj* where; ~ auch immer anywhere; ~ immer wherever

Woche (*vo*-kher) *f* (pl ~n) week

Wochenende (*vo*-khern-ehn-der) *nt* (pl ~n) weekend

Wochenschau (*vo*-khern-shou) *f* (pl ~en) newsreel

Wochentag (*vo*-khern-taak) *m* (pl ~e) weekday

wöchentlich (*vur*-khernt-likh) *adj* weekly

Wohlbefinden (*voāl*-ber-fin-dern) *nt* welfare; ease

wohlbegründet (*voāl*-ber-grewn-dert) *adj* well-founded

wohlhabend (*voāl*-haa-bernt) *adj* prosperous; well-to-do

wohlschmeckend (*voāl*-shmeh-kernt) *adj* nice

Wohlstand (*voāl*-shtahnt) *m* prosperity

Wohltätigkeit (*voāl*-tai-tikh-kight) *f* charity

Wohlwollen (*voāl*-vo-lern) *nt* goodwill

Wohnblock (*voān*-blok) *m* (pl ∵e) block of flats

Wohnboot (*voān*-boāt) *nt* (pl ~e) houseboat

wohnen (*voā*-nern) *v* live, reside

Wohngebäude (*voān*-ger-boi-der) *nt* (pl ~) apartment house *Am*

wohnhaft (*voān*-hahft) *adj* resident

Wohnsitz (*voān*-zits) *m* (pl ~e) domicile, residence

Wohnung (*voā*-noong) *f* (pl ~en) house; flat; apartment *nAm*

Wohnwagen (*voān*-vaa-gern) *m* (pl ~) trailer *nAm*, caravan

Wohnzimmer (*voān*-tsi-merr) *nt* (pl ~) living-room, sitting-room

Wolf (volf) *m* (pl ∵e) wolf

Wolke (*vol*-ker) *f* (pl ~n) cloud

Wolkenbruch (*vol*-kern-brookh) *m* (pl ∵e) cloud-burst

Wolkenkratzer (*vol*-kern-krah-tserr) *m* (pl ~) skyscraper

Wolle (*vo*-ler) *f* wool

wollen (*vo*-lern) *adj* woollen

***wollen** (*vo*-lern) *v* want, *will

Wolljacke (*vol*-ᵞah-ker) *f* (pl ~n) cardigan

Wollpullover (*vol*-poo-loā-verr) *m* (pl ~) jersey

Wollust (*vo*-loost) *f* lust

Wonne (*vo*-ner) *f* (pl ~n) delight, joy

Wort (vort) *nt* (pl ∵er) word

Wörterbuch (*vurr*-terr-bookh) *nt* (pl ∵er) dictionary

Wörterverzeichnis (*vurr*-terr-fehr-tsighkh-niss) *nt* (pl ~se) vocabulary

Wortschatz (*vort*-shahts) *m* vocabulary

Wortwechsel (*vort*-veh-kserl) *m* (pl ~) argument

wozu (voā-*tsoō*) *adv* what for

Wrack (vrahk) *nt* (pl ~s) wreck

Wuchs (vooks) *m* growth

wund (voont) *adj* sore

Wunde (*voon*-der) *f* (pl ~n) wound

Wunder (*voon*-derr) *nt* (pl ~) miracle; wonder, marvel

wunderbar (*voon*-derr-baar) *adj* marvellous; lovely, wonderful, swell;

miraculous

wunderlich (*voon*-derr-likh) *adj* queer

sich wundern (*voon*-derrn) marvel

Wunsch (voonsh) *m* (pl ~e) wish; desire

wünschen (*vewn*-shern) *v* wish; want, desire

wünschenswert (*vewn*-sherns-vāyrt) *adj* desirable

würdevoll (*vewr*-der-fol) *adj* dignified

würdig (*vewr*-dikh) *adj* worthy of

Wurf (voorf) *m* (pl ~e) throw; cast; litter

Würfel (*vewr*-ferl) *m* (pl ~) cube

Wurm (voorm) *m* (pl ~er) worm

Wurst (voorst) *f* (pl ~e) sausage

Wurzel (*voor*-tserl) *f* (pl ~n) root

würzen (*vewr*-tsern) *v* flavour

wüst (vēwst) *adj* desert; wild, fierce

Wüste (*vēwss*-ter) *f* (pl ~n) desert

Wut (vōot) *f* anger, rage, temper; passion

wüten (*vēw*-tern) *v* rage

wütend (*vēw*-ternt) *adj* furious, mad

Z

zäh (tsai) *adj* tough

Zahl (tsaal) *f* (pl ~en) number; figure

zahlen (*tsaa*-lern) *v* *pay

zählen (*tsai*-lern) *v* count

Zähler (*tsai*-lerr) *m* (pl ~) meter

Zahlmeister (*tsaal*-mighss-terr) *m* (pl ~) treasurer

zahlreich (*tsaal*-righkh) *adj* numerous

Zahlungsempfänger (*tsaa*-loongs-ehm-pfehng-err) *m* (pl ~) payee

zahlungsunfähig (*tsaa*-loongs-oon-fai-ikh) *adj* bankrupt

Zahlwort (*tsaal*-vort) *nt* (pl ~er) numeral

zahm (tsaam) *adj* tame

zähmen (*tsai*-mern) *v* tame

Zahn (tsaan) *m* (pl ~e) tooth

Zahnarzt (*tsaan*-ahrtst) *m* (pl ~e) dentist

Zahnbürste (*tsaan*-bewrs-ter) *f* (pl ~n) toothbrush

Zahnfleisch (*tsaan*-flighsh) *nt* gum

Zahnpaste (*tsaan*-pahss-ter) *f* (pl ~n) toothpaste

Zahnpulver (*tsaan*-pool-ferr) *nt* toothpowder

Zahnstocher (*tsaan*-shto-kherr) *m* (pl ~) toothpick

Zahnweh (*tsaan*-vāy) *nt* toothache

Zange (*tsahng*-er) *f* (pl ~n) pliers *pl*; tongs *pl*

Zank (tsahngk) *m* quarrel, dispute

zanken (*tsahng*-kern) *v* quarrel

Zäpfchen (*tsehpf*-khern) *nt* (pl ~) suppository

zart (tsaart) *adj* gentle, delicate, tender

zärtlich (*tsairt*-likh) *adj* tender; affectionate

Zauber (*tsou*-berr) *m* spell; **Zauber**-magic

Zauberei (tsou-ber-*righ*) *f* magic

Zauberer (*tsou*-ber-rerr) *m* (pl ~) magician

zauberhaft (*tsou*-berr-hahft) *adj* enchanting

Zaun (tsoun) *m* (pl ~e) fence

Zebra (*tsāy*-brah) *nt* (pl ~s) zebra

Zebrastreifen (*tsāy*-brah-shtrigh-fern) *m* (pl ~) crosswalk *nAm*

Zehe (*tsāy*-er) *f* (pl ~n) toe

zehn (tsāyn) *num* ten

zehnte (*tsāyn*-ter) *num* tenth

Zeichen (*tsigh*-khern) *nt* (pl ~) sign; signal; mark; token

Zeichentrickfilm (*tsigh*-khern-trik-film) *m* (pl ~e) cartoon

zeichnen (*tsighkh*-nern) *v* *draw, sketch; mark

Zeichnung (*tsighkh*-noong) *f* (pl ~en) drawing, sketch

Zeigefinger (*tsigh*-ger-fing-err) *m* (pl ~) index finger

zeigen (*tsigh*-gern) *v* *show; display; point, point out, indicate; prove; **sich** ~ appear

Zeile (*tsigh*-ler) *f* (pl ~n) line

Zeit (tsight) *f* (pl ~en) time; **in letzter** ~ lately

Zeitabschnitt (*tsight*-ahp-shnit) *m* (pl ~e) period

Zeitgenosse (*tsight*-ger-no-ser) *m* (pl ~n) contemporary

zeitgenössisch (*tsight*-ger-nur-sish) *adj* contemporary

Zeitraum (*tsight*-roum) *m* (pl ~e) period

Zeitschrift (*tsight*-shrift) *f* (pl ~en) periodical; magazine, journal, review

zeitsparend (*tsight*-shpaa-rernt) *adj* time-saving

Zeitung (*tsigh*-toong) *f* (pl ~en) newspaper, paper

Zeitungshändler (*tsigh*-toongs-hehn-dlerr) *m* (pl ~) newsagent

Zeitungsstand (*tsigh*-toongs-shtahnt) *m* (pl ~e) newsstand

zeitweilig (*tsight*-vigh-likh) *adj* temporary

Zeitwort (*tsight*-vort) *nt* (pl ~er) verb

Zelle (*tseh*-ler) *f* (pl ~n) cell; booth

Zellophan (tseh-loa-*faan*) *nt* cellophane

Zelt (tsehlt) *nt* (pl ~e) tent

zelten (*tsehl*-tern) *v* camp

Zeltplatz (*tsehlt*-plahts) *m* (pl ~e) camping site

Zement (tsay-*mehnt*) *m* cement

Zenit (tsay-*neet*) *m* zenith

Zensur (tsehn-*zoor*) *f* (pl ~en) mark; censorship

Zentimeter (tsehn-ti-*māy*-terr) *m* (pl ~) centimetre

zentral (tsehn-*traal*) *adj* central

Zentralheizung (tsehn-*traal*-high-tsoong) *f* (pl ~en) central heating

zentralisieren (tsehn-trah-li-*zee*-rern) *v* centralize

Zentrum (*tsehn*-troom) *nt* (pl -tren) centre

zerbrechlich (tsehr-*brehkh*-likh) *adj* fragile

zerfasern (tsehr-*faa*-zerrn) *v* fray

zerhacken (tsehr-*hah*-kern) *v* mince

zerknittern (tsehr-*kni*-terrn) *v* crease

zerlegen (tsehr-*lāy*-gern) *v* carve; analyse

*zerreiben (tsehr-*righ*-bern) *v* *grind

*zerreißen (tsehr-*righ*-sern) *v* rip

zerstampfen (tsehr-*shtahm*-pfern) *v* mash

Zerstäuber (tsehr-*shtoi*-berr) *m* (pl ~) atomizer

zerstören (tsehr-*shtūr*-rern) *v* destroy

Zerstörung (tsehr-*shtūr*-roong) *f* destruction

Zettel (*tseh*-terl) *m* (pl ~) piece of paper; ticket, note; form

Zeuge (*tsoi*-ger) *m* (pl ~n) witness

Zeugnis (*tsoik*-niss) *nt* (pl ~se) certificate

Ziege (*tsee*-ger) *f* (pl ~n) goat

Ziegel (*tsee*-gerl) *m* (pl ~) brick

Ziegelstein (*tsee*-gerl-shtighn) *m* (pl ~e) brick

Ziegenbock (*tsee*-gern-bok) *m* (pl ~e) goat

Ziegenleder (*tsee*-gern-lāy-derr) *nt* kid

*ziehen (*tsee*-ern) *v* pull; *draw

Ziehung (*tsee*-oong) *f* (pl ~en) draw

Ziel (tseel) *nt* (pl ~e) aim; goal, object, target

zielen auf (*tsee*-lern) *v* aim at

Ziellinie (*tseel*-lee-n^{y}er) *f* (pl ~n) finish

Zielscheibe (*tseel*-shigh-ber) *f* (pl ~n)

.mark; target

ziemlich (*tseem*-likh) *adv* pretty, fairly, rather; somewhat, quite

Ziffer (*tsi*-ferr) *f* (pl ~n) digit; number

Zigarette (tsi-gah-*reh*-ter) *f* (pl ~n) cigarette

Zigarettenetui (tsi-gah-reh-tern-eht-vi) *nt* (pl ~s) cigarette-case

Zigarettenspitze (tsi-gah-*reh*-tern-shpitser) *f* (pl ~n) cigarette-holder

Zigarettentabak (tsi-gah-*reh*-tern-taabahk) *m* cigarette tobacco

Zigarre (tsi-*gah*-rer) *f* (pl ~n) cigar

Zigarrenladen (tsi-*gah*-rern-laa-dern) *m* (pl ~) cigar shop

Zigeuner (tsi-*goi*-nerr) *m* (pl ~) gipsy

Zimmer (*tsi*-merr) *nt* (pl ~) room; chamber; ~ **mit Frühstück** bed and breakfast; ~ **mit Vollpension** room and board

Zimmerbedienung (*tsi*-merr-ber-deenoong) *f* room service

Zimmerflucht (*tsi*-merr-flookht) *f* suite

Zimmermädchen (*tsi*-merr-mait-khern) *nt* (pl ~) chambermaid

Zimmertemperatur (*tsi*-merr-tehm-pay-rah-tōōr) *f* room temperature

Zimt (tsimt) *m* cinnamon

Zink (tsingk) *nt* zinc

Zinn (tsin) *nt* tin, pewter

Zins (tsins) *m* (pl ~en) interest

Zirkus (*tseer*-kooss) *m* (pl ~se) circus

Zirkusarena (*tseer*-kooss-ah-rāy-nah) *f* (pl -arenen) ring

Zitat (tsi-*taat*) *nt* (pl ~e) quotation

zitieren (tsi-*tee*-rern) *v* quote

Zitrone (tsi-*trōā*-ner) *f* (pl ~n) lemon

zittern (*tsi*-terrn) *v* tremble, shiver

zivil (tsi-*veel*) *adj* civil

Zivilisation (tsi-vi-li-zah-ts*y*ōān) *f* (pl ~en) civilization

zivilisiert (tsi-vi-li-*zeert*) *adj* civilized

Zivilist (tsi-vi-*list*) *m* (pl ~en) civilian

Zivilrecht (tsi-*veel*-rehkht) *nt* civil law

zögern (*tsūr*-gerrn) *v* hesitate

Zölibat (tsur-li-*baat*) *nt* celibacy

Zoll (tsol) *m* (pl ~e) Customs duty

Zollbehörde (*tsol*-ber-hūrr-der) *f* (pl ~n) Customs *pl*

zollfrei (*tsol*-frigh) *adj* duty-free

Zöllner (*tsurl*-nerr) *m* (pl ~) Customs officer

zollpflichtig (*tsol*-pflikh-tikh) *adj* dutiable

Zone (*tsōā*-ner) *f* (pl ~n) zone

Zoo (tsōā) *m* (pl ~s) zoo

Zoologie (tsoa-oa-loa-*gee*) *f* zoology

Zorn (tsorn) *m* anger

zornig (*tsor*-nikh) *adj* angry

zu (tsōō) *prep* to; towards; *adv* too; closed, shut

Zubehör (*tsōō*-ber-hūrr) *nt* (pl ~e) accessories *pl*

zubereiten (*tsōō*-ber-righ-tern) *v* cook

züchten (*tsewkh*-tern) *v* *breed, raise; *grow

Zucker (*tsoo*-kerr) *m* sugar; **Stück** ~ lump of sugar

Zuckerkrankheit (*tsoo*-kerr-krahngk-hight) *f* diabetes

***zuerkennen** (*tsōō*-ehr-keh-nern) *v* award

zuerst (tsoo-*āyrst*) *adv* at first

Zufall (*tsōō*-fahl) *m* (pl ~e) chance; luck

zufällig (*tsōō*-feh-likh) *adj* accidental, casual, incidental; *adv* by chance

zufrieden (tsoo-*free*-dern) *adj* satisfied; happy, content

zufriedenstellen (tsoo-*free*-dern-shtehlern) *v* satisfy

Zufuhr (*tsōō*-fōōr) *f* supply

Zug (tsōōk) *m* (pl ~e) train; procession; move; trait; **durchgehender** ~ through train

Zugang (*tsōō*-gahng) *m* entry; approach

zugänglich (*tsōō*-gehng-likh) *adj* accessible

Zugbrücke (*tsōōk*-brew-ker) *f* (pl ~n) drawbridge

*****zugeben** (*tsōō*-gāy-bern) *v* admit, acknowledge

zügeln (*tsēw*-gerln) *v* curb

Zugeständnis (*tsōō*-ger-shtehnt-niss) *nt* (pl ~se) concession

zugetan (*tsōō*-ger-taan) *adj* attached to

zugleich (tsoo-*glighkh*) *adv* at the same time

zugunsten (tsoo-*goons*-tern) *prep* on behalf of

zuhören (*tsōō*-hūr-rern) *v* listen

Zuhörer (*tsōō*-hūr-rerr) *m* (pl ~) listener, auditor

Zuhörerraum (*tsōō*-hūr-rerr-roum) *m* (pl ~e) auditorium

zujubeln (*tsōō*-Yōō-berln) *v* cheer

Zukunft (*tsōō*-koonft) *f* future

zukünftig (*tsōō*-kewnf-tikh) *adj* future

Zulage (*tsōō*-laa-ger) *f* (pl ~n) allowance

Zulassung (*tsōō*-lah-soong) *f* (pl ~en) admission

zuletzt (tsoo-*lehtst*) *adv* at last

zumachen (*tsōō*-mah-khern) *v* close

zumindest (tsoo-*min*-derst) *adv* at least

Zunahme (*tsōō*-naa-mer) *f* increase

Zündkerze (*tsewnt*-kehr-tser) *f* (pl ~n) sparking-plug

Zündung (*tsewn*-doong) *f* (pl ~en) ignition; ignition coil

*****zunehmen** (*tsōō*-nāy-mern) *v* increase; **zunehmend** progressive

Zuneigung (*tsōō*-nigh-goong) *f* affection

Zunge (*tsoong*-er) *f* (pl ~n) tongue

zurichten (*tsōō*-rikh-tern) *v* cook

zurück (tsoo-*rewk*) *adv* back

*****zurückbringen** (tsoo-*rewk*-bring-ern) *v* *bring back

*****zurückgehen** (tsoo-*rewk*-gāy-ern) *v* *go back; *get back

*****zurückhalten** (tsoo-*rewk*-hahl-tern) *v* restrain

zurückkehren (tsoo-*rewk*-kāy-rern) *v* return

*****zurückkommen** (tsoo-*rewk*-ko-mern) *v* return

*****zurücklassen** (tsoo-*rewk*-lah-sern) *v* *leave behind

*****zurückrufen** (tsoo-*rewk*-rōō-fern) *v* recall

zurückschicken (tsoo-*rewk*-shi-kern) *v* *send back

*****zurücksenden** (tsoo-*rewk*-zehn-dern) *v* *send back

*****zurücktreten** (tsoo-*rewk*-trāy-tern) *v* resign

*****zurückweisen** (tsoo-*rewk*-vigh-zern) *v* reject

zurückzahlen (tsoo-*rewk*-tsaa-lern) *v* *repay, reimburse

*****zurückziehen** (tsoo-*rewk*-tsee-ern) *v* *withdraw

zusammen (tsoo-*zah*-mern) *adv* together

Zusammenarbeit (tsoo-*zah*-mern-ahr-bight) *f* co-operation

*****zusammenbinden** (tsoo-*zah*-mern-bin-dern) *v* bundle

*****zusammenbrechen** (tsoo-*zah*-mern-breh-khern) *v* collapse

*****zusammenfallen** (tsoo-*zah*-mern-fah-lern) *v* coincide

zusammenfalten (tsoo-*zah*-mern-fahl-tern) *v* fold

Zusammenfassung (tsoo-*zah*-mern-fah-soong) *f* (pl ~en) résumé, summary

zusammenfügen (tsoo-*zah*-mern-fēw-gern) *v* join

Zusammenhang (tsoo-*zah*-mern-hahng) *m* (pl ~e) connection; coherence

Zusammenkunft (tsoo-*zah*-mern-koonft) f (pl ~̈e) assembly

zusammensetzen (tsoo-*zah*-mern-zeh-tsern) v assemble

Zusammensetzung (tsoo-*zah*-mern-zeh-tsoong) f (pl ~en) composition

zusammenstellen (tsoo-*zah*-mern-shteh-lern) v compile; compose, *make up

Zusammenstoß (tsoo-*zah*-mern-shtōass) m (pl ~̈e) collision; crash

***zusammenstoßen** (tsoo-*zah*-mern-shtōa-sern) v bump; crash, collide

Zusammensturz (tsoo-*zah*-mern-shtoorts) m ruination

Zusammentreffen (tsoo-*zah*-mern-treh-fern) nt concurrence

***zusammenziehen** (tsoo-*zah*-mern-tsee-ern) v tighten

zusätzlich (tsoo-*zehts*-likh) adj additional, extra

Zuschauer (*tsoo*-shou-err) m (pl ~) spectator

Zuschlag (*tsoo*-shlaak) m (pl ~̈e) surcharge

***zuschlagen** (*tsoo*-shlaa-gern) v slam; *strike

zuschreiben (*tsoo*-shrigh-bern) v assign to

Zuschuß (*tsoo*-shooss) m (pl Zuschüsse) grant

Zustand (*tsoo*-shtahnt) m (pl ~̈e) state, condition

zustande *bringen (tsoo-*shtahn*-der *bring*-ern) effect; accomplish

Zustellung (*tsoo*-shteh-loong) f delivery

zustimmen (*tsoo*-shti-mern) v agree; consent

Zustimmung (*tsoo*-shti-moong) f consent; approval

Zutat (*tsoo*-taat) f (pl ~en) ingredient

zuteilen (*tsoo*-tigh-lern) v allot

Zutritt (*tsoo*-trit) m entrance, admittance, access

zuverlässig (*tsoo*-fehr-leh-sikh) adj trustworthy, reliable; sound

zuversichtlich (*tsoo*-fehr-zikht-likh) adj confident

zuviel (tsoo-*feel*) pron too much

zuvor (tsoo-*fōar*) adv before

***zuvorkommen** (tsoo-*fōar*-ko-mern) v anticipate

zuvorkommend (tsoo-*fōar*-ko-mernt) adj thoughtful

***zuweisen** (*tsoo*-vigh-zern) v assign to

Zuweisung (*tsoo*-vigh-zoong) f (pl ~en) assignment

sich *zuziehen (*tsoo*-tsee-ern) contract

zwanglos (*tsvahng*-lōass) adj casual

zwangsweise (*tsvahngs*-vigh-zer) adv by force

zwanzig (*tsvahn*-tsikh) num twenty

zwanzigste (*tsvahn*-tsikhs-ter) num twentieth

Zweck (tsvehk) m (pl ~e) purpose; objective, design

zweckmäßig (*tsvehk*-mai-sikh) adj appropriate; efficient

zwei (tsvigh) num two

zweideutig (*tsvigh*-doi-tikh) adj ambiguous

Zweifel (*tsvigh*-ferl) m (pl ~) doubt; **ohne** ~ without doubt

zweifelhaft (*tsvigh*-ferl-hahft) adj doubtful

zweifellos (*tsvigh*-ferl-lōass) adv undoubtedly

zweifeln (*tsvigh*-ferln) v doubt

Zweig (tsvighk) m (pl ~e) twig

Zweigstelle (*tsvighk*-shteh-ler) f (pl ~n) branch

zweimal (*tsvigh*-maal) adv twice

zweisprachig (*tsvigh*-shpraa-khikh) adj bilingual

zweite (*tsvigh*-ter) num second

zweiteilig (*tsvigh*-tigh-likh) adj two-piece

Zwerg (tsvehrk) *m* (pl ~e) dwarf

Zwiebel (*tsvee*-berl) *f* (pl ~n) onion; bulb

Zwielicht (*tsvee*-likht) *nt* twilight

Zwillinge (*tsvi*-li-nger) *mpl* twins *pl*

*****zwingen** (*tsving*-ern) *v* force; compel

Zwirn (tsveern) *m* thread

zwischen (*tsvi*-shern) *prep* between; among, amid

Zwischenfall (*tsvi*-shern-fahl) *m* (pl ~e) incident

Zwischenraum (*tsvi*-shern-roum) *m* (pl ~e) space

Zwischenspiel (*tsvi*-shern-shpeel) *nt* (pl ~e) interlude

Zwischenstock (*tsvi*-shern-shtok) *m* (pl ~e) mezzanine

Zwischenzeit (*tsvi*-shern-tsight) *f* interim

zwölf (tsvurlf) *num* twelve

zwölfte (*tsvurlf*-ter) *num* twelfth

Zyklus (*tsēw*-klooss) *m* (pl Zyklen) cycle

Zylinder (tsi-*lin*-derr) *m* (pl ~) cylinder

Zylinderkopf (tsi-*lin*-derr-kopf) *m* (pl ~e) cylinder head

Food

Aal eel

Abendbrot, Abendessen evening meal, supper

Allgäuer Bergkäse hard cheese from Bavaria resembling *Emmentaler*

Allgäuer Rahmkäse a mild and creamy Bavarian cheese

Altenburger a mild, soft goat's milk cheese

Ananas pineapple

Anis aniseed

~**brot** aniseed-flavoured cake or biscuit

Apfel apple

Apfelsine orange

Appenzeller (Käse) slightly bitter, fully flavoured cheese

Appetithäppchen, Appetitschnittchen appetizer, canapé

Aprikose apricot

Artischocke artichoke

Artischockenboden artichoke bottom

Aubergine aubergine (US eggplant)

Auflauf 1) soufflé 2) a meat, fish, fowl, fruit or vegetable dish which is oven-browned

Aufschnitt cold meat (US cold cuts)

Auster oyster

Backforelle baked trout

Backhähnchen, Backhendl, Backhuhn fried chicken

Backobst dried fruit

Backpflaume prune

Backsteinkäse strong cheese from Bavaria resembling *Limburger*

Banane banana

Barsch perch

Bauernbrot rye or wholemeal bread

Bauernfrühstück breakfast usually consisting of eggs, bacon and potatoes

Bauernomelett diced bacon and onion omelet

Bauernschmaus sauerkraut garnished with bacon, smoked pork, sausages and dumplings or potatoes

Bauernsuppe a thick soup of sliced frankfurters and cabbage

Baumnuß walnut

Bayerische Leberknödel veal-liver dumplings, served with sauerkraut

Bedienung (nicht) (e)inbegriffen service (not) included

Beere berry

Beilage side dish, sometimes a garnish

belegtes Brot/Brötchen roll with any of a variety of garnishes

Berliner (Pfannkuchen) jam-filled doughnut (US jelly donut)

Berliner Luft dessert made of eggs and lemon, served with raspberry juice

Berner Platte a mound of sauerkraut or French beans liberally garnished with smoked pork chops, boiled bacon and beef, sausages, tongue, ham and boiled potatoes

Beuschel heart, kidney and liver of calf or lamb in a slightly sour sauce

Bienenstich cake with honey and almonds

Bierrettich black radish, generally cut, salted and served with beer

Biersuppe a sweet, spicy soup made on beer

Birchermus, Birchermüsli uncooked oats with raw, shredded fruit, chopped nuts in milk or yoghurt

Birne pear

Bischofsbrot fruit-nut cake

Biskuitrolle Swiss roll; jelly and butter-cream roll

Bismarckhering pickled herring, seasoned with onions

blau word to designate fish freshly poached

Blaubeere bilberry (US blueberry)

Blaukraut red cabbage

Blumenkohl cauliflower

Blutwurst black pudding (US blood sausage)

Bockwurst boiled sausage

Bohne bean

Bouillon broth, consommé

Brachse, Brasse bream

Bratapfel baked apple

Braten roast, joint

~ **soße** gravy

Bratfisch fried fish

Brathähnchen, Brathendl, Brathuhn roast chicken

Bratkartoffel fried potato

Bratwurst fried sausage

Braunschweiger Kuchen rich cake with fruit and almonds

Brei porridge, mash, purée

Brezel salted, knot-shaped roll (US pretzel)

Bries, Brieschen, Briesel sweetbread

Brombeere blackberry

Brot bread

~ **suppe** broth with stale bread

Brötchen roll

Brühe broth, consommé

Brunnenkresse watercress

Brüsseler Endivie chicory (US endive)

Brust breast

~ **stück** brisket

Bückling bloater

Bulette meat- or fishball

Bündnerfleisch cured, dried beef served in very thin slices

Butt(e) brill

Champignon button mushroom

Chicorée chicory (US endive)

Cornichon small gherkin (US pickle)

Dampfnudel steamed sweet dumpling, served warm with vanilla sauce

Dattel date

deutsches Beefsteak hamburger, sometimes topped with a fried egg

doppeltes Lendenstück a thick fillet of beef (US tenderloin)

Dörrobst dried fruit

Dorsch cod

Dotterkäse cheese made from skimmed milk and egg-yolk

durchgebraten well-done

Egli perch

Ei egg

~ **dotter,** ~ **gelb** egg-yolk

~ **schnee** beaten egg-white

~ **weiß** egg-white

Eierauflauf egg soufflé

Eierkuchen pancake

Eierschwamm(erl) chanterelle mushroom

eingemacht preserved (of fruit or vegetables)

Eintopf stew, usually of meat and vegetables

Eis ice, ice-cream

~ **bombe** ice-cream dessert

~ **krem** ice-cream

Eisbein mit Sauerkraut pickled pig's knuckle with sauerkraut

Emmentaler (Käse) a semi-hard, robust Swiss cheese with holes

Endivie endive (US chicory)

Ente duck

Erbse pea

Erdbeere strawberry

Erdnuß peanut

errötende Jungfrau raspberries with cream

Essig vinegar

~ **gurke** gherkin (US pickle)

Eßkastanie chestnut

Extraaufschlag extra charge, supplementary charge

Fadennudel thin noodle, vermicelli

falscher Hase a meat loaf of beef and pork

Fasan pheasant

Faschiertes minced meat

faschiertes Laibchen meatball

Feige fig

Felchen variety of lake trout

Fenchel fennel

fester Preis, zu festem Preis fixed price

Filet fillet

~ **Stroganoff** thin slices of beef cooked in a sauce of sour cream, mustard and onions

Fisch fish

~ **klößchen** fishball

~ **schüssel** casserole of fish and diced bacon

Fladen pancake

Flädle, Flädli thin strips of pancake added to soup

flambiert flambé (food set aflame with brandy)

Flammeri a pudding made of rice or semolina and served with stewed fruit or vanilla custard

Fleisch meat

~ **käse** seasoned meat loaf made of beef and other minced meats

~ **kloß** meat dumpling

~ **roulade,** ~ **vogel** slice of meat rolled around a stuffing and braised; veal bird

Flunder flounder

Forelle trout

Frankfurter (Würstchen) frankfurter (sausage)

Frikadelle a meat, fowl or fish dumpling

Frikassee fricassée, stew

frisch fresh

Frischling young wild boar

Froschschenkel frogs' legs

Frucht fruit

Frühlingssuppe soup with diced spring vegetables

Frühstück breakfast

Frühstückskäse a strong cheese with a smooth texture

Frühstücksspeck smoked bacon

Füllung stuffing, filling, forcemeat

Fürst-Pückler-Eis(bombe) chocolate, vanilla and strawberry ice-cream dessert

Gabelfrühstück brunch

Gans goose

Gänseklein goose giblets

Garnele shrimp

Garnitur garnish

Gebäck pastry

gebacken baked

gebraten roasted, fried

gedämpft steamed

Gedeck meal at a set price

gedünstet braised, steamed

Geflügel fowl

  ~**klein** giblets

Gefrorenes ice-cream

gefüllt stuffed

gegrillt grilled

gehackt minced or chopped

Gehacktes minced meat

gekocht cooked, boiled

Gelee 1) aspic 2) jelly 3) jam

gemischt mixed

Gemüse vegetable

gepökelt pickled

geräuchert smoked

Gericht dish

geröstet roasted

Gerste barley

gesalzen salted

geschmort stewed, braised

Geschnetzeltes meat cut into thin, small slices

Geselchtes cured and smoked pork

gesotten simmered, boiled

gespickt larded

gesülzt jellied, in aspic

Gewürz spice

  ~**gurke** gherkin (US pickle)

  ~**kuchen** spice cake

  ~**nelke** clove

gewürzt spiced, hot

Gipfel crescent-shaped roll

Gittertorte almond cake or tart with a raspberry topping

Gitzi kid

Glace ice-cream

Glattbutt brill

Gnagi cured pig's knuckle

Götterspeise fruit jelly dessert (US Jell-O)

Granat prawn

  ~**apfel** pomegranate

gratiniert oven-browned, gratinéed

Graubrot brown bread (US black bread)

Graupensuppe barley soup

Greyerzer (Käse) Gruyère, a cheese rich in flavour, smooth in texture

Griebenwurst a larded frying sausage

Grieß semolina

grilliert grilled

Gröstl grated, fried potatoes with pieces of meat

Gründling gudgeon

grüne Bohne French bean (US green bean)

Grünkohl kale

Gugelhopf, Gugelhupf a moulded cake with a hole in the centre; usually with almonds and raisins

Güggeli spring chicken

Gulasch goulash

Gurke cucumber, gherkin

Hachse knuckle, shank

Hackbraten meat loaf of beef and pork

Hackfleisch minced meat

Haferbrei oatmeal, porridge
Haferflocken rolled oats
Hähnchen spring chicken
halb half
~ **gar** rare (US underdone)
Hamme ham
Hammel(fleisch) mutton
Handkäse cheese made from sour milk, with a pungent aroma
Haschee hash
Hase hare
Hasenpfeffer jugged hare
Haselnuß hazelnut
Hauptgericht main course
hausgemacht, von Haus homemade
Hausmannskost plain food
Haxe knuckle, shank
Hecht pike
Hefekranz ring-shaped cake
Heidelbeere bilberry (US blueberry)
Heilbutt halibut
heiß very warm (hot)
Hering herring
~ **Hausfrauenart** herring fillets with onions in sour cream
Heringskartoffeln a casserole of layers of herring and potatoes
Heringskönig John Dory (fish)
Herz heart
Himbeere raspberry
Himmel und Erde slices of black pudding served with mashed potatoes and apple sauce
Hirn brains
Hirsch stag (venison)
Hirse millet
hohe Rippe roast ribs of beef
Holsteiner Schnitzel breaded veal cutlet served with vegetables and topped with a fried egg
Honig honey
Hörnchen crescent-shaped roll

Huhn chicken
Hühnchen chicken
Hühnerklein chicken giblets
Hummer lobster
Husarenfleisch braised beef, veal and pork fillets, with sweet peppers, onions and sour cream
Hutzelbrot bread made of prunes and other dried fruit
Imbiß snack
Ingwer ginger
italienischer Salat finely sliced veal, salami, tomatoes, anchovies, cucumber and celery in mayonnaise
(nach) Jägerart sautéed with mushrooms and sometimes onions
Jakobsmuschel scallop
Johannisbeere redcurrant
jung young, spring
Jungfernbraten roast pork with bacon
Kabeljau cod
Kaisergranat Norway lobster, Dublin Bay prawn
Kaiserschmarren delicious, fluffy pancakes with raisins served with a compote or chocolate sauce
Kalb(fleisch) veal
Kalbsbries veal sweetbread
Kalbskopf calf's head
Kalbsmilch veal sweetbread
Kalbsnierenbraten roast veal stuffed with kidneys
Kaldaunen tripe
kalt cold
Kaltschale chilled fruit soup
Kammuschel scallop
kandierte Frucht crystallized fruit (US candied fruit)
Kaninchen rabbit
Kapaun capon

Kaper caper
Karamelkrem caramel custard
Karfiol cauliflower
Karotte carrot
Karpfen carp
Kartoffel potato
  ~ **puffer** potato fritter
Käse cheese
  ~ **platte** cheese board
  ~ **stange** cheese straw, cheese stick
Kasseler Rippenspeer smoked pork chops, often served with sauerkraut
Kastanie chestnut
Katenrauchschinken country-style smoked ham
Katenwurst country-style smoked sausage
Katzenjammer cold slices of beef in mayonnaise with cucumbers or gherkins
Kaviar caviar
Keks biscuit (US cookie)
Kerbel chervil
Kesselfleisch boiled pork served with vegetables
Keule leg, haunch
Kieler Sprotte smoked sprat
Kipfel crescent-shaped roll
Kirsche cherry
Kitz kid
Kliesche dab
Klops meatball
Kloß dumpling
Klößchen small dumpling
Kluftsteak rumpsteak
Knackwurst a lightly garlic-flavoured sausage, generally boiled
Knoblauch garlic
Knochen bone
  ~ **schinken** cured ham
Knödel dumpling

Knöpfli thick noodle
Kohl cabbage
  ~ **rabi,** ~ **rübe** turnip
  ~ **roulade** cabbage leaves stuffed with minced meat
Kompott stewed fruit, compote
Konfitüre jam
Königinpastetchen vol-au-vent; puff-pastry shell filled with diced chicken and mushrooms
Königinsuppe creamy chicken soup with pieces of chicken breast
Königsberger Klops cooked meatball in white caper sauce
Kopfsalat green salad, lettuce
Korinthe currant
Kotelett chop, cutlet
Krabbe crab
Kraftbrühe broth, consommé
Krainer spiced pork sausage
Kranzkuchen ring-shaped cake
Krapfen 1) fritter 2) jam-filled doughnut (US jelly donut)
Krauskohl kale
Kraut cabbage
Kräutersoße herb dressing
Krautsalat coleslaw
Krautstiel white beet, Swiss chard
Krautwickel stuffed cabbage
Krebs freshwater crayfish
Krem cream, custard
  ~ **schnitte** custard slice (US napoleon)
Kren horse-radish
  ~ **fleisch** pork stew with vegetables and horse-radish
Kresse cress
Krustentier shellfish
Kuchen cake
Kukuruz maize (US corn)
Kümmel caraway
Kürbis pumpkin
Kuttelfleck, Kutteln tripe

Labskaus thick stew of minced, marinated meat with mashed potatoes

Lachs salmon

~forelle salmon trout

Lamm(fleisch) lamb

Languste spiny lobster, crawfish

Lattich lettuce

Lauch leek

Leber liver

~käse seasoned meat loaf made of minced liver, pork and bacon

Lebkuchen gingerbread

Leckerli honey-flavoured ginger biscuit

legiert thickened, usually with egg-yolk (refers to sauces or soups)

Leipziger Allerlei spring carrots, peas and asparagus (sometimes with mushrooms)

Lende loin

Lendenbraten roast tenderloin

Lendenstück fillet of beef (US tenderloin)

Limburger (Käse) a semi-soft, strong-smelling whole-milk cheese

Linse lentil

Linzer Torte almond cake or tart with a raspberry-jam topping

Löwenzahn young dandelion green, usually prepared as salad

Lunge light (lung of an animal)

Mahlzeit meal

Mainauer (Käse) semi-hard, full-cream round cheese with a red rind and yellow interior

Mainzer Rippchen pork chop

Mais maize (US corn)

Makrele mackerel

Makrone macaroon

Mandarine mandarin

Mandel almond

Mangold white beet, Swiss chard

Marille apricot

mariniert marinated, pickled

Mark (bone) marrow

Marmelade jam

Marone chestnut

Mastente fattened duckling

Masthühnchen broiler, spring chicken

Matjeshering slightly salted young herring

Matrosenbrot a sandwich with chopped, hard-boiled eggs, anchovies and seasoning

Maulbeere mulberry

Maultasche a kind of ravioli filled with meat, vegetables and seasoning

Meerrettich horse-radish

Mehlnockerl small dumpling

Mehlsuppe brown-flour soup

Melone melon

Menü meal at a set price

Meringe(l) meringue

Mettwurst spiced and smoked pork sausage, usually for spreading on bread

Miesmuschel mussel

Milke sweetbread

Mirabelle small yellow plum

Mittagessen midday meal, lunch

Mohn poppy

Möhre, Mohrrübe carrot

Mondseer (Käse) whole-milk yellow cheese with a moist texture

Morchel morel mushroom

Morgenessen breakfast

Morgenrötesuppe thick soup of meat, tapioca, tomatoes and chicken stock

Mostrich mustard

Mus stewed fruit, purée, mash

Muschel mussel

Muskat(nuß) nutmeg
Nachspeise, Nachtisch dessert, sweet
naturell plain
Nelke clove
Nidel, Nidle cream
Niere kidney
Nierenstück loin
Nockerl small dumpling
Nudel noodle
Nürnberger Bratwurst frying sausage made of veal and pork
Nuß 1) nut 2) approx. rumpsteak
Obst fruit
 ∼**salat** fruit salad
Ochs(enfleisch) beef
Ochsenauge fried egg (US sunny side up)
Ochsenmaulsalat ox muzzle salad
Ochsenschwanz oxtail
Ohr ear
Öl oil
Omelett(e) omelet
Palatschinken pancake usually filled with jam or cheese, sometimes served with a hot chocolate and nut topping
Pampelmuse grapefruit
paniert breaded
Paprikaschote sweet pepper
Paradeis(er), Paradiesapfel tomato
Pastetchen filled puff-pastry case
Pastete pastry, pie
Patisserie pastry
Pellkartoffel potato boiled in its jacket
Perlgraupe pearl barley
Petersilie parsley
Pfahlmuschel mussel
Pfannkuchen pancake
Pfeffer pepper
 ∼**kuchen** very spicy gingerbread

 ∼**nuß** ginger(bread)-nut
 ∼**schote** hot pepper
Pfifferling chanterelle mushroom
Pfirsich peach
 ∼ **Melba** peach-halves poached in syrup, served over vanilla ice-cream, topped with raspberry sauce and whipped cream
Pflaume plum
Pichelsteiner (Fleisch) meat and vegetable stew
pikant spiced, highly seasoned
Pilz mushroom
Platte platter
Plätzchen biscuit (US cookie)
Plätzli scallop, cutlet
pochiert poached
Pökelfleisch marinated meat
Pomeranzensoße sauce of bitter oranges, wine and brandy, usually served with duck
Pommes frites chips (US french fries)
Porree leek
Poulet chicken
Praline praline; chocolate with a sweet filling
Preiselbeere cranberry
Preßkopf brawn (US headcheese)
Printe honey-flavoured biscuit (US cookie)
Pudding custard, pudding
Püree mash, purée
Puter turkey
Quargel a small, round cheese, slightly acid and salty
Quark(käse) fresh white cheese
Quitte quince
Radieschen radish
Ragout stew
Rahm cream
Rande beetroot
Räucheraal smoked eel

Räucherhering smoked herring
Räucherlachs smoked salmon
Räucherspeck smoked bacon
Rebhuhn partridge
Rechnung bill (US check)
Regensburger a highly spiced and smoked sausage
Reh deer, venison
~**pfeffer** jugged venison, fried and braised in its marinade, served with sour cream
Reibekuchen potato pancake
Reibkäse grated cheese
Reis rice
~**fleisch** veal braised with rice, tomatoes and other vegetables
Rettich black radish
Rhabarber rhubarb
Ribisel redcurrant
Rinderbrust brisket of beef
Rind(fleisch) beef
Rippe rib
Rippchen, Rippenspeer, Rippenstück, Rippli chop (usually smoked pork)
Rochen skate, ray
Rogen roe (generally cod's roe)
Roggenbrot rye bread
roh raw
Rohkost uncooked vegetables, vegetarian food
Rohschinken cured ham
Rollmops soused herring fillet rolled around chopped onions or gherkins
Rosenkohl brussels sprout
Rosine raisin
Rosmarin rosemary
Rostbraten rumpsteak
Rösti grated, fried (US hashed-brown) potatoes
Röstkartoffel roast potato
rote Beete/Rübe beetroot
rote Grütze fruit jelly served with

cream
Rotkohl, Rotkraut red cabbage
Rotzunge lemon sole
Roulade beef olives; usually thin slices of beef, stuffed, rolled and braised
Rücken chine, saddle
Rüebli carrot
Rührei scrambled egg
russische Eier Russian eggs; egg-halves topped with caviar, served with remoulade sauce
Sachertorte rich chocolate layer cake with jam filling
Safran saffron
Saft juice
Sahne cream
Saibling char
Saitenwurst a variety of frankfurter or wiener sausage
Salat salad
Salbei sage
Salm salmon
Salz salt
~**fleisch** salted meat
~**gurke** pickled cucumber
~**kartoffel** boiled potato
Salzburger Nockerl dumpling made of beaten egg-yolks, egg-whites, sugar and flour, fried in butter
Sandmuschel clam
Sardelle anchovy
Sardellenring rolled anchovy
Sardine sardine, pilchard
Sattel chine, saddle
Saubohne broad bean
sauer sour
Sauerampfer sorrel
Sauerbraten pot roast marinated with herbs
Schalentier shellfish
Schalotte shallot
Schaschlik chunks of meat, slices

of kidneys and bacon, grilled then braised in a spicy sauce of tomatoes, onions and bacon

Schaumrolle puff-pastry rolls filled with whipped cream or custard

Scheibe slice

Schellfisch haddock

Schildkrötensuppe turtle soup

Schillerlocke pastry cornet with vanilla cream filling

Schinken ham
~ **brot** ham sandwich, usually open(-faced)

Schlachtplatte cold meat, liver sausage and sauerkraut

Schlagobers, Schlagrahm, Schlagsahne whipped cream

Schlegel leg, haunch

Schleie tench

Schmelzkäse a soft and pungent cheese, usually for spreading on bread

Schmorbraten pot roast

Schmorfleisch meat stew

Schnecke 1) cinnamon roll 2) snail

Schnepfe snipe

Schnittbohne sliced French bean

Schnitte slice, cut

Schnittlauch chive

Schnitzel cutlet

Schokolade chocolate

Scholle plaice

Schulter shoulder

Schwamm(erl) mushroom

schwarze Johannisbeere/Ribisel blackcurrant

Schwarzwälder Kirschtorte a chocolate layer cake filled with cream and cherries, flavoured with *Kirsch*

Schwarzwälder Schinken a variety of smoked ham from the Black

Forest

Schwarzwurzel salsify

Schwein(efleisch) pork

Seezunge sole

Selchfleisch smoked pork

Sellerie celery

Semmel roll
~ **brösel** breadcrumbs
~ **knödel** dumpling made of diced white bread

Senf mustard

Siedfleisch boiled meat

Soße sauce, gravy

Spanferkel suck(l)ing pig

spanische Soße a brown sauce with herbs

Spargel asparagus

Spätzle, Spätzli thick noodle

Speck bacon
~ **knödel** dumpling made with bacon, eggs and white bread

Speise food
~ **eis** ice-cream
~ **karte** menu, bill of fare

Spekulatius spiced biscuit (US cookie)

Spezialität speciality
~ **des Hauses** chef's speciality
~ **des Tages** day's speciality

Spiegelei fried egg (US sunny side up)

(am) Spieß (on the) spit

Spinat spinach

Sprossenkohl brussels sprout

Sprotte sprat

Stachelbeere gooseberry

Steckrübe turnip

Steinbuscher (Käse) semi-hard creamy cheese; strong and slightly bitter

Steinbutt turbot

Steingarnele prawn

Steinpilz boletus mushroom

Stelze knuckle of pork

Stierenauge fried egg (US sunny side up)

Stock mashed potatoes

~**fisch** stockfish, dried cod

Stollen loaf cake with raisins, almonds, nuts and candied lemon peel

Stoßsuppe caraway soup

Stotzen leg, haunch

Strammer Max slice of bread or sandwich with spiced minced pork (sometimes sausage or ham) served with fried eggs and onions

Streichkäse any soft cheese spread, with different flavours

Streuselkuchen coffee cake with a topping made of butter, sugar, flour and cinnamon

Strudel paper-thin layers of pastry filled with apple slices, nuts, raisins and jam or honey

Stück piece, slice

Sülze 1) jellied, in aspic 2) brawn (US headcheese)

Suppe soup

süß sweet

~**sauer** sweet-and-sour (of sauces)

Süßigkeit sweet (US candy)

Süßspeise dessert, pudding

Tagesgericht day's special

Tagessuppe day's soup

Tascherl pastry turnover with meat, cheese or jam filling

Tatar raw, spiced minced beef

Tatarenbrot open(-faced) sandwich with *Tatar*

Taube pigeon (US squab)

Teigwaren macaroni, noodles, spaghetti

Teller plate, dish

~**gericht** one-course meal

Thunfisch tunny (US tuna)

Thymian thyme

Tilsiter (Käse) semi-hard cheese, mildly pungent

Tomate tomato

Topfen fresh white cheese

~**strudel** flaky pastry filled with creamed, vanilla-flavoured white cheese, rolled and baked

Topfkuchen moulded cake with raisins

Törtchen small tart or cake

Torte layer cake, usually rich

Traube grape

Trüffel truffle

Truthahn turkey

Tunke sauce, gravy

Türkenkorn maize (US corn)

Vanille vanilla

verlorenes Ei poached egg

Voressen meat stew

Vorspeise starter, first course

Wacholderbeere juniper berry

Wachtel quail

Waffel waffle

Walnuß walnut

Wassermelone watermelon

Weinbeere, Weintraube grape

Weinkarte wine list

Weinkraut white cabbage, often braised with apples and simmered in wine

weiße Bohne haricot bean (US navy bean)

Weißbrot white bread

Weißkäse fresh white cheese

Weißkohl, Weißkraut white cabbage

Weißwurst sausage made of veal and bacon, flavoured with parsley, onion and lemon peel

Weizen wheat

Welschkorn maize (US corn)

Westfälischer Schinken a well-known variety of cured and

smoked ham
Wiener Schnitzel breaded veal cutlet
Wiener Würstchen, Wienerli wiener, frankfurter (sausage)
Wild(bret) game, venison
Wildente wild duck
Wildschwein wild boar
Wilstermarschkäse semi-hard cheese, similar to *Tilsiter*
Windbeutel cream puff
Wirsing(kohl) savoy cabbage
Wittling whiting
Wurst sausage
Würstchen small sausage
würzig spiced
Zander pike-perch

Zervelat(wurst) a seasoned and smoked sausage made of pork, beef and bacon
Zichorie chicory (US endive)
Ziege goat
Zimt cinnamon
Zitrone lemon
Zucker sugar
Zunge tongue
Zutat (added) ingredient
Zwetsch(g)e plum
Zwiebel onion
~**fleisch** beef sautéed with onions
~**wurst** liver and onion sausage
Zwischenrippenstück approx. rib-eye steak, entrecôte

Drinks

Abfüllung bottled, from wine brought directly from the grower
Abzug wine bottled on the estate or at the vineyard where the grapes were grown, e.g., *Schloßabzug, Kellerabzug*
Ahr the region, named after its tributary of the Rhine, has the continent's northernmost vineyards; the red wine—pale, delicious with a fine aroma—is the best in Germany, which produces little red wine; try it around the towns of Ahrweiler, Neuenahr and Walporzheim
Apfelmost apple cider
Apfelsaft apple juice
Apfelwein apple cider with a high

alcoholic content
Aprikosenlikör apricot liqueur
Auslese wine produced from choice grapes
Baden this wine-producing region is situated in the southwestern part of Germany with Switzerland to the south and Alsace, France, to the west; vineyards are especially found on the outskirts of the Black Forest facing the valley of the Rhine; some examples of the wine are *Kaiserstuhl*, produced at the foot of a one-time volcano to the west of Freiburg, *Markgräfler, Mauerwein* and *Seewein* from the Lake of Constance
Beerenauslese wine produced

from choice, very mature grapes resulting in a dessert wine

Bier beer
  dunkles ~ dark
  helles ~ light, lager

Bock(bier) a beer with a high malt content

Branntwein brandy, spirits

Brauner coffee with milk
  kleiner ~ small cup of coffee with milk

Danziger Goldwasser a caraway seed-flavoured liqueur flecked with tiny golden leaves

Doppelkorn spirit distilled from grain

Dornkaat a grain-distilled spirit, slightly flavoured with juniper berries

Eierlikör egg liqueur

Eiskaffee iced coffee

Enzian spirit distilled from gentian root

Exportbier a beer with a higher hops content than lager beer

Flasche bottle

Flaschenbier bottled beer

Franken Franconia; the best vineyards of this wine-producing region around the River Main are situated in the vicinity of Iphofen, Escherndorf, Randersacker, Rödelsee and Würzburg; Franconian white wine is dry, strong and full-bodied; Würzburg produces one of the area's best wines under the name *Steinwein*

Fruchtsaft fruit juice

Gewächs used together with the year on the label of quality wines

gezuckert sugar added, sweetened

Glühwein mulled wine

Himbeergeist spirit distilled from raspberries

Kabinett a term indicating that a wine is of high quality

Kaffee coffee
  ~ **Hag** caffeine-free
  ~ **mit Sahne (und Zucker)** with cream (and sugar)
  ~ **mit Schlag(obers)** served with whipped cream
  schwarzer ~ black

Kakao cocoa

Kapuziner coffee with whipped cream and grated chocolate

Kirsch(wasser) spirit distilled from cherries

Klosterlikör herb liqueur

Kognak cognac

Korn(branntwein) spirit distilled from grain

Kümmel(branntwein) caraway-flavoured spirit

Likör liqueur, cordial

Limonade 1) soft drink 2) lemon drink

Lindenblütentee lime-blossom tea

Malzbier malt beer, with a low alcoholic content

Märzenbier beer with a high alcoholic content, brewed in March

Maß(krug) a large beer mug holding 1 litre (about 1 quart)

Milch milk
  ~**kaffee** half coffee and half hot milk
  ~**mix** milk shake

Mineralwasser mineral water

Mosel(–Saar–Ruwer) the official name of the Moselle region; the best Moselle wine is produced in only a part of the region, the mid-Moselle Valley which runs from Trittenheim to Traben-Trarbach; the best vineyards are those of Bernkastel, Braune-berg, Graach, Piesport, Wehlen and Zeltingen

Most must, young wine

Nahe a wine-producing region, named after its tributary of the River Rhine, in the vicinity of Bad Kreuznach; its white wine is full-bodied and may be compared to the best wine of Rhenish Hesse; the most celebrated vineyard is Schloß Böckelheim, owned by the state; other excellent wine is produced in the vicinity of Bad Kreuznach, Bretzenheim, Münster, Nieder-hausen, Norheim, Roxheim, Winzerheim

Naturwein unblended, unsweetened wine

Österreich Austria; very little of its wine is exported; the red—mainly from Burgenland—is not especially notable and is usually drunk only locally; probably the best-known Austrian wine is *Gumpoldskirchner*, produced to the south of Vienna, a good white wine which generations of Viennese have enjoyed; along the banks of the River Danube to the west of Vienna, good white wine is produced in the Wachau area (e.g., *Dürnsteiner, Loibner, Kremser); in* the immediate vicinity of the Austrian capital, table wine is produced (e.g., *Nußberger, Grinzinger, Badener)* of which the best is sometimes exported

Perlwein white, semi-sparkling wine

Pfalz Palatinate; in good years this region is often first among West Germany's wine-producing regions in terms of production, predominantly of white wine; in medieval times, the Palatinate gained a reputation for being "the wine cellar of the Holy Roman Empire"; today's Palatinate is bounded on the north by Rhenish Hesse, to the east by the River Rhine, to the south and west by Alsace, and Saarland; some examples *Dürkheimer, Forster, Deidesheimer, Ruppertsberger* for white, *Dürkheimer* also for red

Pils(e)ner beer with a particularly strong aroma of hops

Pfefferminztee peppermint tea

Pflümli(wasser) spirit distilled from plums

Portwein port (wine)

Rhein Rhine wine is produced in five regions in the Rhine valley offering the country's best white wines

Rheingau region situated at the foot of the Taunus Mountains facing the River Rhine; its best wines are dessert wines which can be compared to fine Sauternes; a good red wine is produced in Aßmannshausen

Rheinhessen Rhenish Hesse, of which Mainz is the capital; no less than 155 villages are dedicated to wine production; some produce wines of exceptional quality (Alsheim, Bingen, Bodenheim, Dienheim, Guntersblum, Ingelheim, Nackenheim, Nierstein, Oppenheim and Worms); wine of lesser quality is sold under the name of *Liebfrau(en)milch*

Schillerwein rosé wine

Schloß castle, denotes a wine estate

Schnaps brandy, spirits

Schokolade chocolate

Schweiz Switzerland; the most notable wines (both red and white) are produced in French- and Italian-speaking cantons; German-speaking cantons produce mostly light red wines

Sekt sparkling wine similar to Champagne

Sirup syrup

Sodawasser soda water

Spätlese wine produced from grapes picked late in the season, often resulting in full-bodied wine

Spezialbier more strongly brewed beer than *Vollbier*

Sprudel(wasser) soda water

Starkbier strong beer with a high malt content

Steinhäger juniper-flavoured spirit

Tee tea
~ **mit Milch** with milk
~ **mit Zitrone** with lemon

trocken dry

Trockenbeerenauslese wine produced from specially selected overripe grapes; usually results in a rich, full-bodied dessert wine

ungezuckert unsweetened

verbessert in reference to wine, "improved" or sweetened

Viertel ¼ litre (about ½ pint) of wine

Vollbier the typical German beer with an alcoholic content of 3–4%

Wachstum used on a wine label with the name of the grower, guarantees natural wine

Wasser water

Wein wine
Rot~ red
Schaum~ sparkling
Süß~ dessert
Weiß~ white

Weinbrand brandy distilled from wine

Weißbier light beer brewed from wheat

Wermut vermouth

Württemberg wine from this region, rarely exported, must be drunk very young; the term *Schillerwein* is employed in the region to denote rosé wine; best wine is produced at Cannstatt, Feuerbach, Untertürckheim; *Stettener Brotwasser* is a noted wine

Zitronensaft lemon squash (US lemon soda)

Zwetschgenwasser spirit distilled from plums

Mini-Grammar

Here is a brief outline of some essential features of German grammar.

Articles

All nouns in German are either masculine, feminine or neuter, and they are classified by the article which precedes them.

1. Definite article (the):   Plural:

masc.	*der* **Mann**	the man	*die* **Männer**
fem.	*die* **Frau**	the woman	*die* **Frauen**
neut.	*das* **Kind**	the child	*die* **Kinder**

2. Indefinite article (a/an):

masc.	*ein* **Zug**	a train
fem.	*eine* **Reise**	a trip
neut.	*ein* **Flugzeug**	a plane

Nouns and adjectives

1. All nouns are written with a capital letter. The rules for constructing the plural are very complex.

2. **Declension:** According to their use in the sentence, German articles, nouns and modifying adjectives undergo related changes. The tables below show the declension of all three parts of speech.

	masc. sing.	masc. plur.
subject	der reiche Mann	die reichen Männer
direct object	den reichen Mann	die reichen Männer
possessive	des reichen Mannes	der reichen Männer
indirect object	dem reichen Mann	den reichen Männern

	fem. sing.	fem. plur.
subject	die schöne Frau	die schönen Frauen
direct object	die schöne Frau	die schönen Frauen
possessive	der schönen Frau	der schönen Frauen
indirect object	der schönen Frau	den schönen Frauen

	neuter sing.	neuter plur.
subject	das kleine Kind	die kleinen Kinder
direct object	das kleine Kind	die kleinen Kinder
possessive	des kleinen Kindes	der kleinen Kinder
indirect object	dem kleinen Kind	den kleinen Kindern

The indefinite article is declined in a slightly different way, as is the modifying adjective.

	masc.	fem.
subject	ein reicher Mann	eine schöne Frau
direct object	einen reichen Mann	eine schöne Frau
possessive	eines reichen Mannes	einer schönen Frau
indirect object	einem reichen Mann	einer schönen Frau

	neuter	plur.
subject	ein kleines Kind	keine* großen Leute
direct object	einen kleines Kind	keine großen Leute
possessive	eines kleinen Kindes	keiner großen Leute
indirect object	einem kleinen Kind	keinen großen Leuten

If declined without an article the adjectives take the endings of the definite article, except in the possessive, which you'll hardly use: **guter Wein** (good wine), **kalte Milch** (cold milk), **warmes Wasser** (hot water).

3. **Demonstrative adjectives:** In spoken German "that" is usually expressed by the definite article, but contrary to the article, it is stressed. "This" **dieser, diese, dieses** and plural **diese** is declined like the definite article.

das Buch (that book)   **dieser Platz** (this seat)

4. **Possessive adjectives:** These agree in number and gender with the noun they modify, i.e., with the thing possessed and not the possessor. In singular they are declined like the indefinite article, and in plural like the definite. Note that **Ihr** meaning "your" in the polite form is capitalized.

	masc. or neut.	fem. or plur.
my	mein	meine
your	dein	deine
his/its	sein	seine
her	ihr	ihre
our	unser	unsere
your	euer	eure
their	ihr	ihre
your (pol.)	Ihr	Ihre

5. **Comparatives and superlatives:** These are formed by adding **-er (-r)** and **-est (-st)** respectively, very often together with an umlaut.

alt (old)	kurz (short)
älter (older)	**kürzer** (shorter)
ältest (oldest)	**kürzest** (shortest)

Adverbs

Many adjectives are used in their undeclined form as adverbs.

schnell	quick, quickly
gut	good, well

---

* **ein** has no plural, but the negative **kein** (declined in singular like **ein**) does.

There are a few irregularities:

glücklich—glücklicherweise	happy—happily
anders	differently
besonders	especially
gleichfalls	as well, (the) same

Viel indicates quantity and **sehr** intensity:

Er arbeitet viel.	He works a lot.
Er ist sehr müde.	He's very tired.

Personal pronouns

	subject	direct object	indirect object
I	**ich**	**mich**	**mir**
you	**du**	**dich**	**dir**
he	**er**	**ihn**	**ihm**
she	**sie**	**sie**	**ihr**
it	**es**	**es**	**ihm**
we	**wir**	**uns**	**uns**
you	**ihr**	**euch**	**euch**
they	**sie**	**sie**	**ihnen**
you	**Sie**	**Sie**	**Ihnen**

Note: There are two forms for "you" in German: **du** and **Sie; du** (plur.: **ihr**) is used when talking to relatives, close friends and children (and between young people); **Sie** (both sing. and plur.) in all other cases. **Sie** is written with a capital **S**. The verb has the same form as that of the 3rd person plural.

Verbs

These are two important **auxiliary verbs:**

sein (to be)	**haben** (to have)
ich bin (I am)	**ich habe** (I have)
du bist (you are)	**du hast** (you have)
er, sie, es ist (he, she, it is)	**er, sie, es hat** (he, she, it has)
wir sind (we are)	**wir haben** (we have)
ihr seid (you are)	**ihr habt** (you have)
sie sind (they are)	**sie haben** (they have)
Sie sind (you are)	**Sie haben** (you have)

The infinitive of practically all verbs ends in **-en.** Here are the endings for the present tense and past tense of a regular weak verb:

ich lieb*e*	I love	**ich lieb***te*	I loved
du lieb*st*	you love	**du lieb***test*	you loved
er, sie, es lieb*t*	he, she, it loves	**er, sie, es lieb***te*	he, she, it loved
wir lieb*en*	we love	**wir lieb***ten*	we loved
ihr lieb*t*	you love	**ihr lieb***tet*	you loved
sie, Sie lieb*en*	they, you love	**sie, Sie lieb***ten*	they, you loved

Irregular Verbs

The following list contains the most common strong and irregular verbs. In parentheses, we have given the irregular forms of the present tense, generally the second and the third persons singular (when they change their stem). If a compound verb or a verb with a prefix (*ab-, an-, auf-, aus-, be-, bei-, ein-, emp-, ent-, er-, mit-, nach-, um-, ver-, vor-, zer-, zu-,* etc.) is not listed, its forms may be found by looking up the simple verb.

Infinitive	Past	Past Participle	
backen (bäckst, bäckt)	backte/buk	gebacken	*bake*
befehlen (befiehlst, befiehlt)	befahl	befohlen	*(give an) order*
beginnen	begann	begonnen	*begin*
beißen	biß	gebissen	*bite*
bergen (birgst, birgt)	barg	geborgen	*salvage*
bersten (birst, birst)	barst	geborsten	*burst*
bewegen	bewog	bewogen	*induce*
biegen	bog	gebogen	*bend*
bieten	bot	geboten	*offer*
binden	band	gebunden	*bind*
bitten	bat	gebeten	*request*
blasen (bläst, bläst)	blies	geblasen	*blow*
bleiben	blieb	geblieben	*remain*
braten (brätst, brät)	briet	gebraten	*roast*
brechen (brichst, bricht)	brach	gebrochen	*break*
brennen	brannte	gebrannt	*burn*
bringen	brachte	gebracht	*bring*
denken	dachte	gedacht	*think*
dringen	drang	gedrungen	*penetrate*
dürfen (darf, darfst, darf)	durfte	gedurft	*be allowed*
empfehlen (empfiehlst, empfiehlt)	empfahl	empfohlen	*recommend*
essen (ißt, ißt)	aß	gegessen	*eat*
fahren (fährst, fährt)	fuhr	gefahren	*go, drive*
fallen (fällst, fällt)	fiel	gefallen	*fall*
fangen (fängst, fängt)	fing	gefangen	*catch*
fechten (fichst, ficht)	focht	gefochten	*fence*
finden	fand	gefunden	*find*
flechten (flichtst, flicht)	flocht	geflochten	*plait*
fliegen	flog	geflogen	*fly*
fliehen	floh	geflohen	*flee*
fließen	floß	geflossen	*flow*
fressen (frißt, frißt)	fraß	gefressen	*eat (animals)*
frieren	fror	gefroren	*freeze*
gären	gor/ gärte	gegoren/ gegärt	*ferment*
geben (gibst, gibt)	gab	gegeben	*give*
gedeihen	gedieh	gediehen	*prosper*
gehen	ging	gegangen	*go*

gelingen[1]	gelang	gelungen	*succeed*
gelten (giltst, gilt)	galt	gegolten	*be valid*
genesen	genas	genesen	*convalesce*
genießen	genoß	genossen	*enjoy*
geschehen[1] (geschieht)	geschah	geschehen	*happen*
gewinnen	gewann	gewonnen	*win*
gießen	goß	gegossen	*pour*
gleichen	glich	geglichen	*resemble*
gleiten	glitt	geglitten	*glide*
graben (gräbst, gräbt)	grub	gegraben	*dig*
greifen	griff	gegriffen	*seize*
haben (hast, hat)	hatte	gehabt	*have*
halten (hältst, hält)	hielt	gehalten	*hold*
hängen	hing	gehangen	*be suspended*
hauen	hieb	gehauen	*hit, cut*
heben	hob	gehoben	*lift*
heißen	hieß	geheißen	*be called*
helfen (hilfst, hilft)	half	geholfen	*help*
kennen	kannte	gekannt	*know*
klingen	klang	geklungen	*sound*
kneifen	kniff	gekniffen	*pinch*
kommen	kam	gekommen	*come*
können (kann, kannst, kann)	konnte	gekonnt	*can*
kriechen	kroch	gekrochen	*crawl*
laden (lädst, lädt)	lud	geladen	*load*
lassen (läßt, läßt)	ließ	gelassen	*let, leave*
laufen (läufst, läuft)	lief	gelaufen	*run*
leiden	litt	gelitten	*suffer*
leihen	lieh	geliehen	*lend*
lesen (liest, liest)	las	gelesen	*read*
liegen	lag	gelegen	*lie, rest*
lügen	log	gelogen	*tell a lie*
mahlen	mahlte	gemahlen	*grind*
meiden	mied	gemieden	*avoid*
messen (mißt, mißt)	maß	gemessen	*measure*
mißlingen	mißlang	mißlungen	*fail*
mögen (mag, magst, mag)	mochte	gemocht	*want, like*
müssen (muß, mußt, muß)	mußte	gemußt	*must*
nehmen (nimmst, nimmt)	nahm	genommen	*take*
nennen	nannte	genannt	*name*
pfeifen	pfiff	gepfiffen	*whistle*
raten (rätst, rät)	riet	geraten	*counsel*
reiben	rieb	gerieben	*rub*
reißen	riß	gerissen	*tear*
reiten	ritt	geritten	*ride*
rennen	rannte	gerannt	*run*
riechen	roch	gerochen	*smell*
ringen	rang	gerungen	*struggle*

---

[1] impersonal

rinnen	rann	geronnen	*flow, run*
rufen	rief	gerufen	*call*
saufen (säufst, säuft)	soff	gesoffen	*drink (animals*
schaffen	schuf	geschaffen	*create*
schallen	schallte/ scholl	geschallt	*resound*
scheiden	schied	geschieden	*separate*
scheinen	schien	geschienen	*shine, seem*
schieben	schob	geschoben	*push*
schießen	schoß	geschossen	*shoot*
schlafen (schläfst, schläft)	schlief	geschlafen	*sleep*
schlagen (schlägst, schlägt)	schlug	geschlagen	*beat*
schleichen	schlich	geschlichen	*creep*
schleifen	schliff	geschliffen	*sharpen*
schließen	schloß	geschlossen	*close*
schlingen	schlang	geschlungen	*twine*
schmeißen	schmiß	geschmissen	*hurl*
schmelzen (schmilzt, schmilzt)	schmolz	geschmolzen	*melt*
schneiden	schnitt	geschnitten	*cut*
schrecken[1] (schrickst, schrickt)	schrak	geschrocken	*frighten*
schreiben	schrieb	geschrieben	*write*
schreien	schrie	geschrie(e)n	*scream*
schreiten	schritt	geschritten	*stride*
schweigen	schwieg	geschwiegen	*be silent*
schwellen (schwillst, schwillt)	schwoll	geschwollen	*swell*
schwimmen	schwamm	geschwommen	*swim*
schwinden	schwand	geschwunden	*diminish*
schwingen	schwang	geschwungen	*swing*
schwören	schwor	geschworen	*swear*
sehen	sah	gesehen	*see*
sein (bin, bist, ist, sind, seid, sind)	war	gewesen	*be*
senden	sandte	gesandt	*send*
sieden	sott	gesotten	*boil*
singen	sang	gesungen	*sing*
sinken	sank	gesunken	*sink*
sinnen	sann	gesonnen	*meditate*
sitzen	saß	gesessen	*sit*
sollen (soll, sollst, soll)	sollte	gesollt	*must, shall*
spinnen	spann	gesponnen	*spin*
sprechen (sprichst, spricht)	sprach	gesprochen	*speak*
springen	sprang	gesprungen	*jump*
stechen (stichst, sticht)	stach	gestochen	*prick*
stehen	stand	gestanden	*stand*
stehlen (stiehlst, stiehlt)	stahl	gestohlen	*steal*
steigen	stieg	gestiegen	*mount*
sterben (stirbst, stirbt)	starb	gestorben	*die*
stinken	stank	gestunken	*stink*

---

[1] only used with prefixes

stoßen (stößt, stößt)	stieß	gestoßen	*push*
streichen	strich	gestrichen	*stroke*
streiten	stritt	gestritten	*quarrel*
tragen (trägst, trägt)	trug	getragen	*carry*
treffen (triffst, trifft)	traf	getroffen	*het, meet*
treiben	trieb	getrieben	*drive, push*
treten (trittst, tritt)	trat	getreten	*tread*
triefen	troff/triefte	getroffen/ getrieft	*drip*
trinken	trank	getrunken	*drink*
trügen	trog	getrogen	*deceive*
tun (tue, tust, tut)	tat	getan	*do*
verderben (verdirbst, verdirbt)	verdarb	verdorben	*spoil*
verdrießen	verdroß	verdrossen	*annoy*
vergessen (vergißt, vergißt)	vergaß	vergessen	*forget*
verlieren	verlor	verloren	*lose*
verzeihen	verzieh	verziehen	*forgive*
wachsen (wächst, wächst)	wuchs	gewachsen	*grow*
wägen	wog	gewogen	*consider*
waschen (wäschst, wäscht)	wusch	gewaschen	*wash*
weben	wob/webte	gewoben/ gewebt	*weave*
weichen	wich	gewichen	*yield*
weisen	wies	gewiesen	*indicate*
wenden	wandte/ wendete	gewandt/ gewendet	*turn*
werben (wirbst, wirbt)	warb	geworben	*recruit*
werden (wirst, wird)	wurde	geworden	*become*
werfen (wirfst, wirft)	warf	geworfen	*throw*
wiegen	wog	gewogen	*weigh*
winden	wand	gewunden	*wind, twist*
wissen (weiß, weißt, weiß)	wußte	gewußt	*know*
wollen (will, willst, will)	wollte	gewollt	*want*
ziehen	zog	gezogen	*pull*
zwingen	zwang	gezwungen	*force*

German Abbreviations

Abf.	*Abfahrt*	departure
Abs.	*Absender*	sender
ACS	*Automobil-Club der Schweiz*	Automobile Association of Switzerland
ADAC	*Allgemeiner Deutscher Automobil-Club*	German Automobile Association
AG	*Aktiengesellschaft*	Ltd., Inc.
a.M.	*am Main*	on the river Main
Ank.	*Ankunft*	arrival
Anm.	*Anmerkung*	remark
a.Rh.	*am Rhein*	on the river Rhine
AvD	*Automobilclub von Deutschland*	Automobile Association of Germany
Bhf.	*Bahnhof*	train station
Bez.	*Bezirk*	district
BRD	*Bundesrepublik Deutschland*	Federal Republic of Germany
b.w.	*bitte wenden*	please turn over
bzw.	*beziehungsweise*	respectively
DB	*Deutsche Bundesbahn*	German Federal Railways
DBP	*Deutsche Bundespost*	German Federal Post Office
d.h.	*das heißt*	i.e.
DIN	*Deutsche Industrie-Norm*	German Industrial Standards
DM	*Deutsche Mark*	(West) German mark
d.M.	*dieses Monats*	inst., of this month
D-Zug	*Durchgangszug*	through train
EG	*Europäische Gemeinschaften*	EC, European Community
EU	*Europäische Union*	EU, European Union
E-Zug	*Eilzug*	express train
Ffm.	*Frankfurt am Main*	Frankfurt, West Germany
fl.W.	*fließendes Wasser*	running water
Fr.	*Franken; Frau*	franc; Mrs.
Frl.	*Fräulein*	Miss
g	*Groschen*	$^1/_{100}$ of a schilling
G	*Gasse*	lane
Gebr.	*Gebrüder*	brothers
gefl.	*gefälligst*	please, kindly
GmbH	*Gesellschaft mit beschränkter Haftung*	limited liability company
Hbf.	*Hauptbahnhof*	main railway station

Hr.	*Herr*	Mr.
Ing.	*Ingenieur*	engineer
Inh.	*Inhaber; Inhalt*	proprietor; contents
Kfm.	*Kaufmann*	merchant
Kfz	*Kraftfahrzeug*	motor vehicle
KG	*Kommanditgesellschaft*	limited partnership
Lkw	*Lastkraftwagen*	lorry, truck
MEZ	*Mitteleuropäische Zeit*	Central European Time
MwSt	*Mehrwertsteuer*	VAT, value added tax
n. Chr.	*nach Christus*	A.D.
ÖAMTC	*Österreichischer Automobil-, Motorrad- und Touringclub*	Austrian Automobile, Motorcycle and Touring Association
OB	*Oberbürgermeister*	mayor (of a large city)
ÖBB	*Österreichische Bundes- bahnen*	Austrian Federal Railways
OHG	*Offene Handelsgesellschaft*	ordinary partnership
Pf	*Pfennig*	1/100 of a mark
Pfd.	*Pfund*	pound (weight)
Pkw	*Personenkraftwagen*	automobile
PS	*Pferdestärke*	hp, horsepower
PTT	*Post, Telefon, Telegraf*	Post and Telecommuni- cations.
Rp.	*Rappen*	1/100 of a franc
S	*Schilling*	Austrian schilling
SBB	*Schweizerische Bundes- bahnen*	Swiss Federal Railways
Str.	*Straße*	street
TCS	*Touring-Club der Schweiz*	Swiss Touring Association
u. a.	*unter anderem*	among other things
U-Bahn	*Untergrundbahn*	underground (GB), subway (US
ü. d. M.	*über dem Meeresspiegel*	above sea level
UKW	*Ultrakurzwelle*	FM (radio)
ung.	*ungefähr*	approximately
UNO	*Vereinte Nationen*	United Nations
usw.	*und so weiter*	etc., and so on
u. U.	*unter Umständen*	in certain cases
v. Chr.	*vor Christus*	B.C.
vgl.	*vergleiche*	compare
v. H.	*vom Hundert*	per cent
Wwe.	*Witwe*	widow
z. B.	*zum Beispiel*	e.g.
z. H.	*zu Händen*	to the attention of
z. Z.	*zur Zeit*	at present

Numerals

Cardinal numbers		Ordinal numbers	
0	null	1.	erste
1	eins	2.	zweite
2	zwei	3.	dritte
3	drei	4.	vierte
4	vier	5.	fünfte
5	fünf	6.	sechste
6	sechs	7.	sieb(en)te
7	sieben	8.	achte
8	acht	9.	neunte
9	neun	10.	zehnte
10	zehn	11.	elfte
11	elf	12.	zwölfte
12	zwölf	13.	dreizehnte
13	dreizehn	14.	vierzehnte
14	vierzehn	15.	fünfzehnte
15	fünfzehn	16.	sechzehnte
16	sechzehn	17.	siebzehnte
17	siebzehn	18.	achtzehnte
18	achtzehn	19.	neunzehnte
19	neunzehn	20.	zwanzigste
20	zwanzig	21.	einundzwanzigste
21	einundzwanzig	22.	zweiundzwanzigste
22	zweiundzwanzig	23.	dreiundzwanzigste
23	dreiundzwanzig	24.	vierundzwanzigste
30	dreißig	25.	fünfundzwanzigste
40	vierzig	26.	sechsundzwanzigste
50	fünfzig	27.	siebenundzwanzigste
60	sechzig	28.	achtundzwanzigste
70	siebzig	29.	neunundzwanzigste
80	achtzig	30.	dreißigste
90	neunzig	40.	vierzigste
100	(ein)hundert	50.	fünfzigste
101	hundert(und)eins	60.	sechzigste
230	zweihundert(und)dreißig	70.	siebzigste
538	fünfhundert(und) achtunddreißig	80.	achtzigste
		90.	neunzigste
1 000	(ein)tausend	100.	(ein)hundertste
10 000	zehntausend	230.	zweihundert(und)- dreißigste
100 000	(ein)hunderttausend		
1 000 000	eine Million	1 000.	(ein)tausendste

Time

Although official time in Germany, Austria and Switzerland is based on the 24-hour clock, the 12-hour system is used in conversation.

If you want to indicate a.m. or p.m., add *morgens, nachmittags* or *abends*.

Thus:

acht Uhr morgens	8 a.m.
zwei Uhr nachmittags	2 p.m.
acht Uhr abends	8 p.m.

Days of the Week

Sonntag	Sunday	*Donnerstag*	Thursday
Montag	Monday	*Freitag*	Friday
Dienstag	Tuesday	*Samstag,*	Saturday
Mittwoch	Wednesday	*Sonnabend*	

Some Basic Phrases

Nützliche Redewendungen

Please.	Bitte.
Thank you very much.	Vielen Dank.
Don't mention it.	Gern geschehen.
Good morning.	Guten Morgen.
Good afternoon.	Guten Tag *(nachmittags)*.
Good evening.	Guten Abend.
Good night.	Gute Nacht.
Good-bye.	Auf Wiedersehen.
See you later.	Bis bald.
Where is/Where are...?	Wo ist/Wo sind...?
What do you call this?	Wie heißt dies?
What does that mean?	Was bedeutet das?
Do you speak English?	Sprechen Sie Englisch?
Do you speak German?	Sprechen Sie Deutsch?
Do you speak French?	Sprechen Sie Französisch?
Do you speak Spanish?	Sprechen Sie Spanisch?
Do you speak Italian?	Sprechen Sie Italienisch?
Could you speak more slowly, please?	Könnten Sie bitte etwas langsamer sprechen?
I don't understand.	Ich verstehe nicht.
Can I have...?	Kann ich... haben?
Can you show me...?	Können Sie mir... zeigen?
Can you tell me...?	Können Sie mir sagen...?
Can you help me, please?	Können Sie mir bitte helfen?
I'd like...	Ich hätte gern...
We'd like...	Wir hätten gern...
Please give me...	Geben Sie mir bitte...
Please bring me...	Bringen Sie mir bitte...
I'm hungry.	Ich habe Hunger.
I'm thirsty.	Ich habe Durst.
I'm lost.	Ich habe mich verirrt.
Hurry up!	Beeilen Sie sich!

There is/There are...	Es gibt...
There isn't/There aren't...	Es gibt keinen, keine, kein/Es gibt keine...

Arrival · Ankunft

Your passport, please.	Ihren Paß, bitte.
Have you anything to declare?	Haben Sie etwas zu verzollen?
No, nothing at all.	Nein, gar nichts.
Can you help me with my luggage, please?	Können Sie mir mit meinem Gepäck helfen, bitte?
Where's the bus to the centre of town, please?	Wo ist der Bus zum Stadtzentrum, bitte?
This way, please.	Hier durch, bitte.
Where can I get a taxi?	Wo finde ich ein Taxi?
What's the fare to...?	Was kostet es bis...?
Take me to this address, please.	Fahren Sie mich bitte zu dieser Adresse.
I'm in a hurry.	Ich habe es eilig.

Hotel · Hotel

My name is...	Mein Name ist...
Have you a reservation?	Haben Sie vorbestellt?
I'd like a room with a bath.	Ich hätte gern ein Zimmer mit Bad.
What's the price per night?	Wieviel kostet es pro Nacht?
May I see the room?	Kann ich das Zimmer sehen?
What's my room number, please?	Welche Zimmernummer habe ich, bitte?
There's no hot water.	Es kommt kein warmes Wasser.
May I see the manager, please?	Kann ich bitte den Direktor sprechen?
Did anyone telephone me?	Hat mich jemand angerufen?
Is there any mail for me?	Ist Post für mich da?
May I have my bill (check), please?	Kann ich bitte meine Rechnung haben?

Eating out

Do you have a fixed-price menu?

May I see the menu?

May we have an ashtray, please?

Where's the toilet, please?

I'd like an hors d'œuvre (starter).

Have you any soup?

I'd like some fish.

What kind of fish do you have?

I'd like a steak.

What vegetables have you got?

Nothing more, thanks.

What would you like to drink?

I'll have a beer, please.

I'd like a bottle of wine.

May I have the bill (check), please?

Is service included?

Thank you, that was a very good meal.

Gaststätten

Haben Sie ein Menü?

Kann ich die Speisekarte sehen?

Können wir bitte einen Aschenbecher haben?

Wo ist die Toilette, bitte?

Ich hätte gern eine Vorspeise.

Haben Sie Suppe?

Ich hätte gern Fisch.

Was für Fisch haben Sie?

Ich hätte gern ein Beefsteak.

Was für Gemüse haben Sie?

Nein danke, nichts mehr.

Was möchten Sie gern trinken?

Ich nehme ein Bier, bitte.

Ich möchte eine Flasche Wein.

Die Rechnung, bitte.

Ist Bedienung inbegriffen?

Danke, das Essen war sehr gut.

Travelling

Where's the railway station, please?

Where's the ticket office, please?

I'd like a ticket to...

First or second class?

First class, please.

Single or return (one way or roundtrip)?

Do I have to change trains?

What platform does the train for... leave from?

Reisen

Wo ist der Bahnhof, bitte?

Wo ist der Fahrkartenschalter, bitte?

Ich möchte eine Fahrkarte nach..

Erste oder zweite Klasse?

Erste Klasse, bitte.

Einfach oder hin und zurück?

Muß ich umsteigen?

Auf welchem Bahnsteig fährt der Zug nach... ab?

Where's the nearest underground (subway) station?	Wo ist die nächste U-Bahn-Station?
Where's the bus station, please?	Wo ist der Busbahnhof, bitte?
When's the first bus to…?	Wann fährt der erste Bus nach…?
Please let me off at the next stop.	Bitte lassen Sie mich an der nächsten Haltestelle aussteigen.

Relaxing / Unterhaltung

What's on at the cinema (movies)?	Was gibt es im Kino zu sehen?
What time does the film begin?	Wann beginnt der Film?
Are there any tickets for tonight?	Gibt es noch Karten für heute abend?
Where can we go dancing?	Wohin können wir tanzen gehen?

Meeting people / Bekanntschaft schließen

How do you do.	Guten Tag.
How are you?	Wie geht es Ihnen?
Very well, thank you And you?	Sehr gut, danke. Und Ihnen?
May I introduce…?	Darf ich Ihnen… vorstellen?
My name is…	Ich heiße…
I'm very pleased to meet you.	Sehr erfreut.
How long have you been here?	Wie lange sind Sie schon hier?
It was nice meeting you.	Es war mir ein Vergnügen.
Do you mind if I smoke?	Stört es Sie, wenn ich rauche?
Do you have a light, please?	Haben Sie Feuer, bitte?
May I get you a drink?	Darf ich Ihnen etwas zu trinken bestellen?
May I invite you for dinner tonight?	Darf ich Sie heute abend zum Essen einladen?
Where shall we meet?	Wo treffen wir uns?

Shops, stores and services / Läden, Geschäfte usw.

Where's the nearest bank, please?	Wo ist die nächste Bank, bitte?
Where can I cash some travellers' cheques?	Wo kann ich Reiseschecks einlösen?

Can you give me some small change, please?	Können Sie mir bitte Kleingeld geben?
Where's the nearest chemist's (pharmacy)?	Wo ist die nächste Apotheke?
How do I get there?	Wie komme ich dorthin?
Is it within walking distance?	Kann man zu Fuß gehen?
Can you help me, please?	Können Sie mir helfen, bitte?
How much is this? And that?	Wieviel kostet dies? Und das?
It's not quite what I want.	Es ist nicht ganz das, was ich möchte.
I like it.	Es gefällt mir.
Can you recommend something for sunburn?	Können Sie mir etwas gegen Sonnenbrand empfehlen?
I'd like a haircut, please.	Ich möchte mir das Haar schneiden lassen, bitte.
I'd like a manicure, please.	Ich möchte eine Maniküre, bitte.

Street directions — **Wo? Wohin?**

Can you show me on the map where I am?	Können Sie mir auf der Karte zeigen, wo ich bin?
You are on the wrong road.	Sie sind auf der falschen Straße.
Go/Walk straight ahead.	Fahren/Gehen Sie geradeaus.
It's on the left/on the right.	Es ist linker Hand/rechter Hand.

Emergencies — **Im Notfall**

Call a doctor quickly.	Rufen Sie schnell einen Arzt.
Call an ambulance.	Rufen Sie einen Krankenwagen.
Please call the police.	Rufen Sie bitte die Polizei.

englisch-deutsch

english-german

Erläuterungen

Die Gestaltung des Wörterverzeichnisses wird allen praktischen Anforderungen gerecht. Unnötige sprachwissenschaftliche Angaben wurden weggelassen. Alle Eintragungen sind alphabetisch geordnet, egal ob das Stichwort in einem Wort, mit Bindestrich oder als zwei oder mehr Wörter geschrieben wird. Die einzige Ausnahme von dieser Regel bilden einige idiomatische Wendungen, deren wichtigstes Wortglied als Stichwort dient. Untergeordnete Eintragungen wie übliche Redewendungen oder festgelegte Ausdrücke sind ebenfalls alphabetisch geordnet.

Jedem Stichwort folgt eine Ausprachebezeichnung (siehe Erklärung der Lautschrift). Der Umschrift folgt gegebenenfalls die Angabe der Wortart. Kann eine Vokabel mehreren Wortarten angehören, so stehen die Wortbedeutungen nach der Angabe der entsprechenden Wortart.

Die unregelmäßige Pluralform der Substantive wird im gegebenen Falle angeführt. Der Plural steht außerdem nach einigen Wörtern, deren Mehrzahlbildung nicht offensichtlich ist.

Soll eine Eintragung wiederholt werden (auch in unregelmäßigen Pluralformen), so vertritt die Tilde (~) die ganze vorangegangene Eintragung.

Ein waagrechter Strich vertritt den Teil einer Eintragung vor der abweichenden, ausgeschriebenen Wortendung.

Ein Sternchen (*) vor einem Verb bedeutet, daß es unregelmäßig konjugiert wird (siehe Tabelle der unregelmäßigen Verben).

Dieses Wörterbuch folgt der britischen Rechtschreibung. Alle Wörter und Wortbedeutungen, die in erster Linie dem amerikanischen Sprachkreis zugerechnet werden, sind entsprechend gekennzeichnet (siehe Tabelle der im Wörterverzeichnis verwandten Abkürzungen).

Abkürzungen

adj	Adjektiv	*ntpl*	Neutrum Plural
adv	Adverb	*num*	Numerale
Am	Amerikanisch	*p*	Präteritum
art	Artikel	*pl*	Plural
conj	Konjunktion	*plAm*	Plural (amerikanisch)
f	Femininum	*pp*	Partizip Perfekt
fpl	Femininum Plural	*pr*	Präsens
m	Maskulinum	*pref*	Präfix
mpl	Maskulinum Plural	*prep*	Präposition
n	Substantiv	*pron*	Pronomen
nAm	Substantiv (amerikanisch)	*v*	Verb
nt	Neutrum	*vAm*	Verb (amerikanisch)

Aussprache

In diesem Teil des Wörterbuchs ist zu jedem Stichwort die Aussprache in Internationaler Lautschrift (IPA) angegeben. Jedes einzelne Zeichen dieser Umschrift steht für einen ganz bestimmten Laut. Zeichen, die hier nicht erklärt sind, werden ungefähr wie die entsprechenden Buchstaben im Deutschen ausgesprochen.

Konsonanten

ð	wie **s** in Ro**s**e, aber gelispelt
ŋ	wie **ng** in Ri**ng**
r	schwer zu beschreiben! Die Zunge ist ungefähr in der gleichen Stellung wie bei ʒ (siehe unten), aber viel tiefer, und die Lippen sind eher in einer neutralen Stellung
s	immer wie in e**s**
ʃ	wie **sch** in ra**sch**
θ	wie **s** in e**s**, aber gelispelt
v	wie **w** in **w**o
w	ein flüchtiger **u**-Laut, ungefähr wie in Rit**u**al
z	wie **s** in Ro**s**e
ʒ	wie **g** in Eta**g**e

Vokale

α:	wie **aa** in S**aa**l
æ	zwischen **a** in h**a**t und **ä** in n**ä**chste
ʌ	ähnlich wie **a** in h**a**t
e	wie **e** in f**e**st
ɛ	wie **e** in b**e**st, aber mit der Zunge etwas tiefer
ə	wie **e** in hab**e**n, aber mit gedehnten Lippen (ungerundet)
ə:	eher wie **ö** in l**ö**sen, aber mit gedehnten Lippen (ungerundet)
ɔ	wie **o** in P**o**st

1) Ein Doppelpunkt (:) bezeichnet die Länge des vorhergehenden Vokals.

2) Einige aus dem Französischen entlehnte Wörter enthalten nasale Vokale, die durch eine Tilde über dem Vokal bezeichnet werden (z.B. ã). Sie werden gleichzeitig durch Mund und Nase ausgesprochen.

Diphthonge

Ein Diphthong besteht aus zwei Vokalen, von denen der eine stärker (betont) und der andere schwächer (unbetont) ist und die zusammen als »gleitender« Laut ausgesprochen werden, wie z.B. **ai** in **Mai**. Im Englischen ist der zweite Vokal immer der schwächere. Manchmal folgt auf einen Diphthong noch ein [ə], wodurch der zweite Vokal etwas weiter abgeschwächt wird. Folgende Diphthonge sind zu beachten:

ei   nicht wie in **eins**! Der erste Laut ist **e** wie in **fest**

ou   ungerundetes **ö** mit folgendem flüchtigem **u**-Laut

Betonung

Das Zeichen (ʹ) steht vor der Silbe mit Hauptton, (ˌ) vor einer Silbe mit Nebenton.

Amerikanische Aussprache

Unsere Umschrift gibt die übliche britische Aussprache an. Die amerikanische weicht davon in einigen Punkten ab (wobei es noch bedeutende regionale Unterschiede gibt). Hier einige der auffallendsten Abweichungen:

1) Im Gegensatz zum britischen Englisch wird **r** auch vor einem Konsonanten und am Wortende ausgesprochen.

2) In vielen Wörtern (z.B. *ask, castle, laugh* usw.) wird [ɑ:] zu [æ:].

3) Den [ɔ]-Laut spricht der Amerikaner [ɑ], vielfach auch [ɔ:].

4) In Wörtern wie *duty, tune, new* usw. entfällt oft der [j]-Laut vor [u:].

5) Schließlich werden eine Anzahl von Wörtern anders betont.

A

a [eɪ,ə] *art* (an) ein *art*
abbey ['æbi] *n* Abtei *f*
abbreviation [ə,briːviˈeɪʃən] *n* Abkürzung *f*
aberration [,æbəˈreɪʃən] *n* Abweichung *f*
ability [əˈbɪləti] *n* Fähigkeit *f*; Vermögen *nt*
able ['eɪbəl] *adj* imstande; fähig; *be ~ to* imstande *sein zu; *können
abnormal [æbˈnɔːməl] *adj* abnorm
aboard [əˈbɔːd] *adv* an Bord
abolish [əˈbɔlɪʃ] *v* abschaffen
abortion [əˈbɔːʃən] *n* Abortus *m*
about [əˈbaʊt] *prep* über; betreffs, hinsichtlich; um; *adv* etwa; umher, herum
above [əˈbʌv] *prep* über; *adv* oben
abroad [əˈbrɔːd] *adv* ins Ausland, im Ausland
abscess ['æbses] *n* Abszeß *m*
absence ['æbsəns] *n* Abwesenheit *f*
absent ['æbsənt] *adj* abwesend
absolutely ['æbsəluːtli] *adv* völlig
abstain from [əbˈsteɪn] sich *enthalten
abstract ['æbstrækt] *adj* abstrakt
absurd [əbˈsɔːd] *adj* absurd, widersinnig
abundance [əˈbʌndəns] *n* Überfluß *m*
abundant [əˈbʌndənt] *adj* reichlich

abuse [əˈbjuːs] *n* Mißbrauch *m*
abyss [əˈbis] *n* Abgrund *m*
academy [əˈkædəmi] *n* Akademie *f*
accelerate [əkˈseləreit] *v* beschleunigen
accelerator [əkˈseləreitə] *n* Gaspedal *nt*
accent ['æksənt] *n* Akzent *m*; Betonung *f*
accept [əkˈsept] *v* *annehmen; akzeptieren
access ['ækses] *n* Zutritt *m*
accessary [əkˈsesəri] *n* Mitschuldige *m*
accessible [əkˈsesəbəl] *adj* zugänglich
accessories [əkˈsesəriz] *pl* Zubehör *nt*
accident ['æksidənt] *n* Unglück *nt*, Unfall *m*
accidental [,æksiˈdentəl] *adj* zufällig
accommodate [əˈkɔmədeit] *v* *unterbringen
accommodation [ə,kɔməˈdeiʃən] *n* Unterkunft *f*
accompany [əˈkʌmpəni] *v* begleiten
accomplish [əˈkʌmpliʃ] *v* vollenden; zustande *bringen
in accordance with [in əˈkɔːdəns wið] gemäß
according to [əˈkɔːdiŋ tuː] gemäß; in Übereinstimmung mit
account [əˈkaʊnt] *n* Konto *nt*; Bericht *m*; ~ *for* Rechenschaft ablegen über; *on ~ of* wegen
accountable [əˈkaʊntəbəl] *adj* erklär-

bar

accurate ['ækjurət] *adj* genau

accuse [ə'kju:z] *v* beschuldigen; anklagen

accused [ə'kju:zd] *n* Angeklagte *m*

accustom [ə'kʌstəm] *v* gewöhnen; **accustomed** gewöhnt, gewohnt

ache [eik] *v* schmerzen; *n* Schmerz *m*

achieve [ə'tʃi:v] *v* erreichen; leisten

achievement [ə'tʃi:vmənt] *n* Leistung *f*

acid ['æsid] *n* Säure *f*

acknowledge [ək'nɔlidʒ] *v* *erkennen; *zugeben; bestätigen

acne ['ækni] *n* Akne *f*

acorn ['eikɔ:n] *n* Eichel *f*

acquaintance [ə'kweintəns] *n* Bekanntschaft *f*, Bekannte *m*

acquire [ə'kwaiə] *v* *erwerben

acquisition [,ækwi'ziʃən] *n* Neuerwerbung *f*

acquittal [ə'kwitəl] *n* Freispruch *m*

across [ə'krɔs] *prep* über; jenseits; *adv* drüben

act [ækt] *n* Tat *f*; Akt *m*; Nummer *f*; *v* *vorgehen, handeln; sich *benehmen; spielen

action ['ækʃən] *n* Aktion *f*, Handlung *f*

active ['æktiv] *adj* aktiv; lebhaft

activity [æk'tivəti] *n* Aktivität *f*

actor ['æktə] *n* Schauspieler *m*

actress ['æktris] *n* Schauspielerin *f*

actual ['æktʃuəl] *adj* tatsächlich, wirklich

actually ['æktʃuəli] *adv* tatsächlich

acute [ə'kju:t] *adj* akut

adapt [ə'dæpt] *v* anpassen

adapter [ə'dæptə] *n* Adapter *m*; Mehrfachstecker *m*

add [æd] *v* addieren; hinzufügen

addition [ə'diʃən] *n* Addition *f*; Hinzufügung *f*

additional [ə'diʃənəl] *adj* zusätzlich;

nebensächlich

address [ə'dres] *n* Anschrift *f*; *v* adressieren; *ansprechen

addressee [,ædre'si:] *n* Adressat *m*

adequate ['ædikwət] *adj* angemessen; entsprechend, passend

adjective ['ædʒiktiv] *n* Eigenschaftswort *nt*

adjourn [ə'dʒə:n] *v* *verschieben

adjust [ə'dʒʌst] *v* regulieren; anpassen

administer [əd'ministə] *v* verabreichen

administration [əd,mini'streiʃən] *n* Verwaltung *f*

administrative [əd'ministrətiv] *adj* administrativ; Verwaltungs-; ~ **law** Verwaltungsrecht *nt*

admiral ['ædmərəl] *n* Admiral *m*

admiration [,ædmə'reiʃən] *n* Bewunderung *f*

admire [əd'maiə] *v* bewundern

admission [əd'miʃən] *n* Eintritt *m*; Zulassung *f*

admit [əd'mit] *v* *einlassen; einräumen, *zugeben

admittance [əd'mitəns] *n* Zutritt *m*; **no** ~ kein Eingang

adopt [ə'dɔpt] *v* adoptieren; *annehmen

adorable [ə'dɔ:rəbəl] *adj* reizend

adult ['ædʌlt] *n* Erwachsene *m*; *adj* erwachsen

advance [əd'va:ns] *n* Fortschritt *m*; Vorschuß *m*; *v* *fortschreiten; *vorschießen; **in** ~ im voraus, vorher

advanced [əd'va:nst] *adj* fortgeschritten

advantage [əd'va:ntidʒ] *n* Vorteil *m*

advantageous [,ædvən'teidʒəs] *adj* vorteilhaft

adventure [əd'ventʃə] *n* Abenteuer *nt*

adverb ['ædvə:b] *n* Adverb *nt*

advertisement [əd'və:tismənt] *n* Anzeige *f*

advertising ['ædvətaiziŋ] n Werbung f

advice [əd'vais] n Empfehlung f, Rat m

advise [əd'vaiz] v *empfehlen, *raten

advocate ['ædvəkət] n Anhänger m

aerial ['ɛəriəl] n Antenne f

aeroplane ['ɛərəplein] n Flugzeug nt

affair [ə'fɛə] n Angelegenheit f; Verhältnis nt, Liebschaft f

affect [ə'fekt] v beeinflussen; sich *beziehen auf

affected [ə'fektid] adj geziert

affection [ə'fekʃən] n Erkrankung f; Zuneigung f

affectionate [ə'fekʃənit] adj lieb, zärtlich

affiliated [ə'filieitid] adj angegliedert

affirmative [ə'fə:mətiv] adj bejahend

affliction [ə'flikʃən] n Leid nt

afford [ə'fɔ:d] v sich leisten

afraid [ə'freid] adj ängstlich, bange; *be ~ Angst *haben

Africa ['æfrikə] Afrika

African ['æfrikən] adj afrikanisch; n Afrikaner m

after ['a:ftə] prep nach; hinter; conj nachdem

afternoon [,a:ftə'nu:n] n Nachmittag m; this ~ heute nachmittag

afterwards ['a:ftəwədz] adv später; hernach, nachher

again [ə'gen] adv wieder; nochmals; ~ and again immer wieder

against [ə'genst] prep gegen

age [eidʒ] n Alter nt; of ~ mündig; under ~ minderjährig

aged ['eidʒid] adj bejahrt; alt

agency ['eidʒənsi] n Agentur f; Dienststelle f; Vertretung f

agenda [ə'dʒendə] n Tagesordnung f

agent ['eidʒənt] n Agent m, Vertreter m

aggressive [ə'gresiv] adj aggressiv

ago [ə'gou] adv her

agrarian [ə'grɛəriən] adj agrarisch, Landwirtschafts-

agree [ə'gri:] v übereinstimmen; zustimmen

agreeable [ə'gri:əbəl] adj angenehm

agreement [ə'gri:mənt] n Vertrag m; Akkord m, Abkommen nt

agriculture ['ægrikʌltʃə] n Landwirtschaft f

ahead [ə'hed] adv vorwärts; ~ of vor; *go ~ *fortfahren; straight ~ geradeaus

aid [eid] n Hilfe f; v unterstützen, *helfen

Aids [eidz] n Aids nt

ailment ['eilmənt] n Leiden nt; Krankheit f

aim [eim] n Ziel nt; ~ at richten auf, zielen auf; beabsichtigen, bezwecken

air [ɛə] n Luft f; v lüften

air-conditioning ['ɛəkən,diʃəniŋ] n Klimaanlage f; air-conditioned adj klimatisiert

aircraft ['ɛəkra:ft] n (pl ~) Flugzeug nt; Maschine f

airfield ['ɛəfi:ld] n Flugplatz m

air-filter ['ɛə,filtə] n Luftfilter m

airline ['ɛəlain] n Fluglinie f

airmail ['ɛəmeil] n Luftpost f

airplane ['ɛəplein] nAm Flugzeug nt

airport ['ɛəpɔ:t] n Flughafen m

air-sickness ['ɛə,siknəs] n Luftkrankheit f

airtight ['ɛətait] adj luftdicht

airy ['ɛəri] adj luftig

aisle [ail] n Seitenschiff nt; Gang m

alarm [ə'la:m] n Alarm m; v alarmieren

alarm-clock [ə'la:mklɔk] n Wecker m

album ['ælbəm] n Album nt

alcohol ['ælkəhɔl] n Alkohol m

alcoholic [,ælkə'hɔlik] adj alkoholisch

ale [eil] n Bier nt

algebra ['ældʒibrə] n Algebra f
Algeria [æl'dʒiəriə] Algerien
Algerian [æl'dʒiəriən] adj algerisch; n Algerier m
alien ['eiliən] n Ausländer m; Fremdling m; adj ausländisch
alike [ə'laik] adj gleich, ähnlich
alimony ['æliməni] n Alimente ntpl
alive [ə'laiv] adj am Leben, lebend
all [ɔ:l] adj all, alle; ~ in alles inbegriffen; ~ right! gut!; at ~ überhaupt
allergy ['ælədʒi] n Allergie f
alley ['æli] n Gasse f
alliance [ə'laiəns] n Bündnis nt
ally ['ælai] n Allierte m
allot [ə'lɔt] v zuteilen
allow [ə'lau] v gestatten, bewilligen, erlauben; ~ to *lassen; *be allowed erlaubt *sein; *be allowed to *dürfen
allowance [ə'lauəns] n Zulage f
all-round [,ɔ:l'raund] adj vielseitig
almanac ['ɔ:lmənæk] n Almanach m
almond ['a:mənd] n Mandel f
almost ['ɔ:lmoust] adv beinahe; fast
alone [ə'loun] adv allein
along [ə'lɔŋ] prep entlang
aloud [ə'laud] adv laut
alphabet ['ælfəbet] n Alphabet nt
already [ɔ:l'redi] adv bereits, schon
also ['ɔ:lsou] adv auch; gleichfalls, ebenfalls
altar ['ɔ:ltə] n Altar m
alter ['ɔ:ltə] v ändern, verändern
alteration [,ɔ:ltə'reiʃən] n Veränderung f, Änderung f
alternate [ɔ:l'tə:nət] adj abwechselnd
alternative [ɔ:l'tə:nətiv] n Alternative f
although [ɔ:l'ðou] conj obgleich, obwohl
altitude ['æltitju:d] n Höhe f
alto ['æltou] n (pl ~s) Alt m

altogether [,ɔ:ltə'geðə] adv gänzlich; insgesamt
always ['ɔ:lweiz] adv immer
am [æm] v (pr be)
amaze [ə'meiz] v verwundern, erstaunen
amazement [ə'meizmənt] n Erstaunen nt
ambassador [æm'bæsədə] n Botschafter m
amber ['æmbə] n Bernstein m
ambiguous [æm'bigjuəs] adj doppelsinnig; zweideutig
ambitious [æm'biʃəs] adj strebsam; ehrgeizig
ambulance ['æmbjuləns] n Krankenwagen m, Ambulanz f
ambush ['æmbuʃ] n Hinterhalt m
America [ə'merikə] Amerika
American [ə'merikən] adj amerikanisch; n Amerikaner m
amethyst ['æmiθist] n Amethyst m
amid [ə'mid] prep unter; zwischen, inmitten
ammonia [ə'mouniə] n Salmiakgeist m
amnesty ['æmnisti] n Amnestie f
among [ə'mʌŋ] prep unter; zwischen, inmitten; ~ other things unter anderem
amount [ə'maunt] n Menge f; Summe f, Betrag m; ~ to *betragen
amuse [ə'mju:z] v *unterhalten, amüsieren
amusement [ə'mju:zmənt] n Vergnügen nt, Unterhaltung f
amusing [ə'mju:ziŋ] adj unterhaltsam
anaemia [ə'ni:miə] n Blutarmut f
anaesthesia [,ænis'θi:ziə] n Betäubung f
anaesthetic [,ænis'θetik] n Betäubungsmittel nt
analyse ['ænəlaiz] v zerlegen, analysieren
analysis [ə'næləsis] n (pl -ses) Analyse

f

analyst ['ænəlist] n Analytiker m; Psychoanalytiker m

anarchy ['ænəki] n Anarchie f

anatomy [ə'nætəmi] n Anatomie f

ancestor ['ænsestə] n Vorfahr m

anchor ['æŋkə] n Anker m

anchovy ['æntʃəvi] n Sardelle f

ancient ['einʃənt] adj alt; altmodisch, veraltet; uralt

and [ænd, ənd] conj und

angel ['eindʒəl] n Engel m

anger ['æŋgə] n Ärger m, Zorn m; Wut f

angle ['æŋgəl] v angeln; n Winkel m

angry ['æŋgri] adj zornig, böse

animal ['æniməl] n Tier nt

ankle ['æŋkəl] n Fußknöchel m

annex¹ ['æneks] n Nebengebäude nt; Anhang m

annex² [ə'neks] v einverleiben

anniversary [,æni'və:səri] n Jahrestag m

announce [ə'nauns] v bekanntmachen, ankündigen

announcement [ə'naunsmənt] n Bekanntmachung f, Ankündigung f

annoy [ə'nɔi] v irritieren, ärgern; langweilen

annoyance [ə'nɔiəns] n Verdruß m

annoying [ə'nɔiiŋ] adj lästig, ärgerlich

annual ['ænjuəl] adj jährlich; n Jahrbuch nt

per annum [pər 'ænəm] jährlich

anonymous [ə'nɔniməs] adj anonym

another [ə'nʌðə] adj noch ein; ein anderer

answer ['ɑ:nsə] v antworten; beantworten; n Antwort f

ant [ænt] n Ameise f

anthology [æn'θɔlədʒi] n Anthologie f

antibiotic [,æntibai'ɔtik] n Antibiotikum nt

anticipate [æn'tisipeit] v erwarten,

*vorhersehen; *zuvorkommen

antifreeze ['æntifri:z] n Gefrierschutzmittel nt

antipathy [æn'tipəθi] n Abneigung f

antique [æn'ti:k] adj antik; n Antiquität f; ~ **dealer** Antiquitätenhändler m

antiquity [æn'tikwəti] n Altertum nt; **antiquities** pl Altertümer

antiseptic [,ænti'septik] n antiseptisches Mittel

antlers ['æntləz] pl Geweih nt

anxiety [æŋ'zaiəti] n Besorgtheit f

anxious ['æŋkʃəs] adj bestrebt; besorgt

any ['eni] adj irgendein

anybody ['enibɔdi] pron irgend jemand

anyhow ['enihau] adv irgendwie

anyone ['eniwʌn] pron jedermann

anything ['eniθiŋ] pron irgend etwas

anyway ['eniwei] adv ohnehin

anywhere ['eniweə] adv wo auch immer; überall

apart [ə'pɑ:t] adv gesondert, getrennt; ~ **from** abgesehen von

apartment [ə'pɑ:tmənt] nAm Appartement nt, Wohnung f; Etage f; ~ **house** Am Wohngebäude nt

aperitif [ə'perətiv] n Aperitif m

apologize [ə'pɔlədʒaiz] v sich entschuldigen

apology [ə'pɔlədʒi] n Entschuldigung f

apparatus [,æpə'reitəs] n Vorrichtung f, Apparat m

apparent [ə'pærənt] adj scheinbar; offensichtlich

apparently [ə'pærəntli] adv anscheinend; offensichtlich

apparition [,æpə'riʃən] n Erscheinung f

appeal [ə'pi:l] n Appell m

appear [ə'piə] v *scheinen; sich zeigen; *erscheinen; *auftreten appearance [ə'piərəns] n Erscheinung f; Erscheinen nt; Auftritt m

appendicitis [ə,pendi'saitis] n Blinddarmentzündung f

appendix [ə'pendiks] n (pl -dices, -dixes) Blinddarm m

appetite ['æpətait] n Eßlust f, Appetit m

appetizer ['æpətaizə] n Appetithappen m

appetizing ['æpətaizin] adj lecker

applause [ə'plɔːz] n Beifall m

apple ['æpəl] n Apfel m

appliance [ə'plaiəns] n Vorrichtung f, Gerät nt

application [,æpli'keiʃən] n Anwendung f; Gesuch nt; Bewerbung f

apply [ə'plai] v *verwenden; gebrauchen; sich *bewerben; *gelten

appoint [ə'pɔint] v anstellen, *ernennen

appointment [ə'pɔintmənt] n Verabredung f; Ernennung f

appreciate [ə'priːʃieit] v schätzen

appreciation [ə,priːʃi'eiʃən] n Schätzung f

approach [ə'proutʃ] v sich nähern; n Behandlungsweise f; Zugang m

appropriate [ə'proupriət] adj richtig, zweckmäßig, geeignet, angemessen

approval [ə'pruːvəl] n Billigung f; Zustimmung f, Einverständnis nt; on ~ zur Ansicht

approve [ə'pruːv] v genehmigen, bejahen; ~ of billigen

approximate [ə'prɔksimət] adj annähernd

approximately [ə'prɔksimətli] adv etwa, ungefähr

apricot ['eiprikɔt] n Aprikose f

April ['eiprəl] April

apron ['eiprən] n Schürze f

Arab ['ærəb] adj arabisch; n Araber m

arbitrary ['ɑːbitrəri] adj willkürlich

arcade [ɑː'keid] n Bogengang m, Arkade f

arch [ɑːtʃ] n Bogen m; Gewölbe nt

archaeologist [,ɑːki'ɔlədʒist] n Archäologe m

archaeology [,ɑːki'ɔlədʒi] n Altertumskunde f, Archäologie f

archbishop [,ɑːtʃ'biʃəp] n Erzbischof m

arched [ɑːtʃt] adj bogenförmig

architect ['ɑːkitekt] n Architekt m

architecture ['ɑːkitektʃə] n Baukunst f, Architektur f

archives ['ɑːkaivz] pl Archiv nt

are [ɑː] v (pr be)

area ['ɛəriə] n Gegend f; Gebiet nt; Fläche f; ~ code Ortsnetzkennzahl f

Argentina [,ɑːdʒən'tiːnə] Argentinien

Argentinian [,ɑːdʒən'tiniən] adj argentinisch; n Argentinier m

argue ['ɑːgjuː] v argumentieren, erörtern, diskutieren; *streiten

argument ['ɑːgjumənt] n Argument nt; Auseinandersetzung f; Wortwechsel m

arid ['ærid] adj dürr

*arise [ə'raiz] v sich *erheben, *entstehen

arithmetic [ə'riθmətik] n Rechnen nt

arm [ɑːm] n Arm m; Waffe f; Armlehne f; v bewaffnen

armchair ['ɑːmtʃɛə] n Sessel m, Lehnstuhl m

armed [ɑːmd] adj bewaffnet; ~ forces Streitkräfte pl

armour ['ɑːmə] n Rüstung f

army ['ɑːmi] n Armee f

aroma [ə'roumə] n Aroma nt

around [ə'raund] prep um, um ... herum; adv rundherum

arrange [ə'reindʒ] v ordnen; vorbereiten

arrangement [ə'reindʒmənt] n Regelung f

arrest [ə'rest] v verhaften; n Festnahme f, Verhaftung f

arrival [ə'raivəl] n Ankunft f; Eintreffen nt

arrive [ə'raiv] v *ankommen, *eintreffen

arrow ['ærou] n Pfeil m

art [ɑ:t] n Kunst f; Fertigkeit f; ~ collection Kunstsammlung f; ~ exhibition Kunstausstellung f; ~ gallery Kunstgalerie f; ~ history Kunstgeschichte f; arts and crafts Kunstgewerbe nt; ~ school Kunstakademie f

artery ['ɑ:təri] n Arterie f

artichoke ['ɑ:titʃouk] n Artischocke f

article ['ɑ:tikəl] n Gegenstand m; Artikel m

artifice ['ɑ:tifis] n List f

artificial [,ɑ:ti'fiʃəl] adj künstlich

artist ['ɑ:tist] n Künstler m; Künstlerin f

artistic [ɑ:'tistik] adj künstlerisch

as [æz] conj wie; ebenso; da, weil; ~ from von ... an; ab; ~ if als ob

asbestos [æz'bestɔs] n Asbest m

ascend [ə'send] v *aufsteigen; *hinaufsteigen; *besteigen

ascent [ə'sent] n Steigung f; Aufstieg m

ascertain [,æsə'tein] v feststellen; sich vergewissern, ermitteln

ash [æʃ] n Asche f

ashamed [ə'ʃeimd] adj beschämt; *be ~ sich schämen

ashore [ə'ʃɔ:] adv ans Land, an Land

ashtray ['æʃtrei] n Aschenbecher m

Asia ['eiʃə] Asien

Asian ['eiʃən] adj asiatisch; n Asiate m

aside [ə'said] adv zur Seite, beiseite

ask [ɑ:sk] v fragen; *bitten; *einladen

asleep [ə'sli:p] adj im Schlaf

asparagus [ə'spærəgəs] n Spargel m

aspect ['æspekt] n Aspekt m

asphalt ['æsfælt] n Asphalt m

aspire [ə'spaiə] v streben

aspirin ['æspərin] n Aspirin nt

ass [æs] n Esel m

assassination [ə,sæsi'neiʃən] n Mord m

assault [ə'sɔ:lt] v *angreifen; vergewaltigen

assemble [ə'sembəl] v versammeln; zusammensetzen, montieren

assembly [ə'sembli] n Versammlung f, Zusammenkunft f

assignment [ə'sainmənt] n Zuweisung f

assign to [ə'sain] *zuweisen; zuschreiben

assist [ə'sist] v unterstützen, *helfen; ~ at beiwohnen

assistance [ə'sistəns] n Hilfe f; Unterstützung f, Beistand m

assistant [ə'sistənt] n Assistent m

associate [ə'souʃiət] n Partner m, Teilhaber m; Verbündete m; Mitglied nt; v assoziieren; ~ with *umgehen mit

association [ə,sousi'eiʃən] n Vereinigung f

assort [ə'sɔ:t] v sortieren

assortment [ə'sɔ:tmənt] n Auswahl f, Sortiment nt

assume [ə'sju:m] v *annehmen, voraussetzen

assure [ə'ʃuə] v versichern

asthma ['æsmə] n Asthma nt

astonish [ə'stoniʃ] v verblüffen

astonishing [ə'stoniʃiŋ] adj erstaunlich

astonishment [ə'stoniʃmənt] n Erstaunen nt

astronomy [ə'strɔnəmi] n Astronomie f

asylum [ə'sailəm] n Asyl nt; Anstalt f,

Heim *nt*
at [æt] *prep* in, bei, auf; nach
ate [et] *v* (p eat)
atheist ['eiθiist] *n* Atheist *m*
athlete ['æθli:t] *n* Athlet *m*
athletics [æθ'letiks] *pl* Athletik *f*
Atlantic [ət'læntik] Atlantik *m*
atmosphere ['ætməsfiə] *n* Atmosphäre *f*; Stimmung *f*
atom ['ætəm] *n* Atom *nt*
atomic [ə'tɔmik] *adj* atomar; Atomizer ['ætəmaizə] *n* Zerstäuber *m*; Spray *nt*
attach [ə'tætʃ] *v* befestigen; anheften; beifügen; **attached to** zugetan
attack [ə'tæk] *v* *angreifen; *n* Angriff *m*
attain [ə'tein] *v* erreichen
attainable [ə'teinəbəl] *adj* erreichbar
attempt [ə'tempt] *v* probieren, versuchen; *n* Versuch *m*
attend [ə'tend] *v* beiwohnen; ~ **on** bedienen; ~ **to** sorgen für, sich beschäftigen mit; beachten, *achtgeben auf
attendance [ə'tendəns] *n* Teilnahme *f*
attendant [ə'tendənt] *n* Wärter *m*
attention [ə'tenʃən] *n* Aufmerksamkeit *f*; *pay ~ aufpassen
attentive [ə'tentiv] *adj* aufmerksam
attic ['ætik] *n* Boden *m*
attitude ['ætitju:d] *n* Einstellung *f*
attorney [ə'tə:ni] *n* Anwalt *m*
attract [ə'trækt] *v* *anziehen
attraction [ə'trækʃən] *n* Attraktion *f*; Anziehung *f*, Reiz *m*
attractive [ə'træktiv] *adj* anziehend
auburn [ɔ:bən] *adj* kastanienbraun
auction ['ɔ:kʃən] *n* Versteigerung *f*
audible ['ɔ:dibəl] *adj* hörbar
audience ['ɔ:diəns] *n* Publikum *nt*
auditor ['ɔ:ditə] *n* Zuhörer *m*
auditorium [,ɔ:di'tɔ:riəm] *n* Zuhörerraum *m*

August ['ɔ:gəst] August
aunt [ɑ:nt] *n* Tante *f*
Australia [ɔ'streiliə] Australien
Australian [ɔ'streiliən] *adj* australisch; *n* Australier *m*
Austria ['ɔstriə] Österreich
Austrian ['ɔstriən] *adj* österreichisch; *n* Österreicher *m*
authentic [ɔ:'θentik] *adj* authentisch; echt
author ['ɔ:θə] *n* Verfasser *m*, Autor *m*
authoritarian [ɔ:,θɔri'tɛəriən] *adj* autoritär
authority [ɔ:'θɔrəti] *n* Befugnis *f*; Machtbefugnis *f*; **authorities** *pl* Behörde *f*
authorization [,ɔ:θərai'zeiʃən] *n* Ermächtigung *f*; Genehmigung *f*
automatic [,ɔ:tə'mætik] *adj* automatisch; ~ **teller** Geldautomat *m*
automation [,ɔ:tə'meiʃən] *n* Automatisierung *f*
automobile ['ɔ:təməbi:l] *n* Auto *nt*; ~ **club** Automobilklub *m*
autonomous [ɔ:'tɔnəməs] *adj* autonom
autopsy ['ɔ:tɔpsi] *n* Autopsie *f*
autumn ['ɔ:təm] *n* Herbst *m*
available [ə'veiləbəl] *adj* vorrätig, vorhanden, verfügbar
avalanche ['ævəlɑ:nʃ] *n* Lawine *f*
avaricious [,ævə'riʃəs] *adj* geizig
avenue ['ævənju:] *n* Allee *f*
average ['ævəridʒ] *adj* durchschnittlich; *n* Durchschnitt *m*; **on the** ~ durchschnittlich
averse [ə'və:s] *adj* abgeneigt
aversion [ə'və:ʃən] *n* Widerwille *m*
avert [ə'və:t] *v* abwenden
avoid [ə'vɔid] *v* *vermeiden; *meiden
await [ə'weit] *v* warten auf, erwarten
awake [ə'weik] *adj* wach
*awake [ə'weik] *v* wecken
award [ə'wɔ:d] *n* Preis *m*; *v* *zuerkennen

aware [ə'wɛə] *adj* bewußt

away [ə'wei] *adv* weg; *go ~ *weggehen

awful ['ɔːfəl] *adj* furchtbar, schrecklich

awkward ['ɔːkwəd] *adj* peinlich; ungeschickt

awning ['ɔːniŋ] *n* Markise *f*

axe [æks] *n* Beil *nt*

axle ['æksəl] *n* Achse *f*

B

baby ['beibi] *n* Baby *nt*; ~ carriage *Am* Kinderwagen *m*

babysitter ['beibi,sitə] *n* Babysitter *m*

bachelor ['bætʃələ] *n* Junggeselle *m*

back [bæk] *n* Rücken *m*; *adv* zurück; *go ~ *zurückgehen

backache ['bækeik] *n* Rückenschmerzen *mpl*

backbone ['bækboun] *n* Rückgrat *nt*

background ['bækgraund] *n* Hintergrund *m*; Vorbildung *f*

backwards ['bækwədz] *adv* rückwärts

bacon ['beikən] *n* Speck *m*

bacterium [bæk'tiːriəm] *n* (pl -ria) Bakterie *f*

bad [bæd] *adj* schlecht; ernsthaft, schlimm; ungezogen

bag [bæg] *n* Sack *m*; Tasche *f*, Handtasche *f*; Koffer *m*

baggage ['bægidʒ] *n* Gepäck *nt*; ~ deposit office *Am* Gepäckaufbewahrung *f*; hand ~ *Am* Handgepäck *nt*

bail [beil] *n* Kaution *f*

bailiff ['beilif] *n* Gerichtsvollzieher *m*

bait [beit] *n* Köder *m*

bake [beik] *v* backen

baker ['beikə] *n* Bäcker *m*

bakery ['beikəri] *n* Bäckerei *f*

balance ['bæləns] *n* Gleichgewicht *nt*; Bilanz *f*; Saldo *m*

balcony ['bælkəni] *n* Balkon *m*

bald [bɔːld] *adj* kahl

ball [bɔːl] *n* Ball *m*

ballet ['bælei] *n* Ballett *nt*

balloon [bə'luːn] *n* Ballon *m*

ballpoint-pen ['bɔːlpɔintpen] *n* Kugelschreiber *m*

ballroom ['bɔːlruːm] *n* Ballsaal *m*

bamboo [bæm'buː] *n* (pl ~s) Bambus *m*

banana [bə'naːnə] *n* Banane *f*

band [bænd] *n* Kapelle *f*; Band *nt*

bandage ['bændidʒ] *n* Verband *m*

bandit ['bændit] *n* Bandit *m*

bangle ['bæŋgəl] *n* Armreif *m*

banisters ['bænistəz] *pl* Treppengeländer *nt*

bank [bæŋk] *n* Ufer *nt*; Bank *f*; *v* deponieren; ~ account Bankkonto *nt*

banknote ['bæŋknout] *n* Banknote *f*

bank-rate ['bæŋkreit] *n* Diskontsatz *m*

bankrupt ['bæŋkrʌpt] *adj* zahlungsunfähig, bankrott

banner ['bænə] *n* Banner *nt*

banquet ['bæŋkwit] *n* Festmahl *nt*

banqueting-hall ['bæŋkwitiŋhɔːl] *n* Bankettsaal *nt*

baptism ['bæptizəm] *n* Taufe *f*

baptize [bæp'taiz] *v* taufen

bar [baː] *n* Bar *f*; Stange *f*

barber ['baːbə] *n* Friseur *m*

bare [bɛə] *adj* nackt, bloß; kahl

barely ['bɛəli] *adv* kaum

bargain ['baːgin] *n* Gelegenheitskauf *m*; *v* handeln

baritone ['bæritoun] *n* Bariton *m*

bark [baːk] *n* Rinde *f*; *v* bellen

barley ['baːli] *n* Gerste *f*

barmaid ['baːmeid] *n* Bardame *f*

barman ['baːmən] *n* (pl -men) Kellner *m*

barn [baːn] *n* Scheune *f*

barometer [bə'rɔmitə] n Barometer nt

baroque [bə'rɔk] adj barock

barracks ['bærəks] pl Kaserne f

barrel ['bærəl] n Tonne f, Faß nt

barrier ['bæriə] n Schranke f

barrister ['bæristə] n Rechtsanwalt m

bartender ['ba:,tendə] n Kellner m

base [beis] n Basis f; Grundlage f; v gründen

baseball ['beisbɔ:l] n Baseball m

basement ['beismənt] n Untergeschoß nt

basic ['beisik] adj grundlegend

basilica [bə'zilikə] n Basilika f

basin ['beisən] n Schüssel f, Becken nt

basis ['beisis] n (pl bases) Grundlage f, Basis f

basket ['ba:skit] n Korb m

bass[1] [beis] n Baß m

bass[2] [bæs] n (pl ~) Barsch m

bastard ['ba:stəd] n Bastard m; Schuft m

batch [bætʃ] n Partie f

bath [ba:θ] n Bad nt; ~ salts Badesalz nt; ~ towel Badetuch nt

bathe [beið] v baden

bathing-cap ['beiðiŋkæp] n Bademütze f

bathing-suit ['beiðiŋsu:t] n Badeanzug m; Badehose f

bathing-trunks ['beiðiŋtrʌŋks] n Badehose f

bathrobe ['ba:θroub] n Bademantel m

bathroom ['ba:θru:m] n Badezimmer nt; Toilettenraum m

batter ['bætə] n Teig m

battery ['bætəri] n Batterie f; Akku m

battle ['bætəl] n Schlacht f; Streit m, Kampf m; v kämpfen

bay [bei] n Bucht f; v bellen

*** be** [bi:] v *sein

beach [bi:tʃ] n Strand m; nudist ~ FKK-Strand m

bead [bi:d] n Perle f; beads pl Hals-

band nt; Rosenkranz m

beak [bi:k] n Schnabel m

beam [bi:m] n Strahl m; Balken m

bean [bi:n] n Bohne f

bear [bɛə] n Bär m

*** bear** [bɛə] v *tragen; dulden; *ertragen

beard [biəd] n Bart m

bearer ['bɛərə] n Inhaber m

beast [bi:st] n Tier nt; ~ of prey Raubtier nt

*** beat** [bi:t] v *schlagen; besiegen

beautiful ['bju:tifəl] adj schön

beauty ['bju:ti] n Schönheit f; ~ parlour Schönheitssalon m; ~ salon Schönheitssalon m; ~ treatment kosmetische Behandlung

beaver ['bi:və] n Biber m

because [bi'kɔz] conj weil; da; ~ of aufgrund, wegen

*** become** [bi'kʌm] v *werden; gut *stehen

bed [bed] n Bett nt; ~ and board Vollpension f; ~ and breakfast Zimmer mit Frühstück

bedding ['bediŋ] n Bettzeug nt

bedroom ['bedru:m] n Schlafzimmer nt

bee [bi:] n Biene f

beech [bi:tʃ] n Buche f

beef [bi:f] n Rindfleisch nt

beehive ['bi:haiv] n Bienenkorb m

been [bi:n] v (pp be)

beer [biə] n Bier nt

beet [bi:t] n Rübe f

beetle ['bi:təl] n Käfer m

beetroot ['bi:tru:t] n Bete f

before [bi'fɔ:] prep vor; conj bevor; adv vorher; eher, zuvor

beg [beg] v betteln; anflehen; *bitten

beggar ['begə] n Bettler m

*** begin** [bi'gin] v *beginnen; *anfangen

beginner [bi'ginə] n Anfänger m

beginning [bi'giniŋ] n Beginn m; Anfang m

on behalf of [ɔn bi'hɑːf ɔv] im Namen von; zugunsten

behave [bi'heiv] v sich *benehmen

behaviour [bi'heivjə] n Betragen nt

behind [bi'haind] prep hinter; adv hinten

beige [beiʒ] adj beige

being ['biːiŋ] n Wesen nt

Belgian ['beldʒən] adj belgisch; n Belgier m

Belgium ['beldʒəm] Belgien

belief [bi'liːf] n Glaube m

believe [bi'liːv] v glauben

bell [bel] n Glocke f; Klingel f

bellboy ['belbɔi] n Hotelpage m

belly ['beli] n Bauch m

belong [bi'lɔŋ] v gehören

belongings [bi'lɔŋiŋz] pl Habe f

beloved [bi'lʌvd] adj geliebt

below [bi'lou] prep unterhalb; unter; adv unten

belt [belt] n Gürtel m; **garter** ~ Am Hüfthalter m

bench [bentʃ] n Bank f

bend [bend] n Kurve f, Biegung f; Krümmung f

***bend** [bend] v *biegen; ~ **down** sich bücken

beneath [bi'niːθ] prep unter; adv unten

benefit ['benifit] n Gewinn m, Nutzen m; Vorteil m; v profitieren

bent [bent] adj (pp bend) krumm

beret ['berei] n Baskenmütze f

berry ['beri] n Beere f

berth [bəːθ] n Schlafwagenbett nt; Koje f

beside [bi'said] prep neben

besides [bi'saidz] adv überdies; übrigens; prep außer

best [best] adj best

bet [bet] n Wette f; Einsatz m

***bet** [bet] v wetten

betray [bi'trei] v *verraten

better ['betə] adj besser

between [bi'twiːn] prep zwischen

beverage ['bevəridʒ] n Getränk nt

beware [bi'wɛə] v sich in Acht *nehmen, sich hüten

bewitch [bi'witʃ] v behexen, verzaubern

beyond [bi'jɔnd] prep über ... hinaus; jenseits; außer; adv jenseits

bible ['baibəl] n Bibel f

bicycle ['baisikəl] n Fahrrad nt; Rad nt

big [big] adj groß; umfangreich; dick; bedeutend

bile [bail] n Galle f

bilingual [bai'liŋwəl] adj zweisprachig

bill [bil] n Rechnung f; v fakturieren

billiards ['biljədz] pl Billard nt

***bind** [baind] v *binden

binding ['baindiŋ] n Einband m

binoculars [bi'nɔkjələz] pl Feldstecher m; Opernglas nt

biology [bai'ɔlədʒi] n Biologie f

birch [bəːtʃ] n Birke f

bird [bəːd] n Vogel m

Biro ['bairou] n Kugelschreiber m

birth [bəːθ] n Geburt f

birthday ['bəːθdei] n Geburtstag m

biscuit ['biskit] n Keks m

bishop ['biʃəp] n Bischof m

bit [bit] n Stückchen nt; bißchen nt

bitch [bitʃ] n Hündin f

bite [bait] n Bissen m; Biß m; Stich m

***bite** [bait] v *beißen

bitter ['bitə] adj bitter

black [blæk] adj schwarz; ~ **market** Schwarzmarkt m

blackberry ['blækbəri] n Brombeere f

blackbird ['blækbəːd] n Amsel f

blackboard ['blækbɔːd] n Wandtafel f

black-currant [,blæk'kʌrənt] n Johannisbeere f

blackmail ['blækmeil] n Erpressung f; v erpressen

blacksmith ['blæksmiθ] n Schmied m

bladder ['blædə] n Blase f

blade [bleid] n Klinge f; ~ **of grass** Grashalm m

blame [bleim] n Schuld f; Vorwurf m; v *vorwerfen, beschuldigen

blank [blæŋk] adj leer

blanket ['blæŋkit] n Decke f

blast [bla:st] n Explosion f

blazer ['bleizə] n Sportjacke f, Blazer m

bleach [bli:tʃ] v bleichen

bleak [bli:k] adj rauh

*** bleed** [bli:d] v bluten; aussaugen

bless [bles] v segnen

blessing ['blesiŋ] n Segen m

blind [blaind] n Jalousie f; adj blind; v blenden

blister ['blistə] n Blase f

blizzard ['blizəd] n Schneesturm m

block [blɔk] v versperren, blockieren, sperren; n Klotz m; ~ **of flats** Wohnblock m

blonde [blɔnd] n Blondine f

blood [blʌd] n Blut nt; ~ **pressure** Blutdruck m

blood-poisoning ['blʌd,pɔizəniŋ] n Blutvergiftung f

blood-vessel ['blʌd,vesəl] n Blutgefäß nt

blot [blɔt] n Klecks m; Makel m; **blotting paper** Löschpapier nt

blouse [blauz] n Bluse f

blow [blou] n Schlag m; Windstoß m

*** blow** [blou] v *blasen; wehen

blow-out ['blouaut] n Reifenpanne f

blue [blu:] adj blau; niedergeschlagen

blunt [blʌnt] adj stumpf

blush [blʌʃ] v erröten

board [bɔ:d] n Brett nt; Tafel; Pension f; Rat m; ~ **and lodging** Voll-

pension f

boarder ['bɔ:də] n Kostgänger m

boarding-house ['bɔ:diŋhaus] n Pension f

boarding-school ['bɔ:diŋsku:l] n Internat nt

boast [boust] v prahlen

boat [bout] n Schiff nt, Boot nt

body ['bɔdi] n Körper m; Leib m

bodyguard ['bɔdiga:d] n Leibwache f

bog [bɔg] n Sumpf m

boil [bɔil] v kochen; n Furunkel m

bold [bould] adj kühn; frech

Bolivia [bə'liviə] Bolivien

Bolivian [bə'liviən] adj bolivianisch; n Bolivianer m

bolt [boult] n Riegel m; Bolzen m

bomb [bɔm] n Bombe f; v bombardieren

bond [bɔnd] n Obligation f

bone [boun] n Bein nt, Knochen m; Gräte f; v entbeinen

bonnet ['bɔnit] n Motorhaube f

book [buk] n Buch nt; v reservieren, buchen; *einschreiben, *eintragen

booking ['bukiŋ] n Einschreibung f, Reservierung f

bookseller ['buk,selə] n Buchhändler m

bookstand ['bukstænd] n Bücherstand m

bookstore ['bukstɔ:] n Buchladen m, Buchhandlung f

boot [bu:t] n Stiefel m; Kofferraum m

booth [bu:ð] n Bude f; Zelle f

border ['bɔ:də] n Grenze f; Rand m

bore¹ [bɔ:] v langweilen; bohren; n Langweiler m

bore² [bɔ:] v (p bear)

boring ['bɔ:riŋ] adj langweilig

born [bɔ:n] adj geboren

borrow ['bɔrou] v borgen; *entleihen

bosom ['buzəm] n Brust f; Busen m

boss [bɔs] n Chef m

botany ['bɔtəni] n Botanik f

both [bouθ] adj beide; **both ... and** sowohl ... als auch

bother ['bɔðə] v belästigen; sich Mühe *geben; n Belästigung f

bottle ['bɔtəl] n Flasche f; ~ **opener** Flaschenöffner m; **hot-water** ~ Wärmflasche f

bottleneck ['bɔtəlnek] n Engpaß m

bottom ['bɔtəm] n Boden m; Hintern m, Gesäß nt; adj unterst

bough [bau] n Ast m

bought [bɔ:t] v (p, pp buy)

boulder ['bouldə] n Felsblock m

bound [baund] n Grenze f; *be ~ to *müssen; ~ for unterwegs nach

boundary ['baundəri] n Grenze f; Landesgrenze f

bouquet [bu'kei] n Strauß m

bourgeois ['buəʒwa:] adj spießbürgerlich

boutique [bu'ti:k] n Boutique f

bow¹ [bau] v beugen

bow² [bou] n Bogen m; ~ **tie** Fliege f

bowels [bauəlz] pl Därme, Eingeweide pl

bowl [boul] n Schale f

bowling ['boulin] n Bowling nt, Kegeln nt; ~ **alley** Kegelbahn f

box¹ [bɔks] v boxen; **boxing match** Boxkampf m

box² [bɔks] n Schachtel f

box-office ['bɔks,ɔfis] n Vorverkaufskasse f, Kasse f

boy [bɔi] n Junge m; Bursche m, Bub m; Diener m; ~ **scout** Pfadfinder m

bra [bra:] n BH m, Büstenhalter m

bracelet ['breislit] n Armband nt

braces ['breisiz] pl Hosenträger mpl

brain [brein] n Gehirn nt; Verstand m

brain-wave ['breinweiv] n Geistesblitz m

brake [breik] n Bremse f; ~ **drum** Bremstrommel f; ~ **lights** Bremslichter ntpl

branch [bra:ntʃ] n Ast m; Zweigstelle f

brand [brænd] n Marke f; Brandmarke f

brand-new [,brænd'nju:] adj nagelneu

brass [bra:s] n Messing nt; ~ **band** n Blaskapelle f

brassiere ['bræziə] n Beha m, Büstenhalter m

brassware ['bra:swɛə] n Messingwaren fpl

brave [breiv] adj mutig, tapfer; beherzt

Brazil [brə'zil] Brasilien

Brazilian [brə'ziljən] adj brasilianisch; n Brasilianer m

breach [bri:tʃ] n Bresche f

bread [bred] n Brot nt; **wholemeal** ~ Vollkornbrot nt

breadth [bredθ] n Breite f

break [breik] n Bruch m; Pause f

***break** [breik] v *brechen; ~ **down** eine Panne *haben; aufgliedern

breakdown ['breikdaun] n Betriebsstörung f, Panne f

breakfast ['brekfəst] n Frühstück nt

bream [bri:m] n (pl ~) Brassen m

breast [brest] n Brust f

breaststroke ['breststrouk] n Brustschwimmen nt

breath [breθ] n Atem m; Luft f

breathe [bri:ð] v atmen

breathing ['bri:ðiŋ] n Atmung f

breed [bri:d] n Rasse f; Gattung f

***breed** [bri:d] v züchten

breeze [bri:z] n Brise f

brew [bru:] v brauen

brewery ['bru:əri] n Brauerei f

bribe [braib] v *bestechen

bribery ['braibəri] n Bestechung f

brick [brik] n Ziegelstein m, Ziegel m

bricklayer ['brikleiə] n Maurer m

bride [braid] n Braut f

bridegroom ['braidgru:m] n Bräutigam m

bridge [bridʒ] n Brücke f; Bridge nt

brief [bri:f] adj kurz; bündig

briefcase ['bri:fkeis] n Aktentasche f

briefs [bri:fs] pl Slip m, Unterhose f

bright [brait] adj hell; leuchtend; schlau, klug

brill [bril] n Glattbutt m

brilliant ['briljənt] adj glänzend; brillant

brim [brim] n Rand m

* bring [briŋ] v *bringen; *mitbringen; ~ back *zurückbringen; ~ up *erziehen; *großziehen; *vorbringen

brisk [brisk] adj lebhaft

Britain ['britən] England

British ['britiʃ] adj britisch; englisch

Briton ['britən] n Brite m; Engländer m

broad [brɔ:d] adj breit; ausgedehnt, weit; global

broadcast ['brɔ:dka:st] n Sendung f

* broadcast ['brɔ:dka:st] v *senden

brochure ['brouʃuə] n Broschüre f

broke¹ [brouk] v (p break)

broke² [brouk] adj blank

broken ['broukən] adj (pp break) kaputt, entzwei

broker ['broukə] n Makler m

bronchitis [brɔŋ'kaitis] n Bronchitis f

bronze [brɔnz] n Bronze f; adj bronzen

brooch [broutʃ] n Brosche f

brook [bruk] n Bach m

broom [bru:m] n Besen m

brothel ['brɔθəl] n Bordell nt

brother ['brʌðə] n Bruder m

brother-in-law ['brʌðərinlɔ:] n (pl brothers-) Schwager m

brought [brɔ:t] v (p, pp bring)

brown [braun] adj braun

bruise [bru:z] n blauer Fleck, Quetschung f; v quetschen

brunette [bru:'net] n Brünette f

brush [brʌʃ] n Bürste f; Pinsel m; v putzen, bürsten

brutal ['bru:təl] adj brutal

bubble ['bʌbəl] n Blase f

bucket ['bʌkit] n Eimer m

buckle ['bʌkəl] n Schnalle f

bud [bʌd] n Knospe f

budget ['bʌdʒit] n Voranschlag m; Budget nt

buffet ['bufei] n Büfett nt

bug [bʌg] n Wanze f; Käfer m; nAm Insekt nt

* build [bild] v bauen

building ['bildiŋ] n Gebäude nt

bulb [bʌlb] n Zwiebel f; Blumenzwiebel f; light ~ Glühbirne f

Bulgaria [bʌl'gɛəriə] Bulgarien

Bulgarian [bʌl'gɛəriən] adj bulgarisch; n Bulgare m

bulk [bʌlk] n Umfang m; Masse f; Mehrheit f

bulky ['bʌlki] adj dick, umfangreich

bull [bul] n Stier m

bullet [bulit] n Kugel f

bullfight ['bulfait] n Stierkampf m

bullring ['bulriŋ] n Stierkampfarena f

bump [bʌmp] v *stoßen; *zusammenstoßen; *schlagen; n Schlag m, Stoß m

bumper ['bʌmpə] n Stoßstange f

bumpy ['bʌmpi] adj holperig

bun [bʌn] n Brötchen nt

bunch [bʌntʃ] n Strauß m; Haufen m

bundle ['bʌndəl] n Bündel nt; v *zusammenbinden, bündeln

bunk [bʌŋk] n Koje f

buoy [bɔi] n Boje f

burden ['bə:dən] n Last f

bureau ['bjuərou] n (pl ~x, ~s) Schreibtisch m; nAm Kommode f

bureaucracy [bjuə'rɔkrəsi] n Bürokratie f
burglar ['bə:glə] n Einbrecher m
burgle ['bə:gəl] v *einbrechen
burial ['beriəl] n Bestattung f, Begräbnis nt
burn [bə:n] n Brandwunde f
*****burn** [bə:n] v *brennen; *verbrennen; *anbrennen
*****burst** [bə:st] v *bersten
bury ['beri] v beerdigen; *begraben
bus [bʌs] n Bus m
bush [buʃ] n Busch m
business ['biznəs] n Handel m, Gewerbe nt; Unternehmen nt, Geschäft nt; Beschäftigung f; Angelegenheit f; ~ **hours** Öffnungszeiten fpl, Geschäftszeit f; ~ **trip** Geschäftsreise f; **on** ~ geschäftlich
business-like ['biznislaik] adj geschäftsmäßig
businessman ['biznəsmən] n (pl -men) Geschäftsmann m
bust [bʌst] n Büste f
bustle ['bʌsəl] n Geschäftigkeit f
busy ['bizi] adj beschäftigt; verkehrsreich
but [bʌt] conj aber; jedoch; prep außer
butcher ['butʃə] n Fleischer m
butter ['bʌtə] n Butter f
butterfly ['bʌtəflai] n Schmetterling m; ~ **stroke** Schmetterlingsstil m
buttock ['bʌtək] n Hinterbacke f
button ['bʌtən] n Knopf m; v knöpfen
buttonhole ['bʌtənhoul] n Knopfloch nt
*****buy** [bai] v kaufen; *erwerben
buyer ['baiə] n Käufer m
by [bai] prep von, durch; mit; bei
by-pass ['baipɑ:s] n Umgehungsstraße f; v *umgehen

C

cab [kæb] n Taxi nt
cabaret ['kæbərei] n Kabarett nt; Nachtklub m
cabbage ['kæbidʒ] n Kohl m
cab-driver ['kæb,draivə] n Taxifahrer m
cabin ['kæbin] n Kabine f; Hütte f; Umkleidekabine f; Kajüte f
cabinet ['kæbinət] n Kabinett nt
cable ['keibəl] n Kabel nt; Telegramm nt; v telegraphieren; ~ **television** Kabelfernsehen nt
café ['kæfei] n Café nt
cafeteria [,kæfə'tiəriə] n Selbstbedienungsrestaurant nt
caffeine ['kæfi:n] n Koffein nt
cage [keidʒ] n Käfig m
cake [keik] n Kuchen m; Torte f, Gebäck nt
calamity [kə'læməti] n Unglück nt, Kalamität f
calcium ['kælsiəm] n Kalzium nt
calculate ['kælkjuleit] v berechnen, ausrechnen
calculation [,kælkju'leiʃən] n Kalkulation f
calculator ['kælkju,leitə] n Rechner m
calendar ['kæləndə] n Kalender m
calf [kɑ:f] n (pl calves) Kalb nt; Wade f; ~ **skin** Kalbleder nt
call [kɔ:l] v *rufen; *nennen; *anrufen; n Ruf m; Besuch m; Anruf m; *****be called** *heißen; ~ **names** ausschimpfen; ~ **on** besuchen; ~ **up** Am *anrufen
callus ['kæləs] n Schwiele f
calm [kɑ:m] adj ruhig, still; ~ **down** beruhigen
calorie ['kæləri] n Kalorie f

came [keim] *v* (p come)
camel ['kæməl] *n* Kamel *nt*
cameo ['kæmiou] *n* (pl ~s) Kamee *f*
camera ['kæmərə] *n* Kamera *f*; ~ **shop** Photogeschäft *nt*
camp [kæmp] *n* Lager *nt*; *v* zelten
campaign [kæm'pein] *n* Kampagne *f*
camp-bed [,kæmp'bed] *n* Liege *f*, Feldbett *nt*
camper ['kæmpə] *n* Camper *m*
camping ['kæmpiŋ] *n* Camping *nt*; ~ **site** Zeltplatz *m*, Campingplatz *m*
camshaft ['kæmʃa:ft] *n* Nockenwelle *f*
can [kæn] *n* Büchse *f*; ~ **opener** Büchsenöffner *m*
*****can** [kæn] *v* *können
Canada ['kænədə] Kanada
Canadian [kə'neidiən] *adj* kanadisch; *n* Kanadier *m*
canal [kə'næl] *n* Kanal *m*
canary [kə'nɛəri] *n* Kanarienvogel *m*
cancel ['kænsəl] *v* annullieren; *widerrufen
cancellation [,kænsə'leiʃən] *n* Annullierung *f*
cancer ['kænsə] *n* Krebs *m*
candelabrum [,kændə'la:brəm] *n* (pl -bra) Armleuchter *m*
candidate ['kændidət] *n* Kandidat *m*, Bewerber *m*
candle ['kændəl] *n* Kerze *f*
candy ['kændi] *nAm* Bonbon *m*; Süßigkeiten *fpl*, Nascherei *f*; ~ **store** *Am* Süßwarengeschäft *nt*
cane [kein] *n* Rohr *nt*; Stock *m*
canister ['kænistə] *n* Dose *f*
canoe [kə'nu:] *n* Kanu *nt*
canteen [kæn'ti:n] *n* Kantine *f*
canvas ['kænvəs] *n* Segeltuch *nt*
cap [kæp] *n* Mütze *f*
capable ['keipəbəl] *adj* tüchtig, fähig
capacity [kə'pæsəti] *n* Fähigkeit *f*; Leistungsfähigkeit *f*; Kompetenz *f*
cape [keip] *n* Umhang *m*; Kap *nt*

capital ['kæpitəl] *n* Hauptstadt *f*; Kapital *nt*; *adj* bedeutend, Haupt-; ~ **letter** Großbuchstabe *m*
capitalism ['kæpitəlizəm] *n* Kapitalismus *m*
capitulation [kə,pitju'leiʃən] *n* Kapitulation *f*
capsule ['kæpsju:l] *n* Kapsel *f*
captain ['kæptin] *n* Kapitän *m*; Flugkapitän *m*
capture ['kæptʃə] *v* *gefangennehmen, *fangen; *einnehmen; *n* Festnahme *f*; Einnahme *f*
car [ka:] *n* Wagen *m*; ~ **hire** Autovermietung *f*; ~ **park** Parkplatz *m*; ~ **rental** *Am* Autovermietung *f*
carafe [kə'ræf] *n* Karaffe *f*
caramel ['kærəməl] *n* Karamelle *f*
carat ['kærət] *n* Karat *nt*
caravan ['kærəvæn] *n* Wohnwagen *m*
carburettor [,ka:bju'retə] *n* Vergaser *m*
card [ka:d] *n* Karte *f*; Postkarte *f*
cardboard ['ka:dbɔ:d] *n* Pappe *f*; *adj* Papp-
cardigan ['ka:digən] *n* Wolljacke *f*
cardinal ['ka:dinəl] *n* Kardinal *m*; *adj* Kardinal-, hauptsächlich
care [kɛə] *n* Pflege *f*; Sorge *f*; ~ **about** sich sorgen um; ~ **for** gern *haben; *take ~ of sorgen für, sich kümmern um
career [kə'riə] *n* Laufbahn *f*, Karriere *f*
carefree ['kɛəfri:] *adj* unbekümmert
careful ['kɛəfəl] *adj* vorsichtig; sorgfältig, genau
careless ['kɛələs] *adj* gedankenlos, nachlässig
caretaker ['kɛə,teikə] *n* Hausmeister *m*
cargo ['ka:gou] *n* (pl ~es) Ladung *f*, Fracht *f*
carnival ['ka:nivəl] *n* Karneval *m*
carp [ka:p] *n* (pl ~) Karpfen *m*

carpenter ['ka:pintə] n Tischler m
carpet ['ka:pit] n Teppich m
carriage ['kæridʒ] n Wagen m; Kutsche f
carrot ['kærət] n Mohrrübe f, Karotte f
carry ['kæri] v *tragen; führen; ~ **on** verfolgen; *fortfahren; ~ **out** durchführen
carry-cot ['kærikɔt] n Baby-Tragetasche f
cart [ka:t] n Karren m, Wagen m
cartilage ['ka:tilidʒ] n Knorpel m
carton ['ka:tən] n Karton m; Stange f
cartoon [ka:'tu:n] n Zeichentrickfilm m
cartridge ['ka:tridʒ] n Patrone f
carve [ka:v] v zerlegen; einkerben, schnitzen
carving ['ka:viŋ] n Schnitzerei f
case [keis] n Fall m; Koffer m; Etui nt; **attaché ~** Aktentasche f; **in ~** falls; **in ~ of** im Fall
cash [kæʃ] n Bargeld nt; v zu Gelde machen; *einnehmen, einkassieren
cash dispenser [kæʃ di'spɔnsə] n Geldautomat m
cashier [kæ'ʃiə] n Kassierer m; Kassiererin f
cashmere ['kæʃmiə] n Kaschmir m
casino [kə'si:nou] n (pl ~s) Kasino nt
cask [ka:sk] n Tonne f, Faß nt
cast [ka:st] n Wurf m
* cast [ka:st] v *werfen; **cast iron** Gußeisen nt
castle ['ka:səl] n Schloß nt, Burg f
casual ['kæʒuəl] adj zwanglos; beiläufig, zufällig
casualty ['kæʒuəlti] n Opfer nt
cat [kæt] n Katze f
catacomb ['kætəkoum] n Katakombe f
catalogue ['kætəlɔg] n Katalog m
catarrh [kə'ta:] n Katarrh m
catastrophe [kə'tæstrəfi] n Katastrophe f

* catch [kætʃ] v *fangen; *ergreifen; erwischen; *nehmen, erreichen
category ['kætigəri] n Kategorie f
cathedral [kə'θi:drəl] n Dom m, Kathedrale f
catholic ['kæθəlik] adj katholisch
cattle ['kætəl] pl Vieh nt
caught [kɔ:t] v (p, pp catch)
cauliflower ['kɔliflauə] n Blumenkohl m
cause [kɔ:z] v verursachen; anrichten; n Ursache f; Grund m, Anlaß m; Sache f; ~ **to** machen
causeway ['kɔ:zwei] n Chaussee f
caution ['kɔ:ʃən] n Vorsicht f; v warnen
cautious ['kɔ:ʃəs] adj vorsichtig
cave [keiv] n Höhle f; Riß m
cavern ['kævən] n Höhle f
caviar ['kævia:] n Kaviar m
cavity ['kævəti] n Höhlung f
cease [si:s] v aufhören
ceiling ['si:liŋ] n Decke f
celebrate ['selibreit] v feiern
celebration [,seli'breiʃən] n Feier f
celebrity [si'lebrəti] n Ruhm m
celery ['seləri] n Sellerie f
celibacy ['selibəsi] n Zölibat nt
cell [sel] n Zelle f
cellar ['selə] n Keller m
cellophane ['seləfein] n Zellophan nt
cement [si'ment] n Zement m
cemetery ['semitri] n Friedhof m
censorship ['sensəʃip] n Zensur f
centigrade ['sentigreid] adj Celsius
centimetre ['senti,mi:tə] n Zentimeter m
central ['sentrəl] adj zentral; ~ **heating** Zentralheizung f; ~ **station** Hauptbahnhof m
centralize ['sentrəlaiz] v zentralisieren
centre ['sentə] n Zentrum nt; Mittelpunkt m

century ['sentʃəri] n Jahrhundert nt

ceramics [si'ræmiks] pl Töpferware f, Keramik f

ceremony ['serəməni] n Feierlichkeit f

certain ['sə:tən] adj bestimmt; gewiß

certificate [sə'tifikət] n Bescheinigung f; Attest nt, Urkunde f, Diplom nt, Zeugnis nt

chain [tʃein] n Kette f

chair [tʃeə] n Stuhl m; Sessel m

chairman ['tʃeəmən] n (pl -men) Vorsitzende m

chalet ['ʃælei] n Chalet nt

chalk [tʃɔ:k] n Kreide f

challenge ['tʃæləndʒ] v herausfordern; n Herausforderung f

chamber ['tʃeimbə] n Zimmer nt

chambermaid ['tʃeimbəmeid] n Zimmermädchen nt

champagne [ʃæm'pein] n Sekt m

champion ['tʃæmpjən] n Meister m; Verfechter m

chance [tʃɑ:ns] n Zufall m; Chance f, Gelegenheit f; Risiko nt; **by** ~ zufällig

change [tʃeindʒ] v abändern, ändern; wechseln; sich *umziehen; *umsteigen; n Änderung f; Kleingeld nt, Wechselgeld nt

channel ['tʃænəl] n Kanal m; **English Channel** Ärmelkanal m

chaos ['keiɔs] n Chaos nt

chaotic [kei'ɔtik] adj chaotisch

chap [tʃæp] n Kerl m

chapel ['tʃæpəl] n Kirche f, Kapelle f

chaplain ['tʃæplin] n Kaplan m

character ['kærəktə] n Charakter m

characteristic [,kærəktə'ristik] adj bezeichnend, charakteristisch; n Kennzeichen nt; Charakterzug m

characterize ['kærəktəraiz] v charakterisieren

charcoal ['tʃɑ:koul] n Holzkohle f

charge [tʃɑ:dʒ] v verlangen; belasten; anklagen; *laden; n Gebühr f; Belastung f, Ladung f, Last f; Anklage f; ~ **plate** Am Kreditkarte f; **free of** ~ unentgeltlich; **in** ~ **of** beauftragt mit; *take ~ of *übernehmen

charity ['tʃærəti] n Wohltätigkeit f

charm [tʃɑ:m] n Liebreiz m, Scharm m; Amulett nt

charming ['tʃɑ:miŋ] adj charmant

chart [tʃɑ:t] n Tabelle f; Diagramm nt; Seekarte f; **conversion** ~ Umrechnungstabelle f

chase [tʃeis] v verfolgen; *vertreiben, verjagen; n Jagd f

chasm ['kæzəm] n Spalt m

chassis ['ʃæsi] n (pl ~) Fahrgestell nt

chaste [tʃeist] adj keusch

chat [tʃæt] v plaudern, schwatzen; n Geschwätz nt, Geplauder nt

chatterbox ['tʃætəbɔks] n Plappermaul nt

chauffeur ['ʃoufə] n Chauffeur m

cheap [tʃi:p] adj billig; vorteilhaft

cheat [tʃi:t] v *betrügen; beschwindeln

check [tʃek] v kontrollieren, prüfen; n Karo nt; nAm Rechnung f; Scheck m; **check!** Schach!; ~ **in** sich anmelden; ~ **out** sich abmelden

check-book ['tʃekbuk] nAm Scheckbuch nt

checkerboard ['tʃekəbɔ:d] nAm Schachbrett nt

checkers ['tʃekəz] plAm Damespiel nt

checkroom ['tʃekru:m] nAm Garderobe f

check-up ['tʃekʌp] n Untersuchung f

cheek [tʃi:k] n Wange f

cheek-bone ['tʃi:kboun] n Backenknochen m

cheer [tʃiə] v zujubeln; ~ **up** aufheitern

cheerful ['tʃiəfəl] adj fröhlich, heiter

cheese [tʃiːz] n Käse m

chef [ʃef] n Küchenchef m

chemical ['kemikəl] adj chemisch

chemist ['kemist] n Apotheker m; **chemist's** Apotheke f; Drogerie f

chemistry ['kemistri] n Chemie f

cheque [tʃek] n Scheck m

cheque-book ['tʃekbuk] n Scheckbuch nt

chequered ['tʃekəd] adj kariert, gewürfelt

cherry ['tʃeri] n Kirsche f

chess [tʃes] n Schach nt

chest [tʃest] n Brust f; Brustkasten m; Truhe f; ~ **of drawers** Kommode f

chestnut ['tʃesnʌt] n Kastanie f

chew [tʃuː] v kauen

chewing-gum ['tʃuːiŋʌm] n Kaugummi m

chicken ['tʃikin] n Huhn nt; Küken nt

chickenpox ['tʃikinpɔks] n Windpocken fpl

chief [tʃiːf] n Haupt nt; adj Ober-, Haupt-

chieftain ['tʃiːftən] n Häuptling m

chilblain ['tʃilblein] n Frostbeule f

child [tʃaild] n (pl children) Kind nt

childbirth ['tʃaildbəːθ] n Entbindung f

childhood ['tʃaildhud] n Jugend f

Chile ['tʃili] Chile

Chilean ['tʃiliən] adj chilenisch; n Chilene m

chill [tʃil] n Frösteln nt

chilly ['tʃili] adj kühl

chimes [tʃaimz] pl Glockenspiel nt

chimney ['tʃimni] n Schornstein m

chin [tʃin] n Kinn nt

China ['tʃainə] China

china ['tʃainə] n Porzellan nt

Chinese [tʃaiˈniːz] adj chinesisch; n Chinese m

chink [tʃiŋk] n Spalt m

chip [tʃip] n Splitter m; Spielmarke f; v *abschneiden, absplittern; **chips** Pommes frites

chiropodist [kiˈrɔpədist] n Fußpfleger m

chisel ['tʃizəl] n Meißel m

chives [tʃaivz] pl Schnittlauch m

chlorine ['klɔːriːn] n Chlor nt

chock-full [tʃɔkˈful] adj übervoll, brechend voll

chocolate ['tʃɔklət] n Schokolade f; Praline f

choice [tʃɔis] n Wahl f; Auswahl f

choir [kwaiə] n Chor m

choke [tʃouk] v ersticken; erwürgen; n Choke m

***choose** [tʃuːz] v wählen

chop [tʃɔp] n Kotelett nt; v hacken

Christ [kraist] Christus

christen ['krisən] v taufen

christening ['krisəniŋ] n Taufe f

Christian ['kristʃən] adj christlich; n Christ m; ~ **name** Vorname m

Christmas ['krisməs] Weihnachten

chromium ['kroumiəm] n Chrom nt

chronic ['krɔnik] adj chronisch

chronological [ˌkrɔnəˈlɔdʒikəl] adj chronologisch

chuckle ['tʃʌkəl] v kichern

chunk [tʃʌŋk] n Klumpen m

church [tʃəːtʃ] n Kirche f

churchyard ['tʃəːtʃjaːd] n Kirchhof m

cigar [siˈgaː] n Zigarre f; ~ **shop** Zigarrenladen m

cigarette [ˌsigəˈret] n Zigarette f

cigarette-case [ˌsigəˈretkeis] n Zigarettenetui nt

cigarette-holder [ˌsigəˈret,houldə] n Zigarettenspitze f

cigarette-lighter [ˌsigəˈret,laitə] n Feuerzeug nt

cinema ['sinəmə] n Kino nt

cinnamon ['sinəmən] n Zimt m

circle ['səːkəl] n Kreis m; Balkon m;

v *einschließen, umkreisen

circulation [,sə:kju'leiʃən] *n* Kreislauf *m*; Umlauf *m*

circumstance ['sə:kəmstæns] *n* Umstand *m*

circus ['sə:kəs] *n* Zirkus *m*

citizen ['sitizən] *n* Bürger *m*

citizenship ['sitizənʃip] *n* Staatsangehörigkeit *f*

city ['siti] *n* Stadt *f*

civic ['sivik] *adj* Bürger-

civil ['sivəl] *adj* zivil; höflich; ~ **law** Zivilrecht *nt*; ~ **servant** Staatsbeamte *m*

civilian [si'viljən] *adj* Bürger-; *n* Zivilist *m*

civilization [,sivəlai'zeiʃən] *n* Zivilisation *f*

civilized ['sivəlaizd] *adj* zivilisiert

claim [kleim] *v* fordern, beanspruchen; behaupten; *n* Forderung *f*, Anspruch *m*

clamp [klæmp] *n* Klemme *f*; Klammer *f*

clap [klæp] *v* klatschen

clarify ['klærifai] *v* klarstellen, klären

class [kla:s] *n* Klasse *f*

classical ['klæsikəl] *adj* klassisch

classify ['klæsifai] *v* einteilen

class-mate ['kla:smeit] *n* Klassenkamerad *m*

classroom ['kla:sru:m] *n* Klassenzimmer *nt*

clause [klɔ:z] *n* Klausel *f*

claw [klɔ:] *n* Klaue *f*

clay [klei] *n* Ton *m*

clean [kli:n] *adj* rein, sauber; *v* säubern, reinigen

cleaning ['kli:niŋ] *n* Reinemachen *nt*, Reinigung *f*; ~ **fluid** Reinigungsmittel *nt*

clear [kliə] *adj* klar; deutlich; *v* aufräumen

clearing ['kliəriŋ] *n* Lichtung *f*

cleft [kleft] *n* Spalte *f*

clergyman ['klə:dʒimən] *n* (pl -men) Pastor *m*, Pfarrer *m*; Geistliche *m*

clerk [kla:k] *n* Büroangestellte *m*, Beamte *m*; Schreiber *m*; Sekretär *m*

clever ['klevə] *adj* intelligent; schlau, gescheit, klug

client ['klaiənt] *n* Kunde *m*; Klient *m*

cliff [klif] *n* Klippe *f*

climate ['klaimit] *n* Klima *nt*

climb [klaim] *v* klettern; *steigen; *n* Aufstieg *m*

clinic ['klinik] *n* Klinik *f*

cloak [klouk] *n* Umhang *m*

cloakroom ['kloukru:m] *n* Garderobe *f*

clock [klɔk] *n* Uhr *f*; **at ... o'clock** um ... Uhr

cloister ['klɔistə] *n* Kloster *nt*

close[1] [klouz] *v* zumachen, *schließen; **closed** *adj* zu, geschlossen

close[2] [klous] *adj* nahe

closet ['klɔzit] *n* Wandschrank *m*; *nAm* Garderobenschrank *m*

cloth [klɔθ] *n* Tuch *nt*; Lappen *m*

clothes [klouðz] *pl* Kleidung *f*, Kleider

clothes-brush ['klouðzbrʌʃ] *n* Kleiderbürste *f*

clothing ['klouðiŋ] *n* Kleidung *f*

cloud [klaud] *n* Wolke *f*; **clouds** Bewölkung *f*

cloud-burst ['klaudbə:st] *n* Wolkenbruch *m*

cloudy ['klaudi] *adj* bewölkt

clover ['klouvə] *n* Klee *m*

clown [klaun] *n* Clown *m*

club [klʌb] *n* Klub *m*; Verein *m*; Keule *f*, Knüppel *m*

clumsy ['klʌmzi] *adj* ungeschickt

clutch [klʌtʃ] *n* Kupplung *f*; Griff *m*

coach [koutʃ] *n* Reisebus *m*; Wagen *m*; Kutsche *f*; Trainer *m*

coachwork ['koutʃwə:k] *n* Karosserie *f*

coagulate [kou'ægjuleit] *v* *gerinnen

coal [koul] n Kohle f
coarse [kɔːs] adj grob; gemein
coast [koust] n Küste f
coat [kout] n Überzieher m, Mantel m
coat-hanger ['kout,hæŋə] n Kleiderbügel m
cobweb ['kɔbweb] n Spinnwebe f
cocaine [kou'kein] n Kokain nt
cock [kɔk] n Hahn m
cocktail ['kɔkteil] n Cocktail m
coconut ['koukənʌt] n Kokosnuß f
cod [kɔd] n (pl ~) Kabeljau m
code [koud] n Kode m
coffee ['kɔfi] n Kaffee m
cognac ['kɔnjæk] n Kognak m
coherence [kou'hiərəns] n Zusammenhang m
coin [kɔin] n Münze f
coincide [,kouin'said] v *zusammenfallen
cold [kould] adj kalt; n Kälte f; Erkältung f; catch a ~ sich erkälten
collapse [kə'læps] v *zusammenbrechen
collar ['kɔlə] n Halsband nt; Kragen m; ~ stud Kragenknopf m
collarbone ['kɔləboun] n Schlüsselbein nt
colleague ['kɔliːg] n Kollege m
collect [kə'lekt] v sammeln; holen, abholen; einsammeln
collection [kə'lekʃən] n Kollektion f, Sammlung f; Leerung f
collective [kə'lektiv] adj kollektiv
collector [kə'lektə] n Sammler m; Kollekteur m
college ['kɔlidʒ] n höhere Lehranstalt; Schule f
collide [kə'laid] v *zusammenstoßen
collision [kə'liʒən] n Zusammenstoß m
Colombia [kə'lɔmbiə] Kolumbien
Colombian [kə'lɔmbiən] adj kolumbia-

nisch; n Kolumbianer m
colonel ['kəːnəl] n Oberst m
colony ['kɔləni] n Kolonie f
colour ['kʌlə] n Farbe f; v färben; ~ film Farbfilm m
colourant ['kʌlərənt] n Färbemittel nt
colour-blind ['kʌləblaind] adj farbenblind
coloured ['kʌləd] adj farbig
colourful ['kʌləfəl] adj bunt, farbenfroh
column ['kɔləm] n Pfeiler m, Säule f; Spalte f; Rubrik f; Kolonne f
coma ['koumə] n Koma nt
comb [koum] v kämmen; n Kamm m
combat ['kɔmbæt] n Kampf m, Gefecht nt; v bekämpfen, kämpfen
combination [,kɔmbi'neiʃən] n Kombination f
combine [kəm'bain] v kombinieren; *verbinden
*come [kʌm] v *kommen; ~ across begegnen; *finden
comedian [kə'miːdiən] n Schauspieler m; Komiker m
comedy ['kɔmədi] n Lustspiel nt, Komödie f; musical ~ Musical nt
comfort ['kʌmfət] n Bequemlichkeit f, Behaglichkeit f, Komfort m; Trost m; v trösten
comfortable ['kʌmfətəbəl] adj bequem
comic ['kɔmik] adj komisch
comics ['kɔmiks] pl Comics pl
coming ['kʌmiŋ] n Ankunft f
comma ['kɔmə] n Komma nt
command [kə'mɑːnd] v *befehlen; n Befehl m
commander [kə'mɑːndə] n Befehlshaber m
commemoration [kə,memə'reiʃən] n Gedenkfeier f
commence [kə'mens] v *anfangen
comment ['kɔment] n Kommentar m; v kommentieren

commerce ['kɔmə:s] n Handel m

commercial [kə'mə:ʃəl] adj Handels-, kommerziell; n Werbesendung f; ~ **law** Handelsrecht m

commission [kə'miʃən] n Kommission f

commit [kə'mit] v *übergeben, anvertrauen; verüben, *begehen

committee [kə'miti] n Kommission f, Ausschuß m

common ['kɔmən] adj gemeinsam; üblich, allgemein; gewöhnlich

commune ['kɔmju:n] n Kommune f

communicate [kə'mju:nikeit] v mitteilen

communication [kə,mju:ni'keiʃən] n Kommunikation f; Mitteilung f

communiqué [kə'mju:nikei] n Bekanntmachung f

communism ['kɔmjunizəm] n Kommunismus m

community [kə'mju:nəti] n Gemeinschaft f, Gemeinde f

commuter [kə'mju:tə] n Pendler m

compact ['kɔmpækt] adj kompakt

compact disc ['kɔmpækt disk] n Compact Disk f; ~ **player** CD-Spieler m

companion [kəm'pænjən] n Gefährte m

company ['kʌmpəni] n Gesellschaft f; Firma f, Unternehmen nt

comparative [kəm'pærətiv] adj relativ

compare [kəm'pɛə] v *vergleichen

comparison [kəm'pærisən] n Vergleich m

compartment [kəm'pɑ:tmənt] n Abteil nt

compass ['kʌmpəs] n Kompaß m

compel [kəm'pel] v *zwingen

compensate ['kɔmpənseit] v *ausgleichen

compensation [,kɔmpən'seiʃən] n Ausgleich m; Schadenersatz m

compete [kəm'pi:t] v wetteifern

competition [,kɔmpə'tiʃən] n Wettbewerb m; Konkurrenz f

competitor [kəm'petitər] n Konkurrent m

compile [kəm'pail] v zusammenstellen

complain [kəm'plein] v sich beschweren

complaint [kəm'pleint] n Beschwerde f

complete [kəm'pli:t] adj ganz, vollständig; v vollenden

completely [kəm'pli:tli] adv vollkommen, gänzlich, völlig

complex ['kɔmpleks] n Komplex m; adj verwickelt

complexion [kəm'plekʃən] n Teint m

complicated ['kɔmplikeitid] adj kompliziert, verwickelt

compliment ['kɔmplimənt] n Kompliment nt; v gratulieren, beglückwünschen

compose [kəm'pouz] v zusammenstellen

composer [kəm'pouzə] n Komponist m

composition [,kɔmpə'ziʃən] n Komposition f; Zusammensetzung f

comprehensive [,kɔmpri'hensiv] adj umfassend

comprise [kəm'praiz] v umfassen, *einschließen

compromise ['kɔmprəmaiz] n Vergleich m

compulsory [kəm'pʌlsəri] adj obligatorisch

computer [kəm'pju:tə] n Computer m

comrade ['kɔmreid] n Genosse m

conceal [kən'si:l] v *verbergen

conceited [kən'si:tid] adj eingebildet

conceive [kən'si:v] v auffassen, *verstehen; sich vorstellen

concentrate ['kɔnsəntreit] v konzentrieren

concentration [,kɔnsən'treiʃən] n Kon-

conception [kən'sepʃən] n Vorstellung f; Empfängnis f

concern [kən'sə:n] v *angehen, *betreffen; n Sorge f; Angelegenheit f; Unternehmen nt, Konzern m

concerned [kən'sə:nd] adj besorgt; beteiligt

concerning [kən'sə:niŋ] prep hinsichtlich, betreffs

concert ['kɔnsət] n Konzert nt; ~ hall Konzertsaal m

concession [kən'seʃən] n Konzession f; Zugeständnis nt

concise [kən'sais] adj kurzgefaßt, knapp

conclusion [kəŋ'klu:ʒən] n Schlußfolgerung f, Schluß m

concrete ['kɔŋkri:t] adj konkret; n Beton m

concussion [kəŋ'kʌʃən] n Gehirnerschütterung f

condition [kən'diʃən] n Bedingung f; Zustand m, Verfassung f

conditional [kən'diʃənəl] adj bedingt

conditioner [kən'diʃənə] n Pflegespülung f; Weichspüler m

condom ['kɔndəm] n Kondom m, Präservativ nt

conduct¹ ['kɔndʌkt] n Betragen nt

conduct² [kən'dʌkt] v führen; begleiten; dirigieren

conductor [kən'dʌktə] n Schaffner m; Dirigent m

confectioner [kən'fekʃənə] n Konditor m

conference ['kɔnfərəns] n Konferenz f

confess [kən'fes] v *gestehen; beichten; *bekennen

confession [kən'feʃən] n Geständnis nt; Beichte f

confidence ['kɔnfidəns] n Vertrauen nt

confident ['kɔnfidənt] adj zuversichtlich

confidential [,kɔnfi'denʃəl] adj vertraulich

confirm [kən'fə:m] v bestätigen

confirmation [,kɔnfə'meiʃən] n Bestätigung f

confiscate ['kɔnfiskeit] v *einziehen, beschlagnahmen

conflict ['kɔnflikt] n Konflikt m

confuse [kən'fju:z] v verwirren

confusion [kən'fju:ʒən] n Verwirrung f

congratulate [kən'grætʃuleit] v gratulieren, beglückwünschen

congratulation [kən,grætʃu'leiʃən] n Beglückwünschung f, Glückwunsch m

congregation [,kɔŋgri'geiʃən] n Gemeinde f; Orden m, Bruderschaft f

congress ['kɔŋgres] n Kongreß m; Tagung f

connect [kə'nekt] v *verbinden; *anschließen

connection [kə'nekʃən] n Beziehung f; Zusammenhang m; Verbindung f, Anschluß m

connoisseur [,kɔnə'sə:] n Kenner m

connotation [,kɔnə'teiʃən] n Nebenbedeutung f

conquer ['kɔŋkə] v erobern; besiegen

conqueror ['kɔŋkərə] n Eroberer m

conquest ['kɔŋkwest] n Eroberung f

conscience ['kɔnʃəns] n Gewissen nt

conscious ['kɔnʃəs] adj bewußt

consciousness ['kɔnʃəsnəs] n Bewußtsein nt

conscript ['kɔnskript] n Dienstpflichtige m

consent [kən'sent] v einwilligen; zustimmen; n Einwilligung f, Zustimmung f

consequence ['kɔnsikwəns] n Wirkung f, Folge f

consequently ['kɔnsikwəntli] adv folglich

conservative [kən'sə:vətiv] adj erhaltend, konservativ

consider [kən'sidə] *v* betrachten; *erwägen; der Ansicht *sein, *finden

considerable [kən'sidərəbəl] *adj* beträchtlich; beachtlich, bedeutend

considerate [kən'sidərət] *adj* rücksichtsvoll

consideration [kən‚sidə'reiʃən] *n* Erwägung *f*; Rücksicht *f*, Beachtung *f*

considering [kən'sidəriŋ] *prep* in Anbetracht

consignment [kən'sainmənt] *n* Sendung *f*

consist of [kən'sist] *bestehen aus

conspire [kən'spaiə] *v* sich *verschwören

constant ['kɔnstənt] *adj* beständig

constipated ['kɔnstipeitid] *adj* verstopft

constipation [‚kɔnsti'peiʃən] *n* Obstipation *f*, Verstopfung *f*

constituency [kən'stitʃuənsi] *n* Wahlkreis *m*

constitution [‚kɔnsti'tju:ʃən] *n* Grundgesetz *nt*

construct [kən'strʌkt] *v* bauen; aufbauen, errichten

construction [kən'strʌkʃən] *n* Konstruktion *f*; Bau *m*; Gebäude *nt*

consul ['kɔnsəl] *n* Konsul *m*

consulate ['kɔnsjulət] *n* Konsulat *nt*

consult [kən'sʌlt] *v* konsultieren

consultation [‚kɔnsəl'teiʃən] *n* Konsultation *f*; ~ **hours** *n* Sprechstunde *f*

consumer [kən'sju:mə] *n* Verbraucher *m*, Konsument *m*

contact ['kɔntækt] *n* Kontakt *m*; Berührung *f*; *v* sich in Verbindung setzen mit; ~ **lenses** Kontaktlinsen *fpl*

contagious [kən'teidʒəs] *adj* ansteckend

contain [kən'tein] *v* *enthalten; umfassen

container [kən'teinə] *n* Behälter *m*; Container *m*

contemporary [kən'tempərəri] *adj* zeitgenössisch; damalig; *n* Zeitgenosse *m*

contempt [kən'tempt] *n* Verachtung *f*, Geringschätzung *f*

content [kən'tent] *adj* zufrieden

contents ['kɔntents] *pl* Inhalt *m*

contest ['kɔntest] *n* Streit *m*; Wettbewerb *m*

continent ['kɔntinənt] *n* Kontinent *m*, Erdteil *m*; Festland *nt*

continental [‚kɔnti'nentəl] *adj* kontinental

continual [kən'tinjuəl] *adj* unaufhörlich; **continually** *adv* fortwährend

continue [kən'tinju:] *v* fortsetzen; *fortfahren, fortdauern

continuous [kən'tinjuəs] *adj* fortlaufend, anhaltend, ununterbrochen

contour ['kɔntuə] *n* Umriß *m*

contraceptive [‚kɔntrə'septiv] *n* empfängnisverhütendes Mittel

contract[1] ['kɔntrækt] *n* Vertrag *m*

contract[2] [kən'trækt] *v* sich *zuziehen

contractor [kən'træktə] *n* Unternehmer *m*

contradict [‚kɔntrə'dikt] *v* *widersprechen

contradictory [‚kɔntrə'diktəri] *adj* widersprechend

contrary ['kɔntrəri] *n* Gegenteil *nt*; *adj* entgegengesetzt; **on the** ~ im Gegenteil

contrast ['kɔntrɑ:st] *n* Kontrast *m*; Unterschied *m*, Gegensatz *m*

contribution [‚kɔntri'bju:ʃən] *n* Beitrag *m*

control [kən'troul] *n* Kontrolle *f*; *v* kontrollieren

controversial [‚kɔntrə'və:ʃəl] *adj* Streit-, umstritten

convenience [kən'vi:njəns] *n* Bequemlichkeit f

convenient [kən'vi:njənt] *adj* bequem; angemessen, geeignet, passend

convent ['kɔnvənt] *n* Kloster *nt*

conversation [,kɔnvə'seiʃən] *n* Unterhaltung *f*, Gespräch *nt*

convert [kən'və:t] *v* bekehren; umrechnen, konvertieren

convict[1] [kən'vikt] *v* überführen

convict[2] ['kɔnvikt] *n* Verurteilte *m*

conviction [kən'vikʃən] *n* Überzeugung *f*; Überführung *f*

convince [kən'vins] *v* überzeugen

convulsion [kən'vʌlʃən] *n* Krampf *m*

cook [kuk] *n* Koch *m*; *v* kochen; zubereiten, zurichten

cookbook ['kukbuk] *nAm* Kochbuch *nt*

cooker ['kukə] *n* Kocher *m*; **gas ~** Gasherd *m*

cookery-book ['kukəribuk] *n* Kochbuch *nt*

cookie ['kuki] *nAm* Keks *m*

cool [ku:l] *adj* kühl; **cooling system** Kühlsystem *nt*

co-operation [kou,ɔpə'reiʃən] *n* Zusammenarbeit *f*; Mitarbeit *f*

co-operative [kou'ɔpərətiv] *adj* kooperativ; willig, bereitwillig; *n* Genossenschaft *f*

co-ordinate [kou'ɔ:dineit] *v* koordinieren

co-ordination [kou,ɔ:di'neiʃən] *n* Koordinierung *f*

copper ['kɔpə] *n* Kupfer *nt*

copy ['kɔpi] *n* Kopie *f*; Abschrift *f*; Exemplar *nt*; *v* kopieren; nachahmen; **carbon ~** Durchschlag *m*

coral ['kɔrəl] *n* Koralle *f*

cord [kɔ:d] *n* Seil *nt*; Leine *f*

cordial ['kɔ:diəl] *adj* herzlich

corduroy ['kɔ:dərɔi] *n* Kordsamt *m*

core [kɔ:] *n* Kern *m*; Kerngehäuse *nt*

cork [kɔ:k] *n* Korken *m*; Stöpsel *m*

corkscrew ['kɔ:kskru:] *n* Korkenzieher *m*

corn [kɔ:n] *n* Korn *nt*; Getreide *nt*; Hühnerauge *nt*; **~ on the cob** Maiskolben *m*

corner ['kɔ:nə] *n* Ecke *f*

cornfield ['kɔ:nfi:ld] *n* Kornfeld *nt*

corpse [kɔ:ps] *n* Leiche *f*

corpulent ['kɔ:pjulənt] *adj* korpulent; beleibt, dick

correct [kə'rekt] *adj* genau, korrekt, richtig; *v* korrigieren, verbessern

correction [kə'rekʃən] *n* Berichtigung *f*; Verbesserung *f*

correctness [kə'rektnəs] *n* Richtigkeit *f*

correspond [,kɔri'spɔnd] *v* korrespondieren; übereinstimmen

correspondence [,kɔri'spɔndəns] *n* Korrespondenz *f*, Briefwechsel *m*

correspondent [,kɔri'spɔndənt] *n* Korrespondent *m*

corridor ['kɔridɔ:] *n* Flur *m*

corrupt [kə'rʌpt] *adj* korrupt; *v* *bestechen

corruption [kə'rʌpʃən] *n* Bestechung *f*

corset ['kɔ:sit] *n* Korsett *nt*

cosmetics [kɔz'metiks] *pl* Kosmetika *ntpl*, Schönheitsmittel *ntpl*

cost [kɔst] *n* Kosten *pl*; Preis *m*

***cost** [kɔst] *v* kosten

cosy ['kouzi] *adj* gemütlich, behaglich

cot [kɔt] *nAm* Liege *f*

cottage ['kɔtidʒ] *n* Sommerhaus *nt*

cotton ['kɔtən] *n* Baumwolle *f*; Baumwoll-

cotton-wool ['kɔtənwul] *n* Watte *f*

couch [kautʃ] *n* Couch *f*

cough [kɔf] *n* Husten *m*; *v* husten

could [kud] *v* (p can)

council ['kaunsəl] *n* Rat *m*

councillor ['kaunsələ] *n* Ratsmitglied *nt*

counsel ['kaunsəl] *n* Rat *m*

counsellor ['kaunsələ] n Ratgeber m

count [kaunt] v zählen; addieren; mitzählen; *halten für; n Graf m

counter ['kauntə] n Ladentisch m; Schalter m

counterfeit ['kauntəfi:t] v fälschen

counterfoil ['kauntəfɔil] n Kontrollabschnitt m

counterpane ['kauntəpein] n Bettdecke f

countess ['kauntis] n Gräfin f

country ['kʌntri] n Land nt; Gegend f; ~ house Landhaus nt

countryman ['kʌntrimən] n (pl -men) Landsmann m

countryside ['kʌntrisaid] n Landschaft f

county ['kaunti] n Grafschaft f

couple ['kʌpəl] n Paar nt

coupon ['ku:pɔn] n Kupon m, Bezugsschein m

courage ['kʌridʒ] n Tapferkeit f, Mut m

courageous [kə'reidʒəs] adj tapfer, mutig

course [kɔ:s] n Kurs m; Gang m; Lauf m; Lehrgang m, Kursus m; intensive ~ Kurzlehrgang m; of ~ allerdings, selbstverständlich

court [kɔ:t] n Gericht nt; Hof m

courteous ['kɔ:tiəs] adj höflich

cousin ['kʌzən] n Base f, Vetter m

cover ['kʌvə] v bedecken, verdecken; n Obdach nt, Schutz m; Deckel m; Umschlag m; ~ charge Gedeckkosten pl

cow [kau] n Kuh f

coward ['kauəd] n Feigling m

cowardly ['kauədli] adj feige

cow-hide ['kauhaid] n Kuhhaut f

crab [kræb] n Krabbe f

crack [kræk] n Krachen nt; Riß m; v krachen; *brechen, *bersten

cracker ['krækə] nAm Keks m

cradle ['kreidəl] n Wiege f

cramp [kræmp] n Krampf m

crane [krein] n Kran m

crankcase ['kræŋkkeis] n Kurbelgehäuse nt

crankshaft ['kræŋkʃɑ:ft] n Kurbelwelle f

crash [kræʃ] n Zusammenstoß m; v *zusammenstoßen; abstürzen; ~ barrier Leitplanke f

crate [kreit] n Kiste f

crater ['kreitə] n Krater m

crawl [krɔ:l] v *kriechen; n Kraul m

craze [kreiz] n Fimmel m

crazy ['kreizi] adj verrückt; wahnsinnig

creak [kri:k] v knirschen

cream [kri:m] n Krem f; Sahne f; adj kremfarben

creamy ['kri:mi] adj sahnig

crease [kri:s] v zerknittern; n Falte f

create [kri'eit] v *schaffen; erschaffen

creature ['kri:tʃə] n Geschöpf nt

credible ['kredibəl] adj glaubwürdig

credit ['kredit] n Kredit m; v kreditieren; ~ card Kreditkarte f

creditor ['kreditə] n Gläubiger m

credulous ['kredjuləs] adj gutgläubig

creek [kri:k] n Bucht f

*creep [kri:p] v *kriechen

creepy ['kri:pi] adj unheimlich, gruselig

cremate [kri'meit] v *verbrennen

cremation [kri'meiʃən] n Einäscherung f

crew [kru:] n Besatzung f

cricket ['krikit] n Kricket nt; Grille f

crime [kraim] n Verbrechen nt

criminal ['kriminəl] n Delinquent m, Verbrecher m; adj verbrecherisch, kriminell; ~ law Strafrecht nt

criminality [,krimi'næləti] n Kriminalität f

crimson ['krimzən] adj karmesinrot

crippled ['krɪpəld] *adj* verkrüppelt

crisis ['kraɪsɪs] *n* (pl crises) Krise *f*

crisp [krɪsp] *adj* knusprig

critic ['krɪtɪk] *n* Kritiker *m*

critical ['krɪtɪkəl] *adj* kritisch; entscheidend, heikel, bedenklich

criticism ['krɪtɪsɪzəm] *n* Kritik *f*

criticize ['krɪtɪsaɪz] *v* kritisieren

crochet ['krəʊʃeɪ] *v* häkeln

crockery ['krɒkəri] *n* Steingut *nt*, Töpferware *f*

crocodile ['krɒkədaɪl] *n* Krokodil *nt*

crooked ['krʊkɪd] *adj* verdreht, krumm; unehrlich

crop [krɒp] *n* Ernte *f*

cross [krɒs] *v* *hinübergehen; *adj* ungehalten, böse; *n* Kreuz *nt*

cross-eyed ['krɒsaɪd] *adj* schielend

crossing ['krɒsɪŋ] *n* Überfahrt *f*; Kreuzung *f*; Übergang *m*; Bahnübergang *m*

crossroads ['krɒsrəʊdz] *n* Kreuzung *f*

crosswalk ['krɒswɔːk] *nAm* Zebrastreifen *m*

crow [krəʊ] *n* Krähe *f*

crowbar ['krəʊbɑː] *n* Brecheisen *nt*

crowd [kraʊd] *n* Masse *f*, Menge *f*

crowded ['kraʊdɪd] *adj* voll; überfüllt

crown [kraʊn] *n* Krone *f*; *v* krönen; bekrönen

crucifix ['kruːsɪfɪks] *n* Kruzifix *nt*

crucifixion [,kruːsɪ'fɪkʃən] *n* Kreuzigung *f*

crucify ['kruːsɪfaɪ] *v* kreuzigen

cruel [kruəl] *adj* grausam

cruise [kruːz] *n* Kreuzfahrt *f*, Seereise *f*

crumb [krʌm] *n* Krümel *m*

crusade [kruː'seɪd] *n* Kreuzzug *m*

crust [krʌst] *n* Kruste *f*

crutch [krʌtʃ] *n* Krücke *f*

cry [kraɪ] *v* weinen; *schreien; *rufen; *n* Aufschrei *m*, Schrei *m*; Ruf *m*

crystal ['krɪstəl] *n* Kristall *nt*; *adj* kristallen

Cuba ['kjuːbə] Kuba

Cuban ['kjuːbən] *adj* kubanisch; *n* Kubaner *m*

cube [kjuːb] *n* Kubus *m*; Würfel *m*

cuckoo ['kʊkuː] *n* Kuckuck *m*

cucumber ['kjuːkəmbə] *n* Gurke *f*

cuddle ['kʌdəl] *v* verhätscheln

cudgel ['kʌdʒəl] *n* Knüppel *m*

cuff [kʌf] *n* Manschette *f*

cuff-links ['kʌflɪŋks] *pl* Manschettenknöpfe *mpl*

cul-de-sac ['kʌldəsæk] *n* Sackgasse *f*

cultivate ['kʌltɪveɪt] *v* bebauen; anbauen, kultivieren

culture ['kʌltʃə] *n* Kultur *f*

cultured ['kʌltʃəd] *adj* kultiviert

cunning ['kʌnɪŋ] *adj* listig

cup [kʌp] *n* Tasse *f*; Pokal *m*

cupboard ['kʌbəd] *n* Schrank *m*

curb [kəːb] *n* Randstein *m*; *v* zügeln

cure [kjʊə] *v* heilen; *n* Kur *f*; Genesung *f*

curio ['kjʊəriəʊ] *n* (pl ~s) Rarität *f*

curiosity [,kjʊəri'ɒsəti] *n* Neugier *f*

curious ['kjʊəriəs] *adj* gespannt, neugierig; seltsam

curl [kəːl] *v* locken; *n* Locke *f*

curler ['kəːlə] *n* Lockenwickler *m*

curling-tongs ['kəːlɪŋtɒŋz] *pl* Brennschere *f*

curly ['kəːli] *adj* lockig

currant ['kʌrənt] *n* Korinthe *f*; Beere *f*

currency ['kʌrənsi] *n* Währung *f*; **foreign ~** fremde Währung

current ['kʌrənt] *n* Strömung *f*; Strom *m*; *adj* gangbar, gegenwärtig; **alternating ~** Wechselstrom *m*; **direct ~** Gleichstrom *m*

curry ['kʌri] *n* Curry *m*

curse [kəːs] *v* fluchen; verfluchen; *n* Fluch *m*

curtain ['kəːtən] *n* Vorhang *m*

curve [kɔ:v] *n* Kurve *f*; Biegung *f*
curved [kɔ:vd] *adj* krumm, gekrümmt
cushion ['kuʃən] *n* Kissen *nt*
custodian [kʌ'stoudiən] *n* Saalwärter *m*
custody ['kʌstədi] *n* Haft *f*; Obhut *f*; Vormundschaft *f*
custom ['kʌstəm] *n* Gewohnheit *f*; Sitte *f*
customary ['kʌstəməri] *adj* üblich, gewöhnlich
customer ['kʌstəmə] *n* Kunde *m*; Klient *m*
Customs ['kʌstəmz] *pl* Zollbehörde *f*; ~ **duty** Zoll *m*; ~ **officer** Zöllner *m*
cut [kʌt] *n* Einschnitt *m*; Schnitt *m*
***cut** [kʌt] *v* *schneiden; senken; ~ **off** *abschneiden; abschalten
cutlery ['kʌtləri] *n* Besteck *nt*
cutlet ['kʌtlət] *n* Kotelett *nt*
cycle ['saikəl] *n* Rad *nt*; Fahrrad *nt*; Kreislauf *m*, Zyklus *m*
cyclist ['saiklist] *n* Radfahrer *m*
cylinder ['silində] *n* Zylinder *m*; ~ **head** Zylinderkopf *m*
cystitis [si'staitis] *n* Blasenentzündung *f*
Czech [tʃek] *adj* tschechisch; *n* Tscheche *m*
Czech Republic [tʃek ri'pʌblik] *n* Tschechien

D

dad [dæd] *n* Vater *m*
daddy ['dædi] *n* Vati *m*
daffodil ['dæfədil] *n* Narzisse *f*
daily ['deili] *adj* alltäglich, täglich; *n* Tageszeitung *f*
dairy ['deəri] *n* Molkerei *f*
dam [dæm] *n* Damm *m*; Deich *m*

damage ['dæmidʒ] *n* Schaden *m*; *v* beschädigen
damp [dæmp] *adj* feucht; naß; *n* Feuchtigkeit *f*; *v* befeuchten
dance [dɑ:ns] *v* tanzen; *n* Tanz *m*
dandelion ['dændilaiən] *n* Löwenzahn *m*
dandruff ['dændrəf] *n* Schuppen
Dane [dein] *n* Däne *m*
danger ['deindʒə] *n* Gefahr *f*
dangerous ['deindʒərəs] *adj* gefährlich
Danish ['deiniʃ] *adj* dänisch
dare [deə] *v* sich trauen, wagen; herausfordern
daring ['deəriŋ] *adj* wagehalsig
dark [dɑ:k] *adj* finster, dunkel; *n* Dunkelheit *f*, Finsternis *f*
darling ['dɑ:liŋ] *n* Schatz *m*, Liebling *m*
darn [dɑ:n] *v* stopfen
dash [dæʃ] *v* stürmen; *n* Gedankenstrich *m*
dashboard ['dæʃbɔ:d] *n* Armaturenbrett *nt*
data ['deitə] *pl* Angabe *f*
date¹ [deit] *n* Datum *nt*; Verabredung *f*; *v* datieren; **out of** ~ veraltet
date² [deit] *n* Dattel *f*
daughter ['dɔ:tə] *n* Tochter *f*
dawn [dɔ:n] *n* Morgendämmerung *f*; Tagesanbruch *m*
day [dei] *n* Tag *m*; **by** ~ bei Tage; ~ **trip** Tagesausflug *m*; **per** ~ pro Tag; **the** ~ **before yesterday** vorgestern
daybreak ['deibreik] *n* Tagesanbruch *m*
daylight ['deilait] *n* Tageslicht *nt*
dead [ded] *adj* tot; verstorben
deaf [def] *adj* taub
deal [di:l] *n* Transaktion *f*, Geschäft *nt*
***deal** [di:l] *v* austeilen; ~ **with** *v* sich

befassen mit; Geschäfte machen mit

dealer ['di:lə] n Kaufmann m, Händler m

dear [diə] adj lieb; teuer; wert

death [deθ] n Tod m; ~ **penalty** Todesstrafe f

debate [di'beit] n Debatte f

debit ['debit] n Soll nt

debt [det] n Schuld f

decaffeinated [di:'kæfineitid] adj koffeinfrei

deceit [di'si:t] n Betrug m

deceive [di'si:v] v *betrügen

December [di'sembə] Dezember

decency ['di:sənsi] n Anstand m

decent ['di:sənt] adj anständig

decide [di'said] v *beschließen, sich *entschließen, *entscheiden

decision [di'siʒən] n Beschluß m, Entscheidung f

deck [dek] n Deck nt; ~ **cabin** Deckkajüte f; ~ **chair** Liegestuhl m

declaration [,deklə'reiʃən] n Erklärung f

declare [di'kleə] v erklären; *angeben; verzollen

decoration [,dekə'reiʃən] n Dekoration f

decrease [di:'kri:s] v vermindern; *abnehmen; n Abnahme f

dedicate ['dedikeit] v widmen

deduce [di'dju:s] v ableiten

deduct [di'dʌkt] v *abziehen

deed [di:d] n Handlung f, Tat f

deep [di:p] adj tief

deep-freeze [,di:p'fri:z] n Tiefkühltruhe f

deer [diə] n (pl ~) Rotwild nt

defeat [di'fi:t] v besiegen; n Niederlage f

defective [di'fektiv] adj schadhaft, mangelhaft

defence [di'fens] n Verteidigung f;

Abwehr f

defend [di'fend] v verteidigen

deficiency [di'fiʃənsi] n Mangel m

deficit ['defisit] n Defizit nt

define [di'fain] v definieren, bestimmen

definite ['definit] adj bestimmt

definition [,defi'niʃən] n Bestimmung f, Definition f

deformed [di'fɔ:md] adj mißgestaltet, entstellt

degree [di'gri:] n Grad m; Titel m

delay [di'lei] v verzögern; *aufschieben; n Aufenthalt m, Verzögerung f; Aufschub m

delegate ['deligət] n Abgesandte m

delegation [,deli'geiʃən] n Delegation f, Abordnung f

deliberate¹ [di'libəreit] v beratschlagen, überlegen

deliberate² [di'libərət] adj absichtlich

deliberation [di,libə'reiʃən] n Erörterung f, Beratung f

delicacy ['delikəsi] n Leckerbissen m

delicate ['delikət] adj fein; zart; mißlich

delicatessen [,delikə'tesən] n Feinkost f; Feinkostgeschäft nt

delicious [di'liʃəs] adj lecker, köstlich

delight [di'lait] n Genuß m, Wonne f; v entzücken

delightful [di'laitfəl] adj köstlich, entzückend

deliver [di'livə] v abliefern, ausliefern; erlösen

delivery [di'livəri] n Zustellung f, Lieferung f; Entbindung f; Erlösung f; ~ **van** Lieferwagen m

demand [di'ma:nd] v verlangen, fordern; n Forderung f; Nachfrage f

democracy [di'mɔkrəsi] n Demokratie f

democratic [,demə'krætik] adj demokratisch

demolish [di'mɔliʃ] v *niederreißen

demolition [ˌdemə'liʃən] n Abbruch m

demonstrate ['demənstreit] v *beweisen; demonstrieren

demonstration [ˌdemən'streiʃən] n Demonstration f; Kundgebung f

den [den] n Höhle f

Denmark ['denmɑːk] Dänemark

denomination [diˌnɔmi'neiʃən] n Benennung f

dense [dens] adj dicht

dent [dent] n Beule f

dentist ['dentist] n Zahnarzt m

denture ['dentʃə] n Gebiß nt

deny [di'nai] v leugnen; versagen, verweigern, *enthalten

deodorant [diː'oudərənt] n Deodorant nt

depart [di'pɑːt] v *weggehen, abreisen; *sterben

department [di'pɑːtmənt] n Abteilung f; ~ store Kaufhaus nt

departure [di'pɑːtʃə] n Abreise f, Abfahrt f

dependant [di'pendənt] adj abhängig

depend on [di'pend] *abhängen von

deposit [di'pɔzit] n Bank-Einlage f; Pfand nt, Sediment nt, Ablagerung f; v hinterlegen

depository [di'pɔzitəri] n Lagerraum m

depot ['depou] n Lager nt; nAm Bahnhof m

depress [di'pres] v deprimieren

depressed [di'prest] adj niedergeschlagen

depression [di'preʃən] n Niedergeschlagenheit f; Tief nt; Rückgang m

deprive of [di'praiv] *entnehmen

depth [depθ] n Tiefe f

deputy ['depjuti] n Abgeordnete m; Stellvertreter m

descend [di'send] v *herabsteigen

descendant [di'sendənt] n Nachkomme m

descent [di'sent] n Abstieg m

describe [di'skraib] v *beschreiben

description [di'skripʃən] n Beschreibung f; Personalbeschreibung f

desert[1] ['dezət] n Wüste f; adj wüst, verlassen

desert[2] [di'zəːt] v desertieren; *verlassen

deserve [di'zəːv] v verdienen

design [di'zain] v *entwerfen; n Entwurf m; Zweck m

designate ['dezigneit] v *anweisen

desirable [di'zaiərəbəl] adj begehrenswert, wünschenswert

desire [di'zaiə] n Wunsch m; Lust f, Verlangen nt; v begehren, verlangen, wünschen

desk [desk] n Schreibtisch m; Pult nt; Schulbank f

despair [di'spɛə] n Verzweiflung f; v verzweifeln

despatch [di'spætʃ] v *versenden

desperate ['despərət] adj verzweifelt

despise [di'spaiz] v verachten

despite [di'spait] prep trotz

dessert [di'zəːt] n Nachtisch m

destination [ˌdesti'neiʃən] n Bestimmungsort m

destine ['destin] v bestimmen

destiny ['destini] n Verhängnis nt, Schicksal nt

destroy [di'strɔi] v zerstören, vernichten

destruction [di'strʌkʃən] n Zerstörung f; Untergang m

detach [di'tætʃ] v losmachen

detail ['diːteil] n Einzelheit f

detailed ['diːteild] adj ausführlich, eingehend

detect [di'tekt] v entdecken

detective [di'tektiv] n Detektiv m; ~ story Kriminalroman m

detergent [di'tə:dʒənt] *n* Reinigungs-mittel *nt*

determine [di'tə:min] *v* festsetzen, bestimmen

determined [di'tə:mind] *adj* entschlossen

detour ['di:tuə] *n* Umweg *m*; Umleitung *f*

devaluation [,di:vælju'eiʃən] *n* Abwertung *f*

devalue [,di:'vælju:] *v* entwerten

develop [di'veləp] *v* entwickeln

development [di'veləpmənt] *n* Entwicklung *f*

deviate ['di:vieit] *v* *abweichen

devil ['devəl] *n* Teufel *m*

devise [di'vaiz] *v* *ausdenken

devote [di'vout] *v* widmen

dew [dju:] *n* Tau *m*

diabetes [,daiə'bi:ti:z] *n* Diabetes *m*, Zuckerkrankheit *f*

diabetic [,daiə'betik] *n* Diabetiker *m*

diagnose [,daiəg'nouz] *v* diagnostizieren; feststellen

diagnosis [,daiəg'nousis] *n* (pl -ses) Diagnose *f*

diagonal [dai'ægənəl] *n* Diagonale *f*; *adj* diagonal

diagram ['daiəgræm] *n* Schema *nt*; graphische Darstellung

dialect ['daiəlekt] *n* Mundart *f*

diamond ['daiəmənd] *n* Diamant *m*

diaper ['daiəpə] *nAm* Windel *f*

diaphragm ['daiəfræm] *n* Membran *f*

diarrhoea [daiə'riə] *n* Durchfall *m*

diary ['daiəri] *n* Merkbuch *nt*; Tagebuch *nt*

dictaphone ['diktəfoun] *n* Diktiergerät *nt*

dictate [dik'teit] *v* diktieren

dictation [dik'teiʃən] *n* Diktat *nt*

dictator [dik'teitə] *n* Diktator *m*

dictionary ['dikʃənəri] *n* Wörterbuch *nt*

did [did] *v* (p do)

die [dai] *v* *sterben

diesel ['di:zəl] *n* Diesel *m*

diet ['daiət] *n* Diät *f*

differ ['difə] *v* sich *unterscheiden

difference ['difərəns] *n* Unterschied *m*

different ['difərənt] *adj* verschieden; ander

difficult ['difikəlt] *adj* schwierig; schwer

difficulty ['difikəlti] *n* Schwierigkeit *f*; Mühe *f*

***dig** [dig] *v* *graben

digest [di'dʒest] *v* verdauen

digestible [di'dʒestəbəl] *adj* verdaulich

digestion [di'dʒestʃən] *n* Verdauung *f*

digit ['didʒit] *n* Ziffer *f*

digital ['didʒitəl] *adj* digital

dignified ['dignifaid] *adj* würdevoll

dike [daik] *n* Deich *m*; Damm *m*

dilapidated [di'læpideitid] *adj* baufällig

diligence ['dilidʒəns] *n* Fleiß *m*, Eifer *m*

diligent ['dilidʒənt] *adj* fleißig, eifrig

dilute [dai'lju:t] *v* verdünnen

dim [dim] *adj* trübe, matt; dunkel

dine [dain] *v* zu Abend *essen

dinghy ['diŋgi] *n* Jolle *f*

dining-car ['daiɲiŋka:] *n* Speisewagen *m*

dining-room ['daiɲiŋru:m] *n* Speisezimmer *nt*; Speisesaal *m*

dinner ['dinə] *n* Hauptmahlzeit *f*; Abendessen *nt*, Mittagessen *nt*

dinner-jacket ['dinə,dʒækit] *n* Smoking *m*

dinner-service ['dinə,sə:vis] *n* Eßservice *nt*

diphtheria [dif'θiəriə] *n* Diphtherie *f*

diploma [di'ploumə] *n* Diplom *nt*

diplomat ['dipləmæt] *n* Diplomat *m*

direct [di'rekt] *adj* unmittelbar, direkt; *v* richten; *weisen; führen

direction [di'rekʃən] *n* Richtung *f*;

Anweisung f; Regie f; Verwaltung f, Vorstand m; **directional signal** Am Winker m; **directions for use** Gebrauchsanweisung f

directive [di'rektiv] n Richtlinie f

director [di'rektə] n Direktor m; Regisseur m

dirt [də:t] n Schmutz m

dirty ['də:ti] adj schmierig, dreckig, schmutzig

disabled [di'seibəld] adj körperbehindert, invalide

disadvantage [,disəd'va:ntidʒ] n Nachteil m

disagree [,disə'gri:] v uneins *sein, nicht übereinstimmen

disagreeable [,disə'gri:əbəl] adj unangenehm

disappear [,disə'piə] v *verschwinden

disappoint [,disə'pɔint] v enttäuschen

disappointment [,disə'pɔintmənt] n Enttäuschung f

disapprove [,disə'pru:v] v mißbilligen

disaster [di'za:stə] n Katastrophe f; Mißgeschick m, Unheil nt

disastrous [di'za:strəs] adj verheerend

disc [disk] n Scheibe f; Schallplatte f; **slipped ~** Hernie f

discard [di'ska:d] v ausrangieren

discharge [dis'tʃa:dʒ] v *entladen, *ausladen; **~ of** *entbinden von

discipline ['disiplin] n Disziplin f

discolour [di'skalə] v sich verfärben

disconnect [,diskə'nekt] v trennen; ausschalten

discontented [,diskən'tentid] adj unzufrieden

discontinue [,diskən'tinju:] v einstellen, aufhören mit

discount ['diskaunt] n Rabatt m

discover [di'skavə] v entdecken

discovery [di'skavəri] n Entdeckung f

discuss [di'skas] v erörtern; diskutieren

discussion [di'skaʃən] n Diskussion f; Gespräch nt, Besprechung f, Auseinandersetzung f

disease [di'zi:z] n Krankheit f

disembark [,disim'ba:k] v an Land *gehen, landen

disgrace [dis'greis] n Schande f

disguise [dis'gaiz] v sich verkleiden; n Verkleidung f

disgusting [dis'gastiŋ] adj widerlich, ekelhaft

dish [diʃ] n Teller m; Platte f, Schüssel f; Gericht nt

dishonest [di'sɔnist] adj unehrlich

disinfect [,disin'fekt] v desinfizieren

disinfectant [,disin'fektənt] n Desinfektionsmittel nt

dislike [di'slaik] v nicht ausstehen *können, nicht *mögen; n Abneigung f, Widerwille m, Antipathie f

dislocated ['disləkeitid] adj verrenkt

dismiss [dis'mis] v fortschicken; *entlassen

disorder [di'sɔ:də] n Unordnung f

dispatch [di'spætʃ] v verschicken, abfertigen

display [di'splei] v auslegen; zeigen; n Ausstellung f, Auslage f

displease [di'spli:z] v verstimmen, *mißfallen

disposable [di'spouzəbəl] adj wegwerfbar

disposal [di'spouzəl] n Verfügung f

dispose of [di'spouz] v verfügen über

dispute [di'spju:t] n Auseinandersetzung f; Zank m, Streitigkeit f; v *streiten, *bestreiten

dissatisfied [di'sætisfaid] adj unzufrieden

dissolve [di'zɔlv] v auflösen

dissuade from [di'sweid] *abraten

distance ['distəns] n Entfernung f; **~ in kilometres** Kilometerzahl f

distant ['distənt] adj entfernt

distinct [di'stiŋkt] *adj* deutlich; verschieden

distinction [di'stiŋkʃən] *n* Unterscheidung *f*, Unterschied *m*

distinguish [di'stiŋgwiʃ] *v* *unterscheiden

distinguished [di'stiŋgwiʃt] *adj* vornehm

distress [di'stres] *n* Not *f*; ~ **signal** Notsignal *nt*

distribute [di'stribju:t] *v* verteilen

distributor [di'stribjutə] *n* Generalvertreter *m*; Stromverteiler *m*

district ['distrikt] *n* Bezirk *m*; Gegend *f*

disturb [di'stə:b] *v* stören

disturbance [di'stə:bəns] *n* Störung *f*; Verwirrung *f*

ditch [ditʃ] *n* Graben *m*

dive [daiv] *v* tauchen

diversion [dai'və:ʃən] *n* Umleitung *f*; Ablenkung *f*

divide [di'vaid] *v* teilen; verteilen; trennen

divine [di'vain] *adj* göttlich

division [di'viʒən] *n* Teilung *f*; Trennung *f*; Abteilung *f*

divorce [di'vɔ:s] *n* Scheidung *f*; *v* *scheiden

dizziness ['dizinəs] *n* Schwindel *m*

dizzy ['dizi] *adj* schwindlig

***do** [du:] *v* *tun; genügen

dock [dɔk] *n* Dock *nt*; Kai *m*; *v* anlegen

docker ['dɔkə] *n* Hafenarbeiter *m*

doctor ['dɔktə] *n* Doktor *m*, Arzt *m*

document ['dɔkjumənt] *n* Urkunde *f*

dog [dɔg] *n* Hund *m*

dogged ['dɔgid] *adj* hartnäckig

doll [dɔl] *n* Puppe *f*

dome [doum] *n* Kuppel *f*

domestic [də'mestik] *adj* häuslich; inländisch; *n* Diener *m*

domicile ['dɔmisail] *n* Wohnsitz *m*

domination [,dɔmi'neiʃən] *n* Herrschaft *f*

dominion [də'minjən] *n* Herrschaft *f*

donate [dou'neit] *v* spenden

donation [dou'neiʃən] *n* Spende *f*, Schenkung *f*

done [dʌn] *v* (pp do)

donkey ['dɔŋki] *n* Esel *m*

donor ['dounə] *n* Donator *m*

door [dɔ:] *n* Tür *f*; **revolving** ~ Drehtür *f*; **sliding** ~ Schiebetür *f*

doorbell ['dɔ:bel] *n* Türklingel *f*

door-keeper ['dɔ:,ki:pə] *n* Portier *m*

doorman ['dɔ:mən] *n* (pl -men) Portier *m*

dormitory ['dɔ:mitri] *n* Schlafsaal *m*

dose [dous] *n* Dosis *f*

dot [dɔt] *n* Punkt *m*

double ['dʌbəl] *adj* doppelt

doubt [daut] *v* bezweifeln, zweifeln; *n* Zweifel *m*; **without** ~ ohne Zweifel

doubtful ['dautfəl] *adj* zweifelhaft; ungewiß

dough [dou] *n* Teig *m*

down[1] [daun] *adv* herab; hinab, herunter, nieder; *adj* niedergeschlagen; *prep* entlang, hinab; ~ **payment** Anzahlung *f*

down[2] [daun] *n* Daune *f*

downpour ['daunpɔ:] *n* Regenguß *m*

downstairs [,daun'steəz] *adv* hinunter, unten

downstream [,daun'stri:m] *adv* stromabwärts

down-to-earth [,dauntu'ə:θ] *adj* sachlich

downwards ['daunwədz] *adv* nach unten, abwärts

dozen ['dʌzən] *n* (pl ~, ~s) Dutzend *nt*

draft [drɑ:ft] *n* Tratte *f*

drag [dræg] *v* schleppen

dragon ['drægən] *n* Drache *m*

drain [drein] *v* trockenlegen; entwässern; n Abfluß m

drama ['drɑ:mə] n Drama nt; Trauerspiel nt; Theater nt

dramatic [drə'mætik] adj dramatisch

dramatist ['dræmətist] n Dramatiker m

drank [dræŋk] v (p drink)

draper ['dreipə] n Tuchhändler m

drapery ['dreipəri] n Tuchwaren fpl

draught [drɑ:ft] n Luftzug m; **draughts** Damespiel nt

draught-board ['drɑ:ftbɔ:d] n Damebrett nt

draw [drɔ:] n Ziehung f

*   **draw** [drɔ:] v zeichnen; *ziehen; *abheben; ~ up abfassen

drawbridge ['drɔ:bridʒ] n Zugbrücke f

drawer ['drɔ:ə] n Schublade f; **drawers** Unterhose f

drawing ['drɔ:iŋ] n Zeichnung f

drawing-pin ['drɔ:iŋpin] n Reißzwecke f

drawing-room ['drɔ:iŋru:m] n Empfangszimmer nt

dread [dred] v befürchten; n Angst f

dreadful ['dredfəl] adj schrecklich, furchtbar

dream [dri:m] n Traum m

*   **dream** [dri:m] v träumen

dress [dres] v ankleiden; sich kleiden, sich ankleiden; *verbinden; n Kleid nt

dressing-gown ['dresiŋgaun] n Morgenrock m

dressing-room ['dresiŋru:m] n Ankleideraum nt

dressing-table ['dresiŋteibəl] n Frisierkommode f

dressmaker ['dres,meikə] n Schneiderin f

drill [dril] v bohren; trainieren; n Bohrer m

drink [driŋk] n Aperitif m, Drink m

*   **drink** [driŋk] v *trinken

drinking-water ['driŋkiŋ,wɔ:tə] n Trinkwasser nt

drip-dry [,drip'drai] adj bügelfrei

drive [draiv] n Weg m; Fahrt f

*   **drive** [draiv] v *fahren

driver ['draivə] n Fahrer m

drizzle ['drizəl] n Sprühregen m

drop [drɔp] v fallen *lassen; n Tropfen m

drought [draut] n Dürre f

drown [draun] v *ertrinken; *be **drowned** *ertrinken

drug [drʌg] n Droge f; Arznei f

drugstore ['drʌgstɔ:] nAm Drogerie f, Apotheke f; Warenhaus nt

drum [drʌm] n Trommel f

drunk [drʌŋk] adj (pp drink) betrunken

dry [drai] adj trocken; v trocknen; abtrocknen

dry-clean [,drai'kli:n] v chemisch reinigen

dry-cleaner's [,drai'kli:nəz] n chemische Reinigung

dryer ['draiə] n Trockner m

duchess [dʌtʃis] n Herzogin f

duck [dʌk] n Ente f

due [dju:] adj erwartet; schuldig; fällig

dues [dju:z] pl Gebühren

dug [dʌg] v (p, pp dig)

duke [dju:k] n Herzog m

dull [dʌl] adj langweilig; matt; stumpf

dumb [dʌm] adj stumm; blöde, dumm

dune [dju:n] n Düne f

dung [dʌŋ] n Dünger m

dunghill ['dʌŋhil] n Misthaufen m

duration [dju'reiʃən] n Dauer f

during ['djuəriŋ] prep während

dusk [dʌsk] n Abenddämmerung f

dust [dʌst] n Staub m

dustbin ['dʌstbin] n Abfalleimer m

dusty ['dʌsti] adj staubig

Dutch [dʌtʃ] adj niederländisch, holländisch

Dutchman ['dʌtʃmən] n (pl -men) Niederländer m, Holländer m

dutiable ['dju:tiəbəl] adj zollpflichtig

duty ['dju:ti] n Pflicht f; Aufgabe f; Einfuhrzoll m; **Customs ~** Zoll m

duty-free [,dju:ti'fri:] adj zollfrei

dwarf [dwɔ:f] n Zwerg m

dye [dai] v färben; n Farbe f

dynamo ['dainəmou] n (pl ~s) Dynamo m

dysentery ['disəntri] n Ruhr f

E

each [i:tʃ] adj jeder; **~ other** einander

eager ['i:gə] adj begierig

eagle ['i:gəl] n Adler m

ear [iə] n Ohr nt

earache ['iəreik] n Ohrenschmerzen mpl

ear-drum ['iədrʌm] n Trommelfell nt

earl [ə:l] n Graf m

early ['ə:li] adj früh

earn [ə:n] v verdienen

earnest ['ə:nist] n Ernst m

earnings ['ə:niŋz] pl Einnahmen, Verdienst m

earring ['iəriŋ] n Ohrring m

earth [ə:θ] n Erde f; Boden m

earthenware ['ə:θənwɛə] n Steingut nt

earthquake ['ə:θkweik] n Erdbeben nt

ease [i:z] n Ungezwungenheit f, Leichtigkeit f; Wohlbefinden nt

east [i:st] n Osten m

Easter ['i:stə] Ostern

easterly ['i:stəli] adj östlich

eastern ['i:stən] adj östlich

easy ['i:zi] adj bequem; behaglich; **~ chair** Lehnstuhl m

easy-going ['i:zi,gouiŋ] adj lässig

*eat [i:t] v *essen; speisen

eavesdrop ['i:vzdrɔp] v abhorchen

ebony ['ebəni] n Ebenholz nt

eccentric [ik'sentrik] adj überspannt

echo ['ekou] n (pl ~es) Widerhall m, Echo nt

eclipse [i'klips] n Finsternis f

economic [,i:kə'nɔmik] adj wirtschaftlich

economical [,i:kə'nɔmikəl] adj sparsam

economist [i'kɔnəmist] n Volkswirt m

economize [i'kɔnəmaiz] v sparen

economy [i'kɔnəmi] n Wirtschaft f

ecstasy ['ekstəzi] n Verzückung f

Ecuador ['ekwədɔ:] Ekuador

Ecuadorian [,ekwə'dɔ:riən] n Ekuadorianer m

eczema ['eksimə] n Ekzem nt

edge [edʒ] n Kante f, Rand m

edible ['edibəl] adj eßbar

edition [i'diʃən] n Ausgabe f; **morning ~** Morgenausgabe f

editor ['editə] n Redakteur m

educate ['edʒukeit] v ausbilden

education [,edʒu'keiʃən] n Erziehung f

eel [i:l] n Aal m

effect [i'fekt] n Ergebnis nt, Wirkung f; v zustande *bringen; **in ~** tatsächlich

effective [i'fektiv] adj wirksam, wirkungsvoll

efficient [i'fiʃənt] adj leistungsfähig, zweckmäßig

effort ['efət] n Anstrengung f; Bemühung f

egg [eg] n Ei nt

egg-cup ['egkʌp] n Eierbecher m

eggplant ['egplɑ:nt] n Aubergine f

egg-yolk ['egjouk] n Eidotter nt

egoistic [,egou'istik] adj egoistisch

Egypt ['i:dʒipt] Ägypten

Egyptian [i'dʒipʃən] adj ägyptisch; n Ägypter m

eiderdown ['aidədaun] n Daunendecke f

eight [eit] *num* acht

eighteen [,ei'ti:n] *num* achtzehn

eighteenth [,ei'ti:nθ] *num* achtzehnte

eighth [eitθ] *num* achte

eighty ['eiti] *num* achtzig

either ['aiðə] *pron* einer von beiden; either ... or entweder ... oder

elaborate [i'læbəreit] *v* ausarbeiten

elastic [i'læstik] *adj* elastisch; dehnbar; Gummiband *nt*

elasticity [,elæ'stisəti] *n* Spannkraft *f*

elbow ['elbou] *n* Ellbogen *m*

elder ['eldə] *adj* älter

elderly ['eldəli] *adj* ältlich

eldest ['eldist] *adj* ältest

elect [i'lekt] *v* wählen

election [i'lekʃən] *n* Wahl *f*

electric [i'lektrik] *adj* elektrisch; ~ razor Rasierapparat *m*; ~ cord Kabel *nt*

electrician [,ilek'triʃən] *n* Elektriker *m*

electricity [,ilek'trisəti] *n* Elektrizität *f*

electronic [ilek'trɔnik] *adj* elektronisch

elegance ['eligəns] *n* Eleganz *f*

elegant ['eligənt] *adj* elegant

element ['elimənt] *n* Bestandteil *m*, Element *nt*

elephant ['elifənt] *n* Elefant *m*

elevator ['eliveitə] *nAm* Aufzug *m*

eleven [i'levən] *num* elf

eleventh [i'levənθ] *num* elfte

elf [elf] *n* (pl elves) Elfe *f*

eliminate [i'limineit] *v* beseitigen

elm [elm] *n* Ulme *f*

else [els] *adv* sonst

elsewhere [,el'sweə] *adv* anderswo

elucidate [i'lu:sideit] *v* erläutern

emancipation [i,mænsi'peiʃən] *n* Emanzipation *f*

embankment [im'bæŋkmənt] *n* Damm *m*

embargo [em'ba:gou] *n* (pl ~es) Embargo *nt*

embark [im'ba:k] *v* sich einschiffen; *einsteigen

embarkation [,emba:'keiʃən] *n* Einschiffung *f*

embarrass [im'bærəs] *v* verwirren; in Verlegenheit *bringen; hindern; embarrassed verlegen; embarrassing peinlich

embassy ['embəsi] *n* Botschaft *f*

emblem ['embləm] *n* Emblem *nt*

embrace [im'breis] *v* umarmen; *n* Umarmung *f*

embroider [im'brɔidə] *v* sticken

embroidery [im'brɔidəri] *n* Stickerei *f*

emerald ['emərəld] *n* Smaragd *m*

emergency [i'mə:dʒənsi] *n* Notfall *m*; Notlage *f*; ~ exit Notausgang *m*

emigrant ['emigrənt] *n* Auswanderer *m*

emigrate ['emigreit] *v* auswandern

emigration [,emi'greiʃən] *n* Auswanderung *f*

emotion [i'mouʃən] *n* Rührung *f*, Erregung *f*

emperor ['empərə] *n* Kaiser *m*

emphasize ['emfəsaiz] *v* betonen

empire ['empaiə] *n* Kaiserreich *nt*, Reich *nt*

employ [im'plɔi] *v* beschäftigen; *verwenden

employee [,emplɔi'i:] *n* Arbeitnehmer *m*, Angestellte *m*

employer [im'plɔiə] *n* Arbeitgeber *m*

employment [im'plɔimənt] *n* Beschäftigung *f*, Tätigkeit *f*; ~ exchange Arbeitsamt *nt*

empress ['empris] *n* Kaiserin *f*

empty ['empti] *adj* leer; *v* leeren

enable [i'neibəl] *v* befähigen

enamel [i'næməl] *n* Email *f*

enamelled [i'næməld] *adj* emailliert

enchanting [in'tʃa:ntiŋ] *adj* zauberhaft, bezaubernd

encircle [in'sə:kəl] *v* einkreisen, *umschließen; *einschließen

enclose [iŋ'klouz] v *beischließen, beilegen

enclosure [iŋ'klouʒə] n Beilage f

encounter [iŋ'kauntə] v begegnen; n Begegnung f

encourage [iŋ'kʌridʒ] v ermutigen

encyclopaedia [en,saiklə'pi:diə] n Enzyklopädie f

end [end] n Schluß m, Ende nt; v beenden; enden

ending ['endiŋ] n Ende nt

endless ['endləs] adj unendlich

endorse [in'dɔ:s] v abzeichnen, indossieren

endure [in'djuə] v *ertragen

enemy ['enəmi] n Feind m

energetic [,enə'dʒetik] adj energisch

energy ['enədʒi] n Energie f; Kraft f

engage [iŋ'geidʒ] v anstellen; mieten; sich verpflichten; **engaged** verlobt; beschäftigt, besetzt

engagement [iŋ'geidʒmənt] n Verlobung f; Verpflichtung f; Verabredung f; ~ **ring** Verlobungsring m

engine ['endʒin] n Maschine f, Motor m; Lokomotive f

engineer [,endʒi'niə] n Ingenieur m

England ['iŋglənd] England

English ['iŋgliʃ] adj englisch

Englishman ['iŋgliʃmən] n (pl -men) Engländer m

engrave [iŋ'greiv] v gravieren

engraver [iŋ'greivə] n Graveur m

engraving [iŋ'greiviŋ] n Stich m

enigma [i'nigmə] n Rätsel nt

enjoy [in'dʒɔi] v *genießen

enjoyable [in'dʒɔiəbəl] adj erfreulich, gefällig, angenehm; schmackhaft

enjoyment [in'dʒɔimənt] n Genuß m

enlarge [in'lɑ:dʒ] v vergrößern; erweitern

enlargement [in'lɑ:dʒmənt] n Vergrößerung f

enormous [i'nɔ:məs] adj riesig, ungeheuer

enough [i'nʌf] adv genug; adj genügend

enquire [iŋ'kwaiə] v sich erkundigen; untersuchen

enquiry [iŋ'kwaiəri] n Erkundigung f; Untersuchung f; Umfrage f

enter ['entə] v *betreten, *eintreten; *einschreiben

enterprise ['entəpraiz] n Unternehmen nt

entertain [,entə'tein] v *unterhalten, amüsieren; bewirten

entertainer [,entə'teinə] n Conférencier m

entertaining [,entə'teiniŋ] adj unterhaltsam, amüsant

entertainment [,entə'teinmənt] n Amüsement nt, Unterhaltung f

enthusiasm [in'θju:ziæzəm] n Begeisterung f

enthusiastic [in,θju:zi'æstik] adj begeistert

entire [in'taiə] adj ganz

entirely [in'taiəli] adv ganz

entrance ['entrəns] n Eingang m; Zutritt m; Eintritt m

entrance-fee ['entrənsfi:] n Eintrittsgeld nt

entry ['entri] n Eingang m, Eintritt m; Zugang m; Eintragung f; **no ~** Eintritt verboten

envelope ['envəloup] n Briefumschlag m

envious ['enviəs] adj neidisch, eifersüchtig

environment [in'vaiərənmənt] n Umwelt f; Umgebung f

envoy ['envɔi] n Abgesandte m

envy ['envi] n Neid m; v beneiden

epic ['epik] n Epos nt; adj episch

epidemic [,epi'demik] n Epidemie f

epilepsy ['epilepsi] n Epilepsie f

epilogue ['epilɔg] n Epilog m

episode ['episoud] *n* Episode *f*

equal ['i:kwəl] *adj* gleich; *v* *gleichkommen

equality [i'kwɔləti] *n* Gleichheit *f*

equalize ['i:kwəlaiz] *v* *ausgleichen

equally ['i:kwəli] *adv* ebenso

equator [i'kweitə] *n* Äquator *m*

equip [i'kwip] *v* ausrüsten, ausstatten

equipment [i'kwipmənt] *n* Ausrüstung *f*

equivalent [i'kwivələnt] *adj* entsprechend, gleichwertig

eraser [i'reizə] *n* Radiergummi *m*

erect [i'rekt] *v* aufbauen, errichten, aufrichten; *adj* aufgerichtet, aufrecht

err [ə:] *v* sich irren; irren

errand ['erənd] *n* Botengang *m*

error ['erə] *n* Fehler *m*, Irrtum *m*

escalator ['eskəleitə] *n* Rolltreppe *f*

escape [i'skeip] *v* *entkommen; *fliehen, flüchten, *entgehen; *n* Flucht *f*

escort[1] ['eskɔ:t] *n* Geleit *nt*

escort[2] [i'skɔ:t] *v* eskortieren

especially [i'speʃəli] *adv* hauptsächlich, besonders

esplanade [,esplə'neid] *n* Promenade *f*

essay ['esei] *n* Essay *m*; Abhandlung *f*, Aufsatz *m*

essence ['esəns] *n* Essenz *f*; Kern *m*, Wesen *nt*

essential [i'senʃəl] *adj* unentbehrlich; grundlegend, wesentlich

essentially [i'senʃəli] *adv* vor allem

establish [i'stæbliʃ] *v* gründen; feststellen

estate [i'steit] *n* Landsitz *m*

esteem [i'sti:m] *n* Respekt *m*, Achtung *f*; *v* schätzen

estimate[1] ['estimeit] *v* veranschlagen, schätzen

estimate[2] ['estimət] *n* Voranschlag *m*

estuary ['estʃuəri] *n* Trichtermündung

f

etcetera [et'setərə] und so weiter

etching ['etʃiŋ] *n* Radierung *f*

eternal [i'tə:nəl] *adj* ewig

eternity [i'tə:nəti] *n* Ewigkeit *f*

ether ['i:θə] *n* Äther *m*

Ethiopia [iθi'oupiə] Äthiopien

Ethiopian [iθi'oupiən] *adj* äthiopisch; *n* Äthiopier *m*

Europe ['juərəp] Europa

European [juərə'piən] *adj* europäisch; *n* Europäer *m*

evacuate [i'vækjueit] *v* evakuieren

evaluate [i'væljueit] *v* veranschlagen

evaporate [i'væpəreit] *v* verdampfen

even ['i:vən] *adj* glatt, eben, gleich; stetig; gerade; *adv* sogar

evening ['i:vniŋ] *n* Abend *m*; ~ **dress** Gesellschaftsanzug *m*

event [i'vent] *n* Ereignis *nt*; Vorfall *m*

eventual [i'ventʃuəl] *adj* möglich; endgültig

ever ['evə] *adv* jemals; immer

every ['evri] *adj* jeder

everybody ['evri,bɔdi] *pron* jedermann

everyday ['evridei] *adj* alltäglich

everyone ['evriwʌn] *pron* jeder, jedermann

everything ['evriθiŋ] *pron* alles

everywhere ['evriweə] *adv* überall

evidence ['evidəns] *n* Beweis *m*

evident ['evidənt] *adj* offensichtlich

evil ['i:vəl] *n* Übel *nt*; *adj* böse, schlecht

evolution [,i:və'lu:ʃən] *n* Evolution *f*

exact [ig'zækt] *adj* präzis, genau

exactly [ig'zæktli] *adv* genau

exaggerate [ig'zædʒəreit] *v* *übertreiben

examination [ig,zæmi'neiʃən] *n* Examen *nt*; Untersuchung *f*; Verhör *nt*

examine [ig'zæmin] *v* prüfen

example [ig'zɑ:mpəl] *n* Beispiel *nt*; **for**

~ zum Beispiel

excavation [ˌekskə'veiʃən] n Ausgrabung f

exceed [ik'si:d] v *überschreiten; *übertreffen

excel [ik'sel] v sich auszeichnen

excellent ['eksələnt] adj ausgezeichnet, hervorragend

except [ik'sept] prep ausgenommen, außer

exception [ik'sepʃən] n Ausnahme f

exceptional [ik'sepʃənəl] adj ungewöhnlich, außergewöhnlich

excerpt ['eksə:pt] n Auszug m

excess [ik'ses] n Ausschreitung f

excessive [ik'sesiv] adj übertrieben

exchange [iks'tʃeindʒ] v auswechseln, wechseln, austauschen; n Tausch m; Börse f; ~ **office** Wechselstube f; ~ **rate** Wechselkurs m

excite [ik'sait] v aufregen, erregen

excitement [ik'saitmənt] n Erregung f, Aufregung f

exciting [ik'saitiŋ] adj aufregend

exclaim [ik'skleim] v *ausrufen

exclamation [ˌeksklə'meiʃən] n Ausruf m

exclude [ik'sklu:d] v *ausschließen

exclusive [ik'sklu:siv] adj exklusiv

exclusively [ik'sklu:sivli] adv ausschließlich, nur

excursion [ik'skə:ʃən] n Ausflug m

excuse[1] [ik'skju:s] n Entschuldigung f

excuse[2] [ik'skju:z] v *verzeihen, entschuldigen

execute ['eksikju:t] v ausführen, *vollziehen

execution [ˌeksi'kju:ʃən] n Hinrichtung f

executioner [ˌeksi'kju:ʃənə] n Scharfrichter m

executive [ig'zekjutiv] adj vollziehend; n vollziehende Gewalt; Geschäftsführer m

exempt [ig'ʒempt] v befreien, *ausnehmen; adj befreit

exemption [ig'zempʃən] n Befreiung f

exercise ['eksəsaiz] n Übung f; Aufgabe f; v üben; ausüben

exhale [eks'heil] v ausatmen

exhaust [ig'zɔ:st] n Auspuff m; v erschöpfen; ~ **gases** Auspuffgase ntpl

exhibit [ig'zibit] v ausstellen; vorführen

exhibition [ˌeksi'biʃən] n Ausstellung f

exile ['eksail] n Verbannung f; Verbannte m

exist [ig'zist] v *bestehen

existence [ig'zistəns] n Dasein nt

exit ['eksit] n Ausgang m; Ausfahrt f

exotic [ig'zɔtik] adj exotisch

expand [ik'spænd] v ausbreiten; ausdehnen; entfalten

expect [ik'spekt] v erwarten

expectation [ˌekspek'teiʃən] n Erwartung f

expedition [ˌekspə'diʃən] n Versand m; Expedition f

expel [ik'spel] v *ausweisen

expenditure [ik'spenditʃə] n Aufwand m

expense [ik'spens] n Ausgabe f; **expenses** pl Unkosten pl

expensive [ik'spensiv] adj kostspielig, teuer; kostbar

experience [ik'spiəriəns] n Erfahrung f; v *erfahren, erleben; **experienced** erfahren

experiment [ik'sperimənt] n Versuch m, Experiment nt; v experimentieren

expert ['ekspə:t] n Fachmann m, Sachverständige m; adj fachkundig

expire [ik'spaiə] v *verfallen, aufhören, *ablaufen; ausatmen; **expired** verfallen

expiry [ik'spaiəri] n Fälligkeitstermin

m

explain [ik'splein] *v* erläutern, erklären

explanation [,eksplə'neiʃən] *n* Erläuterung *f*, Auslegung *f*, Erklärung *f*

explicit [ik'splisit] *adj* ausdrücklich

explode [ik'sploud] *v* explodieren

exploit [ik'sploit] *v* ausbeuten, ausnutzen

explore [ik'splɔ:] *v* erforschen

explosion [ik'splouʒən] *n* Explosion *f*

explosive [ik'splousiv] *adj* explosiv; *n* Sprengstoff *m*

export[1] [ik'spɔ:t] *v* ausführen, exportieren

export[2] ['ekspɔ:t] *n* Export *m*

exportation [,ekspɔ:'teiʃən] *n* Ausfuhr *f*

exports ['ekspɔ:ts] *pl* Ausfuhr *f*

exposition [,ekspə'ziʃən] *n* Ausstellung *f*

exposure [ik'spouʒə] *n* Aussetzung *f*; Belichtung *f*; ~ **meter** Belichtungsmesser *m*

express [ik'spres] *v* ausdrücken; Ausdruck *geben, äußern; *adj* Eil-; ausdrücklich; ~ **train** Schnellzug *m*

expression [ik'spreʃən] *n* Ausdruck *m*; Äußerung *f*

exquisite [ik'skwizit] *adj* auserlesen

extend [ik'stend] *v* verlängern; erweitern; gewähren

extension [ik'stenʃən] *n* Verlängerung *f*; Ausdehnung *f*; Nebenanschluß *m*; ~ **cord** Verlängerungsschnur *f*

extensive [ik'stensiv] *adj* umfangreich; umfassend, ausgedehnt

extent [ik'stent] *n* Ausmaß *nt*

exterior [ek'stiəriə] *adj* äußerlich; *n* Außenseite *f*

external [ek'stə:nəl] *adj* äußerlich

extinguish [ik'stingwiʃ] *v* löschen, auslöschen

extort [ik'stɔ:t] *v* erpressen

extortion [ik'stɔ:ʃən] *n* Erpressung *f*

extra ['ekstrə] *adj* zusätzlich

extract[1] [ik'strækt] *v* *ausziehen, *ausreißen

extract[2] ['ekstrækt] *n* Abschnitt *m*

extradite ['ekstrədait] *v* ausliefern

extraordinary [ik'strɔ:dənri] *adj* außerordentlich

extravagant [ik'strævəgənt] *adj* übertrieben, extravagant

extreme [ik'stri:m] *adj* extrem; höchst, äußerst; *n* Extrem *nt*

exuberant [ig'zju:bərənt] *adj* überschwenglich

eye [ai] *n* Auge *nt*

eyebrow ['aibrau] *n* Augenbraue *f*

eyelash ['ailæʃ] *n* Augenwimper *f*

eyelid ['ailid] *n* Augenlid *nt*

eye-pencil ['ai,pensəl] *n* Augenbrauenstift *m*

eye-shadow ['ai,ʃædou] *n* Augenschminke *f*

eye-witness ['ai,witnəs] *n* Augenzeuge *m*

F

fable ['feibəl] *n* Fabel *f*

fabric ['fæbrik] *n* Stoff *m*; Struktur *f*

façade [fə'sɑ:d] *n* Fassade *f*

face [feis] *n* Gesicht *nt*; *v* *gegenüberstehen; ~ **massage** Gesichtsmassage *f*; **facing** gegenüber

face-cream ['feiskri:m] *n* Gesichtskrem *f*

face-pack ['feispæk] *n* Gesichtspackung *f*

facility [fə'siləti] *n* Fazilität *f*

fact [fækt] *n* Tatsache *f*; **in** ~ tatsächlich

factor ['fæktə] *n* Faktor *m*

factory ['fæktəri] *n* Fabrik *f*

factual ['fæktʃuəl] *adj* tatsächlich

faculty ['fækəlti] *n* Gabe *f*; Begabung *f*, Talent *nt*, Fähigkeit *f*; Fakultät *f*

fad [fæd] *n* Torheit *f*

fade [feid] *v* verblassen, *verschießen

faience [fai'ã:s] *n* Steingut *nt*, Fayence *f*

fail [feil] *v* versagen; fehlen; mangeln; versäumen; *durchfallen; **without** ~ unbedingt

failure ['feiljə] *n* Mißerfolg *m*; Fehlschlag *m*

faint [feint] *v* ohnmächtig *werden; *adj* schwach, vage

fair [feə] *n* Kirmes *f*; Messe *f*; *adj* redlich, gerecht; blond; hübsch

fairly ['feəli] *adv* recht, leidlich, ziemlich

fairy ['feəri] *n* Fee *f*

fairytale ['feəriteil] *n* Märchen *nt*

faith [feiθ] *n* Glaube *m*; Vertrauen *nt*

faithful ['feiθful] *adj* treu

fake [feik] *n* Fälschung *f*

fall [fɔ:l] *n* Sturz *m*; *nAm* Herbst *m*

***fall** [fɔ:l] *v* *fallen

false [fɔ:ls] *adj* falsch; verkehrt, unwahr, unecht; ~ **teeth** künstliches Gebiß

falter ['fɔ:ltə] *v* wanken; stammeln

fame [feim] *n* Name *m*, Ruhm *m*; Ruf *m*

familiar [fə'miljə] *adj* vertraut; vertraulich

family ['fæməli] *n* Familie *f*; Verwandtschaft *f*; ~ **name** Nachname *m*

famous ['feiməs] *adj* berühmt

fan [fæn] *n* Ventilator *m*; Fächer *m*; Fan *m*; ~ **belt** Ventilatorriemen *m*

fanatical [fə'nætikəl] *adj* fanatisch

fancy ['fænsi] *v* *mögen, Lust *haben zu; sich einbilden, sich vorstellen; *n* Laune *f*; Phantasie *f*

fantastic [fæn'tæstik] *adj* phantastisch

fantasy ['fæntəzi] *n* Einbildung *f*

far [fɑ:] *adj* fern; *adv* viel; **by** ~ bei weitem; **so** ~ bis jetzt

far-away ['fɑ:rəwei] *adj* entfernt

farce [fɑ:s] *n* Posse *f*

fare [feə] *n* Fahrgeld *nt*; Kost *f*, Speise *f*

farm [fɑ:m] *n* Bauernhof *m*

farmer ['fɑ:mə] *n* Bauer *m*; **farmer's wife** Bäuerin *f*

farmhouse ['fɑ:mhaus] *n* Bauernhaus *nt*

far-off ['fɑ:rɔf] *adj* abgelegen

fascinate ['fæsineit] *v* fesseln

fascism ['fæʃizəm] *n* Faschismus *m*

fascist ['fæʃist] *adj* faschistisch; *n* Faschist *m*

fashion ['fæʃən] *n* Mode *f*; Weise *f*

fashionable ['fæʃənəbəl] *adj* modern

fast [fɑ:st] *adj* rasch, schnell; fest

fast-dyed [,fɑ:st'daid] *adj* waschecht, farbecht

fasten ['fɑ:sən] *v* festmachen, befestigen; *schließen

fastener ['fɑ:sənə] *n* Verschluß *m*

fat [fæt] *adj* fett, dick; *n* Fett *nt*

fatal ['feitəl] *adj* unheilvoll, tödlich, verhängnisvoll

fate [feit] *n* Schicksal *nt*

father ['fɑ:ðə] *n* Vater *m*; Pater *m*

father-in-law ['fɑ:ðərinlɔ:] *n* (pl fathers-) Schwiegervater *m*

fatherland ['fɑ:ðələnd] *n* Vaterland *nt*

fatness ['fætnəs] *n* Fettheit *f*

fatty ['fæti] *adj* fettig

faucet ['fɔ:sit] *nAm* Wasserhahn *m*

fault [fɔ:lt] *n* Fehler *m*; Mangel *m*, Defekt *m*

faultless ['fɔ:ltləs] *adj* tadellos; einwandfrei

faulty ['fɔ:lti] *adj* mangelhaft, fehlerhaft

favour ['feivə] *n* Gefälligkeit *f*; *v* bevorrechten, begünstigen

favourable ['feivərəbəl] *adj* günstig

favourite ['feivərit] n Liebling m, Favorit m; adj Lieblings-

fawn [fɔːn] adj rehbraun; n Rehkalb nt

fax [fæks] n Fax nt; v faxen

fear [fiə] n Furcht f, Angst f; v fürchten

feasible ['fiːzəbəl] adj durchführbar

feast [fiːst] n Fest nt

feat [fiːt] n Glanzleistung f

feather ['feðə] n Feder f

feature ['fiːtʃə] n Kennzeichen nt; Gesichtszug m

February ['februəri] Februar

federal ['fedərəl] adj Bundes-

federation [,fedə'reiʃən] n Föderation f; Verband m

fee [fiː] n Honorar nt

feeble ['fiːbəl] adj schwach

*feed [fiːd] v ernähren; **fed up with** überdrüssig

*feel [fiːl] v fühlen; betasten; ~ **like** Lust *haben zu

feeling ['fiːliŋ] n Gefühl nt

fell [fel] v (p fall)

felt¹ [felt] n Filz m

felt² [felt] v (p, pp feel)

female ['fiːmeil] adj weiblich

feminine ['feminin] adj weiblich

fence [fens] n Zaun m; Gatter nt; v *fechten

fender ['fendə] n Stoßstange f

ferment [fəˈment] v *gären

ferry ['feri] n Fährboot nt

fertile ['fəːtail] adj fruchtbar

festival ['festivəl] n Festival nt

festive ['festiv] adj festlich

fetch [fetʃ] v holen; abholen

feudal ['fjuːdəl] adj feudal

fever ['fiːvə] n Fieber nt

feverish ['fiːvəriʃ] adj fiebrig

few [fjuː] adj wenig

fiancé [fiˈãːsei] n Verlobte m

fiancée [fiˈãːsei] n Verlobte f

fibre ['faibə] n Faser f

fiction ['fikʃən] n Fiktion f, Erdichtung f

field [fiːld] n Acker m, Feld nt; Gebiet nt; ~ **glasses** Feldstecher m

fierce [fiəs] adj wild; wüst, heftig

fifteen [,fifˈtiːn] num fünfzehn

fifteenth [,fifˈtiːnθ] num fünfzehnte

fifth [fifθ] num fünfte

fifty ['fifti] num fünfzig

fig [fig] n Feige f

fight [fait] n Streit m, Kampf m

*fight [fait] v sich *schlagen, kämpfen

figure ['figə] n Figur f, Gestalt f; Zahl f

file [fail] n Feile f; Akten; Reihe f

Filipino [,fili'piːnou] n Philippine m

fill [fil] v füllen; ~ **in** ausfüllen; **filling station** Tankstelle f; ~ **out** Am ausfüllen; ~ **up** vollfüllen

filling ['filiŋ] n Plombe f; Füllung f

film [film] n Film m; v filmen

filter ['filtə] n Filter m

filthy ['filθi] adj dreckig, schmutzig

final ['fainəl] adj letzt

finance [faiˈnæns] v finanzieren

finances [faiˈnænsiz] pl Finanzen pl

financial [faiˈnænʃəl] adj finanziell

finch [fintʃ] n Fink m

*find [faind] v *finden

fine [fain] n Geldstrafe f; adj fein; schön; ausgezeichnet, prächtig; ~ **arts** die schönen Künste

finger ['fiŋgə] n Finger m

fingerprint ['fiŋgəprint] n Fingerabdruck m

finish ['finiʃ] v fertigmachen, beenden; enden; n Schluß m; Ziellinie f; **finished** fertig; alle

Finland ['finlənd] Finnland

Finn [fin] n Finne m

Finnish ['finiʃ] adj finnisch

fire [faiə] n Feuer nt; Brand m; v *schießen; *entlassen

fire-alarm ['faiərə,la:m] n Feueralarm m

fire-brigade ['faiəbri,geid] n Feuerwehr f

fire-escape ['faiəri,skeip] n Nottreppe f

fire-extinguisher ['faiərik,stiŋgwiʃə] n Feuerlöscher m

fireplace ['faiəpleis] n Kamin m

fireproof ['faiəpru:f] adj feuersicher; feuerfest

firm [fə:m] adj fest; solide; n Firma f

first [fə:st] num erste; at ~ zuerst; anfangs; ~ name Vorname m

first-aid [,fə:st'eid] n erste Hilfe; ~ kit Verbandskasten m; ~ post Unfallstation f

first-class [,fə:st'kla:s] adj erstklassig

first-rate [,fə:st'reit] adj vorzüglich, erstrangig

fir-tree ['fə:tri:] n Tanne f

fish¹ [fiʃ] n (pl ~, ~es) Fisch m; ~ shop Fischhandlung f

fish² [fiʃ] v fischen; angeln; fishing gear Angelgeräte ntpl; fishing hook Angelhaken m; fishing industry Fischerei f; fishing licence Angelschein m; fishing line Angelschnur f; fishing net Fischnetz nt; fishing rod Angelrute f; fishing tackle Angelgeräte ntpl

fishbone ['fiʃboun] n Gräte f, Fischgräte f

fisherman ['fiʃəmən] n (pl -men) Fischer m

fist [fist] n Faust f

fit [fit] adj tauglich; n Anfall m; v passen; fitting room Anproberaum m

five [faiv] num fünf

fix [fiks] v richten

fixed [fikst] adj fest

fizz [fiz] n Brause f

fjord [fjɔ:d] n Fjord m

flag [flæg] n Fahne f

flame [fleim] n Flamme f

flamingo [flə'miŋgou] n (pl ~s, ~es) Flamingo m

flannel ['flænəl] n Flanell m

flash [flæʃ] n Blitz m

flash-bulb ['flæʃbʌlb] n Blitzlicht nt

flash-light ['flæʃlait] n Taschenlampe f

flask [fla:sk] n Flakon nt; thermos ~ Thermosflasche f

flat [flæt] adj eben, flach; n Wohnung f; ~ tyre Reifenpanne f

flavour ['fleivə] n Geschmack m; v würzen

fleet [fli:t] n Flotte f

flesh [fleʃ] n Fleisch nt

flew [flu:] v (p fly)

flex [fleks] n Kabel nt

flexible ['fleksibəl] adj geschmeidig; biegsam

flight [flait] n Flug m; charter ~ Charterflug m

flint [flint] n Feuerstein m

float [flout] v *schwimmen; n Schwimmer m

flock [flɔk] n Herde f

flood [flʌd] n Überschwemmung f; Flut f

floor [flɔ:] n Fußboden m; Geschoß nt, Stockwerk nt; ~ show Kabarett nt

florist ['flɔrist] n Blumenhändler m

flour [flauə] n Mehl nt

flow [flou] v strömen, *fließen

flower [flauə] n Blume f

flowerbed ['flauəbed] n Blumenbeet nt

flower-shop ['flauəʃɔp] n Blumenhandlung f

flown [floun] v (pp fly)

flu [flu:] n Grippe f

fluent ['flu:ənt] adj fließend

fluid ['flu:id] adj flüssig; n Flüssigkeit f

flute [flu:t] n Flöte f

fly [flai] n Fliege f; Schlitz m

*fly [flai] v *fliegen

foam [foum] n Schaum m; v schäumen

foam-rubber ['foum,rʌbə] n Schaumgummi m

focus ['foukəs] n Brennpunkt m

fog [fɔg] n Nebel m

foggy ['fɔgi] adj nebelig

foglamp ['fɔglæmp] n Nebellampe f

fold [fould] v falten; zusammenfalten; n Falte f

folk [fouk] n Volk nt; ~ song Volkslied nt

folk-dance ['foukdɑːns] n Volkstanz m

folklore ['fouklɔː] n Folklore f

follow ['fɔlou] v folgen; following adj nächst, folgend

*be fond of [biː fɔnd ɔv] gern *mögen

food [fuːd] n Nahrung f; Kost f, Essen nt; ~ poisoning Nahrungsmittelvergiftung f

foodstuffs ['fuːdstʌfs] pl Nahrungsmittel ntpl

fool [fuːl] n Tor m, Narr m; v zum besten *haben

foolish ['fuːliʃ] adj albern, töricht; närrisch

foot [fut] n (pl feet) Fuß m; ~ powder Fußpuder m; on ~ zu Fuß

football ['futbɔːl] n Fußball m; ~ match Fußballspiel nt

foot-brake ['futbreik] n Fußbremse f

footpath ['futpɑːθ] n Fußweg m

footwear ['futwɛə] n Schuhwerk nt

for [fɔː, fə] prep für; während; nach; wegen, aus; conj denn

*forbid [fə'bid] v *verbieten

force [fɔːs] v *zwingen; forcieren; n Macht f, Kraft f; Gewalt f; by ~ zwangsweise; driving ~ Treibkraft f

ford [fɔːd] n Furt f

forecast ['fɔːkɑːst] n Vorhersage f; v voraussagen

foreground ['fɔːgraund] n Vordergrund m

forehead ['fɔred] n Stirn f

foreign ['fɔrin] adj ausländisch; fremd

foreigner ['fɔrinə] n Fremde m; Ausländer m

foreman ['fɔːmən] n (pl -men) Werkmeister m

foremost ['fɔːmoust] adj erste

foresail ['fɔːseil] n Focksegel nt

forest ['fɔrist] n Forst m, Wald m

forester ['fɔristə] n Förster m

forge [fɔːdʒ] v fälschen

*forget [fə'get] v *vergessen

forgetful [fə'getfəl] adj vergeßlich

*forgive [fə'giv] v entschuldigen, *verzeihen

fork [fɔːk] n Gabel f; Gabelung f; v sich gabeln

form [fɔːm] n Form f; Formular nt; Klasse f; v formen

formal ['fɔːməl] adj förmlich

formality [fɔː'mæləti] n Formalität f

former ['fɔːmə] adj ehemalig; früher; formerly vormals, früher

formula ['fɔːmjulə] n (pl ~e, ~s) Formel f

fort [fɔːt] n Fort nt

fortnight ['fɔːtnait] n vierzehn Tage

fortress ['fɔːtris] n Festung f

fortunate ['fɔːtʃənət] adj glücklich

fortune ['fɔːtʃuːn] n Vermögen nt; Geschick nt, Glück nt

forty ['fɔːti] num vierzig

forward ['fɔːwəd] adv voraus, vorwärts; v *nachsenden

foster-parents ['fɔstə,pɛərənts] pl Pflegeeltern pl

fought [fɔːt] v (p, pp fight)

foul [faul] adj schmutzig; niederträchtig

found¹ [faund] v (p, pp find)

found² [faund] v gründen, errichten, stiften

foundation [faun'deiʃən] n Stiftung f; ~ **cream** Make-up-Unterlage

fountain ['fauntin] n Springbrunnen m; Quelle f

fountain-pen ['fauntinpen] n Füller m

four [fɔː] num vier

fourteen [,fɔː'tiːn] num vierzehn

fourteenth [,fɔː'tiːnθ] num vierzehnte

fourth [fɔːθ] num vierte

fowl [faul] n (pl ~s, ~) Geflügel nt

fox [fɔks] n Fuchs m

foyer ['fɔiei] n Foyer nt

fraction ['frækʃən] n Bruchstück nt

fracture ['fræktʃə] v *brechen; n Bruch m

fragile ['frædʒail] adj zerbrechlich

fragment ['frægmənt] n Fragment nt; Bruchstück nt

frame [freim] n Rahmen m; Gestell nt

France [frɑːns] Frankreich

franchise ['fræntʃaiz] n Wahlrecht nt

fraternity [frə'tɜːnəti] n Brüderschaft f

fraud [frɔːd] n Schwindel m, Betrug m

fray [frei] v zerfasern

free [friː] adj frei; gratis; ~ **of charge** kostenlos; ~ **ticket** Freikarte f

freedom ['friːdəm] n Freiheit f

***freeze** [friːz] v *frieren; *gefrieren

freezing ['friːziŋ] adj eisig

freezing-point ['friːziŋpɔint] n Gefrierpunkt m

freight [freit] n Ladung f, Fracht f

freight-train ['freittrein] nAm Güterzug m

French [frentʃ] adj französisch

Frenchman ['frentʃmən] n (pl -men) Franzose m

frequency ['friːkwənsi] n Frequenz f; Häufigkeit f

frequent ['friːkwənt] adj üblich, häufig; **frequently** oft

fresh [freʃ] adj frisch; erfrischend; ~ **water** Süßwasser nt

friction ['frikʃən] n Reibung f

Friday ['fraidi] Freitag m

fridge [fridʒ] n Kühlschrank m

friend [frend] n Freund m; Freundin f

friendly ['frendli] adj freundlich; freundschaftlich

friendship ['frendʃip] n Freundschaft f

fright [frait] n Angst f, Schreck m

frighten ['fraitən] v *erschrecken

frightened ['fraitənd] adj verängstigt; *be ~ *erschrecken

frightful ['fraitfəl] adj fürchterlich, schrecklich

fringe [frindʒ] n Franse f

frock [frɔk] n Kleid nt

frog [frɔg] n Frosch m

from [frɔm] prep von; aus; von ... an

front [frʌnt] n Vorderseite f; **in ~ of** vor

frontier ['frʌntiə] n Grenze f

frost [frɔst] n Frost m

froth [frɔθ] n Schaum m

frozen ['frouzən] adj gefroren; ~ **food** Gefrierwaren fpl

fruit [fruːt] n Obst nt; Frucht f

fry [frai] v *braten

frying-pan ['fraiiŋpæn] n Bratpfanne f

fuel ['fjuːəl] n Brennstoff m; Benzin nt; ~ **pump** Am Benzinpumpe f

full [ful] adj voll; ~ **board** Vollpension f; ~ **stop** Punkt m; ~ **up** vollbesetzt

fun [fʌn] n Vergnügen nt, Spaß m; Ulk m

function ['fʌŋkʃən] n Funktion f

fund [fʌnd] n Fonds m

fundamental [,fʌndə'mentəl] adj grundlegend

funeral ['fjuːnərəl] n Begräbnis nt

funnel ['fʌnəl] n Trichter m

funny ['fʌni] adj spaßig, komisch; sonderbar

fur [fɜː] n Pelz m; ~ **coat** Pelzmantel

m; **furs** Pelzwerk *nt*
furious ['fjuəriəs] *adj* rasend, wütend
furnace ['fə:nis] *n* Ofen *m*
furnish ['fə:niʃ] *v* liefern, verschaffen; möblieren, einrichten; ~ **with** *ver-sehen mit
furniture ['fə:nitʃə] *n* Möbel *ntpl*
furrier ['fʌriə] *n* Kürschner *m*
further ['fə:ðə] *adj* ferner; weiter
furthermore ['fə:ðəmɔ:] *adv* überdies
furthest ['fə:ðist] *adj* entferntest
fuse [fju:z] *n* Sicherung *f*; Lunte *f*
fuss [fʌs] *n* Getue *nt*; Wichtigtuerei *f*
future ['fju:tʃə] *n* Zukunft *f*; *adj* zukünftig

G

gable ['geibəl] *n* Giebel *m*
gaiety ['geiəti] *n* Heiterkeit *f*, Fröhlichkeit *f*
gain [gein] *v* *gewinnen; *n* Gewinn *m*
gait [geit] *n* Gang *m*
gale [geil] *n* Sturm *m*
gall [gɔ:l] *n* Galle *f*; ~ **bladder** Gallenblase *f*
gallery ['gæləri] *n* Galerie *f*
gallop ['gæləp] *n* Galopp *m*
gallows ['gælouz] *pl* Galgen *m*
gallstone ['gɔ:lstoun] *n* Gallenstein *m*
game [geim] *n* Spiel *nt*; Wild *nt*; ~ **reserve** Wildpark *m*
gang [gæŋ] *n* Bande *f*; Schicht *f*
gangway ['gæŋwei] *n* Laufplanke *f*
gaol [dʒeil] *n* Gefängnis *nt*
gap [gæp] *n* Lücke *f*
garage ['gæra:ʒ] *n* Garage *f*; *v* einstellen
garbage ['ga:bidʒ] *n* Müll *m*, Abfall *m*
garden ['ga:dən] *n* Garten *m*; **public** ~ Anlage *f*; **zoological gardens**

zoologischer Garten
gardener ['ga:dənə] *n* Gärtner *m*
gargle ['ga:gəl] *v* gurgeln
garlic ['ga:lik] *n* Knoblauch *m*
gas [gæs] *n* Gas *nt*; *nAm* Benzin *nt*; ~ **cooker** Gasherd *m*; ~ **pump** *Am* Benzinpumpe *f*; ~ **station** *Am* Tankstelle *f*; ~ **stove** Gasofen *m*
gasoline ['gæsəli:n] *nAm* Benzin *nt*
gastric ['gæstrik] *adj* gastrisch; ~ **ulcer** Magengeschwür *nt*
gasworks ['gæswə:ks] *n* Gaswerk *nt*
gate [geit] *n* Tor *nt*
gather ['gæðə] *v* sammeln; sich versammeln; einholen
gauge [geidʒ] *n* Messer *m*
gauze [gɔ:z] *n* Gaze *f*
gave [geiv] *v* (p give)
gay [gei] *adj* lustig; bunt
gaze [geiz] *v* starren
gazetteer [,gæzə'tiə] *n* geographisches Lexikon
gear [giə] *n* Gang *m*; Ausrüstung *f*; **change** ~ schalten; ~ **lever** Gangschaltung *f*
gear-box ['giəbɔks] *n* Getriebe *nt*
gem [dʒem] *n* Juwel *nt*, Edelstein *m*; Kleinod *nt*
gender ['dʒendə] *n* Geschlecht *nt*
general ['dʒenərəl] *adj* allgemein; *n* General *m*; ~ **practitioner** praktischer Arzt; **in** ~ im allgemeinen
generate ['dʒenəreit] *v* erzeugen
generation [,dʒenə'reiʃən] *n* Generation *f*
generator ['dʒenəreitər] *n* Generator *m*
generosity [,dʒenə'rɔsəti] *n* Großmut *m*
generous ['dʒenərəs] *adj* freigebig, großzügig
genital ['dʒenitəl] *adj* geschlechtlich
genius ['dʒi:niəs] *n* Genie *nt*
gentle ['dʒentəl] *adj* sanft; zart; leicht;

behutsam

gentleman ['dʒentəlmən] *n* (pl -men) Herr *m*

genuine ['dʒenjuin] *adj* echt

geography [dʒi'ɔgrəfi] *n* Erdkunde *f*

geology [dʒi'ɔlədʒi] *n* Geologie *f*

geometry [dʒi'ɔmətri] *n* Geometrie *f*

germ [dʒə:m] *n* Bazille *f*; Keim *m*

German ['dʒə:mən] *adj* deutsch; *n* Deutsche *m*

Germany ['dʒə:məni] Deutschland

gesticulate [dʒi'stikjuleit] *v* gestikulieren

* **get** [get] *v* *bekommen; holen; *werden; ~ **back** *zurückgehen; ~ **off** *aussteigen; ~ **on** *einsteigen; *vorwärtskommen; ~ **up** *aufstehen

ghost [goust] *n* Geist *m*

giant ['dʒaiənt] *n* Riese *m*

giddiness ['gidinəs] *n* Schwindelgefühl *nt*

giddy ['gidi] *adj* schwindlig

gift [gift] *n* Geschenk *nt*; Gabe *f*

gifted ['giftid] *adj* begabt

gigantic [dʒai'gæntik] *adj* riesenhaft

giggle ['gigəl] *v* kichern

gill [gil] *n* Kieme *f*

gilt [gilt] *adj* vergoldet

ginger ['dʒindʒə] *n* Ingwer *m*

gipsy ['dʒipsi] *n* Zigeuner *m*

girdle ['gə:dəl] *n* Hüfthalter *m*

girl [gə:l] *n* Mädchen *nt*; ~ **guide** Pfadfinderin *f*

* **give** [giv] *v* *geben; überreichen; ~ **away** *verraten; ~ **in** *nachgeben; ~ **up** *aufgeben

glacier ['glæsiə] *n* Gletscher *m*

glad [glæd] *adj* erfreut, froh; **gladly** mit Vergnügen, gerne

gladness ['glædnəs] *n* Freude *f*

glamorous ['glæmərəs] *adj* bezaubernd

glamour ['glæmə] *n* Reiz *m*

glance [glɑ:ns] *n* Blick *m*; *v* erblicken

gland [glænd] *n* Drüse *f*

glare [glɛə] *n* grelles Licht; Glanz *m*

glaring ['glɛəriŋ] *adj* blendend

glass [glɑ:s] *n* Glas *nt*; gläsern; **glasses** Brille *f*; **magnifying** ~ Vergrößerungsglas *nt*

glaze [gleiz] *v* glasieren

glen [glen] *n* Bergschlucht *f*

glide [glaid] *v* *gleiten

glider ['glaidə] *n* Segelflugzeug *nt*

glimpse [glimps] *n* Blick *m*; *v* erblicken

global ['gloubəl] *adj* weltumfassend

globe [gloub] *n* Globus *m*, Erdball *m*

gloom [glu:m] *n* Düsterkeit *f*

gloomy ['glu:mi] *adj* düster

glorious ['glɔ:riəs] *adj* prächtig

glory ['glɔ:ri] *n* Ehre *f*, Ruhm *m*; Lob *nt*

gloss [glɔs] *n* Glanz *m*

glossy ['glɔsi] *adj* glänzend

glove [glʌv] *n* Handschuh *m*

glow [glou] *v* glühen; *n* Glut *f*

glue [glu:] *n* Leim *m*

* **go** [gou] *v* *gehen; *werden; ~ **ahead** *fortfahren; ~ **away** *weggehen; ~ **back** *zurückgehen; ~ **home** *heimgehen; ~ **in** *hineingehen; ~ **on** *weitergehen, *fortfahren; ~ **out** *ausgehen; ~ **through** durchmachen

goal [goul] *n* Ziel *nt*, Tor *nt*

goalkeeper ['goul,ki:pə] *n* Torwart *m*

goat [gout] *n* Ziegenbock *m*, Ziege *f*

god [gɔd] *n* Gott *m*

goddess ['gɔdis] *n* Göttin *f*

godfather ['gɔd,fɑ:ðə] *n* Pate *m*

goggles ['gɔgəlz] *pl* Schutzbrille *f*

gold [gould] *n* Gold *nt*; ~ **leaf** Blattgold *nt*

golden ['gouldən] *adj* golden

goldmine ['gouldmain] *n* Goldgrube *f*

goldsmith ['gouldsmiθ] *n* Goldschmied *m*

golf [gɔlf] *n* Golf *nt*
golf-club ['gɔlfklʌb] *n* Golfklub *m*
golf-course ['gɔlfkɔːs] *n* Golfplatz *m*
golf-links ['gɔlflinks] *n* Golfplatz *m*
gondola ['gɔndələ] *n* Gondel *f*
gone [gɔn] *adv* (pp go) fort
good [gud] *adj* gut; lecker; brav, artig
good-bye! [ˌgud'bai] auf Wiedersehen!
good-humoured [ˌgud'hjuːməd] *adj* gutgelaunt
good-looking [ˌgud'lukiŋ] *adj* hübsch
good-natured [ˌgud'neitʃəd] *adj* gutmütig
goods [gudz] *pl* Waren, Güter *ntpl*; ~ **train** Güterzug *m*
good-tempered [ˌgud'tempəd] *adj* gutgelaunt
goodwill [ˌgud'wil] *n* Wohlwollen *nt*
goose [guːs] *n* (pl geese) Gans *f*
gooseberry ['guzbəri] *n* Stachelbeere *f*
goose-flesh ['guːsfleʃ] *n* Gänsehaut *f*
gorge [gɔːdʒ] *n* Schlucht *f*
gorgeous ['gɔːdʒəs] *adj* prächtig
gospel ['gɔspəl] *n* Evangelium *nt*
gossip ['gɔsip] *n* Tratsch *m*; *v* tratschen
got [gɔt] *v* (p, pp get)
gourmet ['guəmei] *n* Feinschmecker *m*
gout [gaut] *n* Gicht *f*
govern ['gʌvən] *v* regieren
governess ['gʌvənis] *n* Gouvernante *f*
government ['gʌvənmənt] *n* Verwaltung *f*, Regierung *f*
governor ['gʌvənə] *n* Gouverneur *m*
gown [gaun] *n* Kleid *nt*
grace [greis] *n* Anmut *f*; Gunst *f*, Gnade *f*
graceful ['greisfəl] *adj* reizend, anmutig
grade [greid] *n* Rang *m*; *v* einstufen
gradient ['greidiənt] *n* Gefälle *nt*
gradual ['grædʒuəl] *adj* allmählich
graduate ['grædʒueit] *v* ein Diplom erlangen

grain [grein] *n* Korn *nt*, Getreide *nt*
gram [græm] *n* Gramm *nt*
grammar ['græmə] *n* Grammatik *f*
grammatical [grə'mætikəl] *adj* grammatikalisch
gramophone ['græməfoun] *n* Grammophon *nt*
grand [grænd] *adj* großartig
granddad ['grændæd] *n* Opa *m*
granddaughter ['grænˌdɔːtə] *n* Enkelin *f*
grandfather ['grænˌfɑːðə] *n* Großvater *m*; Großpapa *m*, Opa *m*
grandmother ['grænˌmʌðə] *n* Großmutter *f*; Großmama *f*, Oma *f*
grandparents ['grænˌpɛərənts] *pl* Großeltern *pl*
grandson ['grænsʌn] *n* Enkel *m*
granite ['grænit] *n* Granit *m*
grant [grɑːnt] *v* bewilligen, *verleihen; gewähren; *n* Zuschuß *m*, Stipendium *nt*
grapefruit ['greipfruːt] *n* Pampelmuse *f*
grapes [greips] *pl* Trauben *fpl*
graph [græf] *n* Graphik *f*
graphic ['græfik] *adj* graphisch
grasp [grɑːsp] *v* *ergreifen; *n* Griff *m*
grass [grɑːs] *n* Gras *nt*
grasshopper ['grɑːsˌhɔpə] *n* Heuschrecke *f*
grate [greit] *n* Rost *m*; *v* raspeln
grateful ['greitfəl] *adj* erkenntlich, dankbar
grater ['greitə] *n* Reibe *f*
gratis ['grætis] *adj* umsonst
gratitude ['grætitjuːd] *n* Dankbarkeit *f*
gratuity [grə'tjuːəti] *n* Trinkgeld *nt*
grave [greiv] *n* Grab *nt*; *adj* ernst
gravel ['grævəl] *n* Kies *m*
gravestone ['greivstoun] *n* Grabstein *m*
graveyard ['greivjɑːd] *n* Kirchhof *m*
gravity ['grævəti] *n* Schwerkraft *f*;

Ernst *m*

gravy ['greivi] *n* Bratensoße *f*

graze [greiz] *v* weiden; *n* Schramme *f*

grease [gri:s] *n* Fett *nt*; *v* schmieren

greasy ['gri:si] *adj* fett, fettig

great [greit] *adj* groß; **Great Britain** Großbritannien

Greece [gri:s] Griechenland

greed [gri:d] *n* Gier *f*

greedy ['gri:di] *adj* gierig; gefräßig

Greek [gri:k] *adj* griechisch; *n* Grieche *m*

green [gri:n] *adj* grün; ~ **card** grüne Versicherungskarte

greengrocer ['gri:n,grousə] *n* Gemüsehändler *m*

greenhouse ['gri:nhaus] *n* Treibhaus *nt*, Gewächshaus *nt*

greens [gri:nz] *pl* Gemüse *nt*

greet [gri:t] *v* grüßen

greeting ['gri:tiŋ] *n* Gruß *m*

grey [grei] *adj* grau

greyhound ['greihaund] *n* Windhund *m*

grief [gri:f] *n* Leid *nt*; Betrübnis *f*, Kummer *m*

grieve [gri:v] *v* sich grämen

grill [gril] *n* Bratrost *m*; *v* grillen

grill-room ['grilru:m] *n* Grillroom *m*

grin [grin] *v* grinsen; *n* Grinsen *nt*

***grind** [graind] *v* mahlen; *zerreiben

grip [grip] *v* fassen; *n* Halt *m*, Griff *m*; *nAm* Handköfferchen *nt*

grit [grit] *n* Grus *m*

groan [groun] *v* stöhnen

grocer ['grousə] *n* Lebensmittelhändler *m*; **grocer's** Lebensmittelgeschäft *nt*

groceries ['grousəriz] *pl* Lebensmittel *pl*

groin [grɔin] *n* Leiste *f*

groove [gru:v] *n* Rille *f*

gross¹ [grous] *n* (pl ~) Gros *nt*

gross² [grous] *adj* grob; brutto

grotto ['grɔtou] *n* (pl ~es, ~s) Grotte *f*

ground¹ [graund] *n* Boden *m*, Grund *m*; ~ **floor** Erdgeschoß *nt*; **grounds** Grundstück *nt*

ground² [graund] *v* (p, pp grind)

group [gru:p] *n* Gruppe *f*

grouse [graus] *n* (pl ~) Moorhuhn *nt*

grove [grouv] *n* Hain *m*

***grow** [grou] *v* *wachsen; züchten; *werden

growl [graul] *v* brummen

grown-up ['grounʌp] *adj* erwachsen; *n* Erwachsene *m*

growth [grouθ] *n* Wuchs *m*; Geschwulst *f*

grudge [grʌdʒ] *v* mißgönnen

grumble ['grʌmbəl] *v* murren

guarantee [,gærən'ti:] *n* Garantie *f*; Bürgschaft *f*; *v* garantieren

guarantor [,gærən'tɔ:] *n* Bürge *m*

guard [gɑ:d] *n* Wache *f*; *v* bewachen

guardian ['gɑ:diən] *n* Vormund *m*

guess [ges] *v* *raten; *denken, vermuten; *n* Vermutung *f*

guest [gest] *n* Gast *m*

guest-house ['gesthaus] *n* Fremdenheim *nt*

guest-room ['gestru:m] *n* Gästezimmer *nt*

guide [gaid] *n* Führer *m*; *v* führen

guidebook ['gaidbuk] *n* Führer *m*

guide-dog ['gaiddɔg] *n* Blindenhund *m*

guilt [gilt] *n* Schuld *f*

guilty ['gilti] *adj* schuldig

guinea-pig ['ginipig] *n* Meerschweinchen *nt*

guitar [gi'tɑ:] *n* Gitarre *f*

gulf [gʌlf] *n* Golf *m*

gull [gʌl] *n* Möwe *f*

gum [gʌm] *n* Zahnfleisch *nt*; Gummi *m*; Klebstoff *m*

gun [gʌn] *n* Gewehr *nt*, Revolver *m*; Kanone *f*

gunpowder ['gʌn,paudə] *n* Schießpul-

ver *nt*
gust [gʌst] *n* Windstoß *m*
gusty ['gʌsti] *adj* windig
gut [gʌt] *n* Darm *m*; **guts** Mumm *m*
gutter ['gʌtə] *n* Gosse *f*
guy [gai] *n* Bursche *m*
gymnasium [dʒim'neiziəm] *n* (pl ~s, -sia) Turnhalle *f*
gymnast ['dʒimnæst] *n* Turner *m*
gymnastics [dʒim'næstiks] *pl* Turnen *nt*
gynaecologist [,gainə'kɔlədʒist] *n* Gynäkologe *m*, Frauenarzt *m*

H

haberdashery ['hæbədæʃəri] *n* Kurzwarengeschäft *nt*
habit ['hæbit] *n* Gewohnheit *f*
habitable ['hæbitəbəl] *adj* bewohnbar
habitual [hə'bitjuəl] *adj* gewohnt
had [hæd] *v* (p, pp have)
haddock ['hædək] *n* (pl ~) Schellfisch *m*
haemorrhage ['heməridʒ] *n* Blutsturz *m*
haemorrhoids ['hemərɔidz] *pl* Hämorrhoiden *fpl*
hail [heil] *n* Hagel *m*
hair [heə] *n* Haar *nt*; ~ **cream** Haarkrem *f*; ~ **piece** Toupet *nt*; ~ **tonic** Haartonikum *nt*
hairbrush ['heəbrʌʃ] *n* Haarbürste *f*
haircut ['heəkʌt] *n* Haarschnitt *m*
hair-do ['heədu:] *n* Haartracht *f*, Frisur *f*
hairdresser ['heə,dresə] *n* Friseur *m*
hair-dryer ['heədraiə] *n* Fön *m*
hair-grip ['heəgrip] *n* Haarklemme *f*
hair-net ['heənet] *n* Haarnetz *nt*
hair-oil ['heərɔil] *n* Haaröl *nt*
hairpin ['heəpin] *n* Haarnadel *f*

hair-spray ['heəsprei] *n* Haarlack *m*
hairy ['heəri] *adj* haarig
half¹ [hɑ:f] *adj* halb
half² [hɑ:f] *n* (pl halves) Hälfte *f*
half-time [,hɑ:f'taim] *n* Halbzeit *f*
halfway [,hɑ:f'wei] *adv* halbwegs
halibut ['hælibət] *n* (pl ~) Heilbutt *m*
hall [hɔ:l] *n* Halle *f*; Saal *m*
halt [hɔ:lt] *v* *anhalten
halve [hɑ:v] *v* halbieren
ham [hæm] *n* Schinken *m*
hamlet ['hæmlət] *n* Weiler *m*
hammer ['hæmə] *n* Hammer *m*
hammock ['hæmək] *n* Hängematte *f*
hamper ['hæmpə] *n* Packkorb *m*
hand [hænd] *n* Hand *f*; *v* *übergeben; ~ **cream** Handkrem *f*
handbag ['hændbæg] *n* Handtasche *f*
handbook ['hændbuk] *n* Handbuch *nt*
hand-brake ['hændbreik] *n* Handbremse *f*
handcuffs ['hændkʌfs] *pl* Handschellen *fpl*
handful ['hændful] *n* Handvoll *f*
handicraft ['hændikrɑ:ft] *n* Handarbeit *f*; Handwerk *nt*
handkerchief ['hæŋkətʃif] *n* Taschentuch *nt*
handle ['hændəl] *n* Stiel *m*, Handgriff *m*; *v* handhaben; behandeln
hand-made [,hænd'meid] *adj* handgearbeitet
handshake ['hændʃeik] *n* Händedruck *m*
handsome ['hænsəm] *adj* stattlich
handwork ['hændwɔ:k] *n* Handarbeit *f*
handwriting ['hænd,raitiŋ] *n* Handschrift *f*
handy ['hændi] *adj* handlich
***hang** [hæŋ] *v* aufhängen; *hängen
hanger ['hæŋə] *n* Aufhänger *m*
hangover ['hæŋ,ouvə] *n* Kater *m*
happen ['hæpən] *v* *geschehen, passieren, sich ereignen

happening ['hæpəniŋ] n Ereignis nt
happiness ['hæpinəs] n Glück nt
happy ['hæpi] adj zufrieden, glücklich
harbour ['ha:bə] n Hafen m
hard [ha:d] adj hart; schwierig; **hardly** kaum
hardware ['ha:dwɛə] n Eisenwaren fpl; ~ **store** Eisenwarenhandlung f
hare [hɛə] n Hase m
harm [ha:m] n Schaden m; Übel nt, Böse nt; v schaden
harmful ['ha:mfəl] adj nachteilig, schädlich
harmless ['ha:mləs] adj harmlos
harmony ['ha:məni] n Harmonie f
harp [ha:p] n Harfe f
harpsichord ['ha:psikɔ:d] n Cembalo nt
harsh [ha:ʃ] adj rauh; streng; grausam
harvest ['ha:vist] n Ernte f
has [hæz] v (pr have)
haste [heist] n Hast f, Eile f
hasten ['heisən] v eilen
hasty ['heisti] adj hastig
hat [hæt] n Hut m; ~ **rack** Garderobenständer m
hatch [hætʃ] n Luke f
hate [heit] v hassen; n Haß m
hatred ['heitrid] n Haß m
haughty ['hɔ:ti] adj hochmütig
haul [hɔ:l] v schleppen
*****have** [hæv] v *haben; machen; ~ **to** *müssen
haversack ['hævəsæk] n Brotbeutel m
hawk [hɔ:k] n Habicht m; Falke m
hay [hei] n Heu nt; ~ **fever** Heuschnupfen m
hazard ['hæzəd] n Risiko nt
haze [heiz] n Dunst m; Nebel m
hazelnut ['heizəlnʌt] n Haselnuß f
hazy ['heizi] adj diesig
he [hi:] pron er
head [hed] n Kopf m; Haupt nt; v

leiten; ~ **of state** Staatsoberhaupt nt; ~ **teacher** Schulleiter m, Schuldirektor m
headache ['hedeik] n Kopfschmerzen mpl
heading ['hediŋ] n Überschrift f
headlamp ['hedlæmp] n Scheinwerfer m
headland ['hedlənd] n Landzunge f
headlight ['hedlait] n Scheinwerfer m
headline ['hedlain] n Schlagzeile f
headmaster [,hed'ma:stə] n Schulleiter m; Direktor m, Schuldirektor m
headquarters [,hed'kwɔ:təz] pl Hauptquartier nt
head-strong ['hedstrɔŋ] adj starrköpfig
head-waiter [,hed'weitə] n Oberkellner m
heal [hi:l] v heilen
health [helθ] n Gesundheit f; ~ **centre** Beratungsstelle f; ~ **certificate** Gesundheitsattest nt
healthy ['helθi] adj gesund
heap [hi:p] n Stapel m, Haufen m
*****hear** [hiə] v hören
hearing ['hiəriŋ] n Gehör nt
heart [ha:t] n Herz nt; Kern m; **by** ~ auswendig; ~ **attack** Herzschlag m
heartburn ['ha:tbə:n] n Sodbrennen nt
hearth [ha:θ] n Herd m
heartless ['ha:tləs] adj herzlos
hearty ['ha:ti] adj herzlich
heat [hi:t] n Wärme f, Hitze f; v heizen; **heating pad** Heizkissen nt
heater ['hi:tə] n Heizofen m; **immersion** ~ Tauchsieder m
heath [hi:θ] n Heide f
heathen ['hi:ðən] n Heide m; heidnisch
heather ['heðə] n Heidekraut nt
heating ['hi:tiŋ] n Heizung f
heaven ['hevən] n Himmel m
heavy ['hevi] adj schwer

Hebrew ['hi:bru:] n Hebräisch nt

hedge [hedʒ] n Hecke f

hedgehog ['hedʒhɔg] n Igel m

heel [hi:l] n Ferse f; Absatz m

height [hait] n Höhe f; Gipfel m, Höhepunkt m

hell [hel] n Hölle f

hello! [he'lou] hallo!; guten Tag!

helm [helm] n Ruder nt

helmet ['helmit] n Helm m

helmsman ['helmzmən] n Steuermann m

help [help] v *helfen; n Hilfe f

helper ['helpə] n Helfer m

helpful ['helpfəl] adj hilfreich

helping ['helpiŋ] n Portion f

hem [hem] n Saum m

hemp [hemp] n Hanf m

hen [hen] n Henne f; Huhn nt

henceforth [,hens'fɔ:θ] adv von nun an

her [hə:] pron sie, ihr

herb [hə:b] n Kraut nt

herd [hə:d] n Herde f

here [hiə] adv hier; ~ you are bitte

hereditary [hi'reditəri] adj erblich

hernia ['hə:niə] n Bruch m

hero ['hiərou] n (pl ~es) Held m

heron ['herən] n Reiher m

herring ['heriŋ] n (pl ~, ~s) Hering m

herself [hə:'self] pron sich; selbst

hesitate ['heziteit] v zögern

heterosexual [,hetərə'sekʃuəl] adj heterosexuell

hiccup ['hikʌp] n Schluckauf m

hide [haid] n Haut f

*hide [haid] v verstecken; *verbergen

hideous ['hidiəs] adj abscheulich

hierarchy ['haiərɑ:ki] n Hierarchie f

high [hai] adj hoch

highway ['haiwei] n Landstraße f; nAm Autobahn f

hijack ['haidʒæk] v kapern

hijacker ['haidʒækə] n Kaper m

hike [haik] v wandern

hill [hil] n Hügel m

hillock ['hilək] n Erhebung f

hillside ['hilsaid] n Hang m

hilly ['hili] adj hügelig

him [him] pron ihn, ihm

himself [him'self] pron sich; selbst

hinder ['hində] v hindern

hinge [hindʒ] n Scharnier nt

hip [hip] n Hüfte f

hire [haiə] v mieten; for ~ zu vermieten

hire-purchase [,haiə'pə:tʃəs] n Teilzahlungskauf m

his [hiz] adj sein

historian [hi'stɔ:riən] n Historiker m

historic [hi'stɔrik] adj historisch

historical [hi'stɔrikəl] adj geschichtlich

history ['histəri] n Geschichte f

hit [hit] n Schlager m

*hit [hit] v *schlagen; *treffen

hitchhike ['hitʃhaik] v per Anhalter *fahren

hitchhiker ['hitʃ,haikə] n Anhalter m

hoarse [hɔ:s] adj rauh, heiser

hobby ['hɔbi] n Liebhaberei f, Steckenpferd nt

hobby-horse ['hɔbihɔ:s] n Steckenpferd nt

hockey ['hɔki] n Hockey nt

hoist [hɔist] v *hochziehen

hold [hould] n Laderaum m

*hold [hould] v *festhalten, *halten; *freihalten; ~ on sich *festhalten; ~ up stützen

hold-up ['houldʌp] n Überfall m

hole [houl] n Grube f, Loch nt

holiday ['hɔlədi] n Urlaub m; Feiertag m; ~ camp Ferienlager nt; ~ resort Erholungsort m; on ~ auf Urlaub

Holland ['hɔlənd] Holland

hollow ['hɔlou] adj hohl

holy ['houli] adj heilig

homage ['hɔmidʒ] n Huldigung f

home [houm] *n* Heim *nt*; Haus *nt*; *adv* zu Hause, nach Hause; **at** ~ zu Hause

home-made [,houm'meid] *adj* selbstgemacht

homesickness ['houm,siknəs] *n* Heimweh *nt*

homosexual [,houmə'sekʃuəl] *adj* homosexuell

honest ['ɔnist] *adj* ehrlich; aufrichtig

honesty ['ɔnisti] *n* Ehrlichkeit *f*

honey ['hʌni] *n* Honig *m*

honeymoon ['hʌnimu:n] *n* Hochzeitsreise *f*, Flitterwochen *fpl*

honk [hʌŋk] *vAm* hupen

honour ['ɔnə] *n* Ehre *f*; *v* ehren, huldigen

honourable ['ɔnərəbəl] *adj* ehrenwert; rechtschaffen

hood [hud] *n* Kapuze *f*; *nAm* Motorhaube *f*

hoof [hu:f] *n* Huf *m*

hook [huk] *n* Haken *m*

hoot [hu:t] *v* hupen

hooter ['hu:tə] *n* Hupe *f*

hoover ['hu:və] *v* staubsaugen

hop[1] [hɔp] *v* hüpfen; *n* Hupf *m*

hop[2] [hɔp] *n* Hopfen *m*

hope [houp] *n* Hoffnung *f*; *v* hoffen

hopeful ['houpfəl] *adj* hoffnungsvoll

hopeless ['houpləs] *adj* hoffnungslos

horizon [hə'raizən] *n* Horizont *m*

horizontal [,hɔri'zɔntəl] *adj* waagerecht

horn [hɔ:n] *n* Horn *nt*; Horn *f*; Hupe *f*

horrible ['hɔribəl] *adj* entsetzlich; schrecklich, grauenhaft, scheußlich

horror ['hɔrə] *n* Schauder *m*, Entsetzen *nt*

hors-d'œuvre [ɔ:'də:vr] *n* Horsd'œuvre *nt*, Vorspeise *f*

horse [hɔ:s] *n* Pferd *nt*

horseman ['hɔ:smən] *n* (pl -men) Reiter *m*

horsepower ['hɔ:s,pauə] *n* Pferdestärke *f*

horserace ['hɔ:sreis] *n* Pferderennen *nt*

horseradish ['hɔ:s,rædiʃ] *n* Meerrettich *m*

horseshoe ['hɔ:sʃu:] *n* Hufeisen *nt*

horticulture ['hɔ:tikʌltʃə] *n* Gartenbau *m*

hosiery ['houʒəri] *n* Wirkwaren *fpl*

hospitable ['hɔspitəbəl] *adj* gastfreundlich

hospital ['hɔspitəl] *n* Klinik *f*, Krankenhaus *nt*

hospitality [,hɔspi'tæləti] *n* Gastfreundschaft *f*

host [houst] *n* Gastgeber *m*

hostage ['hɔstidʒ] *n* Geisel *f*

hostel ['hɔstəl] *n* Herberge *f*

hostess ['houstis] *n* Gastgeberin *f*

hostile ['hɔstail] *adj* feindlich

hot [hɔt] *adj* warm, heiß

hotel [hou'tel] *n* Hotel *nt*

hot-tempered [,hɔt'tempəd] *adj* jähzornig

hour [auə] *n* Stunde *f*

hourly ['auəli] *adj* stündlich

house [haus] *n* Haus *nt*; Wohnung *f*; Gebäude *nt*; ~ **agent** Häusermakler *m*; ~ **block** *Am* Häuserblock *m*; **public** ~ Wirtshaus *nt*

houseboat ['hausbout] *n* Wohnboot *nt*

household ['haushould] *n* Haushalt *m*

housekeeper ['haus,ki:pə] *n* Haushälterin *f*

housekeeping ['haus,ki:piŋ] *n* Hausarbeit *f*, Haushalt *m*

housemaid ['hausmeid] *n* Hausangestellte *f*

housewife ['hauswaif] *n* Hausfrau *f*

housework ['hauswə:k] *n* Haushaltsarbeiten *fpl*

how [hau] *adv* wie; ~ **many** wieviel; ~ **much** wieviel

however [hau'evə] *conj* dennoch, jedoch

hug [hʌg] *v* umarmen; liebkosen; *n* Umarmung *f*

huge [hju:dʒ] *adj* gewaltig, ungeheuer, riesig

hum [hʌm] *v* summen

human ['hju:mən] *adj* menschlich; ~ **being** Mensch *m*

humanity [hju'mænəti] *n* Menschheit *f*

humble ['hʌmbəl] *adj* bescheiden

humid ['hju:mid] *adj* feucht

humidity [hju'midəti] *n* Feuchtigkeit *f*

humorous ['hju:mərəs] *adj* spaßig, witzig, humorvoll

humour ['hju:mə] *n* Humor *m*

hundred ['hʌndrəd] *n* hundert

Hungarian [hʌŋ'gɛəriən] *adj* ungarisch; *n* Ungar *m*

Hungary ['hʌŋgəri] Ungarn

hunger ['hʌŋgə] *n* Hunger *m*

hungry ['hʌŋgri] *adj* hungrig

hunt [hʌnt] *v* jagen; *n* Jagd *f*; ~ **for** suchen

hunter ['hʌntə] *n* Jäger *m*

hurricane ['hʌrikən] *n* Wirbelsturm *m*; ~ **lamp** Sturmlaterne *f*

hurry ['hʌri] *v* sich beeilen, eilen; *n* Eile *f*; **in a** ~ eilig

***hurt** [hə:t] *v* weh *tun, verletzen; kränken

hurtful ['hə:tfəl] *adj* schädlich

husband ['hʌzbənd] *n* Gatte *m*, Mann *m*

hut [hʌt] *n* Hütte *f*

hydrogen ['haidrədʒən] *n* Wasserstoff *m*

hygiene ['haidʒi:n] *n* Hygiene *f*

hygienic [hai'dʒi:nik] *adj* hygienisch

hymn [him] *n* Hymne *f*

hyphen ['haifən] *n* Bindestrich *m*

hypocrisy [hi'pɔkrəsi] *n* Heuchelei *f*

hypocrite ['hipəkrit] *n* Heuchler *m*

hypocritical [,hipə'kritikəl] *adj* heuch-

lerisch, hypokritisch, scheinheilig

hysterical [hi'sterikəl] *adj* hysterisch

I

I [ai] *pron* ich

ice [ais] *n* Eis *nt*

ice-bag ['aisbæg] *n* Eisbeutel *m*

ice-cream ['aiskri:m] *n* Eis *nt*

Iceland ['aislənd] Island

Icelander ['aisləndə] *n* Isländer *m*

Icelandic [ais'lændik] *adj* isländisch

icon ['aikɔn] *n* Ikone *f*

idea [ai'diə] *n* Idee *f*; Einfall *m*, Gedanke *m*; Vorstellung *f*, Anschauung *f*

ideal [ai'diəl] *adj* ideal; *n* Ideal *nt*

identical [ai'dentikəl] *adj* identisch

identification [ai,dentifi'keiʃən] *n* Identifizierung *f*

identify [ai'dentifai] *v* identifizieren

identity [ai'dentəti] *n* Identität *f*; ~ **card** Ausweis *m*

idiom ['idiəm] *n* Idiom *nt*

idiomatic [,idiə'mætik] *adj* idiomatisch

idiot ['idiət] *n* Idiot *m*

idiotic [,idi'ɔtik] *adj* verrückt

idle ['aidəl] *adj* müßig; faul; nutzlos

idol ['aidəl] *n* Abgott *m*; Idol *nt*

if [if] *conj* wenn; falls

ignition [ig'niʃən] *n* Zündung *f*; ~ **coil** Zündung *f*

ignorant ['ignərənt] *adj* unwissend

ignore [ig'nɔ:] *v* ignorieren

ill [il] *adj* krank; schlecht; böse

illegal [i'li:gəl] *adj* illegal, ungesetzlich

illegible [i'ledʒəbəl] *adj* unleserlich

illiterate [i'litərət] *n* Analphabet *m*

illness ['ilnəs] *n* Krankheit *f*

illuminate [i'lu:mineit] *v* erleuchten

illumination [i,lu:mi'neiʃən] *n* Beleuchtung *f*

illusion [i'lu:ʒən] *n* Illusion *f*; Täuschung *f*

illustrate ['iləstreit] *v* illustrieren

illustration [,ilə'streifən] *n* Illustration *f*

image ['imidʒ] *n* Bild *nt*

imaginary [i'mædʒinəri] *adj* imaginär

imagination [i,mædʒi'neifən] *n* Einbildung *f*

imagine [i'mædʒin] *v* sich vorstellen; sich einbilden; sich *denken

imitate ['imiteit] *v* nachmachen, nachahmen

imitation [,imi'teifən] *n* Nachahmung *f*, Imitation *f*

immediate [i'mi:djət] *adj* unmittelbar

immediately [i'mi:djətli] *adv* unverzüglich, sogleich, sofort

immense [i'mens] *adj* unendlich, ungeheuer, unermeßlich

immigrant ['imigrənt] *n* Einwanderer *m*

immigrate ['imigreit] *v* einwandern

immigration [,imi'greifən] *n* Einwanderung *f*

immodest [i'mɔdist] *adj* unbescheiden

immunity [i'mju:nəti] *n* Immunität *f*

immunize ['imjunaiz] *v* immunisieren

impartial [im'pɑ:ʃəl] *adj* unparteiisch

impassable [im'pɑ:səbəl] *adj* ungangbar

impatient [im'peiʃənt] *adj* ungeduldig

impede [im'pi:d] *v* hindern

impediment [im'pedimənt] *n* Hindernis *nt*

imperfect [im'pə:fikt] *adj* unvollkommen

imperial [im'piəriəl] *adj* kaiserlich; Reichs-

impersonal [im'pə:sənəl] *adj* unpersönlich

impertinence [im'pə:tinəns] *n* Unverschämtheit *f*

impertinent [im'pə:tinənt] *adj* frech, flegelhaft, unverschämt

implement[1] ['implimənt] *n* Werkzeug *nt*, Gerät *nt*

implement[2] ['impliment] *v* ausführen

imply [im'plai] *v* besagen; in sich *schließen

impolite [,impə'lait] *adj* unhöflich

import[1] [im'pɔ:t] *v* einführen, importieren

import[2] ['impɔ:t] *n* Importware *f*, Einfuhr *f*, Import *m*; ~ **duty** Einfuhrzoll *m*

importance [im'pɔ:təns] *n* Bedeutung *f*, Wichtigkeit *f*

important [im'pɔ:tənt] *adj* bedeutend, wichtig

importer [im'pɔ:tə] *n* Importeur *m*

imposing [im'pouziŋ] *adj* imposant

impossible [im'pɔsəbəl] *adj* unmöglich

impotence ['impətəns] *n* Impotenz *f*

impotent ['impətənt] *adj* impotent

impound [im'paund] *v* beschlagnahmen

impress [im'pres] *v* imponieren, beeindrucken

impression [im'preʃən] *n* Eindruck *m*

impressive [im'presiv] *adj* eindrucksvoll

imprison [im'prizən] *v* inhaftieren

imprisonment [im'prizənmənt] *n* Haft *f*

improbable [im'prɔbəbəl] *adj* unwahrscheinlich

improper [im'prɔpə] *adj* unpassend

improve [im'pru:v] *v* verbessern

improvement [im'pru:vmənt] *n* Verbesserung *f*

improvise [im'prɔvaiz] *v* improvisieren

impudent ['impjudənt] *adj* unverschämt

impulse ['impʌls] *n* Impuls *m*; Anregung *f*

impulsive [im'pʌlsiv] *adj* impulsiv

in [in] *prep* in; *adv* hinein

inaccessible [i,næk'sesəbəl] *adj* unzugänglich

inaccurate [i'nækjurət] *adj* ungenau

inadequate [i'nædikwət] *adj* unzulänglich

incapable [in'keipəbəl] *adj* unfähig

incense ['insens] *n* Weihrauch *m*

incident ['insidənt] *n* Zwischenfall *m*

incidental [,insi'dentəl] *adj* zufällig

incite [in'sait] *v* anregen

inclination [,iŋkli'neiʃən] *n* Neigung *f*

incline [iŋ'klain] *n* Neigung *f*

inclined [iŋ'klaind] *adj* gewillt, geneigt; *be ~ to *v* neigen

include [iŋ'klu:d] *v* *enthalten, *einschließen

inclusive [iŋ'klu:siv] *adj* einschließlich

income ['iŋkəm] *n* Einkommen *nt*

income-tax ['iŋkəmtæks] *n* Einkommenssteuer *f*

incompetent [iŋ'kompətənt] *adj* unfähig

incomplete [,inkəm'pli:t] *adj* unvollständig

inconceivable [,iŋkən'si:vəbəl] *adj* unfaßbar

inconspicuous [,iŋkən'spikjuəs] *adj* unauffällig

inconvenience [,iŋkən'vi:njəns] *n* Unbequemlichkeit *f*, Unannehmlichkeit *f*

inconvenient [,iŋkən'vi:njənt] *adj* ungelegen; lästig

incorrect [,iŋkə'rekt] *adj* ungenau, unrichtig

increase¹ [iŋ'kri:s] *v* vergrößern; *anwachsen, *zunehmen

increase² ['iŋkri:s] *n* Zunahme *f*; Erhöhung *f*

incredible [iŋ'kredəbəl] *adj* unglaublich

incurable [iŋ'kjuərəbəl] *adj* unheilbar

indecent [in'di:sənt] *adj* unanständig

indeed [in'di:d] *adv* wirklich

indefinite [in'definit] *adj* unbestimmt

indemnity [in'demnəti] *n* Entschädigung *f*, Schadenersatz *m*

independence [,indi'pendəns] *n* Unabhängigkeit *f*

independent [,indi'pendənt] *adj* unabhängig; selbständig

index ['indeks] *n* Verzeichnis *nt*, Index *m*; ~ **finger** Zeigefinger *m*

India ['indiə] Indien

Indian ['indiən] *adj* indisch; indianisch; *n* Inder *m*; Indianer *m*

indicate ['indikeit] *v* *angeben, zeigen

indication [,indi'keiʃən] *n* Merkmal *nt*, Anzeichen *nt*

indicator ['indikeitə] *n* Blinker *m*

indifferent [in'difərənt] *adj* gleichgültig

indigestion [,indi'dʒestʃən] *n* Magenverstimmung *f*

indignation [,indig'neiʃən] *n* Entrüstung *f*

indirect [,indi'rekt] *adj* indirekt

individual [,indi'vidʒuəl] *adj* einzeln, individuell; *n* Einzelne *m*, Individuum *nt*

Indonesia [,ində'ni:ziə] Indonesien

Indonesian [,ində'ni:ziən] *adj* indonesisch; *n* Indonesier *m*

indoor ['indɔ:] *adj* im Haus

indoors [,in'dɔ:z] *adv* im Haus

indulge [in'dʌldʒ] *v* *nachgeben

industrial [in'dʌstriəl] *adj* industriell; ~ **area** Industriegebiet *nt*

industrious [in'dʌstriəs] *adj* fleißig

industry ['indəstri] *n* Industrie *f*

inedible [i'nedibəl] *adj* ungenießbar

inefficient [,ini'fiʃənt] *adj* unzweckmäßig

inevitable [i'nevitəbəl] *adj* unvermeidlich

inexpensive [,inik'spensiv] *adj* billig

inexperienced [,inik'spiəriənst] *adj* unerfahren

infant ['infənt] n Säugling m

infantry ['infəntri] n Infanterie f

infect [in'fekt] v anstecken

infection [in'fekʃən] n Infektion f

infectious [in'fekʃəs] adj ansteckend

infer [in'fə:] v ableiten

inferior [in'fiəriə] adj geringer, minderwertig; unter

infinite ['infinət] adj unendlich

infinitive [in'finitiv] n Infinitiv m

infirmary [in'fə:məri] n Krankensaal m

inflammable [in'flæməbəl] adj entzündbar

inflammation [,inflə'meiʃən] n Entzündung f

inflatable [in'fleitəbəl] adj aufblasbar

inflate [in'fleit] v aufblähen

inflation [in'fleiʃən] n Inflation f

influence ['influəns] n Einfluß m; v beeinflussen

influential [,influ'enʃəl] adj einflußreich

influenza [,influ'enzə] n Grippe f

inform [in'fɔ:m] v informieren; berichten, mitteilen

informal [in'fɔ:məl] adj informell

information [,infə'meiʃən] n Auskunft f; Nachricht f, Mitteilung f; ~ bureau Auskunftsbüro nt

infra-red [,infrə'red] adj infrarot

infrequent [in'fri:kwənt] adj selten

ingredient [iŋ'gri:diənt] n Zutat f, Bestandteil m

inhabit [in'hæbit] v bewohnen

inhabitable [in'hæbitəbəl] adj bewohnbar

inhabitant [in'hæbitənt] n Einwohner m; Bewohner m

inhale [in'heil] v einatmen

inherit [in'herit] v erben

inheritance [in'heritəns] n Erbschaft f

initial [i'niʃəl] adj Anfangs-, erste; n Anfangsbuchstabe m; v abzeichnen

initiative [i'niʃətiv] n Initiative f

inject [in'dʒekt] v einspritzen

injection [in'dʒekʃən] n Injektion f

injure ['indʒə] v verletzen; kränken

injury ['indʒəri] n Verletzung f; Verwundung f

injustice [in'dʒʌstis] n Unrecht nt

ink [iŋk] n Tinte f

inlet ['inlet] n Bucht f

inn [in] n Gasthof m

inner ['inə] adj inwendig; ~ **tube** Schlauch m

inn-keeper ['in,ki:pə] n Gastwirt m

innocence ['inəsəns] n Unschuld f

innocent ['inəsənt] adj unschuldig

inoculate [i'nɔkjuleit] v impfen

inoculation [i,nɔkju'leiʃən] n Impfung f

inquire [iŋ'kwaiə] v nachfragen, sich erkundigen

inquiry [iŋ'kwaiəri] n Frage f, Nachfrage f; Untersuchung f; ~ **office** Auskunftsbüro nt

inquisitive [iŋ'kwizətiv] adj neugierig

insane [in'sein] adj wahnsinnig

inscription [in'skripʃən] n Inschrift f

insect ['insekt] n Insekt nt; ~ **repellent** Insektenschutzmittel nt

insecticide [in'sektisaid] n Insektengift nt

insensitive [in'sensətiv] adj unempfindlich

insert [in'sə:t] v einfügen

inside [,in'said] n Innenseite f; adj inner; adv drinnen; im Innern; prep in, innerhalb; ~ **out** verkehrt; **insides** Eingeweide pl

insight ['insait] n Einsicht f

insignificant [,insig'nifikənt] adj unbedeutend; unerheblich, nichtssagend; belanglos

insist [in'sist] v *bestehen; beharren

insolence ['insələns] n Unverschämtheit f

insolent ['insələnt] adj frech, unverschämt

insomnia [in'sɔmniə] n Schlaflosigkeit f

inspect [in'spekt] v inspizieren

inspection [in'spekʃən] n Inspektion f; Kontrolle f

inspector [in'spektə] n Aufsichtsbeamte m

inspire [in'spaiə] v begeistern

install [in'stɔ:l] v installieren

installation [,instə'leiʃən] n Einrichtung f

instalment [in'stɔ:lmənt] n Ratenzahlung f

instance ['instəns] n Beispiel nt; Fall m; for ~ zum Beispiel

instant ['instənt] n Augenblick m

instantly ['instəntli] adv unverzüglich, augenblicklich, sofort

instead of [in'sted ɔv] anstatt

instinct ['instiŋkt] n Instinkt m

institute ['institju:t] n Institut nt; Anstalt f; v einrichten

institution [,insti'tju:ʃən] n Einrichtung f, Institution f

instruct [in'strʌkt] v *unterweisen

instruction [in'strʌkʃən] n Unterweisung f

instructive [in'strʌktiv] adj lehrreich

instructor [in'strʌktə] n Lehrer m

instrument ['instrumənt] n Instrument nt; musical ~ Musikinstrument nt

insufficient ['insə'fiʃənt] adj ungenügend

insulate ['insjuleit] v isolieren

insulation [,insju'leiʃən] n Isolation f

insulator ['insjuleitə] n Isolator m

insult[1] [in'sʌlt] v beleidigen

insult[2] ['insʌlt] n Beleidigung f

insurance [in'ʃuərəns] n Versicherung f; ~ policy Versicherungspolice f

insure [in'ʃuə] v versichern

intact [in'tækt] adj unversehrt

intellect ['intəlekt] n Intellekt m, Verstand m

intellectual [,intə'lektʃuəl] adj intellektuell

intelligence [in'telidʒəns] n Intelligenz f

intelligent [in'telidʒənt] adj intelligent

intend [in'tend] v beabsichtigen

intense [in'tens] adj intensiv; heftig

intention [in'tenʃən] n Absicht f

intentional [in'tenʃənəl] adj absichtlich

intercourse ['intəkɔ:s] n Umgang m

interest ['intrəst] n Interesse nt; Nutzen m; Zins m; v interessieren

interesting ['intrəstiŋ] adj interessant

interfere [,intə'fiə] v *einschreiten; ~ with sich einmischen

interference [,intə'fiərəns] n Eingreifen nt

interim ['intərim] n Zwischenzeit f

interior [in'tiəriə] n Innere nt

interlude ['intəlu:d] n Zwischenspiel nt

intermediary [,intə'mi:djəri] n Vermittler m

intermission [,intə'miʃən] n Pause f

internal [in'tə:nəl] adj inner, intern

international [,intə'næʃənəl] adj international

interpret [in'tə:prit] v dolmetschen; darstellen

interpreter [in'tə:pritə] n Dolmetscher m

interrogate [in'terəgeit] v verhören

interrogation [in,terə'geiʃən] n Verhör nt

interrogative [,intə'rɔgətiv] adj fragend

interrupt [,intə'rʌpt] v *unterbrechen

interruption [,intə'rʌpʃən] n Unterbrechung f

intersection [,intə'sekʃən] n Kreuzung f

interval ['intəvəl] n Pause f; Intervall nt

intervene [,intə'vi:n] v sich einmischen

interview ['intəvju:] n Unterredung f, Interview nt

intestine [in'testin] n Darm m; **intestines** Eingeweide pl

intimate ['intimət] adj intim

into ['intu] prep in

intolerable [in'tɔlərəbəl] adj unerträglich

intoxicated [in'tɔksikeitid] adj berauscht

intrigue [in'tri:g] n Komplott nt

introduce [,intrə'dju:s] v vorstellen; einführen

introduction [,intrə'dʌkʃən] n Vorstellung f; Einführung f

invade [in'veid] v *eindringen

invalid¹ ['invəli:d] n Invalide m; adj invalide

invalid² [in'vælid] adj ungültig

invasion [in'veiʒən] n Einfall m, Invasion f

invent [in'vent] v *erfinden; *ersinnen

invention [in'venʃən] n Erfindung f

inventive [in'ventiv] adj erfinderisch

inventor [in'ventə] n Erfinder m

inventory ['invəntri] n Inventar nt

invert [in'və:t] v umdrehen

invest [in'vest] v investieren; anlegen

investigate [in'vestigeit] v untersuchen

investigation [in,vesti'geiʃən] n Untersuchung f

investment [in'vestmənt] n Investition f; Anlage f, Geldanlage f

investor [in'vestə] n Kapitalgeber m

invisible [in'vizəbəl] adj unsichtbar

invitation [,invi'teiʃən] n Einladung f

invite [in'vait] v auffordern, *einladen

invoice ['invɔis] n Faktur f

involve [in'vɔlv] v *einschließen; **involved** beteiligt

inwards ['inwədz] adv nach innen

iodine ['aiədi:n] n Jod nt

Iran [i'rɑ:n] Iran

Iranian [i'reiniən] adj iranisch; n Iranier m

Iraq [i'rɑ:k] Irak

Iraqi [i'rɑ:ki] adj irakisch

irascible [i'ræsibəl] adj jähzornig

Ireland ['aiələnd] Irland

Irish ['aiəriʃ] adj irisch

Irishman ['aiəriʃmən] n (pl -men) Ire m

iron ['aiən] n Eisen nt; Bügeleisen nt; eisern; v bügeln

ironical [ai'rɔnikəl] adj ironisch

ironworks ['aiənwə:ks] n Eisenhütte f

irony ['aiərəni] n Ironie f

irregular [i'regjulə] adj unregelmäßig

irreparable [i'repərəbəl] adj irreparabel

irrevocable [i'revəkəbəl] adj unwiderruflich

irritable ['iritəbəl] adj reizbar

irritate ['iriteit] v reizen, irritieren

is [iz] v (pr be)

island ['ailənd] n Insel f

isolate ['aisəleit] v isolieren

isolation [,aisə'leiʃən] n Isolation f; Isolierung f

Israel ['izreil] Israel

Israeli [iz'reili] adj israelisch; n Israeli m

issue ['iʃu:] v *ausgeben; n Ausgabe f, Auflage f; Frage f, Punkt m; Ergebnis nt, Resultat nt, Folge f, Abschluß m, Ende nt; Ausweg m

isthmus ['isməs] n Landenge f

it [it] pron es

Italian [i'tæljən] adj italienisch; n Italiener m

italics [i'tæliks] pl Kursivschrift f

Italy ['itəli] Italien

itch [itʃ] n Jucken nt; v jucken

item ['aitəm] n Posten m; Punkt m

itinerant [ai'tinərənt] adj umherziehend

itinerary [ai'tinərəri] n Reiseplan m

ivory ['aivəri] n Elfenbein nt

ivy ['aivi] n Efeu m

J

jack [dʒæk] n Wagenheber m

jacket ['dʒækit] n Jacke f, Jackett nt; Umschlag m

jade [dʒeid] n Jade m

jail [dʒeil] n Gefängnis nt

jailer ['dʒeilə] n Gefängniswärter m

jam [dʒæm] n Marmelade f; Verkehrsstauung f

janitor ['dʒænitə] n Hausmeister m

January ['dʒænjuəri] Januar

Japan [dʒə'pæn] Japan

Japanese [,dʒæpə'ni:z] adj japanisch; n Japaner m

jar [dʒɑ:] n Krug m

jaundice ['dʒɔ:ndis] n Gelbsucht f

jaw [dʒɔ:] n Kiefer m

jealous ['dʒeləs] adj eifersüchtig

jealousy ['dʒeləsi] n Eifersucht f

jeans [dʒi:nz] pl Bluejeans pl

jelly ['dʒeli] n Gelee nt

jelly-fish ['dʒelifiʃ] n Qualle f

jersey ['dʒə:zi] n Jersey m; Wollpullover m

jet [dʒet] n Strahl m; Düsenflugzeug nt

jetty ['dʒeti] n Pier m

Jew [dʒu:] n Jude m

jewel ['dʒu:əl] n Juwel nt

jeweller ['dʒu:ələ] n Juwelier m

jewellery ['dʒu:əlri] n Schmuck m

Jewish ['dʒu:iʃ] adj jüdisch

job [dʒɔb] n Arbeit f; Stellung f, Beschäftigung f

jockey ['dʒɔki] n Jockei m

join [dʒɔin] v *verbinden; sich beteiligen an, sich *anschließen; zusammenfügen, vereinigen

joint [dʒɔint] n Gelenk nt; Lötstelle f; adj verbunden, gemeinschaftlich

jointly ['dʒɔintli] adv gemeinsam

joke [dʒouk] n Witz m

jolly ['dʒɔli] adj fröhlich

Jordan ['dʒɔ:dən] Jordanien

Jordanian [dʒɔ:'deiniən] adj jordanisch; n Jordanier m

journal ['dʒə:nəl] n Zeitschrift f

journalism ['dʒə:nəlizəm] n Journalismus m

journalist ['dʒə:nəlist] n Journalist m

journey ['dʒə:ni] n Reise f

joy [dʒɔi] n Wonne f, Freude f

joyful ['dʒɔifəl] adj froh, freudig

jubilee ['dʒu:bili:] n Jubiläum nt

judge [dʒʌdʒ] n Richter m; v urteilen; beurteilen

judgment ['dʒʌdʒmənt] n Urteil nt

jug [dʒʌg] n Krug m

juggle ['dʒʌgəl] v jonglieren

juggler ['dʒʌglə] n Jongleur m

juice [dʒu:s] n Saft m

juicy ['dʒu:si] adj saftig

July [dʒu'lai] Juli

jump [dʒʌmp] v *springen; n Sprung m

jumper ['dʒʌmpə] n Jumper m

junction ['dʒʌŋkʃən] n Straßenkreuzung f; Knotenpunkt m

June [dʒu:n] Juni

jungle ['dʒʌŋgəl] n Urwald m, Dschungel m

junior ['dʒu:njə] adj jünger

junk [dʒʌŋk] n Plunder m

jury ['dʒuəri] n Preisgericht nt

just [dʒʌst] adj berechtigt, gerecht; richtig; adv gerade; genau

justice ['dʒʌstis] n Recht nt; Gerechtigkeit f

juvenile ['dʒu:vənail] adj jugendlich

K

kangaroo [,kæŋgə'ru:] n Känguruh nt
keel [ki:l] n Kiel m
keen [ki:n] adj begeistert; scharf
* keep [ki:p] v *halten; bewahren;
  *bleiben; ~ away from sich *fern-
  halten von; ~ off nicht anrühren;
  ~ on *fortfahren mit; ~ quiet
  *schweigen; ~ up ausharren; ~ up
  with Schritt *halten mit
keg [keg] n Fäßchen nt
kennel ['kenəl] n Hundehütte f; Hundezwinger m
Kenya ['kenjə] Kenia
kerosene ['kerəsi:n] n Kerosin nt
kettle ['ketəl] n Kessel m
key [ki:] n Schlüssel m
keyhole ['ki:houl] n Schlüsselloch nt
khaki ['ka:ki] n Khaki nt
kick [kik] v *stoßen, *treten; n Tritt
  m, Fußtritt m
kick-off [,ki'kɔf] n Anstoß m
kid [kid] n Kind nt; Ziegenleder nt; v
  foppen
kidney ['kidni] n Niere f
kill [kil] v *umbringen, töten
kilogram ['kiləgræm] n Kilo nt
kilometre ['kilə,mi:tə] n Kilometer m
kind [kaind] adj nett, freundlich; gütig; n Sorte f
kindergarten ['kində,ga:tən] n Kindergarten m
king [kiŋ] n König m
kingdom ['kiŋdəm] n Königreich nt;
  Reich nt
kiosk ['ki:ɔsk] n Kiosk m
kiss [kis] n Kuß m; v küssen
kit [kit] n Ausrüstung f
kitchen ['kitʃin] n Küche f; ~ garden
  Gemüsegarten m

knapsack ['næpsæk] n Rucksack m
knave [neiv] n Bube m
knee [ni:] n Knie nt
kneecap ['ni:kæp] n Kniescheibe f
* kneel [ni:l] v knien
knew [nju:] v (p know)
knickers ['nikəz] pl Unterhose f
knife [naif] n (pl knives) Messer nt
knight [nait] n Ritter m
* knit [nit] v stricken
knob [nɔb] n Knopf m
knock [nɔk] v klopfen; n Klopfen nt;
  ~ against *zusammenstoßen mit;
  ~ down *niederschlagen
knot [nɔt] n Knoten m; v knoten
* know [nou] v *wissen, *kennen
knowledge ['nɔlidʒ] n Kenntnis f
knuckle ['nʌkəl] n Fingergelenk nt

L

label ['leibəl] n Etikett nt; v beschriften
laboratory [lə'bɔrətəri] n Laboratorium nt
labour ['leibə] n Arbeit f; Wehen fpl;
  v sich abmühen; labor permit Am
  Arbeitsbewilligung f
labourer ['leibərə] n Arbeiter m
labour-saving ['leibə,seiviŋ] adj ar-
  beitsparend
labyrinth ['læbərinθ] n Labyrinth nt
lace [leis] n Spitze f; Schnürsenkel m
lack [læk] n Mangel m; v mangeln
lacquer ['lækə] n Lack m
lad [læd] n Junge m, Bursche m
ladder ['lædə] n Leiter f
lady ['leidi] n Dame f; ladies' room
  Damentoilette f
lagoon [lə'gu:n] n Lagune f
lake [leik] n See m

lamb [læm] *n* Lamm *nt*; Lammfleisch *nt*

lame [leim] *adj* gelähmt, lahm

lamentable ['læməntəbəl] *adj* jämmerlich

lamp [læmp] *n* Lampe *f*

lamp-post ['læmppoust] *n* Laternenpfahl *m*

lampshade ['læmpʃeid] *n* Lampenschirm *m*

land [lænd] *n* Land *nt*; *v* landen; an Land *gehen

landlady ['lænd,leidi] *n* Wirtin *f*

landlord ['lændlɔ:d] *n* Hausbesitzer *m*; Wirt *m*

landmark ['lændmɑ:k] *n* Landmarke *f*; Markstein *m*

landscape ['lændskeip] *n* Landschaft *f*

lane [lein] *n* Gasse *f*, Pfad *m*; Fahrbahn *f*

language ['læŋgwidʒ] *n* Sprache *f*; ~ **laboratory** Sprachlabor *nt*

lantern ['læntən] *n* Laterne *f*

lapel [lə'pel] *n* Rockaufschlag *m*

larder ['lɑ:də] *n* Speisekammer *f*

large [lɑ:dʒ] *adj* groß; geräumig

lark [lɑ:k] *n* Lerche *f*

laryngitis [,lærin'dʒaitis] *n* Halsentzündung *f*

last [lɑ:st] *adj* letzt; vorhergehend; *v* dauern; **at** ~ endlich; schließlich, zuletzt

lasting ['lɑ:stiŋ] *adj* bleibend, dauerhaft

latchkey ['lætʃki:] *n* Hausschlüssel *m*

late [leit] *adj* spät; verspätet

lately ['leitli] *adv* in letzter Zeit, kürzlich, unlängst

lather ['lɑ:ðə] *n* Schaum *m*

Latin America ['lætin ə'merikə] Lateinamerika

Latin-American [,lætinə'merikən] *adj* lateinamerikanisch

latitude ['lætitju:d] *n* Breitengrad *m*

laugh [lɑ:f] *v* lachen; *n* Lachen *nt*

laughter ['lɑ:ftə] *n* Gelächter *nt*

launch [lɔ:ntʃ] *v* in Gang *bringen; *abschießen; *n* Motorschiff *nt*

launching ['lɔ:ntʃiŋ] *n* Stapellauf *m*

launderette [,lɔ:ndə'ret] *n* Münzwäscherei *f*

laundry ['lɔ:ndri] *n* Wäscherei *f*; Wäsche *f*

lavatory ['lævətəri] *n* Toilette *f*

lavish ['læviʃ] *adj* verschwenderisch

law [lɔ:] *n* Gesetz *nt*; Recht *nt*; ~ **court** Gerichtshof *m*

lawful ['lɔ:fəl] *adj* gesetzlich

lawn [lɔ:n] *n* Rasen *m*

lawsuit ['lɔ:su:t] *n* Prozeß *m*, Gerichtsverfahren *nt*

lawyer ['lɔ:jə] *n* Rechtsanwalt *m*; Jurist *m*

laxative ['læksətiv] *n* Abführmittel *nt*

***lay** [lei] *v* stellen, setzen, legen; ~ **bricks** mauern

layer [leiə] *n* Schicht *f*

layman ['leimən] *n* Laie *m*

lazy ['leizi] *adj* faul

lead¹ [li:d] *n* Vorsprung *m*; Leitung *f*; Leine *f*

lead² [led] *n* Blei *nt*

***lead** [li:d] *v* führen

leader ['li:də] *n* Anführer *m*, Leiter *m*

leadership ['li:dəʃip] *n* Führung *f*

leading ['li:diŋ] *adj* Haupt-, führend

leaf [li:f] *n* (pl leaves) Blatt *nt*

league [li:g] *n* Bund *m*

leak [li:k] *v* lecken; *n* Leck *nt*

leaky ['li:ki] *adj* leck

lean [li:n] *adj* mager

***lean** [li:n] *v* lehnen

leap [li:p] *n* Sprung *m*

***leap** [li:p] *v* *springen

leap-year ['li:pjiə] *n* Schaltjahr *nt*

***learn** [lə:n] *v* lernen

learner ['lə:nə] *n* Anfänger *m*

lease [li:s] *n* Mietvertrag *m*; Pacht *f*;

v verpachten, vermieten; mieten
leash [li:ʃ] n Leine f
least [li:st] adj geringst, mindest; kleinst; **at ~** wenigstens; zumindest
leather ['leðə] n Leder nt; Leder-, ledern
leave [li:v] n Urlaub m
*leave [li:v] v *weggehen, *verlassen; *lassen; **~ behind** *zurücklassen; **~ out** *auslassen
Lebanese [,lebə'ni:z] adj libanesisch; n Libanese m
Lebanon ['lebənən] Libanon
lecture ['lektʃə] n Vorlesung f, Vortrag m
left¹ [left] adj linke
left² [left] v (p, pp leave)
left-hand ['lefthænd] adj linke
left-handed [,left'hændid] adj linkshändig
leg [leg] n Bein nt
legacy ['legəsi] n Erbschaft f
legal ['li:gəl] adj gesetzmäßig, gesetzlich; rechtlich
legalization [,li:gəlai'zeiʃən] n Legalisierung f
legation [li'geiʃən] n Gesandtschaft f
legible ['ledʒibəl] adj leserlich
legitimate [li'dʒitimət] adj rechtmäßig
leisure ['leʒə] n Muße f
lemon ['lemən] n Zitrone f
lemonade [,lemə'neid] n Limonade f
*lend [lend] v *leihen
length [leŋθ] n Länge f
lengthen ['leŋθən] v verlängern
lengthways ['leŋθweiz] adv der Länge nach
lens [lenz] n Linse f; **telephoto ~** Teleobjektiv nt; **zoom ~** Gummilinse f
leprosy ['leprəsi] n Lepra f
less [les] adv weniger
lessen ['lesən] v vermindern
lesson ['lesən] n Lektion f

*let [let] v *lassen; vermieten; **~ down** enttäuschen
letter ['letə] n Brief m; Buchstabe m; **~ of credit** Akkreditiv nt; **~ of recommendation** Empfehlungsschreiben nt
letter-box ['letəbɔks] n Briefkasten m
lettuce ['letis] n Salat m
level ['levəl] adj gleich; platt, flach, eben; n Stand m, Niveau nt; Wasserwaage f; v gleichmachen, nivellieren; **~ crossing** Bahnübergang m
lever ['li:və] n Hebel m
Levis ['li:vaiz] pl Bluejeans pl
liability [,laiə'biləti] n Verantwortlichkeit f
liable ['laiəbəl] adj verantwortlich; **~ to** unterworfen
liberal ['libərəl] adj liberal; großzügig, freigebig
liberation [,libə'reiʃən] n Befreiung f
Liberia [lai'biəriə] Liberia
Liberian [lai'biəriən] adj liberisch; n Liberier m
liberty ['libəti] n Freiheit f
library ['laibrəri] n Bibliothek f
licence ['laisəns] n Lizenz f; Konzession f; **driving ~** Führerschein m; **~ number** Am Kennzeichen nt; **~ plate** Am Nummernschild nt
license ['laisəns] v konzessionieren
lick [lik] v lecken
lid [lid] n Deckel m
lie [lai] v *lügen; n Lüge f
*lie [lai] v *liegen; **~ down** sich niederlegen
life [laif] n (pl lives) Leben nt; **~ insurance** Lebensversicherung f
lifebelt ['laifbelt] n Rettungsgürtel m
lifetime ['laiftaim] n Leben nt
lift [lift] v *aufheben, *heben; n Aufzug m
light [lait] n Licht nt; adj leicht; hell;

~ **bulb** Birne f
*light [lait] v anzünden
lighter ['laitə] n Anzünder m
lighthouse ['laithaus] n Leuchtturm m
lighting ['laitiŋ] n Beleuchtung f
lightning ['laitniŋ] n Blitz m
like [laik] v gern *mögen; gern *haben, *mögen; adj egal; conj wie
likely ['laikli] adj wahrscheinlich
like-minded [,laik'maindid] adj gleichgesinnt
likewise ['laikwaiz] adv ebenso, ebenfalls
lily ['lili] n Lilie f
limb [lim] n Glied nt
lime [laim] n Kalk m; Linde f; Limone f
limetree ['laimtri:] n Lindenbaum m
limit ['limit] n Grenze f; v beschränken
limp [limp] v hinken; adj schlaff
line [lain] n Zeile f; Strich m; Schnur f; Linie f; Reihe f; **stand in ~** Am Schlange *stehen
linen ['linin] n Leinen nt; Wäsche f
liner ['lainə] n Linienschiff nt
lingerie ['lɔ̃ʒəri:] n Damenunterwäsche f
lining ['lainiŋ] n Futter nt
link [liŋk] v *verbinden; n Verbindung f; Glied nt
lion ['laiən] n Löwe m
lip [lip] n Lippe f
lipsalve ['lipsɑ:v] n Lippensalbe f
lipstick ['lipstik] n Lippenstift m
liqueur [li'kjuə] n Likör m
liquid ['likwid] adj flüssig; n Flüssigkeit f
liquor ['likə] n Spirituosen pl
liquorice ['likəris] n Lakritze f
list [list] n Liste f; v *eintragen
listen ['lisən] v anhören, zuhören
listener ['lisnə] n Zuhörer m
literary ['litrəri] adj literarisch

literature ['litrətʃə] n Literatur f
litre ['li:tə] n Liter m
litter ['litə] n Abfall m; Schutt m; Wurf m
little ['litəl] adj klein; wenig
live[1] [liv] v leben; wohnen
live[2] [laiv] adj lebend
livelihood ['laivlihud] n Unterhalt m
lively ['laivli] adj lebhaft
liver ['livə] n Leber f
living-room ['liviŋru:m] n Wohnzimmer nt
load [loud] n Last f; v *laden
loaf [louf] n (pl loaves) Laib m
loan [loun] n Anleihe f
lobby ['lɔbi] n Vestibül nt; Foyer m
lobster ['lɔbstə] n Hummer m
local ['loukəl] adj lokal, örtlich; ~ **call** Ortsgespräch nt; ~ **train** Nahverkehrszug m
locality [lou'kæləti] n Örtlichkeit f
locate [lou'keit] v ausfindig machen
location [lou'keiʃən] n Lage f
lock [lɔk] v *verschließen; n Schloß nt; Schleuse f; ~ **up** einsperren
locomotive [,loukə'moutiv] n Lokomotive f
lodge [lɔdʒ] v beherbergen; n Jagdhaus nt
lodger ['lɔdʒə] n Untermieter m
lodgings ['lɔdʒiŋz] pl Unterkunft f
log [lɔg] n Klotz m
logic ['lɔdʒik] n Logik f
logical ['lɔdʒikəl] adj logisch
lonely ['lounli] adj einsam
long [lɔŋ] adj lang; langwierig; ~ **for** sich sehnen nach; **no longer** nicht mehr
longing ['lɔŋiŋ] n Sehnsucht f
longitude ['lɔndʒitju:d] n Längengrad m
look [luk] v gucken, schauen; *scheinen, *aussehen; n Blick m; Aussehen nt, Anblick m; ~ **after** versor-

gen, aufpassen auf, sich kümmern um; ~ **at** anschauen, *ansehen; ~ **for** suchen; ~ **out** *achtgeben, sich *vorsehen; ~ **up** nachsuchen

looking-glass ['lukiŋglɑ:s] n Spiegel m

loop [lu:p] n Schlinge f

loose [lu:s] adj lose

loosen ['lu:sən] v lockern

lord [lɔ:d] n Lord m

lorry ['lɔri] n Lastwagen m

***lose** [lu:z] v einbüßen, *verlieren

loss [lɔs] n Verlust m

lost [lɔst] adj verirrt; weg; ~ **and found** Fundsachen fpl; ~ **property office** Fundbüro nt

lot [lɔt] n Los nt; Haufen m, Menge f

aftershave lotion Rasierwasser nt

lottery ['lɔtəri] n Lotterie f

loud [laud] adj laut

loud-speaker [,laud'spi:kə] n Lautsprecher m

lounge [laundʒ] n Gesellschaftsraum m

louse [laus] n (pl lice) Laus f

love [lʌv] v gern *haben, lieben; n Liebe f; **in** ~ verliebt

lovely ['lʌvli] adj herrlich, wunderbar, hübsch

lover ['lʌvə] n Liebhaber m

love-story ['lʌv,stɔ:ri] n Liebesgeschichte f

low [lou] adj niedrig; tief; niedergeschlagen; ~ **tide** Ebbe f

lower ['louə] v *herunterlassen; herabsetzen; *streichen; adj unter, niedrig

lowlands ['loulandz] pl Tiefland nt

loyal ['lɔiəl] adj loyal

lubricate ['lu:brikeit] v ölen, schmieren

lubrication [,lu:bri'keifən] n Schmierung f; ~ **oil** Schmieröl nt; ~ **system** Schmiersystem nt

luck [lʌk] n Glück nt; Zufall m; **bad** ~ Pech nt

lucky ['lʌki] adj glücklich; ~ **charm** Amulett nt

ludicrous ['lu:dikrəs] adj lächerlich, lachhaft

luggage ['lʌgidʒ] n Gepäck nt; **hand** ~ Handgepäck nt; **left** ~ **office** Gepäckaufbewahrung f; ~ **rack** Gepäcknetz nt; ~ **van** Gepäckwagen m

lukewarm ['lu:kwɔ:m] adj lauwarm

lumbago [lʌm'beigou] n Hexenschuß m

luminous ['lu:minəs] adj leuchtend

lump [lʌmp] n Brocken m, Klumpen m, Stück nt; Beule f; ~ **of sugar** Stück Zucker; ~ **sum** Pauschalsumme f

lumpy ['lʌmpi] adj klumpig

lunacy ['lu:nəsi] n Irrsinn m

lunatic ['lu:nətik] adj irrsinnig; n Irre m

lunch [lʌntʃ] n Imbiß m, Mittagessen nt

luncheon ['lʌntʃən] n Mittagessen nt

lung [lʌŋ] n Lunge f

lust [lʌst] n Wollust f

luxurious [lʌg'ʒuəriəs] adj luxuriös

luxury ['lʌkʃəri] n Luxus m

M

machine [mə'ʃi:n] n Apparat m, Maschine f

machinery [mə'ʃi:nəri] n Mechanismus m

mackerel ['mækrəl] n (pl ~) Makrele f

mackintosh ['mækintɔʃ] n Regenmantel m

mad [mæd] adj irre, toll, verrückt; wütend

madam ['mædəm] n gnädige Frau

madness ['mædnəs] n Wahnsinn m

magazine [ˌmægəˈziːn] n Zeitschrift f

magic [ˈmædʒik] n Zauberei f, Magie f; adj Zauber-

magician [məˈdʒiʃən] n Zauberer m

magistrate [ˈmædʒistreit] n Richter m

magnetic [mægˈnetik] adj magnetisch

magneto [mægˈniːtou] n (pl ~s) Magnet m

magnificent [mægˈnifisənt] adj prächtig; großartig, glänzend

magpie [ˈmægpai] n Elster f

maid [meid] n Dienstmädchen nt

maiden name [ˈmeidən neim] Mädchenname m

mail [meil] n Post f; v *aufgeben; ~ order Am Postanweisung f

mailbox [ˈmeilbɔks] nAm Briefkasten m

main [mein] adj Haupt-, wichtigste; größt; ~ deck Oberdeck nt; ~ line Hauptstrecke f; ~ road Hauptstraße f; ~ street Hauptstraße f

mainland [ˈmeinlənd] n Festland nt

mainly [ˈmeinli] adv hauptsächlich

mains [meinz] pl Hauptleitung f

maintain [meinˈtein] v *aufrechterhalten

maintenance [ˈmeintənəns] n Instandhaltung f

maize [meiz] n Mais m

major [ˈmeidʒə] adj groß; Haupt-; größer; n Major m

majority [məˈdʒɔrəti] n Mehrheit f

*** make** [meik] v machen; verdienen; *schaffen; ~ do with sich *behelfen mit; ~ good vergüten; ~ up zusammenstellen

make-up [ˈmeikʌp] n Schminke f

malaria [məˈlɛəriə] n Malaria f

Malaysia [məˈleiziə] Malaysia

Malaysian [məˈleiziən] adj malaiisch

male [meil] adj männlich

malicious [məˈliʃəs] adj boshaft

malignant [məˈlignənt] adj bösartig

mallet [ˈmælit] n Holzhammer m

malnutrition [ˌmælnjuˈtriʃən] n Unterernährung f

mammal [ˈmæməl] n Säugetier nt

mammoth [ˈmæməθ] n Mammut nt

man [mæn] n (pl men) Mann m; Mensch m; men's room Herrentoilette f

manage [ˈmænidʒ] v verwalten; *gelingen

manageable [ˈmænidʒəbəl] adj handlich

management [ˈmænidʒmənt] n Verwaltung f; Führung f

manager [ˈmænidʒə] n Chef m, Direktor m

mandarin [ˈmændərin] n Mandarine f

mandate [ˈmændeit] n Mandat nt

manger [ˈmeindʒə] n Krippe f

manicure [ˈmænikjuə] n Maniküre f; v maniküren

mankind [mænˈkaind] n Menschheit f

mannequin [ˈmænəkin] n Mannequin nt

manner [ˈmænə] n Art f, Weise f; manners pl Manieren fpl

man-of-war [ˌmænəvˈwɔː] n Kriegsschiff nt

manor-house [ˈmænəhaus] n Herrschaftshaus nt

mansion [ˈmænʃən] n Herrschaftshaus nt

manual [ˈmænjuəl] adj Hand-

manufacture [ˌmænjuˈfæktʃə] v herstellen, fabrizieren

manufacturer [ˌmænjuˈfæktʃərə] n Fabrikant m

manure [məˈnjuə] n Dünger m

manuscript [ˈmænjuskript] n Manuskript nt

many [ˈmeni] adj viel

map [mæp] n Karte f; Landkarte f; Plan m

maple [ˈmeipəl] n Ahorn m

marble ['mɑːbəl] n Marmor m; Murmel f

March [mɑːtʃ] März

march [mɑːtʃ] v marschieren; n Marsch m

mare [mɛə] n Stute f

margarine [ˌmɑːdʒə'riːn] n Margarine f

margin ['mɑːdʒin] n Rand m

maritime ['mæritaim] adj maritim

mark [mɑːk] v ankreuzen; bezeichnen, zeichnen; kennzeichnen; n Zeichen nt; Zensur f; Zielscheibe f

market ['mɑːkit] n Markt m

market-place ['mɑːkitpleis] n Marktplatz m

marmalade ['mɑːməleid] n Marmelade f

marriage ['mæridʒ] n Ehe f

marrow ['mærou] n Mark nt

marry ['mæri] v heiraten; **married couple** Ehepaar nt

marsh [mɑːʃ] n Sumpf m

marshy ['mɑːʃi] adj sumpfig

martyr ['mɑːtə] n Märtyrer m

marvel ['mɑːvəl] n Wunder nt; v sich wundern

marvellous ['mɑːvələs] adj wunderbar

mascara [mæ'skɑːrə] n Wimperntusche f

masculine ['mæskjulin] adj männlich

mash [mæʃ] v zerstampfen

mask [mɑːsk] n Maske f

Mass [mæs] n Messe f

mass [mæs] n Menge f; ~ **production** Massenproduktion f

massage ['mæsɑːʒ] n Massage f; v massieren

masseur [mæ'sə:] n Masseur m

massive ['mæsiv] adj massiv

mast [mɑːst] n Mast m

master ['mɑːstə] n Meister m; Studienrat m, Lehrer m; v beherrschen

masterpiece ['mɑːstəpiːs] n Meisterstück nt

mat [mæt] n Matte f; adj matt, glanzlos

match [mætʃ] n Streichholz nt; Spiel nt; v passen zu

match-box ['mætʃbɒks] n Streichholzschachtel f

material [mə'tiəriəl] n Material nt; adj stofflich, materiell

mathematical [ˌmæθə'mætikəl] adj mathematisch

mathematics [ˌmæθə'mætiks] n Mathematik f

matrimonial [ˌmætri'mouniəl] adj ehelich

matrimony ['mætriməni] n Ehe f

matter ['mætə] n Stoff m, Materie f; Sache f, Frage f; v von Bedeutung *sein; **as a ~ of fact** tatsächlich

matter-of-fact [ˌmætərəv'fækt] adj nüchtern

mattress ['mætrəs] n Matratze f

mature [mə'tjuə] adj reif

maturity [mə'tjuərəti] n Reife f

mausoleum [ˌmɔːsə'liːəm] n Mausoleum nt

mauve [mouv] adj hellviolett

May [mei] Mai

* **may** [mei] v *mögen; *dürfen

maybe ['meibiː] adv vielleicht

mayor [mɛə] n Bürgermeister m

maze [meiz] n Irrgarten m

me [miː] pron mich; mir

meadow ['medou] n Wiese f

meal [miːl] n Mahl nt, Mahlzeit f

mean [miːn] adj niederträchtig; n Durchschnitt m

* **mean** [miːn] v bedeuten; meinen

meaning ['miːniŋ] n Bedeutung f

meaningless ['miːniŋləs] adj sinnlos

means [miːnz] n Mittel nt; **by no ~** keineswegs, keinesfalls

in the meantime [in ðə 'miːntaim] mittlerweile, inzwischen meanwhile ['mi:nwail] *adv* inzwischen, mittlerweile

measles ['mi:zəlz] *n* Masern *pl*

measure ['meʒə] *v* *messen; *n* Maß *nt*; Maßnahme *f*

meat [mi:t] *n* Fleisch *nt*

mechanic [mi'kænik] *n* Monteur *m*, Mechaniker *m*

mechanical [mi'kænikəl] *adj* mechanisch

mechanism ['mekənizəm] *n* Mechanismus *m*

medal ['medəl] *n* Medaille *f*

mediaeval [,medi'i:vəl] *adj* mittelalterlich

mediate ['mi:dieit] *v* vermitteln

mediator ['mi:dieitə] *n* Vermittler *m*

medical ['medikəl] *adj* ärztlich, medizinisch

medicine ['medsin] *n* Medizin *f*

meditate ['mediteit] *v* meditieren

Mediterranean [,meditə'reiniən] Mittelmeer *nt*

medium ['mi:diəm] *adj* mittelmäßig, durchschnittlich, mittler

*meet [mi:t] *v* *treffen; begegnen

meeting ['mi:tiŋ] *n* Versammlung *f*, Treffen *nt*

meeting-place ['mi:tiŋpleis] *n* Treffpunkt *m*

melancholy ['melənkəli] *n* Schwermut *f*

mellow ['melou] *adj* mild

melodrama ['melə,drɑ:mə] *n* Melodrama *nt*

melody ['melədi] *n* Melodie *f*

melon ['melən] *n* Melone *f*

melt [melt] *v* *schmelzen

member ['membə] *n* Mitglied *nt*; **Member of Parliament** Abgeordnete *m*

membership ['membəʃip] *n* Mitgliedschaft *f*

memo ['memou] *n* (pl ~s) Memoran-

dum *nt*

memorable ['memərəbəl] *adj* denkwürdig

memorial [mə'mɔ:riəl] *n* Denkmal *nt*

memorize ['meməraiz] *v* auswendig lernen

memory ['meməri] *n* Gedächtnis *nt*; Erinnerung *f*; Andenken *nt*

mend [mend] *v* flicken, ausbessern

menstruation [,menstru'eiʃən] *n* Menstruation *f*

mental ['mentəl] *adj* geistig

mention ['menʃən] *v* *nennen, erwähnen; *n* Meldung *f*, Erwähnung *f*

menu ['menju:] *n* Speisekarte *f*

merchandise ['mə:tʃəndaiz] *n* Handelsware *f*, Ware *f*

merchant ['mə:tʃənt] *n* Händler *m*, Kaufmann *m*

merciful ['mə:sifəl] *adj* barmherzig

mercury ['mə:kjuri] *n* Quecksilber *nt*

mercy ['mə:si] *n* Gnade *f*, Barmherzigkeit *f*

mere [miə] *adj* bloß

merely ['miəli] *adv* nur

merger ['mə:dʒə] *n* Fusion *f*

merit ['merit] *v* verdienen; *n* Verdienst *nt*

mermaid ['mə:meid] *n* Seejungfrau *f*

merry ['meri] *adj* fröhlich

merry-go-round ['merigou,raund] *n* Karussell *nt*

mesh [meʃ] *n* Masche *f*

mess [mes] *n* Durcheinander *nt*, Unordnung *f*; ~ **up** in Unordnung *bringen

message ['mesidʒ] *n* Nachricht *f*, Bescheid *m*

messenger ['mesindʒə] *n* Bote *m*

metal ['metəl] *n* Metall *nt*; metallisch

meter ['mi:tə] *n* Zähler *m*

method ['meθəd] *n* Methode *f*; Ordnung *f*

methodical [mə'θɔdikəl] *adj* methodisch

methylated spirits ['meθəleitid 'spirits] Brennspiritus *m*

metre ['mi:tə] *n* Meter *nt*

metric ['metrik] *adj* metrisch

Mexican ['meksikən] *adj* mexikanisch; *n* Mexikaner *m*

Mexico ['meksikou] Mexiko

mezzanine ['mezəni:n] *n* Zwischenstock *m*

microphone ['maikrəfoun] *n* Mikrophon *nt*

microwave oven ['maikrouweiv 'ʌvən] *n* Mikrowellenherd *m*

midday ['middei] *n* Mittag *m*

middle ['midəl] *n* Mitte *f*; *adj* mittler; **Middle Ages** Mittelalter *nt*; ~ **class** Mittelstand *m*; **middle-class** *adj* bürgerlich

midnight ['midnait] *n* Mitternacht *f*

midsummer ['mid,sʌmə] *n* Hochsommer *m*

midwife ['midwaif] *n* (pl -wives) Hebamme *f*

might [mait] *n* Macht *f*

*might [mait] *v* *können

mighty ['maiti] *adj* mächtig

migraine ['migrein] *n* Migräne *f*

mild [maild] *adj* mild

mildew ['mildju] *n* Schimmel *m*

mile [mail] *n* Meile *f*

mileage ['mailidʒ] *n* Meilenstand *m*

milestone ['mailstoun] *n* Meilenstein *m*

milieu ['mi:ljə:] *n* Milieu *nt*

military ['militəri] *adj* militärisch; ~ **force** Kriegsmacht *f*

milk [milk] *n* Milch *f*

milkman ['milkmən] *n* (pl -men) Milchmann *m*

milk-shake ['milkʃeik] *n* Milkshake *m*

milky ['milki] *adj* milchig

mill [mil] *n* Mühle *f*; Fabrik *f*

miller ['milə] *n* Müller *m*

milliner ['milinə] *n* Modistin *f*

million ['miljən] *n* Million *f*

millionaire [,miljə'neə] *n* Millionär *m*

mince [mins] *v* zerhacken

mind [maind] *n* Geist *m*; *v* etwas einzuwenden *haben gegen; *achtgeben auf, kümmern, achten auf

mine [main] *n* Bergwerk *nt*

miner ['mainə] *n* Bergmann *m*

mineral ['minərəl] *n* Mineral *nt*; ~ **water** Mineralwasser *nt*

miniature ['minjətʃə] *n* Miniatur *f*

minimum ['miniməm] *n* Minimum *nt*

mining ['mainiŋ] *n* Bergbau *m*

minister ['ministə] *n* Minister *m*; Geistliche *m*; **Prime Minister** Ministerpräsident *m*

ministry ['ministri] *n* Ministerium *nt*

mink [miŋk] *n* Nerz *m*

minor ['mainə] *adj* klein, gering, kleiner; untergeordnet; *n* Minderjährige *m*

minority [mai'nɔrəti] *n* Minderheit *f*

mint [mint] *n* Minze *f*

minus ['mainəs] *prep* weniger

minute¹ ['minit] *n* Minute *f*; **minutes** Protokoll *nt*

minute² [mai'nju:t] *adj* winzig

miracle ['mirəkəl] *n* Wunder *nt*

miraculous [mi'rækjuləs] *adj* wunderbar

mirror ['mirə] *n* Spiegel *m*

misbehave [,misbi'heiv] *v* sich schlecht *benehmen

miscarriage [mis'kæridʒ] *n* Fehlgeburt *f*

miscellaneous [,misə'leiniəs] *adj* vermischt

mischief ['mistʃif] *n* Unfug *m*; Unheil *nt*, Schaden *m*

mischievous ['mistʃivəs] *adj* schelmisch

miserable ['mizərəbəl] *adj* erbärmlich, elend

misery ['mizəri] n Jammer m, Elend nt; Not f

misfortune [mis'fɔ:tʃen] n Unglück nt, Mißgeschick nt

* **mislay** [mis'lei] v verlegen

misplaced [mis'pleist] adj unangebracht

mispronounce [ˌmisprə'naUns] v falsch *aussprechen

miss¹ [mis] Fräulein nt

miss² [mis] v verpassen

missing ['misiŋ] adj fehlend; ~ person Vermißte m

mist [mist] n Nebel m

mistake [mi'steik] n Versehen nt, Irrtum m, Fehler m

* **mistake** [mi'steik] v verwechseln

mistaken [mi'steikən] adj falsch; *be ~ sich täuschen, sich irren

mister ['mistə] Herr m

mistress ['mistrəs] n Hausherrin f; Herrin f; Mätresse f

mistrust [mis'trʌst] v mißtrauen

misty ['misti] adj nebelig

* **misunderstand** [ˌmisʌndə'stænd] v *mißverstehen

misunderstanding [ˌmisʌndə'stændiŋ] n Mißverständnis nt

misuse [mis'ju:s] n Mißbrauch m

mittens ['mitənz] pl Fausthandschuhe mpl

mix [miks] v mischen; ~ with verkehren mit

mixed [mikst] adj meliert, gemischt

mixer ['miksə] n Mixer m

mixture ['mikstʃə] n Mischung f

moan [moun] v stöhnen

moat [mout] n Wallgraben m

mobile ['moubail] adj mobil, beweglich

mock [mɔk] v verspotten

mockery ['mɔkəri] n Spott m

model ['mɔdəl] n Modell nt; Mannequin nt; v formen, modellieren

moderate ['mɔdərət] adj gemäßigt, mäßig; mittelmäßig

modern ['mɔdən] adj modern

modest ['mɔdist] adj bescheiden

modesty ['mɔdisti] n Bescheidenheit f

modify ['mɔdifai] v modifizieren

mohair ['mouhɛə] n Mohair m

moist [mɔist] adj naß, feucht

moisten ['mɔisən] v anfeuchten

moisture ['mɔistʃə] n Feuchtigkeit f; **moisturizing cream** Feuchtigkeitskrem f

molar ['moulə] n Backenzahn m

moment ['moumənt] n Moment m, Augenblick m

monarch ['mɔnək] n Monarch m

monarchy ['mɔnəki] n Monarchie f

monastery ['mɔnəstri] n Kloster nt

Monday ['mʌndi] Montag m

monetary ['mʌnitəri] adj monetär; ~ unit Währungseinheit f

money ['mʌni] n Geld nt; ~ exchange Wechselstube f; ~ order Anweisung f

monk [mʌŋk] n Mönch m

monkey ['mʌŋki] n Affe m

monologue ['mɔnolɔg] n Monolog m

monopoly [mə'nɔpəli] n Monopol nt

monotonous [mə'nɔtənəs] adj monoton

month [mʌnθ] n Monat m

monthly ['mʌnθli] adj monatlich; ~ magazine Monatsheft nt

monument ['mɔnjumənt] n Monument nt, Denkmal nt

mood [mu:d] n Laune f, Stimmung f

moon [mu:n] n Mond m

moonlight ['mu:nlait] n Mondlicht nt

moor [muə] n Heide f, Moor nt

moose [mu:s] n (pl ~, ~s) Elch m

moped ['mouped] n Moped nt

moral ['mɔrəl] n Moral f; adj sittlich, moralisch; **morals** Sitten

morality [mə'ræləti] n Moral f

more [mɔ:] adj mehr; **once** ~ noch

einmal

moreover [mɔ:'rouvə] *adv* ferner, außerdem

morning ['mɔ:niŋ] *n* Morgen *m*; ~ **paper** Morgenzeitung *f*; **this** ~ heute morgen

Moroccan [mə'rɔkən] *adj* marokkanisch; *n* Marokkaner *m*

Morocco [mə'rɔkou] Marokko

morphia ['mɔ:fiə] *n* Morphium *nt*

morphine ['mɔ:fi:n] *n* Morphium *nt*

morsel ['mɔ:səl] *n* Stück *nt*

mortal ['mɔ:təl] *adj* tödlich, sterblich

mortgage ['mɔ:gidʒ] *n* Hypothek *f*

mosaic [mə'zeiik] *n* Mosaik *nt*

mosque [mɔsk] *n* Moschee *f*

mosquito [mə'ski:tou] *n* (pl ~es) Mücke *f*; Moskito *m*

mosquito-net [mə'ski:tounet] *n* Moskitonetz *nt*

moss [mɔs] *n* Moos *nt*

most [moust] *adj* meist; **at** ~ allenfalls, höchstens; ~ **of all** besonders

mostly ['moustli] *adv* meistens

motel [mou'tel] *n* Motel *nt*

moth [mɔθ] *n* Motte *f*

mother ['mʌðə] *n* Mutter *f*; ~ **tongue** Muttersprache *f*

mother-in-law ['mʌðərinlɔ:] *n* (pl mothers-) Schwiegermutter *f*

mother-of-pearl [,mʌðərəv'pə:l] *n* Perlmutt *nt*

motion ['mouʃən] *n* Bewegung *f*; Antrag *m*

motive ['moutiv] *n* Motiv *nt*

motor ['moutə] *n* Motor *m*; *v* im Auto *fahren; ~ **body** Am Karosserie *f*; **starter** ~ Anlasser *m*

motorbike ['moutəbaik] *nAm* Moped *nt*

motor-boat ['moutəbout] *n* Motorboot *nt*

motor-car ['moutəka:] *n* Kraftwagen *m*

motor-cycle ['moutə,saikəl] *n* Motorrad *nt*

motoring ['moutəriŋ] *n* Automobilismus *m*

motorist ['moutərist] *n* Autofahrer *m*

motorway ['moutəwei] *n* Autobahn *f*

motto ['mɔtou] *n* (pl ~es, ~s) Devise *f*

mouldy ['mouldi] *adj* schimmelig

mound [maund] *n* Erhebung *f*

mount [maunt] *v* *besteigen; *n* Berg *m*

mountain ['mauntin] *n* Berg *m*; ~ **pass** Gebirgspaß *m*; ~ **range** Bergkette *f*

mountaineering [,maunti'niəriŋ] *n* Bergsteigen *nt*

mountainous ['mauntinəs] *adj* gebirgig

mourning ['mɔ:niŋ] *n* Trauer *f*

mouse [maus] *n* (pl mice) Maus *f*

moustache [mə'sta:ʃ] *n* Schnurrbart *m*

mouth [mauθ] *n* Mund *m*; Maul *nt*; Mündung *f*

mouthwash ['mauθwɔʃ] *n* Mundwasser *nt*

movable ['mu:vəbəl] *adj* beweglich

move [mu:v] *v* bewegen; versetzen; *umziehen; rühren; *n* Zug *m*, Schritt *m*; Umzug *m*

movement ['mu:vmənt] *n* Bewegung *f*

movie ['mu:vi] *n* Film *m*; **movies** Am Kino *nt*; ~ **theater** Am Kino *nt*

much [mʌtʃ] *adj* viel; **as** ~ ebensoviel; ebensosehr

muck [mʌk] *n* Dreck *m*

mud [mʌd] *n* Schlamm *m*

muddle ['mʌdəl] *n* Wirrwarr *m*, Durcheinander *m*, Durcheinander *nt*; *v* *durcheinanderbringen

muddy ['mʌdi] *adj* schlammig

mud-guard ['mʌdga:d] *n* Kotflügel *m*

muffler ['mʌflə] *nAm* Auspufftopf *m*

mug [mʌg] *n* Becher *m*

mulberry ['mʌlbəri] *n* Maulbeere *f*

mule [mju:l] n Maultier nt, Maulesel m

mullet ['mʌlit] n Meeräsche f

multiplication [,mʌltipli'keiʃən] n Multiplikation f

multiply ['mʌltiplai] v multiplizieren

mumps [mʌmps] n Mumps m

municipal [mju:'nisipəl] adj städtisch

municipality [mju:,nisi'pælɔti] n Stadtverwaltung f

murder ['mɔ:də] n Mord m; v morden

murderer ['mɔ:dərə] n Mörder m

muscle ['mʌsəl] n Muskel m

muscular ['mʌskjulə] adj muskulös

museum [mju:'zi:əm] n Museum nt

mushroom ['mʌʃru:m] n Champignon m; Pilz m

music ['mju:zik] n Musik f; ~ academy Konservatorium f

musical ['mju:zikəl] adj musikalisch; n Musical nt

music-hall ['mju:zikhɔ:l] n Varietétheater nt

musician [mju:'ziʃən] n Musiker m

muslin ['mʌzlin] n Musselin m

mussel ['mʌsəl] n Muschel f

*must [mʌst] v *müssen

mustard ['mʌstəd] n Senf m

mute [mju:t] adj stumm

mutiny ['mju:tini] n Meuterei f

mutton ['mʌtən] n Hammelfleisch nt

mutual ['mju:tʃuəl] adj wechselseitig, gegenseitig

my [mai] adj mein

myself [mai'self] pron mich; selbst

mysterious [mi'stiəriəs] adj rätselhaft, geheimnisvoll

mystery ['mistəri] n Rätsel nt, Geheimnis nt

myth [miθ] n Mythos m

N

nail [neil] n Nagel m

nailbrush ['neilbrʌʃ] n Nagelbürste f

nail-file ['neilfail] n Nagelfeile f

nail-polish ['neil,pɔliʃ] n Nagellack m

nail-scissors ['neil,sizəz] pl Nagelschere f

naïve [nɑ:'i:v] adj naiv

naked ['neikid] adj bloß, nackt; kahl

name [neim] n Name m; v *nennen; in the ~ of im Namen von

namely ['neimli] adv nämlich

nap [næp] n Schläfchen nt

napkin ['næpkin] n Serviette f

nappy ['næpi] n Windel f

narcosis [nɑ:'kousis] n (pl -ses) Narkose f

narcotic [nɑ:'kɔtik] n Rauschgift nt

narrow ['nærou] adj eng, schmal

narrow-minded [,nærou'maindid] adj engstirnig

nasty ['nɑ:sti] adj unangenehm, widrig; garstig

nation ['neiʃən] n Nation f; Volk nt

national ['næʃənəl] adj national; Volks-; Staats-; ~ anthem Nationalhymne f; ~ dress Tracht f; ~ park Naturschutzpark m

nationality [,næʃə'næləti] n Staatsangehörigkeit f

nationalize ['næʃənəlaiz] v nationalisieren

native ['neitiv] n Eingeborene m; adj einheimisch; ~ country Vaterland nt, Heimatland nt; ~ language Muttersprache f

natural ['nætʃərəl] adj natürlich; angeboren

naturally ['nætʃərəli] adv natürlich, selbstverständlich

nature ['neitʃə] n Natur f; Wesensart

f

naughty ['nɔːti] *adj* ungezogen, unartig

nausea ['nɔːsiə] *n* Übelkeit *f*

naval ['neivəl] *adj* Marine-

navel ['neivəl] *n* Nabel *m*

navigable ['nævigəbəl] *adj* befahrbar

navigate ['nævigeit] *v* steuern

navigation [,nævi'geiʃən] *n* Navigation *f*; Schiffahrt *f*

navy ['neivi] *n* Marine *f*

near [niə] *prep* bei; *adj* nahe

nearby ['niəbai] *adj* nahe

nearly ['niəli] *adv* fast, beinahe

neat [niːt] *adj* nett, sorgfältig

necessary ['nesəsəri] *adj* nötig, notwendig

necessity [nə'sesəti] *n* Notwendigkeit *f*

neck [nek] *n* Hals *m*; **nape of the ~** Nacken *m*

necklace ['nekləs] *n* Halskette *f*

necktie ['nektai] *n* Krawatte *f*

need [niːd] *v* brauchen, nötig *haben; *n* Not *f*, Bedürfnis *nt*; Notwendigkeit *f*; **~ to** *müssen

needle ['niːdəl] *n* Nadel *f*

needlework ['niːdəlwəːk] *n* Handarbeit *f*

negative ['negətiv] *adj* verneinend, negativ; *n* Negativ *nt*

neglect [ni'glekt] *v* vernachlässigen; *n* Vernachlässigung *f*

neglectful [ni'glektfəl] *adj* nachlässig

negligee ['negliʒei] *n* Negligé *nt*

negotiate [ni'gouʃieit] *v* verhandeln

negotiation [ni,gouʃi'eiʃən] *n* Verhandlung *f*

Negro ['niːgrou] *n* (pl ~es) Neger *m*

neighbour ['neibə] *n* Nachbar *m*

neighbourhood ['neibəhud] *n* Nachbarschaft *f*

neighbouring ['neibəriŋ] *adj* benachbart

neither ['naiðə] *pron* keiner von beiden; **neither ... nor** weder ... noch

neon ['niːɔn] *n* Neon *nt*

nephew ['nefjuː] *n* Neffe *m*

nerve [nəːv] *n* Nerv *m*; Kühnheit *f*

nervous ['nəːvəs] *adj* nervös

nest [nest] *n* Nest *nt*

net [net] *n* Netz *nt*; *adj* netto

the Netherlands ['neðələndz] Niederlande *fpl*

network ['netwəːk] *n* Netz *nt*

neuralgia [njuə'rældʒə] *n* Neuralgie *f*

neurosis [njuə'rousis] *n* Neurose *f*

neuter ['njuːtə] *adj* sächlich

neutral ['njuːtrəl] *adj* neutral

never ['nevə] *adv* nie, niemals

nevertheless [,nevəðə'les] *adv* nichtsdestoweniger

new [njuː] *adj* neu; **New Year** Neujahr

news [njuːz] *n* Nachrichten, Neuigkeit *f*

newsagent ['njuː,zeidʒənt] *n* Zeitungshändler *m*

newspaper ['njuːz,peipə] *n* Zeitung *f*

newsreel ['njuːzriːl] *n* Wochenschau *f*

newsstand ['njuːzstænd] *n* Zeitungsstand *m*

New Zealand [njuː 'ziːlənd] Neuseeland

next [nekst] *adj* nächst; **~ to** neben

next-door [,nekst'dɔː] *adv* nebenan

nice [nais] *adj* nett, hübsch; wohlschmeckend; sympathisch

nickel ['nikəl] *n* Nickel *m*

nickname ['nikneim] *n* Spitzname *m*

nicotine ['nikətiːn] *n* Nikotin *nt*

niece [niːs] *n* Nichte *f*

Nigeria [nai'dʒiəriə] Nigeria

Nigerian [nai'dʒiəriən] *adj* nigerianisch; *n* Nigerianer *m*

night [nait] *n* Nacht *f*; Abend *m*; **by ~** bei Nacht; **~ flight** Nachtflug *m*; **~ rate** Nachttarif *m*; **~ train**

Nachtzug *m*

nightclub ['naitklʌb] *n* Nachtlokal *nt*

night-cream ['naitkri:m] *n* Nachtkrem *f*

nightdress ['naitdres] *n* Nachthemd *nt*

nightingale ['naitiŋgeil] *n* Nachtigall *f*

nightly ['naitli] *adj* nächtlich

nil [nil] nichts

nine [nain] *num* neun

nineteen [,nain'ti:n] *num* neunzehn

nineteenth [,nain'ti:nθ] *num* neunzehnte

ninety ['nainti] *num* neunzig

ninth [nainθ] *num* neunte

nitrogen ['naitrədʒən] *n* Stickstoff *m*

no [nou] nein; *adj* kein; ~ **one** niemand

nobility [nou'biləti] *n* Adel *m*

noble ['noubəl] *adj* adlig; edel

nobody ['noubɔdi] *pron* niemand

nod [nɔd] *n* Nicken *nt*; *v* nicken

noise [nɔiz] *n* Geräusch *nt*; Krach *m*, Lärm *m*

noisy ['nɔizi] *adj* lärmend; hellhörig

nominal ['nɔminəl] *adj* nominell

nominate ['nɔmineit] *v* *ernennen

nomination [,nɔmi'neiʃən] *n* Ernennung *f*

none [nʌn] *pron* keiner

nonsense ['nɔnsəns] *n* Unsinn *m*

noon [nu:n] *n* Mittag *m*

normal ['nɔ:məl] *adj* gewohnt, normal

north [nɔ:θ] *n* Norden *m*; *adj* nördlich; **North Pole** Nordpol *m*

north-east [,nɔ:θ'i:st] *n* Nordosten *m*

northerly ['nɔ:ðəli] *adj* nördlich

northern ['nɔ:ðən] *adj* nördlich

north-west [,nɔ:θ'west] *n* Nordwesten *m*

Norway ['nɔ:wei] Norwegen

Norwegian [nɔ:'wi:dʒən] *adj* norwegisch; *n* Norweger *m*

nose [nouz] *n* Nase *f*

nosebleed ['nouzbli:d] *n* Nasenbluten

nt

nostril ['nɔstril] *n* Nasenloch *nt*

not [nɔt] *adv* nicht

notary ['noutəri] *n* Notar *m*

note [nout] *n* Aufzeichnung *f*, Notiz *f*; Vermerk *m*; Ton *m*; *v* anmerken; *wahrnehmen, bemerken

notebook ['noutbuk] *n* Notizbuch *nt*

noted ['noutid] *adj* berühmt

notepaper ['nout,peipə] *n* Schreibpapier *nt*, Briefpapier *nt*

nothing ['nʌθiŋ] *n* nichts

notice ['noutis] *v* feststellen, merken, bemerken; *sehen; *n* Anzeige *f*, Bericht *m*; Aufmerksamkeit *f*, Acht *f*

noticeable ['noutisəbəl] *adj* wahrnehmbar; bemerkenswert

notify ['noutifai] *v* mitteilen; benachrichtigen

notion ['nouʃən] *n* Begriff *m*, Ahnung *f*

notorious [nou'tɔ:riəs] *adj* berüchtigt

nougat ['nu:gɑ:] *n* Nougat *m*

nought [nɔ:t] *n* Null *f*

noun [naun] *n* Hauptwort *nt*, Substantiv *nt*

nourishing ['nʌriʃiŋ] *adj* nahrhaft

novel ['nɔvəl] *n* Roman *m*

novelist ['nɔvəlist] *n* Romanschriftsteller *m*

November [nou'vembə] November

now [nau] *adv* jetzt; ~ **and then** hin und wieder

nowadays ['nauədeiz] *adv* heutzutage

nowhere ['nouweə] *adv* nirgends

nozzle ['nɔzəl] *n* Schnabel *m*

nuance [nju:'ɑ̃:s] *n* Nuance *f*

nuclear ['nju:kliə] *adj* Kern-, nuklear; ~ **energy** Kernenergie *f*

nucleus ['nju:kliəs] *n* Kern *m*

nude [nju:d] *adj* nackt; *n* Akt *m*

nuisance ['nju:səns] *n* Unfug *m*

numb [nʌm] *adj* starr; erstarrt

number ['nʌmbə] *n* Nummer *f*; Ziffer

f, Zahl f; Anzahl f

numeral ['nju:mərəl] n Zahlwort nt

numerous ['nju:mərəs] adj zahlreich

nun [nʌn] n Nonne f

nunnery ['nʌnəri] n Nonnenkloster nt

nurse [nə:s] n Schwester f, Krankenschwester f; Kindermädchen nt; v pflegen; stillen

nursery ['nə:səri] n Kinderzimmer nt; Kinderkrippe f; Baumschule f

nut [nʌt] n Nuß f; Schraubenmutter f

nutcrackers ['nʌt,krækəz] pl Nußknacker m

nutmeg ['nʌtmeg] n Muskatnuß f

nutritious [nju:'triʃəs] adj nahrhaft

nutshell ['nʌtʃel] n Nußschale f

nylon ['nailən] n Nylon nt

O

oak [ouk] n Eiche f

oar [ɔ:] n Ruder nt

oasis [ou'eisis] n (pl oases) Oase f

oath [ouθ] n Eid m

oats [outs] pl Hafer m

obedience [ə'bi:diəns] n Gehorsam m

obedient [ə'bi:diənt] adj gehorsam

obey [ə'bei] v gehorchen

object[1] ['ɔbdʒikt] n Objekt nt; Gegenstand m; Ziel nt

object[2] [əb'dʒekt] v *einwenden; ~ to Einwand *erheben gegen

objection [əb'dʒekʃən] n Widerspruch m, Einwand m

objective [əb'dʒektiv] adj objektiv; n Zweck m

obligatory [ə'bligətəri] adj obligatorisch

oblige [ə'blaidʒ] v verpflichten; *be obliged to verpflichtet *sein zu; *müssen

obliging [ə'blaidʒiŋ] adj gefällig

oblong ['ɔblɔŋ] adj länglich; n Rechteck nt

obscene [əb'si:n] adj obszön

obscure [əb'skjuə] adj obskur, unklar, dunkel

observation [,ɔbzə'veiʃən] n Observation f, Beobachtung f

observatory [əb'zə:vətri] n Observatorium nt

observe [əb'zə:v] v observieren, beachten

obsession [əb'seʃən] n Besessenheit f

obstacle ['ɔbstəkəl] n Hindernis nt

obstinate ['ɔbstinət] adj starrköpfig; hartnäckig

obtain [əb'tein] v erlangen, *erhalten

obtainable [əb'teinəbəl] adj erhältlich

obvious ['ɔbviəs] adj offensichtlich

occasion [ə'keiʒən] n Gelegenheit f; Anlaß m

occasionally [ə'keiʒənəli] adv ab und zu, gelegentlich

occupant ['ɔkjupənt] n Inhaber m

occupation [,ɔkju'peiʃən] n Beschäftigung f; Besetzung f

occupy ['ɔkjupai] v *einnehmen, besetzen; occupied adj besetzt

occur [ə'kə:] v *geschehen, *vorkommen, sich ereignen

occurrence [ə'kʌrəns] n Ereignis nt

ocean ['ouʃən] n Ozean m

October [ɔk'toubə] Oktober

octopus ['ɔktəpəs] n Polyp m

oculist ['ɔkjulist] n Augenarzt m

odd [ɔd] adj seltsam, sonderbar; ungerade

odour ['oudə] n Geruch m

of [ɔv, əv] prep von

off [ɔf] adv ab; weg; prep von

offence [ə'fens] n Vergehen nt; Beleidigung f, Verstoß m

offend [ə'fend] v kränken, beleidigen; sich *vergehen

offensive [ə'fensiv] adj offensiv; beleidigend, anstößig; n Offensive f

offer ['ɔfə] v *anbieten; leisten; n Angebot nt

office ['ɔfis] n Dienstraum m, Büro nt; Amt nt; ~ **hours** Bürostunden fpl

officer ['ɔfisə] n Offizier m

official [ə'fiʃəl] adj offiziell

off-licence ['ɔf,laisəns] n Spirituosenladen m

often ['ɔfən] adv häufig, oft

oil [ɔil] n Öl nt; Petroleum nt; **fuel ~** Heizöl nt; ~ **filter** Ölfilter nt; ~ **pressure** Öldruck m

oil-painting [,ɔil'peintiŋ] n Ölgemälde nt

oil-refinery ['ɔilri,fainəri] n Ölraffinerie f

oil-well ['ɔilwel] n Ölquelle f

oily ['ɔili] adj ölig

ointment ['ɔintmənt] n Salbe f

okay! [,ou'kei] in Ordnung!

old [ould] adj alt; ~ **age** Alter nt

old-fashioned [,ould'fæʃənd] adj altmodisch

olive ['ɔliv] n Olive f; ~ **oil** Olivenöl nt

omelette ['ɔmlət] n Eierkuchen m

ominous ['ɔminəs] adj verhängnisvoll

omit [ə'mit] v *auslassen

omnipotent [ɔm'nipətənt] adj allmächtig

on [ɔn] prep auf; an

once [wʌns] adv einst, einmal; **at ~** sofort; ~ **more** noch einmal

oncoming ['ɔn,kʌmiŋ] adj entgegenkommend, herannahend

one [wʌn] num eins; pron man

oneself [wʌn'self] pron selbst

onion ['ʌnjən] n Zwiebel f

only ['ounli] adj einzig; adv nur, bloß; conj jedoch

onwards ['ɔnwədz] adv vorwärts

onyx ['ɔniks] n Onyx m

opal ['oupəl] n Opal m

open ['oupən] v öffnen; adj offen; offenherzig

opening ['oupəniŋ] n Öffnung f

opera ['ɔpərə] n Oper f; ~ **house** Opernhaus nt

operate ['ɔpəreit] v wirken, arbeiten; operieren

operation [,ɔpə'reiʃən] n Funktion f; Operation f

operator ['ɔpəreitə] n Telephonistin f

operetta [,ɔpə'retə] n Operette f

opinion [ə'pinjən] n Ansicht f, Meinung f

opponent [ə'pounənt] n Gegner m

opportunity [,ɔpə'tju:nəti] n Gelegenheit f

oppose [ə'pouz] v sich widersetzen

opposite ['ɔpəzit] prep gegenüber; adj gegensätzlich, entgegengesetzt

opposition [,ɔpə'ziʃən] n Opposition f

oppress [ə'pres] v bedrücken, unterdrücken

optician [ɔp'tiʃən] n Optiker m

optimism ['ɔptimizəm] n Optimismus m

optimist ['ɔptimist] n Optimist m

optimistic [,ɔpti'mistik] adj optimistisch

optional ['ɔpʃənəl] adj beliebig

or [ɔ:] conj oder

oral ['ɔ:rəl] adj mündlich

orange ['ɔrindʒ] n Apfelsine f; adj orange

orchard ['ɔ:tʃəd] n Obstgarten m

orchestra ['ɔ:kistrə] n Orchester nt

order ['ɔ:də] v *befehlen; bestellen; n Reihenfolge f, Ordnung f; Auftrag m, Befehl m; Bestellung f; **in ~** in Ordnung; **in ~ to** um zu; **made to ~** auf Bestellung gemacht; **out of ~** funktionsunfähig; **postal ~** Postanweisung f

order-form ['ɔ:dəfɔ:m] n Bestellzettel

m

ordinary ['ɔ:dənri] *adj* alltäglich, gewöhnlich

ore [ɔ:] *n* Erz *nt*

organ ['ɔ:gən] *n* Organ *nt*; Orgel *f*

organic [ɔ:'gænik] *adj* organisch

organization [,ɔ:gənai'zeiʃən] *n* Organisation *f*

organize ['ɔ:gənaiz] *v* organisieren

Orient ['ɔ:riənt] *n* Orient *m*

oriental [,ɔ:ri'entəl] *adj* orientalisch

orientate ['ɔ:riənteit] *v* sich orientieren

origin ['ɔridʒin] *n* Abstammung *f*, Ursprung *m*; Herkunft *f*

original [ə'ridʒinəl] *adj* ursprünglich, originell

originally [ə'ridʒinəli] *adv* anfänglich

orlon ['ɔ:lɔn] *n* Orlon *nt*

ornament ['ɔ:nəmənt] *n* Verzierung *f*

ornamental [,ɔ:nə'mentəl] *adj* ornamental

orphan ['ɔ:fən] *n* Waise *f*

orthodox ['ɔ:θədɔks] *adj* orthodox

ostrich ['ɔstritʃ] *n* Strauß *m*

other ['ʌðə] *adj* ander

otherwise ['ʌðəwaiz] *conj* sonst; *adv* anders

∗ **ought to** [ɔ:t] sollen

our [auə] *adj* unser

ourselves [auə'selvz] *pron* uns; selbst

out [aut] *adv* heraus, hinaus; ~ of außer, aus

outbreak ['autbreik] *n* Ausbruch *m*

outcome ['autkʌm] *n* Ergebnis *nt*

∗ **outdo** [,aut'du:] *v* *∗übertreffen

outdoors [,aut'dɔ:z] *adv* draußen

outer ['autə] *adj* äußer

outfit ['autfit] *n* Ausrüstung *f*

outline ['autlain] *n* Umriß *m*; *v* *∗umreißen

outlook ['autluk] *n* Aussicht *f*; Anschauung *f*

output ['autput] *n* Ausstoß *m*

outrage ['autreidʒ] *n* Gewalttat *m*

outside [,aut'said] *adv* draußen; *prep* außerhalb; *n* Äußere *nt*, Außenseite *f*

outsize ['autsaiz] *n* Übergröße *f*

outskirts ['autskə:ts] *pl* Außenbezirke *mpl*

outstanding [,aut'stændiŋ] *adj* eminent, hervorragend

outward ['autwəd] *adj* äußer

outwards ['autwədz] *adv* nach draußen

oval ['ouvəl] *adj* oval

oven ['ʌvən] *n* Backofen *m*

over ['ouvə] *prep* oberhalb, über; *adv* über; nieder; *adj* vorbei; ~ **there** drüben

overall ['ouvərɔ:l] *adj* gesamt

overalls ['ouvərɔ:lz] *pl* Arbeitsanzug *m*

overcast ['ouvəka:st] *adj* bewölkt

overcoat ['ouvəkout] *n* Mantel *m*

∗ **overcome** [,ouvə'kʌm] *v* *∗überwinden

overdue [,ouvə'dju:] *adj* überfällig; rückständig

overgrown [,ouvə'groun] *adj* überwachsen

overhaul [,ouvə'hɔ:l] *v* überholen

overhead [,ouvə'hed] *adv* oben

overlook [,ouvə'luk] *v* *übersehen

overnight [,ouvə'nait] *adv* über Nacht

overseas [,ouvə'si:z] *adj* überseeisch

oversight ['ouvəsait] *n* Versehen *nt*

∗ **oversleep** [,ouvə'sli:p] *v* *∗verschlafen

overstrung [,ouvə'strʌŋ] *adj* überspannt

∗ **overtake** [,ouvə'teik] *v* überholen; **no overtaking** Überholen verboten

over-tired [,ouvə'taiəd] *adj* übermüdet

overture ['ouvətʃə] *n* Ouvertüre *f*

overweight ['ouvəweit] *n* Übergewicht *nt*

overwhelm [,ouvə'welm] *v* verblüffen, überwältigen

overwork [,ouvə'wə:k] *v* sich überarbeiten

owe [ou] v schuldig *sein, schulden; verdanken; **owing to** aufgrund, infolge

owl [aul] n Eule f

own [oun] v *besitzen; adj eigen

owner ['ounə] n Besitzer m, Eigentümer m

ox [ɔks] n (pl oxen) Ochse m

oxygen ['ɔksidʒən] n Sauerstoff m

oyster ['ɔistə] n Auster f

P

pace [peis] n Gang m; Schritt m; Tempo nt

Pacific Ocean [pə'sifik 'ouʃən] Stille Ozean

pacifism ['pæsifizəm] n Pazifismus m

pacifist ['pæsifist] n Pazifist m; pazifistisch

pack [pæk] v packen; ~ **up** einpacken

package ['pækidʒ] n Paket nt

packet ['pækit] n Päckchen nt

packing ['pækiŋ] n Verpackung f

pad [pæd] n Polster nt; Schreibblock m

paddle ['pædəl] n Paddel nt

padlock ['pædlɔk] n Vorhängeschloß nt

pagan ['peigən] adj heidnisch; n Heide m

page [peidʒ] n Blatt nt, Seite f

page-boy ['peidʒbɔi] n Hotelpage m

pail [peil] n Eimer m

pain [pein] n Schmerz m; **pains** Mühe f

painful ['peinfəl] adj schmerzhaft

painless ['peinləs] adj schmerzlos

paint [peint] n Farbe f; v malen; *anstreichen

paint-box ['peintbɔks] n Malkasten m

paint-brush ['peintbrʌʃ] n Pinsel m

painter ['peintə] n Maler m

painting ['peintiŋ] n Gemälde nt

pair [peə] n Paar nt

Pakistan [,pɑ:ki'stɑ:n] Pakistan

Pakistani [,pɑ:ki'stɑ:ni] adj pakistanisch; n Pakistaner m

palace ['pæləs] n Palast m

pale [peil] adj bleich; hell

palm [pɑ:m] n Palme f; Handfläche f

palpable ['pælpəbəl] adj fühlbar

palpitation [,pælpi'teiʃən] n Herzklopfen nt

pan [pæn] n Pfanne f

pane [pein] n Scheibe f

panel ['pænəl] n Paneel nt

panelling ['pænəliŋ] n Täfelung f

panic ['pænik] n Panik f

pant [pænt] v keuchen

panties ['pæntiz] pl Schlüpfer m

pants [pænts] pl Unterhose f; plAm Hose f

pant-suit ['pæntsu:t] n Hosenanzug m

panty-hose ['pæntihouz] n Strumpfhose f

paper ['peipə] n Papier nt; Zeitung f; papieren; **carbon** ~ Kohlepapier nt; ~ **bag** Tüte f; ~ **napkin** Papierserviette f; **typing** ~ Schreibmaschinenpapier nt; **wrapping** ~ Packpapier nt

paperback ['peipəbæk] n Taschenbuch nt

paper-knife ['peipənaif] n Brieföffner m

parade [pə'reid] n Parade f, Umzug m

paraffin ['pærəfin] n Petroleum nt

paragraph ['pærəgrɑ:f] n Absatz m

parakeet ['pærəki:t] n Sittich m

paralise ['pærəlaiz] v lähmen

parallel ['pærəlel] adj gleichlaufend, parallel; n Parallele f

parcel ['pɑ:səl] n Paket nt

pardon ['pɑ:dən] n Verzeihung f; Begnadigung f

parents ['peərənts] pl Eltern pl

parents-in-law ['peərəntsinlɔ:] pl Schwiegereltern pl

parish ['pæriʃ] n Kirchspiel nt

park [pɑ:k] n Park m; v parken; **no parking** Parken verboten; **parking** Parkplatz m; **parking fee** Parkgebühr f; **parking light** Parkleuchte f; **parking lot** Am Parkplatz m; **parking meter** Parkuhr f; **parking zone** Parkzone f

parliament ['pɑ:ləmənt] n Parlament nt

parliamentary [,pɑ:lə'mentəri] adj parlamentarisch

parrot ['pærət] n Papagei m

parsley ['pɑ:sli] n Petersilie f

parson ['pɑ:sən] n Pfarrer m

parsonage ['pɑ:sənidʒ] n Pfarrhaus nt

part [pɑ:t] n Teil m; Stück nt; v trennen; **spare ~** Ersatzteil nt

partial ['pɑ:ʃəl] adj teilweise; parteiisch

participant [pɑ:'tisipənt] n Teilnehmer m

participate [pɑ:'tisipeit] v *teilnehmen

particular [pə'tikjulə] adj besonder; wählerisch; **in ~** speziell

parting ['pɑ:tiŋ] n Abschied m; Scheitel m

partition [pɑ:'tiʃən] n Scheidewand f

partly ['pɑ:tli] adv teils, teilweise

partner ['pɑ:tnə] n Partner m; Teilhaber m

partridge ['pɑ:tridʒ] n Rebhuhn nt

party ['pɑ:ti] n Partei f; Party f; Gruppe f

pass [pɑ:s] v *vergehen, passieren, überholen; reichen; *bestehen; vAm *vorbeifahren; **no passing** Am Überholen verboten; **~ by** *vorbeigehen; **~ through** durchqueren

passage ['pæsidʒ] n Durchgang m; Überfahrt f; Stelle f; Durchfahrt f

passenger ['pæsəndʒə] n Passagier m; **~ car** Am Wagen m; **~ train** Personenzug m

passer-by [,pɑ:sə'bai] n Passant m

passion ['pæʃən] n Leidenschaft f, Passion f; Wut f

passionate ['pæʃənət] adj leidenschaftlich

passive ['pæsiv] adj passiv

passport ['pɑ:spɔ:t] n Paß m; **~ control** Paßkontrolle f; **~ photograph** Paßphoto nt

password ['pɑ:swə:d] n Losungswort nt

past [pɑ:st] n Vergangenheit f; adj vorig, letzt, vergangen; prep entlang, an … vorbei

paste [peist] n Paste f; v kleben

pastry ['peistri] n Gebäck nt; **~ shop** Konditorei f

pasture ['pɑ:stʃə] n Weide f

patch [pætʃ] v flicken

patent ['peitənt] n Patent nt

path [pɑ:θ] n Pfad m

patience ['peiʃəns] n Geduld f

patient ['peiʃənt] adj geduldig; n Patient m

patriot ['peitriət] n Patriot m

patrol [pə'troul] n Streife f; v patrouillieren; überwachen

pattern ['pætən] n Motiv nt, Muster nt

pause [pɔ:z] n Pause f; v pausieren

pave [peiv] v pflastern

pavement ['peivmənt] n Bürgersteig m; Pflaster nt

pavilion [pə'viljən] n Pavillon m

paw [pɔ:] n Pfote f

pawn [pɔ:n] v verpfänden; n Bauer m

pawnbroker ['pɔ:n,broukə] n Pfandleiher m

pay [pei] n Gehalt nt, Lohn m

*pay [pei] *v* bezahlen, zahlen; sich lohnen; ~ **attention to** achten auf; **paying** rentabel; ~ **off** tilgen; ~ **on account** abzahlen

pay-desk ['peidesk] *n* Kasse *f*

payee [pei'i:] *n* Zahlungsempfänger *m*

payment ['peimənt] *n* Bezahlung *f*

pea [pi:] *n* Erbse *f*

peace [pi:s] *n* Frieden *m*

peaceful ['pi:sfəl] *adj* friedlich

peach [pi:tʃ] *n* Pfirsich *m*

peacock ['pi:kɔk] *n* Pfau *m*

peak [pi:k] *n* Gipfel *m*; Spitze *f*; ~ **hour** Hauptverkehrszeit *f*; ~ **season** Hochsaison *f*

peanut ['pi:nʌt] *n* Erdnuß *f*

pear [pɛə] *n* Birne *f*

pearl [pə:l] *n* Perle *f*

peasant ['pezənt] *n* Bauer *m*

pebble ['pebəl] *n* Kieselstein *m*

peculiar [pi'kju:ljə] *adj* eigentümlich; speziell, sonderbar

peculiarity [pi,kju:li'ærəti] *n* Eigentümlichkeit *f*

pedal ['pedəl] *n* Pedal *nt*

pedestrian [pi'destriən] *n* Fußgänger *m*; **no pedestrians** Fußgänger verboten; ~ **crossing** Fußgängerübergang *m*

pedicure ['pedikjuə] *n* Fußpfleger *m*

peel [pi:l] *v* schälen; *n* Schale *f*

peep [pi:p] *v* spähen

peg [peg] *n* Kleiderhaken *m*

pelican ['pelikən] *n* Pelikan *m*

pelvis ['pelvis] *n* Becken *nt*

pen [pen] *n* Feder *f*

penalty ['penəlti] *n* Buße *f*; Strafe *f*; ~ **kick** Strafstoß *m*

pencil ['pensəl] *n* Bleistift *m*

pencil-sharpener ['pensəl,ʃa:pnə] *n* Bleistiftspitzer *m*

pendant ['pendənt] *n* Anhänger *m*

penetrate ['penitreit] *v* *durchdringen

penguin ['peŋgwin] *n* Pinguin *m*

penicillin [,peni'silin] *n* Penicillin *nt*

peninsula [pə'ninsjulə] *n* Halbinsel *f*

penknife ['pennaif] *n* (pl -knives) Taschenmesser *nt*

pension¹ ['pã:siɔ̃:] *n* Pension *f*

pension² ['penʃən] *n* Rente *f*

people ['pi:pəl] *pl* Leute *pl*; *n* Volk *nt*

pepper ['pepə] *n* Pfeffer *m*

peppermint ['pepəmint] *n* Pfefferminze *f*

perceive [pə'si:v] *v* *wahrnehmen

percent [pə'sent] *n* Prozent *nt*

percentage [pə'sentidʒ] *n* Prozentsatz *m*

perceptible [pə'septibəl] *adj* wahrnehmbar

perception [pə'sepʃən] *n* Empfindung *f*

perch [pə:tʃ] *n* (pl ~) Barsch *m*

percolator ['pə:kəleitə] *n* Kaffeemaschine *f*

perfect ['pə:fikt] *adj* vollkommen

perfection [pə'fekʃən] *n* Perfektion *f*, Vollkommenheit *f*

perform [pə'fɔ:m] *v* ausführen, verrichten

performance [pə'fɔ:məns] *n* Aufführung *f*

perfume ['pə:fju:m] *n* Parfüm *nt*

perhaps [pə'hæps] *adv* vielleicht

peril ['peril] *n* Gefahr *f*

perilous ['periləs] *adj* gefährlich

period ['piəriəd] *n* Zeitraum *m*, Zeitabschnitt *m*; Punkt *m*

periodical [,piəri'ɔdikəl] *n* Zeitschrift *f*; *adj* periodisch

perish ['periʃ] *v* *umkommen

perishable ['periʃəbəl] *adj* leicht verderblich

perjury ['pə:dʒəri] *n* Meineid *m*

permanent ['pə:mənənt] *adj* dauerhaft, dauernd; beständig, fest; ~ **press** mit Dauerbügelfalte; ~ **wave** Dauerwelle *f*

permission [pə'miʃən] *n* Erlaubnis *f*, Genehmigung *f*; Bewilligung *f*, Konzession *f*

permit[1] [pə'mit] *v* gestatten, erlauben

permit[2] ['pə:mit] *n* Genehmigung *f*

peroxide [pə'rɔksaid] *n* Wasserstoffsuperoxyd *nt*

perpendicular [,pə:pən'dikjulə] *adj* senkrecht

Persia ['pə:ʃə] Persien

Persian ['pə:ʃən] *adj* persisch; *n* Perser *m*

person ['pə:sən] *n* Person *f*; **per ~** pro Person

personal ['pə:sənəl] *adj* persönlich

personality [,pə:sə'næləti] *n* Persönlichkeit *f*

personnel [,pə:sə'nel] *n* Personal *nt*

perspective [pə'spektiv] *n* Perspektive *f*

perspiration [,pə:spə'reiʃən] *n* Transpiration *f*, Schweiß *m*

perspire [pə'spaiə] *v* transpirieren, schwitzen

persuade [pə'sweid] *v* bereden, überreden; überzeugen

persuasion [pə'sweiʒən] *n* Überzeugung *f*

pessimism ['pesimizəm] *n* Pessimismus *m*

pessimist ['pesimist] *n* Pessimist *m*

pessimistic [,pesi'mistik] *adj* pessimistisch

pet [pet] *n* Haustier *nt*; Liebling *m*

petal ['petəl] *n* Blumenblatt *nt*

petition [pi'tiʃən] *n* Bittschrift *f*

petrol ['petrəl] *n* Benzin *nt*; **~ pump** Benzinpumpe *f*; **~ station** Tankstelle *f*; **~ tank** Benzintank *m*

petroleum [pi'trouliəm] *n* Petroleum *nt*

petty ['peti] *adj* klein, unbedeutend, geringfügig; **~ cash** Kleingeld *nt*

pewit ['pi:wit] *n* Kiebitz *m*

pewter ['pju:tə] *n* Zinn *nt*

phantom ['fæntəm] *n* Gespenst *nt*

pharmacology [,fɑ:mə'kɔlədʒi] *n* Arzneimittellehre *f*

pharmacy ['fɑ:məsi] *n* Apotheke *f*; Drogerie *f*

phase [feiz] *n* Phase *f*

pheasant ['fezənt] *n* Fasan *m*

Philippine ['filipain] *adj* philippinisch

Philippines ['filipi:nz] *pl* Philippinen *pl*

philosopher [fi'lɔsəfə] *n* Philosoph *m*

philosophy [fi'lɔsəfi] *n* Philosophie *f*

phone [foun] *n* Fernsprecher *m*; *v* *anrufen, telephonieren

phonetic [fə'netik] *adj* phonetisch

photo ['foutou] *n* (pl ~s) Foto *nt*

photocopy ['foutəkɔpi] *n* Fotokopie *f*; *v* fotokopieren

photograph ['foutəgrɑ:f] *n* Lichtbild *nt*; *v* fotografieren

photographer [fə'tɔgrəfə] *n* Fotograph *m*

photography [fə'tɔgrəfi] *n* Photographie *f*

phrase [freiz] *n* Redewendung *f*

phrase-book ['freizbuk] *n* Sprachführer *m*

physical ['fizikəl] *adj* physisch

physician [fi'ziʃən] *n* Arzt *m*

physicist ['fizisist] *n* Physiker *m*

physics ['fiziks] *n* Physik *f*, Naturwissenschaft *f*

physiology [,fizi'ɔlədʒi] *n* Physiologie *f*

pianist ['pi:ənist] *n* Pianist *m*

piano [pi'ænou] *n* Klavier *nt*; **grand ~** Flügel *m*

pick [pik] *v* pflücken; wählen; *n* Wahl *f*; **~ up** *aufnehmen; abholen; **pick-up van** Lieferwagen *m*

pick-axe ['pikæks] *n* Spitzhacke *f*

picnic ['piknik] *n* Picknick *nt*; *v* picknicken

picture ['piktʃə] *n* Gemälde *nt*; Abbildung f, Stich m; Bild nt; ~ **post-card** Ansichtskarte f; **pictures** Kino nt

picturesque [,piktʃə'resk] adj pittoresk, malerisch

piece [pi:s] n Stück nt

pier [piə] n Pier m

pierce [piəs] v durchbohren

pig [pig] n Schwein nt

pigeon ['pidʒən] n Taube f

pig-headed [,pig'hedid] adj starrköpfig

piglet ['piglət] n Ferkel nt

pigskin ['pigskin] n Schweinsleder nt

pike [paik] (pl ~) Hecht m

pile [pail] n Haufen m; v anhäufen; **piles** pl Hämorrhoiden fpl

pilgrim ['pilgrim] n Pilger m

pilgrimage ['pilgrimidʒ] n Pilgerfahrt f

pill [pil] n Pille f

pillar ['pilə] n Pfeiler m, Säule f

pillar-box ['piləbɔks] n Briefkasten m

pillow ['pilou] n Kissen nt, Kopfkissen nt

pillow-case ['piloukeis] n Kissenbezug m

pilot ['pailət] n Pilot m; Lotse m

pimple ['pimpəl] n Pickel m

pin [pin] n Stecknadel f; v feststecken; **bobby** ~ Am Haarklemme f

pincers ['pinsəz] pl Kneifzange f

pinch [pintʃ] v *kneifen

pineapple ['pai,næpəl] n Ananas f

ping-pong ['piŋpɔŋ] n Tischtennis nt

pink [piŋk] adj rosa

pioneer [,paiə'niə] n Pionier m

pious ['paiəs] adj fromm

pip [pip] n Kern m

pipe [paip] n Pfeife f; Rohr nt; ~ **cleaner** Pfeifenreiniger m; ~ **tobacco** Tabak m

pirate ['paiərət] n Seeräuber m

pistol ['pistəl] n Pistole f

piston ['pistən] n Kolben m; ~ **ring** Kolbenring m

piston-rod ['pistənrɔd] n Kolbenstange f

pit [pit] n Grube f

pitcher ['pitʃə] n Krug m

pity ['piti] n Mitleid nt; v Mitleid *haben mit, bemitleiden; **what a pity!** schade!

placard ['plækɑ:d] n Plakat nt

place [pleis] n Ort m; v setzen, stellen; ~ **of birth** Geburtsort m; *take ~ *stattfinden

plague [pleig] n Plage f

plaice [pleis] (pl ~) Scholle f

plain [plein] adj deutlich; gewöhnlich, schlicht; n Ebene f

plan [plæn] n Plan m; Grundriß m; v planen

plane [plein] adj flach; n Flugzeug nt; ~ **crash** Flugzeugabsturz m

planet ['plænit] n Planet m

planetarium [,plæni'tɛəriəm] n Planetarium nt

plank [plæŋk] n Brett nt

plant [plɑ:nt] n Pflanze f; Betriebsanlage f; v pflanzen

plantation [plæn'teiʃən] n Plantage f

plaster ['plɑ:stə] n Putz m, Gips m; Pflaster nt, Heftpflaster nt

plastic ['plæstik] adj Kunststoff-; n Kunststoff m

plate [pleit] n Teller m; Platte f

plateau ['plætou] n (pl ~x, ~s) Hochebene f

platform ['plætfɔ:m] n Bahnsteig m; ~ **ticket** Bahnsteigkarte f

platinum ['plætinəm] n Platin nt

play [plei] v spielen; n Spiel nt; Schauspiel nt; **one-act** ~ Einakter m; ~ **truant** schwänzen

player [pleiə] n Spieler m

playground ['pleigraund] n Spielplatz m

playing-card ['pleiiŋkɑ:d] n Spielkarte

f

playwright ['pleirait] *n* Bühnenautor *m*

plea [pli:] *n* Verteidigungsrede *f*

plead [pli:d] *v* plädieren

pleasant ['plezənt] *adj* angenehm, nett

please [pli:z] bitte; *v* *gefallen; **pleased** erfreut; **pleasing** angenehm

pleasure ['pleʒə] *n* Vergnügen *nt*, Spaß *m*, Freude *f*

plentiful ['plentifəl] *adj* reichlich

plenty ['plenti] *n* Fülle *f*; Menge *f*

pliers [plaiəz] *pl* Zange *f*

plimsolls ['plimsəlz] *pl* Turnschuhe *mpl*

plot [plɔt] *n* Verschwörung *f*, Komplott *nt*; Handlung *f*; Parzelle *f*

plough [plau] *n* Pflug *m*; *v* pflügen

plucky ['plʌki] *adj* mutig

plug [plʌg] *n* Stecker *m*; ~ **in** einstöpseln

plum [plʌm] *n* Pflaume *f*

plumber ['plʌmə] *n* Installateur *m*

plump [plʌmp] *adj* mollig

plural ['pluərəl] *n* Mehrzahl *f*

plus [plʌs] *prep* plus

pneumatic [nju:'mætik] *adj* pneumatisch

pneumonia [nju:'mouniə] *n* Lungenentzündung *f*

poach [poutʃ] *v* wildern

pocket ['pɔkit] *n* Tasche *f*

pocket-book ['pɔkitbuk] *n* Brieftasche *f*

pocket-comb ['pɔkitkoum] *n* Taschenkamm *m*

pocket-knife ['pɔkitnaif] *n* (pl -knives) Taschenmesser *nt*

pocket-watch ['pɔkitwɔtʃ] *n* Taschenuhr *f*

poem ['pouim] *n* Gedicht *nt*

poet ['pouit] *n* Dichter *m*

poetry ['pouitri] *n* Dichtung *f*

point [pɔint] *n* Punkt *m*; Spitze *f*; *v* zeigen; ~ **of view** Standpunkt *m*

pointed ['pɔintid] *adj* spitz

poison ['pɔizən] *n* Gift *nt*; *v* vergiften

poisonous ['pɔizənəs] *adj* giftig

Poland ['poulənd] Polen

Pole [poul] *n* Pole *m*

pole [poul] *n* Pfosten *m*

police [pə'li:s] *pl* Polizei *f*

policeman [pə'li:smən] *n* (pl -men) Schutzmann *m*, Polizist *m*

police-station [pə'li:s,steiʃən] *n* Polizeiwache *f*

policy ['pɔlisi] *n* Vorgehen *nt*, Politik *f*; Police *f*

polio ['pouliou] *n* Polio *f*, Kinderlähmung *f*

Polish ['pouliʃ] *adj* polnisch

polish ['pɔliʃ] *v* polieren

polite [pə'lait] *adj* höflich

political [pə'litikəl] *adj* politisch

politician [,pɔli'tiʃən] *n* Politiker *m*

politics ['pɔlitiks] *n* Politik *f*

pollution [pə'lu:ʃən] *n* Verschmutzung *f*, Verunreinigung *f*

pond [pɔnd] *n* Teich *m*

pony ['pouni] *n* Pony *nt*

poor [puə] *adj* arm; ärmlich; schwach

pope [poup] *n* Papst *m*

poplin ['pɔplin] *n* Popelin *m*

pop music [pɔp 'mju:zik] Popmusik *f*

poppy ['pɔpi] *n* Klatschmohn *m*; Mohn *m*

popular ['pɔpjulə] *adj* beliebt; Volks-

population [,pɔpju'leiʃən] *n* Bevölkerung *f*

populous ['pɔpjuləs] *adj* dicht bevölkert

porcelain ['pɔ:səlin] *n* Porzellan *nt*

porcupine ['pɔ:kjupain] *n* Stachelschwein *m*

pork [pɔ:k] *n* Schweinefleisch *nt*

port [pɔ:t] *n* Hafen *m*; Backbord *nt*

portable ['pɔ:təbəl] *adj* tragbar

porter ['pɔ:tə] n Träger m; Pförtner m

porthole ['pɔ:thoul] n Luke f

portion ['pɔ:ʃən] n Portion f

portrait ['pɔ:trit] n Porträt nt

Portugal ['pɔ:tjugəl] Portugal

Portuguese [,pɔ:tju'gi:z] adj portugiesisch; n Portugiese m

position [pə'ziʃən] n Position f; Lage f; Haltung f; Stellung f

positive ['pɔzətiv] adj positiv; n Positiv nt

possess [pə'zes] v *besitzen; **possessed** adj besessen

possession [pə'zeʃən] n Besitz m; **possessions** Habe f

possibility [,pɔsə'biləti] n Möglichkeit f

possible ['pɔsəbəl] adj möglich; eventuell

post [poust] n Pfosten m; Posten m; Post f; v *aufgeben; **post-office** Postamt nt

postage ['poustidʒ] n Porto nt; ~ **paid** portofrei; ~ **stamp** Briefmarke f

postcard ['poustkɑ:d] n Postkarte f; Ansichtskarte f

poster ['poustə] n Anschlagzettel m, Plakat nt

poste restante [poust re'stɑ̃:t] postlagernd

postman ['poustmən] n (pl -men) Postbote m

post-paid [,poust'peid] adj franko

postpone [pə'spoun] v *aufschieben

pot [pɔt] n Topf m

potato [pə'teitou] n (pl ~es) Kartoffel f

pottery ['pɔtəri] n Töpferware f

pouch [pautʃ] n Beutel m

poulterer ['poultərə] n Geflügelhändler m

poultry ['poultri] n Geflügel nt

pound [paund] n Pfund nt

pour [pɔ:] v einschenken, schenken, *gießen

poverty ['pɔvəti] n Armut f

powder ['paudə] n Puder m; ~ **compact** Puderdose f; **talc** ~ Talkpuder m

powder-puff ['paudəpʌf] n Puderquaste f

powder-room ['paudəru:m] n Damentoilette f

power [pauə] n Kraft f; Energie f; Macht f

powerful ['pauəfəl] adj mächtig; stark

powerless ['pauələs] adj machtlos

power-station ['pauə,steiʃən] n Kraftwerk nt

practical ['præktikəl] adj praktisch

practically ['præktikli] adv nahezu

practice ['præktis] n Praxis f

practise ['præktis] v ausüben; sich üben

praise [preiz] v loben; n Lob nt

pram [præm] n Kinderwagen m

prawn [prɔ:n] n Krabbe f, Steingarnele f

pray [prei] v beten

prayer [preə] n Gebet nt

preach [pri:tʃ] v predigen

precarious [pri'keəriəs] adj heikel

precaution [pri'kɔ:ʃən] n Vorsicht f; Vorsichtsmaßnahme f

precede [pri'si:d] v *vorangehen

preceding [pri'si:diŋ] adj vorhergehend

precious ['preʃəs] adj teuer

precipice ['presipis] n Abgrund m

precipitation [pri,sipi'teiʃən] n Niederschläge mpl

precise [pri'sais] adj präzis, exakt, genau

predecessor ['pri:disesə] n Vorgänger m

predict [pri'dikt] v vorhersagen

prefer [pri'fə:] v *vorziehen

preferable ['prefərəbəl] *adj* vorzuziehend

preference ['prefərəns] *n* Vorzug *m*

prefix ['pri:fiks] *n* Präfix *nt*

pregnant ['pregnənt] *adj* schwanger

prejudice ['predʒədis] *n* Vorurteil *nt*

preliminary [pri'liminəri] *adj* einleitend; vorläufig

premature ['premətʃuə] *adj* vorzeitig

premier ['premiə] *n* Premierminister *m*

premises ['premisiz] *pl* Gebäude *nt*

premium ['pri:miəm] *n* Prämie *f*

prepaid [,pri:'peid] *adj* vorausbezahlt

preparation [,prepə'reifən] *n* Vorbereitung *f*

prepare [pri'peə] *v* vorbereiten; fertigmachen

prepared [pri'peəd] *adj* bereit

preposition [,prepə'zifən] *n* Präposition *f*

prescribe [pri'skraib] *v* *verschreiben

prescription [pri'skripfən] *n* Rezept *nt*

presence ['prezəns] *n* Anwesenheit *f*; Gegenwart *f*

present[1] ['prezənt] *n* Präsent *nt*, Geschenk *nt*; Gegenwart *f*; *adj* gegenwärtig; anwesend

present[2] [pri'zent] *v* vorstellen; *anbieten

presently ['prezəntli] *adv* sofort, sogleich

preservation [,prezə'veifən] *n* Bewahrung *f*

preserve [pri'zə:v] *v* bewahren; einmachen

president ['prezidənt] *n* Präsident *m*; Vorsitzende *m*

press [pres] *n* Presse *f*; *v* drücken; bügeln; ~ **conference** Pressekonferenz *f*

pressing ['presiŋ] *adj* dringlich, dringend

pressure ['prefə] *n* Druck *m*; Spannung *f*; **atmospheric** ~ Luftdruck *m*

pressure-cooker ['prefə,kukə] *n* Schnellkochtopf *m*

prestige [pre'sti:ʒ] *n* Prestige *nt*

presumable [pri'zju:məbəl] *adj* vermutlich

presumptuous [pri'zʌmpfəs] *adj* übermütig; überheblich

pretence [pri'tens] *n* Vorwand *m*

pretend [pri'tend] *v* sich verstellen, *vorgeben

pretext ['pri:tekst] *n* Vorwand *m*

pretty ['priti] *adj* schön, hübsch; *adv* ziemlich, beträchtlich

prevent [pri'vent] *v* *anhalten, verhindern; verhüten

preventive [pri'ventiv] *adj* vorbeugend

previous ['pri:viəs] *adj* vorig, früher, vorhergehend

pre-war [,pri:'wɔ:] *adj* Vorkriegs-

price [prais] *v* den Preis festsetzen; ~ **list** Preisliste *f*

priceless ['praisləs] *adj* unschätzbar

price-list ['prais,list] *n* Preis *m*

prick [prik] *v* *stechen

pride [praid] *n* Stolz *m*

priest [pri:st] *n* Priester *m*

primary ['praiməri] *adj* Grund-; Anfangs-, hauptsächlich; elementar

prince [prins] *n* Prinz *m*

princess [prin'ses] *n* Prinzessin *f*

principal ['prinsəpəl] *adj* wichtigste; *n* Schulleiter *m*, Direktor *m*

principle ['prinsəpəl] *n* Grundsatz *m*, Prinzip *nt*

print [print] *v* drucken; *n* Abzug *m*; Stich *m*; **printed matter** Drucksache *f*

prior [praiə] *adj* früher

priority [prai'ɔrəti] *n* Priorität *f*, Vorrang *m*

prison ['prizən] *n* Gefängnis *nt*

prisoner ['prizənə] *n* Häftling *m*, Gefangene *m*; ~ **of war** Kriegsgefangene *m*

privacy ['praivəsi] *n* Privatleben *nt*

private ['praivit] *adj* privat; persönlich

privilege ['privilidʒ] *n* Vorrecht *nt*

prize [praiz] *n* Preis *m*; Belohnung *f*

probable ['prɔbəbəl] *adj* vermutlich, wahrscheinlich

probably ['prɔbəbli] *adv* wahrscheinlich

problem ['prɔbləm] *n* Problem *nt*; Frage *f*

procedure [prə'si:dʒə] *n* Verfahren *nt*

proceed [prə'si:d] *v* *fortfahren; *verfahren

process ['prouses] *n* Verfahren *nt*, Vorgang *m*; Prozeß *m*

procession [prə'seʃən] *n* Prozession *f*, Zug *m*

proclaim [prə'kleim] *v* proklamieren

produce¹ [prə'dju:s] *v* herstellen

produce² ['prɔdju:s] *n* Erlös *m*, Ertrag *m*

producer [prə'dju:sə] *n* Produzent *m*

product ['prɔdʌkt] *n* Produkt *nt*

production [prə'dʌkʃən] *n* Produktion *f*

profession [prə'feʃən] *n* Fach *nt*, Beruf *m*

professional [prə'feʃənəl] *adj* beruflich

professor [prə'fesə] *n* Professor *m*

profit ['prɔfit] *n* Vorteil *m*, Gewinn *m*; Nutzen *m*; *v* profitieren

profitable ['prɔfitəbəl] *adj* einträglich

profound [prə'faund] *adj* tiefsinnig

programme ['prougræm] *n* Programm *nt*

progress¹ ['prougres] *n* Fortschritt *m*

progress² [prə'gres] *v* *weiterkommen

progressive [prə'gresiv] *adj* fortschrittlich, progressiv; zunehmend

prohibit [prə'hibit] *v* *verbieten

prohibition [,proui'biʃən] *n* Verbot *nt*

prohibitive [prə'hibitiv] *adj* unerschwinglich

project ['prɔdʒekt] *n* Plan *m*, Projekt *nt*

promenade [,prɔmə'na:d] *n* Promenade *f*

promise ['prɔmis] *n* Versprechen *nt*; *v* *versprechen

promote [prə'mout] *v* fördern, befördern

promotion [prə'mouʃən] *n* Beförderung *f*

prompt [prɔmpt] *adj* sofortig, unverzüglich

pronoun ['prounaun] *n* Fürwort *nt*

pronounce [prə'nauns] *v* *aussprechen

pronunciation [,prənʌnsi'eiʃən] *n* Aussprache *f*

proof [pru:f] *n* Beweis *m*

propaganda [,prɔpə'gændə] *n* Propaganda *f*

propel [prə'pel] *v* *antreiben

propeller [prə'pelə] *n* Schraube *f*, Propeller *m*

proper ['prɔpə] *adj* richtig; gebührend, passend, angebracht, geeignet

property ['prɔpəti] *n* Besitz *m*, Eigentum *nt*; Eigenschaft *f*

prophet ['prɔfit] *n* Prophet *m*

proportion [prə'pɔ:ʃən] *n* Verhältnis *nt*

proportional [prə'pɔ:ʃənəl] *adj* proportional

proposal [prə'pouzəl] *n* Vorschlag *m*

propose [prə'pouz] *v* *vorschlagen

proposition [,prɔpə'ziʃən] *n* Vorschlag *m*

proprietor [prə'praiətə] *n* Eigentümer *m*

prospect ['prɔspekt] *n* Aussicht *f*

prospectus [prə'spektəs] *n* Prospekt *m*

prosperity [prə'speriti] *n* Wohlstand *m*

prosperous ['prɔspərəs] *adj* wohlhabend

prostitute ['prɔstitju:t] *n* Prostituierte *f*

protect [prə'tekt] *v* schützen

protection [prə'tekʃən] n Schutz m

protein ['prouti:n] n Protein nt

protest[1] ['proutest] n Protest m

protest[2] [prə'test] v protestieren

Protestant ['prɒtistənt] adj protestantisch

proud [praud] adj stolz; hochmütig

prove [pru:v] v zeigen, *beweisen; sich herausstellen

proverb ['prɒvə:b] n Sprichwort nt

provide [prə'vaid] v liefern, beschaffen; **provided that** vorausgesetzt daß

province ['prɒvins] n Provinz f

provincial [prə'vinʃəl] adj provinziell

provisional [prə'viʒənəl] adj vorläufig

provisions [prə'viʒənz] pl Vorrat m

prune [pru:n] n Backpflaume f

psychiatrist [sai'kaiətrist] n Psychiater m

psychic ['saikik] adj psychisch

psychoanalyst [,saikou'ænəlist] n Psychoanalytiker m

psychological [,saikə'lɒdʒikəl] adj psychologisch

psychologist [sai'kɒlədʒist] n Psychologe m

psychology [sai'kɒlədʒi] n Psychologie f

pub [pʌb] n Wirtshaus nt; Kneipe f

public ['pʌblik] adj öffentlich; allgemein; n Publikum nt; ~ **garden** Anlage f; ~ **house** Wirtshaus nt

publication [,pʌbli'keiʃən] n Veröffentlichung f

publicity [pʌ'blisəti] n Reklame f

publish ['pʌbliʃ] v veröffentlichen, *herausgeben

publisher ['pʌbliʃə] n Verleger m

puddle ['pʌdəl] n Pfütze f

pull [pul] v *ziehen; ~ **out** *abfahren; ~ **up** *anhalten

pulley ['puli] n (pl ~s) Rolle f

Pullman ['pulmən] n Pullmanwagen m

pullover ['pu,louvə] n Pullover m

pulpit ['pulpit] n Kanzel f

pulse [pʌls] n Pulsschlag m, Puls m

pump [pʌmp] n Pumpe f; v pumpen

punch [pʌntʃ] v knuffen; n Faustschlag m

punctual ['pʌŋktʃuəl] adj genau, pünktlich

puncture ['pʌŋktʃə] n Reifenpanne f

punctured ['pʌŋktʃəd] adj durchstochen

punish ['pʌniʃ] v strafen

punishment ['pʌniʃmənt] n Strafe f

pupil ['pju:pəl] n Schüler m

puppet-show ['pʌpitʃou] n Kasperletheater nt

purchase ['pə:tʃəs] v kaufen; n Erwerb m, Kauf m; ~ **price** Kaufpreis m; ~ **tax** Verbrauchssteuer f

purchaser ['pə:tʃəsə] n Käufer m

pure [pjuə] adj klar, rein

purple ['pə:pəl] adj purpur

purpose ['pə:pəs] n Absicht f, Zweck m; **on** ~ absichtlich

purse [pə:s] n Börse f, Geldbeutel m

pursue [pə'sju:] v verfolgen; nachstreben

pus [pʌs] n Eiter m

push [puʃ] n Schub m, Stoß m; v *stoßen; *schieben; drängen

push-button ['puʃ,bʌtən] n Druckknopf m

*****put** [put] v setzen, legen, stellen; stecken; ~ **away** weglegen; ~ **off** *verschieben; ~ **on** *anziehen; ~ **out** auslöschen

puzzle ['pʌzəl] n Rätsel nt; v verwirren; **jigsaw** ~ Puzzlespiel nt

puzzling ['pʌzliŋ] adj unbegreiflich

pyjamas [pə'dʒɑ:məz] pl Pyjama m

Q

quack [kwæk] n Kurpfuscher m, Scharlatan m

quail [kweil] n (pl ~, ~s) Wachtel f

quaint [kweint] adj seltsam; altmodisch

qualification [,kwɔlifi'keiʃən] n Befähigung f; Vorbehalt m, Einschränkung f

qualified ['kwɔlifaid] adj qualifiziert; befugt

qualify ['kwɔlifai] v sich eignen

quality ['kwɔləti] n Qualität f; Eigenschaft f

quantity ['kwɔntəti] n Quantität f; Anzahl f

quarantine ['kwɔrənti:n] n Quarantäne f

quarrel ['kwɔrəl] v zanken, *streiten; n Streit m, Zank m

quarry ['kwɔri] n Steinbruch m

quarter ['kwɔ:tə] n Viertel nt; Quartal nt; Stadtviertel nt; ~ of an hour Viertelstunde f

quarterly ['kwɔ:təli] adj vierteljährlich

quay [ki:] n Kai m

queen [kwi:n] n Königin f

queer [kwiə] adj wunderlich, sonderbar; komisch

query ['kwiəri] n Frage f; v befragen; bezweifeln

question ['kwestʃən] n Frage f; Problem nt; v befragen; in Zweifel *ziehen; ~ mark Fragezeichen nt

queue [kju:] n Schlange f; v Schlange *stehen

quick [kwik] adj schnell

quick-tempered [,kwik'tempəd] adj reizbar

quiet ['kwaiət] adj still, ruhig, gelassen; n Stille f, Ruhe f

quilt [kwilt] n Steppdecke f

quinine [kwi'ni:n] n Chinin nt

quit [kwit] v aufhören mit, *aufgeben

quite [kwait] adv völlig, durchaus; leidlich, ziemlich, beträchtlich; sehr, ganz

quiz [kwiz] n (pl ~zes) Quiz nt

quota ['kwoutə] n Quote f

quotation [kwou'teiʃən] n Zitat nt; ~ marks Anführungszeichen ntpl

quote [kwout] v zitieren

R

rabbit ['ræbit] n Kaninchen nt

rabies ['reibiz] n Tollwut f

race [reis] n Wettlauf m, Rennen nt; Rasse f

race-course ['reiskɔ:s] n Rennbahn f

race-horse ['reishɔ:s] n Rennpferd nt

race-track ['reistræk] n Rennbahn f

racial ['reiʃəl] adj Rassen-

racket ['rækit] n Tumult m

racquet ['rækit] n Schläger m

radiator ['reidieitə] n Heizkörper m

radical ['rædikəl] adj radikal

radio ['reidiou] n Radio nt

radish ['rædiʃ] n Rettich m

radius ['reidiəs] n (pl radii) Umkreis m

raft [rɑ:ft] n Floß nt

rag [ræg] n Lumpen m

rage [reidʒ] n Toben nt, Wut f; v rasen, wüten

raid [reid] n Einfall m

rail [reil] n Brüstung f, Geländer nt

railing ['reiliŋ] n Gitter nt

railroad ['reilroud] nAm Schienenweg m, Eisenbahn f

railway ['reilwei] n Bahn f, Eisenbahn f

rain [rein] n Regen m; v regnen

rainbow ['reinbou] n Regenbogen m

raincoat ['reinkout] n Regenmantel m
rainproof ['reinpru:f] adj wasserdicht
rainy ['reini] adj regnerisch
raise [reiz] v *heben; erhöhen; *aufziehen, anbauen, züchten; *erheben; nAm Lohnerhöhung f, Erhöhung f
raisin ['reizən] n Rosine f
rake [reik] n Harke f
rally ['ræli] n Versammlung f
ramp [ræmp] n Rampe f
ramshackle ['ræm,ʃækəl] adj wacklig
rancid ['rænsid] adj ranzig
rang [ræŋ] v (p ring)
range [reindʒ] n Bereich m
range-finder ['reindʒ,faində] n Entfernungsmesser m
rank [ræŋk] n Rang m; Reihe f
ransom ['rænsəm] n Lösegeld nt
rape [reip] v vergewaltigen
rapid ['ræpid] adj schnell
rapids ['ræpidz] pl Stromschnelle f
rare [reə] adj selten
rarely ['reəli] adv selten
rascal ['rɑ:skəl] n Schalk m, Schelm m
rash [ræʃ] n Hautausschlag m, Ausschlag m; adj übereilt, unbesonnen
raspberry ['rɑ:zbəri] n Himbeere f
rat [ræt] n Ratte f
rate [reit] n Satz m, Tarif m; Geschwindigkeit f; at any ~ jedenfalls, auf jeden Fall; ~ of exchange Kurs m
rather ['rɑ:ðə] adv recht, ziemlich, vielmehr; lieber, eher
ration ['ræʃən] n Ration f
rattan [ræ'tæn] n Peddigrohr nt
raven ['reivən] n Rabe m
raw [rɔ:] adj roh; ~ material Rohmaterial nt
ray [rei] n Strahl m
rayon ['reiən] n Kunstseide f
razor ['reizə] n Rasierapparat m
razor-blade ['reizəbleid] n Rasierklinge

f
reach [ri:tʃ] v erreichen; n Bereich m
reaction [ri'ækʃən] n Reaktion f
*read [ri:d] v *lesen
reading-lamp ['ri:diŋlæmp] n Leselampe f
reading-room ['ri:diŋru:m] n Lesesaal m
ready ['redi] adj fertig, bereit
ready-made [,redi'meid] adj Konfektions-
real [riəl] adj wirklich
reality [ri'æləti] n Wirklichkeit f
realizable ['riəlaizəbəl] adj ausführbar
realize ['riəlaiz] v sich vergegenwärtigen; realisieren, verwirklichen
really ['riəli] adv tatsächlich, wirklich; eigentlich
rear [riə] n Hinterseite f; v *großziehen
rear-light [riə'lait] n Schlußlicht nt
reason ['ri:zən] n Ursache f, Grund m; Verstand m, Vernunft f; v logisch *durchdenken
reasonable ['ri:zənəbəl] adj vernünftig; billig
reassure [,ri:ə'ʃuə] v beruhigen
rebate ['ri:beit] n Ermäßigung f, Rabatt m
rebellion [ri'beljən] n Aufstand m, Aufruhr m
recall [ri'kɔ:l] v sich erinnern; *zurückrufen; *widerrufen
receipt [ri'si:t] n Empfangsschein m, Quittung f; Empfang m
receive [ri'si:v] v *bekommen, *empfangen
receiver [ri'si:və] n Telephonhörer m
recent ['ri:sənt] adj jüngst
recently ['ri:səntli] adv kürzlich, neulich
reception [ri'sepʃən] n Empfang m; Aufnahme f; ~ office Rezeption f
receptionist [ri'sepʃənist] n Empfangs-

dame f

recession [ri'seʃən] n Rückgang m

recipe ['resipi] n Rezept nt

recital [ri'saitəl] n Solistenkonzert nt

reckon ['rekən] v rechnen; *halten für; *denken

recognition [,rekəg'niʃən] n Anerkennung f

recognize ['rekəgnaiz] v *erkennen; *anerkennen

recollect [,rekə'lekt] v sich *entsinnen

recommence [,ri:kə'mens] v wieder *beginnen

recommend [,rekə'mend] v *anempfehlen, *empfehlen; *anraten

recommendation [,rekəmen'deiʃən] n Empfehlung f

reconciliation [,rekənsili'eiʃən] n Versöhnung f

record¹ ['rekɔ:d] n Schallplatte f; Rekord m; Akte f; long-playing ~ Langspielplatte f

record² [ri'kɔ:d] v aufzeichnen

recorder [ri'kɔ:də] n Tonbandgerät nt

recording [ri'kɔ:diŋ] n Aufnahme f

record-player ['rekɔ:d,pleiə] n Grammophon nt, Plattenspieler m

recover [ri'kʌvə] v wiedererlangen; sich erholen, *genesen

recovery [ri'kʌvəri] n Genesung f

recreation [,rekri'eiʃən] n Erholung f; ~ ground Spielplatz m

recruit [ri'kru:t] n Rekrut m

rectangle ['rektæŋgəl] n Rechteck nt

rectangular [rek'tæŋgjulə] adj rechteckig

rector ['rektə] n Pfarrer m, Pastor m

rectory ['rektəri] n Pfarre f

rectum ['rektəm] n Mastdarm m

recycle [,ri'saikəl] v wiederverwerten

red [red] adj rot

redeem [ri'di:m] v erlösen

reduce [ri'dju:s] v reduzieren, vermindern, herabsetzen

reduction [ri'dʌkʃən] n Rabatt m, Preisnachlaß m

redundant [ri'dʌndənt] adj überflüssig

reed [ri:d] n Schilfrohr nt

reef [ri:f] n Riff nt

reference ['refrəns] n Referenz f, Verweis m; Beziehung f; with ~ to hinsichtlich

refer to [ri'fə:] *verweisen auf

refill ['ri:fil] n Ersatzfüllung f

refinery [ri'fainəri] n Raffinerie f

reflect [ri'flekt] v widerspiegeln

reflection [ri'flekʃən] n Spiegelung f; Spiegelbild nt

reflector [ri'flektə] n Reflektor m

reformation [,refə'meiʃən] n Reformation f

refresh [ri'freʃ] v erfrischen

refreshment [ri'freʃmənt] n Erfrischung f

refrigerator [ri'fridʒəreitə] n Eisschrank m, Kühlschrank m

refund¹ [ri'fʌnd] v rückvergüten

refund² ['ri:fʌnd] n Rückvergütung f

refusal [ri'fju:zəl] n Verweigerung f

refuse¹ [ri'fju:z] v verweigern

refuse² ['refju:s] n Abfall m

regard [ri'gɑ:d] v *ansehen; betrachten; n Respekt m; as regards hinsichtlich, in Bezug auf, was ... betrifft

regarding [ri'gɑ:diŋ] prep betreffs, hinsichtlich; in Anbetracht

regatta [ri'gætə] n Regatta f

régime [rei'ʒi:m] n Regime nt

region ['ri:dʒən] n Gegend f; Gebiet nt

regional ['ri:dʒənəl] adj örtlich

register ['redʒistə] v sich *einschreiben; *einschreiben; registered letter eingeschriebener Brief

registration [,redʒi'streiʃən] n Eintragung f; ~ form Anmeldebogen m; ~ number Kennzeichen nt; ~

plate Nummernschild *nt*

regret [ri'gret] *v* bedauern; *n* Bedauern *nt*

regular ['regjulə] *adj* regelmäßig; gewohnt, normal

regulate ['regjuleit] *v* regeln

regulation [,regju'leifən] *n* Vorschrift *f*; Regelung *f*

rehabilitation [,ri:hə,bili'teifən] *n* Rehabilitation *f*

rehearsal [ri'hə:səl] *n* Probe *f*

rehearse [ri'hə:s] *v* proben

reign [rein] *n* Herrschaft *f*; *v* regieren

reimburse [,ri:im'bə:s] *v* zurückzahlen, wiedererstatten

reindeer ['reindiə] *n* (pl ~) Ren *nt*

reject [ri'dʒekt] *v* ablehnen, *zurückweisen; *verwerfen

relate [ri'leit] *v* erzählen

related [ri'leitid] *adj* verwandt

relation [ri'leifən] *n* Beziehung *f*, Verbindung *f*; Verwandte *m*

relative ['relətiv] *n* Verwandte *m*; *adj* verhältnismäßig, relativ

relax [ri'læks] *v* sich entspannen

relaxation [,rilæk'seifən] *n* Entspannung *f*

reliable [ri'laiəbəl] *adj* zuverlässig

relic ['relik] *n* Reliquie *f*

relief [ri'li:f] *n* Erleichterung *f*; Unterstützung *f*; Relief *nt*

relieve [ri'li:v] *v* erleichtern; ablösen

religion [ri'lidʒən] *n* Religion *f*

religious [ri'lidʒəs] *adj* religiös

rely on [ri'lai] sich *verlassen auf

remain [ri'mein] *v* *bleiben; *übrigbleiben

remainder [ri'meində] *n* Restbestand *m*, Überbleibsel *nt*, Rest *m*

remaining [ri'meiniŋ] *adj* übrig

remark [ri'ma:k] *n* Bemerkung *f*; *v* bemerken

remarkable [ri'ma:kəbəl] *adj* merkwürdig

remedy ['remədi] *n* Heilmittel *nt*; Mittel *nt*

remember [ri'membə] *v* sich erinnern; *behalten

remembrance [ri'membrəns] *n* Andenken *nt*, Erinnerung *f*

remind [ri'maind] *v* erinnern

remit [ri'mit] *v* *überweisen

remittance [ri'mitəns] *n* Überweisung *f*

remnant ['remnənt] *n* Überbleibsel *nt*, Rest *m*, Überrest *m*

remote [ri'mout] *adj* abgelegen, entfernt

removal [ri'mu:vəl] *n* Beseitigung *f*

remove [ri'mu:v] *v* beseitigen

remunerate [ri'mju:nəreit] *v* entschädigen

remuneration [ri,mju:nə'reifən] *n* Entlohnung *f*

renew [ri'nju:] *v* erneuern; verlängern

rent [rent] *v* mieten; *n* Miete *f*

repair [ri'peə] *v* reparieren; *n* Instandsetzung *f*

reparation [,repə'reifən] *n* Wiederherstellung *f*, Reparatur *f*

***repay** [ri'pei] *v* zurückzahlen

repayment [ri'peimənt] *n* Rückzahlung *f*

repeat [ri'pi:t] *v* wiederholen

repellent [ri'pelənt] *adj* widerwärtig, abstoßend

repentance [ri'pentəns] *n* Reue *f*

repertory ['repətəri] *n* Repertoire *nt*

repetition [,repə'tifən] *n* Wiederholung *f*

replace [ri'pleis] *v* ersetzen

reply [ri'plai] *v* antworten; *n* Antwort *f*; **in** ~ als Antwort

report [ri'pɔ:t] *v* berichten; melden; sich melden; *n* Meldung *f*, Bericht *m*

reporter [ri'pɔ:tə] *n* Berichterstatter *m*

represent [,repri'zent] *v* *vertreten;

vorstellen

representation [ˌreprizen'teiʃən] n Vertretung f

representative [ˌrepri'zentətiv] adj repräsentativ

reprimand ['reprimɑːnd] v tadeln

reproach [ri'proutʃ] n Vorwurf m; v *vorwerfen

reproduce [ˌriːprə'djuːs] v reproduzieren

reproduction [ˌriːprə'dʌkʃən] n Reproduktion f

reptile ['reptail] n Reptil nt

republic [ri'pʌblik] n Republik f

republican [ri'pʌblikən] adj republikanisch

repulsive [ri'pʌlsiv] adj widerwärtig

reputation [ˌrepju'teiʃən] n Ruf m; Ansehen nt

request [ri'kwest] n Bitte f; Gesuch nt; v *bitten

require [ri'kwaiə] v erfordern

requirement [ri'kwaiəmənt] n Erfordernis nt

requisite ['rekwizit] adj erforderlich

rescue ['reskjuː] v retten; n Rettung f

research [ri'səːtʃ] n Forschung f

resemblance [ri'zembləns] n Ähnlichkeit f

resemble [ri'zembəl] v *gleichen

resent [ri'zent] v *übelnehmen

reservation [ˌrezə'veiʃən] n Reservierung f

reserve [ri'zəːv] v reservieren; vorbestellen; n Reserve f

reserved [ri'zəːvd] adj reserviert

reservoir ['rezəvwɑː] n Reservoir nt

reside [ri'zaid] v wohnen

residence ['rezidəns] n Wohnsitz m; ~ **permit** Aufenthaltsgenehmigung f

resident ['rezidənt] n Ortsansässige m; adj wohnhaft; intern

resign [ri'zain] v *zurücktreten

resignation [ˌrezig'neiʃən] n Rücktritt m

resin ['rezin] n Harz m

resist [ri'zist] v sich widersetzen

resistance [ri'zistəns] n Widerstand m

resolute ['rezəluːt] adj resolut, entschlossen

respect [ri'spekt] n Respekt m; Ehrfurcht f, Achtung f, Ehrerbietung f; v achten

respectable [ri'spektəbəl] adj achtbar, ehrbar

respectful [ri'spektfəl] adj ehrerbietig

respective [ri'spektiv] adj jeweilig

respiration [ˌrespə'reiʃən] n Atmung f

respite ['respait] n Aufschub m

responsibility [riˌsponsə'biləti] n Verantwortlichkeit f; Haftbarkeit f

responsible [ri'sponsəbəl] adj verantwortlich; haftbar

rest [rest] n Rast f; Rest m; v ausruhen, ruhen

restaurant ['restərɔː] n Restaurant nt

restful ['restfəl] adj ruhig

rest-home ['resthoum] n Erholungsheim nt

restless ['restləs] adj unruhig; ruhelos

restrain [ri'strein] v in Schranken *halten, *zurückhalten

restriction [ri'strikʃən] n Einschränkung f

result [ri'zʌlt] n Ergebnis nt; Folge f; v sich *ergeben

resume [ri'zjuːm] v *wiederaufnehmen

résumé ['rezjumei] n Zusammenfassung f

retail ['riːteil] v im kleinen verkaufen; ~ **trade** Einzelhandel m, Kleinhandel m

retailer ['riːteilə] n Einzelhändler m, Kleinhändler m; Wiederverkäufer m

retina ['retinə] n Netzhaut f

retired [ri'taiəd] adj pensioniert

return [ri'tə:n] v *zurückkommen, zurückkehren; n Rückkehr f; ~ **flight** Rückflug m; ~ **journey** Rückreise f, Rückfahrt f

reunite [,ri:ju:'nait] v wiedervereinigen

reveal [ri'vi:l] v offenbaren, enthüllen

revelation [,revə'leiʃən] n Enthüllung f

revenge [ri'vendʒ] n Rache f

revenue ['revənju:] n Einkünfte fpl, Einkommen nt

reverse [ri'və:s] n Gegenteil nt; Kehrseite f; Rückwärtsgang m; Umschwung m, Rückschlag m; adj umgekehrt; v rückwärts *fahren

review [ri'vju:] n Besprechung f; Zeitschrift f

revise [ri'vaiz] v überarbeiten

revision [ri'viʒən] n Überarbeitung f

revival [ri'vaivəl] n Wiederherstellung f

revolt [ri'voult] v rebellieren; n Aufstand m, Aufruhr m

revolting [ri'voultiŋ] adj widerwärtig, empörend, abstoßend

revolution [,revə'lu:ʃən] n Revolution f; Umdrehung f

revolutionary [,revə'lu:ʃənəri] adj revolutionär

revolver [ri'volvə] n Revolver m

revue [ri'vju:] n Kabarett nt

reward [ri'wo:d] n Belohnung f; v belohnen

rheumatism ['ru:mətizəm] n Rheumatismus m

rhinoceros [rai'nosərəs] n (pl ~, ~es) Nashorn nt

rhubarb ['ru:ba:b] n Rhabarber m

rhyme [raim] n Reim m

rhythm ['riðəm] n Rhythmus m

rib [rib] n Rippe f

ribbon ['ribən] n Band nt

rice [rais] n Reis m

rich [ritʃ] adj reich

riches ['ritʃiz] pl Reichtum m

riddle ['ridəl] n Rätsel nt

ride [raid] n Fahrt f

* **ride** [raid] v *fahren; *reiten

rider ['raidə] n Reiter m

ridge [ridʒ] n Grat m

ridicule ['ridikju:l] v bespötteln

ridiculous [ri'dikjuləs] adj lächerlich

riding ['raidiŋ] n Reitsport m

riding-school ['raidiŋsku:l] n Reitschule f

rifle ['raifəl] v Gewehr nt

right [rait] n Recht nt; adj gut, richtig; recht; redlich, gerecht; **all right!** einverstanden!; * **be** ~ recht *haben; ~ **of way** Vorfahrtsrecht nt

righteous ['raitʃəs] adj gerecht

right-hand ['raithænd] adj recht

rightly ['raitli] adv mit Recht

rim [rim] n Felge f; Rand m

ring [riŋ] n Ring m; Kreis m; Zirkusarena f

* **ring** [riŋ] v läuten; ~ **up** *anrufen

rinse [rins] v spülen; n Spülung f

riot ['raiət] n Aufruhr m

rip [rip] v *zerreißen

ripe [raip] adj reif

rise [raiz] n Gehaltserhöhung f, Erhöhung f; Anhöhe f; Steigung f; Aufstieg m

* **rise** [raiz] v *aufstehen; *aufgehen; *steigen

rising ['raiziŋ] n Aufstand m

risk [risk] n Risiko nt; Gefahr f; v wagen

risky ['riski] adj gewagt, riskant

rival ['raivəl] n Rivale m; Konkurrent m; v rivalisieren

rivalry ['raivəlri] n Rivalität f; Konkurrenz f

river ['rivə] n Fluß m; ~ **bank** Flußufer nt

riverside ['rivəsaid] n Flußufer nt

roach [routʃ] n (pl ~) Plötze f

road [roud] *n* Straße *f*; ~ **fork** *n* Scheideweg *m*; ~ **map** Autokarte *f*; ~ **system** Straßennetz *nt*; ~ **up** Straßenarbeiten *fpl*

roadhouse ['roudhaus] *n* Gaststätte *f*

roadside ['roudsaid] *n* Straßenseite *f*; ~ **restaurant** Gaststätte *f*

roadway ['roudwei] *nAm* Fahrbahn *f*

roam [roum] *v* umherschweifen

roar [rɔ:] *v* heulen, brüllen; *n* Brüllen *nt*, Dröhnen *nt*

roast [roust] *v* *braten, rösten

rob [rɔb] *v* rauben

robber ['rɔbə] *n* Räuber *m*

robbery ['rɔbəri] *n* Raub *m*, Diebstahl *m*

robe [roub] *n* Kleid *nt*; Gewand *nt*

robin ['rɔbin] *n* Rotkehlchen *nt*

robust [rou'bʌst] *adj* robust

rock [rɔk] *n* Felsen *m*; *v* schaukeln

rocket ['rɔkit] *n* Rakete *f*

rocky ['rɔki] *adj* felsig

rod [rɔd] *n* Stange *f*

roe [rou] *n* Rogen *m*

roll [roul] *v* rollen; *n* Rolle *f*; Brötchen *nt*

Roman Catholic ['roumən 'kæθəlik] römisch-katholisch

romance [rə'mæns] *n* Romanze *f*

romantic [rə'mæntik] *adj* romantisch

roof [ru:f] *n* Dach *nt*; **thatched** ~ Strohdach *nt*

room [ru:m] *n* Raum *m*, Zimmer *nt*; Platz *m*; ~ **and board** Zimmer mit Vollpension; ~ **service** Zimmerbedienung *f*; ~ **temperature** Zimmertemperatur *f*

roomy ['ru:mi] *adj* geräumig

root [ru:t] *n* Wurzel *f*

rope [roup] *n* Seil *nt*

rosary ['rouzəri] *n* Rosenkranz *m*

rose [rouz] *n* Rose *f*; *adj* rosa

rotten ['rɔtən] *adj* verdorben

rouge [ru:ʒ] *n* Rouge *nt*

rough [rʌf] *adj* holperig

roulette [ru:'let] *n* Roulett *nt*

round [raund] *adj* rund; *prep* um ... herum, um; *n* Runde *f*; ~ **trip** *Am* Hin- und Rückfahrt *f*

rounded ['raundid] *adj* abgerundet

route [ru:t] *n* Route *f*

routine [ru:'ti:n] *n* Routine *f*

row[1] [rou] *n* Reihe *f*; *v* rudern

row[2] [rau] *n* Krach *m*

rowdy ['raudi] *adj* streitsüchtig

rowing-boat ['rouiŋbout] *n* Ruderboot *nt*

royal ['rɔiəl] *adj* königlich

rub [rʌb] *v* *reiben

rubber ['rʌbə] *n* Gummi *m*; Radiergummi *m*; ~ **band** Gummiband *nt*

rubbish ['rʌbiʃ] *n* Abfall *m*; Quatsch *m*, Unsinn *m*; **talk** ~ quatschen

rubbish-bin ['rʌbiʃbin] *n* Abfalleimer *m*

ruby ['ru:bi] *n* Rubin *m*

rucksack ['rʌksæk] *n* Rucksack *m*

rudder ['rʌdə] *n* Steuerruder *nt*

rude [ru:d] *adj* grob

rug [rʌg] *n* Vorleger *m*

ruin ['ru:in] *v* ruinieren; *n* Untergang *m*; **ruins** Ruine *f*

ruination [,ru:i'neiʃən] *n* Zusammensturz *m*

rule [ru:l] *n* Regel *f*; Verwaltung *f*, Regierung *f*, Herrschaft *f*; *v* regieren, herrschen; **as a** ~ gewöhnlich, in der Regel

ruler ['ru:lə] *n* Monarch *m*, Herrscher *m*; Lineal *nt*

Rumania [ru:'meiniə] Rumänien

Rumanian [ru:'meiniən] *adj* rumänisch; *n* Rumäne *m*

rumour ['ru:mə] *n* Gerücht *nt*

*run [rʌn] *v* *laufen; ~ **into** zufällig begegnen

runaway ['rʌnəwei] *n* Ausreißer *m*

rung [rʌŋ] *v* (pp ring)

runway ['rʌnwei] n Startbahn f
rural ['ruərəl] adj ländlich
ruse [ru:z] n List f
rush [rʌʃ] v eilen; n Binse f
rush-hour ['rʌʃauə] n Hauptverkehrszeit f
Russia ['rʌʃə] Rußland
Russian ['rʌʃən] adj russisch; n Russe m
rust [rʌst] n Rost m
rustic ['rʌstik] adj ländlich
rusty ['rʌsti] adj rostig

S

saccharin ['sækərin] n Saccharin nt
sack [sæk] n Sack m
sacred ['seikrid] adj heilig
sacrifice ['sækrifais] n Opfer nt; v aufopfern
sacrilege ['sækrilidʒ] n Entheiligung f
sad [sæd] adj traurig; niedergeschlagen, betrübt, trübsinnig
saddle ['sædəl] n Sattel m
sadness ['sædnəs] n Traurigkeit f
safe [seif] adj sicher; n Geldschrank m, Safe m
safety ['seifti] n Sicherheit f
safety-belt ['seiftibelt] n Sicherheitsgurt m
safety-pin ['seiftipin] n Sicherheitsnadel f
safety-razor ['seifti,reizə] n Rasierapparat m
sail [seil] v *befahren, *fahren; n Segel nt
sailing-boat ['seiliŋbout] n Segelboot nt
sailor ['seilə] n Matrose m
saint [seint] n Heilige m
salad ['sæləd] n Salat m
salad-oil ['sælədoil] n Salatöl nt

salary ['sæləri] n Lohn m, Gehalt nt
sale [seil] n Verkauf m; **clearance ~** Ausverkauf m; **for ~** zu verkaufen; **sales** Schlußverkauf m; **sales tax** Verbrauchssteuer f
saleable ['seiləbəl] adj verkäuflich
salesgirl ['seilzgə:l] n Verkäuferin f
salesman ['seilzmən] n (pl -men) Verkäufer m
salmon ['sæmən] n (pl ~) Lachs m
salon ['sælɔ̃:] n Salon m
saloon [sə'lu:n] n Bar f
salt [sɔ:lt] n Salz nt
salt-cellar ['sɔ:lt,selə] n Salzfäßchen nt
salty ['sɔ:lti] adj salzig
salute [sə'lu:t] v grüßen
salve [sa:v] n Salbe f
same [seim] adj selb
sample ['sa:mpəl] n Muster nt
sanatorium [,sænə'tɔ:riəm] n (pl ~s, -ria) Sanatorium nt
sand [sænd] n Sand m
sandal ['sændəl] n Sandale f
sandpaper ['sænd,peipə] n Schmirgelpapier nt
sandwich ['sænwidʒ] n Sandwich nt; Butterbrot nt
sandy ['sændi] adj sandig
sanitary ['sænitəri] adj sanitär; **~ towel** Damenbinde f
sapphire ['sæfaiə] n Saphir m
sardine [sa:'di:n] n Sardine f
satellite ['sætəlait] n Satellit m; **~ television** Satellitenfernsehen nt
satin ['sætin] n Satin m
satisfaction [,sætis'fækʃən] n Befriedigung f, Genugtuung f
satisfy ['sætisfai] v zufriedenstellen, befriedigen; **satisfied** satt, zufrieden
Saturday ['sætədi] Sonnabend m
sauce [sɔ:s] n Soße f
saucepan ['sɔ:spən] n Pfanne f
saucer ['sɔ:sə] n Untertasse f

Saudi Arabia [ˌsaudiə'reibiə] Saudi-Arabien

Saudi Arabian [ˌsaudiə'reibiən] *adj* saudiarabisch

sauna ['sɔːnə] *n* Sauna *f*

sausage ['sɔsidʒ] *n* Wurst *f*

savage ['sævidʒ] *adj* wild

save [seiv] *v* retten; sparen

savings ['seiviŋz] *pl* Ersparnisse *fpl*; ~ **bank** Sparkasse *f*

saviour ['seivjə] *n* Retter *m*

savoury ['seivəri] *adj* schmackhaft; pikant

saw[1] [sɔː] *v* (p see)

saw[2] [sɔː] *n* Säge *f*

sawdust ['sɔːdʌst] *n* Sägemehl *nt*

saw-mill ['sɔːmil] *n* Sägemühle *f*

*say [sei] *v* sagen

scaffolding ['skæfəldiŋ] *n* Gerüst *nt*

scale [skeil] *n* Maßstab *m*; Tonleiter *f*; Schuppe *f*; **scales** *pl* Waage *f*

scandal ['skændəl] *n* Skandal *m*

Scandinavia [ˌskændi'neiviə] Skandinavien

Scandinavian [ˌskændi'neiviən] *adj* skandinavisch; *n* Skandinavier *m*

scapegoat ['skeipgout] *n* Sündenbock *m*

scar [skɑː] *n* Narbe *f*

scarce [skɛəs] *adj* knapp

scarcely ['skɛəsli] *adv* kaum

scarcity ['skɛəsəti] *n* Mangel *m*

scare [skɛə] *v* *erschrecken; *n* Schreck *m*

scarf [skɑːf] *n* (pl ~s, scarves) Schal *m*

scarlet ['skɑːlət] *adj* scharlachrot

scary ['skɛəri] *adj* unheimlich

scatter ['skætə] *v* verstreuen

scene [siːn] *n* Szene *f*

scenery ['siːnəri] *n* Landschaft *f*

scenic ['siːnik] *adj* malerisch

scent [sent] *n* Parfüm *nt*

schedule ['ʃedjuːl] *n* Fahrplan *m*, Plan *m*

scheme [skiːm] *n* Schema *nt*; Plan *m*

scholar ['skɔlə] *n* Gelehrte *m*; Schüler *m*

scholarship ['skɔləʃip] *n* Stipendium *nt*

school [skuːl] *n* Schule *f*

schoolboy ['skuːlbɔi] *n* Schüler *m*

schoolgirl ['skuːlgəːl] *n* Schülerin *f*

schoolmaster ['skuːlˌmɑːstə] *n* Lehrer *m*, Volksschullehrer *m*

schoolteacher ['skuːlˌtiːtʃə] *n* Lehrer *m*

science ['saiəns] *n* Wissenschaft *f*

scientific [ˌsaiən'tifik] *adj* wissenschaftlich

scientist ['saiəntist] *n* Wissenschaftler *m*

scissors ['sizəz] *pl* Schere *f*

scold [skould] *v* schimpfen

scooter ['skuːtə] *n* Motorroller *m*; Roller *m*

score [skɔː] *n* Spielstand *m*; *v* *anschreiben

scorn [skɔːn] *n* Hohn *m*, Verachtung *f*; *v* verachten

Scot [skɔt] *n* Schotte *m*

Scotch [skɔtʃ] *adj* schottisch; **scotch tape** Selbstklebeband *nt*

Scotland ['skɔtlənd] Schottland

Scottish ['skɔtiʃ] *adj* schottisch

scout [skaut] *n* Pfadfinder *m*

scrap [skræp] *n* Stückchen *nt*

scrap-book ['skræpbuk] *n* Klebealbum *nt*

scrape [skreip] *v* schaben

scrap-iron ['skræpaiən] *n* Alteisen *nt*

scratch [skrætʃ] *v* kratzen; *n* Kratzer *m*, Schramme *f*

scream [skriːm] *v* kreischen, *schreien; *n* Ruf *m*, Schrei *m*

screen [skriːn] *n* Schirm *m*; Bildschirm *m*, Filmleinwand *f*

screw [skruː] *n* Schraube *f*; *v* schrauben

screw-driver ['skru:,draivə] n Schraubenzieher m

scrub [skrʌb] v scheuern; n Gestrüpp nt

sculptor ['skʌlptə] n Bildhauer m

sculpture ['skʌlptʃə] n Skulptur f

sea [si:] n Meer nt

sea-bird ['si:bə:d] n Seevogel m

sea-coast ['si:koust] n Meeresküste f

seagull ['si:gʌl] n Seemöwe f

seal [si:l] n Siegel nt; Robbe f, Seehund m

seam [si:m] n Naht f

seaman ['si:mən] n (pl -men) Matrose m

seamless ['si:mləs] adj nahtlos

seaport ['si:pɔ:t] n Seehafen m

search [sə:tʃ] v suchen; visitieren, durchsuchen; n Suche f

searchlight ['sə:tʃlait] n Scheinwerfer m

sea-shell ['si:ʃel] n Muschel f

seashore ['si:ʃɔ:] n Meeresküste f

seasick ['si:sik] adj seekrank

seasickness ['si:,siknəs] n Seekrankheit f

seaside ['si:said] n Küste f; ~ **resort** Seebad nt

season ['si:zən] n Jahreszeit f, Saison f; **high ~** Hochsaison f; **low ~** Nachsaison f; **off ~** außer Saison

season-ticket ['si:zən,tikit] n Dauerkarte f

seat [si:t] n Sitz m; Platz m

seat-belt ['si:tbelt] n Sicherheitsgurt m

sea-urchin ['si:,ə:tʃin] n Seeigel m

sea-water ['si:,wɔ:tə] n Meerwasser nt

second ['sekənd] num zweite; n Sekunde f; Augenblick m

secondary ['sekəndəri] adj untergeordnet; ~ **school** höhere Schule

second-hand [,sekənd'hænd] adj gebraucht

secret ['si:krət] n Geheimnis nt; adj geheim

secretary ['sekrətri] n Sekretärin f; Sekretär m

section ['sekʃən] n Abschnitt m; Fach nt, Abteilung f

secure [si'kjuə] adj sicher; v sich bemächtigen

security [si'kjuərəti] n Sicherheit f; Pfand nt

sedate [si'deit] adj gesetzt

sedative ['sedətiv] n Beruhigungsmittel nt

seduce [si'dju:s] v verführen

*** see** [si:] v *sehen; *begreifen, *einsehen; ~ **to** sorgen für

seed [si:d] n Samen m

*** seek** [si:k] v suchen

seem [si:m] v *erscheinen, *scheinen

seen [si:n] v (pp see)

seesaw ['si:sɔ:] n Wippe f

seize [si:z] v *ergreifen

seldom ['seldəm] adv selten

select [si'lekt] v *auslesen, auswählen; adj auserlesen, erlesen

selection [si'lekʃən] n Wahl f, Auswahl f

self-centred [,self'sentəd] adj ichbezogen

self-employed [,selfim'plɔid] adj selbständig

self-evident [,sel'fevidənt] adj selbstverständlich

self-government [,self'gʌvəmənt] n Selbstverwaltung f

selfish ['selfiʃ] adj selbstsüchtig

selfishness ['selfiʃnəs] n Selbstsucht f

self-service [,self'sə:vis] n Selbstbedienung f; ~ **restaurant** Selbstbedienungsrestaurant nt

*** sell** [sel] v verkaufen

semblance ['sembləns] n Anschein m

semi- ['semi] Halb-

semicircle ['semi,sə:kəl] n Halbkreis m

semi-colon [,semi'koulən] n Strichpunkt *m*

senate ['senət] *n* Senat *m*

senator ['senətə] *n* Senator *m*

*send [send] *v* schicken, *senden; ~ back zurückschicken, *zurücksenden; ~ for kommen *lassen; ~ off *absenden

senile ['si:nail] *adj* senil

sensation [sen'seiʃən] *n* Sensation *f*; Eindruck *m*, Empfindung *f*

sensational [sen'seiʃənəl] *adj* aufsehenerregend, sensationell

sense [sens] *n* Sinn *m*; Verstand *m*, Vernunft *f*; Bedeutung *f*; *v* spüren; ~ of honour Ehrgefühl *nt*

senseless ['sensləs] *adj* unsinnig

sensible ['sensəbəl] *adj* verständig

sensitive ['sensitiv] *adj* empfindlich

sentence ['sentəns] *n* Satz *m*; Urteil *nt*; *v* verurteilen

sentimental [,senti'mentəl] *adj* sentimental

separate¹ ['sepəreit] *v* trennen

separate² ['sepərət] *adj* besonder, getrennt

separately ['sepərətli] *adv* apart

September [sep'tembə] September

septic ['septik] *adj* septisch; *become ~ entzünden

sequel ['si:kwəl] *n* Folge *f*

sequence ['si:kwəns] *n* Reihenfolge *f*; Folge *f*

serene [sə'ri:n] *adj* ruhig; klar

serial ['siəriəl] *n* Feuilleton *nt*

series ['siəri:z] *n* (pl ~) Folge *f*, Serie *f*

serious ['siəriəs] *adj* seriös, ernst

seriousness ['siəriəsnəs] *n* Ernst *m*

sermon ['sə:mən] *n* Predigt *f*

serum ['siərəm] *n* Serum *nt*

servant ['sə:vənt] *n* Diener *m*

serve [sə:v] *v* bedienen

service ['sə:vis] *n* Dienst *m*; Bedienung *f*; ~ charge Bedienung *f*; ~ station Tankstelle *f*

serviette [,sə:vi'et] *n* Serviette *f*

session ['seʃən] *n* Sitzung *f*

set [set] *n* Satz *m*, Gruppe *f*

*set [set] *v* stellen; ~ menu festes Menü; ~ out abreisen

setting ['setiŋ] *n* Umgebung *f*; ~ lotion Haarfixativ *nt*

settle ['setəl] *v* erledigen, regeln; ~ down sich *niederlassen

settlement ['setəlmənt] *n* Regelung *f*, Vergleich *m*, Übereinkunft *f*

seven ['sevən] *num* sieben

seventeen [,sevən'ti:n] *num* siebzehn

seventeenth [,sevən'ti:nθ] *num* siebzehnte

seventh ['sevənθ] *num* siebente

seventy ['sevənti] *num* siebzig

several ['sevərəl] *adj* etliche, mehrere

severe [si'viə] *adj* heftig, streng, ernst

sew [sou] *v* nähen; ~ up nähen

sewer ['su:ə] *n* Abwasserkanal *m*

sewing-machine ['souiŋmə,ʃi:n] *n* Nähmaschine *f*

sex [seks] *n* Geschlecht *nt*; Sex *m*

sexton ['sekstən] *n* Küster *m*

sexual ['sekʃuəl] *adj* sexuell

sexuality [,sekʃu'æləti] *n* Sexualität *f*

shade [ʃeid] *n* Schatten *m*; Farbton *m*

shadow ['ʃædou] *n* Schatten *m*

shady ['ʃeidi] *adj* schattig

*shake [ʃeik] *v* schütteln

shaky ['ʃeiki] *adj* wacklig

*shall [ʃæl] *v* *werden; sollen

shallow ['ʃælou] *adj* seicht

shame [ʃeim] *n* Schande *f*; shame! pfui!

shampoo [ʃæm'pu:] *n* Shampoo *nt*

shamrock ['ʃæmrɔk] *n* Kleeblatt *nt*

shape [ʃeip] *n* Form *f*; *v* bilden

share [ʃeə] *v* teilen; ~ Teil *m*; Aktie *f*

shark [ʃɑ:k] *n* Hai *m*

sharp [ʃɑ:p] *adj* scharf

sharpen ['ʃɑ:pən] *v* *schleifen, schärfen

shave [ʃeiv] v sich rasieren

shaver ['ʃeivə] n Rasierapparat m

shaving-brush ['ʃeiviŋbrʌʃ] n Rasierpinsel m

shaving-cream ['ʃeiviŋkri:m] n Rasierkrem f

shaving-soap ['ʃeiviŋsoup] n Rasierseife f

shawl [ʃɔ:l] n Umschlagtuch nt, Schal m

she [ʃi:] pron sie

shed [ʃed] n Schuppen m

* **shed** [ʃed] v *vergießen; verbreiten

sheep [ʃi:p] n (pl ~) Schaf nt

sheer [ʃiə] adj absolut, rein; dünn, durchscheinend

sheet [ʃi:t] n Laken nt; Blatt nt; Platte f

shelf [ʃelf] n (pl shelves) Regal nt

shell [ʃel] n Muschel f; Schale f

shellfish ['ʃelfiʃ] n Schalentier nt

shelter ['ʃeltə] n Schutz m; v schützen

shepherd ['ʃepəd] n Hirt m

shift [ʃift] n Schicht f

* **shine** [ʃain] v strahlen; leuchten, glänzen

ship [ʃip] n Schiff nt; v *versenden; **shipping line** Schiffahrtslinie f

shipowner ['ʃi,pounə] n Reeder m

shipyard ['ʃipja:d] n Schiffswerft f

shirt [ʃə:t] n Hemd nt

shiver ['ʃivə] v zittern, frösteln; n Frösteln nt

shivery ['ʃivəri] adj fröstelnd

shock [ʃɔk] n Schock m; v schockieren; ~ **absorber** Stoßdämpfer m

shocking ['ʃɔkiŋ] adj empörend

shoe [ʃu:] n Schuh m; **gym shoes** Turnschuhe mpl; ~ **polish** Schuhkrem f

shoe-lace ['ʃu:leis] n Schnürsenkel m

shoemaker ['ʃu:,meikə] n Schuhmacher m

shoe-shop ['ʃu:ʃɔp] n Schuhgeschäft nt

shook [ʃuk] v (p shake)

* **shoot** [ʃu:t] v *schießen

shop [ʃɔp] n Geschäft nt; v einkaufen; ~ **assistant** Verkäufer m; **shopping bag** Einkaufstasche f; **shopping centre** Einkaufszentrum nt

shopkeeper ['ʃɔp,ki:pə] n Ladeninhaber m

shop-window [,ʃɔp'windou] n Schaufenster nt

shore [ʃɔ:] n Ufer nt, Küste f

short [ʃɔ:t] adj kurz; klein; ~ **circuit** Kurzschluß m

shortage ['ʃɔ:tidʒ] n Mangel m, Knappheit f

shortcoming ['ʃɔ:t,kʌmiŋ] n Unzulänglichkeit f

shorten ['ʃɔ:tən] v verkürzen

shorthand ['ʃɔ:hænd] n Stenographie f

shortly ['ʃɔ:tli] adv in kurzem, bald

shorts [ʃɔ:ts] pl kurze Hose; plAm Unterhose f

short-sighted [,ʃɔ:t'saitid] adj kurzsichtig

shot [ʃɔt] n Schuß m; Spritze f; Aufnahme f

* **should** [ʃud] v *müssen

shoulder ['ʃouldə] n Schulter f

shout [ʃaut] v *schreien, *rufen; n Schrei m

shovel ['ʃʌvəl] n Schaufel f

show [ʃou] n Aufführung f, Vorstellung f; Ausstellung f

* **show** [ʃou] v zeigen; sehen *lassen, ausstellen; *beweisen

show-case ['ʃoukeis] n Vitrine f

shower [ʃauə] n Dusche f; Schauer m, Regenschauer m

showroom ['ʃouru:m] n Ausstellungsraum m

shriek [ʃri:k] v kreischen; n Gekreisch nt

shrimp [ʃrimp] n Garnele f

shrine [ʃrain] n Heiligtum nt, Schrein m

*shrink [ʃriŋk] v schrumpfen

shrinkproof ['ʃriŋkpru:f] adj nicht einlaufend

shrub [ʃrʌb] n Strauch m

shudder ['ʃʌdə] n Schauder m

shuffle ['ʃʌfəl] v mischen

*shut [ʃʌt] v *abschließen, *schließen; shut zu, geschlossen; ~ in *einschließen

shutter ['ʃʌtə] n Jalousie f, Fensterladen m

shy [ʃai] adj scheu, schüchtern

shyness ['ʃainəs] n Schüchternheit f

Siam [sai'æm] Siam

Siamese [,saiə'mi:z] adj siamesisch; n Siamese m

sick [sik] adj krank; übel

sickness ['siknəs] n Krankheit f; Übelkeit f

side [said] n Seite f; Partei f; one-sided adj einseitig

sideburns ['saidbə:nz] pl Koteletten

sidelight ['saidlait] n Seitenlicht nt

side-street ['saidstri:t] n Seitenstraße f

sidewalk ['saidwɔ:k] nAm Gehweg m, Bürgersteig m

sideways ['saidweiz] adv seitwärts

siege [si:dʒ] n Belagerung f

sieve [siv] n Sieb nt; v sieben

sift [sift] v sieben

sight [sait] n Aussicht f; Sicht f, Anblick m; Sehenswürdigkeit f

sign [sain] n Zeichen nt; Gebärde f, Wink m; v unterzeichnen, *unterschreiben

signal ['signəl] n Signal nt; Zeichen nt; v signalisieren

signature ['signətʃə] n Unterschrift f

significant [sig'nifikənt] adj bedeutungsvoll

signpost ['sainpoust] n Wegweiser m

silence ['sailəns] n Stille f; v zum Schweigen *bringen

silencer ['sailənsə] n Auspufftopf m

silent ['sailənt] adj schweigend, still; *be ~ *schweigen

silk [silk] n Seide f

silken ['silkən] adj seiden

silly ['sili] adj töricht, albern

silver ['silvə] n Silber nt; silbern

silversmith ['silvəsmiθ] n Silberschmied m

silverware ['silvəwɛə] n Silber nt

similar ['similə] adj derartig, ähnlich

similarity [,simi'lærəti] n Ähnlichkeit f

simple ['simpəl] adj schlicht, einfach; üblich

simply ['simpli] adv einfach

simulate ['simjuleit] v heucheln

simultaneous [,siməl'teiniəs] adj gleichzeitig

sin [sin] n Sünde f

since [sins] prep seit; adv seither; conj seitdem; da

sincere [sin'siə] adj aufrichtig

sinew ['sinju:] n Sehne f

*sing [siŋ] v *singen

singer ['siŋə] n Sänger m; Sängerin f

single ['siŋgəl] adj einzig; ledig

singular ['siŋgjulə] n Einzahl f; adj merkwürdig

sinister ['sinistə] adj unheilvoll

sink [siŋk] n Ausguß m

*sink [siŋk] v *sinken

sip [sip] n Schlückchen nt

siphon ['saifən] n Siphon m

sir [sə:] mein Herr

siren ['saiərən] n Sirene f

sister ['sistə] n Schwester f

sister-in-law ['sistərinlɔ:] n (pl sisters-) Schwägerin f

*sit [sit] v *sitzen; ~ down sich setzen

site [sait] n Gelände nt; Lage f

sitting-room ['sitiŋru:m] n Wohnzimmer nt

situated ['sitʃueitid] adj gelegen

situation [,sitʃu'eiʃən] n Lage f

six [siks] num sechs

sixteen [,siks'ti:n] num sechzehn

sixteenth [,siks'ti:nθ] num sechzehnte

sixth [siksθ] num sechste

sixty ['siksti] num sechzig

size [saiz] n Größe f, Nummer f; Ausmaß nt; Format nt

skate [skeit] v *eislaufen; n Schlittschuh m

skating-rink ['skeitiŋriŋk] n Schlittschuhbahn f, Eisbahn f

skeleton ['skelitən] n Gerippe nt, Skelett nt

sketch [sketʃ] n Zeichnung f, Skizze f; v zeichnen, skizzieren

sketch-book ['sketʃbuk] n Skizzenbuch nt

ski¹ [ski:] v Schi *laufen

ski² [ski:] n (pl ~, ~s) Schi m; ~ **boots** Schischuhe mpl; ~ **pants** Schihose f; ~ **poles** Am Schistöcke mpl; ~ **sticks** Schistöcke mpl

skid [skid] v schleudern

skier ['ski:ə] n Schiläufer m

skiing ['ski:iŋ] n Schilauf m

ski-jump ['ski:dʒʌmp] n Schisprung m

skilful ['skilfəl] adj geschickt, behende, gewandt

ski-lift ['ski:lift] n Schilift m

skill [skil] n Fertigkeit f

skilled [skild] adj geübt, geschickt; erfahren

skin [skin] n Fell nt, Haut f; Schale f; ~ **cream** Hautkrem f

skip [skip] v hüpfen; *übergehen

skirt [skə:t] n Rock m

skull [skʌl] n Schädel m

sky [skai] n Himmel m; Luft f

skyscraper ['skai,skreipə] n Wolkenkratzer m

slack [slæk] adj träge

slacks [slæks] pl Hose f

slam [slæm] v *zuschlagen

slander ['sla:ndə] n Verleumdung f

slant [sla:nt] v sich neigen

slanting ['sla:ntiŋ] adj schief, abschüssig, schräg

slap [slæp] v *schlagen; n Schlag m

slate [sleit] n Schiefer m

slave [sleiv] n Sklave m

sledge [sledʒ] n Schlitten m

sleep [sli:p] n Schlaf m

*sleep [sli:p] v *schlafen

sleeping-bag ['sli:piŋbæg] n Schlafsack m

sleeping-car ['sli:piŋka:] n Schlafwagen m

sleeping-pill ['sli:piŋpil] n Schlafmittel nt

sleepless ['sli:pləs] adj schlaflos

sleepy ['sli:pi] adj schläfrig

sleeve [sli:v] n Ärmel m; Hülle f

sleigh [slei] n Schlitten m

slender ['slendə] adj schlank

slice [slais] n Schnitte f

slide [slaid] n Rutschbahn f; Dia nt

*slide [slaid] v *gleiten

slight [slait] adj leicht; geringfügig

slim [slim] adj schlank; v *abnehmen

slip [slip] v *ausgleiten f, ausrutschen; entwischen; n Fehltritt m; Unterrock m

slipper ['slipə] n Hausschuh m, Pantoffel m

slippery ['slipəri] adj glitschig, schlüpfrig

slogan ['slougən] n Wahlspruch m, Schlagwort nt

slope [sloup] n Abhang m; v *abfallen

sloping ['sloupiŋ] adj abschüssig

sloppy ['sləpi] adj schlampig

slot [slɔt] n Schlitz m

slot-machine ['slɔt,məʃi:n] n Automat m

slovenly ['slʌvənli] adj unordentlich

slow [slou] adj schwerfällig, langsam; ~ down verzögern, verlangsamen; abbremsen

sluice [slu:s] n Schleuse f

slum [slʌm] n Elendsviertel nt

slump [slʌmp] n Preissenkung f

slush [slʌʃ] n Matsch m

sly [slai] adj listig

smack [smæk] v *schlagen; n Klaps m

small [smɔ:l] adj klein; gering

smallpox ['smɔ:lpɔks] n Pocken fpl

smart [smɑ:t] adj elegant; gewandt, gescheit

smell [smel] n Geruch m

*smell [smel] v *riechen; *stinken

smelly ['smeli] adj übelriechend

smile [smail] v lächeln; n Lächeln nt

smith [smiθ] n Schmied m

smoke [smouk] v rauchen; n Rauch m; no smoking Rauchen verboten

smoker ['smoukə] n Raucher m; Raucherabteil nt

smoking-compartment ['smoukiŋkəm-,pɑ:tmənt] n Raucherabteil nt

smoking-room ['smoukiŋru:m] n Rauchzimmer nt

smooth [smu:ð] adj eben, flach, glatt; geschmeidig

smuggle ['smʌgəl] v schmuggeln

snack [snæk] n Imbiß m

snack-bar ['snækbɑ:] n Snackbar f

snail [sneil] n Schnecke f

snake [sneik] n Schlange f

snapshot ['snæpʃɔt] n Schnappschuß m

sneakers ['sni:kəz] plAm Turnschuhe mpl

sneeze [sni:z] v niesen

sniper ['snaipə] n Heckenschütze m

snooty ['snu:ti] adj hochnäsig

snore [snɔ:] v schnarchen

snorkel ['snɔ:kəl] n Schnorchel m

snout [snaut] n Schnauze f

snow [snou] n Schnee m; v schneien

snowstorm ['snoustɔ:m] n Schneesturm m

snowy ['snoui] adj schneebedeckt

so [sou] conj also; adv so; dermaßen; and ~ on und so weiter; ~ far bisher; ~ that so daß, damit

soak [souk] v einweichen, weichen, durchnässen

soap [soup] n Seife f; ~ powder Seifenpulver nt

sober ['soubə] adj nüchtern; besonnen

so-called [,sou'kɔ:ld] adj sogenannt

soccer ['sɔkə] n Fußball m; ~ team Elf f

social ['souʃəl] adj Gesellschafts-, sozial

socialism ['souʃəlizəm] n Sozialismus m

socialist ['souʃəlist] adj sozialistisch; n Sozialist m

society [sə'saiəti] n Gesellschaft f; Verein m

sock [sɔk] n Socke f

socket ['sɔkit] n Fassung f

soda-water ['soudə,wɔ:tə] n Selterswasser nt, Sodawasser nt

sofa ['soufə] n Sofa nt

soft [sɔft] adj weich; ~ drink alkoholfreies Getränk

soften ['sɔfən] v mildern

soil [sɔil] n Erde f; Erdboden m, Boden m

soiled [sɔild] adj beschmutzt

sold [sould] v (p, pp sell); ~ out ausverkauft

solder ['sɔldə] v löten

soldering-iron ['sɔldəriŋaiən] n Lötkolben m

soldier ['souldʒə] n Soldat m

sole¹ [soul] *adj* einzig
sole² [soul] *n* Sohle *f*; Seezunge *f*
solely ['soulli] *adv* ausschließlich
solemn ['soləm] *adj* feierlich
solicitor [sə'lisitə] *n* Anwalt *m*
solid ['solid] *adj* stark, fest; massiv; *n* Festkörper *m*
soluble ['soljubəl] *adj* löslich
solution [sə'lu:ʃən] *n* Lösung *f*
solve [solv] *v* lösen
sombre ['sombə] *adj* düster
some [sʌm] *adj* einige; *pron* manche; was; ~ **day** eines Tages; ~ **more** etwas mehr; ~ **time** einmal
somebody ['sʌmbədi] *pron* jemand
somehow ['sʌmhau] *adv* irgendwie
someone ['sʌmwʌn] *pron* jemand
something ['sʌmθiŋ] *pron* etwas
sometimes ['sʌmtaimz] *adv* manchmal
somewhat ['sʌmwɔt] *adv* ziemlich
somewhere ['sʌmweə] *adv* irgendwo
son [sʌn] *n* Sohn *m*
song [son] *n* Lied *nt*
son-in-law ['sʌninlo:] *n* (pl sons-) Schwiegersohn *m*
soon [su:n] *adv* in Kürze, bald, alsbald; **as** ~ **as** sobald als
sooner ['su:nə] *adv* lieber
sore [so:] *adj* schmerzhaft, wund; *n* wunde Stelle; Geschwür *nt*; ~ **throat** Halsschmerzen *mpl*
sorrow ['sorou] *n* Betrübnis *f*, Leid *nt*, Kummer *m*
sorry ['sori] *adj* bekümmert; **sorry!** Verzeihung!, Entschuldigung!
sort [so:t] *v* sortieren, ordnen; *n* Art *f*, Sorte *f*; **all sorts of** allerlei
soul [soul] *n* Seele *f*; Geist *m*
sound [saund] *n* Klang *m*, Schall *m*; *v* *klingen, erschallen; *adj* zuverlässig
soundproof ['saundpru:f] *adj* schalldicht
soup [su:p] *n* Suppe *f*

soup-plate ['su:ppleit] *n* Suppenteller *m*
soup-spoon ['su:pspu:n] *n* Suppenlöffel *m*
sour [sauə] *adj* sauer
source [so:s] *n* Quelle *f*
south [sauθ] *n* Süden *m*; **South Pole** Südpol *m*
South Africa [sauθ 'æfrikə] Südafrika
south-east [,sauθ'i:st] *n* Südosten *m*
southerly ['sʌðəli] *adj* südlich
southern ['sʌðən] *adj* südlich
south-west [,sauθ'west] *n* Südwesten *m*
souvenir ['su:vəniə] *n* Andenken *nt*
sovereign ['sovrin] *n* Herrscher *m*
*sow [sou] *v* säen
spa [spa:] *n* Heilbad *nt*
space [speis] *n* Raum *m*; Abstand *m*, Zwischenraum *m*; *v* in Abständen anordnen
spacious ['speiʃəs] *adj* geräumig
spade [speid] *n* Schaufel *f*, Spaten *m*
Spain [spein] Spanien
Spaniard ['spænjəd] *n* Spanier *m*
Spanish ['spæniʃ] *adj* spanisch
spanking ['spæŋkiŋ] *n* Prügel *pl*
spanner ['spænə] *n* Schraubenschlüssel *m*
spare [speə] *adj* Reserve-, überschüssig; *v* entbehren; ~ **part** Ersatzteil *nt*; ~ **room** Gästezimmer *nt*; ~ **time** Freizeit *f*; ~ **tyre** Ersatzreifen *m*; ~ **wheel** Reserverad *nt*
spark [spa:k] *n* Funken *m*
sparking-plug ['spa:kiŋplʌg] *n* Zündkerze *f*
sparkling ['spa:kliŋ] *adj* funkelnd; perlend
sparrow ['spærou] *n* Sperling *m*
spasm ['spæzəm] *n* Krampf *m*, Spasmus *m*
speak [spi:k] *v* *sprechen
speaker ['spi:kə] *n* Sprecher *m*

spear [spiə] n Speer m

special ['speʃəl] adj besonder, speziell; ~ delivery Eilpost

specialist ['speʃəlist] n Spezialist m

speciality [,speʃi'æləti] n Spezialität f

specialize ['speʃəlaiz] v sich spezialisieren

specially ['speʃəli] adv im einzelnen

species ['spi:ʃi:z] n (pl ~) Art f

specific [spə'sifik] adj spezifisch

specimen ['spesimən] n Exemplar nt

speck [spek] n Fleck m

spectacle ['spektəkəl] n Schauspiel nt; spectacles Brille f

spectator [spek'teitə] n Zuschauer m

speculate ['spekjuleit] v spekulieren

speech [spi:tʃ] n Sprache f; Ansprache f, Rede f

speechless ['spi:tʃləs] adj sprachlos

speed [spi:d] n Geschwindigkeit f; Schnelligkeit f, Eile f; cruising ~ Reisegeschwindigkeit f; ~ limit Höchstgeschwindigkeit f, Geschwindigkeitsbegrenzung f

* speed [spi:d] v rasen; zu schnell *fahren

speeding ['spi:diŋ] n Geschwindigkeitsübertretung f

speedometer [spi:'dɔmitə] n Geschwindigkeitsmesser m

spell [spel] n Zauber m

* spell [spel] v buchstabieren

spelling ['speliŋ] n Rechtschreibung f

* spend [spend] v verausgaben, *ausgeben; *verbringen

sphere [sfiə] n Kugel f; Kreis m

spice [spais] n Gewürz nt

spiced [spaist] adj gewürzt

spicy ['spaisi] adj pikant

spider ['spaidə] n Spinne f; spider's web Spinnwebe f

* spill [spil] v verschütten

* spin [spin] v *spinnen; wirbeln

spinach ['spinidʒ] n Spinat m

spine [spain] n Rückgrat nt

spinster ['spinstə] n alte Jungfer

spire [spaiə] n Spitze f

spirit ['spirit] n Geist m; Laune f; spirits alkoholische Getränke, Spirituosen pl; Stimmung f; ~ stove Spirituskocher m

spiritual ['spiritʃuəl] adj geistig

spit [spit] n Speichel m, Spucke f; Bratspieß m

* spit [spit] v spucken

in spite of [in spait ɔv] ungeachtet, trotz

spiteful ['spaitfəl] adj gehässig

splash [splæʃ] v bespritzen

splendid ['splendid] adj prächtig, herrlich

splendour ['splendə] n Pracht f

splint [splint] n Schiene f

splinter ['splintə] n Splitter m

* split [split] v spalten

* spoil [spɔil] v *verderben; verwöhnen

spoke¹ [spouk] v (p speak)

spoke² [spouk] n Speiche f

sponge [spʌndʒ] n Schwamm m

spook [spu:k] n Gespenst nt, Geist m

spool [spu:l] n Spule f

spoon [spu:n] n Löffel m

spoonful ['spu:nful] n Löffel voll

sport [spɔ:t] n Sport m

sports-car ['spɔ:tska:] n Sportwagen m

sports-jacket ['spɔ:ts,dʒækit] n Sportjacke f

sportsman ['spɔ:tsmən] n (pl -men) Sportler m

sportswear ['spɔ:tsweə] n Sportkleidung f

spot [spɔt] n Klecks m, Fleck m; Stelle f, Platz m

spotless ['spɔtləs] adj fleckenlos

spotlight ['spɔtlait] n Scheinwerfer m

spotted ['spɔtid] adj gesprenkelt

spout [spaut] n Strahl m

sprain [sprein] v verstauchen; n Verstauchung f

* spread [spred] v ausbreiten

spring [spriŋ] n Lenz m, Frühling m; Feder f; Quelle f

springtime ['spriŋtaim] n Frühling m

sprouts [sprauts] pl Rosenkohl m

spy [spai] n Spion m

squadron ['skwɔdrən] n Geschwader nt

square [skwɛə] adj quadratisch; n Quadrat nt; Platz m

squash [skwɔʃ] n Fruchtsaft m

squirrel ['skwirəl] n Eichhörnchen nt

squirt [skwə:t] n Strahl m

stable ['steibəl] adj stabil; n Stall m

stack [stæk] n Stapel m

stadium ['steidiəm] n Stadion nt

staff [stɑ:f] n Personal nt

stage [steidʒ] n Bühne f; Phase f, Stadium nt; Etappe f

stain [stein] v beflecken; n Klecks m, Fleck m; stained glass buntes Glas; ~ remover Fleckenreinigungsmittel nt

stainless ['steinləs] adj fleckenlos; ~ steel nichtrostender Stahl

staircase ['stɛəkeis] n Treppe f

stairs [stɛəz] pl Treppe f

stale [steil] adj altbacken

stall [stɔ:l] n Stand m; Sperrsitz m

stamina ['stæminə] n Widerstandsfähigkeit f

stamp [stæmp] n Briefmarke f; Stempel m; v frankieren; stampfen; ~ machine Markenautomat m

stand [stænd] n Stand m; Tribüne f

* stand [stænd] v *stehen

standard ['stændəd] n Norm f, Maßstab m; Standard-; ~ of living Lebensstandard m

stanza ['stænzə] n Strophe f

staple ['steipəl] n Heftklammer f

star [stɑ:] n Stern m

starboard ['stɑ:bəd] n Steuerbord nt

starch [stɑ:tʃ] n Stärke f; v stärken

stare [stɛə] v starren

starling ['stɑ:liŋ] n Star m

start [stɑ:t] v *anfangen; n Anfang m; starter motor Anlasser m

starting-point ['stɑ:tiŋpɔint] n Ausgangspunkt m

state [steit] n Staat m; Zustand m; v darlegen

the States Vereinigte Staaten

statement ['steitmənt] n Erklärung f

statesman ['steitsmən] n (pl -men) Staatsmann m

station ['steiʃən] n Bahnhof m; Stelle f

stationary ['steiʃənəri] adj stillstehend

stationer's ['steiʃənəz] n Schreibwarenhandlung f

stationery ['steiʃənəri] n Schreibwaren fpl

station-master ['steiʃən,mɑ:stə] n Stationsvorsteher m

statistics [stə'tistiks] pl Statistik f

statue ['stætʃu:] n Standbild nt

stay [stei] v *bleiben; verweilen, sich *aufhalten; n Aufenthalt m

steadfast ['stedfɑ:st] adj standhaft

steady ['stedi] adj beständig

steak [steik] n Steak nt

* steal [sti:l] v *stehlen

steam [sti:m] n Dampf m

steamer ['sti:mə] n Dampfer m

steel [sti:l] n Stahl m

steep [sti:p] adj schroff, steil

steeple ['sti:pəl] n Kirchturm m

steering-column ['stiəriŋ,kɔləm] n Lenksäule f

steering-wheel ['stiəriŋwi:l] n Steuerrad nt

steersman ['stiəzmən] n (pl -men) Steuermann m

stem [stem] n Stiel m

stenographer [ste'nɔgrəfə] n Stenograph *m*

step [step] *n* Schritt *m*, Tritt *m*; Stufe *f*; *v* *treten

stepchild ['step∫aild] *n* (pl -children) Stiefkind *nt*

stepfather ['step‚fa:ðə] *n* Stiefvater *m*

stepmother ['step‚mʌðə] *n* Stiefmutter *f*

sterile ['sterail] *adj* steril

sterilize ['sterilaiz] *v* sterilisieren

steward ['stju:əd] *n* Steward *m*

stewardess ['stju:ədes] *n* Stewardeß *f*

stick [stik] *n* Stock *m*

***stick** [stik] *v* kleben, ankleben

sticky ['stiki] *adj* klebrig

stiff [stif] *adj* steif

still [stil] *adv* noch; dennoch; *adj* still

stillness ['stilnəs] *n* Stille *f*

stimulant ['stimjulənt] *n* Reizmittel *nt*

stimulate ['stimjuleit] *v* anspornen

sting [stiŋ] *n* Stich *m*

***sting** [stiŋ] *v* *stechen

stingy ['stindʒi] *adj* kleinlich

***stink** [stiŋk] *v* *stinken

stipulate ['stipjuleit] *v* abmachen, festsetzen

stipulation [‚stipju'lei∫ən] *n* Klausel *f*

stir [stə:] *v* bewegen; rühren

stirrup ['stirəp] *n* Steigbügel *m*

stitch [stit∫] *n* Stich *m*, Stechen *nt*

stock [stɔk] *n* Vorrat *m*; *v* vorrätig *haben; ~ **exchange** Effektenbörse *f*, Börse *f*; ~ **market** Börse *f*; **stocks and shares** Aktien

stocking ['stɔkiŋ] *n* Strumpf *m*

stole[1] [stoul] *v* (p steal)

stole[2] [stoul] *n* Stola *f*

stomach ['stʌmək] *n* Magen *m*

stomach-ache ['stʌməkeik] *n* Bauchschmerzen *mpl*, Magenschmerzen *mpl*

stone [stoun] *n* Stein *m*; Edelstein *m*; Kern *m*; steinern; **pumice** ~ Bimsstein *m*

stood [stud] *v* (p, pp stand)

stop [stɔp] *v* aufhören; aufhören mit, einstellen; *n* Haltestelle *f*; **stop!** halt!

stopper ['stɔpə] *n* Stöpsel *m*

storage ['stɔ:ridʒ] *n* Lagerung *f*

store [stɔ:] *n* Vorrat *m*; Laden *m*; *v* lagern

store-house ['stɔ:haus] *n* Lagerhaus *nt*

storey ['stɔ:ri] *n* Etage *f*, Stockwerk *nt*

stork [stɔ:k] *n* Storch *m*

storm [stɔ:m] *n* Sturm *m*

stormy ['stɔ:mi] *adj* stürmisch

story ['stɔ:ri] *n* Geschichte *f*

stout [staut] *adj* dick, stämmig, korpulent

stove [stouv] *n* Ofen *m*; Herd *m*

straight [streit] *adj* gerade; ehrlich; *adv* geradewegs; ~ **ahead** geradeaus; ~ **away** sofort; ~ **on** geradeaus

strain [strein] *n* Anstrengung *f*; Anspannung *f*; *v* forcieren; sieben

strainer ['streinə] *n* Durchschlag *m*

strange [streindʒ] *adj* fremd; komisch

stranger ['streindʒə] *n* Fremde *m*; Unbekannte *m*

strangle ['stræŋgəl] *v* erwürgen

strap [stræp] *n* Riemen *m*

straw [strɔ:] *n* Stroh *nt*

strawberry ['strɔ:bəri] *n* Erdbeere *f*

stream [stri:m] *n* Bach *m*; Wasserlauf *m*; *v* strömen

street [stri:t] *n* Straße *f*

streetcar ['stri:tka:] *nAm* Straßenbahn *f*

street-organ ['stri:‚tɔ:gən] *n* Leierkasten *m*

strength [streŋθ] *n* Stärke *f*, Kraft *f*

stress [stres] *n* Spannung *f*; Betonung *f*; *v* betonen

stretch [stret∫] *v* dehnen; *n* Strecke *f*

strict [strikt] *adj* streng

strife [straif] *n* Streit *m*

strike [straik] n Streik m

*strike [straik] v *schlagen; *zuschlagen; *auffallen; streiken; *streichen

striking ['straikiŋ] adj treffend, erstaunlich, auffallend

string [striŋ] n Schnur f; Saite f

strip [strip] n Streifen m

stripe [straip] n Streifen m

striped [straipt] adj gestreift

stroke [strouk] n Schlaganfall m

stroll [stroul] v bummeln; n Bummel m

strong [strɔŋ] adj stark; kräftig

stronghold ['strɔŋhould] n Burg f

structure ['strʌktʃə] n Struktur f

struggle ['strʌgəl] n Kampf m, Ringen nt; v *ringen, kämpfen

stub [stʌb] n Kontrollabschnitt m

stubborn ['stʌbən] adj hartnäckig

student ['stju:dənt] n Student m; Studentin f

study ['stʌdi] v studieren; n Studium nt; Arbeitszimmer nt

stuff [stʌf] n Stoff m; Zeug nt

stuffed [stʌft] adj gefüllt

stuffing ['stʌfiŋ] n Füllung f

stuffy ['stʌfi] adj stickig

stumble ['stʌmbəl] v stolpern

stung [stʌŋ] v (p, pp sting)

stupid ['stju:pid] adj dumm

style [stail] n Stil m

subject[1] ['sʌbdʒikt] n Subjekt nt; Staatsangehörige m; ~ to ausgesetzt

subject[2] [səb'dʒekt] v *unterwerfen

submit [səb'mit] v sich *unterwerfen

subordinate [sə'bɔ:dinət] adj Unter-; untergeordnet

subscriber [səb'skraibə] n Abonnent m

subscription [səb'skripʃən] n Abonnement nt

subsequent ['sʌbsikwənt] adj folgend

subsidy ['sʌbsidi] n Subvention f

substance ['sʌbstəns] n Substanz f

substantial [səb'stænʃəl] adj sachlich; wirklich; bedeutend

substitute ['sʌbstitju:t] v ersetzen; n Ersatz m; Stellvertreter m

subtitle ['sʌb,taitəl] n Untertitel m

subtle ['sʌtəl] adj subtil

subtract [səb'trækt] v subtrahieren

suburb ['sʌbə:b] n Vorort m, Vorstadt f

suburban [sə'bə:bən] adj vorstädtisch

subway ['sʌbwei] nAm Untergrundbahn f

succeed [sək'si:d] v *gelingen; nachfolgen

success [sək'ses] n Erfolg m

successful [sək'sesfəl] adj erfolgreich

succumb [sə'kʌm] v *erliegen

such [sʌtʃ] adj solch; adv so; ~ as wie

suck [sʌk] v lutschen

sudden ['sʌdən] adj plötzlich

suddenly ['sʌdənli] adv plötzlich

suede [sweid] n Wildleder nt

suffer ['sʌfə] v *leiden; *erleiden

suffering ['sʌfəriŋ] n Leiden nt

suffice [sə'fais] v reichen

sufficient [sə'fiʃənt] adj hinreichend, genügend

suffrage ['sʌfridʒ] n Wahlrecht nt

sugar ['ʃugə] n Zucker m

suggest [sə'dʒest] v *vorschlagen

suggestion [sə'dʒestʃən] n Vorschlag m

suicide ['su:isaid] n Selbstmord m

suit [su:t] v passen; anpassen an; kleiden; n Anzug m

suitable ['su:təbəl] adj angemessen, geeignet

suitcase ['su:tkeis] n Handkoffer m

suite [swi:t] n Zimmerflucht f

sum [sʌm] n Summe f

summary ['sʌməri] n Zusammenfassung f

summer ['sʌmə] n Sommer m; ~ **time** Sommerzeit f

summit ['sʌmit] n Gipfel m

summons ['sʌmənz] n (pl ~es) Vorladung f

sun [sʌn] n Sonne f

sunbathe ['sʌnbeið] v sich sonnen

sunburn ['sʌnbə:n] n Sonnenbrand m

Sunday ['sʌndi] Sonntag m

sun-glasses ['sʌn,glɑ:siz] pl Sonnenbrille f

sunlight ['sʌnlait] n Sonnenlicht nt

sunny ['sʌni] adj sonnig

sunrise ['sʌnraiz] n Sonnenaufgang m

sunset ['sʌnset] n Sonnenuntergang m

sunshade ['sʌnʃeid] n Sonnenschirm m

sunshine ['sʌnʃain] n Sonnenschein m

sunstroke ['sʌnstrouk] n Sonnenstich m

suntan oil ['sʌntænɔil] Sonnenöl nt

superb [su'pə:b] adj großartig, prächtig

superficial [,su:pə'fiʃəl] adj oberflächlich

superfluous [su'pə:fluəs] adj überflüssig

superior [su'piəriə] adj überlegen, besser, überragend, ober

superlative [su'pə:lətiv] adj überragend; n Superlativ m

supermarket ['su:pə,mɑ:kit] n Supermarkt m

superstition [,su:pə'stiʃən] n Aberglaube m

supervise ['su:pəvaiz] v beaufsichtigen

supervision [,su:pə'viʒən] n Kontrolle f, Aufsicht f

supervisor ['su:pəvaizə] n Aufseher m

supper ['sʌpə] n Abendessen nt

supple ['sʌpəl] adj biegsam, geschmeidig, gelenkig

supplement ['sʌplimənt] n Beilage f

supply [sə'plai] n Zufuhr f, Lieferung

f; Vorrat m; Angebot nt; v liefern

support [sə'pɔ:t] v unterstützen, stützen; n Unterstützung f; ~ **hose** elastische Strümpfe

supporter [sə'pɔ:tə] n Anhänger m

suppose [sə'pouz] v vermuten, *annehmen; **supposing that** angenommen daß

suppository [sə'pɔzitəri] n Zäpfchen nt

suppress [sə'pres] v unterdrücken

surcharge ['sə:tʃɑ:dʒ] n Zuschlag m

sure [ʃuə] adj sicher

surely ['ʃuəli] adv sicherlich

surface ['sə:fis] n Oberfläche f

surf-board ['sə:fbɔ:d] n Wellenreiterbrett nt

surgeon ['sə:dʒən] n Chirurg m; **veterinary** ~ Tierarzt m

surgery ['sə:dʒəri] n Operation f; Sprechzimmer nt

surname ['sə:neim] n Familienname m

surplus ['sə:pləs] n Überschuß m

surprise [sə'praiz] n Überraschung f; v überraschen; erstaunen

surrender [sə'rendə] v sich *ergeben; n Übergabe f

surround [sə'raund] v umringen, *umgeben

surrounding [sə'raundiŋ] adj umliegend

surroundings [sə'raundiŋz] pl Umgebung f

survey ['sə:vei] n Übersicht f

survival [sə'vaivəl] n Überleben nt

survive [sə'vaiv] v überleben

suspect¹ [sə'spekt] v verdächtigen; vermuten

suspect² ['sʌspekt] n Verdächtige m

suspend [sə'spend] v suspendieren

suspenders [sə'spendəz] plAm Hosenträger mpl; **suspender belt** Hüfthalter m

suspension [sə'spenʃən] n Federung f,

Aufhängung f; ~ **bridge** Hängebrücke f

suspicion [sə'spiʃən] n Verdacht m;
Argwohn m, Mißtrauen nt

suspicious [sə'spiʃəs] adj verdächtig;
argwöhnisch, mißtrauisch

sustain [sə'stein] v *aushalten

Swahili [swɑ'hi:li] n Suaheli nt

swallow ['swɔlou] v *verschlingen,
schlucken; n Schwalbe f

swam [swæm] v (p swim)

swamp [swɔmp] n Morast m

swan [swɔn] n Schwan m

swap [swɔp] v tauschen

*swear [sweə] v *schwören; fluchen

sweat [swet] n Schweiß m; v schwitzen

sweater ['swetə] n Sweater m

Swede [swi:d] n Schwede m

Sweden ['swi:dən] Schweden

Swedish ['swi:diʃ] adj schwedisch

*sweep [swi:p] v fegen

sweet [swi:t] adj süß; lieb; n Bonbon
m; Nachtisch m; **sweets** Süßigkeiten fpl

sweeten ['swi:tən] v süßen

sweetheart ['swi:thɑ:t] n Schatz m,
Liebling m

sweetshop ['swi:tʃɔp] n Süßwarengeschäft nt

swell [swel] adj wunderbar

*swell [swel] v *schwellen

swelling ['swelin] n Geschwulst f

swift [swift] adj geschwind

*swim [swim] v *schwimmen

swimmer ['swimə] n Schwimmer m

swimming ['swimin] n Schwimmsport
m; ~ **pool** Schwimmbad nt

swimming-trunks ['swimintraŋks] n
Badehose f

swim-suit ['swimsu:t] n Badeanzug m

swindle ['swindəl] v *betrügen; n Betrug m

swindler ['swindlə] n Betrüger m

swing [swin] n Schaukel f

*swing [swin] v schaukeln

Swiss [swis] adj schweizerisch; n
Schweizer m

switch [switʃ] n Schalter m; v wechseln; ~ **off** ausschalten; ~ **on** einschalten

switchboard ['switʃbɔ:d] n Schaltbrett
nt

Switzerland ['switsələnd] Schweiz f

sword [sɔ:d] n Schwert nt

swum [swʌm] v (pp swim)

syllable ['siləbəl] n Silbe f

symbol ['simbəl] n Symbol nt

sympathetic [,simpə'θetik] adj sympathisch, mitfühlend

sympathy ['simpəθi] n Sympathie f;
Mitgefühl nt

symphony ['simfəni] n Symphonie f

symptom ['simtəm] n Symptom nt

synagogue ['sinəgɔg] n Synagoge f

synonym ['sinənim] n Synonym nt

synthetic [sin'θetik] adj synthetisch

syphon ['saifən] n Siphon m

Syria ['siriə] Syrien

Syrian ['siriən] adj syrisch; n Syrer m

syringe [si'rindʒ] n Spritze f

syrup ['sirəp] n Sirup m

system ['sistəm] n System nt; Ordnung f; **decimal** ~ Dezimalsystem
nt

systematic [,sistə'mætik] adj systematisch

T

table ['teibəl] n Tisch m; Tabelle f; ~
of contents Inhaltsverzeichnis nt;
~ **tennis** Tischtennis n

table-cloth ['teibəlklɔθ] n Tischtuch nt

tablespoon ['teibəlspu:n] n Eßlöffel m

tablet ['tæblit] n Tablette f

taboo [tə'bu:] n Tabu nt
tactics ['tæktiks] pl Taktik f
tag [tæg] n Etikett nt
tail [teil] n Schwanz m
tail-light ['teillait] n Rücklicht nt
tailor ['teilə] n Schneider m
tailor-made ['teiləmeid] adj nach Maß
*take** [teik] v *nehmen; *greifen;
*bringen; *verstehen, kapieren; ~
away entfernen; *abnehmen, *wegnehmen; ~ off starten; ~ out *herausnehmen; ~ over *übernehmen;
~ place *stattfinden; ~ up *einnehmen
take-off ['teikɔf] n Start m
tale [teil] n Geschichte f, Erzählung f
talent ['tælənt] n Begabung f, Talent
nt
talented ['tæləntid] adj begabt
talk [tɔ:k] v reden, *sprechen; n Gespräch nt
talkative ['tɔ:kətiv] adj gesprächig
tall [tɔ:l] adj hoch; lang, groß
tame [teim] adj zahm; v zähmen
tampon ['tæmpən] n Tampon m
tangerine [,tændʒə'ri:n] n Mandarine f
tangible ['tændʒibəl] adj greifbar
tank [tæŋk] n Tank m
tanker ['tæŋkə] n Tankschiff nt
tanned [tænd] adj braun
tap [tæp] n Hahn m; Klopfen nt; v
pochen
tape [teip] n Band nt; Kordel f; adhesive ~ Klebestreifen m; Heftpflaster nt
tape-measure ['teip,meʒə] n Bandmaß
nt
tape-recorder ['teipri,kɔ:də] n Tonbandgerät nt
tapestry ['tæpistri] n Wandteppich m,
Gobelin m
tar [ta:] n Teer m
target ['ta:git] n Ziel nt, Zielscheibe f
tariff ['tærif] n Tarif m

tarpaulin [ta:'pɔ:lin] n Plane f
task [ta:sk] n Aufgabe f
taste [teist] n Geschmack m; v
schmecken; kosten
tasteless ['teistləs] adj geschmacklos
tasty ['teisti] adj lecker, schmackhaft
taught [tɔ:t] v (p, pp teach)
tavern ['tævən] n Schenke f
tax [tæks] n Steuer f; v besteuern
taxation [tæk'seiʃən] n Besteuerung f
tax-free ['tæksfri:] adj steuerfrei
taxi ['tæksi] n Taxi nt; ~ rank Taxistand m; ~ stand Am Taxistand m
taxi-driver ['tæksi,draivə] n Taxichauffeur m
taxi-meter ['tæksi,mi:tə] n Taxameter
m
tea [ti:] n Tee m; Teestunde f
*teach** [ti:tʃ] v lehren, unterrichten
teacher ['ti:tʃə] n Lehrer m; Lehrerin
f; Volksschullehrer m, Schullehrer
m
teachings ['ti:tʃiŋz] pl Lehre f
tea-cloth ['ti:klɔθ] n Geschirrtuch nt
teacup ['ti:kʌp] n Teetasse f
team [ti:m] n Team nt, Mannschaft f
teapot ['ti:pɔt] n Teekanne f
tear¹ [tiə] n Träne f
tear² [tɛə] n Riß m; *tear v *reißen
tear-jerker ['tiə,dʒɔ:kə] n Schmalz m
tease [ti:z] v necken
tea-set ['ti:set] n Teeservice nt
tea-shop ['ti:ʃɔp] n Teestube f
teaspoon ['ti:spu:n] n Teelöffel m
teaspoonful ['ti:spu:n,ful] n Teelöffel
voll m
technical ['teknikəl] adj technisch
technician [tek'niʃən] n Techniker m
technique [tek'ni:k] n Technik f
technology [tek'nɔlədʒi] n Technologie
f
teenager ['ti:,neidʒə] n Teenager m
teetotaller [ti:'toutələ] n Abstinenzler
m

telegram ['teligræm] n Telegramm nt
telegraph ['teligra:f] v telegraphieren
telepathy [ti'lepəθi] n Telepathie f
telephone ['telifoun] n Telephon nt; ~ book Am Fernsprechverzeichnis nt, Telephonbuch nt; ~ booth Fernsprechzelle f; ~ call Anruf m, Telephonanruf m; ~ directory Telephonbuch nt; ~ exchange Telephonzentrale f; ~ operator Telephonistin f
telephonist [ti'lefənist] n Telephonistin f
television ['telivizən] n Fernsehen nt; ~ set Fernsehgerät nt
telex ['teleks] n Telex nt
*tell [tel] v sagen; erzählen
temper ['tempə] n Wut f
temperature ['temprətʃə] n Temperatur f
tempest ['tempist] n Unwetter nt
temple ['tempəl] n Tempel m; Schläfe f
temporary ['tempərəri] adj vorläufig, zeitweilig
tempt [tempt] v versuchen
temptation [temp'teiʃən] n Versuchung f
ten [ten] num zehn
tenant ['tenənt] n Mieter m
tend [tend] v neigen; pflegen; ~ to neigen zu
tendency ['tendənsi] n Neigung f, Tendenz f
tender ['tendə] adj zärtlich, zart
tendon ['tendən] n Sehne f
tennis ['tenis] n Tennis nt; ~ shoes Tennisschuhe mpl
tennis-court ['teniskɔ:t] n Tennisplatz m
tense [tens] adj gespannt
tension ['tenʃən] n Spannung f
tent [tent] n Zelt nt
tenth [tenθ] num zehnte

tepid ['tepid] adj lauwarm
term [tə:m] n Ausdruck m; Termin m, Frist f; Bedingung f
terminal ['tə:minəl] n Endstation f
terrace ['terəs] n Terrasse f
terrain [te'rein] n Gelände nt
terrible ['teribəl] adj abscheulich, furchtbar, schrecklich
terrific [tə'rifik] adj großartig
terrify ['terifai] v *erschrecken; terrifying furchterregend
territory ['teritəri] n Gebiet nt
terror ['terə] n Furcht f
terrorism ['terərizəm] n Terrorismus m, Terror m
terrorist ['terərist] n Terrorist m
terylene ['terəli:n] n Terylene nt
test [test] n Probe f, Test m; v testen, prüfen
testify ['testifai] v bezeugen
text [tekst] n Text m
textbook ['teksbuk] n Lehrbuch nt
textile ['tekstail] n Textilien pl
texture ['tekstʃə] n Struktur f
Thai [tai] adj thailändisch; n Thailänder m
Thailand ['tailænd] Thailand
than [ðæn] conj als
thank [θæŋk] v danken; ~ you danke schön
thankful ['θæŋkfəl] adj dankbar
that [ðæt] adj jener; pron das; der; conj daß
thaw [θɔ:] v tauen, auftauen; n Tauwetter nt
the [ðə,ði] art der art; the ... the je ... je
theatre ['θiətə] n Schauspielhaus nt, Theater nt
theft [θeft] n Diebstahl m
their [ðeə] adj ihr
them [ðem] pron sie; ihnen
theme [θi:m] n Thema nt, Stoff m
themselves [ðəm'selvz] pron sich;

selbst

then [ðen] *adv* damals; darauf, dann

theology [θi'ɔlədʒi] *n* Theologie *f*

theoretical [θiə'retikəl] *adj* theoretisch

theory ['θiəri] *n* Theorie *f*

therapy ['θerəpi] *n* Therapie *f*

there [ðeə] *adv* dort; dorthin

therefore ['ðeəfɔ:] *conj* darum

thermometer [θə'mɔmitə] *n* Thermometer *nt*

thermostat ['θə:məstæt] *n* Thermostat *m*

these [ði:z] *adj* diese

thesis ['θi:sis] *n* (pl theses) These *f*

they [ðei] *pron* sie

thick [θik] *adj* dick; dicht

thicken ['θikən] *v* verdicken

thickness ['θiknəs] *n* Dicke *f*

thief [θi:f] *n* (pl thieves) Dieb *m*

thigh [θai] *n* Oberschenkel *m*

thimble ['θimbəl] *n* Fingerhut *m*

thin [θin] *adj* dünn; mager

thing [θiŋ] *n* Ding *nt*

* **think** [θiŋk] *v* *denken; *nachdenken; ~ **of** *denken an; ~ **over** überlegen

thinker ['θiŋkə] *n* Denker *m*

third [θə:d] *num* dritte

thirst [θə:st] *n* Durst *m*

thirsty ['θə:sti] *adj* durstig

thirteen [,θə:'ti:n] *num* dreizehn

thirteenth [,θə:'ti:nθ] *num* dreizehnte

thirtieth ['θə:tiəθ] *num* dreißigste

thirty ['θə:ti] *num* dreißig

this [ðis] *adj* dieser; *pron* dies

thistle ['θisəl] *n* Distel *f*

thorn [θɔ:n] *n* Dorn *m*

thorough ['θʌrə] *adj* gründlich, sorgfältig

thoroughbred ['θʌrəbred] *adj* vollblütig

thoroughfare ['θʌrəfeə] *n* Durchgangsstraße *f*, Hauptverkehrsstraße *f*

those [ðouz] *adj* jene

though [ðou] *conj* obwohl, wenn auch, obgleich; *adv* jedoch

thought¹ [θɔ:t] *v* (p, pp think)

thought² [θɔ:t] *n* Gedanke *m*

thoughtful ['θɔ:tfəl] *adj* nachdenklich; zuvorkommend

thousand ['θauzənd] *num* tausend

thread [θred] *n* Faden *m*; Zwirn *m*; *v* aufreihen

threadbare ['θredbeə] *adj* verschlissen

threat [θret] *n* Drohung *f*, Bedrohung *f*

threaten ['θretən] *v* drohen, bedrohen; **threatening** bedrohlich

three [θri:] *num* drei

three-quarter [,θri:'kwɔ:tə] *adj* dreiviertel

threshold ['θreʃould] *n* Schwelle *f*

threw [θru:] *v* (p throw)

thrifty ['θrifti] *adj* sparsam

throat [θrout] *n* Kehle *f*; Hals *m*

throne [θroun] *n* Thron *m*

through [θru:] *prep* durch

throughout [θru:'aut] *adv* überall

throw [θrou] *n* Wurf *m*

* **throw** [θrou] *v* schleudern, *werfen

thrush [θrʌʃ] *n* Drossel *f*

thumb [θʌm] *n* Daumen *m*

thumbtack ['θʌmtæk] *nAm* Reißnagel *m*

thump [θʌmp] *v* *schlagen

thunder ['θʌndə] *n* Donner *m*; *v* donnern

thunderstorm ['θʌndəstɔ:m] *n* Gewitter *nt*

thundery ['θʌndəri] *adj* gewitterschwül

Thursday ['θə:zdi] Donnerstag *m*

thus [ðʌs] *adv* so

thyme [taim] *n* Thymian *m*

tick [tik] *n* Vermerkhäkchen *nt*; ~ **off** anhaken

ticket ['tikit] *n* Karte *f*; Anzeige *f*; ~ **collector** Schaffner *m*; ~ **machine**

Fahrkartenautomat *m*

tickle ['tikəl] *v* kitzeln

tide [taid] *n* Tide *f*; **high ~** Flut *f*; **low ~** Ebbe *f*

tidings ['taidiŋz] *pl* Nachrichten

tidy ['taidi] *adj* ordentlich; **~ up** aufräumen

tie [tai] *v* knoten, *binden; *n* Krawatte *f*

tiger ['taigə] *n* Tiger *m*

tight [tait] *adj* stramm; eng, knapp; *adv* fest

tighten ['taitən] *v* *zusammenziehen, straffen, spannen; enger machen; enger *werden

tights [taits] *pl* Trikot *nt*

tile [tail] *n* Kachel *f*; Dachziegel *m*

till [til] *prep* bis zu, bis; *conj* bis

timber ['timbə] *n* Bauholz *nt*

time [taim] *n* Zeit *f*; Mal *nt*; **all the ~** immerzu; **in ~** rechtzeitig; **~ of arrival** Ankunftszeit *f*; **~ of departure** Abfahrtszeit *f*

time-saving ['taim,seiviŋ] *adj* zeitsparend

timetable ['taim,teibəl] *n* Fahrplan *m*

timid ['timid] *adj* schüchtern

timidity [ti'midəti] *n* Schüchternheit *f*

tin [tin] *n* Zinn *nt*; Büchse *f*; **tinned food** Konserven *fpl*

tinfoil ['tinfɔil] *n* Stanniol *nt*

tin-opener ['ti,noupənə] *n* Dosenöffner *m*

tiny ['taini] *adj* winzig

tip [tip] *n* Spitze *f*; Trinkgeld *nt*

tire¹ [taiə] *n* Reifen *m*

tire² [taiə] *v* ermüden

tired [taiəd] *adj* erschöpft, müde; **~ of** überdrüssig

tiring ['taiəriŋ] *adj* ermüdend

tissue ['tifu:] *n* Gewebe *nt*; Papiertaschentuch *nt*

title ['taitəl] *n* Titel *m*

to [tu:] *prep* bis; zu, vor, nach; um zu

toad [toud] *n* Kröte *f*

toadstool ['toudstu:l] *n* Pilz *m*

toast [toust] *n* Toast *m*; Trinkspruch *m*

tobacco [tə'bækou] *n* (pl ~s) Tabak *m*; **~ pouch** Tabaksbeutel *m*

tobacconist [tə'bækənist] *n* Tabakhändler *m*; **tobacconist's** Tabakladen *m*

today [tə'dei] *adv* heute

toddler ['tɔdlə] *n* Kleinkind *nt*

toe [tou] *n* Zehe *f*

toffee ['tɔfi] *n* Sahnebonbon *m*

together [tə'geðə] *adv* zusammen

toilet ['tɔilət] *n* Toilette *f*; **~ case** Toilettennecessaire *nt*

toilet-paper ['tɔilət,peipə] *n* Toilettenpapier *nt*

toiletry ['tɔilətri] *n* Toilettenartikel *mpl*

token ['toukən] *n* Zeichen *nt*; Beweis *m*; Münze *f*

told [tould] *v* (p, pp tell)

tolerable ['tɔlərəbəl] *adj* erträglich

toll [toul] *n* Wegegeld *nt*

tomato [tə'mɑ:tou] *n* (pl ~es) Tomate *f*

tomb [tu:m] *n* Grab *nt*

tombstone ['tu:mstoun] *n* Grabstein *m*

tomorrow [tə'mɔrou] *adv* morgen

ton [tʌn] *n* Tonne *f*

tone [toun] *n* Ton *m*; Klang *m*

tongs [tɔŋz] *pl* Zange *f*

tongue [tʌŋ] *n* Zunge *f*

tonic ['tɔnik] *n* Stärkungsmittel *nt*

tonight [tə'nait] *adv* heute nacht, heute abend

tonsilitis [,tɔnsə'laitis] *n* Mandelentzündung *f*

tonsils ['tɔnsəlz] *pl* Mandeln

too [tu:] *adv* zu; auch

took [tuk] *v* (p take)

tool [tu:l] *n* Gerät *nt*, Werkzeug *nt*;

~ **kit** Werkzeugtasche f

toot [tu:t] vAm hupen

tooth [tu:θ] n (pl teeth) Zahn m

toothache ['tu:θeik] n Zahnweh nt

toothbrush ['tu:θbrʌʃ] n Zahnbürste f

toothpaste ['tu:θpeist] n Zahnpaste f

toothpick ['tu:θpik] n Zahnstocher m

toothpowder ['tu:θ,paudə] n Zahnpulver nt

top [tɔp] n Gipfel m; Spitze f; Deckel m; oberst; **on ~ of** oben auf; ~ **side** Oberseite f

topcoat ['tɔpkout] n Überrock m

topic ['tɔpik] n Thema nt

topical ['tɔpikəl] adj aktuell

torch [tɔ:tʃ] n Fackel f; Taschenlampe f

torment[1] [tɔ:'ment] v quälen

torment[2] ['tɔ:ment] n Qual f

torture ['tɔ:tʃə] n Marter f; v martern

toss [tɔs] v *werfen

tot [tɔt] n kleines Kind

total ['toutəl] adj total; ganz, gänzlich; n Gesamtsumme f

totalitarian [,toutæli'teəriən] adj totalitär

totalizator ['toutəlaizeitə] n Totalisator m

touch [tʌtʃ] v berühren, anrühren; *betreffen; n Kontakt m, Berührung f; Tastsinn m

touching ['tʌtʃiŋ] adj rührend

tough [tʌf] adj zäh

tour [tuə] n Rundreise f

tourism ['tuərizəm] n Fremdenverkehr m

tourist ['tuərist] n Tourist m; ~ **class** Touristenklasse f; ~ **office** Verkehrsverein m

tournament ['tuənəmənt] n Turnier nt

tow [tou] v schleppen

towards [tə'wɔ:dz] prep nach; zu

towel [tauəl] n Handtuch nt

towelling ['tauəliŋ] n Frottierstoff m

tower [tauə] n Turm m

town [taun] n Stadt f; ~ **centre** Stadtzentrum nt; ~ **hall** Rathaus nt

townspeople ['taunz,pi:pəl] pl Städter mpl

toxic ['tɔksik] adj toxisch

toy [tɔi] n Spielzeug nt

toyshop ['tɔiʃɔp] n Spielwarenladen m

trace [treis] n Spur f; v nachspüren

track [træk] n Gleis nt; Bahn f

tractor ['træktə] n Traktor m

trade [treid] n Gewerbe nt, Handel m; Fach nt, Beruf m; v handeln

trademark ['treidma:k] n Schutzmarke f

trader ['treidə] n Händler m

tradesman ['treidzmən] n (pl -men) Geschäftsmann m

trade-union [,treid'ju:njən] n Gewerkschaft f

tradition [trə'diʃən] n Tradition f

traditional [trə'diʃənəl] adj traditionell

traffic ['træfik] n Verkehr m; ~ **jam** Verkehrsstauung f; ~ **light** Verkehrsampel f

trafficator ['træfikeitə] n Winker m

tragedy ['trædʒədi] n Tragödie f

tragic ['trædʒik] adj tragisch

trail [treil] n Fährte f, Pfad m

trailer ['treilə] n Anhänger m; nAm Wohnwagen m

train [trein] n Zug m; v dressieren, ausbilden; **stopping ~** Bummelzug m; **through ~** durchgehender Zug; ~ **ferry** Eisenbahnfähre f

training ['treiniŋ] n Ausbildung f

trait [treit] n Zug m

traitor ['treitə] n Verräter m

tram [træm] n Straßenbahn f

tramp [træmp] n Landstreicher m, Vagabund m; v wandern

tranquil ['træŋkwil] adj ruhig

tranquillizer ['træŋkwilaizə] n Beruhigungsmittel *nt*

transaction [træn'zækʃən] *n* Transaktion *f*

transatlantic [ˌtrænzət'læntik] *adj* transatlantisch

transfer [træns'fə:] *v* *übertragen

transform [træns'fɔ:m] *v* verwandeln

transformer [træns'fɔ:mə] *n* Transformator *m*

transition [træn'siʃən] *n* Übergang *m*

translate [træns'leit] *v* übersetzen

translation [træns'leiʃən] *n* Übersetzung *f*

translator [træns'leitə] *n* Übersetzer *m*

transmission [trænz'miʃən] *n* Sendung *f*

transmit [trænz'mit] *v* *senden

transmitter [trænz'mitə] *n* Sender *m*

transparent [træn'spɛərənt] *adj* durchsichtig

transport[1] ['trænspɔ:t] *n* Beförderung *f*

transport[2] [træn'spɔ:t] *v* transportieren

transportation [ˌtrænspɔ:'teiʃən] *n* Transport *m*

trap [træp] *n* Falle *f*

trash [træʃ] *n* Müll *m*; ~ **can** *Am* Abfalleimer *m*

travel ['trævəl] *v* reisen; ~ **agency** Reisebüro *nt*; ~ **insurance** Reiseversicherung *f*; **travelling expenses** Reisespesen *pl*

traveller ['trævələ] *n* Reisende *m*; **traveller's cheque** Reisescheck *m*

tray [trei] *n* Tablett *nt*

treason ['tri:zən] *n* Verrat *m*

treasure ['treʒə] *n* Schatz *m*

treasurer ['treʒərə] *n* Zahlmeister *m*

treasury ['treʒəri] *n* Schatzamt *nt*

treat [tri:t] *v* behandeln

treatment ['tri:tmənt] *n* Behandlung *f*

treaty ['tri:ti] *n* Vertrag *m*

tree [tri:] *n* Baum *m*

tremble ['trembəl] *v* zittern; beben

tremendous [tri'mendəs] *adj* ungeheuer

trespass ['trespəs] *v* *eindringen

trespasser ['trespəsə] *n* Eindringling *m*

trial [traiəl] *n* Gerichtsverfahren *nt*; Versuch *m*

triangle ['traiæŋgəl] *n* Dreieck *nt*

triangular [trai'æŋgjulə] *adj* dreieckig

tribe [traib] *n* Stamm *m*

tributary ['tribjutəri] *n* Nebenfluß *m*

tribute ['tribju:t] *n* Huldigung *f*

trick [trik] *n* Kniff *m*; Trick *m*

trigger ['trigə] *n* Abzug *m*

trim [trim] *v* stutzen

trip [trip] *n* Ausflug *m*, Reise *f*

triumph ['traiəmf] *n* Triumph *m*; *v* triumphieren

triumphant [trai'ʌmfənt] *adj* triumphierend

trolley-bus ['trɔlibʌs] *n* Obus *m*

troops [tru:ps] *pl* Truppen *fpl*

tropical ['trɔpikəl] *adj* tropisch

tropics ['trɔpiks] *pl* Tropen *pl*

trouble ['trʌbəl] *n* Sorge *f*, Mühe *f*, Last *f*; *v* bemühen

troublesome ['trʌbəlsəm] *adj* lästig

trousers ['trauzəz] *pl* Hose *f*

trout [traut] *n* (pl ~) Forelle *f*

truck [trʌk] *nAm* Lastwagen *m*

true [tru:] *adj* wahr; wirklich, echt; treu, aufrichtig

trumpet ['trʌmpit] *n* Trompete *f*

trunk [trʌŋk] *n* Koffer *m*; Stamm *m*; *nAm* Kofferraum *m*; **trunks** *pl* Turnhose *f*

trunk-call ['trʌŋkkɔ:l] *n* Ferngespräch *nt*

trust [trʌst] *v* vertrauen; *n* Vertrauen *nt*

trustworthy ['trʌst,wə:ði] *adj* zuverlässig

truth [tru:θ] *n* Wahrheit *f*

truthful ['truːθfəl] adj wahrhaft

try [trai] v versuchen; probieren, sich bemühen; n Versuch m; ~ on anprobieren

tube [tjuːb] n Röhre f, Rohr nt; Tube f

tuberculosis [tjuːˌbəːkjuˈlousis] n Tuberkulose f

Tuesday ['tjuːzdi] Dienstag m

tug [tʌg] v schleppen; n Schlepper m; Ruck m

tuition [tjuːˈiʃən] n Unterricht m

tulip ['tjuːlip] n Tulpe f

tumbler ['tʌmblə] n Becher m

tumour ['tjuːmə] n Geschwulst f, Tumor m

tuna ['tjuːnə] n (pl ~, ~s) Thunfisch m

tune [tjuːn] n Lied nt, Melodie f; ~ in einstellen

tuneful ['tjuːnfəl] adj melodisch

tunic ['tjuːnik] n Tunika f

Tunisia [tjuːˈniziə] Tunesien

Tunisian [tjuːˈniziən] adj tunesisch; n Tunesier m

tunnel ['tʌnəl] n Tunnel m

turbine ['təːbain] n Turbine f

turbojet [ˌtəːbouˈdʒet] n Strahlturbine f

Turk [təːk] n Türke m

Turkey ['təːki] Türkei

turkey ['təːki] n Truthahn m

Turkish ['təːkiʃ] adj türkisch; ~ bath Schwitzbad nt

turn [təːn] v *wenden; kehren, umdrehen; n Wendung f, Drehung f; Biegung f; Reihe f; ~ back umkehren; ~ down *verwerfen; ~ into sich verwandeln in; ~ off abdrehen; ~ on einschalten; andrehen; ~ over *umwenden; ~ round umkehren; sich umdrehen

turning ['təːniŋ] n Kurve f

turning-point ['təːniŋpoint] n Wendepunkt m

turnover ['təːˌnouvə] n Umsatz m; ~ tax Umsatzsteuer f

turnpike ['təːnpaik] nAm gebührenpflichtige Verkehrsstraße

turpentine ['təːpəntain] n Terpentin nt

turtle ['təːtəl] n Schildkröte f

tutor ['tjuːtə] n Hauslehrer m; Vormund m

tuxedo [tʌkˈsiːdou] nAm (pl ~s, ~es) Smoking m

tweed [twiːd] n Tweed m

tweezers ['twiːzəz] pl Pinzette f

twelfth [twelfθ] num zwölfte

twelve [twelv] num zwölf

twentieth ['twentiəθ] num zwanzigste

twenty ['twenti] num zwanzig

twice [twais] adv zweimal

twig [twig] n Zweig m

twilight ['twailait] n Zwielicht nt

twine [twain] n Schnur f

twins [twinz] pl Zwillinge mpl; twin beds Doppelbett nt

twist [twist] v *winden; drehen; n Drehung f

two [tuː] num zwei

two-piece [ˌtuːˈpiːs] adj zweiteilig

type [taip] v tippen, Maschine *schreiben; n Typ m

typewriter ['taipraitə] n Schreibmaschine f

typewritten ['taipritən] maschinengeschrieben

typhoid ['taifoid] n Typhus m

typical ['tipikəl] adj bezeichnend, typisch

typist ['taipist] n Stenotypistin f

tyrant ['taiərənt] n Tyrann m

tyre [taiə] n Reifen m; ~ pressure Reifendruck m

U

ugly ['ʌgli] adj häßlich

ulcer ['ʌlsə] n Geschwür nt

ultimate ['ʌltimət] adj letzt

ultraviolet [,ʌltrə'vaiələt] adj ultraviolett

umbrella [ʌm'brelə] n Regenschirm m

umpire ['ʌmpaiə] n Schiedsrichter m

unable [ʌ'neibəl] adj unfähig

unacceptable [,ʌnək'septəbəl] adj unannehmbar

unaccountable [,ʌnə'kauntəbəl] adj unerklärlich

unaccustomed [,ʌnə'kʌstəmd] adj ungewohnt

unanimous [ju:'næniməs] adj einstimmig

unanswered [,ʌ'nɑːnsəd] adj unbeantwortet

unauthorized [,ʌ'nɔːθəraizd] adj unbefugt

unavoidable [,ʌnə'vɔidəbəl] adj unvermeidlich

unaware [,ʌnə'weə] adj unbewußt

unbearable [ʌn'beərəbəl] adj unerträglich

unbreakable [,ʌn'breikəbəl] adj unzerbrechlich

unbroken [,ʌn'broukən] adj unversehrt

unbutton [,ʌn'bʌtən] v aufknöpfen

uncertain [ʌn'sɔːtən] adj unsicher

uncle ['ʌŋkəl] n Onkel m

unclean [,ʌn'kliːn] adj unrein

uncomfortable [ʌn'kʌmfətəbəl] adj ungemütlich

uncommon [ʌn'kɔmən] adj ungewöhnlich, selten

unconditional [,ʌnkən'diʃənəl] adj bedingungslos

unconscious [ʌn'kɔnʃəs] adj bewußtlos

uncork [,ʌn'kɔːk] v entkorken

uncover [ʌn'kʌvə] v aufdecken

uncultivated [,ʌn'kʌltiveitid] adj unkultiviert

under ['ʌndə] prep unterhalb, unter

undercurrent ['ʌndə,kʌrənt] n Unterströmung f

underestimate [,ʌndə'restimeit] v unterschätzen

underground ['ʌndəgraund] adj unterirdisch; n U-Bahn f

underline [,ʌndə'lain] v *unterstreichen

underneath [,ʌndə'niːθ] adv unten

underpants ['ʌndəpænts] plAm Unterhose f

undershirt ['ʌndəʃəːt] n Unterhemd nt

undersigned ['ʌndəsaind] n Unterzeichnete m

*understand [,ʌndə'stænd] v *begreifen, *verstehen

understanding [,ʌndə'stændiŋ] n Verständigung f

*undertake [,ʌndə'teik] v *unternehmen

undertaking [,ʌndə'teikiŋ] n Unternehmung f

underwater ['ʌndə,wɔːtə] adj Unterwasser-

underwear ['ʌndəweə] n Unterwäsche fpl

undesirable [,ʌndi'zaiərəbəl] adj unerwünscht

*undo [,ʌn'duː] v aufmachen

undoubtedly [ʌn'dautidli] adv zweifellos

undress [,ʌn'dres] v sich entkleiden

undulating ['ʌndjuleitiŋ] adj wellig

unearned [,ʌ'nɔːnd] adj unverdient

uneasy [ʌ'niːzi] adj unruhig

uneducated [,ʌ'nedjukeitid] adj ungebildet

unemployed [,ʌnim'plɔid] adj arbeitslos

unemployment [,ʌnim'plɔimənt] n Arbeitslosigkeit *f*

unequal [,ʌ'ni:kwəl] *adj* ungleich

uneven [,ʌ'ni:vən] *adj* ungleich, uneben

unexpected [,ʌnik'spektid] *adj* unvorhergesehen, unerwartet

unfair [,ʌn'feə] *adj* unbillig, ungerecht

unfaithful [,ʌn'feiθfəl] *adj* untreu

unfamiliar [,ʌnfə'miljə] *adj* unbekannt

unfasten [,ʌn'fɑ:sən] *v* aufmachen

unfavourable [,ʌn'feivərəbəl] *adj* ungünstig

unfit [,ʌn'fit] *adj* untauglich

unfold [ʌn'fould] *v* entfalten

unfortunate [ʌn'fɔ:tʃənət] *adj* unglücklich

unfortunately [ʌn'fɔ:tʃənətli] *adv* unglücklicherweise, leider

unfriendly [,ʌn'frendli] *adj* unfreundlich

unfurnished [,ʌn'fə:niʃt] *adj* unmöbliert

ungrateful [ʌn'greitfəl] *adj* undankbar

unhappy [ʌn'hæpi] *adj* unglücklich

unhealthy [ʌn'helθi] *adj* ungesund

unhurt [,ʌn'hə:t] *adj* unverletzt

uniform ['ju:nifɔ:m] *n* Uniform *f*; *adj* gleichförmig

unimportant [,ʌnim'pɔ:tənt] *adj* unwichtig

uninhabitable [,ʌnin'hæbitəbəl] *adj* unbewohnbar

uninhabited [,ʌnin'hæbitid] *adj* unbewohnt

unintentional [,ʌnin'tenʃənəl] *adj* unabsichtlich

union ['ju:njən] *n* Vereinigung *f*; Union *f*

unique [ju:'ni:k] *adj* einzigartig

unit ['ju:nit] *n* Einheit *f*

unite [ju:'nait] *v* vereinigen

United States [ju:'naitid steits] Vereinigte Staaten

unity ['ju:nəti] *n* Einheit *f*

universal [,ju:ni'və:səl] *adj* allgemein, universal

universe ['ju:nivə:s] *n* Weltall *nt*

university [,ju:ni'və:səti] *n* Universität *f*

unjust [,ʌn'dʒʌst] *adj* ungerecht

unkind [ʌn'kaind] *adj* unliebenswürdig, unfreundlich

unknown [,ʌn'noun] *adj* unbekannt

unlawful [,ʌn'lɔ:fəl] *adj* rechtswidrig

unleaded [,ʌn'ledid] *adj* bleifrei

unlearn [,ʌn'lə:n] *v* verlernen

unless [ən'les] *conj* außer wenn

unlike [,ʌn'laik] *adj* unähnlich

unlikely [ʌn'laikli] *adj* unwahrscheinlich

unlimited [ʌn'limitid] *adj* unbegrenzt, unbeschränkt

unload [,ʌn'loud] *v* *ausladen, *abladen

unlock [,ʌn'lɔk] *v* *aufschließen

unlucky [ʌn'lʌki] *adj* unglücklich

unnecessary [ʌn'nesəsəri] *adj* unnötig

unoccupied [,ʌ'nɔkjupaid] *adj* unbesetzt

unofficial [,ʌnə'fiʃəl] *adj* offiziös

unpack [,ʌn'pæk] *v* auspacken

unpleasant [ʌn'plezənt] *adj* langweilig, unangenehm; unerfreulich

unpopular [,ʌn'pɔpjulə] *adj* unpopulär, unbeliebt

unprotected [,ʌnprə'tektid] *adj* ungeschützt

unqualified [,ʌn'kwɔlifaid] *adj* unqualifiziert

unreal [,ʌn'riəl] *adj* irreal

unreasonable [ʌn'ri:zənəbəl] *adj* unvernünftig

unreliable [,ʌnri'laiəbəl] *adj* unzuverlässig

unrest [,ʌn'rest] *n* Unruhe *f*; Ruhelosigkeit *f*

unsafe [,ʌn'seif] *adj* unsicher

unsatisfactory [,ʌnsætis'fæktəri] *adj*

unbefriedigend

unscrew [ˌʌn'skru:] v abschrauben

unselfish [ˌʌn'selfiʃ] adj selbstlos

unskilled [ˌʌn'skild] adj ungelernt

unsound [ˌʌn'saund] adj ungesund

unstable [ˌʌn'steibəl] adj labil

unsteady [ˌʌn'stedi] adj wacklig, unstet; wankelmütig

unsuccessful [ˌʌnsək'sesfəl] adj erfolglos

unsuitable [ˌʌn'su:təbəl] adj ungeeignet

unsurpassed [ˌʌnsə'pɑ:st] adj unübertroffen

untidy [ʌn'taidi] adj unordentlich

untie [ˌʌn'tai] v aufknoten

until [ən'til] prep bis

untrue [ˌʌn'tru:] adj unwahr

untrustworthy [ˌʌn'trʌst͵wə:ði] adj unzuverlässig

unusual [ʌn'ju:ʒuəl] adj ungebräuchlich, ungewöhnlich

unwell [ˌʌn'wel] adj unwohl

unwilling [ˌʌn'wiliŋ] adj unwillig

unwise [ˌʌn'waiz] adj unüberlegt

unwrap [ˌʌn'ræp] v auspacken

up [ʌp] adv nach oben, empor, hinauf

upholster [ʌp'houlstə] v polstern, *überziehen

upkeep ['ʌpki:p] n Unterhalt m

uplands ['ʌpləndz] pl Hochland nt

upon [ə'pɔn] prep auf

upper ['ʌpə] adj höher, ober

upright ['ʌprait] adj aufrecht; adv aufrecht

upset [ʌp'set] v stören; adj bestürzt

upside-down [ˌʌpsaid'daun] adv umgekehrt

upstairs [ˌʌp'steəz] adv oben; nach oben

upstream [ˌʌp'stri:m] adv stromaufwärts

upwards ['ʌpwədz] adv aufwärts

urban ['ə:bən] adj städtisch

urge [ə:dʒ] v drängen; n Impuls m

urgency ['ə:dʒənsi] n Dringlichkeit f

urgent ['ə:dʒənt] adj dringend

urine ['juərin] n Urin m

Uruguay ['juərəgwai] Uruguay

Uruguayan [ˌjuərə'gwaiən] adj uruguayisch

us [ʌs] pron uns

usable ['ju:zəbəl] adj brauchbar

usage ['ju:zidʒ] n Brauch m

use¹ [ju:z] v benutzen, gebrauchen; *be used to gewohnt *sein; ~ up verbrauchen

use² [ju:s] n Gebrauch m; Nutzen m; *be of ~ nützen

useful ['ju:sfəl] adj brauchbar, nützlich

useless ['ju:sləs] adj nutzlos

user ['ju:zə] n Benutzer m

usher ['ʌʃə] n Platzanweiser m

usherette [ˌʌʃə'ret] n Platzanweiserin f

usual ['ju:ʒuəl] adj gewöhnlich

usually ['ju:ʒuəli] adv gewöhnlich

utensil [ju:'tensəl] n Werkzeug nt, Gerät nt; Gebrauchsgegenstand m

utility [ju:'tiləti] n Nutzen m

utilize ['ju:tilaiz] v benutzen

utmost ['ʌtmoust] adj äußerst

utter ['ʌtə] adj völlig, gänzlich; v äußern

V

vacancy ['veikənsi] n Vakanz f

vacant ['veikənt] adj frei

vacate [və'keit] v räumen

vacation [və'keiʃən] n Ferien pl

vaccinate ['væksineit] v impfen

vaccination [ˌvæksi'neiʃən] n Impfung f

vacuum ['vækjuəm] n Vakuum nt;

vAm staubsaugen; ~ **cleaner** Staubsauger *m*; ~ **flask** Thermosflasche *f*

vagrancy ['veigrənsi] *n* Landstreicherei *f*

vague [veig] *adj* undeutlich

vain [vein] *adj* eitel; unnütz; **in** ~ vergebens, umsonst

valet ['vælit] *n* Diener *m*

valid ['vælid] *adj* gültig

valley ['væli] *n* Tal *nt*

valuable ['væljubəl] *adj* wertvoll, kostbar; **valuables** *pl* Wertsachen *fpl*

value ['vælju:] *n* Wert *m*; *v* schätzen

valve [vælv] *n* Ventil *nt*

van [væn] *n* Lieferauto *nt*

vanilla [və'nilə] *n* Vanille *f*

vanish ['væniʃ] *v* *verschwinden

vapour ['veipə] *n* Dunst *m*

variable ['vɛəriəbəl] *adj* veränderlich

variation [,vɛəri'eiʃən] *n* Abwechslung *f*; Veränderung *f*

varied ['vɛərid] *adj* verschieden

variety [və'raiəti] *n* Auswahl *f*; ~ **show** Varietévorstellung *f*; ~ **theatre** Varietétheater *nt*

various ['vɛəriəs] *adj* allerlei, verschiedene

varnish ['vɑ:niʃ] *n* Lack *m*, Firnis *m*; *v* lackieren

vary ['vɛəri] *v* variieren, wechseln; verändern; verschieden *sein

vase [vɑ:z] *n* Vase *f*

vaseline ['væsəli:n] *n* Vaseline *f*

vast [vɑ:st] *adj* unermeßlich, weit

vault [vɔ:lt] *n* Gewölbe *nt*; Stahlkammer *f*

veal [vi:l] *n* Kalbfleisch *nt*

vegetable ['vedʒətəbəl] *n* Gemüse *nt*; ~ **merchant** Gemüsehändler *m*

vegetarian [,vedʒi'tɛəriən] *n* Vegetarier *m*

vegetation [,vedʒi'teiʃən] *n* Vegetation *f*

vehicle ['vi:əkəl] *n* Fahrzeug *nt*

veil [veil] *n* Schleier *m*

vein [vein] *n* Ader *f*; **varicose** ~ Krampfader *f*

velvet ['velvit] *n* Samt *m*

velveteen [,velvi'ti:n] *n* Baumwollsamt *m*

venerable ['venərəbəl] *adj* ehrwürdig

venereal disease [vi'niəriəl di'zi:z] Geschlechtskrankheit *f*

Venezuela [,veni'zweilə] Venezuela

Venezuelan [,veni'zweilən] *adj* venezolanisch; *n* Venezolaner *m*

ventilate ['ventileit] *v* ventilieren; lüften

ventilation [,venti'leiʃən] *n* Ventilation *f*; Lüftung *f*

ventilator ['ventileitə] *n* Ventilator *m*

venture ['ventʃə] *v* wagen

veranda [və'rændə] *n* Veranda *f*

verb [və:b] *n* Zeitwort *nt*

verbal ['və:bəl] *adj* mündlich

verdict ['və:dikt] *n* Urteil *nt*, Urteilsspruch *m*

verge [və:dʒ] *n* Rand *m*

verify ['verifai] *v* nachprüfen

verse [və:s] *n* Vers *m*

version ['və:ʃən] *n* Darstellung *f*; Übersetzung *f*

versus ['və:səs] *prep* gegen

vertical ['və:tikəl] *adj* senkrecht

vertigo ['və:tigou] *n* Schwindelanfall *m*

very ['veri] *adv* sehr; *adj* wahr, wirklich, exakt; äußerst

vessel ['vesəl] *n* Schiff *nt*; Gefäß *nt*

vest [vest] *n* Hemd *nt*; *nAm* Weste *f*

veterinary surgeon ['vetrinəri 'sə:dʒən] Tierarzt *m*

via [vaiə] *prep* über

viaduct ['vaiədʌkt] *n* Viadukt *m*

vibrate [vai'breit] *v* vibrieren

vibration [vai'breiʃən] *n* Schwingung *f*

vicar ['vikə] *n* Vikar *m*

vice-president [,vais'prezidənt] *n* Vizepräsident *m*

vicinity [vi'sinəti] *n* Nähe *f*, Nachbarschaft *f*

vicious ['viʃəs] *adj* bösartig

victim ['viktim] *n* Opfer *nt*; Geschädigte *m*

victory ['viktəri] *n* Sieg *m*

video cassette ['vidiou kæ'set] *n* Videokassette *f*

video recorder ['vidiou ri'kɔ:də] *n* Videorekorder *m*

view [vju:] *n* Aussicht *f*; Meinung *f*, Ansicht *f*; *v* besichtigen

view-finder ['vju:,faində] *n* Sucher *m*

vigilant ['vidʒilənt] *adj* wachsam

villa ['vilə] *n* Villa *f*

village ['vilidʒ] *n* Dorf *nt*

villain ['vilən] *n* Schuft *m*

vine [vain] *n* Weinrebe *f*

vinegar ['vinigə] *n* Essig *m*

vineyard ['vinjəd] *n* Weinberg *m*

vintage ['vintidʒ] *n* Weinlese *f*

violation [vaiə'leiʃən] *n* Verletzung *f*

violence ['vaiələns] *n* Gewalt *f*

violent ['vaiələnt] *adj* gewaltsam; heftig

violet ['vaiələt] *n* Veilchen *nt*; *adj* violett

violin [vaiə'lin] *n* Geige *f*

virgin ['və:dʒin] *n* Jungfrau *f*

virtue ['və:tʃu:] *n* Tugend *f*

visa ['vi:zə] *n* Visum *nt*

visibility [,vizə'biləti] *n* Sichtweite *f*

visible ['vizəbəl] *adj* sichtbar

vision ['viʒən] *n* Einsicht *f*

visit ['vizit] *v* besuchen; *n* Besuch *m*; **visiting hours** Besuchsstunden *fpl*

visitor ['vizitə] *n* Gast *m*

vital ['vaitəl] *adj* wesentlich

vitamin ['vitəmin] *n* Vitamin *nt*

vivid ['vivid] *adj* lebhaft

vocabulary [və'kæbjuləri] *n* Vokabular *nt*, Wortschatz *m*

vocal ['voukəl] *adj* vokal

vocalist ['voukəlist] *n* Sänger *m*

voice [vɔis] *n* Stimme *f*

void [vɔid] *adj* nichtig

volcano [vɔl'keinou] *n* (pl ~es, ~s) Vulkan *m*

volt [voult] *n* Volt *nt*

voltage ['voultidʒ] *n* Spannung *f*

volume ['vɔljum] *n* Volumen *nt*; Teil *m*, Band *m*

voluntary ['vɔləntəri] *adj* freiwillig

volunteer [,vɔlən'tiə] *n* Freiwillige *m*

vomit ['vɔmit] *v* sich *übergeben, *erbrechen

vote [vout] *v* stimmen; *n* Stimme *f*; Abstimmung *f*

voucher ['vautʃə] *n* Beleg *m*, Gutschein *m*

vow [vau] *n* Gelübde *nt*, Eid *m*; *v* *schwören

vowel ['vauəl] *n* Selbstlaut *m*

voyage ['vɔiidʒ] *n* Reise *f*

vulgar ['vʌlgə] *adj* gemein; Volks-, ordinär

vulnerable ['vʌlnərəbəl] *adj* verletzbar

vulture ['vʌltʃə] *n* Geier *m*

W

wade [weid] *v* waten

wafer ['weifə] *n* Oblate

waffle ['wɔfəl] *n* Waffel *f*

wages ['weidʒiz] *pl* Lohn *m*

waggon ['wægən] *n* Waggon *m*

waist [weist] *n* Taille *f*

waistcoat ['weiskout] *n* Weste *f*

wait [weit] *v* warten; ~ **on** bedienen

waiter ['weitə] *n* Ober *m*, Kellner *m*

waiting *n* das Warten

waiting-list ['weitiŋlist] *n* Warteliste *f*

waiting-room ['weitiŋru:m] *n* Wartezimmer *nt*

waitress ['weitris] n Kellnerin f

*wake [weik] v wecken ; ~ up aufwachen, wach *werden

walk [wɔ:k] v *gehen ; spazieren ; n Spaziergang m ; Gang m ; **walking** zu Fuß

walker ['wɔ:kə] n Spaziergänger m

walking-stick ['wɔ:kiŋstik] n Spazierstock m

wall [wɔ:l] n Mauer f ; Wand f

wallet ['wɔlit] n Brieftasche f

wallpaper ['wɔ:l,peipə] n Tapete f

walnut ['wɔ:lnʌt] n Walnuß f

waltz [wɔ:ls] n Walzer m

wander ['wɔndə] v umherschweifen, umherwandern

want [wɔnt] v *wollen ; wünschen ; n Bedarf m ; Mangel m, Fehlen nt

war [wɔ:] n Krieg m

warden ['wɔ:dən] n Wächter m, Aufseher m

wardrobe ['wɔ:droub] n Kleiderschrank m, Garderobe f

warehouse ['weəhaus] n Lager nt, Depot nt

wares [weəz] pl Waren

warm [wɔ:m] adj heiß, warm ; v wärmen

warmth [wɔ:mθ] n Wärme f

warn [wɔ:n] v warnen

warning ['wɔ:niŋ] n Warnung f

wary ['weəri] adj bedächtig

was [wɔz] v (p be)

wash [wɔʃ] v *waschen ; ~ and wear bügelfrei ; ~ up *abwaschen

washable ['wɔʃəbəl] adj waschbar

wash-basin ['wɔʃ,beisən] n Waschbecken nt

washing ['wɔʃiŋ] n Waschen nt ; Wäsche f

washing-machine ['wɔʃiŋmə,ʃi:n] n Waschmaschine f

washing-powder ['wɔʃiŋ,paudə] n Waschpulver nt

washroom ['wɔʃru:m] nAm Toilette f

wash-stand ['wɔʃstænd] n Waschtisch m

wasp [wɔsp] n Wespe f

waste [weist] v vergeuden ; n Verschwendung f ; adj brach

wasteful ['weistfəl] adj verschwenderisch

wastepaper-basket [weist'peipə,bɑ:-skit] n Papierkorb m

watch [wɔtʃ] v *achtgeben auf, beobachten ; überwachen ; n Uhr f ; ~ for auflauern ; ~ out aufpassen

watch-maker ['wɔtʃ,meikə] n Uhrmacher m

watch-strap ['wɔtʃstræp] n Uhrband nt

water ['wɔ:tə] n Wasser nt ; iced ~ Eiswasser nt ; running ~ fließendes Wasser ; ~ pump Wasserpumpe f ; ~ ski Wasserschi m

water-colour ['wɔ:tə,kʌlə] n Wasserfarbe f ; Aquarell nt

watercress ['wɔ:təkres] n Brunnenkresse f

waterfall ['wɔ:təfɔ:l] n Wasserfall m

watermelon ['wɔ:tə,melən] n Wassermelone f

waterproof ['wɔ:təpru:f] adj wasserdicht

water-softener [,wɔ:tə,sɔfnə] n Enthärtungsmittel nt

waterway ['wɔ:təwei] n Wasserstraße f

watt [wɔt] n Watt nt

wave [weiv] n Welle f ; v winken

wave-length ['weivleŋθ] n Wellenlänge f

wavy ['weivi] adj wellig

wax [wæks] n Wachs nt

waxworks ['wækswɔ:ks] pl Wachsfigurenkabinett nt

way [wei] n Art f, Weise f ; Weg m ; Seite f, Richtung f ; Entfernung f ; any ~ wie auch immer ; by the ~

übrigens; **one-way traffic** Einbahnverkehr *m*; **out of the ~** entlegen; **the other ~ round** andersherum; **~ back** Rückweg *m*; **~ in** Eingang *m*; **~ out** Ausgang *m*
wayside ['weisaid] *n* Wegrand *m*
we [wi:] *pron* wir
weak [wi:k] *adj* schwach; dünn
weakness ['wi:knəs] *n* Schwäche *f*
wealth [welθ] *n* Reichtum *m*
wealthy ['welθi] *adj* reich
weapon ['wepən] *n* Waffe *f*
* **wear** [weə] *v* *anhaben, *tragen; **~ out** *abtragen
weary ['wiəri] *adj* überdrüssig, müde
weather ['weðə] *n* Wetter *nt*; **~ forecast** Wetterbericht *m*
* **weave** [wi:v] *v* weben
weaver ['wi:və] *n* Weber *m*
wedding ['wediŋ] *n* Heirat *f*, Hochzeit *f*
wedding-ring ['wediŋriŋ] *n* Ehering *m*
wedge [wedʒ] *n* Keil *m*
Wednesday ['wenzdi] Mittwoch *m*
weed [wi:d] *n* Unkraut *nt*
week [wi:k] *n* Woche *f*
weekday ['wi:kdei] *n* Wochentag *m*
weekend ['wi:kend] *n* Wochenende *nt*
weekly ['wi:kli] *adj* wöchentlich
* **weep** [wi:p] *v* weinen
weigh [wei] *v* *wiegen
weighing-machine ['weiiŋməˌʃi:n] *n* Waage *f*
weight [weit] *n* Gewicht *nt*
welcome ['welkəm] *adj* willkommen; *n* Willkommen *nt*; *v* bewillkommnen
weld [weld] *v* schweißen
welfare ['welfeə] *n* Wohlbefinden *nt*
well¹ [wel] *adv* gut; *adj* gesund; **as ~** auch, ebenfalls; **as ~ as** ebenso wie; **well!** gut!
well² [wel] *n* Quelle *f*, Brunnen *m*
well-founded [ˌwelˈfaundid] *adj* wohl-begründet
well-known ['welnoun] *adj* bekannt
well-to-do [ˌweltəˈdu:] *adj* wohlhabend
went [went] *v* (p go)
were [wə:] *v* (p be)
west [west] *n* Westen *m*
westerly ['westəli] *adj* westlich
western ['westən] *adj* westlich
wet [wet] *adj* naß; feucht
whale [weil] *n* Wal *m*
wharf [wɔ:f] *n* (pl ~s, wharves) Kai *m*
what [wɔt] *pron* was; **~ for** wozu
whatever [wɔˈtevə] *pron* was auch immer
wheat [wi:t] *n* Weizen *m*
wheel [wi:l] *n* Rad *nt*
wheelbarrow ['wi:lˌbærou] *n* Schubkarren *m*
wheelchair ['wi:ltʃeə] *n* Rollstuhl *m*
when [wen] *adv* wann; *conj* als, wenn
whenever [weˈnevə] *conj* wann immer
where [weə] *adv* wo; *conj* wo
wherever [weəˈrevə] *conj* wo immer
whether ['weðə] *conj* ob; **whether ... or** ob ... oder
which [witʃ] *pron* welcher; der
whichever [wiˈtʃevə] *adj* welcher auch immer
while [wail] *conj* während; *n* Weile *f*
whilst [wailst] *conj* indem
whim [wim] *n* Grille *f*, Laune *f*
whip [wip] *n* Peitsche *f*; *v* *schlagen
whiskers ['wiskəz] *pl* Backenbart *m*
whisper ['wispə] *v* flüstern; *n* Geflüster *nt*
whistle ['wisəl] *v* *pfeifen; *n* Pfeife *f*
white [wait] *adj* weiß
whitebait ['waitbeit] *n* Breitling *m*
whiting ['waitiŋ] *n* (pl ~) Weißfisch *m*
Whitsun ['witsən] Pfingsten
who [hu:] *pron* wer; welcher
whoever [hu:ˈevə] *pron* wer auch immer
whole [houl] *adj* vollständig, ganz;

unbeschädigt; *n* Ganze *nt*

wholesale ['houlseil] *n* Großhandel *m*; ~ **dealer** Großhändler *m*

wholesome ['houlsəm] *adj* bekömmlich

wholly ['houlli] *adv* gänzlich

whom [hu:m] *pron* wem

whore [hɔ:] *n* Hure *f*

whose [hu:z] *pron* dessen; wessen

why [wai] *adv* warum

wicked ['wikid] *adj* böse

wide [waid] *adj* weit, breit

widen ['waidən] *v* erweitern

widow ['widou] *n* Witwe *f*

widower ['widouə] *n* Witwer *m*

width [widθ] *n* Breite *f*

wife [waif] *n* (pl wives) Gattin *f*, Frau *f*

wig [wig] *n* Perücke *f*

wild [waild] *adj* wild; wüst

will [wil] *n* Wille *m*; Testament *nt*

*****will** [wil] *v* *wollen; *werden

willing ['wiliŋ] *adj* willig

willingly ['wiliŋli] *adv* gern

will-power ['wilpauə] *n* Willenskraft *f*

*****win** [win] *v* *gewinnen

wind [wind] *n* Wind *m*

*****wind** [waind] *v* sich *winden; *aufziehen, *winden

winding ['waindiŋ] *adj* gewunden

windmill ['windmil] *n* Windmühle *f*

window ['windou] *n* Fenster *nt*

window-sill ['windousil] *n* Fensterbrett *nt*

windscreen ['windskri:n] *n* Windschutzscheibe *f*; ~ **wiper** Scheibenwischer *m*

windshield ['windʃi:ld] *nAm* Windschutzscheibe *f*; ~ **wiper** *Am* Scheibenwischer *m*

windy ['windi] *adj* windig

wine [wain] *n* Wein *m*

wine-cellar ['wain,selə] *n* Weinkeller *m*

wine-list ['wainlist] *n* Weinkarte *f*

wine-merchant ['wain,mə:tʃənt] *n* Weinhändler *m*

wine-waiter ['wain,weitə] *n* Kellermeister *m*

wing [wiŋ] *n* Flügel *m*

winkle ['wiŋkəl] *n* Uferschnecke *f*

winner ['winə] *n* Sieger *m*

winning ['winiŋ] *adj* gewinnend; **winnings** *pl* Gewinn *m*

winter ['wintə] *n* Winter *m*; ~ **sports** Wintersport *m*

wipe [waip] *v* abwischen; auswischen

wire [waiə] *n* Draht *m*

wireless ['waiələs] *n* Rundfunk *m*

wisdom ['wizdəm] *n* Weisheit *f*

wise [waiz] *adj* weise

wish [wiʃ] *v* begehren, wünschen; *n* Begehren *nt*, Wunsch *m*

witch [witʃ] *n* Hexe *f*

with [wið] *prep* mit; bei; von

*****withdraw** [wið'drɔ:] *v* *zurückziehen

within [wi'ðin] *prep* innerhalb; *adv* im Innern

without [wi'ðaut] *prep* ohne

witness ['witnəs] *n* Zeuge *m*

wits [wits] *pl* Verstand *m*

witty ['witi] *adj* geistreich

wolf [wulf] *n* (pl wolves) Wolf *m*

woman ['wumən] *n* (pl women) Frau *f*

womb [wu:m] *n* Gebärmutter *f*

won [wʌn] *v* (p, pp win)

wonder ['wʌndə] *n* Wunder *nt*; Verwunderung *f*; *v* sich fragen

wonderful ['wʌndəfəl] *adj* prächtig, wunderbar; herrlich

wood [wud] *n* Holz *nt*; Wald *m*

wood-carving ['wud,ka:viŋ] *n* Holzschnitzerei *f*

wooded ['wudid] *adj* bewaldet

wooden ['wudən] *adj* hölzern; ~ **shoe** Holzschuh *m*

woodland ['wudlənd] *n* Waldung *f*

wool [wul] *n* Wolle *f*; **darning** ~

Stopfgarn *nt*
woollen ['wulən] *adj* wollen
word [wə:d] *n* Wort *nt*
wore [wɔ:] *v* (p wear)
work [wə:k] *n* Arbeit *f*; Tätigkeit *f*; *v* arbeiten; funktionieren; **working day** Werktag *m*; ~ **of art** Kunstwerk *nt*; ~ **permit** Arbeitsbewilligung *f*
worker ['wə:kə] *n* Arbeiter *m*
working ['wə:kiŋ] *n* Betrieb *m*
workman ['wə:kmən] *n* (pl -men) Arbeiter *m*
works [wə:ks] *pl* Fabrik *f*
workshop ['wə:kʃɔp] *n* Werkstatt *f*
world [wə:ld] *n* Welt *f*; ~ **war** Weltkrieg *m*
world-famous [,wə:ld'feiməs] *adj* weltberühmt
world-wide ['wə:ldwaid] *adj* weltweit
worm [wə:m] *n* Wurm *m*
worn [wɔ:n] *adj* (pp wear) abgetragen
worn-out [,wɔ:n'aut] *adj* abgenutzt
worried ['wʌrid] *adj* beunruhigt
worry ['wʌri] *v* sich beunruhigen; *n* Sorge *f*, Besorgtheit *f*
worse [wə:s] *adj* schlechter; *adv* schlechter
worship ['wə:ʃip] *v* verehren; *n* Gottesdienst *m*
worst [wə:st] *adj* schlechtest; *adv* am schlechtesten
worsted ['wustid] *n* Kammgarn *nt*
worth [wə:θ] *n* Wert *m*; *be* ~ wert *sein*; *be* **worth-while** sich lohnen
worthless ['wə:θləs] *adj* wertlos
worthy of ['wə:ði əv] würdig
would [wud] *v* (p will) pflegen
wound[1] [wu:nd] *n* Wunde *f*; *v* verletzen, verwunden
wound[2] [waund] *v* (p, pp wind)
wrap [ræp] *v* einwickeln
wreck [rek] *n* Wrack *nt*; *v* vernichten
wrench [rentʃ] *n* Schraubenschlüssel

m; Ruck *m*; *v* verdrehen
wrinkle ['riŋkəl] *n* Falte *f*
wrist [rist] *n* Handgelenk *nt*
wrist-watch ['ristwɔtʃ] *n* Armbanduhr *f*
***write** [rait] *v* *schreiben; **in writing** schriftlich; ~ **down** *aufschreiben
writer ['raitə] *n* Schriftsteller *m*
writing-pad ['raitiŋpæd] *n* Notizblock *m*, Schreibblock *m*
writing-paper ['raitiŋ,peipə] *n* Schreibpapier *nt*
written ['ritən] *adj* (pp write) schriftlich
wrong [rɔŋ] *adj* unrecht, falsch; *n* Unrecht *nt*; *v* Unrecht *tun*; *be* ~ unrecht *haben
wrote [rout] *v* (p write)

X

Xmas ['krisməs] Weihnachten
X-ray ['eksrei] *n* Röntgenbild *nt*; *v* röntgen

Y

yacht [jɔt] *n* Jacht *f*
yacht-club ['jɔtklʌb] *n* Segelklub *m*
yachting ['jɔtiŋ] *n* Segelsport *m*
yard [jɑ:d] *n* Hof *m*
yarn [jɑ:n] *n* Garn *nt*
yawn [jɔ:n] *v* gähnen
year [jiə] *n* Jahr *nt*
yearly ['jiəli] *adj* jährlich
yeast [ji:st] *n* Hefe *f*
yell [jel] *v* *schreien; *n* Schrei *m*
yellow ['jelou] *adj* gelb
yes [jes] ja
yesterday ['jestədi] *adv* gestern

yet [jet] *adv* noch; *conj* dennoch, jedoch, doch

yield [ji:ld] *v* *einbringen; *nachgeben

yoke [jouk] *n* Joch *nt*

yolk [jouk] *n* Dotter *nt*

you [ju:] *pron* du; dir; Sie; Ihnen;
ihr; euch

young [jʌŋ] *adj* jung

your [jɔ:] *adj* Ihr; dein; euer

yourself [jɔ:'self] *pron* dich; selbst

yourselves [jɔ:'selvz] *pron* euch; selbst

youth [ju:θ] *n* Jugend *f*; ~ **hostel** Jugendherberge *f*

Z

zeal [zi:l] *n* Eifer *m*

zealous ['zeləs] *adj* eifrig

zebra ['zi:brə] *n* Zebra *nt*

zenith ['zeniθ] *n* Zenit *m*; Hohepunkt
m

zero ['ziərou] *n* (pl ~s) Null *f*

zest [zest] *n* Lust *f*

zinc [ziŋk] *n* Zink *nt*

zip [zip] *n* Reißverschluß *m*; ~ **code**
Am Postleitzahl *f*

zipper ['zipə] *n* Reißverschluß *m*

zodiac ['zoudiæk] *n* Tierkreis *m*

zone [zoun] *n* Zone *f*; Gebiet *nt*

zoo [zu:] *n* (pl ~s) Zoo *m*

zoology [zou'ɔlədʒi] *n* Zoologie *f*

Aus der Speisekarte

Speisen

almond Mandel
anchovy Sardelle
angel food cake Kuchen aus Eiweißschnee
angels on horseback auf Toast servierte, in Speck eingerollte und gegrillte Austern
appetizer Appetithäppchen
apple Apfel
  ~ **dumpling** Apfel im Schlafrock
  ~ **sauce** Apfelmus
apricot Aprikose
Arbroath smoky geräucherter Schellfisch
artichoke Artischocke
asparagus Spargel
  ~ **tip** Spargelspitze
aspic Aspik, Gelee, Sülze
assorted gemischt
avocado (pear) Avocato(birne)
bacon Speck
  ~ **and eggs** Spiegeleier und Speck
bagel Brötchen in Kranzform
baked im Ofen gebacken
  ~ **Alaska** norwegisches Omelett
  ~ **beans** gebackene weiße Bohnen mit Tomatensoße

  ~ **potato** gebackene Pellkartoffel
Bakewell tart Kuchen aus gemahlenen Mandeln und Marmelade
baloney eine Art Mortadella
banana Banane
  ~ **split** halbierte Banane, verschiedene Eiskremsorten, Nüsse und Sirup oder Schokolade
barbecue 1) Rindfleischgehacktes, mit pikanter Tomatensoße in einem Brötchen serviert 2) Grillparty
  ~ **sauce** pikante Tomatensoße
barbecued über offenem Holzfeuer gegrillt
basil Basilikum
bass Barsch
bean Bohne
beef Rindfleisch
  ~ **olive** Rinderroulade
beefburger gehacktes Beefsteak, gegrillt und in einem Brötchen serviert
beet, beetroot rote Rübe
bilberry Heidel-, Blaubeere
bill Rechnung
  ~ **of fare** Speisekarte
biscuit 1) Kleingebäck, Keks (GB) 2) kleines Brötchen (US)

blackberry Brombeere

blackcurrant schwarze Johannis-beere

black pudding Blutwurst

bloater Bückling

blood sausage Blutwurst

blueberry Heidel-, Blaubeere

boiled gekocht, gesotten

Bologna (sausage) eine Art Mortadella

bone Knochen

boned ausgebeint

Boston baked beans weiße Bohnen, Speckwürfel und Melasse im Ofen gebacken

Boston cream pie mehrschichtige Torte mit Kremfüllung und Schokoladenglasur

brains Hirn

braised gedämpft, geschmort

bramble pudding Brombeerpudding, oft mit Apfelscheiben

braunschweiger Leberwurst

bread Brot

breaded paniert

breakfast Frühstück

bream Brasse

breast Brust, Brüstchen

brisket Bruststück

broad bean Saubohne

broth Fleischbrühe, Bouillon

brown Betty eine Art Charlotte aus Äpfeln und Gewürzen, mit Paniermehl bestreut

brunch spätes, reichhaltiges Frühstück, das zugleich das Mittagessen ersetzt; Gabelfrühstück

brussels sprout Rosenkohl

bubble and squeak eine Art Pfannkuchen aus Kartoffeln und Weißkohl

bun 1) süßes Milchbrötchen mit Rosinen oder anderen getrockneten Früchten (GB) 2) Hefe-brötchen (US)

buttered gebuttert

cabbage Weißkohl

Caesar salad Salat mit Brotwürfeln, Sardellen, Knoblauch und geriebenem Käse

cake Kuchen

cakes Kekse

calf Kalb

Canadian bacon geräucherter Lendenspeck

canapé Appetitschnittchen, belegtes Brötchen

cantaloupe Melone

caper Kaper

capercaillie, capercailzie Auerhahn

carp Karpfen

carrot Mohrrübe, Karotte

cashew Cashewnuß, Elefantenlaus

casserole in der Kasserolle serviertes Gericht

catfish 1) Steinbeißer, Seewolf 2) Katzenwels

catsup Ketchup

cauliflower Blumenkohl

celery Sellerie

cereal Getreideflocken

  hot ~ Haferbrei

check Rechnung

Cheddar (cheese) fetter, orange-gelber Hartkäse

cheese Käse

  ~ board Käseplatte

  ~ cake Käsekuchen

cheeseburger eine Art deutsches Beefsteak, mit geschmolzenem Käse in einem Brötchen serviert

chef's salad Salat mit Schinken, Rindfleisch, Hühnerfleisch, Eiern, Tomaten und Käse

cherry Kirsche

chestnut Eßkastanie, Marone

chicken Huhn, Hühnchen

chicory 1) Brüsseler Endivie, Chicorée (GB) 2) Endivie (US)

chili con carne dicker Eintopf aus Rindfleisch mit roten Bohnen, Zwiebeln und Chilipfeffer

chili pepper Chilipfeffer

chips 1) Pommes frites (GB) 2) Kartoffelchips (US)

chitt(er)lings Schweinskaldaunen, -kutteln

chive Schnittlauch

chocolate Schokolade

choice Auswahl

chop Kotelett

~ **suey** Gericht aus fein geschnittenem Hühner- oder Schweinefleisch, Gemüse und Reis

chopped gehackt, feingeschnitten

chowder dicke Suppe mit Meeresfrüchten

Christmas pudding englischer Weihnachtspudding aus getrockneten Früchten, Paniermehl, Gewürzen; manchmal flambiert

chutney scharfgewürzte indische Tafelsoße

cinnamon Zimt

clam Sandmuschel

club sandwich doppeltes Sandwich mit gebratenem Frühstücksspeck, Hühnerfleisch, Tomaten, Salat und Mayonnaise

cobbler eine Art gedeckter Obstkuchen

cock-a-leekie soup Hühnerbrühe mit Porree

coconut Kokosnuß

cod Kabeljau, Dorsch

Colchester oyster die beste englische Auster

cold cuts/meat Aufschnitt

coleslaw Weißkohlsalat

compote Kompott

condiment Gewürz

consommé Fleischbrühe, Bouillon

cooked gekocht

cookie Keks

corn 1) Korn, Weizen (GB) 2) Mais (US)

~ **on the cob** Maiskolben

cornflakes geröstete Maisflocken

corned beef gepökeltes Rindfleisch

cottage cheese Bauernkäse aus Quark

cottage pie Auflauf aus Hackfleisch, Zwiebeln und Kartoffelpüree

course Gericht, Gang

cover charge Gedeck extra

crab Krabbe

cracker kleines knuspriges Salzgebäck

cranberry Kranbeere, nordamerikanische Preiselbeere

~ **sauce** Kranbeersoße

crawfish, crayfish 1) Krebs 2) Languste (GB) 3) Kaisergranat (US)

cream 1) Sahne 2) Krem 3) Kremsuppe

~ **cheese** Rahmkäse

~ **puff** Windbeutel

creamed potatoes Sahnekartoffeln

creole Kreolenart; meistens mit Tomaten, Paprikaschoten und Zwiebeln gewürzt, mit Reis serviert

cress Kresse

crisps Kartoffelchips

crumpet rundes, mit Butter bestrichenes Hefebrötchen, wird warm gegessen

cucumber Gurke

Cumberland ham bekannter eng-

lischer Räucherschinken
Cumberland sauce pikante Tafelsoße aus rotem Johannisbeer-
gelee, Orangensaft und Wein
cupcake kleiner, runder Kuchen
cured geräuchert, gebeizt, gepökelt
currant 1) Korinthe 2) Johannisbeere
curried mit Curry
custard 1) englische Krem 2) Pud-
dingtörtchen
cutlet Schnitzel, Kotelett
dab Kliesche, rauhe Scholle
Danish pastry Plundergebäck
date Dattel
Derby cheese blaßgelber Schnitt-
käse von mildem bis würzigem
Geschmack
devilled sehr stark gewürzt
devil's food cake Schokoladen-
torte
devils on horseback in Rotwein
gekochte Backpflaumen, mit
Mandeln und Sardellen gefüllt,
in Speck eingerollt und gegrillt
Devonshire cream dicke Sahne
diced gewürfelt
diet food Diätkost
dinner (großes) Abendessen
dish Gericht, Gang
donut, doughnut süßer Krapfen,
Berliner Pfannkuchen in Ring-
form
double cream Doppelrahm
Dover sole Dover-Seezunge, gilt
als die beste Englands
dressing 1) Salatsoße 2) Füllung
für Geflügel (US)
Dublin Bay prawn Kaisergranat
duck Ente
duckling junge Ente
dumpling Teigkloß, Knödel
Dutch apple pie Apfeltorte mit

Streusel aus Rohzucker, Zimt
und Butter
éclair Blitzkuchen, gefüllte Brand-
teigstange
eel Aal
egg Ei
  boiled ~ gekocht
  fried ~ Spiegelei
  hard-boiled ~ hartgekocht
  poached ~ pochiert, verloren
  scrambled ~ Rührei
  soft-boiled ~ weichgekocht
eggplant Aubergine
endive 1) Endivie (GB) 2) Brüsseler Endivie, Chicorée (US)
entrée 1) Vorspeise (GB) 2)
Hauptgericht (US)
escalope Schnitzel
fennel Fenchel
fig Feige
fillet Fleisch- oder Fischfilet
finnan haddock geräucherter
Schellfisch
fish Fisch
  ~ **and chips** fritierter Fisch und
Pommes frites
  ~ **cake** Frikadelle aus Fisch
und Kartoffelpüree
flan Obst-, Käsekuchen
flapjack kleiner, dicker Pfannkuchen
flounder Flunder
forcemeat gehacktes Füllfleisch
fowl Geflügel
French bean grüne Bohne
French bread Pariser Brot
French dressing 1) würzige kalte
Kräutersoße (GB) 2) sahnige
Salatsoße mit Ketchup (US)
french fries Pommes frites
French toast armer Ritter, Gold-
schnitte
fresh frisch
fried gebraten oder in Öl gebacken

fritter Krapfen
frogs' legs Froschschenkel
frosting Zuckerguß, Glasur
fruit Obst
fry Fritüre
galantine Rollpastete
game Wild
gammon Räucherschinken
garfish Hornhecht
garlic Knoblauch
garnish Garnierung, Beilage
gherkin Essig-, Gewürzgurke
giblets Geflügelklein
ginger Ingwer
goose Gans
~ **berry** Stachelbeere
grape Weintraube
~ **fruit** Pampelmuse
grated gerieben
gravy Bratensaft, -soße
grayling Äsche
green bean grüne Bohne
green pepper grüne Paprikaschote
green salad grüner Salat, Gartensalat
greens grünes Gemüse
grilled gegrillt
grilse junger Lachs
grouse schottisches Moorhuhn
gumbo 1) Gombo (unreife Frucht einer mittelamerikanischen Eibischart) 2) kreolisches Fleisch- oder Fischgericht mit *okra*
haddock Schellfisch
haggis Hammelmagen mit einer Füllung aus gehackten Innereien und Haferflocken
hake Seehecht
half Hälfte, halb
halibut Heilbutt
ham Schinken
~ **and eggs** Spiegeleier mit Schinken

hare Hase
haricot bean weiße Bohne
hash 1) gehacktes oder feingeschnittenes Fleisch 2) Gericht aus feingeschnittenem Fleisch, Kartoffeln und Gemüse
hazelnut Haselnuß
heart Herz
herb Gewürzkraut
herring Hering
home-made hausgemacht
hominy grits Maisbrei
honey Honig
~ **dew melon** Honigmelone, sehr süß, mit gelbgrünem Fruchtfleisch
hors-d'œuvre Vorspeise
horse-radish Meerrettich
hot 1) warm, heiß 2) scharf
~ **cross bun** Rosinenbrötchen mit kreuzförmiger Verzierung (zur Fastenzeit)
~ **dog** heißes Würstchen in einem aufgeschnittenen Brötchen
huckleberry Heidel-, Blaubeere
hush puppy Krapfen aus Maismehl
ice-cream Speiseeis
iced eisgekühlt
icing Zuckerguß, Glasur
Idaho baked potato im Ofen gebackene Pellkartoffel
Irish stew Eintopfgericht mit Hammelfleisch, Kartoffeln und Zwiebeln
Italian dressing würzige kalte Kräutersoße
jam Marmelade
jellied in Gelee
Jell-O Geleenachspeise, Götterspeise
jelly Gelee, Sülze
Jerusalem artichoke Erdartischocke. Topinambur

John Dory Heringskönig, Petersfisch
jugged hare Hasenpfeffer
juice Saft
juniper berry Wacholderbeere
junket gezuckerte Dickmilch
kale Kraus-, Grünkohl
kedgeree stark gewürztes Frühstücksgericht aus feingeschnittenem Fisch mit Reis, Eiern und Butter
kidney Niere
kipper geräucherter Hering
lamb Lamm
Lancashire hot pot Eintopf aus Lammkoteletts und -nieren, Kartoffeln und Zwiebeln
larded gespickt
lean mager
leek Porree, Lauch
leg Keule, Schlegel
lemon Zitrone
~ **sole** Rotzunge
lentil Linse
lettuce Kopfsalat, Lattich
lima bean Limabohne
lime Limetta, Zitrusfrucht mit grüner Schale
liver Leber
loaf Brotlaib
lobster Hummer
loin Filet, Lendenstück
Long Island duck Long-Island-Ente, besonders wohlschmeckend
low-calorie kalorienarm
lox Räucherlachs
lunch Mittagessen
macaroon Makrone
mackerel Makrele
maize Mais
mandarin Mandarine
maple syrup Ahornsirup
marinated mariniert, eingelegt

marjoram Majoran
marmalade Marmelade aus Zitrusfrüchten (besonders Apfelsinen)
marrow Mark
~ **bone** Markknochen
marshmallow eine Art türkischer Honig
mashed potatoes Kartoffelpüree
meal Mahlzeit
meat Fleisch
~ **ball** Fleischkloß
~ **loaf** Hackbraten
medium (done) halb durchgebraten, halbgar
melon Melone
melted geschmolzen
Melton Mowbray pie eine englische Fleischpastete, wird kalt gegessen
menu Speisekarte
meringue Baiser, Meringe
milk Milch
mince Gehacktes, Hackfleisch
~ **meat** Hackfleisch
~ **pie** Kuchen oder Pastete mit Füllung aus Äpfeln, Rosinen, feingehacktes Orangeat und Zitronat, Gewürze; mit oder ohne Fleisch
minced gehackt
mint Minze
mixed gemischt
~ **grill** verschiedene Fleischstücke mit Bratwürstchen, Speckscheibchen, Tomaten, Pilzen und Zwiebeln; gegrillt
molasses Melasse
morel Morchel
mousse eine Art Kremeis
mulberry Maulbeere
mullet Meerbarbe
mulligatawny soup stark gewürzte indische Hühnersuppe

mushroom Pilz
muskmelon Melone
mussel Miesmuschel
mustard Senf
mutton Hammelfleisch
noodle Nudel
nut Nuß
oatmeal (porridge) Haferbrei
oil Öl
okra schlanke Gomboschote
omelet Omelett
onion Zwiebel
orange Apfelsine
ox tongue Ochsenzunge
oxtail Ochsenschwanz
oyster Auster
pancake Eierkuchen
parsley Petersilie
parsnip Pastinake, Hirschmöhre
partridge Rebhuhn
pastry feines Backwerk
pasty Pastetchen, Fleischpastete
pea Erbse
peach Pfirsich
peanut Erdnuß
pear Birne
pearl barley Perlgraupen
pepper Pfeffer
~ **mint** Pfefferminze
perch Barsch
persimmon Dattel-, Kakipflaume
pheasant Fasan
pickerel junger Hecht
pickle 1) mit Kräutern und Gewürzen in Essig eingelegtes Gemüse und Frucht 2) kleine Gewürzgurke (US)
pickled in Essig eingelegt, gepökelt
pie englische Pastete (mit würziger oder süßer Füllung und meistens mit Teigdeckel)
pig Schwein
pigeon Taube

pike Hecht
pineapple Ananas
plaice Scholle
plain einfach, naturell
plate Teller, Platte, Gang
plum Pflaume
~ **pudding** englischer Weihnachtspudding aus getrockneten Früchten, Paniermehl, Gewürzen; manchmal flambiert
poached pochiert
popcorn Puffmais
popover kleines, stark aufgegangenes Brötchen
pork Schweinefleisch
porridge Haferbrei
porterhouse steak doppeltes Lendensteak (vom Rind)
pot roast Schmorbraten mit Gemüsebeilage
potato Kartoffel
~ **chips** 1) Pommes frites (GB) 2) Kartoffelchips (US)
~ **in its jacket** Pellkartoffel
potted shrimps in Butter eingemachte Garnelen
poultry Geflügel
prawn Steingarnele
prune Backpflaume
ptarmigan Schneehuhn
pudding meist eine weiche oder feste Mehlspeise, entweder mit Fleisch, Fisch, Gemüse oder Früchten, gebacken oder gedämpft
pumpkin Kürbis
quail Wachtel
quince Quitte
rabbit Kaninchen
radish Rettich, Radieschen
rainbow trout Regenbogenforelle
raisins Rosinen
rare halbgar
raspberry Himbeere

raw roh

red mullet Rotbarbe

red (sweet) pepper rote Paprikaschote

redcurrant rote Johannisbeere

relish Würzsoße

rhubarb Rhabarber

rib (of beef) Rippenstück (vom
Rind)

rice Reis

rissole Fleisch- oder Fischfrika-
delle

river trout Bachforelle

roast Braten

roasted gebraten

Rock Cornish hen Masthühnchen

roe Rogen, Fischeier

roll Brötchen, Semmel

rollmop herring Rollmops

round steak Steak aus der Rinderkeule

Rubens sandwich gepökeltes
Rindfleisch auf Toast mit
Sauerkraut, Käse und Salat-
soße; heiß serviert

rump steak Steak aus der Rinder-
hüfte

rusk Zwieback

rye bread Roggenbrot

saddle Rücken

saffron Safran

sage Salbei

salad Salat

  ~ **bar** Auswahl an Salaten

  ~ **cream** leicht gezuckerte sahnige Salatsoße

  ~ **dressing** Salatsoße

salmon Lachs

  ~ **trout** Lachsforelle

salt Salz

salted gesalzen

sauce Soße

sausage Wurst

sauté(ed) schnell gebraten, ge-

schwenkt

scallop 1) Jakobsmuschel 2)
Kalbsschnitzel

scone weicher Gersten- oder Wei-
zenmehlkuchen

Scotch broth Lammfleischbrühe
mit Gemüse

Scotch woodcock Toast mit fein
gehackten Eiern, Gewürzen
und Sardellenpaste

sea bass Wolfs-, Seebarsch

sea kale Meer-, Strandkohl

seafood Fisch und Meeres-
früchte

(in) season (je nach) Jahreszeit

seasoning Gewürz, Würze

service charge Bedienungszu-
schlag

service (not) included Bedienung
(nicht) inbegriffen

set menu Gedeck, Menü

shad Alse, Maifisch

shallot Schalotte

shellfish Krusten- und Schalen-
tiere

sherbet Sorbet, Schnee-Eis, Scher-
bett

shoulder Schulter

shredded wheat Weizenschrot
(zum Frühstück)

shrimp Garnele, Krevette

silverside (of beef) bester Teil der
Rinderkeule

sirloin steak Lendensteak (vom
Rind)

skewer Bratspießchen

slice Scheibe

sliced aufgeschnitten

sloppy Joe gehacktes Rindfleisch
mit Chilisoße, in einem Brötchen serviert

smelt Stint, Spierling (ein Lachs-
fisch)

smoked geräuchert

snack Imbiß
sole Seezunge
soup Suppe
sour sauer
soused herring in Essig und Gewürzen eingelegter Hering
spare rib Schweinerippchen
spice Gewürz
spinach Spinat
spiny lobster Languste
(on a) spit (am) Spieß
sponge cake leichter Hefekuchen
sprat Sprotte
squash Kürbis
starter Vorspeise
steak and kidney pie englische Rindfleisch- und Nierenpastete
steamed gedämpft
stew Ragout, Eintopf
Stilton (cheese) englischer Edelpilzkäse, weiß und mild oder blaugeädert und scharf
strawberry Erdbeere
string bean grüne Bohne
stuffed gefüllt
stuffing Füllung
suck(l)ing pig Spanferkel
sugar Zucker
sugarless ungezuckert
sundae Eisbecher mit Früchten, Nüssen, Schlagsahne und manchmal Sirup
supper Abendbrot
swede gelbe Kohlrübe
sweet 1) süß 2) Nachspeise
~ **corn** Zuckermais
~ **potato** Süßkartoffel
sweetbread Kalbsbries, -milch
Swiss cheese Schweizer Käse, Emmentaler
Swiss roll Biskuitrolle
Swiss steak mit Gemüse und Gewürzen geschmorte Rindfleischscheibe

T-bone steak Lendensteak (vom Rind)
table d'hôte Gedeck, Menü
tangerine Mandarinenart
tarragon Estragon
tart Törtchen, Torte, Obstkuchen
tenderloin Lendenstück (vom Rind oder Schwein)
Thousand Island dressing würzige Salatsoße aus Mayonnaise und feingehackten Paprikaschoten
thyme Thymian
toad-in-the-hole Fleischstücke oder Würste, in Teig eingehüllt und gebacken
toasted geröstet
~ **cheese** Toast mit geschmolzenem Käse
tomato Tomate
tongue Zunge
treacle Melasse
trifle mit Sherry oder Branntwein getränkte leichte Biskuitmasse, mit Mandeln, Marmelade, Schlagsahne und englischer Krem
tripe Kaldaunen, Kutteln
trout Forelle
truffle Trüffel
tuna, tunny Thunfisch
turbot Steinbutt
turkey Truthahn
turnip Kohlrübe
turnover gefülltes Törtchen, Tasche
turtle Schildkröte
underdone halbgar
vanilla Vanille
veal Kalbfleisch
~ **bird** Kalbsroulade
vegetable Gemüse
~ **marrow** Kürbischen, Zucchini
venison Wildbret

vichyssoise kalte Suppe mit Porree, Kartoffeln und Sahne

vinegar Essig

Virginia baked ham im Ofen gebackener Schinken, mit Gewürznelken gespickt, mit Ananasscheiben und Kirschen dekoriert und mit dem Saft dieser Früchte glasiert

wafer Oblate, Waffel

waffle heiße Waffel, mit Melasse oder Ahornsirup serviert

walnut Walnuß

water ice Fruchteis

watercress Brunnenkresse

watermelon Wassermelone

well-done durchgebraten, gar

Welsh rabbit/rarebit eine Art warme Käseschnitte

whelk Wellhorn(schnecke)

whipped cream Schlagsahne

whitebait Weißfischchen

wine list Weinkarte

woodcock Waldschnepfe

Worcestershire sauce aromatische Würzsoße

York ham bekannter englischer Räucherschinken

Yorkshire pudding eine Art Eierkuchen, im Ofen gebacken und als Beilage zu Roastbeef serviert

Getränke

ale obergäriges, kohlensäurearmes Bier, nicht zu kühl ausgeschenkt

  bitter ∼ goldgelbes, stark gehopftes Faßbier

  brown ∼ dunkles, süßliches Flaschenbier

  light ∼ helles Flaschenbier

  mild ∼ dunkles, süßliches Faßbier

  pale ∼ helles Flaschenbier

applejack amerikanischer Apfelbranntwein

Athol Brose schottisches Getränk aus Whisky, Honig und manchmal Hafermehl

Bacardi cocktail Mischgetränk aus Rum, Zucker, Granatapfelsirup und Limettensaft

barley water ein Getränk aus Gerste mit Zitronengeschmack

barley wine starkes Bier

beer Bier

  bottled ∼ Flaschenbier

  draft, draught ∼ Faßbier

bitters aus Bitterextrakten hergestellte Aperitifs, Magenliköre usw.

black velvet Mischgetränk aus Champagner und *stout* (wird oft zu Austern serviert)

bloody Mary Wodka, Tomatensaft und Gewürze

bourbon amerikanischer Whisky, hauptsächlich aus Mais gebrannt

brandy 1) Branntwein 2) Weinbrand, Kognak

~ **Alexander** Weinbrand, Kakaolikör und Sahne

British wines Weine, die aus importierten Trauben oder Traubensäften in Großbritannien hergestellt werden

cherry brandy Kirschlikör

chocolate Schokolade

cider Apfelwein

~ **cup** Mischgetränk aus Apfelwein, Gewürzen, Zucker und Eis

claret roter Bordeauxwein

cobbler ein *long drink* aus Fruchtsaft mit Wein oder Likör und Eis

cocktail alkoholisches Mischgetränk, vor den Mahlzeiten serviert

coffee Kaffee

~ **with cream** Kaffee mit Sahne

black ~ schwarzer Kaffee

cafeine-free ~ koffeinfreier Kaffee

white ~ Milchkaffee

cordial magen- oder herzstärkender Likör

cream 1) Krem 2) Sahne

cup Erfrischungsgetränk aus eisgekühltem Wein, Sodawasser und einem Likör oder Alkohol, mit einer Apfelsinen- oder Zitronenscheibe garniert

daiquiri Mischgetränk aus Rum, Limetten- und Ananassaft

double doppeltes Maß

Drambuie Likör aus Whisky und Honig

dry martini 1) trockener Wermut (GB) 2) Gin mit trockenem Wermut (US)

egg-nog warmes Mischgetränk aus Rum oder Branntwein, geschlagenem Eigelb und Zucker

gin and it Gin mit italienischem Wermut

gin-fizz Gin mit Zitronensaft, Zucker und Sodawasser

ginger ale alkoholfreies Getränk mit Ingwergeschmack

ginger beer leicht alkoholisches Getränk aus Ingwer und Zukker

grasshopper Mischgetränk aus Pfefferminz- und Kakaolikör mit Sahne

Guinness (stout) sehr dunkles, stark gehopftes Malzbier

half pint ungefähr 3 Deziliter

highball Whisky oder Branntwein mit Sodawasser oder *ginger ale* verdünnt

iced eisgekühlt

Irish coffee Kaffee mit Zucker, irischem Whisky und Schlagsahne

Irish Mist irischer Likör aus Whisky und Honig

Irish whiskey irischer Whisky; er enthält außer Gerste auch Roggen, Hafer und Weizen und ist etwas milder im Geschmack als der schottische Whisky

juice Saft

lager helles Lagerbier, kühl ausgeschenkt

lemon squash Zitronensaft mit Sodawasser

lemonade Limonade

lime juice Limettensaft

liqueur Likör

liquor Spirituosen

long drink alle alkoholischen Bargetränke, mit Wasser oder Sprudel verdünnt; mit Eiswürfeln

Manhattan amerikanischer Whisky, Wermut und Angostura-

bitter
milk Milch
mineral water Mineralwasser
mulled wine Glühwein
neat unverdünnt, pur
old-fashioned Cocktail aus Whisky, Zucker, Angosturabitter und Maraschinokirschen
on the rocks mit Eiswürfeln
Ovaltine Ovomaltine
Pimm's cup(s) eine Art Likör, wird mit Fruchtsaft oder Sodawasser gemischt
~ **No. 1** mit Gin
~ **No. 2** mit Whisky
~ **No. 3** mit Rum
~ **No. 4** mit Weinbrand
pink champagne Rosé-Sekt
pink lady Cocktail aus Eiweiß, Apfelbranntwein, Zitronensaft, Granatapfelsirup und Gin
pint ungefähr 6 Deziliter
port (wine) Portwein
porter starkes, dunkles Bier mit süßlichem Geschmack
quart 1,14 Liter (US 0,95 Liter)
root beer aus verschiedenen Wurzeln und Kräutern bereitete Brauselimonade
rye (whiskey) Roggenwhisky, eher schwerer und kräftiger als *bourbon*
scotch (whisky) schottischer Whisky, meist aus Gerstenmalz- und Getreidewhisky »geblendet« (gemischt)

screwdriver Wodka und Orangensaft
shandy *bitter ale* mit Limonade oder *ginger beer*
short drink unverdünntes alkoholisches Getränk
shot ein Schuß Whisky, Kognak oder Branntwein
sloe gin-fizz Schlehenlikör mit Zitronensaft und Sodawasser
soda water Soda-, Sprudelwasser
soft drink alkoholfreies Erfrischungsgetränk
spirits Branntweine
stinger Kognak mit Pfefferminzlikör
stout sehr dunkles, stark gehopftes Malzbier
straight unverdünnt, pur
tea Tee
toddy eine Art Grog
Tom Collins Gin, Zitronensaft, Zucker und Sodawasser
tonic (water) Tonic(wasser); Sprudel, meist mit Chiningeschmack
vodka Wodka
water Wasser
whisky sour Whisky, Zitronensaft, Zucker und Maraschinokirschen
wine Wein
dry ~ trockener Wein
red ~ Rotwein
sparkling ~ Schaumwein, Sekt
sweet ~ Süßwein, Dessertwein
white ~ Weißwein

Englische Kurzgrammatik

Artikel

Der bestimmte Artikel (der, die, das) hat für alle drei Geschlechter, Singular und Plural, nur eine Form: *the.*

the room, the rooms das Zimmer, die Zimmer

Der unbestimmte Artikel (ein, eine) hat zwei Formen: *a* vor Konsonanten und *an* vor Vokal oder stummem *h.*

a coat ein Mantel
an umbrella ein Schirm
an hour eine Stunde

Some drückt eine unbestimmte Menge oder Anzahl aus.

I'd like some coffee, please. Ich möchte etwas Kaffee, bitte.

Any wird in negativen Aussagen und in Fragen gebraucht.

There isn't any soap. Es gibt keine Seife.
Do you have any stamps? Haben Sie Briefmarken?

Substantiv

Der **Plural** der meisten Substantive wird durch Anhängen von *-(e)s* an den Singular gebildet.

cup — cups (Tasse — Tassen) **dress — dresses** (Kleid — Kleider)

N.B.: Wenn ein Substantiv mit *-y* aufhört und ein Konsonant vorangeht, so ist die Pluralendung *-ies;* wenn dem *-y* ein Vokal vorangeht, wird der Plural normal gebildet.

lady — ladies (Dame — Damen) **key — keys** (Schlüssel — Schlüssel)

Folgende Substantive bilden einen unregelmäßigen Plural:

man — men (Mann — Männer) **woman — women** (Frau — Frauen)
child — children (Kind — Kinder) **foot — feet** (Fuß — Füße)

Genitiv

1. Bei Personen: wenn das Substantiv nicht mit *-s* endet, wird *'s* angefügt.

the boy's room das Zimmer des Jungen
the children's clothes die Kleider der Kinder

Endet es mit *-s,* wird nur ein Apostroph (') angehängt.

the boys' rooms die Zimmer der Jungen

2. Bei Gegenständen sowie für Mengen- und Maßangaben wird die Präposition *of* gebraucht.

the key of the door der Schlüssel der Tür
a cup of tea eine Tasse Tee

Adjektiv

Adjektive stehen normalerweise vor dem Substantiv.

a large brown suitcase   ein großer brauner Koffer

Die Steigerungsformen werden auf zwei Arten gebildet:

1. Alle einsilbigen und viele zweisilbige Adjektive erhalten *-(e)r* und *-(e)st* angefügt.

small (klein) — **smaller** — **smallest**
pretty (hübsch) — **prettier** — **prettiest***

2. Adjektive mit drei oder mehr Silben und einige zweisilbige bilden die Steigerungsformen mit *more* und *most*.

expensive (teuer) — **more expensive** — **most expensive**

Die folgenden Adjektive sind unregelmäßig:

good (gut)	**better**	**best**
bad (schlecht)	**worse**	**worst**
little (wenig)	**less**	**least**
much/many (viel)	**more**	**most**

Adverbien

Zahlreiche Adverbien werden gebildet, indem man dem Adjektiv *-ly* anhängt.

quick — quickly   schnell
slow — slowly   langsam

Einige wichtige Ausnahmen:

good — well   gut
fast — fast   rasch

Pronomen

	Subjekt	Objekt (Akk./Dat.)	Possessiv 1	2
ich	**I**	**me**	**my**	**mine**
du	**you**	**you**	**your**	**yours**
er	**he**	**him**	**his**	**his**
sie	**she**	**her**	**her**	**hers**
es	**it**	**it**	**its**	—
wir	**we**	**us**	**our**	**ours**
ihr	**you**	**you**	**your**	**yours**
sie	**they**	**them**	**their**	**theirs**

Possessiv-Form 1 wird vor Substantiven gebraucht; Form 2 steht allein.

Where's my key?   Wo ist mein Schlüssel?
That's not mine.   Das ist nicht meiner.

N.B. Im Englischen wird zwischen »du« und »Sie« kein Unterschied gemacht, es gibt nur die Form *you.*

Give it to me.   Geben Sie es mir.
He came with you.   Er kam mit dir/Ihnen.

---

* *y* wird zu *i*, wenn ein Konsonant vorangeht.

Hilfsverben (Präsens)

a) **to be** (sein)

	Kurzform	Negativ-Kurzformen	
I am	I'm		I'm not
you are	you're	you're not	you aren't
he is	he's	he's not	he isn't
she is	she's	she's not	she isn't
it is	it's	it's not	it isn't
we are	we're	we're not	we aren't
you are	you're	you're not	you aren't
they are	they're	they're not	they aren't

Fragend: **Am I? Are you? Is he?** usw.

N.B.: In der Umgangssprache werden fast ausschließlich die Kurzformen gebraucht.

Das Englische besitzt zwei Formen für das deutsche »es gibt«: *there is (there's)* vor einem Substantiv im Singular, *there are* vor einem Substantiv im Plural.

Negativ: **There isn't — There aren't**
Fragend: **Is there? — Are there?**

b) **to have** (haben)

	Kurzform		Kurzform
I have	I've	we have	we've
you have	you've	you have	you've
he/she/it has	he's/she's/it's	they have	they've

Negativ: **I have not (haven't)**
Fragend: **Have you? — Has he?**

c) **to do** (tun, machen)

I do, you do, he/she/it does, we do, you do, they do

Negativ: **I do not (I don't) — He does not (he doesn't)**
Fragend: **Do you? — Does he?**

Andere Verben

Die Infinitivform wird für alle Personen außer der 3. Person Singular, die auf *-(e)s* endet, verwendet:

	to love (lieben)	to come (kommen)	to go (gehen)
I	love	come	go
you	love	come	go
he/she/it	loves	comes	goes
we	love	come	go
you	love	come	go
they	love	come	go

Die negative Form wird durch das Hilfsverb *do* (3. Pers. *does*) + *not* + Infinitiv gebildet.

We do not (don't) like this hotel.	Wir mögen dieses Hotel nicht.

Fragen werden mit dem Hilfsverb *do* (3. Pers. *does*) + Subjekt + Infinitiv gebildet.

Do you drink wine?	Trinken Sie Wein?
Does he live here?	Wohnt er hier?

Präsens Verlaufsform

Diese Form gibt es im Deutschen nicht. Sie wird gebildet durch die entsprechende Form des Verbes *to be* + Partizip Präsens. Das Partizip Präsens wird durch Anhängen von *-ing* an den Infinitiv gebildet (ein *-e* am Ende des Verbs wird weggelassen). Die Verlaufsform kann nur mit bestimmten Verben verwendet werden, da sie ausdrückt, daß man gerade bei einer Beschäftigung ist oder daß ein Geschehen nocht andauert, während man spricht.

What are you doing?	Was machen Sie?
	(jetzt, in diesem Augenblick)
I'm writing a letter.	Ich schreibe gerade einen Brief.

Imperativ

Der Imperativ (Singular und Plural) hat dieselbe Form wie der Infinitiv (ohne *to*). Der negative Imperativ wird mit *don't* gebildet.

Please bring me some water.	Bringen Sie mir bitte etwas Wasser.
Don't be late.	Kommen Sie nicht zu spät.

Unregelmäßige Verben

Wir führen nachstehend die englischen unregelmäßigen Verben auf. Die Zusammensetzung und die Präfixverben werden ebenso konjugiert wie das zugrundeliegende Verb. Beispiel: *withdraw* konjugiert man wie *draw* und *mistake* wie *take*.

Infinitiv	Präteritum	Partizip Perfekt	
arise	arose	arisen	*sich erheben*
awake	awoke	awoken	*erwecken*
be	was	been	*sein*
bear	bore	borne	*(er)tragen*
beat	beat	beaten	*schlagen*
become	became	become	*werden*
begin	began	begun	*beginnen*
bend	bent	bent	*biegen*
bet	bet	bet	*wetten*
bid	bade/bid	bidden/bid	*gebieten*
bind	bound	bound	*binden*
bite	bit	bitten	*beißen*
bleed	bled	bled	*bluten*
blow	blew	blown	*blasen*
break	broke	broken	*brechen*
breed	bred	bred	*züchten*
bring	brought	brought	*bringen*
build	built	built	*bauen*
burn	burnt/burned	burnt/burned	*(ver)brennen*
burst	burst	burst	*platzen*
buy	bought	bought	*kaufen*
can*	could	—	*können*
cast	cast	cast	*werfen*
catch	caught	caught	*fangen*
choose	chose	chosen	*wählen*
cling	clung	clung	*sich klammern*
clothe	clothed/clad	clothed/clad	*kleiden*
come	came	come	*kommen*
cost	cost	cost	*kosten*
creep	crept	crept	*kriechen*
cut	cut	cut	*schneiden*
deal	dealt	dealt	*Handel treiben*
dig	dug	dug	*graben*
do (he does)	did	done	*tun*
draw	drew	drawn	*ziehen*
dream	dreamt/dreamed	dreamt/dreamed	*träumen*
drink	drank	drunk	*trinken*
drive	drove	driven	*fahren*
dwell	dwelt	dwelt	*wohnen*
eat	ate	eaten	*essen*
fall	fell	fallen	*fallen*

* Indikativ Präsens

feed	fed	fed	*füttern*
feel	felt	felt	*fühlen*
fight	fought	fought	*kämpfen*
find	found	found	*finden*
flee	fled	fled	*fliehen*
fling	flung	flung	*schleudern*
fly	flew	flown	*fliegen*
forsake	forsook	forsaken	*verlassen*
freeze	froze	frozen	*gefrieren*
get	got	got	*bekommen*
give	gave	given	*geben*
go	went	gone	*gehen*
grind	ground	ground	*mahlen*
grow	grew	grown	*wachsen*
hang	hung	hung	*hängen*
have	had	had	*haben*
hear	heard	heard	*hören*
hew	hewed	hewed/hewn	*hacken*
hide	hid	hidden	*verbergen*
hit	hit	hit	*schlagen*
hold	held	held	*halten*
hurt	hurt	hurt	*verletzen*
keep	kept	kept	*behalten*
kneel	knelt	knelt	*knien*
knit	knitted/knit	knitted/knit	*stricken*
know	knew	known	*kennen*
lay	laid	laid	*legen*
lead	led	led	*führen*
lean	leant/leaned	leant/leaned	*lehnen*
leap	leapt/leaped	leapt/leaped	*springen*
learn	learnt/learned	learnt/learned	*lernen*
leave	left	left	*verlassen*
lend	lent	lent	*leihen*
let	let	let	*lassen*
lie	lay	lain	*liegen*
light	lit/lighted	lit/lighted	*anzünden*
lose	lost	lost	*verlieren*
make	made	made	*machen*
may*	might	—	*dürfen*
mean	meant	meant	*bedeuten*
meet	met	met	*begegnen*
mow	mowed	mowed/mown	*mähen*
must*	—	—	*müssen*
ought (to)*	—	—	*sollen*
pay	paid	paid	*zahlen*
put	put	put	*legen*
read	read	read	*lesen*
rid	rid	rid	*sich entledigen*
ride	rode	ridden	*reiten*

* Indikativ Präsens

ring	rang	rung	*läuten*
rise	rose	risen	*aufstehen*
run	ran	run	*rennen*
saw	sawed	sawn	*sägen*
say	said	said	*sagen*
see	saw	seen	*sehen*
seek	sought	sought	*suchen*
sell	sold	sold	*verkaufen*
send	sent	sent	*senden*
set	set	set	*setzen*
sew	sewed	sewed/sewn	*nähen*
shake	shook	shaken	*schütteln*
shall*	should	—	*sollen*
shed	shed	shed	*vergießen*
shine	shone	shone	*leuchten*
shoot	shot	shot	*schießen*
show	showed	shown	*zeigen*
shrink	shrank	shrunk	*schrumpfen*
shut	shut	shut	*schließen*
sing	sang	sung	*singen*
sink	sank	sunk	*sinken, versenken*
sit	sat	sat	*sitzen*
sleep	slept	slept	*schlafen*
slide	slid	slid	*gleiten*
sling	slung	slung	*schleudern*
slink	slunk	slunk	*schleichen*
slit	slit	slit	*schlitzen*
smell	smelled/smelt	smelled/smelt	*riechen*
sow	sowed	sown/sowed	*säen*
speak	spoke	spoken	*sprechen*
speed	sped/speeded	sped/speeded	*eilen*
spell	spelt/spelled	spelt/spelled	*buchstabieren*
spend	spent	spent	*ausgeben, verbringen*
spill	spilt/spilled	spilt/spilled	*verschütten*
spin	spun	spun	*spinnen*
spit	spat	spat	*spucken*
split	split	split	*spalten*
spoil	spoilt/spoiled	spoilt/spoiled	*verderben*
spread	spread	spread	*ausbreiten*
spring	sprang	sprung	*springen*
stand	stood	stood	*stehen*
steal	stole	stolen	*stehlen*
stick	stuck	stuck	*kleben*
sting	stung	stung	*stechen*
stink	stank/stunk	stunk	*stinken*
strew	strewed	strewed/strewn	*streuen*
stride	strode	stridden	*schreiten*
strike	struck	struck/stricken	*schlagen*
string	strung	strung	*aufreihen*

* Indikativ Präsens

strive	strove	striven	*streben*
swear	swore	sworn	*schwören*
sweep	swept	swept	*fegen*
swell	swelled	swollen	*schwellen*
swim	swam	swum	*schwimmen*
swing	swung	swung	*schwingen*
take	took	taken	*nehmen*
teach	taught	taught	*lehren*
tear	tore	torn	*zerreißen*
tell	told	told	*erzählen*
think	thought	thought	*denken*
throw	threw	thrown	*werfen*
thrust	thrust	thrust	*stoßen*
tread	trod	trodden	*treten*
wake	woke/waked	woken/waked	*(auf)wachen*
wear	wore	worn	*tragen (Kleider)*
weave	wove	woven	*weben*
weep	wept	wept	*weinen*
will*	would	—	*wollen*
win	won	won	*gewinnen*
wind	wound	wound	*winden*
wring	wrung	wrung	*(w)ringen*
write	wrote	written	*schreiben*

---

* Indikativ Präsens

Englische Abkürzungen

AA	*Automobile Association*	britischer Automobilklub
AAA	*American Automobile Association*	Amerikanischer Automobilklub
ABC	*American Broadcasting Company*	amerikanische Rundfunkgesellschaft
A.D.	*anno Domini*	nach Christus
Am.	*America; American*	Amerika; amerikanisch
a.m.	*ante meridiem (before noon)*	vormittags (genauer: von 00.01 bis 11.59 Uhr)
Amtrak	*American railroad corporation*	amerikanisches Eisenbahn-konsortium
att(n)	*attention*	zu Händen
AT & T	*American Telephone and Telegraph Company*	Amerikanische Telefon- und Telegrafengesellschaft
Ave.	*avenue*	Allee (Prachtstraße)
BBC	*British Broadcasting Corporation*	Britische Rundfunkgesell-schaft
B.C.	*before Christ*	vor Christus
bldg.	*building*	Gebäude
Blvd.	*boulevard*	Boulevard (Ringstraße)
B.R.	*British Rail*	Britische Staatsbahnen
Brit.	*Britain; British*	Großbritannien; britisch
Bros.	*brothers*	Gebrüder
¢	*cent*	Cent, 1/100 vom Dollar
Can.	*Canada; Canadian*	Kanada; kanadisch
CBS	*Columbia Broadcasting System*	amerikanische Rundfunkgesellschaft
CID	*Criminal Investigation Department*	britische Kriminalpolizei
CNR	*Canadian National Railway*	Kanadische Bundesbahnen
c/o	*(in) care of*	bei, per Adresse
Co.	*company*	Handelsgesellschaft
Corp.	*corporation*	Handelsgesellschaft
CPR	*Canadian Pacific Railways*	kanadische Eisenbahn-gesellschaft
D.C.	*District of Columbia*	Bundesdistrikt der USA
DDS	*Doctor of Dental Science*	Doktor der Zahnheilkunde
dept.	*department*	Abteilung
EU	*European Union*	Europäische Union
e.g.	*for instance*	zum Beispiel

Eng.	*England; English*	England; englisch
excl.	*excluding; exclusive*	ausschließlich, nicht inbegriffen
ft.	*foot/feet*	Fuß (30,5 cm)
GB	*Great Britain*	Großbritannien
H.E.	*His/Her Excellency; His Eminence*	Seine/Ihre Exzellenz; Seine Eminenz
H.H.	*His Holiness*	Seine Heiligkeit
H.M.	*His/Her Majesty*	Seine/Ihre Majestät
H.M.S.	*Her Majesty's ship*	wörtlich: Schiff Ihrer Majestät (Kriegsmarine)
hp	*horsepower*	Pferdestärke
Hwy	*highway*	Schnellstraße
i.e.	*that is to say*	das heißt
in.	*inch*	Zoll (2,54 cm)
Inc.	*incorporated*	amerikanische Aktiengesellschaft
incl.	*including, inclusive*	einschließlich, inbegriffen
£	*pound sterling*	Pfund Sterling
L.A.	*Los Angeles*	Los Angeles
Ltd.	*limited*	Aktiengesellschaft
M.D.	*Doctor of Medicine*	Arzt
M.P.	*Member of Parliament*	Mitglied des Parlaments
mph	*miles per hour*	Meilen pro Stunde
Mr.	*Mister*	Herr
Mrs.	*Missis*	Frau
Ms.	*Missis/Miss*	Frau/Fräulein
nat.	*national*	staatlich
NBC	*National Broadcasting Company*	amerikanische Rundfunkgesellschaft
No.	*number*	Nummer
N.Y.C.	*New York City*	Stadt New York
O.B.E.	*Officer (of the Order) of the British Empire*	Offizier (des Ordens) des Britischen Weltreiches
p.	*page; penny/pence*	Seite; Penny, 1/100 vom Pfund Sterling
p.a.	*per annum*	pro Jahr
Ph.D.	*Doctor of Philosophy*	Doktor der Philosophie
p.m.	*post meridiem (after noon)*	nachmittags (genauer: von 12.01 bis 23.59 Uhr)
PO	*Post Office*	Postamt
POO	*post office order*	Postanweisung
pop.	*population*	Einwohner(zahl)
P.T.O.	*please turn over*	bitte wenden

RAC	*Royal Automobile Club*	Königlicher Automobilklub (von England)
RCMP	*Royal Canadian Mounted Police*	Königliche berittene Polizei von Kanada
Rd.	*road*	Straße, Weg
ref.	*reference*	vergleiche, siehe
Rev.	*reverend*	Pfarrer
RFD	*rural free delivery*	Briefzustellung per Postfach in ländlichen Gegenden
RR	*railroad*	Eisenbahn
RSVP	*please reply*	Antwort erbeten
$	*dollar*	Dollar
Soc.	*society*	Gesellschaft
St.	*saint ; street*	Sankt; Straße
UK	*United Kingdom*	Vereinigtes Königreich
UN	*United Nations*	Vereinte Nationen
UPS	*United Parcel Service*	privater Paketbeförderungsdienst
US	*United States*	Vereinigte Staaten von Amerika
USS	*United States Ship*	wörtlich: Schiff der Vereinigten Staaten (Kriegsmarine)
VAT	*value added tax*	Mehrwertsteuer
VIP	*very important person*	bevorzugt behandelte Persönlichkeit (im Reiseverkehr usw.)
Xmas	*Christmas*	Weihnachten
yd.	*yard*	Yard
YMCA	*Young Men's Christian Association*	Christlicher Verein Junger Männer
YWCA	*Young Women's Christian Association*	Christlicher Verein Junger Mädchen
ZIP	*ZIP code*	Postleitzahl

Zahlwörter

Grundzahlen		Ordnungszahlen	
0	zero	1st	first
1	one	2nd	second
2	two	3rd	third
3	three	4th	fourth
4	four	5th	fifth
5	five	6th	sixth
6	six	7th	seventh
7	seven	8th	eighth
8	eight	9th	ninth
9	nine	10th	tenth
10	ten	11th	eleventh
11	eleven	12th	twelfth
12	twelve	13th	thirteenth
13	thirteen	14th	fourteenth
14	fourteen	15th	fifteenth
15	fifteen	16th	sixteenth
16	sixteen	17th	seventeenth
17	seventeen	18th	eighteenth
18	eighteen	19th	nineteenth
19	nineteen	20th	twentieth
20	twenty	21st	twenty-first
21	twenty-one	22nd	twenty-second
22	twenty-two	23rd	twenty-third
23	twenty-three	24th	twenty-fourth
24	twenty-four	25th	twenty-fifth
25	twenty-five	26th	twenty-sixth
30	thirty	27th	twenty-seventh
40	forty	28th	twenty-eighth
50	fifty	29th	twenty-ninth
60	sixty	30th	thirtieth
70	seventy	40th	fortieth
80	eighty	50th	fiftieth
90	ninety	60th	sixtieth
100	a/one hundred	70th	seventieth
230	two hundred and thirty	80th	eightieth
1,000	a/one thousand	90th	ninetieth
10,000	ten thousand	100th	hundredth
100,000	a/one hundred thousand	230th	two hundred and thirtieth
1,000,000	a/one million	1,000th	thousandth

Uhrzeit

Engländer und Amerikaner verwenden allgemein das Zwölfstunden-system. Dabei bezeichnet die Abkürzung *a.m. (ante meridiem)* die Stunden der ersten Tageshälfte, *p.m. (post meridiem)* die der zweiten. In Großbritannien allerdings geht man mehr und mehr zum Vierund-zwanzigstundensystem über.

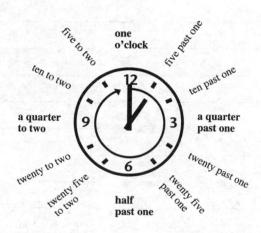

I'll come at seven a.m.	Ich werde um 7 Uhr morgens kommen.
I'll come at two p.m.	Ich werde um 2 Uhr nachmittags kommen.
I'll come at eight p.m.	Ich werde um 8 Uhr abends kommen.

Wochentage

Sunday	Sonntag	*Thursday*	Donnerstag
Monday	Montag	*Friday*	Freitag
Tuesday	Dienstag	*Saturday*	Samstag,
Wednesday	Mittwoch		Sonnabend

Notizen

Notizen

Notes

Notes

Notes